教育部省属高校人文社会科学重点研究基地
河北大学宋史研究中心——主办

中文社会科学引文索引（CSSCI）来源集刊

宋史研究论丛

主　编　姜锡东
执行主编　王晓薇

【第二十六辑】

2020年上半年刊

科学出版社
北京

内 容 简 介

《宋史研究论丛》是已故著名历史学家漆侠先生创办的教育部省属高校人文社会科学重点研究基地——河北大学宋史研究中心主办的一份学术论文集刊。本集刊注重学术研究中的"新材料、新方法、新观点"，主要刊发宋史领域学术论文，兼及辽金元史。此为第26辑，收录33篇学术专论，分为宋代政治军事史研究、宋代区域经济史研究、宋代科学社会史研究、宋代思想文献史研究、辽金史研究等栏目。

本辑所刊论文，或研究考证提出新见，或发掘新史料，为学界相关问题的最新研究成果，可供宋辽夏金元史研究者和爱好者参阅。

图书在版编目（CIP）数据

宋史研究论丛. 第26辑 / 姜锡东主编. —北京：科学出版社，2020.6
ISBN 978-7-03-065868-5

Ⅰ. ①宋… Ⅱ. ①姜… Ⅲ. ①中国历史-宋代-文集 Ⅳ. ①K244.07-53

中国版本图书馆CIP数据核字（2020）第150913号

责任编辑：杨 静 王 媛 / 责任校对：王晓茜
责任印制：师艳茹 / 封面设计：黄华斌
联系电话：010-64011837
电子邮箱：yangjing@mail.sciencep.com

科学出版社 出版
北京东黄城根北街16号
邮政编码：100717
http://www.sciencep.com
北京九天鸿程印刷有限责任公司 印刷
科学出版社发行 各地新华书店经销
*
2020年6月第 一 版 开本：787×1092 1/16
2020年6月第一次印刷 印张：33 3/4
字数：598 000
定价：197.00元

（如有印装质量问题，我社负责调换）

宋史研究论丛

目　录

宋代科学社会史研究

宋代思想文献史研究

辽金史研究

宋代政治军事史研究

乾纲独断

——由枢密院长贰的任用看宋神宗军事决策的特色*

雷家圣

（上海师范大学 古籍整理研究所，上海，200234）

摘　要：宋神宗熙宁年间王安石执政时期，王安石虽然主导了财经、教育等多项改革政策，但在军事与拓边方面，神宗却是主要的决策与指挥者。神宗时期的枢密院长官，多为与王安石政见相左的保守派官员，往往不参与军事决策，无法发挥为神宗提供建议的作用。因此神宗在军事上的重大决策，经常是在宰相、枢密院不知情的情形下，与边臣将帅讨论后即付诸实行，神宗甚至对军事行动的细节直接干预指挥。这种独断专行的做法以及对幕僚单位的忽视，导致军事决策缺乏严谨性，最后遭致宋夏战争的失败。

关键词：宋神宗；枢密院；宋夏战争；王韶；种谔

一、前　　言

一般认为宋代是一个积弱积贫的朝代，不过宋神宗开始变法之后，贫弱的现象已有所改变。一般讨论宋神宗时期的变革，称为“王安石变法”，近代对王安石变法的讨论，首推梁启超《王安石评传》，将神宗时期的民政、财政、军政、教育、选举各方面

* 本文为2018国家社会科学基金一般项目“宋神宗的军事改革与对夏经略研究”（18BZS058）的阶段性研究成果。

的改革，以及西北开边等，都归功于王安石。①在王安石的光芒之下，宋神宗扮演的角色经常受到忽视。然而，近来已有许多研究成果开始重视变法过程中宋神宗的地位与作用。

关于对宋神宗的研究，专书有仲伟民的《宋神宗》，该书对神宗时期的历史做了详细的介绍；但只在最后一章论及神宗的思想与性格，且大多仅根据宋神宗与朝臣的对话及下达的诏旨，来分析宋神宗的思想观念，这种分析容易流于表面化。古丽巍的博士论文《宋神宗元丰之政的形成与展开》，偏重讨论熙宁、元丰时期的政务运作与元丰改制时神宗所推动的制度变革。许玲的硕士论文《宦官与宋神宗哲宗两朝政治研究》介绍了宋神宗时期重用的宦官，包括西北开边的李宪、推行"保甲法"的王中正、监察京城的石得一、修城治河的宋用臣等人，但也未对宋神宗重用宦官的原因，做深入的分析与讨论。籍勇的硕士论文《宋神宗军事思想研究》讨论了神宗对辽、夏的战略思想与军队管理思想，并说明"将兵法"提高了军事将领的权力，解决了兵将不相知的问题，但未讨论神宗指挥军事时的缺点与弊病。

崔英超、张其凡《论宋神宗在熙丰变法中主导权的逐步强化》一文则认为熙宁年间神宗即位未久，变法尚需仰赖王安石；熙宁七年（1074年）王安石初次罢相，神宗已掌握变法的主导权；熙宁九年（1076年）王安石二度罢相后，神宗更独揽变法主导权，亲自主持变法大业。冷辑林、乐文华《宋神宗是熙丰变法的主宰》一文认为宋神宗是变法的最高决策者，王安石的起用、罢免与权力的收放，都由宋神宗决定。张元《从王安石的先王观念看他与宋神宗的关系》一文认为宋神宗变法的目的，是为了整军经武，故需要王安石为他理财，而不是重视王安石在政治上的理想与抱负，降低了王安石在整个变法中的地位。②

以上研究成果，肯定了宋神宗在变法中的积极作用。在熙宁年间王安石执政时期，王安石负责的部分以财经与教育改革为主，而军事改革与西北开边则大多由宋神宗亲自主导。实际上，检视宋神宗时期军事决策的过程，我们可以看到治平四年（1067年，神宗已即位）种谔"奉密旨"攻取西夏的绥州，熙宁元年（1068年）神宗采纳了王韶经略河湟的《平戎策》，熙宁七年（1074年）神宗接受蔡挺的建议推行"将兵法"，元丰四年

---

① 梁启超：《王安石评传》，上海：世界书局，1935年，第44—95页。

② 关于宋神宗的研究，专书包括仲伟民：《宋神宗》，长春：吉林文史出版社，1997年。学位论文有籍勇：《宋神宗军事思想研究》，河北大学硕士学位论文，2009年；古丽巍：《宋神宗元丰之政的形成与展开》，北京大学博士学位论文，2011年；许玲：《宦官与宋神宗哲宗两朝政治研究》，山东大学硕士学位论文，2016年。期刊论文有张元：《从王安石的先王观念看他与宋神宗的关系》，《宋史研究集》第23辑，1995年；冷辑林、乐文华：《宋神宗是熙丰变法的主宰》，《江西社会科学》1999年第1期；崔英超、张其凡：《论宋神宗在熙丰变法中主导权的逐步强化》，《江西社会科学》2003年第5期。

（1081 年）神宗采纳种谔的建议五路讨伐西夏，可见在军事与拓边方面，神宗是主要的决策与指挥者。

若进一步考察宋神宗时期的枢密院长官，可发现神宗时期的枢密院长贰，其立场大多偏向保守，对外态度也以消极者居多。在宋神宗整军经武、积极拓边之际，这样的枢密院长官群体显然与神宗的政策格格不入。如果枢密院长官们无法担负起辅佐神宗的作用，那么神宗如何进行军事决策？这种决策方式又会遇到哪些困难？本文将由宋神宗时期对枢密院长贰的任用，来探讨宋神宗经略西北时的军事决策方式与实际面临的问题。

二、宋神宗时期的枢密院长贰

（一）神宗时期的枢密院长贰

马端临《文献通考》记载："宋朝枢密院与中书对持文武二柄，号为'二府'。"①宋代枢密院为负责军事管理与军事行政事务的最高机构。枢密院长官除了管理军事事务之外，并可向皇帝提供军事方面的建议，例如太祖建隆元年（960 年）四月李筠叛，用枢密使吴廷祚言讨之②；九月征李重进，问计于枢密副使赵普③；乾德四年（966 年）八月用枢密使李崇矩言，尽释两川贼党妻子④，可见枢密使对于皇帝的军事决策，也有参谋议、备顾问的作用。

宋神宗即位后，"知祖宗志吞幽蓟、灵武，而数败兵，帝奋然将雪数世之耻"⑤，因此推行富国强兵的政策，在富国方面，启用王安石为宰相，推行"青苗法"、市易法、募役法等一连串的财经改革；在强兵方面，陆续推动"保甲法"、"将兵法"、军器监等军事改革与西北拓边计划。在推动军事改革与进行拓边行动时，理论上更需要枢密院长贰的积极配合，才能做充分的准备与计划。考察宋神宗时期的枢密院长贰，有下列诸人：

担任枢密使或知枢密院事者，有文彦博、吕公弼、陈旭、吴充、冯京、孙固、韩缜，共七人。

---

① （元）马端临：《文献通考》卷 58《职官考十二・枢密院》，北京：中华书局，2011 年，第 1713 页。
② （宋）李焘：《续资治通鉴长编》卷 1，建隆元年四月戊子条，北京：中华书局，2004 年，第 13 页。
③ （宋）李焘：《续资治通鉴长编》卷 1，建隆元年十月丁亥条，第 27 页。
④ （宋）李焘：《续资治通鉴长编》卷 7，乾德四年九月壬辰条，第 178 页。
⑤ 《宋史》卷 16《神宗纪三》，北京：中华书局，1985 年，第 314 页。

担任枢密副使或同知枢密院事、签书枢密院事、同签书枢密院事者，有陈旭、吕公弼、郭逵、吴奎、韩绛、邵亢、冯京、吴充、蔡挺、王韶、曾孝宽、孙固、吕公著、薛向、韩缜、安焘，共十六人。[①]其中六人升任枢密使或知枢密院事，总计神宗时期曾任枢密院长贰者，共十七人。

上述十七人中，文彦博自英宗治平二年（1065年）已担任枢密使，神宗即位后继续担任枢密使至熙宁六年（1073年），然而文彦博对新法却是持反对态度的，《宋史》称：文彦博“在枢府九年，又以极论市易司监卖果实，损国体敛民怨，为安石所恶，力引去”[②]。

吕公弼在英宗治平二年已任枢密副使，治平四年神宗即位后升任枢密使，但“安石立新法，公弼数言宜务安静，又将疏论之。从孙嘉问窃其稿示安石，安石先白之，帝不乐，遂罢为观文殿学士”[③]，可见吕公弼对新法亦有所不满。

陈旭在熙宁元年担任知枢密院事，熙宁五年（1072年）担任枢密使，但陈旭对新法的推行机构制置三司条例司颇有微词，认为：“宰相无所不统，所领职事，岂可称司。……若制置百司条例则可，但今制置三司一官，则不可。”因此“忤安石”。[④]

熙宁三年（1070年）担任枢密副使、熙宁八年（1075年）担任枢密使的吴充，其子吴安持为王安石的女婿，但吴充对西北拓边不甚积极，“王韶取洮州，蕃酋木征遁去，充请招还故地，縻以爵秩，使自领所部，永为外臣，无庸列置郡县，殚财屈力。时方以开拓付韶，充言不用”；且吴充对王安石新法亦颇有非议，“充虽与安石连姻，而心不善其所为，数为帝言政事不便”。[⑤]

冯京于熙宁三年担任枢密副使，熙宁九年（1076年）担任知枢密院事，元丰三年（1080年）任枢密使，对新法亦持反对态度，“王安石为政，京论其更张失当，累数千百言，安石指为邪说，请黜之。帝以为可用，擢枢密副使”[⑥]。

元丰元年（1078年）担任同知枢密院事、元丰四年担任知枢密院事的孙固，对王安石新法亦有不满，神宗曾问孙固：“王安石可相否？”孙固对曰：“安石文行甚高，处侍从献纳之职，可矣。宰相自有其度，安石狷狭少容。必欲求贤相，吕公著、司马光、韩维其人也。”凡四问，皆以此对；王安石担任宰相后，“更法度，固数议事不合；‘青苗

---

① 参见《宋史》卷211《宰辅表二》，第5482—5494页；（宋）徐自明撰，王瑞来校补：《宋宰辅编年录校补》卷6—卷8，北京：中华书局，1986年，第352—507页。

② 《宋史》卷313《文彦博传》，第10262页。

③ 《宋史》卷311《吕夷简附吕公弼传》，第10214页。

④ 《宋史》卷312《陈升之传》，第10238页。

⑤ 《宋史》卷312《吴充传》，第10239页。

⑥ 《宋史》卷317《冯京传》，第10339页。

法'出，又极陈其不便"[①]。

治平四年曾任枢密副使的吴奎，反对王安石执政，说道："臣尝与安石同领群牧，见其护前自用，所为迂阔。万一用之，必紊乱纲纪。"又说："今民力困极，国用窘乏，必俟顺成，乃可及他事。帝王所职，惟在于判正邪，使君子常居要近，小人不得以害之，则自治矣。"[②]

吕公著于元丰元年任同知枢密院事，元丰三年升任枢密副使，对新法也持反对意见，王安石推行"青苗法"时，吕公著上言曰："自古有为之君，未有失人心而能图治，亦未有能胁之以威、胜之以辩而能得人心者也。昔日之所谓贤者，今皆以此举为非，而生议者一切诋为流俗浮论，岂昔皆贤而今皆不肖乎？"王安石怒其深切；其后又批评新党吕惠卿："惠卿固有才，然奸邪不可用。"[③]

以上八人，对新法皆持反对态度，且其中六人曾担任枢密使或知枢密院事。

此外，邵亢于治平四年任枢密副使时，西夏诱杀知保安军杨定，朝廷谋西讨，邵亢认为："天下财力殚屈，未宜用兵，唯当降意抚纳，俟不顺命，则师出有名矣。"主张安抚夏人，态度较为保守；且邵亢"在枢密逾年，无大补益，帝颇厌之"，未几即去职。[④]

元丰四年（1081 年）担任同知枢密院事、元丰六年（1083 年）升任知枢密院事的韩缜，其人"外事庄重，所至以严称。虽出入将相而寂无功烈，厚自奉养"[⑤]。对外态度亦较保守消极。

治平三年（1066 年）担任同签书枢密院事的郭逵，为武将出身，但对边事较为谨慎保守，熙宁四年陕西宣抚使韩绛采纳种谔的计划要进攻西夏横山地区，郭逵说："谔，狂生尔，朝廷徒以家世用之，必误大事。"韩绛怒，以为阻挠，奏召逵还。其后"王韶开熙河，逵案其不法。朝廷遣蔡确鞫之，谓逵诬罔，落宣徽使、知潞州"。熙宁九年交趾入侵宋境，攻占邕州，郭逵受命为安南行营经略招讨使，"冒暑涉瘴地，死者过半。至是，与贼隔一水不得进，乃班师"[⑥]。可见，郭逵对于发动战争是采取非常小心谨慎的态度。

元丰六年担任同知枢密院事的安焘，于熙宁时"方兴新法，奉行之吏，或迎合求进。司农符檄日夜下，如免役增宽剩，造簿供手实，青苗责保任，追胥苛切，其类旁午。焘平

---

① 《宋史》卷 341《孙固传》，第 10874—10875 页。
② 《宋史》卷 316《吴奎传》，第 10320—10321 页。
③ 《宋史》卷 336《吕公著传》，第 10773—10774 页。
④ 《宋史》卷 317《邵亢传》，第 10337 页。
⑤ 《宋史》卷 315《韩缜传》，第 10311 页。
⑥ 《宋史》卷 290《郭逵传》，第 9725 页。

心奉法，列其泰甚于朝”[①]。其后哲宗时安焘担任枢密副使时，向哲宗建议放弃湟州，“初，建青唐邈川为湟州，戍守困于供亿。焘在枢府，因议者以为可弃，奏还之”[②]。

以上四人，对于新法没有明显的反对态度，但对西北拓边的态度却较为保守。

治平四年担任枢密副使的韩绛，为新法的支持者，“神宗尝问天下遗利，绛请尽地力。因言差役之弊，愿更定其法，役议自此始矣。代陈升之同制置三司条例，王安石每奏事，必曰：‘臣见安石所陈非一，皆至当可用，陛下宜省察。’安石恃以为助”。熙宁三年由枢密副使升为参知政事，又自请赴边为陕西宣抚使，“用知青涧城种谔策，欲取横山……既城啰兀，又冒雪筑抚宁堡，调发骚然。已而二城陷，趣诸道兵出援，庆卒遂作乱。议者罪绛，罢知邓州”[③]。

元丰元年担任同知枢密院事的薛向，亦支持新法与开边，治平四年种谔诱降西夏绥州守将嵬名山，并出兵攻占绥州，廷议劾谔擅兴，薛向言：“谔今者之举，盖忘身以徇国，有如不称，臣请坐之。”种谔既贬，向亦罢知绛州，再贬信州。不过，薛向的才能是在理财方面，“干局绝人，尤善商财，计算无遗策，用心至到，然甚者不能无病民”，神宗时担任江、浙、荆、淮发运使。[④]

熙宁八年担任签书枢密院事的曾孝宽，其父曾公亮曾推荐王安石，支持新法，因此王安石“德其助己，故引擢孝宽至枢密以报之”；曾孝宽本人对新法的“保甲法”也采支持态度，“‘保甲法’行，民相惊言且籍为兵。知府韩维上言，乞候农隙行之。孝宽榜十七县，揭赏告捕扇惑者，民兵不敢诉，维之言不得行”。[⑤]

以上三人为新法的支持者，对于军事改革或西北拓边也采取积极态度（曾孝宽对西北拓边态度不明，但支持“保甲法”），但军事非其长才。

蔡挺为“将兵法”的规划者，“熙宁五年，拜枢密副使。帝问挺泾原训兵之法，召部将按于崇政殿，善之，下以为诸郡法。……因乞置三十七将，皆行其策”[⑥]。

王韶于熙宁元年向神宗提出《平戎策》，主张：“国家欲制西夏，当复河湟。河湟复，则西夏有腹背之忧。”[⑦]后攻取熙、河等州，设置熙河路，是西北拓边的提议者与执行者。王韶因开拓西北建熙河路有功，熙宁七年升任枢密副使。

以上二人，为支持或提倡军事改革或西北拓边，且真正具有军事才能者。

---

① 《宋史》卷328《安焘传》，第10565页。

② 《宋史》卷328《安焘传》，第10568页。

③ 《宋史》卷315《韩绛传》，第10303页。

④ 《宋史》卷328《薛向传》，第10586—10588页。

⑤ 《宋史》卷312《曾公亮传》，第10234页。

⑥ 《宋史》卷328《蔡挺传》，第10577页。

⑦ （宋）王称撰，孙言诚、崔国光点校：《东都事略》卷82《王韶传》，济南：齐鲁书社，2000年，第690页。

（二）神宗对枢密院的态度

从以上的讨论中，我们可以看出，宋神宗时期的枢密院正副长官十七人，有将近半数（八人）属于旧党，有四人立场较为中立但对军事方面较为保守消极，支持军事改革与西北拓边者不过五人，其中有只有蔡挺、王韶二人具有军事才能。宋神宗在“奋然将雪数世之耻”时，这种态度保守的枢密院显然无法担负起辅佐皇帝制定军事战略与军事决策的职责。

举例言之，熙宁元年王韶上《平戎策》之后，神宗命其负责经略河湟。而枢密使文彦博屡屡上奏西北开边之不便，熙宁四年（1071 年），文彦博向神宗表达反对西北开边招纳蕃族，认为“招纳无补”。当时的宰相王安石则说：“不烦兵，不费财，能抚结生户，不为西人所收以为边患，焉得为无补？”①次年，文彦博又反对征伐羌人领袖木征，认为“自古用兵非得已，今若能服契丹、夏国乃善，至于木征，不足校计”。王安石又反驳道：“今所以招纳生羌者，正欲临夏国，使首尾顾惮，然后折服耳”。②当时的文官宰相王安石对西北拓边的态度，竟然比枢密使文彦博更积极，可见枢密院在西北拓边的过程中无法产生积极作用。然而，王安石对拓边的积极态度，恐怕只是附和神宗的意旨，实际上，王安石在给王韶的私人书信中，还是表现出对拓边行动的消极态度，王安石曾要求王韶劝诫诸将勿轻举妄动，说道：

> 方今熙河所急，在修守备。严戒诸将勿轻举动，武人多欲以讨杀取功为事，诚如此而不禁，则一方忧未艾也。③

总体来说，王安石对拓边的态度虽较文彦博积极一些，但仍强调消极的“修武备”，并且批评“武人多欲以讨杀取功”，并不支持积极进取的军事行动。

又如熙宁九年交趾入寇，攻占宋朝钦州、廉州、邕州等地，宋神宗决定举兵讨伐交趾。当时的枢密院与神宗讨论对交趾降将刘纪的处理方式：

> 枢密院言：“广源州刘纪等昨虽随交贼为寇，而纪等素有归向朝廷之意，但为交趾所驱迫，无路自新。兼累据诸处探报，交趾但为自守之计，将来王师所过，纪等先当诛锄。”诏：“郭逵、赵卨遣人招谕纪等，许令效顺，如即今未可投附，但密

① （宋）李焘：《续资治通鉴长编》卷 224，熙宁四年六月丙子条，第 5461 页。

② （宋）李焘：《续资治通鉴长编》卷 230，熙宁五年二月癸亥条，第 5596 页。

③ （宋）王安石：《临川文集》卷 73《与王子醇书三》，《景印文渊阁四库全书》，台北：商务印书馆，1986 年，第 1105 册，第 609 页。

通诚款，俟大军到出降，当议申奏，优与官爵、田宅及金箔之赐。”[①]

在交趾入寇之际，交趾将领刘纪欲向宋朝投诚，而枢密院的看法是交趾的入寇只是“但为自守之计”，为交趾开脱罪名，并希望神宗将刘纪“诛锄”。显然枢密院在交趾已经入寇的情况下仍然抱着保守反战、息事宁人的心态，宁可将投降宋朝的刘纪诛杀，以换取边境的和平。当时的枢密使为吴充，枢密副使为王韶，签书枢密院事为曾孝宽，这种保守的态度，应当出于枢密使吴充。此一观点当然为神宗所不容，因此神宗再次强调，对刘纪要“优与官爵、田宅及金箔之赐”。至于枢密副使王韶，在西北开边时勇于任事，此时态度亦甚积极，司马光《涑水记闻》记载：

交趾之围邕州也，介甫（王安石）言于上曰：“邕州城坚，必不可破。”上以为然。既而城陷，上欲召两府会议于天章阁，介甫曰：“如此则闻欲彰，不若只就东府。”上从之。介甫忧沮，形于言色，王韶曰：“公居此尚尔，况居边徼者乎？愿少安重，以镇物情。”介甫曰：“使公往，能办之乎？”韶曰：“若朝廷应副，何为不能办？”介甫由是始与韶有隙。[②]

王韶自言“若朝廷应副，何为不能办？”这种积极的态度，让“忧沮形于言色”的王安石难堪，于是王安石与王韶始有嫌隙。王安石向王韶施压，迫其去职，连宋神宗也看不下去，告诉王安石道：“王韶疑卿迫之，力求去，恐复如吕惠卿。韶幸无他，冀后尚有可任使，卿宜勉留之。”[③]王安石对拓边军事行动的消极态度，此处又为一例证。即使大敌当前，王韶在王安石的妒忌与敌视下被迫去职，故王韶虽然在军事上具有才能，但在枢密副使一职上也难有积极的表现。

元丰四年西夏发生政变，宋神宗决定趁机大举讨伐西夏，当时的枢密院长官孙固、吕公著皆持反对意见：

谍者告夏人幽其主，神宗遽欲西讨，（孙）固谏曰：“举兵易，解祸难。”前后论之甚苦。神宗意坚甚，固曰：“必不得已，请声其罪薄伐之，分裂其地，使其酋长自守。”神宗笑曰：“此真郦生之说尔。”时执政有议直度河者，固曰：“然则孰为陛下任之者？”神宗曰：“吾以属李宪。”固曰：“西伐，大事也，岂可使宦者

---

① （宋）李焘：《续资治通鉴长编》卷275，熙宁九年五月癸亥，第6725页。

② （宋）司马光撰，邓广铭、张希清点校：《涑水记闻》卷16，北京：中华书局，1989年，第320页。

③ （宋）李焘：《续资治通鉴长编》卷275，熙宁九年五月己巳，第6730页。

为之？今陛下任李宪，则士大夫孰肯为用乎？”神宗不悦。他日固又言曰：“今五路进师而无大帅，就使功成，兵必为乱。”神宗曰：“大帅诚难其人。”吕公著曰：“既无其人，曷若已之？”固曰：“公著言是也。”其后师果无功，神宗始悔不用固言。①

孙固主张不要对西夏用兵，神宗不听；孙固主张不要用宦官李宪为统帅，神宗不听；吕公著主张既无大帅人选，不如停止出兵，神宗亦不听。可见枢密院长官在神宗做出重大军事决策时，其意见往往被忽视，无法起到参谋议、备顾问的作用。

神宗对枢密院的消极态度也反映在“审官西院”“吏部四选”的设置上，熙宁三年，神宗下诏将枢密院考核中级武官（诸司使）的权力移至新设的审官西院。②元丰年间更定官制，设“吏部四选”，其中尚书右选负责考核中级武官（升朝官自皇城使，职司官自金吾卫仗司以下，及非枢密院宣授者），侍郎右选负责考核下级武官（自副尉以上至从义郎）。③仍未将武官考选之权，交还于枢密院，而是将中下级武官的铨选之权，交由吏部掌管。可见在神宗时期，枢密院的职权在不断被削弱之中。

神宗既然要进行西北拓边与军事改革？为何任用的枢密院长官以保守者为多，并削弱枢密院的权力？这要回溯到宋朝“异论相搅”的国策。宋真宗任用寇准时，人或问真宗，真宗曰：“且要异论相搅，即各不敢为非。”④亦即让不同政见的官员互相对立，彼此制衡，来达到巩固皇权的目的。然而仁宗、英宗时期，“异论者”多为台谏，利用言官的身份与宰相对立，如仁宗废后事件时对抗宰相吕夷简的台谏孔道辅与范仲淹，反对庆历变法的御史中丞王拱辰，以及英宗濮议时反对宰相韩琦的知谏院司马光。而宋神宗重用王安石进行变法时，不能让台谏抨击新政、阻碍变法，又必须安抚笼络旧党官员，于是将旧党官员放在枢密院长贰的位置上。但神宗又恐枢密院妨碍其西北拓边与军事改革，故疏远其长贰并削减其权力。如此一来，枢密院长贰的角色常被边缘化，无法发挥参谋议、备顾问的功能，使得宋神宗在处理军事问题时，只能绕过枢密院，直接与边臣商议，或直接下命令于边臣，才能得到具体的效果。

---

① （宋）王称撰，孙言诚、崔国光点校：《东都事略》卷81《孙固传》，第685—686页。

② （清）徐松辑，刘琳等校点：《宋会要辑稿》职官11《审官西院》，上海：上海古籍出版社，2014年，第3307页。

③ （宋）赵善沛：《元丰官制不分卷》，《吏部尚书》，台北：文海出版社，1981年，第46—47页。

④ （宋）李焘：《续资治通鉴长编》卷213，熙宁三年七月壬辰条，第5169页。

三、皇帝与边臣的往来

（一）种谔与王韶

宋神宗即位之初，即与边臣往来，传达指令，以指挥军事事务。治平四年神宗初即位，边将种谔即出兵占领西夏的绥州，当时文官纷纷上书弹劾种谔擅兴之罪。官员杨绘弹劾高遵裕、种谔“诈传圣旨”及“矫制擅兴”[①]，官员刘述亦称种谔“诈称得密旨，擅发兵马”[②]。实际上，种谔并非诈传圣旨，而是收到了神宗的命令。当时的官员侯可向宋神宗说道：“种谔奉密旨取绥而获罪，后何以使人？”[③]可见种谔是得到神宗的旨意。宋神宗授意种谔攻占绥州的做法，是否违背宋朝以来的政治传统？

宋朝开国以来，太祖、太宗曾采“将从中御”的做法，即皇帝直接指挥前线将帅进行作战。[④]因此，宋神宗对边臣将帅的直接指挥与书信往来，在宋朝本非特例。然而，太祖、太宗对于是否要发动战争等重大决策，还是要与宰相、枢密使等大臣商议，本文前面所举太祖用枢密使吴廷祚之言讨伐李筠，征李重进时问计于枢密副使赵普，平后蜀时采纳枢密使李崇矩的建议尽释两川贼党妻子，即为显例。而宋神宗与种谔讨论收复绥州的计划，其他文武官员皆不知情，故在种谔占领绥州之后，官员们才会指责种谔诈传圣旨。因此，宋神宗特殊之处，在于他在进行发动战争等重大军事决策时，只与边臣将帅商议，而宰相、枢密使皆不与闻，使得枢密院失去了提供建议、参与决策的作用。

熙宁元年建昌军司理参军王韶向神宗上奏《平戎策》之后，神宗任命王韶为“管干秦凤经略司机宜文字”[⑤]，从而开始王韶经略河湟的行动。我们可以看出，神宗接受了地方官员的建议，制定军事决策。随着王韶在河湟的军事行动不断取得进展，熙宁五年设置了熙河路[⑥]，似乎代表这种绕过枢密院而与边臣讨论军事的模式又一次成功。于是，神宗在许多军事决策方面，越来越倚重边臣的意见，《宋史·吕公弼传》记载：

> 议者欲并环庆、鄜延为一路，公弼曰：“自白草西抵定远，中间相去千里，若

---

① （宋）杨绘：《上神宗论种谔擅入西界》，赵汝愚：《宋朝诸臣奏议》卷137，上海：上海古籍出版社，1999年，第1533页。

② 刘述：《上神宗论种谔薛向》，赵汝愚：《宋朝诸臣奏议》卷137，第1533—1534页。

③ 《宋史》卷335《种世衡传附种谔传》，第10746页。

④ 参见田志光：《宋太宗朝“将从中御”政策施行考——以宋辽、宋夏间著名战役为例》，《军事历史研究》2011年第2期；范学辉：《“将从中御”始于宋太祖考》，《安徽师范大学学报（人文社会科学版）》2006年第1期。

⑤ 《宋史》卷328《王韶传》，第10579页。

⑥ （宋）李焘：《续资治通鉴长编》卷239，熙宁五年十月戊戌条，第5818—5819页。

合为一路，猝有缓急，将何以应？”又欲下边臣使议之，公弼曰：“庙堂之上不处决，而诿边吏，可乎？”乃止。①

有人建议将陕西的环庆、鄜延两帅司路合并为一路，神宗希望“下边臣使议之”，最后为吕公弼所阻止。

（二）沈起与刘彝

由于这种与边臣讨论政策的决策模式在绥州、熙河路取得成功，神宗又用之于南方的交趾。神宗与知桂州沈起讨论经略交趾的策略，王安石曾说：“上令（沈）起密经制交趾事，诸公皆不与闻，凡所奏请皆报听。”②王安石认为沈起背后的指使者，即为宋神宗。宋神宗对交趾的决策，并未与其他大臣商议，故“诸公皆不与闻”。当时沈起奏请将邕州洞丁编组为保甲，作为民兵组织③，又建议招纳融州溪峒蛮人与交趾归明人，都得到了神宗的同意而付诸实行。④

由于神宗与沈起的秘密通信往来“诸公皆不与闻”，在其他官员眼中，沈起的行为形同向交趾挑衅、制造事端，于是广西转运使张觐弹劾沈起，李焘《续资治通鉴长编》记载：

> 广西转运使张觐言都巡检薛举擅纳侬善美于省地而起不之禁，上批：“熙河方用兵未息，而沈起又于南方干赏妄作，引惹蛮事，若不早为平治，则必滋长为中国巨患，实不可忽。宜速议罢起，治其擅招纳之罪，以安中外。”…乃诏遣（刘）彝，而又令以前日付起约束付之。⑤

沈起被弹劾后，神宗为了平息官员的反对之声，改命刘彝取代沈起知桂州，此时神宗“以前日付（沈）起约束付之（刘彝）”，所谓“约束”，也就是将“上令（沈）起密经制交趾事，诸公皆不与闻”的模式再度交代给刘彝。

刘彝担任知桂州后，继续沈起的拓边政策，刘彝采取“以夷制夷”的策略，命令交趾归明人侬智会切断交趾买马的通路，引起交趾广源州将领刘纪率领乡兵攻击邕州，与

① 《宋史》卷311《吕夷简附吕公弼传》，第10213页。
② （宋）李焘：《续资治通鉴长编》卷244，熙宁六年四月戊寅条，第5933页。
③ （宋）李焘：《续资治通鉴长编》卷244，熙宁六年四月壬辰条，第5939页。
④ （宋）李焘：《续资治通鉴长编》卷247，熙宁六年十月庚午条，第6018页；（宋）李焘：《续资治通鉴长编》卷259，熙宁八年正月己未条，第6324页。
⑤ （宋）李焘：《续资治通鉴长编》卷251，熙宁七年三月庚子条，第6108—6109页。

侬智会交战。[1]宋朝与交趾的局势越来越紧张，终于在熙宁八年十一月，“戊寅，交趾陷钦州，后三日又陷廉州”[2]。熙宁九年正月，交趾又攻占邕州，邕州知州苏缄战死，宋朝军民死者数万人[3]，宋朝与交趾的战争全面爆发。

战争爆发后，神宗追究战争责任，下诏：

> 沈起昨在广西，妄传密受朝廷意旨，经略讨交州……今交贼犯顺，宜獠内侵，使一道生灵横遭屠戮，职其致寇，罪悉在起，了无疑者。……沈起可贷死，削夺在身官爵，送远恶州军编管。[4]

神宗指责沈起“妄传密受朝廷意旨”，意在与沈起、刘彝划清界限，沈起、刘彝于是成了神宗弃车保帅的牺牲品。最后，沈起责授检校水部员外郎、郢州团练副使、本州安置、不得签书公事；刘彝责授检校水部员外郎、均州团练副使、随州安置。[5]

从宋朝与交趾的战争中，我们可以看出宋神宗与边臣商量军事策略，“诸公皆不与闻”的模式，一旦出了问题，则说边臣“妄传密受朝廷意旨”，这与治平四年种谔被指责“诈传圣旨”“矫制擅兴”如出一辙。只不过种谔攻占了绥州，虽立功而受罚，日后还有重新重用的机会。刘彝、沈起则闯下大祸，因此被贬官安置。

（三）元丰四年种谔伐夏之议

不过宋神宗似乎未从刘彝、沈起的事例中学得教训，仍然与边臣讨论军事问题，接受边臣的建议。元丰四年三月，西夏发生政变，当时鄜延路将领种谔请求出兵伐夏：“宜乘此时大兴王师，以问其罪。”[6]神宗收到了种谔的奏报后，决定五路进讨西夏。前文中已提到，当时的枢密院长官孙固、吕公著皆持反对意见，认为“举兵易，解祸难”，但神宗完全不听，坚持发动战争。其后李宪未按照原定计划进兵，孙固建议处分李宪：

> 初议五路入讨，会于灵州，李宪由熙河入，辄不赴灵州，乃自开兰、会，欲以弭责。固曰：“兵法期而后至者斩。今诸路皆进，而宪独不行，虽得兰、会，罪不

---

① （宋）李焘：《续资治通鉴长编》卷263，熙宁八年闰四月乙未条，第6425页。

② （宋）李焘：《续资治通鉴长编》卷270，熙宁八年十一月戊寅条，第6624页。

③ （宋）李焘：《续资治通鉴长编》卷272，熙宁九年正月庚辰条，第6664—6665页；（宋）王称：《东都事略》卷110《忠义传·苏缄传》，第952—953页。

④ （宋）李焘：《续资治通鉴长编》卷272，熙宁九年正月丙寅条，第6657—6658页。

⑤ （宋）李焘：《续资治通鉴长编》卷273，熙宁九年二月庚寅条，第6676页。

⑥ （宋）李焘：《续资治通鉴长编》卷312，元丰四年四月壬申条，第7566页。

可赦。”神宗不听，其后师果无功。神宗曰：“朕始以孙固言为迂，今悔无及矣。”[①]

孙固主张李宪未按计划进兵应该处斩，神宗仍然不听。可见当时的枢密院已完全边缘化，只能执行筹集钱粮器械等工作，失去了参谋议、备顾问的功能。在神宗心目中，枢密院这些心态保守的官员，言论甚“迂”，完全不切实际，只有等到五路伐夏大败之后，才勉强对孙固说：“朕始以孙固言为迂，今悔无及矣。”

四、独断专行的决策模式

（一）熙宁九年征交趾之役

由于枢密院正副长官在军事决策过程中被边缘化，所以神宗在决策时往往乾纲独断，自行做出决定，一旦发现问题，则朝令夕改。例如熙宁八年交趾入寇时，神宗命赵卨为安南道行营马步军都总管，宦官李宪副之。[②]当时赵卨与李宪即发生争执：

（李宪）语卨，令边事止奏禀御前指挥，更不经中书、枢密院。卨对以朝廷兴举大事，若不经二府，恐类墨敕，于事未便。宪又言：“将来若至军中，御前有指挥，事当何如？”卨曰：“事若未便，军中不闻天子诏，当从便宜尔。”二人由是交恶，屡纷辨于上前。[③]

李宪代表的，即是神宗的决策模式，不经中书、枢密院，而秉承神宗的御前指挥。而赵卨坚持体制，结果李宪去职，神宗另任命郭逵为统帅，改赵卨为副使。

虽然已命郭逵、赵卨为正副统帅，但宋神宗对于前线事务仍不免指指点点，李焘《续资治通鉴长编》记载：

上与辅臣论营阵法，以谓为将者少知将兵之理，且如八军、六军皆大将居中，大将譬如心也，诸军则四体也，运其心智，以身使臂，以臂使指，攻其左则右救，攻其右则左救，前后亦然，则兵何由败也。[④]

---

① 《宋史》卷341《孙固传》，第10876页。
② （宋）李焘：《续资治通鉴长编》卷271，熙宁八年十二月辛亥条，第6649页。
③ （宋）李焘：《续资治通鉴长编》卷273，熙宁九年二月戊子条，第6674—6675页。
④ （宋）李焘：《续资治通鉴长编》卷274，熙宁九年四月庚寅条，第6704页。

神宗所言纯粹是空谈理论，纸上谈兵，幸而李宪已罢，否则按照李宪事事秉承御前指挥的做法，则战争结果将不堪设想。神宗又经常对军事细节事务进行指示，例如“安南诸军过岭，有疾病寄留者，令所寄州军专选官管勾医治，提点刑狱往来提举，如能用心医治，痊损数多，候师还日比较分数，当议优奖”[①]。“安南行营军士如疾病，将官宜亲抚视，严责医疗，逐将月具平安及疾病死亡人数以闻。”[②]神宗所言虽不无道理，但皆为军中的细务，这种过度干预将领统率权的做法，却容易对前线将领的领导统御造成负面影响。

此外，神宗还希望趁机一举征服交趾，李焘《续资治通鉴长编》记载：“诏郭逵等交州平日，依内地列置州县。”[③]这种庙堂之上的想法完全忽视了北方人不适应南方作战的现实问题，郭逵的大军到达南方后，因疫疾死者过半，郭逵虽然攻入了交趾境内，直抵富良江，但却是选择见好就收，班师撤兵。李焘《续资治通鉴长编》记载：

> （熙宁九年十二月癸卯）是日，郭逵等次富良江。……与诸将议帅大兵济江，诸将曰：“九军食尽矣。凡兵之在行者十万，夫二十余万，冒暑涉瘴，死亡过半，存者皆病瘁。”逵曰：“吾不能覆贼巢，俘乾德（按：交趾李朝仁宗李乾德）以报朝廷，天也。愿以一身活十余万人命。”乃班师。[④]

郭逵撤军之后，神宗认为郭逵没有达成其要求的“把交趾列置州县”的目标，因此郭逵“坐贬左卫将军，西京安置，屏处十年”。[⑤]

（二）元丰四年五路伐夏

元丰四年宋夏战争，神宗以熙河路李宪、鄜延路种谔、环庆路高遵裕、泾原路刘昌祚、河东麟府路王中正五路伐夏。不过，五路大军如何统一指挥，神宗则朝令夕改，元丰四年八月己未，中书、枢密院言：“王中正已措置麟府路，兼照管鄜延、环庆、泾原三路，欲令总兵官与中正议定，方得进兵。”神宗下诏兵马出界后，并听王中正节制。[⑥]八月乙丑，神宗又批示：“已指挥秦凤一路兵付李宪节制。”[⑦]形成北方四路（河东麟府路、

---

① （宋）李焘：《续资治通鉴长编》卷275，熙宁九年五月壬申条，第6731页。
② （宋）李焘：《续资治通鉴长编》卷276，熙宁九年六月丁亥条，第6738—6739页。
③ （宋）李焘：《续资治通鉴长编》卷273，熙宁九年二月甲寅条，第6689页。
④ （宋）李焘：《续资治通鉴长编》卷279，熙宁九年十二月癸卯条，第6843—6844页。
⑤ 《宋史》卷290《郭逵传》，第9725页。
⑥ （宋）李焘：《续资治通鉴长编》卷315，元丰四年八月己未条，第7618页。
⑦ （宋）李焘：《续资治通鉴长编》卷315，元丰四年八月乙丑条，第7624页。

鄜延路、环庆路、泾原路）由王中正节制，南方熙河、秦凤合为一路由李宪节制的局面。

十二日后，八月丁丑，神宗又批示："王中正止令遵秉宣命，节制鄜延一路诸将兵。其环庆、泾原，朝廷自专委高遵裕节制，中正更不当干预。"①环庆、泾原两路便不再受王中正节制了。

十月戊午，因鄜延路种谔在米脂城大破西夏军，神宗又遣中使谕种谔："昨以卿急于灭贼，恐或妄进，为一方忧，故俾听王中正节制。今乃能首挫贼锋，功先诸路，朕甚嘉之。中正节制指挥，更不施行。"②鄜延路种谔此时亦不再归王中正节制。

十月壬戌，神宗又下诏："李宪已总兵东行，泾原总管刘昌祚、副总管姚麟见统兵出界，如前路相去不远，即与李宪兵会合，结为一大阵，听李宪节制。"③将原来受环庆路高遵裕节制的泾原路刘昌祚部，划归熙河路李宪节制。

十月丙子，神宗又批："鄜延路行营经略司军马，已降宣不隶麟府路措置军马司节制，今两路兵相去不远，令王中正、种谔如行营相近，即应缘进讨事和同商量，择利而往。"④这道命令更令人无所适从，"如行营不相近"怎么办？"和同商量"是谁节制谁？神宗在两个月内不断下达指令，让五路大军的指挥体系分分合合，最后是五路各自为战，只有泾原刘昌祚、环庆高遵裕两路进抵灵州城下。

神宗对军事指挥体系朝令夕改的结果，导致河东路王中正认为出兵后即与鄜延路会师，故全军只携半月粮，属下官吏庄公岳等恐粮草不足，多准备了八日粮。结果种谔"既得诏不受中正节制，委中正去，鄜延（粮）不可复得"，王中正的大军"出塞二十余日，始至宥州，粮不得不乏"。⑤因面临严重的缺粮问题，最后大军惨败而回。

（三）元丰五年永乐城之役

元丰四年宋军五路伐夏失利之后，元丰五年，种谔计划以攻为守，在横山一线修筑城堡，与西夏长期对抗，遣其子种朴上其策。⑥于是，神宗派遣给事中徐禧、内侍省押班李舜举往鄜延路议边事。⑦当时鄜延经略安抚使沈括"请城永乐"⑧，希望在永乐筑城。徐禧接纳了沈括的意见，向神宗说道："银州故城形势不便，当迁筑于永乐埭上，

① （宋）李焘：《续资治通鉴长编》卷315，元丰四年八月丁丑条，第7631—7632页。
② （宋）李焘：《续资治通鉴长编》卷317，元丰四年十月戊午条，第7659—7660页。
③ （宋）李焘：《续资治通鉴长编》卷317，元丰四年十月壬戌条，第7667页。
④ （宋）李焘：《续资治通鉴长编》卷318，元丰四年十月丙子条，第7692页。
⑤ （宋）李焘：《续资治通鉴长编》卷319，元丰四年十一月甲申条，第7701页。
⑥ （宋）王称撰，孙言诚、崔国光点校：《东都事略》卷61《种世衡传附种谔传》，第498页。
⑦ （宋）李焘：《续资治通鉴长编》卷326，元丰五年五月丙午条，第7859页。
⑧ （宋）王称撰，孙言诚、崔国光点校：《东都事略》卷86《沈括传》，第722页。

盖银州虽据明堂川、无定河之会，而城东南已为河水所吞，其西北又阻天堑，实不如永乐之形势。”[①]种谔认为永乐依山无水泉，“极言不可”。[②]当时徐禧与种谔争论不休，神宗最后采纳了徐禧的建议，在永乐筑城，并且将种谔留在延州[③]，又下令“龙神卫四厢都指挥使、凤州团练使种谔降授文州刺史”[④]，种谔进一步被贬降。

九月甲申，“永乐城成”，两日后，“丙戌，诏赐永乐城名曰银川寨”。又一日，“丁亥，贼三十万众攻城”。[⑤]至戊戌日，李焘《续资治通鉴长编》记载：

> 永乐城依山无水，下滨无定河，为井十四，筑垒营之。敌众骤至，李稷惜军食，不纳役卒，卒以所持䦆锸掘垒为磴道，争先登，敌乘之，遂夺水寨。城中掘井三，及泉，仅足饮将领，于是士卒渴死者大半，至绞马粪而饮之。……是夜，大雨，敌兵四面急攻，士卒饥疲，不复能拒。夜半，城遂陷，（徐）禧及（李）舜举俱死，（李）稷为乱兵所杀，曲珍及王湛、李浦逃归，士卒得免者什无一二。[⑥]

永乐城被西夏攻陷，其中重要的原因便是城中缺水，“士卒渴死者大半”。而种谔在与徐禧争论时，便已提及永乐山上无水泉，极言其不可。而神宗宁可听信没有战争经验的文官徐禧，也不接纳作战经验丰富的武将种谔的建议，最后导致永乐城破的结果。

由于枢密院辅佐皇帝的功能被边缘化，神宗面对军事事务采取独断专行的决策模式，一旦遇到问题或认为不妥就改变前令，再下新诏。朝令夕改的结果，对军事行动造成极为负面的影响，元丰四年五路大军指挥体系的调度，便是明显的例子。而当边臣所提的建议不同，需要朝廷做出决断时，神宗由于缺乏枢密院的辅佐，在决策时无法做出周密严谨的判断，导致决策失误，影响战局，在元丰五年永乐城被攻陷的事件中，也充分表现了出来。因此，神宗这种独断专行的决策模式，弊端甚大，使得宋朝在元丰四年、五年的宋夏战争中损失惨重。

五、结　论

宋神宗时期的枢密院正副长官，凡十七人，其中属于旧党或政治立场中立但对军事

① （宋）李焘：《续资治通鉴长编》卷328，元丰五年七月戊子条，第7895页。
② 《宋史》卷486《外国传二·夏国传下》，第14011页。
③ （宋）李焘：《续资治通鉴长编》卷329，元丰五年八月壬戌条，第7921—7922页。
④ （宋）李焘：《续资治通鉴长编》卷329，元丰五年八月辛未条，第7923页。
⑤ （宋）李焘：《续资治通鉴长编》卷329，元丰五年九月甲申、丙戌、丁亥条，第7926—7927页。
⑥ （宋）李焘：《续资治通鉴长编》卷329，元丰五年九月戊戌条，第7936—7937页。

持保守态度者占了大半，真正支持军事改革与西北拓边又有军事才能者，只有蔡挺与王韶二人。因此，立场偏向保守的枢密院对于主张积极拓边的宋神宗来说，很难起到备顾问、参谋议的作用。这种做法反映了宋朝“异论相扰”，让官员互相制衡，以提高皇权地位的政治传统。但在宋神宗积极拓边之际，这一做法无疑将影响宋神宗的军事决策过程与决策质量。

因此，宋神宗对军事与拓边事务，多仰赖边臣的意见，在中书与枢密院不与闻的情形下，与边臣讨论军事事务，甚至绕过中书与枢密院，越级指挥边境的文武官员。一旦发生事端，神宗为了避免文官的指责，又往往否认参与其事，结果负责的边臣便成了“诈传圣旨”的牺牲品。从治平四年的种谔，到熙宁九年的沈起、刘彝，都是具体的例证。

这种不够严谨的决策、指挥模式，虽然在治平四年种谔攻占绥州一事中让宋朝侥幸得利，但在熙宁九年征交趾之役及元丰四年、五年的宋夏战争中，都可看出这种决策模式所带来的负面影响。尤其在元丰四年宋夏战争期间，宋神宗对五路大军指挥体系的组织架构，朝令夕改，使前线将帅不知所从；元丰五年徐禧与种谔关于永乐筑城的争论中，神宗也在缺乏顾问咨询的情形下，独断做出决定。这种独断专行的决策方式，是导致元丰四年、五年的宋夏战争中宋军两次大败的重要原因。

作者简介：雷家圣（1970—），男，汉族，台湾台北人，上海师范大学古籍整理研究所副教授，历史学博士，研究方向为宋代政治与制度史。

宋代帝王的宸翰书写与御书阁的分布及功能*

左福生

（重庆师范大学 编辑出版中心，重庆，401331）

摘　要：宋代帝王的宸翰书写以儒家经典、治国圣训为核心，兼及诗文与佛老之说，追求庄重典雅、有益教化。帝王除自我陶冶外，还有意把所书宸翰赐给近臣，朝廷也经常将御书复制后广赐予天下学校寺观。受书者为安奉宸翰而广设御书阁，其分布空间相应集中于宫廷、学校、寺观和私宅。御书承载着帝王的政治伦理诉求，被赋予教化人心、兴邦利国的文化指向，因而，作为奉藏宸翰的御书阁其政治寓意远在建筑意义之上，具体表现为以下几个方面：第一，恭览圣训的互动平台；第二，官方意识的传播通道；第三，统合儒释的文化纽带；第四，彰显恩荣的私人空间。

关键词：宸翰；御书；御书阁；教化人心；统合儒释

宋代统治者对唐末五代之乱颇有反思和总结，并积极吸取历史教训，对武人跋扈和致乱之源尤为敏感和防范，大力推行偃武修文的治国方策。宋太祖赵匡胤把朝廷正殿命名为“文德殿”，即以声名文物之邦为建国目标；太宗赵光义自幼喜读书，爱藏书，登基后倾心于文化事业的发展。后继者更是把文治天下视为“祖宗家法”，振兴文教、以儒兴邦的方略一以贯之。宋真宗所撰《崇儒术论》云：“儒术污隆，其应实大，国家崇替，何莫由斯。”[①]称得上是一部崇儒宣言书。基于这一认识，宋代帝王极重以身示范、

---

* 本文为重庆师范大学博士启动基金项目“宋代寺院对诗歌创作与传播的影响研究”（19XWB024）的阶段性研究成果。

① 《宋史》卷287《陈彭年传》，北京：中华书局，1977年，第9664页。

躬行文教，政事之余常常沉潜于圣言典册，从翰墨挥洒中涵养心性、培育圣德。除自我陶冶外，宋帝王还亲将宸翰赐予亲贵近臣，以示激励。朝廷则专设御书管理机构——御书院，按特定程序把御书制品颁赐给学校寺观。为了安奉帝王手迹，受书者普遍建御书阁以保藏，此文化传播机制涉及两宋政治、经济、教育、宗教诸多领域，影响极大，其社会文化功能值得深入发掘和探析。

一、宋代帝王的宸翰书写与寄托

中国古代帝王染翰著文的历史十分久远，如伏羲画卦的传说颇有影响，其所画卦象如用后世的称名应该就是御书。“御书”一词在史书上也早有出现，如《魏书》中写道：“(太和二十年)高祖善之，遂以和为广陵王国常侍，寻敕光韶兼秘书郎，掌校华林御书。”[①]不过，此御书并非皇帝的亲笔翰墨，而是指专供御览之书。至唐宋时期，御书之称才逐渐转为对帝王翰墨的专指。宋代称御书又为宸翰，所书数量极多，且不限于束藏宫廷，而是以各种方式传出庙堂，流布天下。这其中的主要原因是御书寄托了统治者的政治理想及诉求，被赋予思想控制和道德教化的特殊功能。

宋代帝王的宸翰书写产生于政事之暇，所书内容多以儒家经文、修身语录及诗文篇章(多含政治寓意)为主体。有时皇帝还自拟御诗，洒翰后赐给臣下或僧道，内容上以典雅庄重、有益教化为主体特征。宋代帝王通过摹写、抄录这些“不易”之言，不仅实现了心手双修的涵养目的，更为自己治国理政提供了理论之源与价值导向。朝廷将此御制赐予人臣或播于社会，则希望其有利于教化臣民，进而起到维护统治的目的。

宋太宗是一位大力提倡和推行文教的皇帝，宋世的御书之盛便始于其时。北宋刘挚在《南岳御书阁记》中称其“向用儒学，尊尚经术，观书稽古，多所述作。于其闲暇，则又玩意于翰墨之间，凡所谓退朝之乐，皆不以易此”[②]。而大力推广御书使其走出宫廷、颁行天下的则是宋真宗，刘挚写道：“至真宗始聚其书，诏儒臣章别次第，著定为一百二十卷，刻之金石，副在有司。又以分藏于天下之名山，凡道宫佛寺，往往得被其赐。”[③]那么，如此丰赡的作品其书写内容是如何构成的呢？刘挚进而指出：“尝得即其书而观之，盖其所自论著，为世谟训者，固皆原于道德之意。而其余书帖亦多杂取《六经》，诸子之要言正论，至或选摘众流异佛老之说。说虽不同，要皆有益于修身治心为

---

① 《魏书》卷66,《四部备要》，北京：中华书局，1999年，第21册，第480页。
② (宋)刘挚:《南岳御书阁记》,《忠肃集》卷9，北京：中华书局，2002年，第201页。
③ (宋)刘挚:《南岳御书阁记》,《忠肃集》卷9，第201页。

天下国家者。以是私尝推求圣人之意于道德教化，其心盖未尝须臾离也。”[①]看来，太宗“玩意于翰墨”是有“道德教化”的鲜明目的的。这一立场也为后来者确定了方向，綦崇礼在《论仁宗御书》一文中指出：

> 庆历四年，上于迩英阁出御书，有三轴，凡三十五事：一曰遵祖宗之训，二曰奉真考之业，三曰念祖宗艰难，四曰思真实爱民……三十三曰罪己为民，三十四曰损躬抚军，三十五曰求善使过。又出《危竿谕》一篇，述居高慎危之意。上顾侍读丁度等曰：“朕观书之暇，取臣僚章奏及进封事目有深意可施于政治者，为此书以分赐卿等。”……臣尝因奏对，语及祖宗时事，蒙圣谕曰：“此朕之家法也。”……今臣讨绎旧训，得仁宗皇帝御书之目三十有五。由其目而寻之，则奉先守业，修身为政，用人御下，安邦固本之道，举在是矣。[②]

显然，仁宗书写也是直取政治训条、君臣伦理方面的内容，他把这些手迹“分赐卿等”，表现其居高慎危、愿与人臣共勉的治国之心。

南宋诸帝的宸翰书写亦重儒经，御书取材经籍乃一基本倾向，高宗尤具表率性。袁拱辰在《重修御书楼记》中写道：“恭维高宗皇帝以上圣之资，应中兴之运，万机之暇，亲洒宸翰，书九经及名臣列传，颁赐郡国，恢崇文教，辉灿为日星，昭回为云汉。……三代名教赖之以传，万世鸿业赖之以永，此帝王之圣学，古今之盛观也。”[③]洪迈则俱列其细云：“若稽古高宗皇帝，实天生德……《诗》《书》《易》《春秋》《孝经》《论语》《孟轲氏》凡几书，书凡几帙，帙凡几字，一一肆笔而成。”[④]孝宗赐新进士御书则选《尚书》中语，史载：“己未，虞允文等奏：‘蒙宣示赐新进士御书《益稷篇》，不胜荣幸。’梁克家奏：‘《益稷》首载治水，播奏艰食，末载君臣更相训敕之意。学者因宸翰以味经旨，必知古人用心矣。’”[⑤]孝宗激励新进的用心与《益稷篇》寓含的深意二者不谋而合。

宋代帝王还大量书写诗赋赐予臣下，在思想内容上仍以风雅教化、文治天下为取舍标准。如宋徽宗御书草圣诗，“古诗凡五十有二章。……千变万态，其指归处如《风》《雅》《颂》焉。虽曰古什，而其温柔之教，实出于当时文治天下之心，形之于画而托之

---

① （宋）刘挚：《南岳御书阁记》，《忠肃集》卷9，第202页。

② （宋）綦崇礼：《北海集》卷2，曾枣庄、刘琳主编：《全宋文》，上海：上海辞书出版社；合肥：安徽教育出版社，2006年，第168册，第3页。

③ 曾枣庄、刘琳主编：《全宋文》，第322册，第410页。

④ （宋）洪迈：《御书阁记》，范成大撰，陆振岳点校：《吴郡志》卷4，南京：江苏古籍出版社，1999年，第33—34页。

⑤ 汪圣铎点校：《宋史全文》卷25下《宋孝宗四》，北京：中华书局，2016年，第2126页。

于古什也如此”①。孝宗亦不例外，周必大写道：“右唐白居易大和八年以太子宾客分司东都，赋《饱食闲坐诗》一首。淳熙五年，皇帝亲御翰墨，下臣拜受而宝藏之。”②孝宗为何青睐此赋？周文指出：“盖于一饮食间默寓忠爱不忘君之意，所谓造次必于是者。”③

总体来看，两宋帝王普遍雅好宸翰书写，并常常赐书于臣、施之于教，俨然将其作为教化臣民、匡正天下的一种文化手段。此示范效应主要始于太宗，其后诸帝相沿成习，在内容上定尊于儒经为核心的典籍范畴，并兼取寓含诗教的篇章。这些御笔写出的内容以翰墨形态大量呈现，进一步强化了赵宋王朝所推尊的思想价值体系，与政治上推行偃武修文的做法相为表里。宋代理学以“出入佛老，反诸六经”为指针，御书的经学化书写也反映出在理学兴起的文化背景下，统治者对道统的推尊、对伦理的构筑。

此值得一提的是，宋代造纸、印刷术的发达为这一文化传播模式提供了便捷之利。为实现一书多赐的效应，有司普遍采取的是石刻加复制的做法。高翥《恭跋思陵宸翰拓本卷后》诗云：“淡黄越纸打残碑，尽是先皇御赐诗。”“打残碑”即为碑刻拓印。前文引述太宗御书“分藏于天下之名山”，也是先“刻之金石”，而后进行打墨复制。洪迈叙高宗“一一肆笔而成”的经墨，“每终一经，辄诏玉册官摹刻，遍以石本，侈锡方夏光天之内，盖郡（群）戴其书”。④张孝祥叙颁于地方的御书时指出：“万机余力，一寓之书，六经诸子，史官之所记，写之琬琰，颁于天下者，无虑数千万字。”⑤所谓“遍以石本”“写之琬琰”都为刻石之说。

二、御书阁的分布

如前所述，宋代御书并非单纯的宸翰艺术，而是实施文治教化的工具和手段，承载着帝王的政治伦理诉求。不过，这种教化载体要得到充分、有效的实施还须辅以相应的设施条件来延伸和扩散。而御书阁作为奉藏和展示御书的空间恰能发挥传播御书的场地效应，如此，御书阁的建造和分布就与这一文教方式紧密相关。史籍显示，宋代御书阁其分布空间主要集中于以下几个地方。

---

① （宋）汪伯彦：《跋徽宗皇帝御书草圣诗》，曾枣庄、刘琳主编：《全宋文》，第138册，第37—38页。
② （宋）周必大：《御书白居易诗跋》，曾枣庄、刘琳主编：《全宋文》，第230册，第216页。
③ （宋）周必大：《御书白居易诗跋》，曾枣庄、刘琳主编：《全宋文》，第230册，第216页。
④ （宋）洪迈：《御书阁记》，范成大撰，陆振岳点校：《吴郡志》卷4，第34页。
⑤ （宋）张孝祥：《宣州新建御书阁记》，曾枣庄、刘琳主编：《全宋文》，第254册，第106页。

（一）宫廷

御书乃帝王日常所写，那么，在天子理政、生活的宫廷内就需要建造存放御书的馆阁。这些馆阁一般会署以典雅之名以彰显皇家气派，如天章阁、宝文阁、龙图阁、翔鸾阁等。以上馆阁都设在宫廷，是宋代御书生成和奉藏的初始之地，也是皇族成员及朝中贵近依例前往观赏、献礼的地方。以下可举几例相关的历史记载：

（八年八月）丁亥，诏近臣宗室观祖宗御书于龙图、天章阁。①

（十二月）丙申，幸龙图、天章阁，召群臣宗室观祖宗御书。又幸宝文阁，为飞白书分赐从臣。作观书诗，命韩琦等属和，遂宴群玉殿。②

龙图阁学士、直学士、待制，大中祥符中建。在会庆殿西偏，北连禁中，阁东曰资政殿，西曰述古殿。阁上以奉太宗御书、御制文集及典籍、图画、宝瑞之物。③

癸卯，召近臣宴翔鸾阁，观太宗御书及御制《圣文神笔颂》《玉宸殿记》等。（《宋史全文》卷六《宋真宗二》）

可见，御书阁的建造最初是在庙堂之内，后来随着御书颁赐之制而走向民间、山林。以下将述及的各级学校、宫观寺院等处设御书阁大凡是借鉴庙堂之制发展而来，具有彰显帝王至尊的隆贵性质。

（二）学校

宋代文教兴盛的标志体现在科举发达，以文取士成为选拔人才的主导意志，并由取士风向而引导整个社会对读书入仕的崇尚与尊重。在“教本于学校”的观念影响下，社会求学风气随之大盛，而为满足日益增长的读书需求，官私之学蓬勃兴起，朝廷设太学、国子监，州郡府县也各立庠序。宋世科举考试强调儒经记诵及其义理发挥，传统儒学在其教育体系中地位崇高，得到充分重视。在经学发展史上，宋代完成了十三经体系的建构，并成为学子的必修科目。皇帝的宸翰书写以择取儒经为核心，与当时的教育思想体制紧相承续。其翰墨经刻石复制后便成为一种特殊教材现身于学校，对当时士子进学修业产生特定影响。高闶曾回忆自己读书太学时恭览御书的经历：“臣昔为太学诸生，尝获恭览累朝宸翰于御书阁。”④其入仕后则极力倡导学校的御书阁建设，后奏书

① 《宋史》卷9《仁宗本纪一》，第188页。

② 《宋史》卷12《仁宗本纪四》，第249—250页。

③ 《宋史》卷162《职官志二》，第3819页。

④ （宋）高闶：《州学御书阁记》，曾枣庄、刘琳主编：《全宋文》，第188册，第164—165页。

云："旧太学辟雍皆有御书，今亦乞建阁以藏御书，仍愿特洒宸翰加惠多士。"[①]胡寅在《新州州学御书阁记》中说道："皇帝临御之十有二年……乃于清闲之燕，自《易》《诗》《书》《春秋》《孝经》《语》《孟》《中庸》篇，《左氏传》《周六官》之籍，悉经宸笔，刊诸琬琰，而以墨本普赐学校。……"[②]舒师皋在《重建御书阁记》中列举了颁赐御书之目："（绍兴乙丑），明年春王正月，首奉恩命，颁赐御书十有六轴，则有《易》《书》《孝经》《孟子》及《周官》《中庸》《宣圣赞》《羊祜传》；有再颁六轴，则有《诗》《论语》；又明年冬十有一月，复颁书如始赐之数，则《春秋经》《乐毅传》。"[③]胡、舒两家所记反映出，朝廷所赐御书基本为群经中的主体内容。其重要性则如游九言所述："学校之事，固不若威强制御，可以旦暮见效。然三纲明则奸宄知畏，五教修则良心日生，诗书之泽，蒙被生民而不知。试使六经之言一日坠地，名义废而不存，天下事可胜言乎？"[④]从中可看出宋代知识分子对五教、六经等教育功能的敬奉与崇信。

宋代皇帝不仅把儒家经典文辞作为宸翰书写的主体内容，而且还时常语重心长地向臣子强调圣典的深意。如高闶云："一日进讲毕，上从容谓臣曰：'圣贤之言盖有深意，朕每罢朝，未尝不观经史子传，日书数纸。渐成部帙，将以次降出。'"[⑤]鉴于此，宋代官员知识分子在为政时总会务加推行皇帝的意旨，把学校御书阁建设作为推行文教的基本手段，并予阐明："窃谓阁藏书，书载道，书非徒书，阁非徒阁也，风俗教化，所系甚大。"[⑥]这些观点从舆论上为御书阁在学校的广泛兴起提供了强大的理论宣传和支撑。

（三）寺观

古代文献易于损毁流失，而寺院宫观相对平静安宁、远离兵燹，人们逐渐形成把书籍文献藏于寺观的理念。其中比较典型的例子就是白居易，他为了使自己的文集能够完整地保存并传之后世，他于生前对自己的文集就做了精心的安排。"故其集，家藏之外，别录三本：一本置于东都圣善寺钵塔院律库中，一本置于庐山东林寺经藏中，一本置于苏州南禅院千佛堂内。"[⑦]白氏的这一做法不仅显效，也启发了后人对其效仿和借鉴。宋代御书广赐山林寺院，不能不说有受其影响的一面，如前文引真宗普赐太宗御书

---

① （宋）高闶：《乞建阁以藏御书奏》，曾枣庄、刘琳主编：《全宋文》，第188册，第153页。
② 曾枣庄、刘琳主编：《全宋文》，第190册，第99页。
③ （宋）舒师皋：《重建御书阁记》，曾枣庄、刘琳主编：《全宋文》，第299册，第122页。
④ （宋）游九言：《御书阁记》，曾枣庄、刘琳主编：《全宋文》，第278册，第369页。
⑤ （宋）高闶：《州学御书阁记》，曾枣庄、刘琳主编：《全宋文》，第188册，第164—165页。
⑥ （宋）沈翥：《移建御书阁记》，曾枣庄、刘琳主编：《全宋文》，第349册，第479页。
⑦ （唐）白居易：《苏州南禅院白氏文集记》，顾学颉校点：《白居易集》卷70，北京：中华书局，1979年，第4册，第1489页。

事中就说道："凡道宫佛寺，往往得被其赐。"胡寅《新州州学御书阁记》也透露："凡州若县与浮屠老子之家，各有敕札御书旧矣。"①

寺院宫观既被其所赐，亦不可不建御书阁。如有地方官为"谋就功德"而捐钱在寺院建造御书阁，宋祁云："真宗咸平初，通追来孝，执竞先烈，紬禁中茂陵之聚，备天下名山之藏，乃以太宗皇帝御制御书凡百轴下赐焉。……乾兴元年，景陵县史谭颙内发信誓，谋就功德，捐缗钱数十万，建为重阁，迁赐书而藏之。"②谭颙出资在复州广教禅院建造的御书阁，其目的有较浓厚的宗教色彩，即"谋就功德"。宋代的佛教信徒也把建御书阁视作敬佛的虔诚行为，如明州信众"相与出力"建成广利寺御书阁。苏轼云："仁宗皇帝以天纵之能，不由师传，自然得道……亲书颂诗以赐之，凡十有七篇。……琏既渡江，少留于金山、西湖，遂归老于四明之阿育王山广利寺。四明之人，相与出力建大阁，藏所赐诗颂，榜之曰宸奎。时京师始建宝文阁，诏取其副本藏焉。"③

宋代寺院早期所建御书阁应该是在咸平六年真宗广赐太宗御书之时，前引刘挚《南岳御书阁记》于其卷数、内容等记录已详。太平州普惠寺所藏御书应该也为此次颁赐，郭祥正记其阁道："圣宋御天下……皇帝乃留神翰墨，龙踪天画，充盈内府，或赐近臣之家，或颁名山洞府之寺。观太平州隐静山普惠寺所藏，百有二十轴……阁成，凡三十有六楹，总用钱一百三十万。"④类似的御书在《淳熙三山志》所载寺院中多有收藏，为明晰起见，现列表1如下。

表1　梁克家《淳熙三山志》所记寺院安奉御书及设御书阁情况

序号	所在卷次	寺院	御书内容/数量	颁赐时间
1	卷三十三	怀安乾元寺	一百二十三卷	皇朝咸平六年赐
2	卷三十三	侯官县南涧寺	一百二十五卷	皇朝咸平六年赐
3	卷三十三	东禅院	徽宗赐僧达杲，卷数不详	不详
4	卷三十三	故山涌泉院	一百二十五卷	皇朝咸平六年赐
5	卷三十四	西禅寺	一百二十三卷	皇朝咸平六年赐
6	卷三十六	福清黄蘗寺	降太宗御书，卷数不详	皇朝咸平初

从表1可知，仅福建路福州府内寺院奉藏太宗宸翰的御书阁至少有5处，可见寺院建御书阁绝非个别现象。另外，宋代两浙地区的佛教香火也相当兴旺，寺院广布，其中建有御书阁的寺院较多，表2和表3对临安、明州两地的寺院御书阁情况做一胪列。

① 曾枣庄、刘琳主编：《全宋文》，第190册，第100页。
② 曾枣庄、刘琳主编：《全宋文》，第25册，第91页。
③ （宋）苏轼：《宸奎阁碑》，孔凡礼点校：《苏诗文集》，北京：中华书局，1986年，第501页。
④ （宋）郭祥正：《繁昌建御书阁记》，曾枣庄、刘琳主编：《全宋文》，第80册，第27页。

表 2 潜说友《咸淳临安志》所记寺院安奉御书及设御书阁情况

序号	所在卷次	寺院	御书阁/御书内容	建阁/赐书年
1	卷七十六	明庆寺	宸奎万寿阁	景定三年建
2	卷七十八	积庆教忠寺	理宗皇帝御书	不详
3	卷七十九	天申万寿圆觉院	高宗御书寺额、堂匾，孝宗御书《圆觉经》及御书圣制诗二首，理宗御书《千字文》	不详
4	卷七十九	时思荐福寺	高宗御书寺额及《观音心经》一卷，太皇太后御书《金刚经》	不详
5	卷八十	景德灵隐禅寺	孝宗御制诗颂，理宗御制《千佛赞》	不详
6	卷八十	下天竺灵山教寺	御书阁藏累朝宸翰：仁宗六、高宗四、宪圣慈烈皇太后二、宁宗二、理宗八	不详
7	卷八十	上天竺灵感观音寺	孝宗御制大士赞，理宗书《心经》、御制赞及殿记	不详
8	卷八十一	崇恩显义院	高宗御书古诗五首	不详
9	卷八十四	於潜县北明空院	理宗御书“松岩”“方丈”，又御制《顶相赞》	嘉熙间建
10	卷八十四	富阳净明寺	有御书阁，所藏不详	宣和间建

表 3 罗浚《宝庆四明志》所记寺院安奉御书及设御书阁情况

序号	所在卷次	寺院	御书阁/御书内容	建阁/赐书年
1	卷十一	圣功院	藏太宗皇帝石刻御书，于本院奉赐五十卷轴	不详
2	卷十一	大中祥符寺	奉藏太宗所赐御书、御批	皇朝端拱中
3	卷十三	阿育王广利寺	奎宸阁，仁宗赐御书轴五十有五、扇三，孝宗赐御书圣语、御制颂及“妙圣之殿”四大字，宁宗御书“孤云”“六殊胜地”及“佛照庵”	熙宁三年建阁、仁宗皇祐二年赐、孝宗淳熙七年赐、宁宗赐年不详
4	卷十五	雪窦山资圣禅寺	太宗皇帝所赐石刻御书二部，四十有一卷，含：真书《秘藏诠》二十卷、《逍遥咏》十一卷、《怀感诗》四卷、《幽隐诗》四卷、《回向文诗》一首、《佛赋》一首，在本寺藏院奉藏	至道年中
5	卷十五	大中岳林禅寺	崇宁阁，仁宗御书，含：飞白书“佛法”、飞白书“佛”、《御注文岳禅师墨书环像》一首、《御注文岳禅师所进颂》一首、《御注文岳禅师回旧居颂》一首	皇祐中

从以上三种地方志所载的寺院情况来看，寺院奉藏御书相比宫廷、学校御书阁所藏内容更为驳杂，既有卷帙浩博的儒家圣典，也有佛学经语及佛寺记颂文，还有皇帝个人撰写的诗偈、题额等。以上所举寺院御书阁仅限当时佛教炽盛的福州、两浙区域，其他地域的寺院建御书阁亦不稀见。如南岳一带佛寺众多，朝廷多次赐书都传至此间。除南岳胜业寺御书阁外，潭州大伪山密印禅寺有崇宁间所建御书阁，“奉安神宗皇帝所赐御书”①。

① （宋）惠洪：《潭州大伪山中兴记》，《注石门文字禅》卷 21，北京：中华书局，2012 年，第 1289 页。

此外，宋人的诗文中还有不少寺院御书阁信息，如王十朋《宿真如寺》诗云："我行初至漈泉山，御书阁下眠秋雨。"此真如寺中亦建有御书阁。陈鹏《御书阁记》写道："初出通泉，见西山盘薄，其上桧柏森然。入其门，两边之庑缭然以深。至其上方，其大屋岿然而尤高，是为御书阁。"①此御书阁即为西山寺所有。

宋代提倡三教并存，道教也得到相应扶持和发展，朝廷赐书亦未疏漏道观，因此道观中多有建御书阁。其知名道观内的御书阁规模毫不逊色于佛寺，如李纲有诗《道勾漏山灵宝观窃睹两朝御书谨成古风》，灵宝观中奉藏着两朝御书，分量自然不小；咸淳《临安志》所载城内的天庆观，"观内有真宗皇帝御制赐守臣王钦若诗、高宗皇帝御书老子《道德经》石刻"②。其规模也不容小觑。不过，宋代道教的势力与规模整体不及佛教，道观的数量少于佛寺，故其所建御书阁亦不可与后者相比拟。

（四）私邸

宋世帝王普遍热衷文事，大多精通翰墨之艺，典型者如太宗、仁宗、徽宗、高宗等。在文官体制相对发达的宋代，文臣待遇比较尤渥，皇帝与文臣在敬儒宗经的取向上总体一致，君臣之间文墨相交，故御书所赐对象主要是文官近臣。如郭祥正所道："皇帝乃留神翰墨，……或赐近臣之家，或颁名山洞府之寺。"获得御书者往往借鉴宫廷御书阁模式加以收藏和保护。通常，他们把御书安置于私宅之内，并把藏书阁作为读书宴客的尊贵场所，如："孙宣公奭以太子少傅致仕，居于郓。一日，置宴御诗厅（仁宗尝赐诗，刻石所居之厅壁上），语客曰：'白傅有言"多少朱门锁空宅，主人到老不曾归。"今老夫归矣。'喜动于色。"③孙奭宅内奉藏御书处取名御书厅，其性质与御书阁实无二异。而径称御书阁者更为多见，如："宗望字子国，终右武卫大将军、舒州防御使，赠安化军节度使观察留后、高密郡公。仁宗尝御延和殿试宗子书，以宗望为第一；又常献所为文，赐国子监书，及以涂金纹罗御书'好学乐善'四字赐之。即所居建御书阁，帝为题其榜。"④《宋史·刘正夫传》载："正夫由博士入都，驯致宰相，能迎时上下，持禄养权。性吝啬，惟恐不足于财。晚年，筑第杭州万松岭，以建阁奉御书为名，悉取其旁军营民舍，议者讥之。"⑤

宋帝王对臣子私建御书阁一般持鼓励态度，经常为御书阁题榜。如："（杨存中）尝

① （宋）陈鹏：《御书阁记》，曾枣庄、刘琳主编：《全宋文》，第84册，第208页。

② （宋）潜说友编：咸淳《临安志》卷75，《宋元浙江方志集成》，杭州：杭州出版社，2012年，第3册，第1215页。

③ （宋）王辟之：《渑水燕谈录》卷4，北京：中华书局，1981年，第45页。

④ 《宋史》卷245《宗室传二》，北京：中华书局，1977年，第8701页。

⑤ 《宋史》卷351《刘正夫传》，第11100页。

营居凤山，十年而就，极山川之胜，后献于朝廷，更筑室焉。又葺园亭于湖山之间，高宗为书‘水月’二字。所居建阁以藏御书，孝宗题曰‘风云庆会之阁’。”[①]一定程度上，皇帝的态度对此风尚也起到了推波助澜的作用。

三、御书阁的社会文化功能

就形制而言，御书阁不过是奉藏帝王宸翰的楼阁建筑，与其他建筑结构相较并无特异之处。但是，由于帝王宸翰是寄托政治诉求的特殊御品，社会各群体对之表现出一定狂热和虔敬，作为奉藏御品的书阁自然也被赋予了庄严性质，其政治寓意远远大于建筑意义，并在实际中发挥着王权崇拜的向心作用。其具体功能根据所处空间、适用对象而有不同的表现，下文拟从以上四种空间所涉及的接受群体角度对御书阁的文化功能进行论述。

（一）恭览圣训的互动平台

宋代以儒兴邦，重用文人，这些通过读书入仕的知识分子参政意识激切，心怀社稷存亡，相比武人更重人伦之序和社会责任，皇帝把治国兴邦的理想更多地托付于这些饱读经史的文臣。在此政治文化环境下，传统儒学既是科举入仕的主要考试内容，也成为君臣沟通思想感情、探讨文治道德的重要支点。宋人高文虎对本朝重儒倾向作如是概括：“绳武遵宪，动法祖宗。考图表经，笃向儒学。”[②]儒学思维及其知识体系成为这一时代政治伦理纲纪的核心依据，赵宋统治者不仅以之选拔人才，而且也把它作为匡扶人心的思想工具。对于那些已经从科场进入官僚体制的大小官员们，他们必须坚持在以儒修身的规制下参与治国和行使职能。

宫廷御书阁作为收藏御制的机构，其主要功能就是为宗室、朝臣恭览圣训、增进儒学提供特殊空间，通过这一仪式以促进政治上层在思想意识上的统一。此礼制性活动在北宋开展比较频繁，前文所引诸条史料均可见皇帝专门下诏、亲自干预的迹象，其重视程度可见一斑。皇帝在推进臣僚的御书观摩方面颇重之风雅之道，如在观书中组织诗歌唱和，以之促学习感悟及交流。以下几位北宋文臣的相关诗作颇能体现这一点，如韩琦有《御制天章阁观三圣御书奉圣旨次韵》、王珪有《依韵恭和圣制龙图天章阁观三圣御书》、欧阳修有《观龙图阁三圣御书应制》、蔡襄作《观三圣御书应制》、金君卿作《和

① 《宋史》卷367《杨存中传》，第11440页。
② （宋）高文虎：《御书紫薇阁记》，曾枣庄、刘琳主编：《全宋文》，第242册，第165页。

御制观龙图阁三圣御书》、司马光作《奉和御制龙图等阁观三圣御书》，等等。从其透露的思想来看，有针对书写的艺术评价，如韩琦云："花拆惊雷起，龙腾骇浪分。"欧阳修云："虹蜺光照物，龙凤势腾云。"蔡襄云："圣业存功德，宸毫冠艺文。"但这些赞美之词都是为了下文称颂君德做铺垫，而礼赞君德则集中于天子的勤政本心。这一旨归想必也是皇帝开展观书活动的本质意图，即通过观摩御书而思祖宗之训，砥砺臣子恪尽职守，为国效忠尽智。从诸家次韵诗来看，他们的回应均紧扣圣意，对御书的"宝训"内含着意称扬。如欧阳修云："孝思遵宝训，圣业广惟勤。"蔡襄云："皇心钦宝训，求治益精勤。"金君卿云："宸心追睿辙，尤念保邦勤。"其中司马光的构思较为特别，诗道："愿移天纵艺，似续圣功勤。"众作不约而同地围绕"勤"字做文章，是颇有现实指向的。当然，口径的一致想必还与群体唱和取韵相同的作诗程式有相应关联。

此类观书活动还发生在其他场合，如文天祥的《敬和道山堂庆瞻御书韵》诗也流露观书者所受的触动，其诗道："列圣文章千载重，诸孙声气一时同。著庭更有邦人笔，稽首承休学二忠。"①看来，观书仪制实为宋代各级官员恭受圣训的基本途径，但其产生的实际效应是否确如文氏所表露的真切明显，此尚待深入探求。不过，从以上若干互动中我们可得出如下结论：宋代帝王宸翰的书写、奉藏及观赏是一种三位一体的文化机制，其首先在统治上层的臣僚中展开并交流，颇能显其自上而下的示范效应。

借此而论，宋代宫廷所设御书阁既是御书收藏的初始之地，也是皇室、朝臣恭受"宝训"之教、增进为官之质的特殊课堂，是政治上层统一意识、增强凝聚力的互动平台。

（二）官方意识的传播通道

宋代统治者在执行修文偃武的政策上尤重学校教育。其一方面是推进各级学校的布局和建设；另一方面则是对教育内容加以规约。从朝廷向各级学校所赐的御书内容上看，基本都为科举应考相关的儒学要典，是当时社会培养圣德、教化人心的主要资源，如"《孝经》以及六经、《论语》、《孟子》，以至史传"等，尤为强调这些知识"必取圣贤格言，以动化天下"②。鉴于此，御书阁亦为当时学校教育的有机组成部分，而组织、安排受教者到御书阁中观赏、濡染乃此时教育中之重要环节。宸翰作为官方意识形态的特殊载体，必须依托于御书阁才能实现更好的、持久的传播。因此，高闶在阐述御书阁的教育功能时鲜明地指出："臣闻治天下犹治一身，其文教与武备犹饮食与药

---

① （宋）文天祥撰，刘文源校笺：《文天祥诗集校笺》卷3，北京：中华书局，2017年，第173页。

② （宋）高闶：《州学御书阁记》，曾枣庄、刘琳主编：《全宋文》，第188册，第165页。

石也，人不可一日无饮食……是以帝王之兴有不得已而用武者。及既平定，则必归于文治。”①

作为当时教育的最高学府，国子监不仅经常获得朝廷颁赐的御书，且配有讲师以作维持和讲授，如北宋刘攽作《国子监御书阁观雨同张主簿》诗云：“圣朝百吏都勤事，优借儒官到老闲。”②到了南宋中后期，随着国祚危机的迫近，利用学校来推行儒家道统思想的做法变得更为直接和紧迫，皇帝已不满足于单纯抄写儒经和祖训的做法，而是转向道统撰述，并制为御书。如淳祐元年（1241 年），理宗“制《道统十三赞》，就赐国子监宣示诸生”③。

在地方学校，即便没有获得朝廷所赐的御书，但那些关心民间教育的儒士总会尽己之力，于地方学舍建御书阁，并把皇帝所赐个人的御书复制后置于学校，以供学子瞻仰，借此助推地方教育发展。如李纲《御书草圣千文赞》序云：“绍兴五年冬，皇帝以御书草圣千文，赐臣子渲。明年夏，臣子渲刻之琬琰，以示臣某。又明年春，臣某摹勒于石，置诸豫章学舍宣圣殿宇之阴，正临讲席，使学者得以瞻仰。”④综上可知，宋代各级学校所建御书阁实为官方意识形态在教育领域中延伸、传播的通道与阵地。

（三）统合儒释道的文化纽带

寺观本为宗教传法之所，赵宋朝廷却经常给这些方外之地颁赐御书，其有何用意呢？下面着重针对寺院御书阁的具体功能展开论述。

宋代对佛教总体上实行的是既不盲目崇奉也不过分抑制的政策。宋世开国之初的两任君主曾做出一些颇有利于佛教发展的决策，如太祖对进士李霭所著《灭邪集》之攻佛言论不予采纳，对其极端灭佛态度加以抑制，并支持对之采取“决杖，配沙门岛”的处置；真宗则明确肯定道释有益于世，景德三年，当侍讲孙奭提出“请减修寺度僧”时，他表示：“至于道释二门，有助世教，人或偏见，往往毁訾，假使僧、道士时有不检，安可废其教耶？”⑤尽管如此，最高统治者对佛教并非没有防范，此矛盾心理正如葛兆光所概述：“中国的世俗皇权与宗教之间，始终有一种根深蒂固的不信任感，宗教势力的膨胀始终是皇权的心腹之患。”⑥那么如何调解这一内在矛盾呢？宋代统治者采取的是

---

① （宋）高闶：《州学御书阁记》，曾枣庄、刘琳主编：《全宋文》，第 188 册，第 165 页。
② 《全宋诗》，北京：北京大学出版社，1998 年，第 11 册，第 7269 页。
③ 《宋史》卷 42《理宗本纪三》，第 822 页。
④ （宋）李纲著，王瑞明点校：《李纲全集》卷 141，长沙：岳麓书社，2004 年，第 1341 页。
⑤ （宋）李焘：《续资治通鉴长编》卷 63，真宗景德三年乙酉条，北京：中华书局，1992 年，第 1418—1419 页。
⑥ 葛兆光：《增订本中国禅思想史：从六世纪到十世纪》，上海：上海古籍出版社，2008 年，第 59 页。

统合儒佛的做法，即从“有助世教”的立场上寻求二者的互通共存，使其各自在治世和治心的功能上找到平衡点，最终达成互补双赢的效果。太宗皇帝已着手积极的实践，从其所书内容“杂取六经，诸子之要言正论，至或选摘众流异佛老之说”的综合取向上不难发现，太宗对佛道思想展示出兼容并包的姿态。他兼容“佛老之说”，反映其利用佛老“有益于修身治心为天下国家”的积极成分。其继任者真宗对统合儒释也做出积极回应，把太宗所书宸翰广赐寺观。宋代统治者通过政策扶植与文化渗透的组合方式，把过去相对独立于皇权之外的沙门净土逐步整合为维护世教的有利因素。

佛教中人对儒、释、道“三教归一”问题早有思考，唐宗密《华严原人论序》中说：“孔、老、释迦皆是至圣，随时应物，设教殊涂（途），内外相资，共利群庶，策勤万行……惩恶劝善，同归于治，则三教皆可遵行。”[①]宋代朝廷对佛寺的控制与笼络也促使僧众对官方立场的顺应与迎合，并主动发挥佛教的治世功能。宋僧对此多有表态，如宗杲大慧禅师说：“世间法即佛法，佛法即世间法。”“予虽学佛者，然爱君忧国之心，与忠义士大夫等。”[②]显然，佛门已毫无推卸地把忠君爱国的义务担当起来。对于皇家赐书，他们也表现出极大兴趣，视之为隆礼与恩遇，这一点在请儒士代写的阁记中多有表露。叶清臣在为虎丘寺写《御书阁碑》时云：“丞相臣谓、臣拯相与文雅侍从之臣，发瑶笈，披琼蕴，编第为集，凡三百卷，请从刊摹，以传永久，制曰可。……于是司空上舆地之志，职方辨九山之物，分道遣使，咸锡其副，则吴郡之虎丘存焉。……先是永熙宸翰九轴，帝书一品……先朝宝跗入石，册六十二，分辉奎曲，并集为赐。今皇帝飞云洒妙，墨本三十，重光祖武，嗣有恩颁。至是落成，并置其上。维三圣继统，昭明游艺，若二辰二曜，珠联璧合。”[③]黄庭坚在《题虔州东禅圆照师新作御书阁》诗中赞曰：“三后在天遗圣墨，百神受职扶琳宫。文思帝泽余温润，雨露下国常年丰。”[④]有些诗人还把御书作为寺院的祥瑞加以美化，如王十朋诗云：“黄龙溪上祥云覆，紫帽山头瑞气蒙。俗眼惊传佛光现，不知宸翰在山中。”[⑤]

随着儒佛统合的推进，宋代寺院之发展兴旺越发依赖于世俗皇权的庇护和支助。御书及御书阁的有无进一步影响到寺院在教界的地位及其宗风的盛达，僧众因而表现出对御书的强烈期待，乃至辗转谋求。如强至《灵山教寺记》道：“明道岁，王人左藏黄副使（元吉）将命过杭，得师欢甚，因还侍上，恳求御书，愿赐为蘗林荣。皇祐改元，始

① 圣严法师：《华严心诠——〈原人论〉考释》，北京：宗教文化出版社，2006 年，第 207—208 页。
② （明）瞿汝稷集：《指月录》卷 32，《万续藏》，台北：新文丰出版社，1993 年，第 143 册，第 709 页。
③ （宋）叶清臣：《御书阁碑》，曾枣庄、刘琳主编：《全宋文》，第 27 册，第 192 页。
④ 刘尚荣校点：《黄庭坚诗集注》之《山谷诗外集》卷 2，北京：中华书局，2003 年，第 1613 页。
⑤ （宋）王十朋：《王十朋全集》卷 27《御书阁》，上海：上海古籍出版社，1998 年，第 519 页。

赐飞白字，凡六轴。乃度正位，构层阁以安之，所以尊帝笔而华佛祠也。”①

在此倚重政权的佛教发展形势下，御书阁几为寺院不可或缺的建筑布局，南宋周孚曾写道：“故其奉赐诗者有阁，待游观者有台，休老疾者有堂……”②不少寺院因藏有累朝御赐而名声大噪，如广利寺、东林寺、东京华岩禅院、潮州开元寺等，他们都以累受朝廷御赐、藏品丰富而著称一时。明州阿育王山广利寺几任住持声誉隆显，如怀琏、德光、宗印皆为一代名僧，分别受仁宗、英宗、高宗、孝宗等帝王的召见和咨问，皇帝对他们的佛学修养称赏有加，并多次赐书褒奖。在宗印任住持时，将御书“始尽摹而刻之，以补名山之阙典”“而后累朝云汉昭回之美于焉大备，真东南禅林第一盛事也”③。这些御书相当于一笔无形资产，对其地位的提升极为有益。江州东林寺建有焕文阁奉藏累朝御书，该寺僧众对皇家“恩颁”用心奉藏，展示出相当的气派。据唐文若诗《题绍兴焕文阁》引注：“《江州志》：高宗有手诏，御书诸经及赞坦像等，并赐徽宗御书道经，命作绍兴焕文阁以奉之，兼藏孝宗、光宗圣翰，外有汪应辰、张孝祥、唐文若、李塾、李壁、曾极等诗。”④该寺御书阁收藏极富，且有名臣诗作相衬，主次有序，格调高雅。潮州开元寺在修建中也充分利用“累赐”御书，加以精心布置，使之成为“一郡之表”。余靖在寺记中写道：“又为二楼：一储本朝累赐太宗睿烈皇帝御书，真宗章圣皇帝及今皇帝御制；一悬洪钟而对峙之。……为一郡之表。”⑤

鉴于寺院御书阁的统合功能，皇帝对僧众建阁亦多予鼓励，如仁宗屡次给东京华岩禅院颁赐御书，后来他还亲自为御书阁题名，史载：“累赐御颂、御书、金帛、香药等……飞帛书等……寻以圣藻宸翰，溢于居室，因构阁以藏焉，示不敢亵近也，因赐琉璃瓦覆之，并赐御飞白书，额曰龙奎之阁。”⑥可见，御书阁辉煌的背后常常有皇家之力在推动。

儒释统合的双向选择有利于彼此依存和繁荣。宋代统治者对佛教施以庇护，其根本目的是发扬佛教对世态人心的教化与涵养，以实现文治天下的太平盛景；反过来，佛教积极投靠皇权则是企望得到统治者的保护，免于受反佛言行的讥毁。另外，从宗教迷信的角度而言，统治者也急需利用佛教寺院为其祈福保平安，宋代寺院普遍承担“上祝皇帝圣寿”⑦和祈雨、祈晴之责。刘才邵《游香山宝应寺恭睹仁宗皇帝御书发愿文》诗写

---

① （宋）强至：《灵山教寺记》，曾枣庄、刘琳主编：《全宋文》，第67册，第161页。
② （宋）周孚：《金山重建南水陆堂记》，曾枣庄、刘琳主编：《全宋文》，第259册，第60页。
③ （宋）楼钥：《恭题仁宗赐怀琏御颂》，曾枣庄、刘琳主编：《全宋文》，第264册，第148页。
④ 《全宋诗》，第35册，第22199页。
⑤ （宋）余靖：《潮州开元寺重修大殿记》，曾枣庄、刘琳主编：《全宋文》，第27册，第78页。
⑥ （宋）余靖：《东京左街永兴华严禅院记》，曾枣庄、刘琳主编：《全宋文》，第27册，第87—88页。
⑦ （宋）邹浩：《焦山御书阁记》，曾枣庄、刘琳主编：《全宋文》，第131册，第356页。

道："致治臻无事，持盈愈若冲。皇居多暇日，宸翰写深衷。誓保基图永，期跻寿域同。含生蒙愿力，流泽浩无穷。"[①]仁宗皇帝亲手书写发愿文赐宝应寺奉藏，既表达自己对治政的宏愿，也有寄望于佛教神灵护佑之意，刘诗所谓"誓保基图永，期跻寿域同"乃点睛之笔。

佛寺奉藏御书则还获取度牒的优待。余靖在《东京左街永兴华岩禅院记》中指明，华岩禅院因建龙奎阁奉藏累朝御书，得到"岁度僧一名"的应许。苏轼在《宸奎阁碑》中也反映，明州阿育王山广利寺建宸奎阁奉藏仁宗御书，得到"岁度僧一人"的优待；胡宿记杭州下天竺灵山教寺建御书阁，也获得"每岁增度行者一人"的诏准。以上记文中反映出的情况其实在真宗诏令中已有规约在先，诏曰："天下寺观曾赐得太宗御书处，自今除承天节比试额定外，于见在童行外从上名特度一人。"[②]官方诏令对此优待还做出专门的适用指向，如："兖州延寿寺十九院之中，今后于逐院内从上名轮系帐行者一人，专切看管所储御书阁，候一年，别无遗阙，特与剃度。"[③]明确规定"岁度僧一人"是为"专切看管所贮御书阁"的。

综上所述，寺院御书阁是宋世皇权与释教彼此依存、相互利用的产物，起着统合儒释的文化纽带作用。

（四）彰显恩荣的私人空间

如果说给学校、寺观赐御书是对童蒙士子及方外群体的化育和笼络的话，那么，宋代帝王在不同场合给亲贵近臣等赐书则无疑是对士夫阶层的褒奖与激励。从史料来看，宋帝王给个体赐御书行为往往与御筵、赐宴等喜庆活动结合在一起，具有鲜明的褒宠性质。如真宗皇帝给新进士赐书颇具代表性，史载："礼部上合格举人。甲午，上御崇政院，亲览入等者，赐陈尧咨以下二百七十一人进士及第，诸科六百九十七人赐同出身。赐宴日，以御书褒宠之。"[④]显然，皇帝此举是为了嘉奖、激励新进，使这些即将进入官僚队伍的新成员享受座主的恩沐，进而为其所代表的皇权效忠。宋皇在给近臣赐书时也毫不隐讳自己的政治寓意，如"庚寅，上以御书《尚书》一秩赐赵鼎，翌日，鼎奏谢，上曰：'《尚书》所载君臣相戒敕之言，所以赐卿，政欲共由此道，以成治功耳。'"[⑤]

对那些功业卓著的老臣宋帝王赐书极为频繁，如神宗对文彦博的恩赐："元丰七年

---

① 《全宋诗》，第 29 册，第 18857 页。

② （清）徐松辑：《宋会要辑稿》道释 1 之 20，北京：中华书局，1997 年，第 7878 页。

③ （清）徐松辑：《宋会要辑稿》道释 1 之 21，第 7879 页。

④ 汪圣铎点校：《宋史全文》卷 5《宋真宗一》，第 205 页。

⑤ 汪圣铎点校：《宋史全文》卷 19 中，第 1423—1424 页。

春，文太师既告老，奏乞赴阙，亲辞天陛，庶尽臣子之诚。既见，神宗即日对御赐宴，顾问温渥，上酌御盏亲劝。数日，朝辞，上遣中使以手札谕公留过清明，饬有司令与公备二舟，溯汴还洛。清明日，锡宴玉津园，公作诗示同席。翌日，上用公韵属和，亲洒宸翰，就第赐公。将行，特命三省以上赴琼林苑宴饯，复赐御诗送行。公留京师一月，凡对上者五，锡宴者三，锡诗者再，顾问不名，称曰'太师'，宠数优异，近世无比。"①神宗对文太师的褒宠确为优异无比，其"亲洒宸翰"的行动中定然蕴含深刻的政治寓意。

在君臣赐受关系中，受书者显然获得了一份特殊的恩荣，故于礼制上，凡受赐之臣都须按礼上表、诗以谢恩。从现有的宋人文集中我们依然可发现不少这类应制之作，如黄裳《谢赐诗表》、范祖禹《谢赐诗序表》、马廷鸾《谢御赐诗表》等；作谢诗者如苏轼有《九月十五日迩英讲论语终赐执政读史官燕于东宫又遣中使就赐御书诗各一首……》，刘敞有诗《恩赐御书呈同舍诸公》等。范祖禹呈谢表时兼作谢诗，《谢赐御书诗五言十韵》云："受藏辉蔀屋，荣遇极儒绅。"②其荣耀之情溢于言表。周必大《进谢御书古诗》诗序写道："臣伏蒙圣恩，赐臣御书白居易《七德舞》乐府一轴。……臣荣感之余，谨用苏轼谢御书居易紫薇花绝句故事，斋沐课成古诗一篇，少见戴恩之意。轻黩宸严，伏地俟罪。"③其声气口吻极尽感戴。而有些受书者还乐于邀客共赏御书，颇有炫美之意，如梅尧臣《张圣民学士出御书并法帖共阅之》诗云："殷勤来邀强一往，虚堂肴酒罗甘丰。我病胃寒不下咽，匕箸谩举叨席中。主人欲客心意欢，出以飞帛腾龙鸾，刑政二字布楷法，古今书帖未足观。坐间杜子好弄笔，诋讥前辈无全完，一见宝踪天下妙，稽首赞仰舌吻干。如此别识已太险，我不颂咏还应难。"④此诗写出主客在宴席上共赏御书的融洽气氛，体现御书给受赐者带来的无比荣耀。

人臣私建御书阁其直接目的是为安奉御笔，从宋人相关记录中发现，私宅建御书阁有一定的规制标准，启工前似须上奏获准。如余深《建御书阁事奏》云："奉御笔，以臣私第建御书阁，蒙降赐御书。……缘臣私第建阁，系在福州，今欲乞依白时中私第御书阁例，差破使臣。其潜火兵士，止乞差一十五人。"⑤私宅所立御书阁象征着等级与荣誉，其深层意义则是彰显君臣之伦理关系，对此时人多有感怀和咏颂⑥，如王十朋《谢

① （宋）王辟之：《渑水燕谈录》卷 2，第 18 页。
② （宋）范祖禹：《范太史集》卷 2，《景印文渊阁四库全书》，第 1100 册，第 99 页。
③ 《全宋诗》，第 43 册，第 26746 页。
④ （宋）梅尧臣著，朱东润编年校注：《梅尧臣集编年校注》卷 25，上海：上海古籍出版社，1980 年，第 822—823 页。
⑤ 曾枣庄、刘琳主编：《全宋文》，第 156 册，第 158 页。
⑥ 《全宋诗》，第 24 册，第 16069 页。

荣帅赠御书孝经用陈大监韵》道："石刻分余犹及我，荣耀惊闻浙江左。从今蔀屋光属天，更有宠褒云八朵。"[①]金君卿《寄题毕郎中宅御书阁》诗云："敞第张层构，传家号绝珍。更藏书万卷，酣咏乐天钧。"[②]受书者形容私宅因得御书而辉光无限，视之为"传家"的"绝珍"，其受"宠褒"的"荣耀"感自是不言而喻。当然，受书者对皇家赐书的本意更有清醒的认识，马廷鸾作诗云："文治正应淳化似，恩华重与绍兴同。何须飞白人人赐，始悟君王欲教忠。"[③]"教忠"是天子赐书的真实用意，受宠褒者应当理性地将之落实在效忠的行动上。正如刘敞《恩赐御书呈同舍诸公》诗所道："受学庶无负，传家既多余。愿从二三子，讲诵无时虚。"[④]他将感恩之心化作"讲诵无时虚"的行动自觉，滤去了"传家"的种种虚饰和客套，可谓将御书的伦理诉求落到了实处。

四、结　语

宸翰书写、传布与接受涉及两宋君臣朝野、方内方外，实为当时政运与文运中一持久大事。宋世帝王积极参与其中，将治国之训、圣儒之言挥洒于笔墨之间，借助艺术形式展开宣传、勉励和诱导，并形成一种礼制文化，与其所一贯主张倡导的偃武修文之策相表里、相始终，这一做法足以体现赵宋统治者的治国智慧和温婉手段，并收到一定成效，使社会人心归于忠孝淳朴。不过，赵宋统治者在实施治国政策中过于依赖文治手段，虽然御书仅是其手段之一，但执行既久已难免显露其单调、虚饰乃至苍白的一面。至北宋中叶，宋王朝在政治、经济、军事诸方面已暴露出深重危机，以致王安石疾呼"天变不足畏，祖宗不足法，人言不足恤"。诸种病症，亟须统治者进行切实的反思、改革才有望国祚重振，而宸翰书写与教化作为一种政治的辅助手段实难挽此时代狂澜。再者，御书统合教化功能对方外空间的渗透，在一定程度上也促使佛道两教朝着世俗化与功利化的方向倾斜和位移，为此后三教合流实已注入了无形力量。

作者简介：左福生（1971—），男，汉族，文学博士，《重庆师范大学学报（社科版）》副编审，研究方向为宋代文史。

---

① （宋）王十朋：《王十朋全集》卷11，第169页。
② 《全宋诗》，第7册，第4923页。
③ 《全宋诗》，第66册，第41246页。
④ 《全宋诗》，第9册，第5674页。

宋代宰相丁忧起复考论

田志光[1]　刘　斌[2]
（1. 河南大学 中国古代史研究中心；
2. 河南大学 历史文化学院，河南 开封，475001）

摘　要：宋代丁忧制度经过不断发展，将礼制伦理与现实政治联系在一起，形成一套完整制度。宰相作为统治集团中的领导核心，他们理应比其他官员更加遵守和维护丁忧制度，但在实际活动中，他们往往出于各种原因，没有能够切实遵守这项制度。宋代一共有十位宰相服丧除免，都受到皇帝起复。宰相服丧后起复已经成为一种政治常态，但是丁忧后起复间隔时间有长有短，起复原因也不尽相同，起复后任命也有差别，起复后政治命运也是千差万异，这些差异性一般与当时政治环境紧密相关，其中涉及皇帝态度、宰相执政能力、个人政治意愿、群臣意见等因素。

关键词：宋代；宰相；丁忧起复

宋建国后于开宝六年（973 年），参照《大唐开元礼》内容、形式，在此基础上完成和颁布了《开宝通礼》。《宋史》卷九八《礼志一》载："本唐《开元礼》而损益之。"①朱熹甚至说："《开宝礼》只是全录《开元礼》，易去帝号耳。"②因《开宝通礼》现已失传，无法征引，然现存《大唐开元礼》则有官员丁忧起复的论述，其载："凡斩衰三年齐衰三年者，并解官，齐衰杖周及为人后者为其父母、若庶子为后为其母，亦解官，申其心丧（皆为生己者）。若嫡继慈养改嫁或归宗三年以上断绝者，及父为长子、夫为妻

---

① 《宋史》卷 98《礼志一》，北京：中华书局，2017 年，第 2421 页。
② （宋）黎靖德编，王星贤点校：《朱子语类》卷 90《礼七》，北京：中华书局，1986 年，第 2294 页。

并不解官，假同齐衰周。”[①]这段记载基本上确定宋朝丁忧服丧制度基调，宋朝官员丁忧服丧制度也在此基础上发展完善。高级官员在丁忧服丧后一般要起复，“已解官持服而朝廷特再擢用者，名曰起复”[②]。关于宋代官员丁忧起复，目前学界有一些探讨。[③]但对两宋时期宰相丁忧起复探讨还很不充分，一些问题有待深入探究。两宋时期共有135名宰相，其中只有赵普、吕蒙正、富弼、陈升之、郑居中、朱胜非、蒋芾、史弥远、史嵩之、贾似道等10名在位宰相丁忧持服，比重仅为7.407%。《宋史》与《续资治通鉴长编》记载宰相富弼起复时言：“故事，执政遭丧皆起复。”[④]宰相作为宰执集团的一员，也应适用于该惯例，然宋代没有专门针对宰相丁忧起复的具体时间规定，在一般情况下应按官员规定执行。但在实际情况下，宰相丁忧起复时间往往并不固定，因时因地制宜，呈现出多样性的特征。《续资治通鉴长编》卷二二载：“（太平兴国六年二月）丁酉，令群臣居丧被诏起复者，须卒哭朝谒，其俸料自诏下日给之。”[⑤]“遭母丧，故事，卒哭当起复，惟吉恳求终制，优诏不许，时论异之。”[⑥]《续资治通鉴长编》卷五〇一载：“初，三省言：‘驸马都尉郭献卿卒哭，当起复。’”[⑦]宰相被起复往往在“卒哭”之后，“卒哭谓百日”[⑧]。“三年之丧即除而从政，古今之通制也。”[⑨]如果宰相坚持服终丧，“三年之丧”后从政。“三年”并不是确指，实为27个月。《宋刑统》卷一〇载：“但父母之丧，法合二十七月。”[⑩]《续资治通鉴长编》卷二〇四礼院奏：“祖宗时据《通典》为正，而未讲求故事，天圣中更定《五服年月敕》，断以二十七月，今士庶所同遵用。”[⑪]

---

① （唐）萧嵩：《大唐开元礼》卷3《序例下》，北京：民族出版社，2000年，第34页。

② （宋）赵升撰，王瑞来点校：《朝野类要》卷3《起复》，北京：中华书局，2007年，第70页。

③ 关于宋朝官员丁忧问题的研究主要有：祝建平《北宋官僚丁忧持服制度初探》（《学术月刊》1997年第3期）；邓杰《北宋官员丁忧持服制度研究》（辽宁大学硕士学位论文，2013年），对北宋官员丁忧持服制度有较为全面介绍；贾亚方《宋朝官员丁忧制度研究》（河北大学硕士学位论文，2014年），对宋朝官员丁忧制度进行专门细致梳理，但是文中把宰相作为官僚群体一部分，没有单独对宰相丁忧状况进行梳理研究；此外，还有一部分个案研究，如史美珩《史嵩之起复问题探》（《宁波大学学报（人文科学版）》2003年第4期）和丁建军、贾亚方《宋朝丁忧制度与政治斗争——以“李定匿丧”与“史嵩之起复事件”为例》（《保定学院学报》2013第6期）对史嵩之起复问题进行研究，前者专门叙述史嵩之起复问题真相，但有主观色彩加入，后者则把史嵩之丁忧起复与政治斗争联系在了一起，给我们提供了一个看问题的新角度，两者都只对单一宰相分析，没能从整体把握。

④ 《宋史》卷313《富弼传》，第10254页；（宋）李焘：《续资治通鉴长编》卷193，嘉祐六年六月甲戌条，“故事，执政遇丧皆起复”，第4673页。

⑤ （宋）李焘：《续资治通鉴长编》卷22，太平兴国六年二月丁酉条，北京：中华书局，2004年，第489页。

⑥ （宋）李焘：《续资治通鉴长编》卷22，太平兴国六年六月甲戌条，第493页。

⑦ （宋）李焘：《续资治通鉴长编》卷501，元符元年八月丙申条，第11938页。

⑧ （宋）谢深甫撰，戴建国点校：《庆元条法事类》卷11《职制门八·给假》，哈尔滨：黑龙江出版社，2002年，第214页。

⑨ （宋）韩维：《南阳集》卷16《前国子博士曹振可旧官服阕》，台北：《景印文渊阁四库全书》，台北：商务印书馆，1986年，第1101册，第656页。

⑩ （宋）窦仪撰，薛梅卿点校：《宋刑统》卷10《职制律》，北京：法律出版社，1999年，第186页。

⑪ （宋）李焘：《续资治通鉴长编》卷204，治平二年三月壬午条，第4953页。

由此可知，“三年之丧”时间上仅仅是27个月，坚持服终丧，期满后即可再次从政。

宰相丁忧后必被起复，起复官职多为原职，“旧制：文臣丁忧，起复必先授武官，盖用墨缞从戎之义，示不得已也。故富郑公以宰相丁忧，起复初授冠军大将军，余官多授云麾将军。近岁起复者直授故官”①。但有些宰相会固辞愿服终丧，有些会任职一段时间后再去服终丧，有些则是一直任职到服除后。现根据他们丁忧持服、起复的实际情况具体探讨。

一、宰相丁忧服终丧起复

宰相服终丧是指丁忧期间不接受皇帝起复，坚持服完27个月，然后再起复为官，这种情况宋代有富弼、陈升之、蒋芾、史嵩之四人。嘉祐六年（1061年），“三月己亥，富弼以母丧去位”②。此时富弼为昭文史馆相，韩琦为集贤相，同年六月“甲戌，富弼起复礼部尚书、平章事、昭文馆大学士、监修国史，弼辞不拜”③。富弼坚持服终丧。富弼丁母忧期间，仁宗罢春宴以表忧恤，《宋史》卷一二四载：

> 嘉祐六年三月五日，宰臣富弼母秦国太夫人薨，十七日春宴，礼院上言：“君臣父子，家国均同。元首股肱，相济成体。贵贱虽异，哀乐则同。一人向隅，满堂嗟戚。今宰臣新在苫块，欲乞罢春宴声乐，以表圣人忧恤大臣之意。”诏下，并春宴寝罢。④

宋仁宗罢春宴是对宰相富弼一种忧恤，但这并不是定制，只是皇帝对大臣的一种恩宠。这件事在当时有争论，“庚子，以富弼母丧，罢大燕。时同知礼院晏成裕言，君臣之义，哀乐所同，请罢春燕，以表优恤大臣之意。上亟从其言。成裕，殊子，弼妻之弟也。议者或以为过云”。李焘认为“为大臣母丧辍燕，仁宗盛德也，而《实录》及《会要》乃云议者皆以为非，是不然矣。谓成裕与弼亲嫌，不当建请，则犹可”⑤。“仁宗皇帝以宰相富弼母在殡，为罢春宴。传之天下，至今以为宜。”⑥如果是一种定制，应按章操作，不会有争议，后人也就不会有如此评价，可见此为仁宗对富弼的一种优待隆恩。

---

① （宋）徐度：《却扫编》卷上，《全宋笔记》第三编第十册，郑州：大象出版社，2008年，第129页。
② 《宋史》卷12《仁宗本纪四》，第247页。
③ （宋）李焘：《续资治通鉴长编》卷193，嘉祐六年六月甲戌条，第4673页。
④ 《宋史》卷124《礼志二十七》，第2907页。
⑤ （宋）李焘：《续资治通鉴长编》卷193，嘉祐六年三月庚子条，第4663页。
⑥ （宋）李焘：《续资治通鉴长编》卷413，元祐三年八月乙未条，第10040页。

仁宗嘉祐六年（1061年）六月，“甲戌，富弼起复礼部尚书、平章事、昭文馆大学士、监修国史，弼辞不拜”①。富弼以原职起复，但其并未立即就任。“帝虚位五起之”，坚持让富弼起复，但是“弼谓此金革变礼，不可施于平世，卒不从命”。②

《宋大诏令集》卷五六《富弼起复制》亦载：“嘉祐六年七月弼不拜。”③“国朝袭唐制不改，论者以时无金革，士大夫解官终制可也。”④在无战乱时，士大夫解官持服是被认可的。富弼坚持服终丧。宋人王銍《默记》卷中载：“祖宗时，不惟宰相，虽百执事皆起复，至富郑公乃以太平而辞耳。”⑤《华阳集》卷二一《赐起复宰臣富弼赴阙诏》中，仁宗认为“观汉唐之际最为盛平，然秉政之臣，未有致位终丧之事”⑥，依然进行挽留。富弼为何力辞不愿起复，《事类备要》前集卷六四引用《龙川志》载：

> 富郑公韩魏公同在中书，郑公母老矣。一日语及故事宰相有起复视事者，魏公曰：“此非朝廷盛事已。”而郑公居母丧朝廷屡诏起之，上章三辞，贴黄言：“臣在中书，日当与韩琦言之，决不当起。”魏公叹曰：“吾但以实言之。”不料以为怨，自此二人稍稍有隙。

《石林过庭录》又云：

> 至和间富郑公为相，以母丧去位，时久无以宰相持丧者。昭陵意大向公必欲起复，诏再下，再力辞。末以卢朱崖、薛文惠故事切责有云：“以相国之尊而守匹夫之节，任天下之重而为门内之私，朕所不取也。”且命中人督公起，非同就道不得先还；公复抗章言：“天下无事，宰臣奉行常务，岂可与太宗时比。中书枢密院臣僚韩琦等，平居皆尝与臣论起复不是好事，今在嫌疑之地，必不肯为臣尽直言，断自圣意。”上知其不可夺乃已。⑦

从《石林过庭录》可知仁宗坚持让富弼起复，仁宗也认为富弼会答应起复。然而富弼却一再推辞，说出曾与韩琦探讨起复问题，《龙川志》认为，当时富弼母老时，二人

---

① （宋）李焘：《续资治通鉴长编》卷193，嘉祐六年六月甲戌条，第4673页。

② 《宋史》卷313《富弼传》，第10254页。

③ 《宋大诏令集》卷56《宰相六·富弼起复制》，北京：中华书局，1962年，第281页。

④ （宋）王辟之撰，吕友仁点校：《渑水燕谈录》卷4《忠孝》，北京：中华书局，1981年，第35页。

⑤ （宋）王銍撰，王杰人点校：《默记》卷中，北京：中华书局，1981年，第27页。

⑥ （宋）王珪：《华阳集》卷21《赐起复宰臣富弼赴阙诏》，《景印文渊阁四库全书》，台北：商务印书馆，1986年，第1093册，第158页。

⑦ （宋）谢维新：《古今合璧事类备要》前集卷64《丧纪门》，《景印文渊阁四库全书》，第939册，第513页。

曾探讨起复问题，韩琦认为大臣居丧期间起复不是朝廷典范，不应提倡。《石林过庭录》载除韩琦外，还有中书与枢密院的其他臣僚，可见在当时朝论中有一些不支持富弼起复的言论。这种情况更加坚定了富弼丁母忧不起复的决心，仁宗知不可强夺其意，也不再坚持起复富弼。《续资治通鉴长编》卷一九三中也有一段相关记载：

或言弼初与韩琦同在二府，左提右挈，图致太平，天下谓之韩、富。既又同为宰相，琦性果断，弼性审谨。琦质直，语或涉俗。俗谓语多者为絮，尝议政事，弼疑难者数四，琦意不快，曰："又絮耶！"弼变色曰："絮是何言与？"又尝言及宰相起复故事，琦曰："此非朝廷盛典也。"于是弼力辞起复，且言："臣在中书，盖尝与韩琦论此。今琦处嫌疑之地，必不肯为臣尽诚敷奏，愿陛下勿复询问，断自宸虑，许臣终丧。"琦见之不乐。自是二人稍有间云。此据司马氏《记闻》及苏氏《别志》，又参取弼所上札子。然谓弼与琦自此稍有隙，恐未必尔，更须详考。[①]

富弼与韩琦同为宰相，两人探讨过宰相起复先例，认为这不是一件好事，韩琦认为这不是朝廷盛世典范，富弼认为此时处于敏感时期，韩琦也不会为他直言上奏，两人至此有了矛盾。但李焘认为这个矛盾还需要详细考证，不认同此观点。这篇记载中还透露出一个关键因素，两者性格却有很大不同，很难说在工作中没有摩擦。

此外"弼性至孝"[②]，"仁宗末年，富公自相位丁太夫人忧归洛，上遣使下诏起复者六七，公竟不起。至其疏曰：'陛下得一不孝子，且将何用？'仁宗乃从其请"[③]。可知，富弼十分看中孝道。

综上可知，富弼已经清晰表达过自己态度，而今自己丁忧服丧又怎能改变，另外富弼性至孝。富弼坚持服终丧不仅仅是因为金革变礼，不可施于平世，富弼最终辞任宰相以服终丧，在当时引起强烈反响，这打破原有"执政遭丧皆起复"的惯例。宋人评价道："弼以金革变礼，不可用于平世，卒不从命。天下至今称焉。"[④]清人徐乾学评价道："自此宰相多终丧者，由弼始也"[⑤]、"观富郑公力辞不起，后之为宰执者遂不敢效尤起复"[⑥]。富弼坚持服终丧起到很好示范作用，但从实际结果来看，宰相服终丧如富弼者，却远没有清人徐乾学所说的那样，很多人都打破这种规则。

---

① （宋）李焘：《续资治通鉴长编》卷 193，嘉祐六年六月甲戌条，第 4673—4674 页。
② 《宋史》卷 313《富弼传》，第 10257 页。
③ （宋）邵伯温撰，李剑雄、刘德权点校：《邵氏闻见录》卷 9，北京：中华书局，1997 年，第 91 页。
④ （宋）佚名撰，汪圣铎点校：《宋史全文》卷 33《理宗本纪三》，北京：中华书局，2016 年，第 2761 页。
⑤ （清）徐乾学：《读礼通考》卷 112《丧志五》，《景印文渊阁四库全书》，第 114 册，第 576 页。
⑥ （清）徐乾学：《读礼通考》卷 112《丧志五》，《景印文渊阁四库全书》，第 114 册，第 578—579 页。

仁宗批准富弼终丧，乃迁韩琦为首相。嘉祐六年（1061年）闰八月，“庚子，工部尚书、平章事、集贤殿大学士韩琦加昭文馆大学士、监修国史”[①]，韩琦升任首相。嘉祐八年（1063年）五月，“富弼既除丧，戊午，授枢密使、礼部尚书、同平章事”[②]。《华阳集》卷二一《赐枢密使富弼赴阙诏》载：“除卿枢密使，特进检校太师、行礼部尚书、同中书门下平章事。”[③]《宋宰辅编年录校补》卷六载：“五月戊午，富弼拜枢相。弼既除丧，授枢密使、检校太师、行礼部尚书、同平章事。”[④]富弼被授地位仅次相位的枢密使加同中书门下平章事（即枢相），俸禄是百官中最高的。[⑤]关于富弼起复后任职问题，史载：

> 或谓琦曰：“富公服除，当还旧物，公独不可辞昭文以待富公耶？”琦曰：“此位安可长保！比富公服除，琦在何所矣。若辞昭文以待富公，是琦欲长保此位也，使琦何辞以白上？”闻者亦是琦言。[⑥]

从以上可知，宰相丁忧服阕应恢复原职，但是从实际情况来看，宋朝宰相丁忧服阕后没有一位是“官复原职”的，韩琦似乎并不是非想要占据首相之位。但是在富弼服除后，韩琦也没有主动让出首相之位。当时情况为韩琦为昭文史馆相，曾公亮为集贤相，宰相位置已没有空缺。

考虑当时与英宗的亲疏关系，韩琦更具优势，“初仁宗弗豫，皇嗣未立，人情忧恐。弼与文彦博等议请蚤定储嗣。会仁宗康复，故缓其事。后韩琦以定策立英宗。至是，慈圣后还政并弼迁官制诏，录其前议。弼奏曰：‘至和中臣虽泛议建储，其于陛下则如在茫昧杳冥之中，未见形象，安得与韩琦等等哉？’”[⑦]此话出自富弼之口，可见在立储上，韩琦功劳要更大。况且其后富弼解官服丧，远离朝政，而韩琦位居宰相，和英宗交集更多，关系当然较之要密切得多。其后英宗即位，“帝欲亮阴三年，命韩琦摄冢宰，辅臣皆言不可，乃止”[⑧]。英宗想要为仁宗守丧三年，命令韩琦代理朝廷军国大

---

① （宋）李焘：《续资治通鉴长编》卷195，嘉祐六年闰八月庚子条，第4718页。

② （宋）李焘：《续资治通鉴长编》卷198，嘉祐八年五月戊午条，第4808页。

③ （宋）王珪：《华阳集》卷21《赐枢密使富弼赴阙诏》，第158页。

④ （宋）徐自明撰，王瑞来校补：《宋宰辅编年录校补》卷6，嘉祐八年五月戊午条，北京：中华书局，2012年，第345页。

⑤ （宋）李焘：《续资治通鉴长编》卷205，治平二年七月壬戌条，第4977页。枢密使、户部尚书、同平章事富弼认为：“使相者文武中并是第一等俸禄”。按，枢相是使相的一种。

⑥ （宋）李焘：《续资治通鉴长编》卷195，嘉祐六年闰八月庚子条，第4718页。

⑦ 王称撰，孙言诚、崔国光点校：《东都事略》卷68《富弼传》，济南：齐鲁书社，2000年，第564—565页。

⑧ （宋）李焘：《续资治通鉴长编》卷198，嘉祐八年四月壬申条，第4793页。

政，宰辅大臣等不答应，这才收回成命。虽然这可能只是英宗做出的一种政治姿态，但也能体现出英宗对韩琦的信赖。《续资治通鉴长编》卷一九八载：

帝自感疾，即厌服药饵。韩琦常亲执药杯以进，帝不尽饮而却之，药污琦衣。太后亟出服赐琦，琦不敢当。太后曰："相公殊不易。"皇子仲鍼侍侧，太后曰："汝盍自劝之。"帝亦弗顾也。[①]

英宗染疾，韩琦经常执杯进药，这也体现出二者之亲密。药把韩琦衣物弄污，曹太后赶紧拿衣服赐给韩琦，这表现出太后对韩琦的重视，他们的关系也比较融洽。嘉祐八年（1063 年）五月，富弼除丧，从这个时期来看，韩琦显然更被最高统治者器重和信赖。富弼被授枢相，这种安排应是英宗为了安慰前宰相富弼，当时枢密使为张昪，嘉祐八年（1063 年）四月甲申，枢密使张昪加户部侍郎。[②]富弼起复后为枢相，而张昪在枢密使任上一直没加平章事，直到治平二年（1065 年）七月庚辰，张昪罢枢密使，以检校太尉、同平章事、充彰信军节度使、判许州。[③]富弼地位比张昪要高。此时，韩琦也是不欢迎富弼的，《续资治通鉴长编》卷二〇一载：

嘉祐初，琦与富弼同相，或中书有疑事，往往私与枢密院谋之。自弼使枢密，非得旨令两府合议者，琦未尝询于弼也，弼颇不怿。及太后还政，遽撤东殿帘帷，弼大惊，谓人曰："弼备位辅佐，他事固不敢预闻，此事韩公独不能与弼共之耶？"或以咎琦，琦曰："此事当时出太后意，安可显言于众！"弼自是怨琦益深。[④]

可见，韩琦和富弼的关系已经不那么融洽，甚至出现分歧，这种间隙的产生，显然不是短时间形成的，二人分歧或者不和，由来已久。

宋朝第二位服终丧的宰相是陈升之。熙宁三年（1070 年）"十月戊寅，陈升之以母丧去位"[⑤]。"戊寅，以宰臣陈升之母卒，辍视朝。诏升之母归葬润州，差内臣一员缘路管勾，归葬所须，并从官给。"[⑥]神宗对陈升之母丧给予重要关照。熙宁四年（1071

① （宋）李焘：《续资治通鉴长编》卷 198，嘉祐八年六月戊寅条，第 4812 页。
② （宋）李焘：《续资治通鉴长编》卷 198，嘉祐八年四月甲申条，第 4799 页。
③ （宋）徐自明撰，王瑞来校补：《宋宰辅编年录校补》卷 6，治平二年七月庚辰，第 351 页。
④ （宋）李焘：《续资治通鉴长编》卷 201，治平元年五月戊申条，第 4866 页。
⑤ （宋）李埴撰，燕永成校正：《皇宋十朝纲要校正》卷 9，熙宁三年十月戊寅，北京：中华书局，2013 年，第 283 页。
⑥ （宋）李焘：《续资治通鉴长编》卷 216，熙宁三年十月戊寅条，第 5261 页。

年）正月“壬子，诏陈升之起复。升之固请终丧，许之”[①]。《宋大诏令集》卷五六《陈升之起复集贤相制》载：

> 前推忠协谋佐理功臣、光禄大夫、行礼部尚书、同中书门下平章事、集贤殿大学士、上柱国、颍川郡开国公、食邑四千八百户、食实封一千四百户陈升之。……可特起复推忠协谋佐理功臣、光禄大夫、行礼部尚书、同中书门下平章事、集贤殿大学士、上柱国、颍川郡开国公、食邑四千八百户、食实封一千四百户。[②]

可知，陈升之起复官职如故，没有变化。神宗下诏陈升之起复，陈升之最终坚持服终丧。在陈升之母丧前，陈升之就数次以母老请便郡或请郡，对仕途进取没有那么强烈。治平元年（1064年）六月，“知太原府陈升之言母老，请扬、湖、越一州，庶便奉养。上（英宗）以边臣当久任，难于屡易，不许。”[③]《宋史》卷三一二载：“神宗立，以母老请郡，为观文殿学士、知越州。”[④]《宋史》记载具体时间不详，《宋宰辅编年录校补》对此事也有记载：“同日，陈升之罢枢密副使。自礼部侍郎为观文殿学士、尚书右丞、知越州。”[⑤]在任宰相前，陈升之就数次以母老为请。任职宰相后，陈升之甚至以母请退，《续资治通鉴长编》卷二一〇载：“陈升之以母老乞退，上不许。”[⑥]依此，我们可以看到陈升之是想要远离朝政，那也就好理解，借母丧之际，坚持服终丧。另一方面也和当时朝廷环境有关。熙宁三年（1070年）九月庚子，原昭文监修相曾公亮“老疾求去”被罢，同年十月戊寅，陈升之解官丁忧，此时陈升之为独相“集贤相”，韩琦与王安石二人只是参知政事（副宰相）。陈升之起复时，此时宰相集团却发生翻天覆地变化，熙宁三年十二月丁卯，韩琦授“行尚书吏部侍郎、同中书门下平章事、昭文馆大学士”[⑦]，王安石授“行尚书礼部侍郎、同中书门下平章事、监修国史”[⑧]，首相昭文相是韩绛，次相史馆相是王安石。而陈升之起复后依旧是集贤相，为末相，二人原先在陈升之之下，今却在其之上。此时，陈升之接受起复，就会处于一种尴尬境地，陈升之体会

---

① （宋）李焘：《续资治通鉴长编》卷219，熙宁四年正月壬子条，第5330页。
② 《宋朝大诏令集》卷56《宰相六·陈升之起复集贤相制》，第283—284页。
③ （宋）李焘：《续资治通鉴长编》卷202，治平元年六月辛亥条，第4892页；（清）徐松辑，刘琳等校点：《宋会要辑稿》职官60之21，上海：上海古籍出版社，2014年，第4675页，“英宗治平元年六月十九日，资政殿学士、知太原府陈升之言母老，请扬、湖、越一州以便奉养。上以边臣当久任，难于屡易，不许”。
④ 《宋史》卷312《陈升之传》，第10238页。
⑤ （宋）徐自明撰，王瑞来校补：《宋宰辅编年录校补》卷7，治平四年十月己酉，第372页。
⑥ （宋）李焘：《续资治通鉴长编》卷210，熙宁三年四月丁亥条，第5115页。
⑦ 《宋大诏令集》卷56《宰相六·韩绛昭文相制》，第283页。
⑧ 《宋大诏令集》卷56《宰相六·王安石宰相制》，第283页。

到皇帝意图，坚持服终丧，这是一种无奈罢了。另外一个十分重要的因素是王安石，熙宁元年（1068 年）“夏四月乙巳，诏翰林学士王安石越次入对”①。王安石被神宗召见，逐渐受到重用，王安石走向政治舞台中央，影响了北宋政治走向。陈升之和王安石的关系，在前期较为密切，《宋宰辅编年录校补》卷七载：

（陈升之）为小官时，与安石相遇淮南，安石深器之。及安石用事，务变更旧制，患同执政者间不从，奏设制置条例司，升之共事。凡所欲为，自条例司直奏行之，无复龃龉。……

三年（熙宁）三月壬辰朔，曾公亮与陈升之皆称疾在告，与安石争青苗钱不合故也。甲午，升之与安石议论不合，以母老乞罢。上固望之。升之既与安石忤，安石数侵辱之。升之不能堪，称疾卧家逾百日，求解政事，不许。九月辛卯，复求入见，有旨再拜而已，令扶至殿门。②

由此可知，前期王安石与陈升之关系较为融洽，双方合作也比较紧密。“（陈升之）竭力赞助，安石德之，故升之先安石为相。”③“故安石推升之，使先为相。”④在陈升之为相上，王安石起了推动作用。其后，陈升之与王安石关系开始恶化，先是与王安石争论“青苗钱”不合，称疾，后又与王安石争论不合，以母老请求罢免，陈升之与王安石交恶，王安石数次侵辱，使之无法忍受，便托病归卧百余日。神宗几次敦促劝谕，才回到朝廷。“（陈升之）既相，即求解三司条例司。又时为小异，阳若不与安石皆同者，也以此尤疾恶之。”⑤《皇宋通鉴长编纪事本末》卷六六载：“升之既登相位，于条例司事遂不复恳关预。安石固以请升之，升之曰：‘兹事盍归之三司，何必揽取为己任也？’安石大怒。二人于是乎始判。”⑥这一系列原因最终导致陈升之选择服终丧，其中重要因素就是和王安石关系恶化，而神宗一心依靠王安石实行变法，变法成为政治主线，陈升之在朝廷与王安石立场不同，政见不合，很难有所作为。《默记》卷中载；“祖宗时，不惟宰相，虽百执事皆起复，至富郑公乃以太平而辞耳。……富公之后，如陈升之亦百日则起复耳。此盖朝廷体貌，况在兵革之际乎？其来否，则在人耳。”⑦宋人王銍认为陈升之

---

① 《宋史》卷 14《神宗本纪一》，第 268 页。

② （宋）徐自明撰，王瑞来校补：《宋宰辅编年录校补》卷 7，熙宁二年十月丙申，第 410 页。

③ （宋）杜大珪：《名臣碑传琬琰集》下卷 15《陈成肃公升之传》，《景印文渊阁四库全书》，第 450 册，第 783 页。

④ （宋）徐自明撰，王瑞来校补：《宋宰辅编年录校补》卷 7，熙宁二年十月丙申，第 410 页。

⑤ （宋）杜大珪：《名臣碑传琬琰集》下卷 15《陈成肃公升之传》，《景印文渊阁四库全书》，第 450 册，第 783 页。

⑥ （宋）杨仲良撰，李之亮点校：《皇宋通鉴长编纪事本末》卷 66《神宗》，哈尔滨：黑龙江人民出版社，2006 年，第 1163—1164 页。

⑦（宋）王銍撰，王杰人点校：《默记》卷中，第 27 页。

接受了起复，是失实的，朝廷的礼遇在兵革之际乎，但是否接受在于人自身，这是比较客观的。

关于陈升之除服后任命，“壬午，前礼部尚书、平章事、集贤殿大学士陈升之除检校太傅、同平章事、枢密使，大敕系衔文彦博下，遣内侍赍诏往赐，仍趣令赴阙”[①]。陈升之被任命为枢相。关于为何神宗如此安排，《续资治通鉴长编》卷二三九有此记载：

> 是日，安石留身，上问安石何以处陈升之，安石曰：“升之故相位，本在臣上，陛下当自决，非臣所敢预。”上固问之，安石固辞。上曰：“朕与卿计此，卿勿固辞。”安石曰：“陛下欲如何？”上曰：“中书必不可容，与郡可乎？”安石曰：“升之以人望亦可驱使，愿陛下御之如何尔，恐不当与郡。”[②]

由此可见，神宗认为陈升之“中书必不可容”，想要“与郡”，派往地方。此时王安石独相，任“监修相”。很显然，“中书必不可容”不是人员已满，没法安排，而是为了变法的顺利进行，不想安排其在中央，即使中书不容，也不致要派往地方，陈升之“失势”。反而此时王安石认为“升之以人望亦可驱使”。陈升之再也没有再次入相，陈升之丧免除服后没能恢复原职，成为“枢相”。

第三位是蒋芾。孝宗乾道四年（1168年）七月[③]，蒋芾以母丧去位。此时蒋芾是独相，同年“是月（十月），蒋芾起复左仆射，陈俊卿右仆射。芾辞，乞终丧。诏从之”[④]。起复时蒋芾不再是独相，由尚书右仆射升为尚书左仆射，陈俊卿由参知政事升迁为尚书右仆射。那么蒋芾到底有没有接受任职二次入相？梁天锡先生认为蒋芾有两次入相。[⑤]《宋史》卷三八四《蒋芾传》载：“会母疾卒，诏起复，拜左仆射，芾力辞。”[⑥]记载简单，并未写清具体时间。然而《宋史》卷三四《孝宗本纪二》又载：“（乾道四年十月）庚子，蒋芾起复尚书左仆射，陈俊卿右仆射，并同中书门下平章事兼枢密使兼制国用

① （宋）李焘：《续资治通鉴长编》卷241，熙宁五年十二月壬午条，第5877页。

② （宋）李焘：《续资治通鉴长编》卷239，熙宁五年十月壬辰条，第5814页。

③ （宋）佚名撰，孔学辑校：《皇宋中兴两朝圣政辑校》卷47，乾道四年“（七月）右仆射蒋芾以母丧去位。陈俊卿兼知枢密院”（北京：中华书局，2019年，第1047页）；《宋会要辑稿》职官78之51载：“七月十二日，诏左正议大夫、守尚书右仆射、同中书门下平章事、兼枢密使蒋芾解官持母服，从所请也。”（第5219页）二者皆记载为“七月”。《宋史》卷34《孝宗本纪二》记为“六月”，第643页。

④ （宋）佚名撰，孔学辑校：《皇宋中兴两朝圣政辑校》卷47，乾道四年十月，第1053页。

⑤ 梁天锡：《宋宰辅表新编》，台北：编译馆，1996年，第330页。

⑥ 《宋史》卷384《蒋芾传》，第11819页。

使。”[①]同年十二月甲辰，“蒋芾辞起复，许之”[②]。据此可知蒋芾十月庚子起复，十二月甲辰辞起复。那么蒋芾是否接受起复了呢？《宋宰辅编年录校补》卷一七载：“十月庚子，起复拜左仆射、同平章事兼枢密使。辞免，依旧持服。”[③]“时，起复蒋芾为左仆射，以俊卿为右仆射。芾辞乞终丧，从之。”[④]可见，在孝宗下诏起复时，蒋芾辞乞终丧，孝宗予以批准，依旧持服。又如上引《皇宋中兴两朝圣政辑校》记“芾辞，乞终丧，诏从之”。《宋会要辑稿》职官七七之二一载：“四年十月十二日，诏前尚书右仆射蒋芾起复，授左仆射。后以芾恳辞，有旨依所乞。”[⑤]蒋芾也是“恳辞”，最终“有旨依所乞”。除《宋史》记载蒋芾十月庚子起复，十二月甲辰辞起复外，《宋宰辅编年录校补》《皇宋中兴两朝圣政辑校》《宋会要辑稿》皆记载为十月，另据《宋史》卷四〇六《刘汉弼传》，侍御史刘汉弼为阻止史嵩之起复呈理宗密奏：“臣闻富弼之起复，止于五请，蒋芾之起复，止于三请，今嵩之既六请矣，愿听其终丧，亟选贤臣，早定相位。”[⑥]此为刘汉弼密奏，史料价值极高，从中可得为阻止史嵩之起复说服理宗早定相位，举出富弼、蒋芾事例，富弼是没接受起复的，如果蒋芾是接受起复后又乞终丧，这对不让史嵩之起复就不具有说服力，这个例子也就不恰当，而且最终史嵩之也没能起复（见下文）。此外，《宋史》卷二一三《宰辅表四》中只记载七月蒋芾以母丧去位，没有记载其起复。[⑦]宋朝十位宰相丁忧，在《宰辅表》上只有吕蒙正和蒋芾没有记载起复，吕蒙正连服丧去位都没有记载，只在《宋史》卷二六五《吕端正传》中载：“俄丁内艰，起复。”[⑧]仅此一句，而蒋芾在《宋史》中记载却很丰富。因此，笔者认为蒋芾应没有二次入相，至少没有实际履行宰相职权。蒋芾服除时间，现存史籍未有明确记载，按照礼制推算应在乾道六年（1170年）十月左右，“服阕，除观文殿大学士、知绍兴府、提举洞霄宫”[⑨]。蒋芾没能再次入相，也没能在中央任职，这与蒋芾失去孝宗宠信有关，《宋史》卷三八四载：“有密旨欲今岁大举，手诏廷臣议，或主和，或主恢复，使芾决之。”在服丧期间征求蒋芾对金的态度时，蒋芾奏：“天时人事未至。拂上意。”[⑩]孝宗欲大举攻金恢复国土，力主再次北伐，但是蒋芾却认为“天时人事未至”，蒋芾政治主张与孝

① 《宋史》卷34《孝宗本纪二》，第644页。
② 《宋史》卷34《孝宗本纪二》，第645页。
③ （宋）徐自明撰，王瑞来校补:《宋宰辅编年录校补》卷17，乾道四年十月庚子，第1198页。
④ （宋）徐自明撰，王瑞来校补:《宋宰辅编年录校补》卷17，乾道四年十月庚子，第1201页。
⑤ （清）徐松辑，刘琳等校点:《宋会要辑稿》职官77之21，第5151页。
⑥ 《宋史》卷406《刘汉弼传》，第12276页。
⑦ 《宋史》卷213《宰辅表四》，第5575—5576页。
⑧ 《宋史》卷265《吕端正传》，第9146页。
⑨ 《宋史》卷384《蒋芾传》，第11819页。
⑩ 《宋史》卷384《蒋芾传》，第11819页。

宗相左。《宋史》卷三八四载："芾始以言边事结上知，不十年间致相位，终以不能任兵事受责，岂优于论议而劣于事功欤？"[①]这也许就是最好答案，蒋芾最终失去皇帝宠信。

第四位是史嵩之。理宗淳祐四年（1244年）"九月癸卯，右丞相史嵩之以父弥忠病告假。有旨范锺、刘伯正时暂当笔。乙巳，史弥忠薨。丙午，制起复史嵩之"[②]。史嵩之先是以父病告假，理宗知道其父卒后，下诏对其起复，"当月起复右丞相兼枢密使、永国公、提举实录院"[③]，起复如故。可以看到史嵩之从丁忧到起复仅仅两天，是宋朝最短的，史嵩之是"起复之后而后奔丧"[④]，太学生黄凯伯等人认为史嵩之是提前谋划好的，"自入相以来，固知二亲耄矣，为有不测，旦夕以思，无一事不为起复张本"。司光祖起复未卒哭，许堪起复未终丧。当时里巷作"光祖做总领，许堪为节制，丞相要起复援例"的十七字歌谣。[⑤]此时的政治社会舆论向与史嵩之不利方向发展，"上（理宗）意不复向嵩之，台官弹击无虚日"[⑥]。同年十二月庚午，"许右丞相史嵩之终丧"[⑦]。史嵩之在起复后至许终丧，期间是两个多月时间，容易使人产生误解，认为其是先起复后又乞终丧，实则非也，在这段时间里，史嵩之是没有接受起复的，"冬十月甲戌，诏庆元府守臣敦谕史嵩之赴阙，嵩之控辞，不允"[⑧]。虽然皇帝敦促，但史嵩之一直没答应。《宋史》卷四〇六《刘汉弼传》载，侍御史刘汉弼密奏，朝廷现在已经空缺宰相三个月了，史嵩之已经六请起复，希望理宗许其终丧，早定相位。[⑨]在许史嵩之终丧当日，"十二月庚午，以范锺为左丞相兼枢密使，杜范为右丞相兼枢密使"[⑩]。史嵩之谋起复不果，有学者已做探讨，认为史嵩之起复失败并非单纯为守礼制与否，也是借礼制之争的外衣而行政治斗争之实，各方势力借助"三学生"的反对，对史嵩之起复阻止。[⑪]这次事件对史嵩之打击是巨大的。淳祐六年十二月，"及丙午冬，终丧，御笔史嵩之候服阙日，除职，与宫观，于是台臣章琰、李昂英及学校皆有书疏交攻之。御笔始有史嵩之特

---

① 《宋史》卷384《蒋芾传》，第11819页。

② （元）佚名撰，汪圣铎点校：《宋史全文》卷33《理宗本纪三》，第2760页。

③ （宋）陈骙，（宋）佚名撰，张富祥点校：《南宋馆阁续录》卷7《职官一》，北京：中华书局，1998年，第239页。

④ （宋）佚名撰，王瑞来笺证：《宋季三朝政要笺证》卷2《理宗》，北京：中华书局，2010年，第154页；（宋）王应麟：《困学纪闻》卷15《考史》，上海：上海古籍出版社，2008年，第1745页。

⑤ （宋）佚名撰，王瑞来笺证：《宋季三朝政要笺证》卷2《理宗》，第154页。

⑥ （元）刘一清：《钱塘遗事》卷3《嵩之起复》，上海：上海古籍出版社，1985年，第65页。

⑦ 《宋史》卷43《理宗本纪三》，第831页。

⑧ 《宋史》卷43《理宗本纪三》，第831页。

⑨ 《宋史》卷406《刘汉弼传》，第12276页。

⑩ 《宋史》卷43《理宗本纪三》，第831页。

⑪ 丁建军、贾亚方：《宋朝丁忧制度与政治斗争——以"李定匿丧"与"史嵩之起复事件"为例》，《保定学院学报》2013年第6期。

除观文殿大学士，许令休致"[①]。淳祐六年"十二月乙未，诏史嵩之依所乞守金紫光禄大夫、观文殿大学士、永国公致仕"[②]。本该在史嵩之除服再次任官时，却被致仕，其后史嵩之再也没有受到重用，在家赋闲十三年。

二、宰相丁忧起复再服终丧

宋代宰相丁忧起复一段时间后，再服终丧，宋朝一共有郑居中、朱胜非、贾似道3位。起复后因各种原因，他们不得不以"服终丧"名义请辞，其中贾似道比较特殊，被太皇太后责令"归终丧"。

徽宗政和七年（1117年）八月庚午[③]，郑居中以母丧去位，同年"十一月七日，持服前少保、太宰、兼门下侍郎郑居中可特起复如故。八年九月乞终制，诏从之"[④]。郑居中以原职起复不到一年就"乞终制"，回家服终丧。《宋史》载："（蔡）京与太宰郑居中不相能，居中以忧去，京惧其复用"[⑤]，由此可见蔡京不希望郑居中起复，当时蔡京权势日涨，郑居中能够得到起复和徽宗有直接的关系。《宋史》卷三五一《郑居中传》载："时京总治三省，益变乱法度。居中每为帝言，帝亦恶京专，寻拜居中少保、太宰，使伺察之。居中存纪纲，守格令，抑侥幸，振淹滞，士论翕然望治。"[⑥]徽宗厌恶蔡京专权，让郑居中进行侦视，利用郑居中对蔡京进行制衡，虽然有蔡京从中阻挠，但是郑居中依然被"起复"。李焘《续资治通鉴长编》卷三五二载：

> 臣又闻蔡京所以助（蔡）懋成此诬罔之说，非特为纳懋之赂，扬己之功，其意盖在于郑居中也。居中，王珪之婿。方蔡京为太师，居中为宰相，论议多不协和，京欲排去居中，未有夤缘，故诋王珪为不忠，将并其婿而逐之。[⑦]

李焘认为蔡懋"诬撰哲宗帝纪与宣仁、雍王二传"[⑧]，蔡京帮助蔡懋成全这个诬罔说法，不是为了名利，而是要诋毁王珪不忠，进而排挤其女婿郑居中。《皇朝编年纲目

---

① （宋）周密撰，吴企明点校：《癸辛杂识》别集下《史嵩之始末》，北京：中华书局，1988年，第289页。

② 《宋史》卷43《理宗本纪三》，第836页。

③ （宋）李埴撰，燕永成校正：《皇宋十朝纲要校正》卷17载："八月庚午，太宰郑居中以母丧去位"，燕永成校正，中华书局，2013年，第494页；另《宋史》卷212《宰辅表》，也记为"八月庚午"，第5524页。

④ （清）徐松辑，刘琳等校点：《宋会要辑稿》职官77之8，第5143页。

⑤ 《宋史》卷471《奸臣传一》，第13701页。

⑥ 《宋史》卷351《郑居中传》，第11104页。

⑦ （宋）李焘：《续资治通鉴长编》卷352，元丰八年三月甲午条，第8446页。

⑧ （宋）李焘：《续资治通鉴长编》卷352，元丰八年三月甲午条，第8444页。

备要》卷二八载："(政和六年）五月，郑居中、刘正夫为太、少宰兼门下、中书侍郎。初,《哲宗实录》蔡京专一编修，政和三年成。及上用郑居中而京惧，乃收用蔡确子懋为两制，讨论其父确元丰间策立功，遂以王珪为不忠，以沮居中。居中者，珪婿也。懋诬诋宣仁尤甚，乞改修《哲宗实录》尚未为快，又乞修《哲宗正史》，作哲宗纪及列传，皆加以衔制之目，使人不得拟议。"[①]蔡京与郑居中一直矛盾冲突尖锐，在起复后与蔡京斗争中，郑居中逐渐处于下风。政和八年（1118 年），王寀、刘昺谋逆案，蔡京牵涉其中。《挥麈后录》卷三载：

> 王、刘既诛窜，适郑达夫与蔡元长交恶，郑知蔡之尝荐二人也，忽降旨应刘炳所荐并令吏部具姓名以闻，当议降黜。宰执既对，左丞薛昂进曰："刘炳，臣尝荐之矣。今炳所荐尚当坐，而臣荐炳何以逃罪？"京即进曰："刘炳（昺）、王寀，臣俱曾荐之。今大臣造为此谋，实欲倾臣。臣当时所荐者材也，固不保其往。今在庭之臣如郑居中等，皆臣所引，以至于此。今悉叛臣矣，臣亦不保其往。愿陛下深察。"上笑而止，由是不直达夫，即再降旨："刘炳（昺）所荐并不问。"亦文老云。[②]

此时郑居中借题发挥向徽宗进言，但是蔡京却说有人想借此倾轧攻击他，并影射郑居中，蔡京此举化被动为主动，将自己伪装成受害者，最终蔡京并没有受到处罚，双方较量蔡京逐渐占了上风。在对辽的政策上，重和元年（1118 年）二月"庚午，遣武义大夫马政由海道使女真，约夹攻辽"[③],《皇朝编年纲目备要》卷二八载："初，上访大臣以取辽之策，太宰郑居中及知枢密院邓洵武皆以为不可。"[④]宋徽宗好大喜功，有意大举攻辽，而郑居中没能领会徽宗意图，对此持反对意见，郑居中的态度很坚决，即使服除后依然如此，"王黼、童贯、蔡攸共兴北师，天下皆知其不可。上皇决之，群臣惟郑居中力争以为不可轻举"[⑤]。徽宗内心天平最终倾向蔡京。另外，这和郑居中身份也有关，郑居中"自言为贵妃从兄弟"[⑥]，宋朝皇亲国戚为官是受严格限制，按理郑居中是不能进入宰执行列，出于牵制蔡京需要，方入相，但宋徽宗对他也有很强防范意识。重

---

① （宋）陈均撰，许沛藻等点校:《皇朝编年纲目备要》卷 28，政和六年五月，北京：中华书局，2006 年，第 715 页。
② （宋）王明清:《挥麈录》之《挥麈后录》卷 3 之 170，上海：上海书店出版社，2001 年，第 93—94 页。
③ 《宋史》卷 21《徽宗本纪三》，第 399 页。
④ （宋）陈均撰，许沛藻等点校:《皇朝编年纲目备要》卷 28，宣和元年正月，第 726 页。
⑤ （宋）陈东:《少阳集》卷 2 之《伏阙上钦宗皇帝书》,《景印文渊阁四库全书》，第 1136 册，第 295 页。
⑥ 《宋史》卷 351《郑居中传》，第 11103 页。

和元年（1118 年）九月，“辛丑，郑居中罢，乞持余服，诏从之”[①]。郑居中除服时间不详，应在徽宗宣和元年（1119 年）十一月。等到郑居中服阕后，没能再次入相，“居中服除，拜威武军节度使、佑神观使，封崇国公”[②]。

高宗绍兴三年（1133 年），“夏四月丁亥，尚书左仆射朱胜非以母鲁国太夫人杨氏忧，去位”[③]，此时朱胜非任尚书右仆射同中书门下平章事，兼知枢密院事。“绍兴三年七月，朱胜非以右仆射丁母忧，未卒哭，降起复制词。”[④]同年七月“乙亥，朱胜非起复旧官，守尚书右仆射、同中书门下平章事兼知枢密院事”[⑤]，任职没有变化。九月戊午，吕颐浩以疾求去，罢“尚书左仆射同中书门下平章事”，朱胜非此时为独相。“十二月六日，诏右仆射朱胜非差监修国史”[⑥]，次年九月庚午，朱胜非罢，听持余服。[⑦]朱胜非以“持余服”罢，但是原因却是多方面的。《皇宋中兴两朝圣政辑校》卷一六载：“先是，右仆射朱胜非因久雨，乞行策免故事，又以余服为请。章十二上，至是祀明堂毕，胜非复求去，且论当罢者十二事，侍御史魏矼亦疏胜非五罪，由是得请。”[⑧]《建炎以来系年要录》卷八〇亦载：“先是右仆射朱胜非因久雨，乞行策免故事，以消天变，又以余服为请，章十二上。上许以俟总章礼毕，如所请，且有保全旧臣之论。至是，祀明堂已毕，胜非复求去，且论当罢者十一事。矼亦疏胜非五罪，由是得请。”[⑨]

“久雨”“持余服”“自论当罢者十二事”“魏矼劾其过”，那么是哪个原因最终导致其被免。《皇宋中兴两朝圣政辑校》认为先是因为久雨，朱胜非请求策免消灾，又请求持余服，但高宗不许，后来自论应当罢免十二件事，魏矼弹劾其过错，最终才得到允许，显然后面的因素起到了更重要的作用。《建炎以来系年要录》记载和《皇宋中兴两朝圣政辑校》相似，但在朱胜非因久雨、请持余服时，高宗表达出保全朱胜非之意。综上可知，“久雨”只是一个起因，不是真实原因，在此之前绍兴三年十二月“乙酉，临安府火。戊子，又火。朱胜非以屡火求罢，不允”[⑩]。朱胜非也有过以屡次发生火灾，请求罢免，高宗并未同意，持余服也只是一个很好的理由，以这两个原因请求罢免，高

---

① 《宋史》卷 21《徽宗本纪三》，第 401 页。
② （宋）徐自明撰，王瑞来校补：《宋宰辅编年录校补》卷 12，宣和三年五月戊戌，第 795 页。
③ （宋）佚名撰，孔学辑校：《皇宋中兴两朝圣政辑校》卷 13，绍兴三年四月丁亥，第 407 页。
④ （宋）庄绰撰，萧鲁阳点校：《鸡肋编》卷中，北京：中华书局，1983 年，第 56 页。
⑤ （宋）李心传编撰，胡坤点校：《建炎以来系年要录》卷 67，绍兴三年七月乙亥，北京：中华书局，2013 年，第 1163 页。
⑥ （清）徐松辑，刘琳等校点：《宋会要辑稿》，运历 1 之 20，第 2696 页。
⑦ （宋）徐自明撰，王瑞来校补：《宋宰辅编年录校补》卷 15，绍兴四年九月庚午。第 997 页。
⑧ （宋）佚名撰，孔学辑校：《皇宋中兴两朝圣政辑校》卷 16，绍兴四年九月乙丑，第 483 页。
⑨ （宋）李心传编撰，胡坤点校：《建炎以来系年要录》卷 80，绍兴四年九月己丑，第 1348 页。
⑩ 《宋史》卷 27《高宗本纪四》，第 508 页。

宗都没有同意。《宋史》卷三六二载“会久雨，胜非累章乞免，且自论当罢者十一事。魏矼亦劾其罪，遂罢”①。《宋史》上没有记载朱胜非持余服之请，久雨，朱胜非数上书请求免职，而且自论当罢免十一事，魏矼也弹劾其罪过，于是被罢免，一个“遂”字表明魏矼弹劾起到重要作用。《宋史》卷三七六《魏矼传》载：“时朱胜非独相，矼论：‘胜非无所建明，惟知今日进呈一二细故，明日启拟一二故人，而机务不决，军政不修，除授挟私，贤士解体。’又疏其五罪，诏令胜非持余服。”②综上可得，朱胜非被罢的真实原因是魏矼的弹劾。此外，还有一个重要原因就是与赵鼎关系不和，“朱胜非兼知枢密院，言者谓当国者不知兵，乞令参政通知。由是为胜非所忌。……鼎所条奏，胜非多沮抑之”③。高宗绍兴四年（1134 年）三月戊午，（赵鼎）任参知政事，同年八月庚辰，迁知枢密院事，在朱胜非罢相后第三天就接替了其职，任“尚书右仆射同中书门下平章事”，可见此时高宗是非常宠信赵鼎的。同年“冬十月丙子朔，与赵鼎定策亲征，命张俊以军援淮东，刘光世移军建康，车驾择日进发”④。朱胜非具体除服时间不详，应在绍兴五年（1135 年）五月，“胜非免丧，除观文殿大学士、提举临安府洞霄宫中书舍人”⑤。“五年，应诏言战守四事，起知湖州，引疾归。胜非与秦桧有隙，桧得政，胜非废居八年，卒，谥忠靖。”⑥最终朱胜非再也没有走上权力中心，受到皇帝重用。

宋度宗咸淳十年（1274 年）正月，“贾似道丁母忧，归越州治丧”⑦，度宗对贾似道是相当恩厚，对贾母胡氏之死也是相当重视。“其母胡氏薨，诏以天子卤簿葬之，起坟拟山陵，百官奉襄事，立大雨中，终日无敢易位。”⑧“以天子卤簿葬之”，在当时引起了不少人的反对，《晞发集》卷九载：“陈亮用荫补官摄嘉兴丞，数以书干宋臣，用事者言贾似道母丧不宜赐卤簿，责文及翁顾忌争不力，犹不争耳。”⑨《癸辛杂识》中《贾母饰终》载：

> 甲戌咸淳十年三月二十日丁酉，贾似道母秦、齐两国贤寿夫人胡氏薨。特辍视朝五日，赐水银、龙脑各两百两，声钟五百杵，特赠秦、齐国贤寿休淑庄穆夫人。

① 《宋史》卷 362《朱胜非传》，第 11318—11319 页。
② 《宋史》卷 376《魏矼传》，第 11631 页。
③ 《宋史》卷 360《赵鼎传》，第 11288 页。
④ 《宋史》卷 27《高宗本纪四》，第 512 页。
⑤ （宋）徐梦莘：《三朝北盟会编》卷 167，绍兴五年五月，上海：上海古籍出版社，1987 年，第 1206 页。
⑥ 《宋史》卷 362《朱胜非传》，第 11319 页。
⑦ （宋）佚名：《宋季三朝政要笺证》卷 4《度宗》，第 357 页。
⑧ 《宋史》卷 474《贾似道传》，第 13785 页。
⑨ （宋）谢翱：《晞发集》卷 9《谢翱传》，北京：线装书局，2004 年，第 91 册，第 140 页。

择日车驾幸临奠，差内侍邓惟善主管敕葬，特赐谥柔正。遂特起复，仍旧职，任仰执政侍从诣府劝勉，就图葬于湖山。且令帅、漕、州、司相视，展拓集芳园、仁寿寺基，营建治葬。于内藏库支赐赙赠银绢四千匹两，又令户部特赐赙赠银绢二千匹两，皇太后殿又支赐赙赠银绢四千匹两，又令帅、漕两司应办葬事，仍存胡夫人在日请给人从，又赐功德寺额为“贤寿慈庆”，以雍熙寺改赐，永免科役。似道皆辞之，执政侍从两省台谏，皆乞勉留元臣。遂降诏贾似道起复太傅，平章军国重事。似道八疏控辞，皆不允。又令两司建造赐第于城中。初择六月初九日安厝，以急于入觐，遂令攒前于五月九日安厝。又令有司于出殡日，特依一品例给卤簿、鼓吹，仍屡差都司刘黻、李珏、梅应发致祭，并趣赴阙。于出殡日，特辍视朝一日，又差枢密章鑑、察官陈过前往勉谕回朝。又命浙漕及绍兴府守臣办集船只，只备师相回阙。又命有司照礼例候师相回朝日，百官合郊迎。又依所奏将绍兴府公使库径行拨赐。又令内臣梁大原赐银合香药。又令两司踏逐建造赐第，凡九处……。①

这是宋朝宰相母丧最为详细的记载，记载了其中规制、皇帝赏赐、优待，最后还记载了贾似道起复相关情况，从中我们可以看出贾母葬礼规格是相当高的。贾似道起复没有像史嵩之一样遭到强烈反对，这和贾似道权术分不开，也许他吸取史嵩之结局的教训，“似道既专恣日甚，畏人议己，务以权术驾驭，不爱官爵，牢笼一时名士，又加太学餐钱，宽科场恩例，以小利啖之。由是言路断绝，威福肆行”②。他善用权术，利用一些小恩小惠，一定程度上给自己营造出一个好的社会舆论。贾似道起复之路比较顺畅，最主要还是受到度宗的宠信，获得度宗大力支持，但不久度宗去世，此时贾似道依旧很有权势，还参与到立新君问题上。关于立新君，《宋史》卷四七《瀛国公本纪》载：“（咸淳）十年七月癸未，度宗崩，（显）奉遗诏即皇帝位于柩前，年四岁，谢太后临朝称诏。”③“度宗崩，谢太后召贾似道等入宫议所立，众以为昰长当立，似道主立嫡，乃立显而封昰为吉王，昺信王。”④两种记载前后说法不一，一种是奉遗诏立显，一种是谢太后召众人入宫议所立。度宗生前并没有确定自己的继承人，如果已确定，也就不会有后来争执。多数人赞同立长，而贾似道主张立嫡，最终嫡子显继位皇帝，贾似道在立新君问题上起到重要作用。随着宋元战争不断发展，宋朝节节败退，朝廷内部矛盾冲突加剧，反对贾似道的呼声越来越高。德祐元年（1275 年）二月庚午，“平章贾似道兵溃，

① （宋）周密撰，吴企明点校：《癸辛杂识》前集《贾母饰终》，第 48—49 页。
② 《宋史》卷 474《贾似道传》，第 13784。
③ 《宋史》卷 47《瀛国公本纪》，第 921 页。
④ 《宋史》卷 47《瀛国公本纪》，第 939 页。

陈宜中上疏请正其罪。太后曰：'似道勤劳三朝，岂宜以一旦罪而失遇大臣礼？'先削其官，后乃置法贬死"[①]。"诏罢似道平章、都督，予祠。"[②]"三月，除似道诸不恤民之政，放还诸窜谪人，复吴潜、向士璧等官，诛其幕官翁应龙，廖莹中、王庭皆自杀。潘文卿、季可、陈坚、徐卿孙皆似道鹰犬，至是交章劾之。四月，高斯得乞诛似道，不从。而似道亦自上表乞保全，乃命削三官，然尚居扬不归。五月，王爚论似道既不死忠，又不死孝，太皇太后乃诏似道归终丧。"[③]关于贾似道归终丧，《四明文献集》卷二《责谕贾似道归里终丧诏》载：

> 卿受国家之殊遇，居将相之重任。迩者督师弗绩，蹙国偾军，人言沸腾，欲正其罚。吾与嗣君念卿服劳王朝，务存体貌俾归里终丧，用彰孝治，吾于待元臣之礼至矣。……兹命李庭芝宣吾与嗣君忠厚之至，卿其亟归丧次，以尽臣子之道，以弭公议之责，固当曲示保全。[④]

七月，在黄镛、王应麟请求下徙似道婺州，当地人知道贾似道要来，率众为露布逐之。在监察御史孙嵘叟等人建议下，又徙建宁府。在众多官员请求下，又谪似道为高州团练使、循州安置，籍其家。[⑤]其间方回"上书乞诛似道，数其罪有十可斩"[⑥]。"福王与芮素恨似道，募有能杀似道者使送之贬所，有县尉郑虎臣欣然请行。……八月，似道至漳州木绵庵，虎臣屡讽之自杀，不听，曰：'太皇许我不死，有诏即死。'虎臣曰：'吾为天下杀似道，虽死何憾？'拉杀之。"[⑦]贾似道被杀，没能活到服除。我们可以看到，反对贾似道的不再是某个人，而是一个大的群体，从民众到一般官员再到亲王甚至到太后，上升到政治斗争，大家对贾似道的不满随着战局不利，集中爆发，最终导致贾似道被杀。

三、宰相丁忧起复未服终丧

宰相丁忧起复未服终丧是指宰相丁忧后，接受皇帝起复再次为相，且期间一直为

---

① 《宋史》卷243《理宗谢皇后传》，第8659页。

② 《宋史》卷47《瀛国公本纪》，第927页。

③ 《宋史》卷474《贾似道传》，第13786页。

④ （宋）王应麟：《四明文献集》卷2《责谕贾似道归里终丧诏》，《景印文渊阁四库全书》，第1187册，第205页。

⑤ 《宋史》卷474《贾似道传》，第13786—13787页。

⑥ （宋）方回：《桐江集》卷6《己亥前上书本末》，《续修四库全书》，上海：上海古籍出版社，2002年，第1322册，第451页。

⑦ 《宋史》卷474《贾似道传》，第13787页。

相，直至服除，宋朝一共有赵普、吕蒙正、史弥远三位。

赵普是宋朝第一位宰相丁忧持服者，乾德五年十二月，“宰相赵普丁母忧，丙子起复”[①]。赵普丁忧是十二月，具体日期史籍记载不清，丙子为二十二日，由此可知赵普从丁忧到起复最长是二十一日，时间很短，以致人们误以为其第一次任相时间是连续的，“赵普相，开宝六年罢，独相者十年”[②]。赵普短期内得以起复源于太祖对赵普非常宠信，从几件事上可以看出。乾德五年二月殿前度指挥使韩重赟私取亲兵事件，《续资治通鉴长编》卷八载：

> 是日，殿前都指挥使、义成节度使韩重赟罢军职，出为彰德节度使。先是，有谮重赟私取亲兵为腹心者。上怒，欲诛之，谋于赵普。普曰：“陛下必不自将亲兵，须择人付之。若重赟以谗诛，即人人惧罪，谁敢为陛下将者。”上怒犹未解，普开陈愈切，上纳其言。止命重赟出镇。[③]

这件事上太祖动了杀心，培养心腹严重威胁到了皇权，“陈桥兵变”才“黄袍加身”的太祖是绝不允许这种行为，但在赵普极力劝阻下只罢韩重赟军职，外派彰德节度使。同年三月，“丙午，门下侍郎、平章事赵普加左仆射，充昭文馆大学士”[④]，赵普由兼修相升为昭文相，本官由门下侍郎升为左仆射兼门下侍郎，地位得到提升。在赵普十二月丁忧前的二月和三月，赵普先是劝阻太祖不杀韩重赟，后是升官，这都可见太祖对赵普的宠信。另外，赵普起复后次年（969年）七月“雪夜决策”，雪夜中太祖约后来的太宗光临赵普家，赵普在堂中铺上厚垫，几人在炉火上烧肉吃，赵普妻子敬酒，太祖称呼普妻为嫂，征询其平定四方军国大计。君臣之间，融洽亲密，如同一家，这个画面是很“温馨”的。[⑤]种种迹象表明这段时间太祖是对赵普绝对信赖的[⑥]，这种信赖建立在赵普“能力”基础上，宋朝统治前期百废待兴，需要强有力人物来统领群臣，而“刚毅果断，未有其比”[⑦]的赵普无疑是符合太祖需要最合适人选，赵普也就顺理成章“起复”，和太祖相互配合，稳定政局。开宝三年（970年）三月，“戊辰，赵普

---

① （宋）李焘：《续资治通鉴长编》卷8，乾德五年十二月己巳条，第197页。

② （宋）叶梦得撰，宇文绍奕考异，侯忠义点校：《石林燕语》卷8，北京：中华书局，1984年，第122页。

③ （宋）李焘：《续资治通鉴长编》卷8，乾德五年二月癸酉条，第190页。

④ （宋）李焘：《续资治通鉴长编》卷8，乾德五年三月丙午条，第191页。

⑤ （宋）李焘：《续资治通鉴长编》卷9，开宝元年七月丙午条，第204—205页。

⑥ 田志光：《宋太祖朝参知政事的设立及职权考论》，《北方论丛》2013年第4期；田志光：《宋初“异论相搅”祖宗法考论——以宰相赵普权力变迁为中心》，《宋史研究论丛》，第20辑，北京：科学出版社，2017年。

⑦ 《宋史》卷256《赵普传》，第8940页。

落起复”[①]。

端拱元年（988年）二月庚子，“（吕）蒙正自给事中、参知政事除中书侍郎兼户部尚书、监修国史、并同中书门下平章事”[②]。“俄丁内艰，起复。”[③]到淳化二年（991年）九月“己亥，中书侍郎兼户部尚书、平章事吕蒙正罢为吏部尚书”[④]。吕蒙正首次任相三年半多。

关于吕蒙正丁忧记载极少，《宋史》关于此记载也仅仅六个字，没有丁忧时间，也没有起复时间。“俄”字表明，吕蒙正丁忧应在其认宰相不久后，然后得到起复。《宋史》卷二一〇《宰辅表一》中吕蒙正第一次任宰相也是连续的。[⑤]《宋宰辅编年录校补》《续资治通鉴长编》对此事也没有记载，可以推断，其中间隔时间应该很短。《续资治通鉴长编》中吕蒙正第一次任相期间活动如下：

> 近制，宰相子起家即授水部员外郎，加朝散阶，吕蒙正固让，止授六品京官，自是为例。[⑥]
>
> 丙子，上谓宰相曰：“为君为臣，作一恶事，简册所载，万祀不泯，可不戒耶。自古未尝不欲进君子，退小人。然君子常少，小人常多。”吕蒙正曰：“此系时运盛衰。国家兴隆，则君子道长，其晦迹丘园，盖畏小人用事尔。有国家者，尤宜早辨。”上深然之。[⑦]
>
> 上以岁旱减膳，遍走群望，皆弗应。是夕，手诏赐宰相赵普等……时普被疾请告，即以授吕蒙正等。壬申，蒙正等诣长春殿谢……[⑧]

又如（端拱二年）十二月庚申，太宗下诏省尊号，只称皇帝。辛酉，吕蒙正等奏劝。同月，太宗也有和吕蒙正关于国家取士的讨论。[⑨]淳化元年（990年）夏四月甲寅，自赵普罢，吕蒙正以宽简居相位。[⑩]同月乙巳，太宗问陈尧叟为谁子。吕蒙正等以

---

① （宋）李焘：《续资治通鉴长编》卷11，开宝三年三月戊辰条，第245页。

② （宋）徐自明撰，王瑞来校补：《宋宰辅编年录校补》卷2，端拱元年二月庚子，第49页。（宋）李焘：《续资治通鉴长编》卷29，端拱元年二月庚子，载：“参知政事吕蒙正为中书侍郎、兼户部尚书，并同平章事”，第647页。

③ 《宋史》卷265《吕蒙正传》，第9146页。

④ 《宋史》卷5《太宗本纪二》，第88页。

⑤ 《宋史》卷210《宰辅表一》，第5428—5430页。

⑥ （宋）李焘：《续资治通鉴长编》卷29，端拱元年闰五月己丑条，第653页。

⑦ （宋）李焘：《续资治通鉴长编》卷30，端拱二年八月丙子条，第687页。

⑧ （宋）李焘：《续资治通鉴长编》卷30，端拱二年十月癸酉条，第688页。

⑨ （宋）李焘：《续资治通鉴长编》卷30，端拱二年十二月庚申条，第692页。

⑩ （宋）李焘：《续资治通鉴长编》卷31，淳化元年夏四月甲寅条，第700页。

省华对。[①]淳化二年春正月，太宗与吕蒙正等近臣论将帅。[②]三月己巳，上以岁旱蝗手诏吕蒙正等。[③]从这些活动看，吕蒙正活跃在政治舞台之上，期间其官职没有变化。由此可推，吕蒙正应是原职起复，落起复后，官职如故。吕蒙正丁忧后得到起复，而且一直任职到落起复后，和自身能力、性格相关，其深得仁宗赏识，太宗认为“蒙正气量，我不如”[④]。而且和首相赵普关系很是融洽。“蒙正质厚宽简，有重望，以正道自持。遇事敢言，每论时政，有未允者，必固称不可，上嘉其无隐。赵普开国元老，蒙正后进，历官一纪，遂同相位，普甚推许之。”[⑤]

嘉定元年（1208年）十一月戊午，史弥远去位，丁母忧，此时史弥远为次相右丞相兼枢密使，首相为钱象祖。但此时史弥远自知枢密使事兼参知政事拜右丞相才不到一个半月，政治生涯被“母丧”打断。“十二月一日，特进左丞相兼枢密使兼太子少师钱象祖，除观文殿大学士，判福州。以象祖累章求退，而台臣亦有论列也。”[⑥]首相钱象祖被罢，是在史弥远丁忧后第八天，一直到史弥远二入相，期间宰相位空近五个月。宁宗朝一共有四次相位空缺，一是庆元元年（1195年）二月戊寅——四月己未，共一月十一天；二是嘉泰三年（1203年）正月辛巳——五月戊寅，共三个月二十七天；三是开禧三年（1207年）十一月乙亥——十二月辛酉，共一个月十五天；四是嘉定元年十二月丙寅——嘉定二年正月丁巳，共五个月。第四次是空相时间最长的，而且前三次结束朝中无相局面时都是从参知政事中选一人迁升，而第四次却没有，而是直接起复史弥远。可见这五个月空相，是宁宗虚位待之。另外宰相丁忧起复一般是卒哭百日后，为何史弥远却是五个月？宁宗嘉定二年（1209年），“五月丙申，史弥远起复，拜右丞相兼枢密使”[⑦]。而史弥远在丁忧时，“太子请赐第行在，令就第持服，以便咨访”[⑧]，最终宁宗“许之，史弥远辞赐第，亦许之。明年二月壬辰，遣内侍趣弥远还行在赐第”[⑨]。以上我们可以看出，宁宗此时是很信任史弥远，同时史弥远一直处在政治中心，虽然丁忧，但却并没有完全离开，这也许就是他没有依旧起复原因。另外史弥远有较强的权力欲，“右丞相史弥远起复，（安）丙移书曰：‘昔仁宗起复富郑公、文潞公，孝宗起复蒋丞

---

① （宋）李焘：《续资治通鉴长编》卷31，淳化元年夏四月己巳条，第701页。
② （宋）李焘：《续资治通鉴长编》卷32，淳化二年正月条，第710页。
③ （宋）李焘：《续资治通鉴长编》卷32，淳化二年三月己巳条，第713页。
④ （宋）王称撰，孙言诚、崔国光点校：《东都事略》卷32《吕蒙正传》，第261页。
⑤ 《宋史》卷265《吕蒙正传》，第9146页。
⑥ （清）徐松辑，刘琳等校点：《宋会要辑稿》职官78之67，第5224页。
⑦ （宋）徐自明撰，王瑞来校补：《宋宰辅编年录校补》卷20，嘉定二年五月丙申，第1361页。
⑧ 《宋史》卷414《史弥远传》，第12417页。
⑨ （宋）佚名撰，汝企和点校：《续编两朝纲目备要》卷11，嘉定元年十一月戊午，北京：中华书局，1995年，第201页。

相，皆力辞，名教所系，人言可畏，望阁下速辞成命，以息议者之口。'论者韪之"[①]。虽然有皇帝夺情起复，大臣们一般要力辞，这是名教所系，但史弥远似乎把这都忘了，需要安丙提醒，可见史弥远是非常想要起复的。史弥远得诏起复，也遭到部分人反对。国子监祭酒王介因旱灾进言："汉法天地降灾，策免丞相，乞令弥远终丧，择公正无私者置左右，王、吕、蔡、秦之覆辙，可以为戒。"[②]但这些阻力微乎其微，没能阻挡史弥远起复，"（嘉定）四年，落起复"[③]。其后史弥远开始了二十余年的独相生涯。

四、结　语

此外宋朝还有一位宰相王安石虽然没有因为丁忧解服，但也是因为亲人离世，自请离职，"安石之再相也，屡谢病求去，及子雱死，尤悲伤不堪，力请解几务。上益厌之，罢为镇南军节度使、同平章事、判江宁府"[④]。我们可以看到，在爱子王雱去世前，已经"屡谢病求去"，爱子离世虽不一定是最重要因素，但却是最直接因素，政治上失意、统治者不解等等这些叠加在一起，最终导致一代名相黯然收场。

儒家孝道伦理观念深入人心，并逐渐与政治制度相融合，形成具有强制性的制度法律。宋朝以孝治理天下，从建国初就重视孝道伦理，官员丁忧制度也是不断发展。官员群体作为国家统治集团，也是以身作则，恪守孝道，遵守相关法律。但是作为最高级别的官员——宰相，从本文分析中看到，孝道、法律对他们的约束力微乎其微，他们并不是规则遵守着，这与一般的官员形成强烈反差。丁忧本身是一种偶然性事件，具有不确定性，但它却不仅影响到宰相个人，甚至影响到政治局势。宰相丁忧不再是一个简单的礼制问题，而成为政治斗争爆发点，成为多方斗争契机。

至亲离世，居丧丁忧，本是一件正常事件，但当丁忧者是宰相，就会对朝政产生重要影响，最直接影响就是岗位空缺。宰相从丁忧到起复一般需百日，这段时间岗位是空缺的，一般情况下，皇帝都会"虚位以待"，但是却有两次特例，一次是陈升之，熙宁三年十二月丁卯，韩绛自参知政事拜昭文相，王安石自参知政事拜监修相，当陈升之起复时依旧集贤相，最终陈升之固辞，服终丧。一次是史弥远，史弥远丁忧后，左丞相兼枢密使的钱象祖为独相，嘉定元年十二月丙寅罢，空相，期间参知政事增加一人，嘉定二年（1209年）正月丁巳，楼钥自同知枢密院事改参知政事，参知政事变成三人。可见

① 《宋史》卷402《安丙传》，第12191页。
② 《宋史》卷400《王介传》，第12154页。
③ 《宋史》卷414《史弥远传》，第12417页。
④ 《宋史》卷327《王雱传》，第10550页。

宰相丁忧至起复间，对朝廷宰辅人员变动影响较小。但是坚持服终丧的影响较大，富弼坚持终丧后，嘉祐六年（1061年）闰八月庚子，韩琦由集贤相迁昭文兼修相，曾公亮自枢密使拜集贤相，张昇由参知政事迁枢密使，第二天欧阳修由枢密副使改参知政事，陈升之乞终丧后，短期人员没有变化，主要是这一时期神宗任用王安石进行变法。蒋芾辞起复后，陈俊卿成为独相，而且此时无参知政事，乾道五年（1169年）二月甲辰，王炎自签书枢密院事除参知政事。当宰相们决定终丧后，皇帝往往会增加宰执，来处理政务。而起复后不服终丧时，宰执短期内没有变化，除了贾似道时，咸淳十年（1274年）十月乙丑，陈宜中拜签书枢密院事兼权参知政事，陈宜中是依附于贾似道的。同年十一月丙戌，王爚自知枢密院事拜左丞相兼枢密使，章鉴同知枢密院事拜右丞相兼枢密使。宰辅由贾似道起复时一相一参知政事变成三相一参知政事，这主要也是为了应对南宋末期的复杂局面。

宰相为百官之首，他本身就是一股强大的政治势力，他的任、离本身就是一个重大的政治事件，它会打破原有的政治平衡。宰相也有自己的政治态度。陈升之与王安石对设置三司条例司看法不一，且新法受朝臣反对，便托病归卧百余日，但可见他还是主张新法的，他的离开对新法的实行会产生不利影响。郑居中是反对辽战争的，但此时他也选择服终丧，最终徽宗做出联金灭辽的决定。我们不能说他们的存在，一定会对结果产生决定性的影响，但至少可以起到一定的制约作用。

作者简介：田志光，河南大学中国古代史研究中心执行主任、黄河文明研究中心研究员，河北大学宋史研究中心、杭州社科院南宋史研究中心兼职研究员；刘斌，山东滕州人，河南大学历史文化学院硕士研究生。

北宋皇后殡宫位置规划研究

贾鸿源

（鲁东大学 历史文化学院，山东 烟台，264025）

摘　要：北宋皇后殡宫，是皇后丧礼展开直至入葬前，都城内最重要之礼仪空间。北宋皇后殡宫，在皇后个人品秩、宫廷政治等因素影响下，形成宫内、城外两大空间布局差别：①宫内设殡，诸后多属正宫皇后性质，前期在太祖母昭宪杜太后寝宫故事影响下，皇仪殿渐成为诸后崩薨设殡之惯例场所，但后期随着母后立宫制度的成熟，母后本宫内停殡开始对皇仪殿故事形成冲击；②城外设殡，是受北宋所行追册皇后制度的影响，并渐趋形成都城南、西、北郊依托寺院设置的规划惯例，以及各自小范围内集聚的布局特征。北宋凡此二类皇后殡宫，既各具布局特色，亦反映礼制、方位两者间之识别与配合。

关键词：北宋；皇后；殡宫；空间布局

北宋皇后丧葬礼仪，是除皇帝丧礼之外国家凶礼中之最重要部分，长期以来，学界对待北宋皇后丧葬礼仪，或存在这一明显的研究偏向，即重视以正宫皇后作为主体例证[①]，忽视追封、追册者的丧仪特征。诚然这些追册皇后因品秩之别，难与正宫皇后享有同等待遇，但相较于唐代，北宋的追册皇后群体，又存在多位当朝皇帝生母，而且这些皇帝生母乃至其他追册皇后的丧葬制度与规格，也在优崇与降损之间屡有摇摆。这就使得追册皇后群体的丧礼，也成为完整审视北宋皇后丧礼时不可或缺之成分。有鉴于

---

① 韩桂华：《论北宋皇后的丧礼》，浙江大学宋学研究中心编：《宋学研究集刊》第2辑，杭州：浙江大学出版社，2010年，第177—206页。

此，本文即将凡北宋一朝所有皇后纳入考察视野。

北宋崩薨之皇后，经小敛、大敛等环节后，直至启殡入葬前，须被安置于专门的殿宇，称作殡宫，殡宫也因此成为丧礼初期最重要的仪式空间，故欲明晰北宋皇后之丧礼空间，殡宫的空间规划乃至分布演变，便具首要之研究价值。目前学界对北宋皇后殡宫问题，主要是在论述北宋皇后丧礼制度等宏观问题时对之略有涉及[①]，故皇后殡宫不仅尚未被作为专门的研究对象，且其空间属性乃至完整的空间变迁脉络，皆未得到系统梳理。因此，以下试以北宋一朝的皇后殡宫作为分析对象，尝试梳理其布局演变特征乃至背后影响机制。

一、宫内停殡及其空间演变

北宋的皇后殡宫，其选择乃至确立，存在一个渐次成型且又屡经变化的复杂过程。此处先对正宫皇后崩薨，于宫内何处停殡问题展开分析。

（一）皇仪殿停殡传统的确立

北宋都城由外而内，分为外城、内城、皇宫三重结构。宫城位于皇宫西北，其南、东两面分别为东西华门大街、宣祐门南北街所隔限，乃皇家生活区域。该区域内南部自东而西，依次布局紫宸、垂拱、皇仪、会庆诸殿，而自太祖营建汴京宫城时，已经确立垂拱、福宁、柔仪、清居四殿自南而北作为禁中的建筑中轴线（参见图 1 至图 3），福宁殿作为皇帝正寝，其北另有坤宁殿，乃皇后居住之所[②]，所以坤宁殿也处于这一轴线之上。这种宫城外部建筑形制，与唐长安太极宫在皇帝正殿太极殿之北设立作为“皇后正殿”的两仪殿极为形似。[③]然甚为特殊的是，唐长安太极宫之两仪殿，在目前尚存的唐代部分皇后哀册文中，皆被明确记为乃正宫皇后死后之殡所，而终北宋一朝，坤宁殿虽不乏曾有皇后入住，但此殿从未作为北宋皇后治丧时的专门场所。

---

① 韩桂华：《论北宋皇后的丧礼》，第 177—206 页；吴以宁，顾吉辰：《中国后妃制度研究（唐宋卷）》，上海：华东理工大学出版社，1995 年，第 67—71、336—337 页；黄锦君：《北宋后妃系年》，《宋代文化研究》第 6 辑，成都：四川大学出版社，1996 年，第 228—265 页；陈戍国：《中国礼制史·宋辽金夏卷》，长沙：湖南教育出版社，2001 年，第 94—98 页；程应镠：《程应镠史学文存》，上海：上海人民出版社，2010 年，第 126—127 页。

② （清）徐松辑，刘琳等校点：《宋会要辑稿》方域 1《东京大内》，上海：上海古籍出版社，2014 年，第 9266—9267 页。

③ 按：此处关于太极宫内的两仪殿为“皇后正殿”的提法，系参考佐藤和彦的研究成果，详参［日］佐藤和彦：《唐代有关皇后、皇太后册立的问题——从〈大唐开元礼〉所见皇后正殿入手》，《立正大学大学院文学研究科年报》第 17 号，2000 年，第 39—50 页。

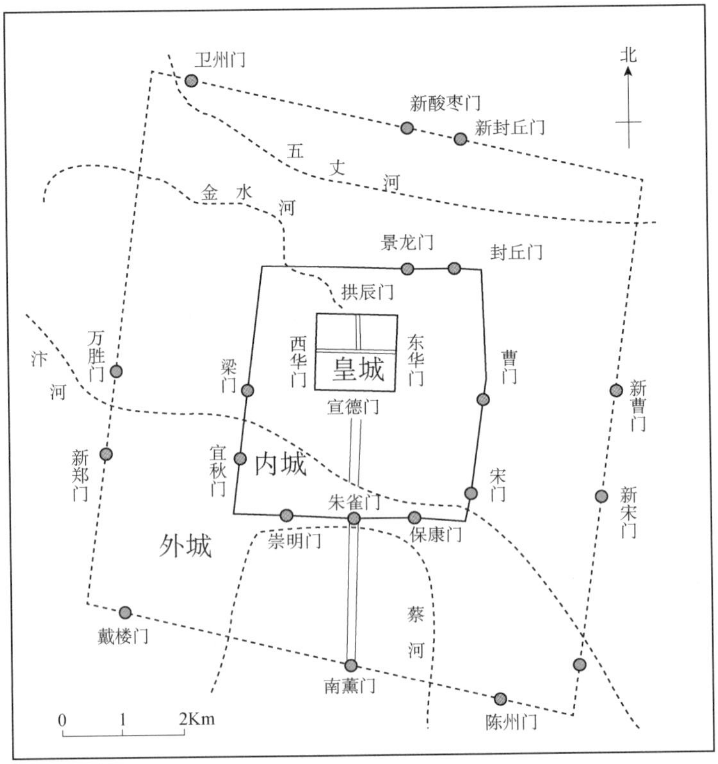

图 1　北宋汴京都城结构示意图（据开封宋城考古队：《北宋东京内城的初步勘探与测试》，《文物》1996 年第 5 期，第 70 页“北宋东京内城平面实测图”改绘）

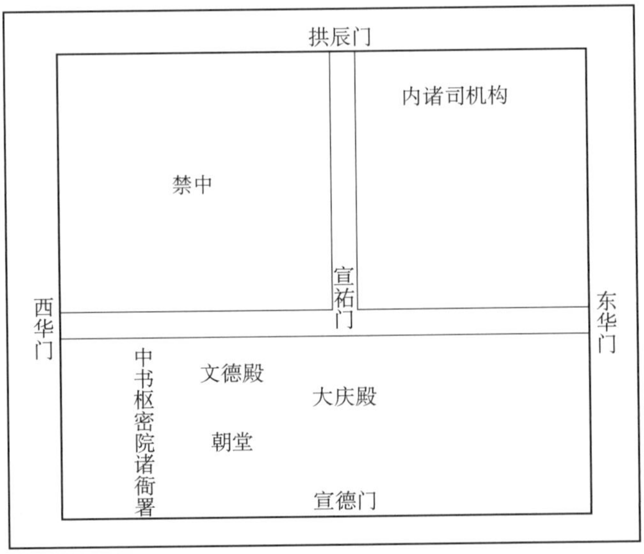

图 2　北宋汴京皇城建筑布局示意图（据《宋会要辑稿》方域 1《东京》等绘制）

在北宋君臣视野中，皇后殡所已另有所属，即位于宫内禁中福宁殿西南侧的滋德殿，此殿日后更名皇仪殿（参见图 3）。北宋时期，“皇仪殿乃祖宗太后权厝之所”的认

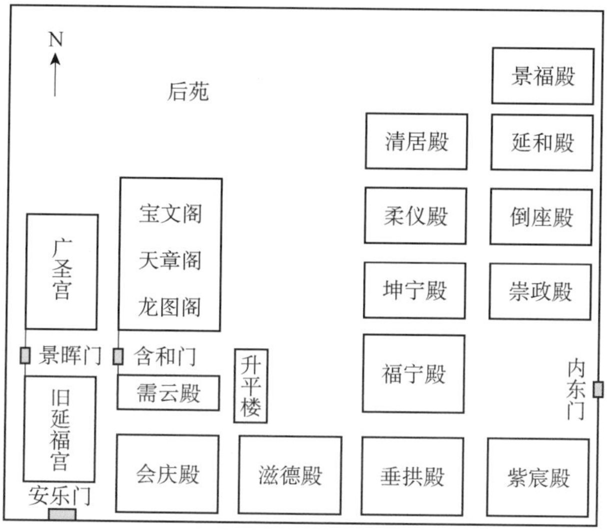

图 3　北宋汴京禁中建筑布局示意图（据《宋会要辑稿》方域 1《东京・宫城》等绘制）

知已甚为普及[①]，叶梦得的《石林燕语》则径称皇仪殿为北宋专门的皇后治丧场所，“常废而不用，以为治后丧之所”[②]。可见皇仪殿治皇后丧，确乃此殿实际具有之功能，然而这一迥别于唐制的殡殿空间选择乃至认知印象，系缘何而得以构建？

北宋一朝，凡有皇后（含皇太后）29 位[③]，诸后之崩所与殡所，如附表 1 所示。《宋史・后妃传》虽将表中所列诸后皆称为皇后，但其中却存在生前正位与死后追封的明显差别，这一不同直接影响到皇后个人具体丧礼规格乃至礼仪空间的规划，故表中暂将属于追封、追册范畴的皇后群体，以附带底色示意。此外，因本文以反映北宋时期情况为旨归，故须剔除北宋末丧仪未知或崩于南宋的哲宗元祐、徽宗显肃与显仁、钦宗诸后四例无效数据，最后实得皇后 25 位。

由附表 1 中可见，皇仪殿作为皇后殡宫，看似最早确立于真宗朝章献刘后丧礼。然而北宋初自太祖母昭宪杜太后始，延及太祖孝明王皇后、太宗明德李后，曾作为三后治丧之所的滋德殿、万安宫，实际即皇仪殿之前身，如此，这也就明晰了北宋皇仪殿作为皇后殡宫的客观历史脉络以及成为北宋皇后殡宫礼例的层垒式塑造过程。以下先证皇仪殿旧名滋德殿：

---

① （宋）赵汝愚编：《宋朝诸臣奏议》卷 94《礼乐门・丧礼下・上仁宗论张贵妃丧礼过制》，上海：上海古籍出版社，1999 年，第 1016 页。

② （宋）叶梦得撰，侯忠义点校：《石林燕语》卷 6，北京：中华书局，1984 年，第 83—84 页。

③ 按：目前学界对于北宋皇后的数量统计，多取《宋史・后妃上》《宋史・后妃下》作为标准，如韩桂华先生统计北宋皇后（含追封）凡 27 位，其中崩于北宋时期者 23 位，详参韩桂华：《论北宋皇后的丧礼》，第 178—181、204 页。《宋志》所录虽包纳北宋所有正宫皇后，但尚遗漏追封之皇后，如仁宗朝明道元年追尊张贵妃为皇后，即多被学界所忽略，本文附表 1 据《宋会要辑稿》礼 23，亦将之收录。

关于太祖母昭宪杜太后的崩所与殡所，文献凡有如下数处记载。《宋大诏令集》所收《明宪皇太后哀册》建隆二年（961年）六月二日，杜氏“崩于大内之寝殿，旋殡于滋德殿之西阶”①。今《宋会要辑稿》礼三一所收昭宪哀册亦同。②哀册所云杜太后之大内寝殿，实际即滋德殿，此点文献有征，如《宋史·太祖本纪一》杜太后“崩于滋德殿”③，又《宋史·后妃上》言“太后崩于滋德殿”④。

然而及至《宋史·礼志》，却又出现杜氏崩于滋德殿，殡于滋福宫的说法，“太祖建隆二年六月二日，皇太后杜氏崩于滋德殿。三日，百官入临。明日大敛，欑于滋福宫”⑤。按照之前的梳理，杜氏实际即欑于滋德殿，则滋福似当为滋德之别名，据《宋会要辑稿》方域一，皇仪殿“旧曰明德，亦曰滋德，开宝四年改滋福”⑥，可知滋德、滋福实为同一殿宇不同时期之名称，而《宋史·礼志》但以滋福称之，说明因成书之先后关系，其采用的是后来殿名。

太祖孝明皇后乾德元年十二月七日崩于滋德殿，庚寅殡于“殿之西阶”，次年三月二十八日，由滋德殿发引。⑦可见孝明直接继承其姑昭宪杜太后的生前寝宫滋德殿，所以死后也随即被殡于殿内西阶。

此一滋德殿、滋福殿，日后又经历改名万安宫、恢复滋福旧名的过程。据《宋会要辑稿》后妃一，真宗在朝臣的建议下，为明德李太后（太宗皇后）营造独立宫室，“仍以万安宫万安殿为名，遂以滋德殿为宫”，至大中祥符二年（1009年）七月八日，因李氏已崩，“复以宫为滋德殿”⑧。与昭宪太后殡所有滋德、滋福之分歧相对应，明德太后万安宫后续恢复旧名时，文献亦有滋德、滋福之异文，如《宋史·真宗本纪》大中祥符二年七月辛酉，“复以万安宫为滋福殿”⑨，亦证滋德、滋福原为同一殿宇。

因太祖孝惠皇后早崩；太宗懿德、淑德二后皆崩于太宗践祚之前，而元德生前秩卑，故《宋会要辑稿》后丧卷，皆不载诸后之丧仪，且诸后显亦难取滋德殿治丧乃至停殡，这样滋德殿作为皇后殡宫之传统，最直接的继承者，结合附表1所示，便是真宗朝明德李太后万安宫。

---

① （宋）佚名编，司义祖整理：《宋大诏令集》卷16《皇太后四·哀册》，北京：中华书局，1962年，第79页。

② （清）徐松辑，刘琳等校点：《宋会要辑稿》礼31《后丧一·昭宪皇后》，第1424页。

③ 《宋史》卷1《太祖本纪一》，北京：中华书局，1977年，第9页。

④ 《宋史》卷242《后妃上·太祖母昭宪杜太后》，第8607页。

⑤ 《宋史》卷123《礼志二十六·凶礼二·园陵》，第2867页。

⑥ （清）徐松辑，刘琳等校点：《宋会要辑稿》方域1《东京大内》，第9267页。

⑦ （清）徐松辑，刘琳等校点：《宋会要辑稿》礼31《后丧一·孝明皇后 孝惠皇后》，第1428页。

⑧ （清）徐松辑，刘琳等校点：《宋会要辑稿》后妃1《皇后皇太后杂录一》，第256页。

⑨ 《宋史》卷7《真宗本纪二》，第141页；又见（宋）李焘：《续资治通鉴长编》卷72，真宗大中祥符二年七月辛酉条，北京：中华书局，1995年，第1624页。

万安宫停殡，后经真宗景德四年（1007年）章穆郭皇后丧仪之运作，再度得到巩固。如此，伴随仁宗明道元年（1032年）滋福殿又改名皇仪殿①，次年章献明肃刘太后（真宗皇后）治丧且停殡于此，北宋皇仪殿治后丧的纵向脉络最终完成前后接洽，且皇仪殿作为北宋本朝皇后殡宫之渊源问题，也得到彻底厘清。

至此结合附表1可知，北宋陆续殡于皇仪殿之皇后凡8位，这在北宋所有皇后中，约占32%比重，看似并无优势。然前已言及，北宋皇后实有正宫与追封之别，除却追封皇后（表中带底色者），北宋10位正宫皇后丧仪中，设殡于皇仪殿者则占到6位，比例明显升至60%②，这一事实，应极大助益宋人视皇仪殿为治后丧专门场所的认知。

同时，据上述分析不难发现，作为这一传统最早奠定者的太祖母昭宪杜太后时期，滋德殿不止为杜氏之殡宫，且即杜氏生前寝宫乃至崩所，这一点，通过对参上揭《宋会要辑稿》与《宋史·礼志》关于杜氏崩所的记载，已可得到确认。不仅如此，据附表1，这一现象同样适用于太祖孝明王皇后、太宗明德李太后时期。及至真宗章穆郭皇后时期，郭氏作为当朝皇后，以皇后正殿、万岁后殿亦即日后坤宁殿作为寝宫，其生前居住空间与作为丧仪空间的皇仪殿，方开始产生明显分离。

然而据附表1可见，自章穆郭皇后以降，北宋正宫皇后，尤其是太后、太皇太后等母后群体居所不在皇仪殿的现象愈发普遍，甚至出现崩所、殡所皆不在皇仪殿的特殊局面，如此，母后居住空间、殡礼空间二者组合规则变动的背后，势必有新因素阑入并发挥了相应作用。

（二）母后宫停殡的出现及其延续

这一新因素，来自北宋不断完备的母后立宫制度，即为皇太后或太皇太后等设置独立宫室并附丽朝贺等礼仪之制度。北宋母后立宫，自太祖开国伊始即筹措施行，是时母后宫虽名号未具，但独立宫室实已存在③，这一母后宫，即前揭所论北宋禁中的滋福殿。然而及至神宗朝首创“开中禁”，即在皇帝正寝福宁殿东西侧近为母后立宫④，母后宫开始在空间上与北宋此前产生明显差别，且自神宗朝以降，在母后宫礼制空间趋于稳固的同时，母后正寝的观念也随之正式确立。

---

① （宋）李焘：《续资治通鉴长编》卷111，明道元年十月甲辰条，第2590页。

② 按：相较于北宋传统的正宫皇后于皇仪殿停殡的制度，附表1暂时也收录了治丧于皇仪殿，随后迁殡于他处的诸位皇后，对此特殊现象，下文城外设殡部分将予以专门分析。

③ （宋）佚名编，司义祖整理：《宋大诏令集》卷13《皇太后一·尊立》，第61页；又见（宋）王应麟：《（合璧本）玉海》卷158《宫室·咸平万安宫》，京都：中文出版社，1977年，第2996页。

④ （清）徐松辑，刘琳等校点：《宋会要辑稿》后妃1《皇后皇太后杂录》，第259页。按：立宫事又见诸《玉海》，然未有奏言、诏书，详参（宋）王应麟：《（合璧本）玉海》卷158《宫室·熙宁庆寿宫、宝慈宫》，第2997页。

于是，母后宫作为与母后相关礼仪的专门举行场所，在面对皇后丧仪问题时，势必也要对北宋此前的皇仪殿停殡传统产生回应，乃至形成抵制，这无形中已埋下促使北宋皇后丧仪殡宫位置再度分裂的种子。循此思路，北宋中后期，新出现正宫母后崩于他所、殡于皇仪，乃至崩所与殡所皆不在皇仪这两种情况，皆可得到深入解读。

据附表1，仁宗朝章惠杨太后崩于其独立的保庆宫，死后仍被迁殡皇仪殿，尚反映出皇仪殿设殡旧制仍具深厚影响。然自神宗朝慈圣曹太皇太后（仁宗皇后）始，哲宗朝宣仁高太皇太后（英宗皇后）、徽宗朝钦圣向太后（神宗皇后）皆先后殡于本人宫室，其中曹氏庆寿宫位于福宁殿东，高氏宝慈宫（后改名崇庆）位于福宁殿西，向氏隆祐宫位于福宁殿东。①（三殿相对位置见图3）母后本宫内停殡的新做法，虽未完全取代皇仪殿设殡的祖宗礼例，这一时期皇仪殿设殡仍存（徽宗显恭皇后王氏）②，但母后立宫制度经神宗朝的深入实践，显然已成为促使丧仪设殡环节出现“变礼”的主导因素。

这一事实虽未能在文献所记丧仪设殡环节中被点透，但可借助神宗对北宋长期因循之下的后丧虞祭场所的质疑来说明。神宗朝慈圣光献曹太皇太后丧礼中，曹氏被殡于其母后宫内的前殿庆寿殿，及至虞主返京入宫奉安，有司提出仿效仁英二朝先例③，于集英殿安置的建议，神宗却在礼官何洵直的建议下，最终裁决奉安虞主于曹氏宫内庆寿殿，其诏书内如下文字颇值关注，“虞主于集英殿奉安，据礼官、从臣之议，终为未允。盖集英殿在平日未尝一御，又非昔厝殡宫之所，殊失妥虞神灵礼意。或作庆寿殿奉安，恐亦无嫌”④。可知神宗已觉察有司提出的集英殿奉安曹氏虞主，与曹氏此前殡于庆寿殿相矛盾，且明显的事实是，曹氏生前从未入居集英殿。

神宗所提出的“平日未尝一御”，实已牵涉丧仪于礼经层面之内在依据问题，既然虞主须安奉于生前的居住之所乃至殡所，那么曹氏虞主只能安奉在其母后宫内的前殿庆寿殿。然若反向观之，曹氏事先已被殡于庆寿殿，显然丧礼之初，已考虑到契合平日所御这一条件，而这一做法，方乃礼经所主之丧仪本义。据《仪礼》所录士大夫丧仪，逝者死后设殡、入葬后虞主返回奉安，此二处空间，都依托逝者生前所居之正寝。⑤虽士

---

① （清）徐松辑，刘琳等校点：《宋会要辑稿》方域1《东京大内》，第9266—9267页；《宋史》卷243《后妃下・神宗钦圣献肃向皇后》，第8630页。按：据文献提示，向氏隆祐宫系依托曹氏庆寿宫原址，但规模有所缩减。

② 按：哲宗生母钦成朱氏虽然于徽宗时享有治丧于皇仪殿之待遇，但其随即被迁殡普安院，与正宫皇后丧仪规格仍存明显差异，故暂不作为北宋皇后殡于皇仪之正式例证。

③ 按：这一仁、英二朝“嘉祐治平”故事，实际指的是北宋仁、英二宗丧礼虞主的安放规则，并非皇后虞主安放故事，此可说明北宋太皇太后、皇太后丧礼部分环节的仪注中，存在比附皇帝丧礼规格的特殊现象。

④ （清）徐松辑，刘琳等校点：《宋会要辑稿》礼32《后丧二・慈圣光献皇后》，第1475页。

⑤ （汉）郑玄注，（唐）贾公彦疏：《仪礼注疏》卷40《既夕礼》，北京：北京大学出版社，1999年，第765页；卷42《士虞礼第十四》，第795页。

丧有别于后丧，但殡宫、虞主奉安二场所的合一，无疑方为与礼制、人情最相符合之处置方案。

继神宗朝慈圣光献曹太皇太后丧礼之后，哲宗朝宣仁圣烈高太皇太后、徽宗朝钦圣宪肃向太后，皆取本人母后宫作为殡宫。崩所、殡所统一于母后宫的做法，看似是对宋初三朝祖宗旧例的完全背离，但透过空间差别，单就丧仪精神而言，却可看作是对宋初传统的回归，因此举再度实现皇后崩所与殡所的统一，在契合儒家丧仪传统层面获得了优势。而若循这一思路，重新审视处于两种情况之间的北宋中叶，皇后殡宫的空间规划，呈现出的却是在遵循祖宗先例的初衷之下，不自觉地步向传统的对立面，换言之，在因袭礼仪空间、实现"形似"的同时，却并未细究背后礼制是否一如祖宗旧例，实现"神似"。

北宋中后期，这一新出现的皇后崩所、殡所皆脱离皇仪殿，最终于母后本人宫室内合一的趋势，不仅有神宗皇帝的个人裁决，也是对礼经丧仪条文的重新回归乃至实践，这不仅更利于追复古礼，也利于通过这一空间规划，映衬并巩固北宋母后的政治与礼仪地位。

然而这一变革日后并未得到持续遵循，其因当有以下两点：其一，北宋自徽宗朝钦圣宪肃向太后崩，不再册有皇太后，于是母后立宫制度渐失去依托，其对丧礼的影响势必随之减弱；其二，北宋的当朝正宫皇后丧礼，其设殡场所长期以来远远脱离皇后正殿坤宁殿，而是一直被"嫁接"于皇仪殿，而皇仪殿故事的渊源，实际来自太祖之母昭宪杜太后的寝宫滋德殿，这不仅反映出北宋在早期治理后丧过程中，存在对待皇太后、皇后丧仪合一的特征，而且已昭示出皇仪殿被赋予皇太后、皇后丧礼兼治的功能角色。凡此两方面因素，皆促使皇仪殿设殡，升格为北宋后丧在宫内部分不可否认的一处主导空间。

以上所论北宋皇后丧仪设殡空间，仍难称全面，因上述皇后基本是在正位中宫的背景下接受朝廷丧葬礼遇，而据附表1，北宋尚有多位追封、追册皇后，这一特殊群体的丧礼设殡如何与正宫皇后拉开礼秩差距，乃至其布局规划另具何意蕴，至此便有继续厘清之必要。

二、汴京城郊殡宫的出现及其分布

这些属于特例范畴内的皇后殡宫，其布局上的共同特征是全部处于都城汴京外城城郊，这一局面，不仅有阴阳避忌等非理性原因，又有弥合皇后品秩较诸宫城内停殡者卑微的政治、礼制等方面考虑，反映出殡宫位置规划过程中，因受到礼制等诸多因素干扰而造成的复杂样态。

经文献爬梳，北宋都城之外的皇后殡宫，有南郊、北郊、西郊三处分布地，且都与寺院有直接依附关系，其整体布局如图 4 所示。以下分别对其方位及成因予以考证。

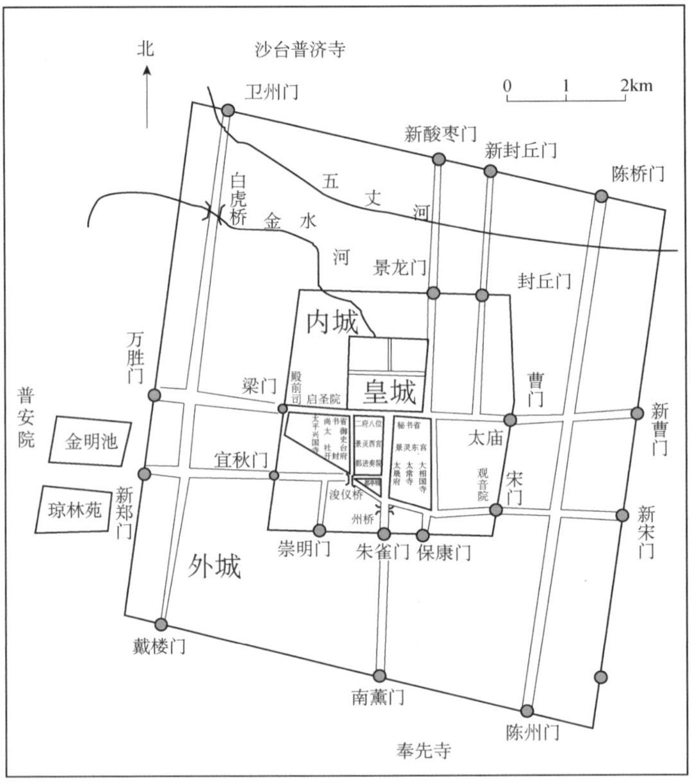

图 4　北宋汴京城郊皇后欑宫分布示意图（据《闻见近录》、《事物纪原》、《宋会要辑稿》礼三二《后丧二》等文意绘制）

（一）城南奉先寺

北宋都城汴京城南的奉先寺，陆续安置有真宗章懿李氏，仁宗皇后张氏、废后郭氏、温成张氏，神宗钦慈陈氏，凡五位属追封性质的皇后殡宫，这也是北宋城郊三处皇后殡宫聚集区中，数量最多的一处。大致而言，殡于奉先寺者，多生前政治地位卑微，所以无论嫔妃、废后乃至由嫔御追册而来之皇后，皆被统一安置于此。

（1）真宗章懿李后洪福寺殡宫。仁宗生母李宸妃，因品秩卑微，且仁宗朝章献刘太后临朝听政，故生前未得正位。李氏崩，章献初欲以宫人之礼葬之，最后在吕夷简的坚持下，提高李氏葬礼规格，但相较于正式皇后丧仪，仍有所不及，“三宫发哀，成服苑中”，“欑涂于嘉庆院”。

另外，文献曾出现治李宸妃丧于皇仪殿说，如《闻见前录》吕文靖“乃请治丧皇仪殿，太后与帝举哀后苑，百官奉灵舆由西华门以出，用一品礼殡洪福寺”①。又如《闻见近录》李宸妃被“迁于皇仪殿，以后礼葬之”②。根据丧礼仪注程式来判断，逝者先被迁往殡所，尔后就殡所设立欑宫，故李氏既已于嘉庆院设欑宫，说明此前亦被殡于此，则《闻见前录》所云皇仪殿治丧，殆仅为吕文靖之建议，而章献太后并未采纳。

此外，更为重要的是，因李氏死后仅被尊为宸妃，故殡所不能长期停在宫内，这就涉及出宫路线的规划乃至迁殡场所的再次选择。章献太后出于隐瞒仁宗身世的考虑，曾欲诏令有司“凿宫城垣以出丧”。此举非《周礼》等所云之凿凶门而出，而是为了使李宸妃的丧仪路线避开正常的皇后丧仪在宫中的行进路线，然最终在吕夷简“凿垣非礼”的劝说下，选择自皇城西华门出丧。③李宸妃欑宫出宫后，被“葬于洪福院之西北隅”，关于此院之位置以及缘何选择此地作为欑宫，以下略作考证。

宋銍《默记》云，章懿卒，“先殡奉先寺”，且杨淑妃亦告知仁宗，其生母宸妃李氏“在奉先寺殡之”。又王巩《闻见近录》亦云仁宗正式听政后，“一日遽出诣奉先寺，发李太后棺视之”④。如此，洪福院当为奉先寺的附属建筑。然问题在于，文献记北宋汴京凡有两处奉先寺。⑤

周宝珠先生在对北宋东京寺院的统计中，已发现文献记汴京城外西郊与南郊各有一奉先寺，但尚未对此予以进一步剖析。关于开封外城之西的奉先寺，见诸明李濂《汴京遗迹志》，书中云奉先寺“在城西金明池之西，宋建以祭宫人之所”，清周城《宋东京考》亦有相似记载⑥，然或因袭前书。

关于开封城南有奉先寺，文献言之凿凿。《挥麈录》太祖乾德六年“即都城之南安陵之旧域，建奉先资福院”，又高承《事物纪原》奉先寺“又曰奉先资福禅院，即安陵卜定，乾德二年改卜，五月诏就陵域置院也”⑦。因《宋史・礼志》记故安陵在京城东南隅，则由之改建而来的奉先寺势必也在都城东南，《玉海》皇祐四年（1052 年）高禖

① （宋）邵伯温撰，李剑雄、刘德权点校：《邵氏闻见录》卷 8，北京：中华书局，1997 年，第 77 页。

② （宋）王巩：《闻见近录》，《景印文渊阁四库全书》，台北：商务印书馆，1986 年，第 1037 册，第 200 页。

③ （宋）李焘：《续资治通鉴长编》卷 111，明道元年二月丁卯条，第 2577 页。

④ （宋）王銍：《默记》卷上，上海古籍出版社编：《宋元笔记小说大观》5，上海：上海古籍出版社，2007 年，第 4540—4541 页；（宋）王巩：《闻见近录》，《景印文渊阁四库全书》，第 1037 册，第 200 页。

⑤ 按：学界虽对奉先寺相应史事多有关注，但并未充分注意其方位问题，如雷闻：《〈宋会要・道释类〉的复原与校勘》，《隋唐辽宋金元史论丛》第 5 辑，上海：上海古籍出版社，2015 年，第 340 页。

⑥ 周宝珠：《宋代东京研究》，开封：河南大学出版社，1992 年，第 539 页；（明）李濂撰，周宝珠、程民生点校：《汴京遗迹志》卷 10《寺观》，北京：中华书局，1999 年，第 162 页；（清）周城撰，单远慕点校：《宋东京考》卷 14《寺》，北京：中华书局，1988 年，第 258 页。

⑦ （宋）王明清：《挥麈录》卷 1，北京：中华书局，1961 年，第 2 页；（宋）高承撰：《事物纪原》卷 7《真坛净社部第三十六》，北京：中华书局，1989 年，第 373 页。

坛由原南薰门外道东的南郊坛西南，徙于坛之东南奉先寺[1]，亦证奉先寺在北宋外城正南门外东南隅不远处。[2]

另外，章懿所殡当为此一奉先寺，文献尚有一重要旁证，同据《挥麈录》，至神宗元丰年间诏令统一安置祖宗神御于禁中之前，北宋帝后神御多有寓于城外佛寺的情况，《挥麈录》在但记有城南奉先寺的前提下，又记章懿神御“在奉先之后，曰广孝”，显然神御设置于此，是出于靠近奉先寺内章懿殡所的考虑。无独有偶，前揭业已言及，真宗生母元德死后殡于普安院，《挥麈录》亦记该院内有元德之隆福神御殿。[3]因上可知，章懿所殡，应在城南之奉先寺洪福院。从李濂所云城西奉先寺的功能来看，其实际与城南奉先寺相同，故颇疑李氏所云有误。

若从奉先寺的性质来看，其实际兼具国家与皇后本人宗族二重祭祀性质，如宋人张耒《奉先寺》诗已经点出奉先寺内广布品秩卑微宫人坟茔，但相互间皆有独立宅院以供亲属设祭的情形，“家家坟上作享亭，朱门相向无人声”[4]。这就不难理解，《续资治通鉴长编》载仁宗庆历六年（1046年）七月辛丑，“洪福禅院火，即诏以院之庄产邸店并赐章懿皇太后家”[5]，正是因坟院建筑也含有李氏本人宗族祭祀的成分。

（2）仁宗张皇后。关于仁宗张皇后，《宋史·后妃传》未载，故多为学界所忽略。按《宋会要辑稿》礼三二，张氏崩于天圣六年（1028年），系由嫔御追封为皇后，初殡咸宜坊，后葬奉先寺。[6]

仁宗张皇后因属追封，故文献少有提及，但其以追封皇后规格所施行的丧仪规划，已直接成为后续仁宗朝废后郭氏、温成张氏丧仪的比照对象，因此便具有丧礼等级方面的特殊重要性。如商定废后郭氏的丧仪发引、园陵规格时，有司提议吉凶仪仗比附太祖孝章皇后例，而坟园灵台则比附张后。[7]议定温成张皇后园陵规格时，孙沔即援引张皇后典故，“园陵监护使。窃见郭后、张后，并在奉先殡。盖于体不宜起陵，议葬于西京”[8]，从而限制了温成张氏葬所规格逾制。

（3）仁宗郭皇后。天圣二年，郭氏进宫，被立为皇后，后因故被废，景祐元年（1034

① 《宋史》卷122《礼志二十五·凶礼一·山陵》，第2847页；（宋）王应麟：《（合璧本）玉海》卷99《郊祀·禖祀·景祐高禖坛》，第1883页。

② 按：关于奉先寺位于汴京城南，又见诸《夷坚志》，详参（宋）洪迈撰，何卓点校：《夷坚志》夷坚志补卷9《奉先寺》，北京：中华书局，1981年，第1627页。

③ （宋）王明清：《挥麈录》卷1，第2页。

④ （宋）张耒：《张耒集》卷15《七言古诗》，北京：中华书局，1998年，第257页。

⑤ （宋）李焘：《续资治通鉴长编》卷159，仁宗庆历六年七月辛丑条，第3841页。

⑥ （清）徐松辑，刘琳等校点：《宋会要辑稿》礼32《后丧二·张皇后》，第1466页。

⑦ （清）徐松辑，刘琳等校点：《宋会要辑稿》礼32《后丧二·郭皇后》，第1466页。

⑧ （宋）赵汝愚编：《宋朝诸臣奏议》卷94《礼乐门·丧礼下·上仁宗论张贵妃丧礼过制》，第1016页。

年）迁居城北瑶华宫，景祐二年十一月八日属疾崩，诏令治丧于嘉庆院。[①]仁宗虽追复郭氏的皇后位号，然而也规定“停谥册祔庙之礼”[②]。可知郭氏虽有皇后名号，但既无谥号，且神主不得升祔太庙，则其葬所也难以被安置入西京陵园。

郭后终被葬入奉先寺，该寺同样非李濂所误记之城西奉先寺，而是位于城南。张耒《奉先寺》诗作有云，“荒凉城南奉先寺”，“废后陵园官道侧”[③]，因北宋一朝，曾具废后身份者只有郭氏与哲宗孟后[④]，后者崩于南宋，故张耒诗所云“废后”只能为郭氏。另据《宋会要辑稿》礼三二记郭氏灵驾发引之方向，“自嘉庆院导引出崇明门，赴奉先院”[⑤]，崇明门乃汴京内城南面三门中偏西之门，因奉先寺在城南，故取此门南下，出外城南面某一门，直至奉先寺，亦证北宋无李濂所云之城西奉先寺。

关于郭后梓宫缘何取内城崇明门而出，这首先似有必要明确嘉庆院的大致位置。《续资治通鉴长编》载真宗大中祥符九年五月乙巳，建皇亲礼会院于新昌坊，赐名嘉庆院。[⑥]新昌坊，据《宋会要辑稿》方域一，为汴京内城西南部右一厢内之坊名[⑦]，则取道该厢南面的崇明门，无疑更为便捷，可见这一路线规划，主要考虑的是嘉庆院的空间位置，并未在礼制层面寄寓更多的意蕴，由此可见废后丧礼规格之隆杀。同理，之前真宗章懿李氏崩，也被迁往嘉庆院治丧，及至李氏梓宫出城，或亦曾取道崇明门。

（4）仁宗温成张后。仁宗至和元年（1054年）正月癸酉，贵妃张氏崩，丁丑追册为温成皇后，所以张氏暂被给予媲美正位皇后之丧礼规格，得以在丧事之先，权殡于皇仪殿西阶。然而张氏治丧于皇仪殿，随之引起部分朝臣反对，归根结底，还是在于张氏身份有别于正宫皇后，系由普通嫔御追册，于是朝中便有“知治丧皇仪非嫔御之礼，追册位号于宫闱有嫌，建庙用乐逾祖宗旧制”的议论。[⑧]这也从侧面说明，北宋为正宫皇后治丧于皇仪殿，已渐成定制。

贵妃张氏虽死后已追尊皇后，但生前名分非正宫皇后，所以殡宫不能继续设在宫内皇仪殿，这就要为之另择殡所。八日之后，温成皇后被迁殡于奉先寺，“乙酉，上成服于殿幄，百官诣殿门进名奉慰。是日，殡温成皇后于奉先寺，辅车发引，由右升龙门出

---

① （清）徐松辑，刘琳等校点：《宋会要辑稿》礼32《后丧二・郭皇后》，第1466页。

② 《宋史》卷242《后妃上・仁宗郭皇后》，第8620页。

③ （宋）张耒：《张耒集》卷15《七言古诗》，北京：中华书局，1998年，第257页。

④ 按：仁宗郭后被废，直至崩薨，位号未行追复。哲宗孟氏于北宋哲徽二朝屡经废立，及至南宋高宗朝正式尊为太皇太后。

⑤ （清）徐松辑，刘琳等校点：《宋会要辑稿》礼32《后丧二・郭皇后》，第1466页。

⑥ （宋）李焘：《续资治通鉴长编》卷87，真宗大中祥符九年年五月乙巳条，第1988页。

⑦ （清）徐松辑，刘琳等校点：《宋会要辑稿》方域1《东京杂录》，第9272页。

⑧ 《宋史》卷285《陈执中传》，第9604页。反对为温成张后治丧于皇仪殿者，又有入内都知张惟吉，详参（宋）李焘：《续资治通鉴长编》卷177，仁宗至和元年十二月己酉条，第4295页。

右掖门，升大开辇，设遣奠”①。又据王珪所书《梁庄肃公适墓志铭》，奉先寺也成为温成最终之葬地，梁适进言“嫔御无园陵之制”②，也促成这一规划。

奉先寺作为温成张后殡所，当有两方面原因：其一，奉先寺具有集中奉祀宫中地位较低嫔妃场所的贯例，此也与孟元老所述北宋岁时遣宫人赴奉先寺祭奠事相合。③其二，温成葬此，也是追溯北宋太祖孝惠皇后最初祭祀于陵园的先例，《宋会要辑稿》礼三三，太常礼院“检详国朝孝惠皇后，太祖嫡配，即陵所置祠殿以安神主，四时设常馔，无荐享之礼。今宜就葬所立祠殿，参酌孝惠故事施行”④。

另外，在为温成选定殡所之初，有司也曾提出殡于普安院的备选方案。⑤因普安院也是汴京城西奉祀位卑宫人之场所，反映出城外殡所性质之相通。

（5）神宗钦慈陈后多庆寺殡宫。神宗钦慈陈后，为徽宗生母，崩于哲宗朝元祐四年（1089 年）六月，初殡于万寿观，元祐九年移殡多庆寺之东，至徽宗建中靖国元年（1101 年）灵驾发引入葬西京陵园前夕，又移殡于普安院。

这里且集中对元祐九年移殡钦慈于多庆寺的举动，稍作剖析。作为钦慈初殡场所的万寿观，乃皇城之北的玉清昭应宫于仁宗天圣七年火灾后的留存建筑⑥，据《东京梦华录》万寿观位于汴京内城旧酸枣门外十王宫前⑦，如此，钦慈殡宫实际是在汴京皇城北门外。

哲宗于元祐九年再度迁移钦慈殡宫，应当是出于遵循北宋宫人安葬惯例的考虑，因是时尚无须考虑日后徽宗为皇位继承者，故哲宗只能将徽宗生母陈氏视作普通宫人，又因宫人于城外安葬地多集聚而设，故须再度迁移陈氏殡宫。新迁移的地点名曰多庆寺，其位置也可佐证这一推论。《宋会要辑稿》道释一，神宗元丰七年（1084 年）正月十四日，诏于奉先寺资福院侧修佛寺名曰“多庆禅院”⑧，本文前揭已考证，奉先寺位于南薰门外道东郊坛之东南，可知陈氏实际是被逐步迁移至靠近奉先寺的宫人葬地。

（二）城北普济寺孝章、明德殡宫

终北宋一朝，太祖孝章宋后、太宗明德李后崩，乃设欑宫于城北，其中，后者实际

---

① （宋）李焘：《续资治通鉴长编》卷 176，仁宗至和元年正月乙酉条，第 4250 页。

② （宋）王珪：《华阳集》卷 58《墓志铭·梁庄肃公适墓志铭》，北京：中华书局，1985 年，第 496 页。

③ （宋）孟元老撰，邓之诚注：《东京梦华录注》卷 7《清明节》，北京：中华书局，1982 年，第 178 页。

④ （清）徐松辑，刘琳等校点：《宋会要辑稿》礼 33《凶礼三·温成皇后丧礼》，第 1479 页。

⑤ （宋）赵汝愚编：《宋朝诸臣奏议》卷 94《礼乐门·丧礼下·上仁宗论张贵妃丧礼过制》，第 1016 页。

⑥ （宋）高承：《事物纪原》卷 7《真坛净社部第三十六》，第 367 页。

⑦ （宋）孟元老撰，邓之诚注：《东京梦华录注》卷 3《上清宫》，第 106 页。

⑧ （清）徐松辑，刘琳等校点：《宋会要辑稿》道释 1《披度》，第 9989 页；又见（宋）李焘：《续资治通鉴长编》卷 342，神宗元丰七年正月甲寅条，第 8225 页。按：周宝珠先生亦据《宋会要辑稿》《续资治通鉴长编》二书，但记时间为元丰二年，当有讹误，详参《宋代东京研究》，第 539 页。

是依据前者礼例而施行。[①]据《宋史·礼仪志》，太祖孝章宋后崩于太宗至道元年（995年）四月二十八日，之后殡于赵村沙台，至道三年正月二十日方祔葬太祖永昌陵；太宗明德李后崩于真宗景德元年三月十五日，九月二十二日“迁坐于沙台欑宫”，十月七日已将神主祔太宗室，景德三年十月十五日启欑宫赴陵园入葬。[②]可见二后之城外欑宫，存在时间皆近两年之久。

至于为何要于城外另设欑宫以及二后欑宫的位置，当值得作一探讨。以下分别论述之。

据《宋史·礼仪志》，太祖孝章宋后崩，“以岁在未有忌，权欑于赵村沙台”，可知孝章未得顺利入葬西京园陵，是因葬礼考虑到天时避讳，但具体细节尚不明了。关于太宗明德李后城外欑宫的设立原因，可通过景德元年判太常礼院孙何之奏言窥知一二，“今司天言丙午岁方利大葬，今岁止可于壬地权殡，仍勿动土。臣等再三询问，复有论列，安敢以礼官、博士之议，拒冯相、保章之说？况事系园寝，理务便宜。……既不欲穿圹动土，则莫若就司天所择之地，依丧记王后之殡，居棺以龙辅”。

对此，真宗初以“阴阳拘忌，前代不取”为由，未予采纳。然随后又在宰臣李沆的奏请下，认可了这一阴阳忌讳说，“近年皇属，继有悲惨。又母后上仙，圣心过有哀毁。阴阳之说，亦有所疑，恐须避忌。若如礼官所请，则于国家之礼，得合便宜，宗庙之祠，亦无旷阙”[③]。

司天监介入北宋皇后丧葬空间规划，其所据理论或杳渺难知，但其最终选定的空间方位仍有一定提示意义。如其建议立欑宫于壬地，根据五行与四象、天干之间的对应关系，“甲乙配青龙，丙丁配朱雀，庚辛配白虎，壬癸配玄武”，可知壬地对应于北方玄武。又“壬子一位也，子属水而壬属火”[④]，壬地立欑宫殆暗示与赵宋一朝火德相契合。

因为明德李后殡于城北，原本即仿效孝章宋后的礼例，是知太宗朝推延孝章入葬而设城外欑宫，也是出于这种天时避讳，并通过规划欑宫所在的方位来形成相应的压胜，以取得吉兆。

关于二后城外欑宫的具体位置，应是在开封城北安肃门外的沙台普济寺内。文献或言二后殡于城北安肃门外沙台，然沙台为一地名[⑤]，二后欑宫不可能露天安置，故应位

---

① （清）徐松辑，刘琳等校点：《宋会要辑稿》礼31《后丧一·明德皇后》，第1438页。

② 《宋史》卷123《礼志二十六·凶礼二·园陵》，第2870页。

③ （宋）李焘：《续资治通鉴长编》卷57，真宗景德元年闰九月辛未条，第1263页。

④ （宋）储泳：《祛疑说》，北京：中华书局，1985年，第22页。

⑤ （清）徐松辑，刘琳等校点：《宋会要辑稿》后妃3《美人》，第314页。按：《宋会要辑稿》记太宗至道二年（996年）曾安葬后宫陈美人于沙台寺，推测此“沙台寺”当为汴京城北普济寺的代称，详参下文分析。

于该地的普济寺。孝章宋氏欑宫,《宋史·礼志》称“权欑于赵村沙台”,而《宋史·后妃传》又记其“权殡普济佛舍”①,则沙台附近当有佛寺曰普济。明德李氏欑宫,《续资治通鉴长编》记其位置为“安肃门外旌孝乡之沙台”②;《宋会要辑稿》礼三一则作“安肃门外浚仪县旌孝乡程赵村沙台”,但最终设殡位置却在“普济院东”③,是知二后欑宫皆在城北的赵村沙台普济寺。

汴京城北有地名曰沙台,该处有佛寺。杨侃《皇畿赋》铺陈汴京城北风物,即云“转皇城西北之隅”,“彼沙台之崔嵬,耸佛刹之千尺”④,普济寺当位于其中。值得注意的是,普济寺也是收葬赵宋宗室年幼夭折者之场所,如仁宗皇祐二年南阳侯赵从贽“寓殡于普济佛寺”⑤,皇祐五年皇侄孙赵叔亹⑥、神宗熙宁元年南康郡王赵世勇死后,“殡于京城之北普济寺”⑦。这便与汴京城南奉先寺收葬位卑宫人,存在功能上的相似性。

关于二后梓宫如何出城赴城北权欑,《宋会要辑稿》礼三一详载有明德皇后梓宫的发引路线,“灵驾由西上閤门、朝堂门、右升龙门出乾元门、閶阖门,过白鹘桥,出安肃门,至普济院东”⑧。其中所涉及的“白鹘桥”,位于金水河上,如《宋史·太宗本纪》太宗太平兴国(977年)二年闰七月曾幸白鹘桥,“临金水河”⑨。《续资治通鉴长编》则记此事地点在“白鹤桥”⑩。据《东京梦华录》,金水河上但有横桥、五王宫桥、白虎三桥⑪,故可知白鹘、白鹤、白虎实则同一桥名之音讹。

这一发引路线也与北宋郭城内的主干道相呼应,《东京梦华录》北宋皇城宣德门外有东西横街,向西道北为尚书省南门,直西可抵内城西门閶阖门,出此门后又有大街直通外城西门万胜门,其中万胜门内附近有刑场甕市子,该地又有北去之大街,“至白虎桥,直北即卫州门”⑫。卫州门即安肃门之旧名,太平兴国四年更名。⑬可见,作为正宫

① 《宋史》卷242《后妃上·太祖孝章宋皇后》,第8609页。

② (宋)李焘:《续资治通鉴长编》卷57,真宗景德元年闰九月癸酉条,第1265页;此说又见《宋会要辑稿》礼37《明德皇后陵》,唯文字又作“安肃门外浚仪县旌孝乡程赵村沙台”,第1587页。

③ (清)徐松辑,刘琳等校点:《宋会要辑稿》礼31《后丧一·明德皇后》,第1440页。

④ (宋)吕祖谦编:《宋文鉴》卷2《赋》,北京:中华书局,1992年,第23页。

⑤ (宋)王珪:《华阳集》卷52《南阳侯墓志铭》,第531页。

⑥ (宋)刘敞:《公是集》卷54《皇侄孙故右监门率府率叔亹石记》,《景印文渊阁四库全书》,台北:商务印书馆,1986年,集部三四,别集类,第1095册,第1095—886页。

⑦ 曾枣庄、刘琳主编:《全宋文》卷1480《郑獬二四·南康郡王墓志铭》,上海:上海辞书出版社,2006年,第176页。

⑧ (清)徐松辑,刘琳等校点:《宋会要辑稿》礼31《后丧一·明德皇后》,第1440页。

⑨ 《宋史》卷4《太宗本纪一》,第56页。

⑩ (宋)李焘:《续资治通鉴长编》卷18,太宗太平兴国二年闰七月己亥条,第409页。

⑪ (宋)孟元老撰,邓之诚注:《东京梦华录注》卷1《河道》,第28页。

⑫ (宋)孟元老撰,邓之诚注:《东京梦华录注》卷3《大内西右掖门外街巷》,第82—83页。

⑬ (清)徐松辑,刘琳等校点:《宋会要辑稿》方域1《东京大内》,第9265页;又见同书方域3《东京新城》,第9323页。

皇太后，明德李氏迁殡时的发引路线，通过利用内城、外城区域内的主干道，表现出仪式的隆重与庄严。

（三）城西普安院

普安院，又名道者院[①]，属北宋汴京外城西门外的一处寺院建筑。明人李濂《汴京遗迹志》云道者院“在郑门外五里”[②]。此说虽清人周城《宋东京考》亦有援引，但二书之外，尚未有直接的文献证据，故此处有必要结合北宋时期其他材料予以佐证。

北宋沈遘《西溪集》所收《和江邻几送文丞相还游普安院》诗作中，对普安院之方位有所反映，“适闻丞相行，巾车城西隈。冠盖盛出送，车马相喧豗。吾有四君子，约言共追陪。乌躔转背午，归来倦支骸。道旁有精舍，聊兹释鞍鞴。殿阁郁四合，高明绝纤灰。曲池含清波，鱼鸟中沿洄，禁园直南望，参差隐楼台”[③]。据诗人描述，不仅普安院方位在开封城外的西郊，临近大路，而且诗人登上寺阁眺望，南面可以望见皇家禁园，这里的“禁园”应即北宋琼林苑，进一步说明寺院正当西郊大路侧近、琼林苑之北。

又据《东京梦华录》，北宋琼林苑在汴京外城西门顺天门外道南，与道北的金明池遥相对应，“琼林苑，在顺天门大街面北，与金明池相对”[④]。又据同书，顺天门外大路，可“直过金明池西道者院”[⑤]。如此，普安院当在外城顺天门外道北、金明池之西。

与北郊沙台普济禅院性质类似，普安院实际不止收葬品秩较卑之宫人，也收葬皇族宗室成员，诸如未成年即夭折之皇子。[⑥]另外，因为正当城内赴西郊外葬地之要津，故寺内也随之设立有佛教的丧礼道场，反映出佛教对于皇家乃至民间风俗的浸染，据王珪《华阳集》“普安院开启祔葬道场斋文”记载，“向以诸邸之丧，引车西葬，哀踊之巨，

---

① （宋）周煇撰，刘永翔校注：《清波杂志校注》卷1《普安院》，北京：中华书局，1997年，第6页；又见（宋）李廌撰，孔凡礼点校：《师友谈记》，北京：中华书局，2002年，第32页。

② （明）李濂撰，周宝珠、程民生点校：《汴京遗迹志》卷11《祠庙庵院·院》，第188页。周宝珠先生亦引李氏之说，详参《宋代东京研究》，第540页。竺沙雅章认为在金明池西侧，详参［日］竺沙雅章：《宋朝的太祖和太宗 变革时期的帝王》，方建新译，杭州：浙江大学出版社，2006年，第166—167页。

③ （宋）沈遘：《西溪集》卷2《和江邻几送文丞相还游普安院》，《景印文渊阁四库全书》，集部三六，别集类，第1097册，第12页。

④ （宋）孟元老撰，邓之诚注：《东京梦华录注》卷7《驾幸琼林苑》，第192页。

⑤ （宋）孟元老撰，邓之诚注：《东京梦华录注》卷6《收灯都人出城采春》，第175—176页。按：原书标点为“直过金明池西。道者院”，然同书又记金明池位于顺天门外道北，故循顺天门出，不会途经金明池西，而是池南，且“池西”系对道者院方位的描述，故内中句读须删。

⑥ （宋）李焘：《续资治通鉴长编》卷285，神宗熙宁十年十月庚子条，第6982页。

震于邃庭”，然而这其中也反映出为了保持城内朝堂的肃静而有意将城内道场迁至城外西郊的意图，反映出天子之都与民众生活空间二者的冲突与调适。

北宋凡先后有太宗元德李氏，神宗钦慈陈氏、钦成朱氏，哲宗昭怀刘氏殡于普安寺院之内，但各自的动机与目的却不尽相同，以下分而述之。

（1）太宗元德李氏殡宫。真宗生母元德李氏，于太宗朝仅为嫔妃，故其太平兴国二年逝后，及至道三年真宗即位，方追册为皇太后。因此，元德初殡于城西普安院时，只是按普通宫人丧礼规格。元德的正式入葬是在真宗咸平三年四月，仍就普安院发引[①]，说明真宗尚未着意从丧葬规格上，来明显地提高生母元德李氏的政治地位。

（2）神宗钦慈陈氏。上文已言及，徽宗生母钦慈陈氏于哲宗朝曾先后殡于城南万寿观、多庆寺。及至徽宗建中靖国元年四月五日，伴随多庆院遣奠礼毕，梓宫新移入普安院。[②]普安院作为殡所地点而言，只是北宋城外又一处具有祔葬秩卑宫人功能的佛教寺院，并无礼仪地位方面的特殊色彩，这就说明，徽宗诏令迁移钦慈殡宫，并非考虑到借此凸显钦慈之政治地位，而是受丧礼进行过程中其他因素的影响。

另外，从钦慈迁殡普安院的时机以及停留时段来看，显然也与营造其丧仪规格之尊卑无关。进一步言之，再度迁移殡所，实际是在徽宗践祚的政治局势下，因钦圣宪肃向皇太后崩，钦慈陈氏得以与之一同入葬西京陵园而产生，且钦慈梓宫五日由多庆院迁至达普安院，十七日即与钦圣仪仗在普安院汇合后，一同发引入葬西京陵园[③]，实际仅停留十三天。

普安院正当汴京城西顺天门外之道北，受北宋皇陵处于西京巩义的方位制约，如若北宋皇后取道顺天门入葬西京陵园，则普安院皆为诸后发引仪仗所必经。虽然北宋追封、追册皇后之城外殡宫，另有城南奉先寺、城北普济院，但就发引时的便捷程度而言，普安院显然要优于后二者，因此综合诸地理方位条件来看，钦慈再度迁殡于普安院，应当是考虑到葬礼发引时仪仗行进简捷的有利条件。

还须注意的是，徽宗曾亲赴城南多庆寺，行展告之礼，并在钦慈迁殡普安院之同日，于多庆寺内亲自遣奠，可以说，灵驾发引前之诸项仪节，已经在多庆寺内全部完成，这在丧礼仪注层面已然要求钦慈梓宫必须由寺内迁出，这一先期丧仪步骤实施，应是促使钦慈梓宫可权宜另入普安院的重要原因。

（3）神宗钦成朱氏。钦成朱氏为哲宗生母，及至徽宗朝尊为皇太妃，崇宁元年

---

① （清）徐松辑，刘琳等校点：《宋会要辑稿》礼31《后丧一·元德皇后》，第1435页。
② （清）徐松辑，刘琳等校点：《宋会要辑稿》礼33《后丧三·钦慈皇后》，第1498—1500页。
③ （清）徐松辑，刘琳等校点：《宋会要辑稿》礼33《后丧三·钦慈皇后》，第1500页。

（1102年）二月崩，追册为皇太后。[①]钦成之丧礼规格，多比照"景祐三年故事"[②]，亦即仁宗章惠杨太后礼例进行[③]，这是因后者提供了前朝妃嫔追册为皇太后的类似先例。然而，钦成丧礼中殡宫的位置，却与章惠有明显之不同，章惠乃于皇仪殿治丧乃至停殡，而钦成只受到治丧皇仪、大敛后择日出殡普安院的减损待遇，这一差别，直接体现出钦成因皇太后位号属追册而受到的丧礼规格限制。

（4）哲宗昭怀刘氏。徽宗政和三年（1113年），哲宗遗孀昭怀刘氏崩，徽宗曾诏令其丧仪制度比照太祖孝章、神宗钦成皇后之礼例，并要求"务在优隆，以称朕意"[④]。然而《宋会要辑稿》所记昭怀刘氏丧礼仪注则甚为简略，这一情况直接与刘氏的政治地位相关。刘氏于哲宗当朝受册为皇后，且徽宗即位后继续加封其先朝皇后的位号，但刘氏与徽宗属叔嫂关系，且刘氏又于徽宗当政时期有干政之举，"且以不谨闻"[⑤]，故其崩薨实际受制于政治压力。

这一情况也影响到丧礼规格，《宋会要辑稿》记昭怀被"迁于普安禅院治丧"[⑥]，单就此点来看，显然难称"优降"之制。徽宗诏书中提及葬礼比照孝章、钦成且从优，虽二后当时皆殡于皇宫之外，但钦成尚且有预先治丧于皇仪殿的待遇，然而昭怀丧礼之初，已迁至普安院治丧，可见其丧礼规格，仅采孝章、钦成二后之最低标准施行。

三、结　　论

殡宫作为丧礼初期、设殡环节的主要场所，不仅具有映衬丧礼等级的辅助作用，而且殡宫的不同方位规划与演变，更提供了探究丧礼特质与变化的有利契机。综上可见，北宋皇后殡宫分布，主要存在皇宫之内、都城之外两大空间差别，并各具以下细节特征。

就宫内设殡之诸后而言，其身份多曾正位中宫，皇仪殿虽然被认为是北宋一朝诸后崩薨时的停殡场所，但这一空间意象其实存在层垒式的塑造过程，而且这一殡宫空间传统也在北宋后期受到新的冲击：皇仪殿设殡，最早来自太祖之母昭宪杜太后的寝殿故事，但随后被与皇后殡宫空间交叠使用，于是北宋的皇后、皇太后丧礼，皆集中于皇仪

---

① （清）徐松辑，刘琳等校点：《宋会要辑稿》礼33《后丧三·钦成皇后》，第1500页。
② （清）徐松辑，刘琳等校点：《宋会要辑稿》礼33《后丧三·钦成皇后》，第1501页。
③ 按：此系比对附表1所知。
④ （清）徐松辑，刘琳等校点：《宋会要辑稿》礼34《后丧四·昭怀皇后》，第1505页。
⑤ 《宋史》卷242《后妃下·哲宗昭怀刘皇后》，第8638页。
⑥ （清）徐松辑，刘琳等校点：《宋会要辑稿》礼34《后丧四·昭怀皇后》，第1505页。

殿设殡。及至北宋母后宫制度在神宗时期的巩固，太皇太后、皇太后所居之母后本宫，日益兼具礼仪与生活空间双重功能，在回归礼经丧仪经典的诱因下，母后本宫设殡开始对此前之皇仪殿传统形成冲击，且在神、哲、徽三朝连续施行。

就城外设殡之诸后而言，其身份多属追封、追册，具体追复之因由于过程复杂多变，但最终受到的朝廷停殡场所的处置规划，却相当统一与规范，并通过小范围集聚，最终呈现城南、城北、城西三大殡宫安置地。城北规模最小，形成原因属天文避忌，性质特殊，且仅短暂安置太祖孝章、太宗明德二后殡宫。城南规模最大，因袭北宋宣祖安陵旧址，并形成以奉先寺为中心，资福、多庆诸院渐次依附的殡宫建筑群。城西规模仅次城南，延续时间最长，直至徽宗时期[①]，且因地理位置正当北宋帝后灵驾发引出城、赴山陵之关键节点，所以也有了融入发引当日，充当灵驾汇合点的葬礼仪式空间的角色。

不同的殡宫空间位置规划，为满足与体现诸后身份地位尊卑、丧礼规格之隆杀，提供了恰当抑或权宜的直观式表达。如此，借助空间的选取、因袭与变革，也就可以对北宋皇后丧礼设殡制度，乃至背后所蕴含的更为丰富的宫廷政治背景等，有更进一步之体认。

附表1　北宋皇后丧礼设殡资料统计表

	人物	崩所	崩日	殡所	殡日	资料出处
宣祖	昭宪杜太后	滋德殿	太祖建隆二年（961年）六月二日	滋福宫	六月四日	《宋会要辑稿》礼31《后丧一·昭宪皇后》，第1421页
太祖	孝惠贺氏	后周显德五年（958年）薨，建隆三年追册，丧仪不明				《宋史》卷242《后妃上·太祖孝惠贺皇后》，第8607—8608页
	孝明王氏	滋德殿	太祖乾德元年十二月七日	滋德殿	庚寅（同月十三日）[②]	《宋会要辑稿》礼31《后丧一·孝明皇后》，第1425、1428页
	孝章宋氏	燕国长公主第	太宗至道元年（995年）四月二十八日	燕国长公主第；城北沙台欑宫	不明	《宋会要辑稿》礼31《后丧一·孝章皇后》，第1429页
太宗	淑德尹氏	后周时崩，太宗即位后追册，丧仪不明				《宋史》卷242《后妃上·太宗淑德尹皇后》，第8609页

① 按：此但以北宋皇后群体作为观察对象而言。

② 按：《续资治通鉴长编》记孝明崩于太祖乾德元年十二月甲申，故知《宋会要辑稿》所记庚寅殡日为当月十三日，详参（宋）李焘：《续资治通鉴长编》卷4，太祖乾德元年十二月甲申条，第110页。

续表

	人物	崩所	崩日	殡所	殡日	资料出处
太宗	懿德符氏	太祖开宝八年（975年）崩，太宗即位追册，丧仪不明				《宋史》卷242《后妃上·懿德符皇后》，第8609页
	元德李氏	生前为贤妃，太宗太平兴国二年（977年）崩，丧仪未知，真宗即位至道三年（997年）始追封为皇太后		普安院		《宋会要辑稿》礼31《后丧一·元德皇后》，第1432—1436页；《宋史》卷242《后妃上·元德李皇后》，第8610—8611页
	明德李氏	万安宫之滋德殿	景德元年（1004年）三月十五日	滋德殿西阶；城北沙台欑宫	同月二十七日	《宋会要辑稿》礼31《后丧一·明德皇后》，第1436、1440、1442页
真宗	章怀潘氏	早薨，真宗即位后追册皇后，丧仪不明				《宋会要辑稿》礼31《后丧一·章穆皇后》，第1444—1445页
	章穆郭氏	万岁后殿	景德四年（1007年）四月十五日	万安宫之西阶	景德四年四月二十五日	《宋会要辑稿》后妃1《皇后皇太后杂录》，第255页；《宋史》卷123《礼志二十六·凶礼二·园陵》，第2870页
	章懿李氏（李宸妃）	不明	明道元年（1032年）二月二十六日	嘉庆院；洪福禅院西北	三月十四日	《宋史》卷123《礼志二十六·凶礼二·园陵》，第2870页；《宋会要辑稿》礼32《后丧二·章懿皇后》，第1458页
	章献明肃刘氏	宝慈殿	明道二年（1033年）三月甲午（二十七日）	皇仪殿西阶	四月癸卯（八日）	《宋史》卷123《礼志二十六·凶礼二·园陵》，第2870页；《宋会要辑稿》礼32《后丧二·章献明肃皇后》，第1457页
	章惠杨氏	保庆殿	景祐三年（1036年）十一月五日	皇仪殿西阶	十六日	《宋史》卷242《后妃上·杨淑妃》，第2871页；《宋会要辑稿》礼32《后丧二·庄惠皇太后》，第1462、1463页
仁宗	皇后张氏（明道二年十月追册）		天圣六年（1028年）九月二十日	咸宜坊之别第	同日	《宋会要辑稿》礼32《后丧二·张皇后》，第1466页；《皇宋十朝纲要》卷4《仁宗》，《续修四库全书》347，史部编年类，上海：上海古籍出版社，2002年，第423页
				奉先寺西北隅（资福禅院）		
	废后郭氏	嘉庆园（院）	景祐二年（1035年）十一月八日	嘉庆院；城南奉先寺		《宋会要辑稿》礼32《后丧二·郭皇后》，第1466页

续表

	人物	崩所	崩日	殡所	殡日	资料出处
仁宗	温成张氏	不明	至和元年（1054 年）正月八日	皇仪殿之西阶	同月十四日	《续资治通鉴长编》卷 176，仁宗至和元年正月己卯条，第 4250 页；《宋会要辑稿》礼 33《后丧三·温成皇后》，第 1477 页
	慈圣光献曹氏	庆寿宫萃德殿	元丰二年（1079 年）十月二十日	庆寿殿西阶	十一月十四日	《宋会要辑稿》礼 32《后丧二·慈圣光献皇后》，第 1467、1469、1473 页
英宗	宣仁圣烈高氏	崇庆宫之寿康殿	元祐八年（1093 年）九月三日	崇庆殿之西阶	同月十六日	《宋会要辑稿》礼 33《后丧三·宣仁圣烈皇后》，第 1479—1481 页
神宗	钦圣宪肃向氏	慈德殿	建中靖国元年（1101 年）正月十三日	慈德殿之西阶	二月十一日	《宋会要辑稿》礼 33《钦圣宪肃皇后》，第 1488、1490 页
	钦慈陈氏		元祐四年（1089 年）六月二十八日	万寿观		《宋会要辑稿》礼 33《后丧三·钦慈皇后》，第 1496、1500 页
				多庆寺东	元祐九年二月	
				普安院	徽宗建中靖国元年四月五日	
	钦成朱氏	圣瑞宫（推测）	崇宁元年（1102 年）二月十六日	治丧皇仪殿		《宋会要辑稿》礼 33《后丧三·钦慈皇后》，第 1500、1501 页
				殡于普安院	二十九日	
哲宗	昭怀刘氏	崇恩宫（推测）	政和三年（1113 年）二月九日	普安院	同日	《宋会要辑稿》礼 34《后丧四·昭怀皇后》，第 1505 页
	元祐孟氏	崩于南宋，暂不入统计				
徽宗	显恭王氏	坤宁殿	大观二年（1108 年）九月二十六日	皇仪殿西阶		《宋会要辑稿》礼 34《后丧四·显恭皇后》，第 1509 页
	明达刘氏		政和三年（1109 年）七月二十二日			《宋会要辑稿》礼 34《后丧四·明达皇后》，第 1511 页
	明节刘氏		宣和三年（1121 年）四月二日			《宋会要辑稿》礼 34《后丧四·明节皇后》，第 1513 页
	显肃郑氏	无载				《宋会要辑稿》礼 34《后丧四·显肃皇后》，第 1510 页
	显仁韦氏	南宋时期				
钦宗	皇后朱氏	无载				

作者简介：贾鸿源，男，1989 年生，山东即墨人，汉族，鲁东大学历史文化学院讲师，历史地理学博士，主要研究方向为唐宋都城历史地理。

南宋兴元府御前诸军都统司探析

唐博闻

（辽宁师范大学 历史文化旅游学院，辽宁 大连，116081）

摘　要：兴元府作为川陕地区的中心城市之一，宋金战争爆发后，其军事战略地位更显重要。驻扎在兴元府的御前诸军都统司是镇守兴元府的主要军事力量。靖康之难后，兴元府守将在兴元府地区积极招收、整编河北、陕西地区溃退军队，重组兴元府守军（兴元府屯驻御前诸军前身），对金军的进攻进行有效抵抗，捍卫了四川地区。兴元府沦陷以前，兴元府都统制任命几乎没有空缺，驻扎在兴元府的御前诸军驻防地域也趋于稳定，保持了较强的军事实力。因此兴元府御前诸军都统司是南宋政权拱卫川陕地区、抗击金军不可或缺的中坚力量。

关键词：南宋；兴元府；御前诸军；都统司

都统制，南宋北部、西部（沿长江和川陕交界）边界诸屯驻大军的最高统兵官，统领本都统司下兵马训练、警备、守御、赏罚等军政。[①]兴元府作为川陕战区重要的组成部分、南宋重要的军事指挥机构皆曾在此置司，是该区域重要的军事重镇。富平之战后，陕西五路大部分被金军攻占，兴元府作为四川屏障的军事防御作用更加突出。兴元府的得失是左右战局的关键点。兴元府都统司作为南宋驻防兴元府的主力军队，是捍卫兴元府的重要军事力量。本文对驻扎在兴元府地区的御前诸军都统司的军队来源、机构设置、管理职责这三个方面及其在川陕战区中发挥的作用进行初步的探析。

---

① 龚延明编著：《宋代官制辞典》，北京：中华书局，1997 年，第 471 页。

从现有的研究成果看，王曾瑜先生对两宋军事体制沿革进行了深入的探讨，其虽涵盖了北宋、南宋时期的统军体制、军队演变、军政等诸多方面，但在南宋军制方面的具体研究上仍留有空间。[①]粟品孝先生全面系统地对南宋军事史进行了探讨，特别是从军事体制、南宋频繁发生的兵变及民变，对南宋中央政权的影响做了有益的探讨。[②]在军事制度方面，王青松先生认为，南宋中央军权的集中程度与北宋相比有明显的下降。[③]何玉红先生以南宋时期的川陕战区作为研究对象，但并不仅仅局限于川陕战区，而是在中央和地方权力关系这一视角下，对南宋时期川陕地区的行政运行体制进行了探究，对川陕地区在南宋国防战争中的战略地位、宋廷施政得失进行了总结。[④]关于南宋时期屯驻大军方面的研究，熊燕军先生则对南宋时期御营司和御营五军进行探讨，他认为御营司和御营五军的设立是南宋政权第一次收兵权的一种尝试。虽然失败，但这次尝试改变了南宋初“军政分立”的传统，对南宋的国防战争起到了积极作用。[⑤]他又以驻扎建康府的御营诸军为例，对御前诸军都统制的选任进行考述。[⑥]在宋代汉中地区方面的研究，梁中效先生指出，川陕地区是南宋政权恢复中原故土的重要战略要地和精神支柱，同时也是南宋政权重要的经济支柱之一，对南宋政权具有重要的军事、政治和经济价值。[⑦]他认为，汉中、安康地区是南宋号令中原、国命之所在，在南宋政权的国防战争中具有重要地位。[⑧]他又对汉中地区的经济发展进行探析，指出汉中作为西北和西南的交通枢纽，不仅促进了南北经济的发展，而且带动了自身经济的发展。[⑨]李中锋先生和熊梅先生分别对利州路在北宋、南宋时期的政区变迁，特别是利州路合分的次数和具体时间进行考证，指出南宋时期利州路的合分是被动适应当时战争而进行的行政区域变化。[⑩]可见，学界目前对南宋时期驻扎兴元府的御前诸军都统司并没有系统、深入的研究，而其在川陕战区的地位、在南宋国防战争中所起到的作用仍有探究的空间。

---

① 王曾瑜：《宋朝军制初探》，北京：中华书局，2011年。

② 粟品孝等：《南宋军事史》，上海：上海古籍出版社，2008年。

③ 王青松：《南宋军事领导体制研究》，陕西师范大学博士学位论文，2007年。

④ 何玉红：《南宋川陕边防行政运行体制研究》，上海：上海古籍出版社，2012年。

⑤ 熊燕军：《南宋高宗建炎年间御营司及御营五军研究》，《韩山师范学院学报》2012年第2期，第38—43页。

⑥ 熊燕军：《从御前诸军都统制的选任看南宋的“驭将之术”——以〈景定建康志〉载建康都统制为中心》，《中原文化研究》2013年第4期，第81—88页。

⑦ 梁中效：《南宋的川陕战略》，《成都大学学报（社会科学版）》2012第4期，第32—36页。

⑧ 梁中效：《汉中安康在南宋时期的战略地位》，《汉中师范学院学报（社会科学）》1996年第1期，第33—41页。

⑨ 梁中效：《宋代汉中地区货币经济初探》，第二届西北五省区钱币学会协作会议专辑，2002年，第27—28页。

⑩ 李中锋：《宋代利州路政区沿革考述》，《宋代文化研究》2002年第11辑，第295—316页；熊梅：《南宋利州路分合考论》，《中华文化论坛》2006第2期，第49—53页。

一、兴元府的历史沿革与战略地位

兴元府，即今陕西省汉中市，在中国历史上占有着重要地位，作为重要的军事重镇，深受历朝统治者重视。兴元元年（784年），唐德宗成功平定“朱泚之乱”，收复关中，因汉中地区对朝廷的支持而被加以肯定和封赏，遂升梁州为兴元府。唐代，山南西道节度使置司于此。北宋时期，宋廷频繁对四川地区的行政管辖区域进行改变。乾德三年（965年），在原山南西道的管辖区域内设置西川路，涵盖整个四川地区。太平兴国二年（977年），宋分西川路为东、西两路。兴元府此时隶属于西川西路。至道三年（997年），四川分为西川、峡两路。这一时期兴元府一直隶属于西川路。咸平四年（1001年），因“西蜀辽隔，事有缓急，难于应援”①。宋真宗诏：“分川峡转运使为益、梓、利、夔四路。”②其中利州路“总利、洋、兴、剑、文、集、壁、巴、蓬、龙、阆、兴元、剑门、三泉、西县凡十五州、府、军、县”③。利州路以转运使路的形式开始作为独立的路级行政区划存在。兴元府行政规划上开始隶属于利州路。南宋富平之战后，陕西五路失陷，残存的阶、成、岷、凤等州并入利州路。

整个川陕战区中，从地理形势的角度上来看，兴元府的军事地位极其重要。具体而言，其整个地势两面高起，中间低下；北、南面为秦岭、大巴山，是抵御金、蒙（元）军队进攻的天然屏障。两座山脉中间低洼地段为汉中盆地，长江的重要支流汉江、嘉陵江皆流经汉中盆地。兴元府的交通、水系发达，北通陕西，南连四川，由嘉陵道到嘉陵江顺流而下可通荆襄。因而从地利而言，宋军富平之战失利，陕西五路沦陷后，兴元府在川陕地区的军事防御地位更加突出。宋人也意识到了这一点，孙应时在《回兴元宇文尚书简》中提出：“汉中形势，号五百里石穴，而南郑为都会，盖西蜀六十州之命也。”④兴元府的得失关系着四川地区的存亡。南宋在后期国防战争中的失利也验证了这一点。吴泳在《论坏蜀四证及救蜀五策札子》言道：“蒙骑自八月分道入寇，犯兴元，犯沔阳，犯阶、文。九月并兵破大安。十月一日哨朝天，七日闯益昌，十日至阆中。又分为三：涉江而西者，以十二日入普城；顺流而下者，以十三日入顺庆；由新井、盐亭

① （宋）李焘：《续资治通鉴长编》卷48，咸平四年四月己未条，北京：中华书局，2004年，第1058页。

② （宋）李焘：《续资治通鉴长编》卷48，咸平四年三月辛巳条，第1052页。

③ （宋）李焘：《续资治通鉴长编》卷48，咸平四年三月辛巳条，第1052—1053页。

④ （宋）孙应时：《烛湖集》卷4《回兴元宇文尚书简》，《景印文渊阁四库全书》，台北：商务印书馆，1986年，第1166册，第563页。

而东者，以十六日入潼川。并三道之兵，以十九日破成都。”[①]九月蒙军队完全攻克兴元府后，南宋军队失去了秦岭这道天然屏障，无险可守，不到两个月时间成都府被蒙军攻克，四川大部分沦陷。

南宋时期，兴元府亦是南宋政权重要的马匹集聚、运输要地。宋廷购买“西马”的场所只剩下西和州（今甘肃西和）宕昌寨和阶州（今甘肃武都）峰帖硖寨。购买“川马”的场所只剩下四川的黎州（治今四川汉源北）、叙州（治今四川宜宾）、南平（今重庆东溪一带）等处。所买马匹，必须团纲运至临安府，“西马在兴元府团纲，川马在成都府团纲”，再经兴元府、襄阳府、汉阳军、鄂州一线运抵临安。[②]兴元府成为宋廷马匹供应线上重要的节点。

南宋政权在兴州、兴元府、金州地区设立三个都统司，在汉中地区屯驻大军与金军对峙。从地理布局来看，三个都统司自西向东，扼守交通要道，遥相呼应，相互增援。其中兴元府为核心，兴州和金州为东西两翼。王曾瑜先生虽然提出南宋将绍兴十一年（1141年）前的四支主要的屯驻大军，陆续改组成十支屯驻大军，此举即是为了防范武将，意在分散兵力，是一个消极防守的方针，但不能忽视南宋政权在屯驻兴州、兴元府、金州时的战略考虑。宋人林駉描述兴元府在兴复中原的重要性时说：“蜀之根本在成都，而汉中为唇齿。汉中为保蜀之藩篱，而以陕、陇为近援。守南郑则长安为可窥，守武兴则陇西为可取，陇、蜀之势，大抵然也。”[③]周必大在《金州传钧奏》中言道：“兴州兵可于凤州先出，据和尚原，取宝鸡，下瞰凤翔，彼必以重兵与兴州兵相缀，然后以兴元之师直出骆谷、子午谷，金州军马由商于出七盘，与兴元之兵合势，伺隙长安。”[④]三大都统司各面出击，互相配合。可见，兴元府都统司在川陕战区的军事体系中发挥的衔接东西、正面出击的军事战略作用不容忽视。

二、兴元府御前诸军都统司兵力来源

南宋前期，川陕地区军队的前身，即为北宋时期抗击西夏的陕西六路军马。李心传指出：“兴州、兴元府、金州三都统司兵，本曲端、吴玠、关师古之徒，关西部曲也。”[⑤]

① （宋）吴泳：《鹤林集》卷20《札子·论坏蜀四证及救蜀五策札子》，《宋集珍本丛刊》，北京：线装书局，2004年，第74册，第466页。

② 曹家齐：《宋代的交通与政治》，北京：中华书局，2017年，第145页。

③ （宋）林駉：《古今源流至论续集》卷1《形势（淮甸陇蜀荆襄）》，《景印文渊阁四库全书》，第942册，第341页。

④ （宋）周必大：《文忠集》卷147《金州传钧奏》，《景印文渊阁四库全书》，第1148册，第612页。

⑤ （宋）李心传撰，徐规校点：《建炎以来朝野杂记》甲集卷18《兵马·关外军马钱粮数》，北京：中华书局，2000年，第406页。

除此之外，在地方征调民兵、接收北来的归正人（沦于外邦返回南宋者或原为外邦愿归南宋者）也是兴元府御前诸军都统司军队补充兵员的重要渠道。

（一）南宋政权对河北、陕西地区溃退军队的整编

宋金战争初期就有河北、陕西方面的溃军向兴元府方向后撤。建炎元年（1127年），河东制置使王瓔弃守陕州，退于兴元府。利州路提点刑狱张深力排众议，让王瓔的部队驻扎在兴元府，并给予粮草补给。[①]这是文献记载最早退守兴元府的陕西地区的守军。建炎二年（1128年），延安府失陷，王瓔带领自己的军队投靠王庶。[②]建炎四年八月（1130年），金人攻扬州，薛庆战死，郭仲威奔于兴元。[③]绍兴元年（1131年），知虢州邵兴在卢氏县被金军河南统制董先击溃，商、虢二州失守，率军入兴元府投靠王庶。[④]王庶知兴元府时召集较多溃兵："河东、陕西溃师多旧部曲，往往来归，不数月，有众二万。"[⑤]宋廷在陕西地区接连败退时则开始注意收集、管理从陕西溃退的宋军。赵鼎上奏高宗："长安溃兵径趋兴元，全无阻遏。自兴元趋剑门更无栈道，而剑门两间亦有捷路可至成都。然则蜀中所恃之险，尚须措置，使绝不通行，然后可保。张浚之行，专委召集西兵，未闻营度守蜀也。"[⑥]从赵鼎的上奏中可以看出，当时由于地理方面的优势，兴元府成了收拢河北、陕西方面溃退宋军最好的选择地。如何收集、组织溃军形成新的战斗力，消除溃军危害地方治安隐患，成了当时南宋政权面临的重要问题。

富平之战后，陕西五路尽失，宋军只能退居蜀口与金军对峙，极其被动，南宋政权收集和管理溃军的工作显得更为紧迫。驻防在川陕地区的守将开始组织、聚集流散的官兵，效果最为显著的是兴元府守臣刘子羽。"单马直抵秦亭，分遣腹心，访诸将所在。时敌骑四出，道阻不通，将士无所归，忽闻公在近，宣抚司留蜀口，乃各引所部来会。"[⑦]绍兴四年（1134年），张浚因富平之败被朝臣弹劾，刘子羽亦被连坐，责授散官，安置白州。刘子羽招收的军队皆被吴玠所接收，成为南宋守卫川北主力军队的一部分。

---

① （宋）李心传编撰，胡坤点校：《建炎以来系年要录》卷11，建炎元年十二月甲戌，北京：中华书局，2013年，第291页。

② （宋）李心传编撰，胡坤点校：《建炎以来系年要录》卷18，建炎二年十一月壬辰，第426页。

③ （宋）徐梦莘：《三朝北盟会编》卷146，上海：上海古籍出版社，1987年，第1064页。

④ （宋）徐梦莘：《三朝北盟会编》卷147，第1070页。

⑤ （宋）李心传编撰，胡坤点校：《建炎以来系年要录》卷43，绍兴元年三月丙寅，第923页。

⑥ （宋）赵鼎：《忠正德文集》卷1《论西幸事状》，《景印文渊阁四库全书》，第1128册，第647页。

⑦ （宋）杜大珪：《名臣碑传琬琰之集下》卷22《宋故右朝议大夫充徽猷阁待制致仕彭城县开国子食邑五百户赠少傅刘公墓志铭》，《景印文渊阁四库全书》，第450册，第837页。

绍兴五年（1135年），宋高宗对张俊、韩世忠、刘光世、岳飞、吴玠等五支屯驻大军进行整编，下诏："神武系北齐军号，久欲厘正，宜以行营护军为名。神武前军改称中护军，左军称前护军，后军称后护军。……吴玠所部人马称右护军，并听本路宣抚招讨司节制。"[①]兴元府驻防的军队被编入右护军。

绍兴九年（1139年），吴玠死后，继任川陕宣抚副使胡世将分吴玠屯驻兴州之兵"命吴璘以二万守兴州，杨政以二万守兴元，郭浩以八千守金州"，由此形成了川陕地区大军屯驻兴元府、兴州、金州的布局。杨政统领的两万军队成了驻防兴元府屯驻大军的前身。

绍兴十年（1140年），宋金和议后，宋廷对屯驻大军进行改组，将四支屯驻大军陆续改为十支，分别屯驻在兴元、江陵、建康、镇江府、兴州、鄂州等地。每支大军的番号改为某州府驻扎御前诸军。

绍兴十八年（1148年），对川陕地区屯驻大军番号进行改编，至此，驻守川陕三支御前诸军形成：一支是兴州御前诸军，一支是兴元府御前诸军，一支是金州御前诸军。其前身皆为退守利州的陕西路军队。宋廷对于河北、陕西地区溃退兴元府官兵的整编完成。

在整编正规军的同时，南撤、流散的陕西官兵是川陕地区各大都司招收的重要对象，乾道年间，有朝臣上奏孝宗："自关外宿师以来，多有离军使臣及将家子弟，所在侨寓。外铨阙少，注拟不行，往往衣食匮乏，狼狈无归。其间却有材武卓然堪备任使之人，失职久闲，理当收恤"[②]，宋廷对于那些流落兴元府的西北军队官兵及其后裔在武举选拔上也给予一定优惠政策，孝宗乾道八年（1172年）宋廷内部有臣僚上言：

> 自渡江以来，西北之士流落蜀汉者，往往无力以进。而又限以保奏之官，寒微何由可得？故每举就试，不过数十人，其取人不广如此。欲望颁武举之法于四川，令四路帅臣、宪漕、知州军监、钤辖、路分及寄居侍从以上，每举各保一员，而兴元府、利、阆、金、洋、阶、成、西和、凤州各保三员，较其艺能，命之以官而任使之。他日诸将中，未必无郭子仪辈出也。[③]

这种措施得到了孝宗的同意。同时，四川宣抚司奏请："西北流寓素习武艺之人，

① （宋）李心传编撰，胡坤点校：《建炎以来系年要录》卷96，绍兴五年十二月庚子，第1830页。
② （宋）范成大撰，孔凡礼辑：《范成大佚著辑存》，《奏札·辟兵官札子》，北京：中华书局，1983年，第25页。
③ （清）徐松辑，刘琳等校点：《宋会要辑稿》选举17之34，上海：上海古籍出版社，2014年，第5603页。

多寄居利州路，所以许兴元府等处所保人数比他路独多。”[①]孝宗亦同意四川宣抚司的奏请，兴元府所属的利州路地区保举的名额多于川陕的其他路。这些建议的目的就是设置武举，增加保举人数，使得南下的两河、关陕流寓官兵及阵亡兵将子弟有更多的机会再次加入军队，增强兴元府地区军队对金的防御能力。

（二）兴元府守将组建的地方新军

兴元府守将，在南宋建立初期所面临的不仅仅是宋军在陕西地区对金军事防御失败而形成“兵卒单寡之缺”的不利局面，而且还要处理好兴元府和后方四川地区的社会稳定。兴元府守将如何补充兵员，形成抵抗金军进攻的有生力量，消除威胁兴元府地区局势稳定的不确定因素，成了当时面临的重要问题。在原有屯驻大军的基础上，收集兵员，组建地方新军，成了兴元府守将的重要措施。

早在绍兴元年（1131 年），利夔路制置使、知兴元府王庶征召兴元府地区百姓，组建地方民兵，“籍兴元良家子弟，两丁取一，四丁取二，每二十人为一队，号曰义士”[②]。王庶在兴元府、洋州、大安军招收义士的同时，随之建立一套管理新军的制度，组建初期由地方官吏任民兵统帅，“每五十人为一队，知县为军正，尉为军副，日阅武于县，月阅武于州”[③]。在王庶制定管理新军制度的基础上逐渐形成“义士法”，即“照逐户税籍高下，或一丁，或两丁，以至三丁，料拣为兵，却与尽蠲输。或每丁与免家业钱三百缗，令其自办衣装，自置军器。每十人为一甲，五甲为一队，五队置一副将，十队置一正将，逐县置一部辖，州置一总辖，以统之。每岁春秋教阅，至防秋，则团结于逐郡城中，就令守御不测，听制司调遣”[④]。

绍兴四年（1134 年），时任川陕宣抚副使吴玠在兴元府创立兴元良家子，招两河、关陕流寓及阵亡兵将子弟骁勇善战者，五十人为一队。[⑤]

绍兴三十一年（1161 年），大散关之战，大将不授以甲，驱之使在官军之前，兴元义士损失惨重，死损逃亡之后，仅存六千余人。[⑥]兴元府招募义士军被迫解散。

乾道四年（1168 年），虞允文就任四川宣抚使，令晁公武重新招募义士。晁公武“籍兴元之丁，增至一万六千四百三十四人，合洋州两县三千七百八十九人，大安军一

---

① （清）徐松辑，刘琳等校点：《宋会要辑稿》选举 17 之 35，第 5603 页。
② 《宋史》卷 192《兵志六》，北京：中华书局，1977 年，第 4790 页。
③ （宋）李心传编撰，胡坤点校：《建炎以来系年要录》卷 48，绍兴元年十月甲申，第 1012 页。
④ （明）黄淮、杨士奇编：《历代名臣奏议》卷 100《经国》，《景印文渊阁四库全书》，第 435 册，第 782 页。
⑤ （宋）李心传撰，徐规点校：《建炎以来朝野杂记》甲集卷 18《兴元良家子（忠义效用 中军敢勇）》，第 409 页。
⑥ （清）徐松辑，刘琳等校点：《宋会要辑稿》兵 1 之 25，第 8614—8615 页。

千七百六十八人，共二万三千九百八十一人，见已结成队伍”[①]。

宋廷在兴元府招募义士的管理上，与孝宗时期和高宗时期比更加规范化，南宋政权以北宋时期陕西弓箭手的管理方式为蓝本进行管理，即“今来措置，义士比陕西弓箭手条，拟到专法，将敕令格式随门类总入项内，乞以义士专法为名行下”。在兵役制度上，“每两丁、三丁拣一丁，四丁、五丁拣两丁，六丁、七丁拣三丁，选少壮堪充义士之人团结，每户免家业钱二百贯、非泛科率。今欲乞除常赋外，义士长行每户依旧与免家业钱一百五十贯，不及实免；拥队一百七十贯，队官二百贯上科籴外，与免本户差役”。管理制度上，每六十五人为一队，推服管队一名，火头五名。仍于数内拣习神臂弓手，并平射弓手，及甲军枪手，仍官为置教阅弓箭手、枪、旗训练。[②]高宗时期较为合理的管理方式也得到了保留，如义士由地方知州、知县任军事长官的制度。

孝宗时期，南宋政权对于民兵的管理、调度掌控颇为严格，即“非因调发，永不得差”。淳熙年间，范成大上奏提出：“兴、洋等州义士并金州保胜军、关外四州忠勇军皆与义士一体异名，盖陕西弓箭手法，非调发不得差使，今兴元府都统司欲以义士看烽，利州东路安抚司欲以义士把关，非法也。”[③]他认为，安抚司和都统司随意调拨义士的行为颇为不妥，应“乞仿陕西旧比，修成专法”。利州东路安抚使、知兴元府李蘩反驳道：“成、西和，皆要边，而文州诸羌反侧未定，今既难以乌合禁军差替乡兵，都统司又不肯差屯驻军，今守关看烽义士忠勇军又碍近旨，如此则拘违法之微文，成撤备之大祸。”[④]但李蘩的建议没有被孝宗采纳。由此可见，宋廷对兴元府地方军队使用还是颇为重视的。都统司和安抚司随意调拨进行军事部署、私役军队这种行为，宋廷是不能容忍的。

兴元府招募的地方百姓一定程度上具有“兵农合一”的性质，并不独立成军，隶属于都统司管辖。从张辅世的进言：“利路义士，就令土豪领之，多率众邀求，役无虚月，望放归农。”[⑤]张坚在知兴元府任上曾“教阅义士，劝课农桑”，可以看出，川陕地区的地方军队在没有战争的时候依旧保持其务农的固有职业，并不是职业军人。这也正如四川宣抚使虞允文所言：“因农隙时往来教阅，无衣粮之费，而西师之势壮矣”[⑥]，因

① （清）徐松辑，刘琳等校点：《宋会要辑稿》兵1之25，第8615页。

② （清）徐松辑，刘琳等校点：《宋会要辑稿》兵1之25—26，第8615页。

③ （宋）魏了翁：《鹤山集》卷78《朝奉大夫府卿四川总领财赋累赠通议大夫李公墓志铭》，《景印文渊阁四库全书》，第1173册，第212页。

④ （宋）魏了翁：《鹤山集》卷78《朝奉大夫府卿四川总领财赋累赠通议大夫李公墓志铭》，《景印文渊阁四库全书》，第1173册，第212页。

⑤ （宋）章如愚辑：《群书考索》后集卷41《兵制门·民兵》，扬州：广陵书社，2008年，第694页。

⑥ （宋）刘时举撰，王瑞来点校：《续宋编年资治通鉴》卷8《宋孝宗一》，北京：中华书局，2014年，第189页。

此南宋政权对兴元义士、良家子的经费支持并不大，节省军费也是组建兴元府民兵的重要因素。时任兴元府都统制的姚仲上言：“闻金有意败盟……旧有义士万余，皆骁勇可用，只是免身丁差役之类，初不费有司钱粮。……依旧收充，以时教阅。”①时任兴元府录事参军的黄裳曾上言：“民兵守，虽多而无养兵之费。以官军战，虽少而有可用之实。”②这就道出了南宋政权军费紧张，招募民兵以节约军费开支的用意。川陕战区的军费紧张使得驻守兴元府的军事机构对兴元义士、良家子的供给互相推诿。淳熙初年，利州安抚司财赋迫急，上奏孝宗：“与都统司中分清酒务之息以赡之，然酒息钱实备它用。……无所损益，乞罢盐店，而以良家子隶都统司”③，孝宗同意了安抚司的要求。

（三）南宋政权对于北方归明人、归正人的接收

南宋建立之初即有大量的河北、陕西地区百姓涌入四川。这些归正人、归明人有些是辽、金统治区内的汉人，有些是亡国的契丹人和被俘的女真人，其中也有在战争中被俘金军汉人。如绍兴三年（1133 年），宣抚处置司训练官杜福“邀敌于兴元南龙潭，降女真、汉儿军四百”④。对于归正人组成的部队，为了保持其本来所具有的战斗力，宋廷任命归正人统率这些部队。如添差前军统领萧为也，原为契丹窝系下万户，王璎即任命其为兴元府驻扎义胜军同统领，“专一训练义胜军及诸军见管归正北人”⑤。这一举措得到了高宗的同意。由此可以看出，宋廷对于这些由归正人所组成的军队颇为信任。

驻扎在兴元府的义胜军本来即为北方金人归降的军队，作战较之官军更加勇猛。开禧年间，“金万户呼延棫等扣洋州以归，与之察其诚，纳之，籍其兵千余人，皆精悍善战，金人自是不敢窥兴元”⑥。归正人的军队里还备有骑兵。绍兴年间，因“金商山险”，骑兵优势发挥不出来，高宗移驻扎兴元府的义胜军于襄阳，协助京湖战区的防御。

---

①（宋）李心传编撰，胡坤点校：《建炎以来系年要录》卷 180，绍兴二十八年十二月甲寅，第 3468 页。

②（宋）楼钥：《楼钥集》卷 106《端明殿学士致仕赠资政殿学士黄公墓志铭》，杭州：浙江古籍出版社，2010 年，第 1827 页。

③（宋）李心传撰，徐规点校：《建炎以来朝野杂记》甲集卷 18《兵马・利路义士忠义》，第 409 页。

④（宋）李心传编撰，胡坤点校：《建炎以来系年要录》卷 64，绍兴三年四月甲午，第 1245 页。

⑤（清）徐松辑，刘琳等校点：《宋会要辑稿》兵 17 之 29，第 8969 页。

⑥（宋）崔与之撰，张其凡等整理：《宋丞相崔清献公全录》卷 3《宋史列传》，广州：广东人民出版社，2008 年，第 32 页。

三、兴元府御前诸军军制

（一）兴元府都统司长官选任状况

都统制和副都统制是屯驻大军的统领长官。在绍兴年间，屯驻大军并不设立副都统制，都统制为地方驻防军队的最高领导者。乾道三年（1167年），副都统制首先在东南长江沿线的屯驻大军中设置。为了防范武将专权，乾道三年（1167年），孝宗下诏："诸军复置副都统制，文字与都统制连书，军马调发从都统制。"①任命都统制与副都统制的制度在御前诸军中正式确立。

宋廷对于都统司长官任命非常重视。都统制的选任由宰辅大臣向皇帝推荐，皇帝亲自进行选拔；或视地方长官的资历，由皇帝以及中央直接任命。兴元府作为川陕地区的战略要地，"保蜀之策莫重汉沔"②对兴元府都统制的选任，南宋君臣同样重视。

笔者根据《陕西通志》《南郑县志》《汉南续修郡志》《（嘉庆）汉中府志校勘》和传世宋代文献的记载，收集、整理曾任南宋兴元府都统制的情况，如表1所示。

表1　南宋兴元府都统制一览表

序号	姓名	官职	籍贯	就任时间	离任时间	史料来源
1	杨政	宣抚司都统制、兴元府都统制	泾州	绍兴十年（1140年）	绍兴二十七年（1157年）	《建炎以来朝野杂记》乙集卷十二
2	姚仲	兴元府都统制	德顺军陇干	绍兴二十七年（1157年）	绍兴三十二年（1162年）	《建炎以来系年要录》卷一七六
3	李师颜	兴元府驻扎御前诸军都统制	不详	绍兴三十二年（1162年）	乾道二年（1166年）	《宋会要辑稿》兵29之12
4	吴拱	兴元府都统制	德顺军陇干	乾道三年（1167年）	淳熙六年（1179年）	《诚斋集》卷一二〇《虞公神道碑》；《文忠集》卷一百八《武康军节度使侍卫马军都指挥使吴拱乞除一在外宫观差遣不允诏 五月三十日》
5	田世卿	兴元都统制	不详	淳熙七年（1180年）春	淳熙七年（1180年）冬	《宋会要辑稿》职官32之46
6	彭杲	兴元（副）都统制	德顺军水洛城	淳熙七年（1180年）	绍熙二年（1191年）	彭杲墓志铭③
7	王宗廉	兴元都统制	不详	绍熙二年（1191年）	庆元元年（1195年）	《建炎以来朝野杂记》乙集卷十九、《石门碑醳》

① 《宋史》卷34《孝宗本纪二》，第641页。

② （宋）吴泳：《鹤林集》卷20《札子·边备札子》，《宋集珍本丛刊》，第74册，第350页。

③ 李烨，周忠庆：《陕西洋县南宋彭杲夫妇墓》，《文物》2007年第8期，第68—70页。

续表

序号	姓名	官职	籍贯	就任时间	离任时间	史料来源
8	秦世辅	兴元都统制	不详	开禧元年（1205年）	开禧二年（1206年）	《（民国）汉南续修郡志》卷十一
9	程松	兴元都统制	池州青阳	开禧二年（1206年）	开禧三年（1207年）	《弘简录》卷一五五
10	彭辂	兴元都统制	不详	开禧三年（1207年）	嘉定元年（1208年）	《（民国）汉南续修郡志》卷十一
11	吴政	兴元都统制	宜兴	嘉定三年（1210年）	嘉定十二年（1219年）	《（乾隆）江南通志》卷一五三《人物志》
12	李贵	兴元都统制	不详	嘉定十二年（1219年）一月	嘉定十二年（1219年二月）	《中兴两朝编年纲目》卷十五
13	田胃	兴元统制	不详	嘉定十三年（1220年）		《（民国）汉南续修郡志》卷十一
14	李显忠	兴元府都统制	环州	端平年间		《平斋文集》卷十六
15	王坚	兴元府驻扎御前诸军都统制知合州	邓州	宝祐二年（1254年）	景定元年（1260年）	《弘简录》卷一九一
16	马千	兴元府驻扎御前诸军都统制知合州	不详	景定元年（1260年）	景定四年（1263年）	《宋史》卷四五一
17	张珏	兴元府驻扎御前诸军都统制	陇西凤州	景定四年十一月（1263年）	德祐元年（1275年）	《弘简录》卷一九一

注：据王智勇先生在其著作《南宋吴氏家族的兴亡——宋代武将家族个案研究》中第四章《吴玠吴璘子孙事迹考述》中推论，吴拱在淳熙四年后去世。据周必大《文忠集》卷一百八《武康军节度使侍卫马军都指挥使吴拱乞除一在外宫观差遣不允诏 五月三十日》中可推断吴拱在淳熙五年五月后一直任兴元府都统制。据《宋会要辑稿》职官32之46记载的淳熙七年二月八日、田世卿所部五军依三衙江上诸军例置将诏及李烨、周忠庆的《陕西洋县南宋彭杲夫妇墓》附录彭杲墓志，知彭杲在淳熙七年冬就任兴元府副都统制，试推论吴拱应在淳熙六年去世，田世卿在淳熙七年春季到淳熙七年冬季短暂就任兴元府都统制

南宋时期，都统制的任期一般没有具体的规定，由表1的十七任兴元府都统制的任期来看，最长的十七年，最短的一个月。由于都统制作为前线的最高指挥官，其任期的时间相对并不稳定。尤其是在吴曦之变后，南宋在川陕地区的军事防御逐渐瓦解，对金、蒙（元）的军事防御日益吃力，战场上的阵亡人数越来越多，战斗人员的调动日益频繁，兴元府都统制任期的不确定因素有所增加，如吴政在嘉定十三年防御金兵的进攻时战死，李贵被迫接任都统制一职。

由表1中所列可知，南宋时期兴元府都统制的籍贯多在西北地区。从第一任兴元府都统制杨政，到最后一任都统制张珏，其籍贯属于两浙路的两人，一人居于京西路外，其余基本皆出自原北宋陕西路。这充分说明，由于战争的需要，南宋政权在选任川陕地区前线指挥将领上，更倾向于熟悉当地情况的西北地区出身者，这更有利于川陕战略要

地的防御。李心传曾对西北人群体评价道："渡江后名将皆西北人。"[①]也佐证了西北人在南宋国防战争中扮演着重要的角色。

（二）兴元府都统司的军队建制

南宋时期，都统司下分前、后、中、左、右五军，兴元府都统司下设立军、将两级制。[②]淳熙九年（1182年），彭杲就任兴元府御前诸军都统制时，"每军各差统制官一员、统领官二员。切详所置统制、统领官五军员数，缘各管军马人数多寡不同，本司除前军见管四千七百一十人外，有中军却管一万二千一百六十一人，其左、右、后军三军通管八千六百二十人，以此较之，繁简不均"[③]。军一级拥有五军，每军设统制官一员，统领官两员，但各军的人员配给数量却有重大悬殊。从军种看，驻守兴元府的屯驻大军以步兵为主，也设有骑兵。绍兴年间，规定兴元府都统司的战马数量维持在两千匹左右。淳熙七年（1180年）二月二十一日，四川总领李昌图曾上言："乞权住茶马司添买兴元府都统司战马二千五十三匹。"高宗给予的批复为"令茶马司将兴元府都统司马据见管数奏买成二千匹，补填元额"[④]。兴元府都统司战马的来源有两个途径，其一为茶马司对其进行补充，其二为其单独购买马匹进行补充。淳熙十一年（1184年），彭杲曾上奏："所部马军见以二千匹为额，又有倒毙。乞许令依兴州、金州两都统司例，每岁除合拨二分马外，差官卖桩收青草钱于四川茶马司宕昌马场摘买马二百匹，逐旋补填阙额。"[⑤]这一要求得到南宋朝廷的批准，兴元府都统司马匹的数量一直能稳定地维持在两千匹的数量。

"将"的军事编制是北宋"将兵法"的遗制。在将这一级的编制有正将、副将、准备将，下面还设立了训练官、部将、队将、押队、拥队、旗头、教头这样的军官和吏人。

兴元府都统司下辖正将、副将、准将等中下级军官，皆为南宋中央直接下诏进行任命。如绍兴三十二年（1162年），高宗下诏"武翼大夫、兴元府驻扎御前中军第一将副将自效南思，特追三官勒停，依旧自效"[⑥]；六日高宗下诏"秉义郎、兴元府驻扎御前中军马军第一将正将党松年比因奏事，议论可嘉，特升差与兴元府驻扎御前前军统领"[⑦]。

---

① （宋）李心传撰，徐规点校：《建炎以来朝野杂记》乙集卷11《杂事·渡江后名将皆西北人》，第687页。

② 据王曾瑜先生《宋朝兵制初探》第五章南宋兵制中对行营护军的探讨中提出，在川陕军队没有改编为御前诸军番号前，其内部军队亦称之为"部"，如杨政川陕宣抚司军部将王喜等。

③ （清）徐松辑，刘琳等校点：《宋会要辑稿》兵6之4，第8718页。

④ （清）徐松辑，刘琳等校点：《宋会要辑稿》兵23之15，第9096页。

⑤ （清）徐松辑，刘琳等校点：《宋会要辑稿》兵23之17—18，第9098页。

⑥ （清）徐松辑，刘琳等校点：《宋会要辑稿》职官17之8，第4958页。

⑦ （清）徐松辑，刘琳等校点：《宋会要辑稿》职官32之45，第3835页。

对于都统司正将、副将、准将等中下级军官的奖励，大多为升任和调任更高的官职，对于都统制的赏赐更多的是物质方面和荣誉方面的。物质奖励大多赐以茶药，如“赐兴元府都统制李显忠银合夏药”“赐兴元都统制银合腊药”“兴元都统制姚仲、金房都统制王彦并以茶药赐”。对于驻守兴元府贡献极为突出的将领，宋廷会赐予其镇守地区的土地作为田产。

四、兴元府御前诸军都统司地方作用

（一）兼管地方事务

兴元府都统司的都统制，一般兼任兴元府地方知府、川陕地区和利州路的安抚使、宣抚使等地方军政要职，也有协助地方修水利、兴屯田、安辑流民的职责。绍兴六年（1136年），吴玠为宣抚副使兼营田使，治废堰于兴元府，“治官庄屯田”，“修褒城废堰”，使得“民知灌溉可恃，皆愿归业”。①以此恢复农业生产，营田“六十庄，计田八百五十四顷，约收二十五万石”。吴璘任川陕宣抚使，“修复褒城古堰，溉田数千顷，民甚便之”。②绍兴和议后，兴元府地区的军粮供给问题得以在本地解决。绍兴十二年（1142年），杨政对山河堰进行修缮，由三堰增至六堰。乾道七年（1171年），四川宣抚使王炎修山河堰灌溉南郑、褒城“田四百九十三万三千亩有奇”。③同年，吴拱率都统司军士浚大小渠六十有五，凡溉褒城、南郑田二十三万三千亩有奇。④灌溉了几乎整个汉中平原，吴拱因此得到朝廷的嘉奖。

兴元府都统司的防区范围囊括武休关外的凤州、集州、阶州等地，因其位于宋金交战的最前线，为了便于军事指挥，兴元府都统制可以举荐本司的中下级官员，同时兼任镇守地区的行政长官，其典型例子即为凤州。淳熙二年（1175年）后，凤州地区划为兴元府都统司把守，因“凤州郡事见系文官，即与屯守之兵，各无统临（领），亦非本司号令所及，缓急之际，议论不合，或有乖违，即误国事”⑤。兴元府都统司则是以统制

---

① （元）佚名著，汪圣铎点校：《宋史全文》卷19中，北京：中华书局，2016年，第1432页。

② 《宋史》卷366《吴璘传》，第11420页。

③ （元）马端临：《文献通考》卷6《田赋考·水利田》，北京：中华书局，2011年，第146页。

④ （清）顾祖禹撰，贺次君、施和金点校：《读史方舆纪要》卷56《陕西五·汉中府》，北京：中华书局，2005年，第2678页。

⑤ （宋）佚名撰，孔学辑校：《皇宋中兴两朝圣政》卷64，淳熙十五年三月辛酉，北京：中华书局，2019年，第1471页。

官兼任地方知州。兴元府都统司也是遴选“虑谙练边防民政”[①]的统制官兼任关外诸州的地方知州，如前军统制郭谞知凤州期间，协力弹压戍兵，措置边面，使得边界宁静，人民安康。

兴元府作为南宋政权运输马匹的交通枢纽，宋廷为了提高三衙在川陕地区运输军马的效率，命令兴元府都统司官兵协助三衙马匹的运输、驿站管理等工作。淳熙十五年（1188年），侍卫步军都虞候梁师雄上言：“沿路都统司分定驿程，各差素有心力将官一员，从各司量给盘费，责令与诸州军所委官同共提点。”[②]即每个都统司差遣将官专门管理马驿的草料。兴元府都统司负责范围是从大桃到汉阴的十五座驿站。

（二）缉拿走私活动

兴元府都统司在负责抵抗金兵入侵的同时，也参与对利州路的行政治理、缉捕走私。孝宗淳熙七年（1180年）八月臣僚上奏：“沿边人盗贩解盐，私入川界，侵射盐利。”[③]孝宗下诏：“兴州、兴元府都统司开具已措置禁止事件以闻。”[④]时任兴元府都统制吴挺甚至上言：“本司已立赏钱五百贯，出榜行下沿边屯戍统兵官，广布耳目，严行缉捕。”[⑤]兴州、兴元府都统司对于这种打击盐铁走私的行为，给予沿边将士奖励。同时，各地都统司和利州路安抚使司协作，合力打击走私食盐的不法行为，在不属于都统司管辖范围内的区域，即“沿边州郡督责捕盗官司搜捕”。也全方位对私贩食盐的违法行为进行打击。为了便于对食盐的管理，绍熙五年（1194年）二月八日，宋廷下达指令：“罢利州东、西路盐店七处，良家子拨隶兴元府都统司。”[⑥]不许地方军队经营地方食盐贸易，以此来规范川陕地区的食盐管理。

五、结　语

兴元府作为南宋政权在川陕地区的军事重镇，战略意义重要。兴元府都统司在此收集溃军、组建新军、组建归正人军队，尤其创立的兴元义士和兴元良家子，具有“招安之盗，团结民兵”的作用。李心传对其评价为：“兴、洋义士可用，西人类能言之。”[⑦]

---

① （宋）佚名撰，孔学辑校：《皇宋中兴两朝圣政》卷64，淳熙十五年三月辛酉，第1471页。
② （元）马端临：《文献通考》卷160《兵考十二·马政》，第4795页。
③ （宋）佚名撰，孔学辑校：《皇宋中兴两朝圣政》卷58，淳熙七年八月己丑，第1338页。
④ （元）佚名撰，孔学辑校，汪圣铎点校：《宋史全文》卷26下，第2249页。
⑤ （宋）佚名撰，孔学辑校：《皇宋中兴两朝圣政》卷58，淳熙七年八月己丑，第1338页。
⑥ （清）徐松辑，刘琳等校点：《宋会要辑稿》食货28之39，第6624页。
⑦ （宋）李心传编撰，胡坤点校：《建炎以来系年要录》卷48，绍兴元年十月甲申，第1013页。

这些地方新军不但吸收了大量原河北、陕西路军队的溃军、川陕地区的流民及其后代，使其成为南宋对金国防战争中重要的力量，而不是沦为“盗贼”，成为宋廷统治的不稳定因素。这些军队不仅在川陕地区发挥其重要作用，如在嘉定十年十二月，金兵南侵，兴元府都统制吴政在黄牛堡阻击金军直到战死，延缓了金军南侵的速度，而且常被宋廷征调他处使用，如宋廷在淳熙三年（1176年）三月诏：“四川制置司岁择梁、洋义士材武者二人，遣赴枢密院。”①这也是南宋政权适应战争的一种表现。

宋金战争开始后，河北、陕西地区的民众、兵将大量地进入兴元府，使得兴元府的民风民俗发生了很大变化，即“风声气俗，皆薄陕服之旧”。陆游在川陕战区游历时提到：“大散陈仓间，山川郁盘纡，劲气钟义士，可与共壮图。”②陆游途径利州路亦有诗云：“坐上新声犹蜀伎，道傍逆旅已秦音。”③位于四川与陕西交界地区的兴元府，民风民俗在南宋以后更加接近于陕西。

虽兴元府都统司在川陕战区中的领兵数量不是最多，但与金州都统司、兴州都统司相较而言，它却是川陕战区最为稳定的屯驻大军。金州都统司在郭浩病死后其都统制一职长期空缺，从绍兴二十二年（1152年）金州统兵官的头衔长期用“节制屯驻御前军马”的职称，直到绍兴三十年（1160年）完颜亮侵宋前夕，南宋才授予金州统兵官为金州都统制。兴州都统司在开禧二年（1206年）吴曦叛乱后，改为沔州都统司，其副都统制则置司利州，设立利州副都统司。兴元府都统司的领兵长官在绍兴十八年（1148年）后，基本没有空缺，其都统司在端平三年（1236年）兴元府被蒙（元）军攻克前没有迁离过驻地或再次整编。兴元府御前诸军都统司的长期稳定驻防使其成了捍卫川陕的中坚力量。

作者简介：唐博闻（1992—），男，辽宁抚顺人，辽宁师范大学历史文化旅游学院历史学博士研究生，研究方向为宋史、北方民族史。

① 《宋史》卷34《孝宗本纪二》，第661页。
② （宋）陆游著，钱仲联点校：《剑南诗稿校注》卷4《观大散关有感》，上海：上海古籍出版社，2005年，第357页。
③ （宋）陆游著，钱仲联点校：《剑南诗稿校注》卷28《梦至小益》，第1962页。

南宋军队生产兵器述论*①

范建文

（洛阳师范学院 学前教育学院，河南 洛阳，471934）

摘　要：军队参与生产兵器，是南宋重要社会现象。与北宋三衙不同，南宋三衙诸军均生产兵器。南宋三衙生产兵器的组织及其管理职能等不断嬗变，乃至数度主持当时京师最大生产兵器的机构——制造御前军器所。除三衙诸军外，南宋其他内外诸军也普遍造作兵器。南宋军队生产兵器，是当时历史环境、军制嬗变、宋廷支持与重视以及其内外诸军自身条件等众多重要因素综合发酵的结果，是南宋社会出现的新的重要社会现象，对当时及后代社会产生了深远影响。

关键词：南宋；军队；兵器生产

一、引　　言

宋廷南渡偏安以降，“中外诸军，屠酤成市……凡所侵擅，皆云制造军器”②，当时

* 本文为河南省哲学社会科学规划项目“北宋神宗朝军事改革研究”（2018BLS011）、河南省教育厅人文社会科学研究资助项目“宋代的官营兵器生产机构”（2017-ZZJH-370）、洛阳师范学院国家级项目培育基金“宋代兵器研究”的阶段性研究成果。

① 宋代文献中多见“管军”“统兵”。“管军”，特指为“三衙管军”，指三衙属下的一类阶官；而“统兵”，则是“统，如统兵之‘统’，言有以主之也”，参见（宋）黎靖德编，王星贤点校：《朱子语类》卷98《张子书之一》，北京：中华书局，1986年，第2513页。本文则采用现代军事学术语，用“军队”一词，统指南宋政府掌控下的内外军事力量。

② （宋）李心传编撰，胡坤点校：《建炎以来系年要录》卷86，绍兴五年闰二月辛未，北京：中华书局，2013年，第1653页。

内外诸军纷纷生产兵器，而在此之前的时代，即秦至北宋王朝，国家所掌控的军队往往并不直接生产兵器。[①]彼时所需兵器，除征兵自备、编民贡纳等外，主要是由国家专门机构统一生产，配给于军队。西汉时工官虽在外郡，“而所作器械，实输京师”[②]。唐代府兵之法，“人具弓一，矢三十……并其介胄、戎具皆藏于库。有所征行，则视其入而出给之。其番上宿卫者，惟给弓矢、横刀而已”[③]。中晚唐至五代，均田制崩溃，府兵制难以为继，藩镇割据，战乱纷纷，募兵制度大行其道，先后出现作坊、作院等地方生产兵器机构，地方生产兵器趋重，但军队依然不生产兵器。[④]北宋承中晚唐、五代旧制，当时生产兵器格局大致如畴昔。以上表明，沿袭已久的国家生产兵器基本格局，在南宋时始被打破，在传统御前生产兵器机构、中央生产兵器机构及地方生产兵器机构外，国家的内外军队也开始生产兵器。

迄今，关于南宋军队生产兵器，尚无专文发表；现有相关研究成果亦不丰富，且讨论均相对简略，增益空间颇多。[⑤]有鉴于此，本文拟专文探讨南宋军队生产兵器的基本状况、致因及影响等，以期能有所发现。不当之处，祈盼众方家指正。

二、南宋三衙的兵器生产

虽同为三衙，即殿前都指挥使司、侍卫亲军马军都指挥使司与侍卫亲军步军都指挥使司（简称殿前司、马军司及步军司等），但北宋之三衙，与绍兴五年（1135年）宋高宗重建之后的三衙，有明显区别。[⑥]其一，北宋三衙掌管内外诸军，秉“握兵之重”；南宋重建之后的三衙军“其实也是与各御前诸军平列的屯驻大兵，三衙长官也成为与各御前诸军都统制平列的统兵官，不像北宋时那样，分辖全国的禁兵”[⑦]。其二，北宋三衙

---

① 所谓一般情况，主要是指中华帝制专制集权时期及其政权，而不是指战乱频仍时期及其诸军阀组织。

② （宋）徐天麟：《西汉会要》卷57《兵二·京师兵器》，北京：中华书局，1957年，第571页。

③ 《新唐书》卷50《兵志》，北京：中华书局，1975年，第1325页。

④ 中晚唐、五代地方生产兵器沿革简史，见范建文：《宋代地方兵器生产机构论略——以作院、都作院为中心》，《北方论丛》2016年第3期，第76—83页。

⑤ 王曾瑜：《宋朝军制初探》（增订本），北京：中华书局，2011年，第408页；范学辉：《两宋三衙考——以衙署为中心》，《文史》2014年第3辑，第158—162等。

⑥ 三衙制度曾在北宋末、南宋初遭到严重破坏，详见王曾瑜：《宋朝军制初探》（增订本），第189—197页；范学辉：《两宋三衙考——以衙署为中心》，《文史》2014年第3辑，第124页及《南宋三衙管军制度若干问题考述》，《中国史研究》2009年2期，第101—123页等。

⑦ 王曾瑜：《宋朝军制初探》（增订本），第191页。关于两宋三衙，近年来范学辉用力最勤，专文迭出，讨论相对深入。范学辉认为，“不论是在对外抵御金、蒙古等强敌威胁，还是对内驾驭江上、四川诸军各都统司，强化中央集权，南宋三衙皆发挥了突出的历史作用”（《两宋三衙考——以衙署为中心》，《文史》2014年第3辑，第124页）。单就笔者目前对南宋三衙的简单历史感知而言，比较赞同王曾瑜先生的认识，范学辉似乎人为抬高了南宋三衙的作用及其历史价值。

并不生产兵器[①]，南宋三衙均生产兵器，且系当时非常重要的兵器生产系统。上述表明，伴随两宋历史空间的变迁，三衙之职掌或业务领域，嬗变显著。

绍兴十八年（1148年），时领殿前都指挥职事的杨存中“制诸军戎仗”，增损克敌弓旧制，造马黄弩，“制度精密，彼一矢未竟，而此三发矢”。[②]此系南宋三衙生产兵器相对早的资料。绍兴二十八年（1158年），殿前司申请从本司水军招收“少壮谙晓船水百姓一千人，并刺充虎翼水军”，以应副教习使唤本司所打造海战船。[③]连海战船都可以生产，足见当时殿前司生产兵器的能力。

史载，宋高宗时：

> 凡弓甲物料，荆湖、福建、浙西四路诸州军计数赴殿司及沿江诸军制造，温、婺等八州计数赴马司，江、台等八州计数赴步司。惟明、信等九州弓甲，隆兴、庆元府，赣、抚、袁、信州，临江、兴国、南安军。昇、宣等七州、建康、宁国府，建昌、太平、广德军，筠、衢州。绍兴府甲，皆造成赴内军器库，而诸道羽箭亦皆造成。绍兴二十九年夏，郡国多以乏人匠为言，遂命计料输之。惟荆州军及信州造箭如故。[④]

文中的“殿司”“马司”“步司”，即前文三衙的简称。文献显示，宋代的兵器生产，地方府、州、军、监，除直接承担生产兵器任务外，还须向朝廷供纳生产兵器的原料，交由中央、御前等机构生产兵器，而中央则会规划地方兵器生产的区域，甚至地区间生产

---

① 如，北宋时殿前司职掌之一是“关请军兵军器，并衣甲请纳”，即向中央相关部门申领本司诸军所需军用物资，见（清）徐松辑：《宋会要辑稿》职官32之1，北京：中华书局，1957年，第3006页。马、步二司，与之类似。此外，勘验、定夺中外所献兵器是否宜用，也是三衙日常重要业务。如皇祐元年六月，殿前、马步司言：“同共定夺到杨景宗创置御敌傍牌样、铁蒺藜，久远并堪使用。”诏令三司指挥逐路转运司据辖下州军见缺及少处，依此量行制造，见（清）徐松辑：《宋会要辑稿》兵26之39，第7246页。判军器监吕惠卿等上裁定中外所献枪刀样，诏送殿前、马步军司定夺，又上编成弓式，见（宋）李焘：《续资治通鉴长编》卷249，熙宁七年正月庚戌条，北京：中华书局，2004年，第6067页。熙宁七年九月，军器监与三衙同定造出尖四楞箭、狼牙箭、鸭觜箭、一挣刀凿子箭等，宋神宗同意“依样制造”，见（清）徐松辑：《宋会要辑稿》兵26之36，第7244页。即使这样，当时曾有臣僚以兵器样式交付三衙定夺，“深恐武夫健卒辈有以窥朝廷之心膂，谓其智虑乃决于我也”，建议军器监事务不必谋及三衙，见（宋）曾孝宽：《上神宗论军器监事不必谋及殿前马步军司》，（宋）赵汝愚编，北京大学中国中古史研究中心校点整理：《宋朝诸臣奏议》卷58《百官门》，上海：上海古籍出版社，1999年，第645页；（宋）曾孝宽：《论军器监事不必谋及殿前马步军司奏》，（明）黄淮、杨士奇编：《历代名臣奏议》卷316《营缮》，上海：上海古籍出版社，1989年，第4088—4089页；（宋）李焘：《续资治通鉴长编》卷249，熙宁七年正月庚戌条，第6068—6069页，则为“吕惠卿”所言。疑《续资治通鉴长编》载吕惠卿所为系误，前揭议论当为曾孝宽所发。要之，北宋对三衙管军控制非常严格，别说生产兵器，就连勘验兵器之优劣、性能之好坏都能引起异议，当时之三衙并不生产兵器。

② （宋）李心传编撰，胡坤点校：《建炎以来系年要录》卷158，绍兴十八年闰八月乙酉条，第3000页。“杨存中本名沂中，字正甫，绍兴间赐名存中”，见《宋史》卷367《杨存中传》，北京：中华书局，1985年，第11433页。

③ （清）徐松辑：《宋会要辑稿》食货50之18，第5665页。

④ （宋）李心传撰，徐规点校：《建炎以来朝野杂记》甲集卷18《御前军器所》，北京：中华书局，2000年，第434页。

兵器的种类、样式及其物料供应等。某些时候，由于地方生产兵器不振，或缺乏工匠等，则又会将一些地方所承担生产兵器任务委托给中央、御前机构等生产，而地方则须向相关生产兵器机构足数输送工匠、生产物料等。[①]前引资料，就是南宋地方生产兵器重要嬗变的例证。三衙本来就有生产兵器任务，而在绍兴二十九年（1159 年）后，又分别承担“荆湖、福建、浙西四路诸州军”“温、婺等八州”及“江、台等八州”“计数”的任务，如此，三衙生产兵器自然因之趋重。

绍兴三十二年（1162 年，宋孝宗即位未改元），宋廷将皮剥所所拣选马皮，降付殿前、马步军司，“制造军须”。[②]乾道元年（1165 年），“马司治马甲，买牛皮五千五百，而御前又买五万，内侍复传旨下工部买十三万”，后因洪适极谏，宋孝宗令“只买一万”[③]。乾道四年（1168 年），宋廷指挥制造御前军器所及马、步军司，亦如殿前司，依主管殿前公事王琪所献三色甲样，制造枪手、弓箭手及弩手甲。[④]乾道七年（1171 年），因每日一次将打造到弩手甲叶搬担赴军器所呈纳，“委是相妨”，宋孝宗同意步军司依殿前司例，“五日一次”。[⑤]嘉泰三年（1203 年），宋宁宗出封桩库钱十万缗，命殿前司造战舰。[⑥]淳祐五年（1245 年），宋理宗“出楮，付殿司造军器”。[⑦]简言之，上述诸文对三衙生产兵器能力及宋廷重视其生产兵器的发掘，足证三衙在南宋已是非常重要的兵器机构。

不仅如此，单从兵器生产层面论，南宋三衙的生产兵器组织与职能都曾有明显嬗变。

殿前司、步军司生产组织的扩大，主要是指在其原有生产兵器组织的基础上，新增都作院。淳熙六年（1179 年）正月十七日，宋孝宗采纳殿前副都指挥使郭棣之言，于殿前司衙后创置殿前司都作院一所，造作兵器：

> 四川西兵诸州寄招并额外效用等五千二百余人，可以训练逐色武艺，所有合用

---

① 生产兵器状况舒缓后，则会又恢复到地方生产，见（清）徐松辑：《宋会要辑稿》职官 16 之 23，第 2733 页。

② （清）徐松辑：《宋会要辑稿》职官 6 之 41，第 2517 页。

③ （宋）许及之：《宋尚书右仆射观文殿学士正议大夫赠特进洪公行状》，（宋）洪适：《盘洲文集・附录》，《四部丛刊》初编本。此外，（宋）周必大：《周益公文集》卷 68《丞相洪文惠公适神道碑》，文津阁《四库全书》本，北京：商务印书馆，2005 年，第 383 册；（宋）周必大：《周益公文集》卷 68，《宋集珍本丛刊》，北京：线装书局，2004 年，第 49 册缺此神道碑；（宋）洪适：《盘洲文集・宋宰相赠太师魏国洪文惠公神道碑铭》，也记载了同一事件，不过略有差异，如“内侍复传旨下工部买十三万”，后者为“工部别得旨市十三万”。

④ （清）徐松辑：《宋会要辑稿》舆服 6 之 28 至 29、职官 71 之 22，第 1839—1840、3982 页。

⑤ （清）徐松辑：《宋会要辑稿》职官 16 之 20，第 2731 页。

⑥ （宋）佚名编，汝企和点校：《续编两朝纲目备要》卷 7，嘉泰三年七月辛未，北京：中华书局，1995 年，第 132 页。

⑦ （元）佚名撰，王瑞来笺证：《宋季三朝政要笺证》卷 2，淳祐五年，北京：中华书局，2010 年，第 165 页。

衣甲军器什物，欲于殿前司衙后置殿前司都作院一所，追集诸军见用人匠打造。其诸军合造军器，亦乞并入都作院制造。①

梳理引文知，殿前司本来就有生产兵器组织，此次本为配给“四川西兵诸州寄招并额外效用等五千二百余人”“所有合用衣甲军器什物”，而新置一生产兵器场所，并纠集殿前司诸军见用人匠生产；当时三衙衙署及其各所统诸军之间都生产兵器，彼此之间的生产，并不统一。殿前司衙新增都作院后，其生产兵器组织、规模扩大，且把辖下诸军生产兵器权限一并集中于殿前司，“其诸军合造军器，亦乞并入都作院制造”，则相对方便了兵器的集中生产、管理与配给。

随后，步军司也相应设置了都作院。淳熙六年（1179年）正月十八日，步军司言：

诸军应管衣甲器械、军须什物，合补造阙少之数。缘军器人匠，系队牌上籍定入队，准备带甲及辎重、火头，有碍新降指挥，未敢差拨入作。乞降旨，候年终别换队牌，许重行团结工匠于步军司创立都作院，令五军工匠日逐趁赴入作。

既而于淳熙十四年（1187年）九月，因“桩办军器，别无缺少”，宋廷同意步帅梁师雄建议：“所创立都作院，欲将‘都’字除落，仍旧止作本司作院应副，日后续有缺用军器，随宜置造使用。”②易言之，当时步军司与殿前司情况相似，也新置都作院，纠集“五军工匠”，集中生产兵器；后虽去“都”为作院，却依然“随宜置造使用”兵器。至于马军司，当时置司于生产兵器重镇建康（今江苏省南京市），可能没有增设都作院。③

步军、殿前司职掌或业务领域的明显嬗变，是指二司曾先后主持当时行在（临安）最重要的生产兵器机构——制造御前军器所④，数度掌控中央、御前生产兵器，成为行在（临安）规模最为庞大的生产兵器机构。乾道四年（1168年）六月，宋廷“诏制造御前军器所可拨属步军司”，由主管步军司公事提点，其“所有监造官以二员为额，受给、监门官以一员为额，受给场专、副以二人为额，余官吏并罢”。⑤早在是年四月，制造御前军器所兵士曾与马军司人作闹，陈俊卿已建议并司：

---

① （清）徐松辑：《宋会要辑稿》职官32之13，第3012页。“棣”字原缺，现据（宋）佚名著，汪圣铎点校：《宋史全文》卷26下，淳熙六年二月丁酉，北京：中华书局，2016年，第2226页“殿前副都指挥使郭棣奏”补。

② （清）徐松辑：《宋会要辑稿》职官32之13至14，第3012—3013页。

③ 范学辉亦有类似认识，见其《两宋三衙考——以衙署为中心》，《文史》2014年第3辑，第160页。

④ 至于制造御前军器所的隶属关系等，笔者将另有专文探讨，这里只简略探讨它与殿前、步军二司关系。

⑤ （清）徐松辑：《宋会要辑稿》职官16之18，第2730页。

御前军器所聚众四千余人，所费不赀，不如并归三司，物料、样制，计其工匠，责以月纳之数，赴御前交收。如此则所省太（大）半而皆有总辖。

对此，宋孝宗明确指示："如此甚好。若遂分隶，即可罢此一司，官吏所省甚多。更俟三两日思之，别降指挥。"①此"三司"，亦即三衙之殿前、马军、步军三司。制造御前军器所，由之前专隶工部，到减员罢官、隶三衙之一司，原因固多，而能大幅度节省费用，当是其隶属权变迁的重要原因。②

步军司主持制造御前军器所生产兵器之后，相关事务陡然增多，提点官力不从心。同年七月，主管侍卫步军司公事、提点制造御前军器所王逵言：

步军司事务繁冗，若日去本所提点，委是职事相妨。今选本司副将牛昌国，令催督造作及检视出纳。遇夜前去万全作坊等指挥弹压，照管烟火事务，依旧从军于本司官钱内支破添给，更不作阙。臣欲乞每三日或五日一次躬去提点。③

制造御前军器所隶属步军司后，因"步军司事务繁冗"，宋廷同意原本由主管步军司公事逐日亲去提点，变通为"每三日或五日一次躬去提点"，其余由本司副将逐日前去监管。也许正是因其"职事相妨"，当时曾令制造御前军器所"依旧隶属工部"。④此后，宋廷又"诏制作（造）御前军器所可拨属步军司，令主步军司公事王逵令兼提点制作（造）御前军器所入衔。遇申发本所文字，依旧用提点制造御前军器所印"。⑤乾道五年（1169 年），宋廷再度重申御前军器所依旧隶步军司，其提点官"令本司保明通晓制造军器统制官一员差兼，仍不得有妨教阅"。⑥乾道七年（1171 年），宋廷差韩玉兼提点制造御前军器所，"所在工匠，令韩玉专一钤束，措置造作，仍依旧隶步军司"⑦。

至于制造御前军器所隶属步军司的存续时间，亦有学者指出是乾道四年（1168 年）至九年（1173 年）间⑧，但并没有提供乾道九年（1173 年）制造御前军器所隶属步军司

---

① （清）徐松辑:《宋会要辑稿》职官 16 之 17 至 18，第 2730 页。

② 范学辉认为制造御前军器所生产兵器、组织管理中的严重弊端，是其被拨隶步军司的主要症结，见其《两宋三衙考——以衙署为中心》,《文史》2014 年第 3 辑，第 161—162 页。固然范氏所论也是其中原因，但据文中所征分析，宋孝宗君臣讨论将制造御前军器所隶属三衙时，省费是他们着重考虑的。所以，当时财政困难，借以节省财政开支是其中重要原因。

③ （清）徐松辑:《宋会要辑稿》职官 16 之 18，第 2730 页。

④ （清）徐松辑:《宋会要辑稿》职官 16 之 18，第 2730 页。

⑤ （清）徐松辑:《宋会要辑稿》职官 16 之 18，第 2730 页。

⑥ （清）徐松辑:《宋会要辑稿》职官 16 之 19，第 2731 页。

⑦ （清）徐松辑:《宋会要辑稿》职官 16 之 20，第 2731 页。

⑧ 范学辉:《两宋三衙考——以衙署为中心》,《文史》2014 年第 3 辑，第 161 页。

的具体例证。据“后改隶步军司，寻复旧”[①]之说知，制造御前军器所隶属步军司的存续时间并不长。笔者竭力搜检，但只找到自乾道四年（1168年）六月至七年（1171年）八月制造御前军器所隶属步军司的具体记录。即使在前述三年间，制造御前军器所虽主要隶属步军司，但其隶属关系在工部与步军司之间转换至少五次之多，亦非仅始终隶于步军司。所以，制造御前军器所隶属步军司的存续时间，简单以其起止时间论，是不科学的。

制造御前军器所隶属关系转变之际，宋廷亦不断加强对制造御前军器所的管理，以求提升其兵器铸造水平。如隶属步军司时，新增“提点制作御前军器所”，同样是主管步军司兼任，却拥有自己的官印，可以单独“申发本所文字”，俨然是一独立的专门管理机构；由本司保明的“通晓制造军器统制官一员”兼任军器所提点官，且“仍不得有妨教阅”，虽会影响到其功能的发挥，但毕竟有益于制造御前军器所生产兵器。

再者，因提点军器所言“从来差到监造官，往往系是在部之人，素不谙晓军器样制，止是据凭工匠造作，其间有不如法者，亦莫能知”，宋孝宗令制造御前军器所遇有监造官窠阙，许于殿前、马步军司诸军将佐或使臣内“踏逐选差素曾谙晓军器造作法度、有心力、能部辖人，申乞指挥差填，以二年为任”。[②]由步军司保明通晓制造军器统制官兼任制造御前军器所提点官，且于三衙内选差“素曾谙晓军器造作法度、有心力、能部辖人”任其监造官，一定程度上会扭转制造御前军器所兵器监管、制造过程中的不利局面，并能提升其生产兵器、管理水平。

南宋末年，国家危亡之际，制造御前军器所又曾隶属殿前司：

> 景定三年，改隶殿前司。凡奏请、文移，部若监悉不预，惟干办公事以下得受举，而监、长书其到替月日于历。绍兴间，工匠以二千、杂役兵以五百为额，今惟工匠七百余人，殿司又自以所隶作匠附益之。每季上所制器于内库。[③]

看来，南宋末年，殿前司曾一度扩张制造御前军器所生产兵器的规模。

概而论之，南宋三衙均生产兵器，甚至多次主持御前制造军器所。作为当时众多屯

---

① （宋）马端临：《文献通考》卷52《职官考六》，北京：中华书局，2011年，第1532页。

② （清）徐松辑：《宋会要辑稿》职官16之18至19，第2730—2731页。

③ （宋）潜说友纂修：《咸淳临安志》卷9《行在所录·监当诸局·制造御前军器所》，《宋元方志丛刊》，北京：中华书局，1990年，第4册，第3435页。此外，《咸淳临安志》卷8《行在行录·诸监·军器监》，第3428页：“又有制造御前军器所，别置提举、提辖等官莅其役，近岁专属殿司，而监之事益以省。”（宋）吴自牧：《梦粱录》卷9《六部·监当诸局》，收录《东京梦华录》（外四种），上海：古典文学出版社，1956年，第206—207页：“制造御前军器所，在礼部贡院之西，改隶殿司，所管工役每季所制器纳内库”，亦略及此事。

驻大兵的一部分，即使不是在其统管御前制造军器所期间，其所生产兵器不仅供给辖下诸军，还拨付其他诸军使用。①所以，三衙系统生产兵器，是南宋国家生产兵器的重要组成部分，其在南宋朝廷兵器生产格局中的影响，不容忽视，亦不可小觑！

三、南宋其他军队的兵器生产

除前揭三衙系统外，南宋其他屯驻大兵及新创诸军等也都生产兵器。大致而言，当时这些军队生产兵器，可能要早于三衙系统。

建炎三年（1129年），韩世忠与金兵黄天荡鏖战之际，有人“登焦山顶观之，山前但见作院等船耳，工人为兵器于寺前”。②这表明当时韩世忠所统辖军队已自行制造兵器。绍兴二年（1132年）六月，宋廷准许神武右军都统制张俊“本军自造军器，赴朝廷呈讫，置库桩管，下户部支物料价钱”。③当时张俊所领诸军造作兵器的基本情形为：

> 凡全装甲一副，费钱三万八千二百；马甲一副，费钱四十千一百；弓一，费钱二千八百；弓矢百，费钱七千四百；弩矢百，费钱六千五百；提刀一，费钱三千三百；应鼓一，费钱六千五百，皆有奇。凡鍪甲一副，率重四十有九斤，此其大略也。④

诚然张俊所统军队的兵器生产，已具相当规模。而在当时此不过仅是张俊一军之大略。

绍兴九年（1139年），江西路十一州军，“径赴转运司交纳，发赴岳飞军自造军器”的合起岁额上供军器物料：

---

① 如李曾伯：《可斋杂稿·续稿后》卷3《回宸翰抚谕将士奏·帖黄》，《宋集珍本丛刊》，第84册，第562页：“下殿、步司支拨万人器甲，付四川制司备用”；《可斋杂稿·续稿后》卷5《条具广南备御事宜奏》，第598页：“若非朝廷轸念，于殿步司、于邻梱有管军器去处多数科拨，发下本司应副备御……”；（宋）魏了翁：《重校鹤山先生大全集》卷27《奏两府所辟官属截日供职》，《四部丛刊初编》载：“及催殿前司差拨制领将佐军兵，及合用旌旗衣甲等。”

② （宋）胡舜申：《己酉避乱录》，《中国野史集成》编委会、四川大学图书馆编：《中国野史集成》，成都：巴蜀书社，1993年，第5册，第598页，现据（宋）王明清撰，燕永成整理：《玉照新志》卷3《避乱录》，《全宋笔记》，郑州：大象出版社，2013年，第6编第2册，第175页校改。

③ （宋）佚名撰，孔学辑校：《皇宋中兴两朝圣政辑校》卷11，绍兴二年六月丁巳，北京：中华书局，2019年，第2册，第355—356页。

④ （宋）李心传编撰，胡坤点校：《建炎以来系年要录》卷55，绍兴二年六月丁巳，第1135页。另据（宋）李心传撰，徐规点校：《建炎以来朝野杂记》甲集卷18《御前军器所》，第434页：“凡军中造提刀一，费钱三千三百；手弓一，费钱二千七百；手箭一，费钱七十四；弩箭一，费钱六十五；应鼓一，费钱六千五百；披膊一副，费钱十千四百；兜鍪一，费钱七千八百；金［全］装甲一副，费钱三十八千二百；兵幕一座，费钱六十九千八百；朱马甲一副，费钱四十千一百；朱马甲当胸一副，费钱十七千三百，皆有奇。绍兴三年六月丁亥，神武右军所定直。”前揭两者所载为同一事件，但迥异之处颇多。

铁甲叶六十九万九千四百三十八片、牛角六千三百三十四只、生黄牛皮九千一百八十三张、牛筋四千一十斤一十二两、生羊皮一万八千三百九十二张三十一尺三寸五分、箭笴一十八万四千七百九十四只、翎毛五十一万二千九百八十二堵，各长四寸八分，条铁七千六百九十四斤一十三两一钱二分。[①]

不仅如此，岳飞自己还积极筹措经费，制造兵器。[②]此亦仅是岳飞一军情况。史载："时（刘）锜军及韩世忠、岳飞皆造军器，所乞牛皮至十余万张，郡邑往往杀牛以应命。"[③]一言以蔽之，当时诸屯驻大军纷纷生产兵器。

绍兴十二年（1142年）六月，宋廷令"镇江府、鄂州总领所各置甲仗库"，诸军所造军器，"每月委总领官置籍桩管，月具所交收数闻奏"，仍各许辟差管甲仗库官一员。[④]前文所引，宋高宗时荆湖、福建、浙西四路诸州军的弓甲物料，一度除计数赴殿前司外，则由"沿江诸军制造"。

当时内外生产兵器繁多，以至庙堂上出现蠲军需供应数目、减放人匠、适度减轻人民负担等呼声。张守因"自军兴以来，军器所与诸路作院所造军器，十余年间数目不少，降付诸军及诸军又自诸降钱物制造各已备足，极有宽剩"，"乞将本路军器物料权住收买三年，内牛皮、筋角诸州拘收到，自合起发"。[⑤]许行古言，"国家休兵既久，诸州不辍打造军器，及发纳料物数不少。又诸军亦以粪土钱不住兼造，似亦不缺。欲望量与减免"。[⑥]面对"累年所造军器，内库已如山积，诸军亦自制造"的现状，绍兴二十六年（1156年），宋高宗批示行下："诸州每岁发纳物料，可与减免；所役工匠太多，亦宜减放发还。"[⑦]可以说，宋高宗朝内外军队生产兵器的丰富实践，在当时不仅具有重要现实意义，也奠定了其后南宋诸朝军队生产兵器的基本格局。

宋孝宗坚持宋高宗以来诸军生产兵器的传统，同时加强对诸军生产兵器的管理，着重治理其间的腐败现象。乾道二年（1166年），御前中军统领、权主管本军统制韩霖"坐制造器械十无一二，欺罔主帅，有误军事"，被弹劾，特降两官。[⑧]乾道七年（1171年），宋孝宗颁降《戒谕军帅五事》，其中之一就是针对当时诸军兵器生产与配给：

---

① （宋）张守撰，刘云军点校：《毘陵集》卷3《措置江西善后札子》，上海：上海古籍出版社，2018年，第34页。

② （宋）岳珂编，王曾瑜校注：《鄂国金佗稡编续编校注》续编卷27《百氏昭忠录卷之十一》，北京：中华书局，2018年，第1716页。

③ （宋）李心传编撰，胡坤点校：《建炎以来系年要录》卷138，绍兴十年十一月甲子，第2603页。

④ （清）徐松辑：《宋会要辑稿》职官41之46，第3189页。

⑤ （宋）张守撰，刘云军点校：《毘陵集》卷3《措置江西善后札子》，第34页。

⑥ （宋）李心传编撰，胡坤点校：《建炎以来系年要录》卷171，绍兴二十六年二月甲戌，第3266页。

⑦ （宋）李心传编撰，胡坤点校：《建炎以来系年要录》卷171，绍兴二十六年二月甲戌，第3267页。

⑧ （清）徐松辑：《宋会要辑稿》职官71之16，第3979页。

诸军器械衣甲等，除上教一副外，更当桩办两副专充出战使用，即不得将已造下军器轮转作见造数目，重叠支破官钱。①

淳熙三年（1176年），建康都统郭刚奏“本司应管车、战等船，内有损烂，已行补填，依海船样制造到多浆飞江战船”，宋孝宗认为“车船，古之艨冲，辛巳岁用以取胜，岂宜改造？”乃令：

郭刚具析，并约束沿流诸军，遇有损坏，随即修葺，不得擅有更易。其多桨船，止许逐军自行创造，并不得用充新管车、战船数。②

要之，朝廷对沿江诸军的战船生产，掌控比较严格，明确区隔战船的式样，明令规范战船的维修与创制，即使完全具备生产能力，其车、战等船“遇有损坏，随即修葺”，也不得擅有更易；其多桨船“止许逐军自行创造”，并不得用充新管车战船数。

淳熙六年（1179年），陈俊卿指出：“自顷罢兵（隆兴和议），至今十五六年，诸军造甲当已足用。”③淳熙十六年（1189年）九月，宋孝宗以：

诸军从来教阅，自有一等新鲜旗帜、器甲别项桩收。今访闻诸军，又欲创新制造，以务奇巧，甚非朕抚恤诸军之意，深虑因而科扰士卒。

乃诏令：

行下殿、步司约束诸军，不得横有费用。或有损弊合行修换之物，并令支破官钱。仍遍榜诸军，各使知悉，以称朕意。④

总之，粗略考察以上引文知，宋孝宗时内外诸军生产兵器比较兴盛；尽管其敕令严明，且一再重申，但伴随诸军兵器生产的发展，诸军队在不断充实、改善自身装备之际，也产生了严重流弊。

宋宁宗开禧二年（1206年），鄂州水军统制柳世修受命穿修旧甲，打造刀、锅，“一

① （宋）马光祖修，（宋）周应合纂：《景定建康志》卷4《御书·孝宗皇帝戒谕军帅五事》，《宋元方志丛刊》，第2册，第1370页。

② （清）徐松辑：《宋会要辑稿》食货50之27，第5670页。

③ （宋）朱熹：《朱子全书》，上海：上海古籍出版社；合肥：安徽教育出版社，2002年，第25册，第4478页。

④ （清）徐松辑：《宋会要辑稿》礼9之23，第540页。

月之内，穿修人甲一万一千四百五十四副，打造提刀五千口，皮□全熟铁锅八百口”，并接续发赴军前了当。[①]时人华岳曾讨论当时甲制，认为马甲制有大全装六件、小全装六件，“诸军见造大全装，而小全装未闻造用，近年独殿、江、池、鄂四司新造披带”。[②]嘉定七年（1214 年），陈宓鉴于弩的功用及当时军器所生产兵器的现状，恳请朝廷多给钱物，置场收买材料，令军器所制造精劲神劲角弩：

> 今本所日下制造神功角弩，务在精劲，给降三衙及江上诸军。仍降弩样，令逐军依样制造。若诸军所造溢数，即乞分拨荆、襄沿淮州县，给付民兵农隙教阅。[③]

辛弃疾曾于潭州（今湖南长沙）创飞虎军，并“起盖营寨，制造军器”。[④]而寿昌（今浙江建德市西南）所创新军，“一时军士披执器械，系朝廷扎诸戎司支拨前来，本军收管桩顿，应副出戍关用。或有损失，节制司措置添造”。[⑤]可见，不仅当时诸屯驻军队，地方自卫军队，如飞虎军等，也纷纷制造兵器。

南宋时军队所生产兵器，除朝廷降样，“逐军依样制造”外，自己也不断创制兵器种类、改进生产兵器方法。这在前文已有所揭露。南宋末，包恢时曾向福建提点刑狱公事申告防海寇举措：

> 今欲少效火攻，则所在军中自有火炮之法，在统领自有见成可用之炮。近延祥寨官亦见依法做造，但恐不能多耳。今当［计］其费用给之本钱，责其多造，舟师取捷，尤更神速。[⑥]

由之知，当时诸军队拥有独特兵器制造技术：“所在军中自有火炮之法”，除自己生产兵器外，“在统领自有见成可用之炮”，还向国家其他地方防御力量、机构输送：“近延祥寨官亦见依法做造。”而包恢担心其生产能力，建议福建提点刑狱公事筹措钱本，官府出资，支持、鼓励“责其多造”。这说明军队除遵守朝廷程式、样制生产兵器外，还在兵器式样创新、制造技术革新及其传播，指导其他国家防御组织生产兵器等方面，发挥着重要作用。

---

① （清）徐松辑：《宋会要辑稿》兵 20 之 6，第 7104 页。

② （宋）华岳：《翠微北征录》卷 7《器用小节·马甲制》，见（宋）华岳撰，马君骅点校：《翠微南征录北征录合集》，安徽：黄山出版社，1993 年，第 222 页。

③ （宋）陈宓：《复斋先生龙图陈公文集》卷 6《轮对第二札》，《宋集珍本丛刊》，第 73 册，第 441 页。

④ （宋）周必大：《周益公文集》卷 143《论步军司多差拨将佐往潭州飞虎军》，《宋集珍本丛刊》，第 50 册，第 233 页。

⑤ （宋）佚名纂修，（清）文廷式辑：《寿昌乘·戎器》，《宋元方志丛刊》，第 8 册，第 8403 页。

⑥ （宋）包恢：《敝帚稿略》卷 1《防海寇申省状（福建提刑）》，《宋集珍本丛刊》，第 78 册，第 492 页。

简言之，南宋一朝，除三衙外，其他内外军队也都生产兵器，承担着重要的国家兵器生产任务，共同形成南宋军队生产兵器系统。而南宋军队生产兵器系统，是与当时的御前生产兵器系统、中央生产兵器系统、地方生产兵器系统并存的另一重要生产兵器系统，共同组成远较前代多元、完备的兵器生产组织。与后三类生产兵器系统相比，南宋军队从事兵器生产，当系南宋历史条件下诞生的新社会现象。所以，单从兵器生产组织的重要发展及其完备性而论，南宋应是中国传统兵器史上非常重要的拐点。

四、南宋军队生产兵器原因探析

与前代相比，南宋军队能生产兵器，并成为颇受朝廷倚重的重要生产兵器系统，毫无疑问，是当时历史环境下众多因素共同促就。

第一，历史环境变迁和军制嬗变。在梳理、比对两宋生存的大历史环境的基础上，张邦炜指出两宋经历了从和平环境到战时状态的演变，其时代主题也由变法图强到救亡图存，认为“长期处于战时状态或准战时状态这一南宋历史的大局，制约并牵动着南宋社会的诸多方面”[①]。黄宽重则认为，和战政策是南宋立国以来，面临生存与发展的首要课题。[②]两位先生的真知灼见，指出了南宋历史环境变化的关键所在。北宋灭亡后，南宋在金人的围追堵截下，勉强偏安于江南一隅，后来又先后长期陷于金、蒙（元）强大军事力量打击、威胁之下，常有惶惶不可终日之感。为苟延残喘于一隅，更加注重军队建设、武备发展，而兵器生产与配给则首当其冲。囿于当时的历史形势，在原有兵器生产格局中，内外军队能自发生产兵器，就显得格外迫切、必要，也适应了当时兵制及屯驻兵、地方武力等驻防的现实需要。

由北宋及南宋，军制的重大变化，是国家正规军由北宋时的更戍渐变为屯戍；除三衙诸军外，出现了屯驻大军及地方武力等，北宋卓有成效的兵权分立、兵将分离、将兵不知的御军制度，至此已断然无法维系。北宋时军队驻防实行的更戍制不断变化；熙丰改革后的“将兵法”，对之前严重的兵不知将、将不知兵的统兵模式有所调适，但更戍制依然是当时军队驻守的主要方式，且主要驻守于河东、河北及陕西诸路，其他诸路更戍的军队较少。当时不断更戍中的军队并不生产兵器，其所需兵器则是由国家统一调配拨付。北宋灭亡，南宋重建之后，原有的军制几乎完全崩溃，而方舆之内，横遭金人铁蹄的突如其来践踏。面对此百年不遇之奇祸，救亡图存压倒一切，惊惶不定的高宗立朝伊始即不得不

① 张邦炜：《战时状态与南宋社会述略》，《西北师大学报（社会科学版）》2014年第1期，第9页。
② 黄宽重：《南宋地方武力：地方军与民间自卫武力的探讨》，北京：国家图书馆出版社，2009年，第272页。

承认既定事实，允许内外屯驻大兵，自行生产、筹措兵器，以更加有效抵御金人的入侵。

除屯驻大兵外，南宋还有与屯驻大兵同时并存，与赵宋政权相始终，更是支撑南宋政局的地方武装力量，即地方军或民间自卫武力。[①]黄宽重认为，宋高宗君臣在重建国防与军政体系中，在原有军事体制之外，接纳地方武装力量，创立新的制度，“是对北宋强干弱枝政策的一项重大修正，反映了南、北宋政权不同的特质”[②]。当时连诸屯驻大兵这些朝廷正规军都纷纷自行生产兵器，更遑论地方军或民间自卫武装了。

长期处于战时状态或准战时状态的历史环境之中，南宋诸军自行生产兵器，不仅可以弥补中央拨付兵器上的诸多不足，且能更加及时、有效地生产更为适宜的兵器，组织有效攻防，应对随时可能的战争。南宋初，各支屯驻大兵也自造兵器，这是有别于北宋兵器生产的一大特点，其好处是贴近实战的需求。[③]地方武装是以结合当地的人力、物力、资源及掌握地理环境的优势为基础。[④]所以，南宋内外军队生产兵器，是当时历史环境中军制流变的产物，更是当时南宋社会救亡图存之选择。

第二，宋廷的支持与重视。翻阅宋代载籍，南宋朝廷协调、支持诸军生产兵器的记载，俯拾皆是。绍兴十二年（1142年），宋高宗令镇江府、鄂州总领所各置甲仗库：“逐军所造军器，每月委总领官置籍桩管，月具所交收数闻奏，仍各许辟差管甲仗库官一员。”[⑤]即便因军队生产兵器的规模及其内部腐败等，增添了社会负担，庙堂内外出现诸多倡议限制、反对军队生产兵器的言论时，朝廷亦不过适度调整，根本不会停废内外军队生产兵器。[⑥]

宋廷频频拨降内外诸军新式兵器，令依样造作。绍兴三年（1133年）宋高宗令制造御前军器所与张俊军，分造御前所造弓。[⑦]绍兴二十六年（1156年），以“克敌弓射远彻扎，其劲利非弩可比”，宋廷“降样，令建康府驻扎御前诸军都统制王权军制造，给诸军习射”。[⑧]诸如此类，不一而足。

以财政大力支持诸军制造兵器。不仅拨付专项经费用于生产兵器[⑨]，还支持诸军自筹经费生产兵器，以弥补专项经费之不足。乾道元年（1165年）七月三日，宋孝宗诏令

① 至于地方武力情况，参见黄宽重：《南宋地方武力：地方军与民间自卫武力的探讨》，绪论，第3页。

② 黄宽重：《南宋地方武力：地方军与民间自卫武力的探讨》，绪论，第3页。

③ 王曾瑜：《宋朝军制初探》（增订本），第408页。

④ 黄宽重：《南宋地方武力：地方军与民间自卫武力的探讨》，第272页。

⑤ （清）徐松辑：《宋会要辑稿》职官41之46，第3189页。

⑥ （清）徐松辑：《宋会要辑稿》职官16之10，第2726页；（宋）熊克著，顾吉辰、郭群一点校：《中兴小纪》卷37，绍兴二十六年二月甲戌，福州：福建人民出版社，1985年，第441页，等。

⑦ （宋）熊克：《皇宋朝兴纪事本末》卷27，绍兴三年十月癸未，北京：北京图书馆出版社，2005年，第554页。

⑧ （清）徐松辑：《宋会要辑稿》兵26之31，第7242页。

⑨ （宋）李心传编撰，胡坤点校：《建炎以来系年要录》卷71，绍兴三年十二月乙未；卷78，绍兴四年七月壬子，第1376、1471页等。

浙东、西措置犒赏酒库共六十四库，拨付三衙，分认课额：

> 今逐司族（疾）速差人交割，令户部依此，以十分为率，殿前司四分，马、步军司各三分。其息钱每岁分上下限赴左藏南库输送，余息充逐军赡军及造军器等。①

淳熙六年（1179年），宋廷同意马军司将本司赤历尾支使不尽钱，"措置军器"。②而对内外诸军购买、筹集兵器物料，还以免收税方式支持。③

同时，赋予诸军生产兵器相当的自主权。绍兴八年（1138年）正月，赵鼎奏张俊军："器甲精明，照耀广川。军马之盛，至于如此，皆陛下留意所致。"宋高宗曰："前日俊来奏事，具言近来军中制造兵器，已无遗功。朕因谕之，国家之力，亦尽于此矣。"④淳熙六年（1179年），鉴于隆兴和议以来殿前司及诸路都统司"造甲"状况，建康府留守陈俊卿建议：

> 除三司（即三衙）及诸路都统司外，乞令有司实加检括，总计所造之数，若稍足用，宜候将来诸州造甲数足日，于常年合纳甲叶铁炭之类，间岁量与裁减，此亦宽民力之一事也。⑤

显而易见，南宋三衙及诸都统司生产的兵器，是不允许"有司实加检括"。从张俊言"近来军中制造兵器，已无遗功"，到豁免检括三司及诸路都统司所生产兵器，足证当时军队兵器生产拥有相当的自主权。易言之，当时南宋内外诸军队之所以能生产兵器，其兵器生产的迅猛发展，乃至成为南宋非常重要的兵器生产系统，从根本上讲，正是在于南宋朝廷的鼎力支持。

第三，内外诸军自身条件。首先，经费相对充足。众所周知，两宋不仅把财政收入的绝大多部分用于养兵⑥，还允许军队从事多种商业经营，以补充自身经费，这尤以南

---

① （清）徐松辑：《宋会要辑稿》食货21之5至6，第5146—5147页。

② （清）徐松辑：《宋会要辑稿》职官32之14，第3012页。

③ （清）徐松辑：《宋会要辑稿》食货63之27、职官32之13，第6000、3012页。

④ （宋）佚名撰，孔学辑校：《皇宋中兴两朝圣政辑校》卷23，绍兴八年正月丁未，第726—727页，等。

⑤ （宋）马端临：《文献通考》卷161《兵考十三》，第4830页。另，（宋）朱熹：《晦庵先生朱文公文集》卷96《少师观文殿大学士致仕魏国公赠太师谥正献陈公行状》为："欲望试加检括，苟可足用，即逐州常年合纳甲叶铁炭之类，或可间年量与裁减，亦宽民力之一事也。"前引两书都载有淳熙六年陈俊卿论当时盔甲生产的奏疏，但相互之间出入较大，而《文献通考》所载较详。

⑥ 汪圣铎认为军费开支在宋朝财政中占有异乎寻常的重要地位，在岁出总额中一般占半数以上，战争时期高达十分之七八甚至更多，见氏著：《两宋财政史》，北京：中华书局，1995年，第395页。宫泽知之认为，宋代国家财政开支中军费开支占有压倒性优势，属于军事财政，见氏著：《北宋的财政与货币经济》，原载《中国专制国家与社会统合》，京都：文理阁出版，1990年（后被整合入专著：《宋代中国的国家与经济》，东京：创文社，1998年），现据刘俊文主编：《日本中青年学者论中国史·宋元明清卷》，上海：上海古籍出版社，1995年，第84—86页。

宋为重[①]。在战事多发、政局紧张的南宋，国家财政虽相当捉襟见肘，但军队经费依然优裕。军队从事兵器生产，不仅可以减轻国家财政负担，且就地取材，利用当地便利造作适宜兵器，并免去诸多中央拨付兵器的繁文缛节、花费等，是当时历史环境下比较理想的选择。

其次，兵器生产条件相对优越。宋高宗、孝宗曾多次下三衙踏逐选差素谙晓军器造作法度，有心力、能部辖人使臣，任制造御前军器所监造官，监督、指导该机构生产兵器工作。[②]乾道九年（1173 年），宰执进呈知衢州张子颜所造木鹤弩两千张、箭十万张，宋孝宗认为外郡于制作有所未工，不若取其材，使军中自为之，“可更令别置弩材二千发来”。[③]从前文征引知，当时军中自有造作火炮之法。以上材料表明，无论是兵器类别、生产技术，还是生产者与兵器生产的指导与管理等，南宋军队均拥有明显优势。

最后，军队生产兵器的自觉性强烈。南宋朝廷掌控的武装力量主要是屯驻大兵和部分地方兵与民间自卫武力。在朝廷常有惶惶不可终日之感的形势下，拥有一支强兵往往是最为重要的力量与政治财富；更何况，无论是屯驻大兵，还是地方武装力量，同样长期处于金、蒙战争威胁或他们突如其至的铁蹄践踏。所以，无论是从自身政治前途，还是保境安民的乡土之情，掌兵之人都希望把屯驻大兵或地方武装力量建设成强兵。兵要强，首当其冲在于兵器。在不能从朝廷得到更多、更及时的照顾时，他们往往积极自造兵器。

五、结　　语

从前文的梳理知，南宋朝廷掌控的内外军队，均生产兵器。纵览中华帝制的历史长河，在相当长的历史时期，其所统辖的军队一般并不直接生产兵器；当历史车轮辇至南宋时，其内外军队兵器的生产却蔚为大观。易言之，在中华传统帝制社会，国家掌控的军队从事兵器生产，可能正式肇始于南宋，并由之发展壮大、影响后世。这不仅是南宋军队有别于北宋军队、南宋兵器生产有别于北宋兵器生产的关键表征，也是宋代社会，尤其是南宋社会在中国传统兵器生产史、兵器史、兵制史、军事史历史地位及其价值的

① 王云裳:《宋代军队经营问题研究》，北京：中华书局，2013 年，“前言”第 1 页：“而宋代为中国历史上首个军队经营营利活动最为严重的时期……”其实，宋代文献显示，相对而言，南宋军队经营问题远较北宋严重，相关讨论可详见王云裳:《宋代军队经营问题研究》，第 39—41 页，等。

② （清）徐松辑:《宋会要辑稿》职官 16 之 13 至 19，第 2728—2731 页，等。

③ （清）徐松辑:《宋会要辑稿》兵 26 之 35，第 7244 页；此事，《宋史》卷 197《兵志十一》，第 4922—4923 页为：“淳熙九年，衢州守臣制造木鹤觜弩二千、箭十万。”两者记载虽当为一事，但时间有别，且兵器名称也略不同，今依前者。

显著表现。

前文业已提及，南宋军队生产兵器系统，是宋代御前生产兵器系统、中央生产兵器系统及地方生产兵器系统之外的新生产兵器系统。而前述后三类系统自身或其内部的主要元素，虽不乏前代承继，但均在宋代获得重要发展。它们与军队系统一起构成南宋四大生产兵器系统，建构了历史以来最为系统、完备的国家兵器生产谱系。可以说，在中国传统兵器史上，国家生产兵器系统的相对完备，是形成于南宋，并为后代社会传承。

概言之，南宋当为中国历史的一个重要拐点，尤其是从传统兵器史、兵器手工业史等而论。南宋军队的兵器生产，既是北宋包括兵器生产、兵制等在内的社会诸层面缓慢演变的结果，更是南宋小朝廷在特殊时代环境中积极救亡图存的社会诸层面深刻酝酿的综合创获。它不仅对南宋的国防安全、民生万象、国家建设等影响深远，也对后来社会意义非凡。所以，军队从事兵器生产，系南宋社会出现的非常重要的独特历史现象，自然也是我们整体解构南宋社会的重要路径、视域，我们在关注南宋历史时，理应慎重待之。不过，非常遗憾，对此，我们迄今尚未充分重视与发掘。

要合理认识、评价宋代军队生产兵器的历史意象。南宋初，宋高宗以李邺所造明举甲示大将张俊等：

> 是甲分毫以上，皆生民膏血，若弃掷一叶甲，是弃生民方寸之肤，诸军用之，当思爱惜。①

此后，宋高宗诫谕辅臣：

> 近令诸郡以箭镞改造甲叶，恐再于民间科敷，密院只今行下，令只于作院打造，毋得科扰百姓。②

以上诸例，还只是南宋初年的情况。而随着南宋社会的演变，战争的惨烈与反复，国势之严重困窘，供应多个系统生产兵器的庞大开支，则更是广大民众无法摆脱的梦魇。③更何况，伴随兵器生产而来的，是严重社会腐败的寄生。

绍兴五年（1135年）闰二月，侍御史张致远言：

---

① （宋）佚名撰，孔学辑校：《皇宋中兴两朝圣政辑校》卷6，建炎三年十月癸卯，第200页。

② （宋）佚名撰，孔学辑校：《皇宋中兴两朝圣政辑校》卷18，绍兴五年六月丙午，第564页。

③ 见（清）徐松辑：《宋会要辑稿》食货70之106，第6423页；（宋）宋王炎：《双溪类稿》卷22《上宰执书论造甲》、卷23《申宰执乞权住造甲》，《文津阁四库全书》，北京：商务印书馆，2003年，第386册，第223、227页，等。

中外诸军，屠酤成市，日夺官课，重载络绎，不税一钱，回易悉据要津，逃亡更不开落。凡所侵擅，皆云制造军器。臣取绍兴四年逐军认造器甲考之，全然不多，而度支细计，岁内降给，凡一百二十万缗。朝廷又岁岁抛买如羽毛、箭簳，打造甲叶、箭头之类，动以千万计。算工董役，无日少休，不知所造几何，逐时分给诸军及桩留之数，又不知几何也。器械非如他物，今日之事，孰急于此？惟有司全不曾会计，遂使诸军坐收厚利。①

不言而喻，军队生产兵器领域弊事的增多，不仅增添了国家的负担及民众的痛苦，也会影响到兵器实际造作情况及质量。当时军队以修造兵器为名，侵擅财物，违法造作等类似张致远所言现象比较严重②，以致宋廷不得不专门诏令规范军队兵器生产：

诸军器械、衣甲等……即不得将已造下军器轮转作见造数目，重叠支破官钱。③

奉圣旨，令三衙江上帅臣，每遇到任，将应管军器钱物具数申枢密院，其见管军器不得擅行改造，移旧作新，巧作名色支破官钱。如委有损坏，随即修补，毋得有亏元数。④

而这些诏令，在当时不过是一纸具文而已，根本不会有太多实际效果。

从理论上讲，宋代生产兵器系统的丰富，可能更利于兵器生产，可能更易满足现实迫切的兵器需求。但事实上，宋代兵器生产之所以新系统迭出，不就是因为原有系统生产态势不良善，不得不靠新增系统来提高生产能力吗？这种不重视深层次的社会改革与治理，单纯借助增添叠床架屋式生产系统，来增加兵器生产能力的意识与做法，根本不足取。它不仅增加内耗，浪费资源，增添严重的社会腐败，更会把无穷的负担及困难转嫁于无辜的基层民众身上。长此以往，国家和人民都将处于崩溃的边缘。

作者简介：范建文，男，历史学博士，洛阳师范学院学前教育学院副教授、河洛文化国际研究中心研究人员，研究方向为宋史。

① （宋）李心传编撰，胡坤点校：《建炎以来系年要录》卷 86，绍兴五年闰二月辛未，第 1653 页。

② （宋）佚名撰，孔学辑校：《皇宋中兴两朝圣政辑校》卷 60，淳熙十年八月庚申，第 1382 页，等。

③ （宋）马光祖修，（宋）周应合纂：《景定建康志》卷 4《孝宗皇帝戒谕军帅五事》，第 1370 页。

④ （宋）谢深甫编，戴建国点校：《庆元条法事类》卷 32《财用门三·点磨隐陷·申明·职制》，哈尔滨：黑龙江人民出版社，2002 年，第 507 页。

何人可立神道碑

——宋代神道碑刻立资格的制度规定及实际执行情况论述

杨树坤　游　彪

（廊坊师范学院 思想政治教学部，河北 廊坊，065000）

摘　要： 宋朝的礼书、法令对官员死后刻立神道碑的资格有明确的制度规定：元丰改制前，五品以上官员可立碑；元丰改制后，一直延续到南宋，六品以上官员可立碑。元丰改制前的官品载体指正官（本官），元丰改制后的官品载体为寄禄官。法令规定的立碑资格是指逝者立碑之前所获得的最高官品，包含逝者生前的最高官品、死后其本人所获得的赠官，或者逝世多年后因其子孙关系所获得的赠官。从现存宋人神道碑文来看，宋人比较严格地遵守了关于刻立神道碑资格的法令，违制立碑者极少。

关键词： 宋代；神道碑；官品

在宋代，亲人去世后，子孙后代很重视为其树碑立传，而神道碑[①]又是碑碣当中等级比较高的，"神道碑的获得与士人官僚身分的保有有着直接的关联，是官僚等级身分的重要标识之一，因而神道碑文的撰述体现了朝廷对于官员的一生功业的臧否，具有盖棺论定的意味"[②]。官员死后能够得到刻立神道碑的资格，不仅是对逝者本人平生品

① 关于神道碑的概念和神道碑与墓碑、墓碣等的区别，参见杨树坤、彭明旭《神道碑、墓碑、墓表、墓碣概念辨析》一文（《新余学院学报》2017 年第 5 期）。

② 仇鹿鸣：《权力与观众——德政碑所见唐代的中央与地方》，《唐研究》第 19 卷，北京：北京大学出版社，2013 年。

德、功绩的高度肯定，而且对逝者家族及其子孙后代的声誉与现世利益都有着极为重要的影响。因此，丧家都是千方百计地争取享有刻立神道碑的权利。然而，宋代的礼法对于刻立神道碑的资格却有比较严格的制度规定，不符合立碑资格者的是不能随便刻立神道碑的。那么到底什么人有资格立神道碑呢？制度如何规定？实际执行情况又如何呢？学界对此问题关注较少①，专门进行讨论的更是付之阙如。本文拟就宋代神道碑上述相关问题进行必要的探讨。

一、宋代以前刻立神道碑资格的制度规定

西汉时期有了神道，东汉时出现神道碑，当时碑碣云起，是神道碑和墓碑的繁盛期，但是东汉似乎没有保留下来有关墓碑、神道碑刻立资格的官方规定，是否立碑基本上由丧家和逝者的门生故吏做出决定。这说明当时立碑明显有着随意性，更为重要的是，官方对神道碑的建立采取听之任之的态度。东汉末年曹魏实际执政时期，由于战乱和其他各种复杂的原因，曹操下达禁碑令，此后西晋、东晋都持续执行了禁碑的政策，朝廷对立碑进行了限制，魏晋时管控相对严格，所以流传下来的墓碑数量较少。北朝时官方无立碑的限制，墓碑出现了第二个繁盛期。

隋朝时期，国家第一次有了关于立碑等级、规格的制度规定："三品以上立碑，螭首龟趺。趺上高不得过九尺。七品以上立碣，高四尺。圭首方趺。若隐沦道素……虽无爵，奏，听立碣。"②官方承认了立碑的合法性，但是把立碑资格与官员的身份、品级挂钩，同时对碑碣的形制、高度等问题做出了非常明确的规定。这一措施表明，凡是七品以上的官员均可以树立碑碣，但三品以上树碑，七品以上立碣。由此可知，碑碣演变成了官员身份和地位的一种标志。

唐承隋制，在立碑资格方面的规定跟隋朝极其相似，记述唐朝典章制度的重要著作《大唐开元礼》《大唐六典》《唐六典》《唐会要》等都有关于立碑资格的规定，《大唐开元礼》卷三《序例·杂制》记载："凡立碑，五品以上螭首龟跗（趺），高不得过九尺。七品以上立碑，圭首方趺，趺上高四尺。"③《大唐六典》记载："碑碣之制，五品已上

① 沈宗宪《宋代丧葬法令初探——以〈天圣丧葬令〉为基础的讨论》（台师大历史系、中国法制史学会、唐律研读会主编：《新史料·新观点·新视角：〈天圣令论集〉》（下）台北：元照出版有限公司，2011年，第155页）一文，曾列表格归纳比较过《宋刑统》《天圣令》《庆元条法事类》关于立碑的规定，但只是对宋代神道碑的附带论述，故关于宋代神道碑的许多具体问题尚有待进一步探讨。

② 《隋书》卷8《礼仪志三》，北京：中华书局，1973年，第157页。

③ （唐）中敕：《大唐开元礼》卷3《序例·杂例》，北京：民族出版社，2000年，第34页。

立碑，（螭首龟趺，趺上高不过九尺）。七品已上立碑（“碑”当作碣，圭首方趺，趺上不过四尺）。若隐沦道素，孝义著闻，虽不仕亦立碣。”①《唐六典》规定：“碑碣之制，五品以上立碑（螭首龟趺，上高不过九尺）。七品以上立碣（圭首方趺，趺上不过四尺）。若隐沦道素，孝义著闻，虽不仕，亦立碣。”②《唐会要》之《葬令》记载：“旧制，碑碣之制，五品以上立碑，（螭首龟趺，上高不过九尺）。七品以上立碑（圭首方趺，趺上高不过四尺）。若隐沦道素，孝义著闻，虽不仕亦立碣。”③这四部书关于唐代立碑资格的规定基本类似，除了官员外，一般民众如果孝义著闻或有隐逸高士等品行也可立碣。

与隋朝相比，唐朝放宽了立碑的官品限制，五品以上可立螭首龟趺碑，这一政策显然大大增加了立碑官员的数量。毫无疑问，作为官员去世后享有的特权之一，树立碑碣不仅凸显了官员及其家人的荣耀与崇高地位，更是朝廷维护其政权的重要工具。更为重要的是，无论是隋朝，还是唐朝，朝廷都不是简单地以行政命令对树立碑碣加以禁止或是放行，而是逐渐使碑碣的树立法制化、制度化，将其纳入国家的礼法系统加以贯彻执行。这无疑是历史的巨大进步，对后世的影响是极其深远的。

二、宋代的制度规定——礼和法令

宋代很重视礼典的编纂，几乎每个皇帝都有礼典的修撰，“如宋太祖时的《开宝通礼》二百卷、《开宝通礼义纂》一百卷；宋仁宗时的《礼阁新编》六十三卷、《太常新礼》四十卷、《阁（閤）门仪制》十二卷；宋英宗时的《太常因革礼》一百卷；宋神宗时的《阁（閤）门仪制》十二卷、《朝会仪注》四十六卷、《祭祀》百九十一卷、《祈禳》四十卷、《藩国》七十一卷、《丧葬》百六十三卷；宋徽宗时的《大观新编礼书》，内《吉礼》二百三十二卷，《祭服制度》十六卷，《祭服图》一册，政和元年续编成宾、军等四礼四百七十七卷，三年又修定仪注二百二十卷，称《政和五礼新仪》。尔后又续成《政和续因革礼》，增为三百卷。南宋高宗时有《绍兴续编太常因革礼》三十卷；宋孝宗时的《中兴礼书》三百卷；宁宗时的《续修中兴礼书》八十卷。此外，宋真宗行封禅礼后有《大中祥符封禅记》五十卷。还有司马光、郑珦瑜、杜有晋、郑余庆等多本

① （唐）李隆基撰，（唐）李林甫注：《大唐六典》卷4《祠部郎中》，西安：三秦出版社，1991年，第96页。
② （唐）李林甫等撰，陈仲夫点校：《唐六典》卷4《尚书礼部》，北京：中华书局，1992年，第120页。
③ （宋）王溥：《唐会要》卷38《葬令》，北京：中华书局，1955年，第691页。

《书仪》。”[①]但是真正留存下来的宋代礼仪制度的典籍并不多。

现存宋代国家礼典仅有《太常因革礼》和《政和五礼新仪》。《中兴礼书》与《中兴礼书续编》是清人徐松从《永乐大典》中辑出来的。而《太常因革礼》又恰巧缺失了凶礼三卷。因而记述宋代立碑资格的礼书，笔者仅查阅到了《政和五礼新仪》的记载：

> 墓：一品方九十步，二品方八十步，三品方七十步，四品方六十步，五品方五十步，六品方四十步，七品以下方二十步，庶人方十八步。坟：一品高一丈八尺，二品高一丈六尺，三品高一丈四尺，四品高一丈二尺，五品高一丈，六品以下高八尺，庶人高六尺。墓域门及四隅：四品以上筑阙，六品以上立候（当为“堠”），七品以下（庶人同）封茔。碑：螭首，趺上高九尺；碣，圭首方趺，上高四尺。[②]

该书规定了墓地的面积和坟的高度以及墓前建筑的品级，但是对碑、碣的树立资格没有明确的官品划分。但私家编著的礼书却对神道碑的立碑资格有记载，如司马光编写的《司马氏书仪》卷七“丧仪·碑志”条引用当时《丧葬令》的条文：“《丧葬令》：一品坟高一丈八尺，每品减二尺，六品以下不得过八尺。又五品以上立碑，螭首龟趺，趺上高不得过九尺。七品以上立碣，圭首方趺，趺上高四尺。其石兽，三品以上六，五品以上四。又曰：诸丧葬不能备礼者，贵得同贱，贱虽富不得同贵。”[③]由此可知，至少在司马光所处的时代仍然继承了唐朝确立的立碑制度，即五品以上的官员享有立碑的特权。

除了礼书外，宋代的法令对树立碑碣也有明确的制度规定。《宋刑统》卷二十七“杂律”条记载：“疏议曰：《丧葬令》，五品以上听立碑，七品以上立碣。”[④]今人整理的天一阁藏明钞本《天圣令》“宋26”条记载：“诸碑碣，其文皆须实录，不得滥有褒饰。五品以上立碑，螭首龟趺，趺上高不得过九尺；七品以上立碣，圭首方趺，趺上高四尺。若隐沦道素、孝义著闻者，虽无官品，亦得立碣。其石兽，三品以上六，五品以上四。”[⑤]南宋宁宗时期，宰相谢深甫主持编纂的《庆元条法事类》卷七十七“丧葬”条的“服制令”规定：“诸葬，六品以上立碑，八品以上立碣，其隐沦道素，孝义著闻，虽无

---

① 胡戟撰，中华文化通志编委会编：《中华文化通志47·第五典·教化与礼仪·礼仪志》，上海：上海人民出版社，2010年，第139页。

② （宋）郑居中等：《政和五礼新仪》卷24《丧制之制》（疑为螭首龟趺，圭首方趺），《景印文渊阁四库全书》，台北：商务印书馆，1986年，第647册，第230页。

③ （宋）司马光：《司马氏书仪》，北京：中华书局，1985年，第80页。

④ （宋）窦仪等撰，吴翊如点校：《宋刑统》，北京：中华书局，1984年，第442页。

⑤ 天一阁博物馆、中国社会科学院历史研究所天圣令整理课题组校证：《天一阁藏明钞本天圣令校证：附唐令复原研究》下册，北京：中华书局，2006年，第693页。

官品，亦听立碣。”[①]毫无疑问，这一法条是南宋时期一直执行的制度，其中最为重要的变化就是将树碑立碣的官品分别降低了一品，即六品和八品。

北宋《宋刑统》《天圣令》所记载的都是五品以上立碑、七品以上立碣，跟唐朝的规定类似。南宋《庆元条法事类》的规定有所不同，改为六品以上立碑、八品以上立碣。《庆元条法事类》是南宋宁宗时的敕令格式分类汇编，是否意味着南宋和北宋关于立碑资格的法令不同？我们现在所能见到的宋代记录丧葬法令的原典只有《宋刑统》《庆元条法事类》和今人整理的明钞本《天圣令》三部了。事实上，宋代很重视法律的制定，立法活动非常频繁，基本上每个皇帝在位时都要重修全国性的敕令格式，其中关于丧葬的规定也应该不在少数，可惜大部分都遗失了，笔者依据《宋会要辑稿》《玉海》《宋史》整理了可能包含立碑规定的宋代法令（表1），以期理出宋代关于立碑规定的变化脉络。

表1　宋代关于立碑规定的法令

皇帝	与立碑有关的法律和敕令格式名称	具体颁布时间	敕令格式的史料出处	关于立碑官品的记载
太祖	《宋刑统》	建隆四年（963年）八月颁行	现存	卷二十七“杂律”条记载五品以上立碑
太宗	《淳化令式》	淳化年间	《玉海》卷66《淳化编敕》	已佚
仁宗	《天圣令》	天圣七年（1029年）颁布	《天一阁藏明钞本天圣令校证》	五品以上立碑，螭首龟趺
神宗	《熙宁葬式》	熙宁十年（1078年）颁布	《宋会要辑稿·刑法一》	已佚
	《元丰编敕令格式》	元丰七年（1084年）三月	《宋史》卷204《艺文志三》	已佚
	《宗室及外臣葬敕令式》	元丰年间	《宋史》卷204《艺文志三》	已佚
	《元丰敕令式》	元丰年间	《宋史》卷204《艺文志三》	已佚
哲宗	《元祐编敕令格式》	元祐二年（1086年）十二月颁布	《玉海》卷66《元祐编敕令格式》	已佚
	《元符敕令格式》	元符二年（1099年）八月编成	《宋会要辑稿·刑法一》	已佚
徽宗	《政和重修敕令格式》	政和三年（1113年）正月颁行	《宋会要辑稿·刑法一》	已佚
高宗	《绍兴重修敕令格式》	绍兴二年（1132年）正月颁行	《玉海》卷66《绍兴重修敕令格式》	已佚
孝宗	《乾道敕令格式》	乾道八年（1172年）正月颁行	《玉海》卷66《乾道敕令格式》	已佚
	《淳熙重修敕令格式》	淳熙四年（1176年）十一月编成	《宋会要辑稿·刑法一》	已佚
	《淳熙条法事类》	淳熙八年（1180年）三月一日颁布	《宋会要辑稿·刑法一》	已佚

① （宋）谢深甫编撰，戴建国点校：《庆元条法事类》，哈尔滨：黑龙江人民出版社，2002年，第837页。

续表

皇帝	与立碑有关的法律和敕令格式名称	具体颁布时间	敕令格式的史料出处	关于立碑官品的记载
宁宗	《庆元重修敕令格式》	庆元四年（1198 年）九月编成	《玉海》卷 66《庆元重修敕令格式条法事类》	已佚
	《庆元条法事类》	嘉泰二年（1202 年）八月编成	现存	卷七十七条"丧葬""服制令"规定六品以上立碑
理宗	《淳祐敕令格式》	淳祐二年（1242 年）四月编成	《宋史》卷 199《刑法志一》	已佚
	《淳祐条法事类》	淳祐十一年（1251 年）	《玉海》卷 66《淳祐重修敕令格式》	已佚

从《天圣令》到《庆元条法事类》隔着五个皇帝，每个皇帝几乎都有敕令格式的编修，到底是哪一个皇帝在位时，哪一部丧葬法令修改了关于立碑资格的规定呢？从规定五品立碑到六品立碑有何原因呢？笔者揣测大概是在元丰改制以后编纂的《元丰编敕令格式》或者《宗室及外臣葬敕令式》把五品以上立碑更改为六品以上立碑的。原因是，"宋代文武官员等级森严。按宋初之制，职事官、阶官、爵、勋等，大体上可依官品划为两大类：贵官与卑官。一至五品为贵官，六至九品为卑官。……元丰改制后，等级稍宽，六品以上为贵官，服紫或服绯。……'六品以上'是一条重要界线，六品朝请大夫以上文臣许荫子。"①元丰改制前五品以上为贵官，许立神道碑，元丰改制放宽了贵官的等级，六品以上为贵官，可以服绯荫子，相应地六品官死后也应该可以树立神道碑。笔者据此推测六品官死后立碑的规定应该始自神宗元丰改制后，并一直延续到了南宋。

三、宋代立碑资格与官品之间的关联

所谓"五品以上立碑""六品以上立碑"，这里的品到底指的是什么的品级？官品的载体是什么？唐代的官职包括文武散官、职事官、勋、爵、本品五类，都各有品级。关于立碑的品级载体，史书虽无明确记载，但可以从丧葬法令的其他规定侧面进行推断。《通典》卷八十六《丧制四·赗赙》记载："诸职事官薨卒，文武一品赙物二百段，粟二百石；二品物一百五十段，粟一百五十石……正九品物十二段；从九品物十段。行、守者从高。王及二王后若散官及以理去官，三品以上全给；五品以上给半。若身没王事，并依职事品给。"②这是关于唐代薨卒官员赗赙发放原则的规定，根据吴丽娱先生的分

① 龚延明：《中国古代职官科举研究》，北京：中华书局，2006 年，第 267—268 页。

② （唐）杜佑：《通典》，杭州：浙江古籍出版社，2007 年，第 465 页中。

析，赗赙发放依据的官品“首先是职事官，然后是王及二王后、散官、以理去官、身死王事等”，“注文‘行、守者从高’，就是说职事官的赗赙要按照他本人所带官之阶品最高的为准，职事官高依职事，反之则依散官。皇家诸亲则比照官品以进行，‘若官爵高者，从高’。说明职事官而带散、爵者，皆自品级高者而论”①。就官品而言首先依据职事官，再考虑散官、爵等，如果官员本身职事官、散官、爵都拥有，且品级不同，则从高。另外依据《天圣令》复原的唐令31规定“诸职事官五品以上葬者，皆给营墓夫”，明确提出是否给营墓夫的官品标准是职事官。立碑与赗赙、营墓夫同样隶属于丧葬令的规定，所依据的官品标准应该是类同的。由此笔者推断，唐代立碑的官品首先依据的应该是职事官，若职事官同时拥有散官、爵等，且品级不同，则应从高。

宋代前期，官品的载体有散官、正官、勋、爵等，但是散官、勋、爵等都是虚衔，“决定官员品位的唯有正官。正官的官品及阶序，关系着该官员的冠服、俸禄、班位等”②。《宋史》卷一五二《舆服志四》也记载：“其散官、勋、爵不系品位，止从正官为之服。”可见北宋前期决定官员待遇的主要是正官（即本官）的官品，立碑资格也由逝者正官的官品决定。元丰改制后，“正官所起官品主要载体的职能，转而由‘寄禄官’所代替”，“尽管官员的变动存在着多轨制，但最终，却都要以寄禄官之官品为标准定秩称、阶位、章服”。③北宋中后期及南宋，决定立碑资格的是逝者的寄禄官品。但是在实际立碑过程中也会考虑到官员的差遣（元丰改制后为职事官）、贴职等，或有特恩处理。

那么最终决定立碑资格的是逝者致仕前的官品还是致仕后、临终前的官品？抑或死后所获得的赠官？还是因为子孙关系封赠的官品？

依笔者所见，决定立碑资格的是其立碑前的最后官品，不管是逝者临终时的官品，还是逝世后因其本人追赠的官品，又或是逝世多年后因为子孙加官而追赠的官品，只要达到当时礼令规定的立碑品级，即可立碑。宋人吴泳在文章《别少师改葬墓碑》里记载：“在丧葬令，凡诸赠官得同正官之制。”④再者一般宋人的神道碑首题会同时列出其生前最后官职和逝世后所赠官职，如吕夷简神道碑的首题为：“故推诚保德宣忠亮节崇仁协恭守正翊戴功臣、开府仪同三司、守太尉致仕、上柱国、许国公、食邑一万八千四百户、食实封七千六百户、赠太师、中书令、谥文靖吕公神道碑铭并序”⑤，李迪神道

① 吴丽娱：《终极之典：中古丧葬制度研究》，北京：中华书局，2012年，第574页。
② 龚延明：《论宋代官品制度及其意义》，《西南师范大学学报（人文社会科学版）》1990年第1期。
③ 龚延明：《论宋代官品制度及其意义》，《西南师范大学学报（人文社会科学版）》1990年第1期。
④ （宋）吴泳：《鹤林集》卷34，《景印文渊阁四库全书》，第1176册，第326页。
⑤ 曾枣庄、刘琳主编：《全宋文》，上海：上海辞书出版社；合肥，安徽教育出版社：2006年，第38册，第175页。

碑首题为："大宋故推诚保德崇仁守正翊戴功臣、开府仪同三司、太子太傅致仕、上柱国、陇西郡开国公、食邑八千一百户、食实封二千四百户、赠司空、侍中谥文定李公神道碑铭并序"①，都是致仕官和逝世后追赠官同时列出。

通常而言，宋代官员逝世后自己所能获得的官品（含致仕官和赠官）达不到当时礼令规定的立碑资格，则不能立碑，但是因为子孙关系获得的赠官达到规定的品级者，则可以补立神道碑，这便是很多神道碑是在碑主逝世多年后才获补立的原因。如北宋张澄生前无官，自无立神道碑的资格，因其子孙任官，追赠其至尚书工部侍郎，便获得了立碑资格，故在其下葬多年后才得以补立神道碑，"宝元元年冬十一月庚戌，天子有事于南郊。还，乃赏公卿，行庆赐。自公以下位于朝者，其父母、祖父母既殁，咸有赠官，例也。明年春，知齐州军州事、尚书虞部郎中张公某，语其僚大理评事祖无择曰：'我先世本无官，某治毛郑《诗》，咸平三年擢第。自有位于朝，累赠为卫尉卿。今天子以圜丘之祀，均厘臣庶，又赠至尚书工部侍郎，按令当斫石为碑，表诸神道，愿得文章，以系以铭。'……侍郎讳澄，字仲容，实济人也。……咸平五年秋八月终，以明道元年秋八月葬于济之巨野县仁义乡仁义里，以宝元二年秋八月作碑于道。固自一命大理评事暨今尚书工部侍郎，凡六被赠典也。于是条其世系官阀，以状来请辞，刻于石。"②张澄因为子孙关系在逝世后六次获得赠官，终于由平民赠至尚书工部侍郎，也达到了当时丧葬令规定的立碑资格，这是因子孙关系赠官得以立碑的显著案例。宋代的神道碑文中还有很多类似记载，证明即使生前官品达不到立碑要求，逝世后获得的赠官达到礼令规定的立碑官品后，也可补立神道碑。如果本人生前官职及致仕官达到要求的品级，其安葬时便可以立碑。

四、宋代神道碑制度的实际执行情况

宋代的礼和法令都对树立神道碑的资格有着明确的规定，但是实际执行情况如何呢？丧家是否严格地按照礼令规定的官品来立碑呢？从现在留存的宋代神道碑文来看，丧家还是比较规范地执行了礼令的规定，不符合立碑资格者不敢擅自立碑。在碑文中也往往明文强调按礼令规定立碑，如苏颂撰文的《皇城使李公神道碑铭》中记载："公之葬也，又得荆公之亚弟平父铭志其墓，可为尽礼而尽孝也。而诸子犹曰未也，以谓志藏

---

① 曾枣庄、刘琳主编：《全宋文》，第38册，第182页

② （宋）祖无择：《宋故赠尚书工部侍郎清河张君神道碑铭》，曾枣庄，刘琳主编：《全宋文》，第43册，第332—333页。

于坎，人不得而见之。日月既迈，则懿行伟迹久或不传。而吾亲所终官，在令当立碑。”[①]张守所作《宋故赠太子少师刘公神道碑》也写道：“资政殿学士、权同知三省枢密院事刘公，自赣上走使数千里，状其先宫师之行，寓书于某曰：‘珏不天，逮事先君子之日浅，不肖孤无以显扬明德之懿。忝以遭遇三朝，躐登侍从，既又视秩二府，数幸以恩追贲于九原，位二品矣，法得立墓隧之碑，而纪实刻词，未有所托。’”[②]交代碑主之子因为自己位列侍从，其父已追赠为二品官，依法当立碑，所以请张守撰文补立碑刻。再如前文所述张澄不具备立碑资格时，不能擅自立碑，获得赠官达到立碑资格后才补立了神道碑。

宋人是否严格按照礼令规定来刻立神道碑呢？笔者依据《全宋文》中收录的神道碑文，梳理了碑文主人在碑文撰写前的最终官品（北宋前期为最终的正官官品，元丰改制后为最终的寄禄官品），根据碑文撰写的时间，列出表 2。

表 2　神道碑主在碑文撰写前的最终官品

最终官品 撰碑时间	正一品	从一品	正二品	从二品	正三品	从三品	正四品	从四品	正五品	从五品	正六品	从六品	正七品
宋太祖朝							易文赟						
宋太宗朝	赵普 钱俶	宋偓					康延泽						
宋真宗朝	石保吉 向敏中 陈省华						桑光辅 宋湜	上官谷	石保兴				
宋仁宗朝	杨崇勋 张士逊 王曙 韩国华 陈尧佐 程元白 程琳 王旦 晏殊 王德用 吕夷简 李迪 陈执中 程坦 夏竦 狄青 庞籍 冯守信	寇准	马知节	高若讷	鲁宗道 胡令仪 谢涛 丁度 张蕴 范仲淹 陈世卿		张纶 蒋堂 阎象 曾致尧 张澄 李兴 萧定基	陈执方	李世衡	孙继邺 王质（天章阁待制） 张保雍			

① （宋）苏颂著，王同策等点校：《苏魏公文集》（下册），北京：中华书局，1988 年，第 810 页。
② （宋）张守：《毘陵集 附拾遗》卷 14，北京：中华书局，1985 年，第 208 页。

续表

最终官品 撰碑时间	正一品	从一品	正二品	从二品	正三品	从三品	正四品	从四品	正五品	从五品	正六品	从六品	正七品
宋英宗朝	程戡 宋庠				余靖 蔡齐	李虚舟 薛颜	周沆 狄优						
宋神宗朝	吕公弼 高琼 高继勋 刘居正 贾昌朝 富弼 赵概 韩琦 韩亿			向传范 赵承庆 赵抃 张咏	王素 李陟 周起	曾易占	傅求 姚宝 沈立 魏瓘 宋敏求		梅询				
宋哲宗朝	毕士安 王珪 韩绛 司马光	石熙载	范镇	石中立	唐介	张旨	李定			王仪			曾巩 （职事官中书舍人正四品，寄禄官正七品）
宋徽宗朝	欧阳修	梁彦昌	罗仲宣	王举元 高继嵩 杨应询 折克行						梁彦深			
宋高宗朝	程易全 张俊	葛胜仲	许份	汪澥 陈豫 黄裳 王德	柳公约					符授 翁彦深			
宋孝宗朝	王绹 张焘 韩世忠			洪中孚 刘子羽	吴芾 刘珙 黄中美						范如圭	张栻	
宋光宗朝	王之道 汪澈 史浩			张阐		胡铨				王师愈			
宋宁宗朝	周葵 洪适 李邴 郑兴裔 虞允文 周必大	蔡伸 程大昌 汪大猷 林保 娄机 朱倬	陈居仁 郑丙 萧燧 李壁	范成大 张邵 李焘 梁汝佳 赵伯骕 王淮	洪遵 曾炎 林大中 陈希点 刘爚		谢谔 朱松 王伦 陈傅良 许奕	陈良翰	赵善俊	周枢 高夔 彭龟年		孙逢吉 赵粹中	林光朝 （职事官正六品）
宋理宗朝	孟珙	杜杲 赵以夫		真德秀 赵希錧 陈贵谊 陈韡 曾三聘 许应龙	黄畴若 颜颐仲 曹豳 徐鹿卿	赵性夫	丁柏桂		林彬之				
宋度宗朝		余嵘		郑性之			吴燧						

从表 2 可见，绝大部分神道碑主人的官品都在六品以上，神宗之前的碑主官品更是全部在五品以上，当然流传下来的神道碑文毕竟是少数，不能否认可能有逾越法令的存在，但是就现存的碑文所透露的情况来看，相较唐代神道碑动辄逾制、不遵循礼法规定的情况，宋人还是比较遵守丧葬令关于立碑品级之规定的，即宋人立碑的实际执行情况好于唐代。

宋代政治妖言的信息传播及其应对

——以庆历七年李教“造妖案”为中心的考察

柯稀云

（华中科技大学 人文学院，湖北 武汉，430074）

摘　要：李教从“醉酒妄言”、“妄言妖逆”到“为妖党主谋”，随着一批官员的牵连倒台，一个离经叛道的官宦子弟形象逐步发生了质变，铸成了一桩“造妖”闹剧。告妖者抛出信息并如愿获取了生杀大权，成功牵引着宋廷的视线和影响着朝廷的决策。朝廷一方面穷追不舍，轮番使上奖惩分明的手段；另一方面又小心修正政策的越界和竭力遏制捕妖的泛滥。这种矛盾始终伴随着朝廷对造妖案的界定和处置。告妖加重朝廷对地方的不信任，导致地方屡受指责和无端得咎。地方官洞悉朝廷的矛盾心理，必然要阻断告妖信息的传播。从“造妖案”起承转合的过程，可以发现朝廷、地方官、告妖者之间围绕信息主导权而展开的激烈争夺。

关键词：宋代；妖言；信息；传播；李教；造妖案

北宋仁宗庆历七年（1047年）的一天，冀州武邑县男子李教因涉嫌传造妖术被人告发，遭到官府追逮，情急之下自缢而死。当年冬，贝州宣毅军士卒王则以弥勒教为名秘密结社，聚众反叛，一举攻占贝州城，声势方炽。民间传闻李教未死，而是投效王则军中参与了叛乱。宋廷平息王则之乱后（史称甘陵伐叛），在叛军中却没有发现李教。事已至此，李教的众多亲友皆受到了朝廷的惩处。同时，又有多名朝廷重臣及地方官员受到告发，牵连妖案，罹遭降罪，朝野为之震动。李教“造妖案”案情并不复杂，但涉及人事纷纭、历经波折，最终演变为一桩离奇荒诞而引人唏嘘的政治事件。

笔者研究发现，李教“造妖案”作为北宋中期一起普通的政治案件，由于夹杂在更大影响的贝州王则叛乱前后，故而没有引起学界的重视。[①]巫术、妖教等有关宋代秘密宗教、民间信仰之类的议题一直也是宋史学界关注的热点。宋代“造妖”现象十分普遍，所谓“造妖书妖言”明确被列为刑法罪条，属于统治者最为警惕和严厉打击的对象之一。总体来看，宋史学界的相关研究成果大多围绕民间信仰、秘密宗教等本身的起源、发展和演变来进行探讨，或从当时社会环境、法律层面来分析和理解所谓的巫术、妖教问题。贾文龙认为“妖言”罪在两宋时期从“夜聚晓散”衍变出“吃菜事魔”，到明清时则进化为邪教，而“吃菜”是源自社会外部审视变形而导致的其他社会群体的误解。[②]有学者注意到了李教“造妖案”，认为从某种程度上，宋代官民亦相当了解政府禁绝左道的态度，然而挟怨诬告、矫枉过正者亦不少见。[③]与造妖相对应的是，宋代社会的告妖现象也层出不穷，却也较少引起学界的关注。[④]妖言与谣言、传言等社会现象皆属于流言的范畴。宋代形形色色的流言纠缠着复杂的社会心态和破坏因素，成为侵蚀政府权威和社会秩序的一股灰色力量，由流言而牵涉的相关问题折射着宋代社会的诸多面相，当是宋代历史研究中值得重视和深入发掘的议题。方燕的最新研究成果《宋代信息传播与管控：以流言为中心的考察》，专门以流言为中心考察宋代非正式渠道信息传播与管控，反映政府控制信息的层面力度和大众的心态观念。[⑤]

李教“造妖案”作为一个比较可靠的个案，折射出宋代波谲云诡的政治生态和暗流涌动的社会面貌。本文囿于篇幅，不再赘述宋代妖教、巫术的由来、演变等细节问题，也不对谣言、流言等社会现象再做复述。鉴于以往学界对这些现象还缺乏较为系统的考

---

① 关于王则之乱，吴天墀先生专门撰文论述了此事件发生的背景、失败的原因和影响，认为王则通过宗教和各地的军队取得广泛的联系，有被统治阶级视为“妖言”的革命理论来宣传鼓动群众，给予社会的实际影响迥然不同于一般的兵变，见吴天墀：《宋代中期的王则起义》，《历史教学》1957 年第 5 期，第 10—17 页。日本学者中村健寿从宗教的背景角度分析了王则之乱与弥勒教的关系。见［日］中村健寿：《宋代王则之乱与弥勒教》，《静冈县立大学短期大学部研究纪要》1996 年度第 10 号，第 23—31 页。

② 贾文龙：《宋代社会对“吃菜事魔”信仰的误解及变迁溯源》，《宋史研究论丛》第 5 辑，保定：河北大学出版社，2003 年，第 217—230 页。

③ 沈宗宪：《国家祀典与左道妖异：宋代信仰与政治关系之研究》，台北：台湾师范大学博士学位论文，2000 年，第 111 页。

④ 郭东旭就宋代告赏立法的缘起、适用范围、影响等进行探讨，认为立赏告奸这一政府鼓励吏民揭发犯罪的手段在运用时免不了流言中伤，见郭东旭：《立赏告奸：宋代一个广泛的法域》，《宋史研究论丛》第 9 辑，保定：河北大学出版社，2008 年，第 338—365 页。刘大明对宋代妖术谣言的传播及防控进行了研究，认为谣言传播效果具有双刃性，因此宋廷不得不采取种种措施消解谣言带来的政治风险，见刘大明：《试论宋代谣言传播的政治风险防控》，《新闻与传播研究》2012 年第 1 期，第 103—112 页；另见刘大明：《隐现之间：宋代妖术谣言的社会传播现象与帝国治理机制探微》，《新闻春秋》2014 年第 4 期，第 32—36 页。

⑤ 方燕：《宋代信息传播与管控：以流言为中心的考察》，北京：中华书局，2019 年，第 47 页。

察，本文即以李教“造妖案”为例，来考察妖言妄语如何被一步步定义为“造妖案”，为何宋廷在处置妖案时往往收效甚微、事与愿违，官僚阶层对妖案又做出怎样的反应；所谓的“造妖案”如何被制造出来，又如何影响朝廷的决策，并一步一步将朝廷引入歧途；朝廷为何容易被告妖信息干扰判断，又为何要固执地“将错就错”。为回答这些问题，本文尝试提供一种思路，敬祈方家指正。

一、造妖——李教“造妖案”的文本叙事

李教出生于一个官宦家庭，其父李昱曾担任屯田员外郎，其兄长李敭为进士出身。李敭还是当时龙图阁学士张存（984—1071 年）的女婿。史载：“李教者，都官郎中昱之子。自少不调，学左道变形匿影飞空妖术。既成而精，同党皆师而信服焉。”[①]相传李教在真定府师从赵仲学造妖术，后被人告发，遭到官府追捕。以此为肇端，引发了一连串的政治冤狱，朝野震动。关于李教“造妖案”，据笔者考证，《宋仁宗实录》应该记载颇详，然今已无考。李焘在《续资治通鉴长编》中的记载简练而清晰，大致描述了李教“造妖案”的前因后果：

> 初，昱居冀州武邑，有告其子教在真定师仲传妖术者，蒨时通判德州，转运司檄蒨鞫之。昱匿教不出，及移文捕逐甚急，教遂自缢。仲既论死，转运司奏释仲父母妻子。及王则反，武邑吏魏化诣贾昌朝言教尚在贼中，下御史台治其事，教实自缢。复有告昱以赇免缘坐，事连存及昷之，按验皆无实。[②]

值得注意的是，对于李教“造妖案”，宋人文本里的描述各有侧重，又有取舍，呈现出来不同的叙事性，导致李教的人物形象存在明显的差异性。基本上所有李教案涉事官员的传记、墓志铭中，都没有回避对这起事件的叙述。

针对同一个事件，不同人物的墓志铭书写各有考量。司马光以翁婿、连襟等关系的身份（注：司马光也是张存的女婿），在为张存撰写墓志铭时，也介绍了李教“造妖案”的经过：“先是，冀州男子李教醉酒妄言涉妖逆，事觉，自经死。教兄敭为公壻，其怨家告敭父母因敭私属公得免缘坐，事下御史府案验，皆无实。公犹以婚家落学士，自给事中降授左谏议大夫。初贬江南，寻徙知郴州。”[③]《宋史·张存传》中对李教案的

---

① （宋）王銍：《默记》，《全宋笔记》第四编第三册，郑州：大象出版社，2008 年，第 147 页。

② （宋）李焘：《续资治通鉴长编》卷 163，庆历八年二月丁丑条，北京：中华书局，1995 年，第 3918 页。

③ （宋）司马光撰，李文泽、霞绍晖校点整理：《司马光集》卷 77《礼部尚书张公墓志铭》，成都：四川大学出版社，2010 年，第 1565 页。

描述为：“存壻李觨之弟李教，因醉为妖言，事觉自缢死。或言教不死，在贝州，父母私属以存故得免。御史案验无状，犹夺职知池州，又徙郴。”[①]以张存为中心，墓志铭和官方史书不约而同地称李教为“醉酒妄言（妖言）”，显然皆不足以构建李教“造妖”的形象。无独有偶，围绕涉事获罪的时任知冀州李端懿（1013—1060年），《宋史·李端懿传》与其墓志铭也给予了相同的叙事，而针对李教人物形象的描述（所谓“妖人李教”），却又与张存相关史料中的结论判若两人。史载：

（李端懿）为政循法度，民爱其不扰，转运使移州捕妖人李教，教已死。恩州王则据城叛，人有言教不死，在贼军中。遂降单州团练使、知均州，改滑州兵马钤辖。贼平，实无李教者，乃以为汝州防御使、提举在京诸司库务。[②]

李端懿去世后，欧阳修（1007—1072年）为其撰写了墓志铭。其中对李教“造妖案”的记载，虽为寥寥几笔，但比照《宋史·李端懿传》所载，又可窥见些许微妙差异。在墓志铭中，李教是在被知州李端懿追捕过程中走投无路自缢而死；而宋史所记较为模糊，并未直接说明李教是如何死亡的。欧阳修的表述，当然是为了彰显李端懿守土除妖的正面形象，刻画其事后蒙受重贬的不公。史载：

（李端懿）出知冀州，为政循法度，检身束下，民以不扰，岁满召还。初在冀，捕妖人李校[③]，校穷，自经死，验得实矣。后贝州妖贼王则闭城叛，声言校在以惑众，公坐贬官。已而则诛，城开无李校者，乃还公防御使。[④]

时任河北都转运按察使张昷之（985—1062年）也牵连获罪，“王则反贝州，有言昷之在河北捕得妖人李教不杀，使得逸去，今乃为则主谋，事平，无其人。会冀州人段得政诣阙，自言‘尝为叔父屯田郎中昪赇免缘坐’，且言‘昪以书属昷之’。乃下御史按劾，虽不得书，犹夺三官，监鄂州税。知汉阳军”[⑤]。同时涉案的张沔（983—1060年），“会习妖术人李教狱发，沔坐前为转运使失觉察，落职，降为都官员外郎、监宣州税”[⑥]。多处史料均提及冀州人段得政告发李氏父子涉妖。在张昷之、张存等人的传记

① 《宋史》卷320《张存传》，北京：中华书局，1985年，第10414页。

② 《宋史》卷464《李端懿传》，第13569页。

③ 李校应为李教。

④ （宋）欧阳修著，李逸安点校：《欧阳修全集》卷33《镇潼军节度观察留后李公墓志铭》，北京：中华书局，2001年，第492页。

⑤ 《宋史》卷303《张昷之》，第10034页。

⑥ （清）陆心源撰，吴伯雄点校：《宋史翼》卷1《张沔》，杭州：浙江古籍出版社，2017年，第2页。

和墓志铭中，或直白或隐晦地记叙李氏的“怨家”段得政告发他们接受私谒请托的情节。李昪到底有没有为李教私下致信求情，从最终的调查结果来看，无非捏造之词。一起民间传闻中的“造妖案”骤然导致多名朝廷官员无端获罪，也进一步强化了李教“妖人”形象在文本里的塑造和定型。

二、李教“造妖案”的性质认定

在《续资治通鉴长编》的记载中，李教是被人告发“传造妖术”；在张昷之、张沔、李端懿等人的有关文献中，李教皆被称作“妖人”；在张存的传记文字中，李教被定性为“醉酒妄言”。就同一人物对象，不同史料的描述背后各有隐衷，造成了对李教“造妖案”的性质认定出现争议。司马光与李教之兄李敭同为张存之婿，作为连襟，目睹李氏一门罹此劫难，难以压制物伤其类的悲鸣和同情。因此，司马光对李教“造妖案”的记载，应该更接近事件的本原。基于司马光“在场”的记叙，李焘在《续资治通鉴长编》中对李教“造妖案”的如实描述就尤其显得难能可贵，没有简单武断地把李教界定为“妖人”或“造妖”。可见宋代墓志铭的书写，既有为尊者讳、为丧家讳的传统，也蕴含了撰者的私人感情倾向。在宋代，造妖术、造妖言无不会招来朝廷的忌惮和反对者的攻击，导致以告妖为名的人事龃龉、政治倾轧现象屡见不鲜。在李教“造妖案”中，虽然衍生出“醉酒妄言妖逆”“李教匿身于贝州叛军”“李昪投书请托”等不实情节，但官方史书和私人墓志都给予了当事人及涉事者一定的同情。不难判断，李教“造妖案”是一起出于各种利益需要而人为钩织的政治事件。

结合几份说法各异的文献记述，笔者考证，李教的真实面目很有可能为一名精神病人。《默记》还记录了李教“造妖案”的另一个版本，其中讲到李教“造妖术”不慎将其祖母惊吓致死的伦理悲剧，李昪盛怒之下将李教逐出家门，后又遣人追捕导致李教“皇窘自缢死”[①]。当然，《默记》作为宋人凭传闻所记异闻掌故，难免有虚构夸张的成分。但宋代社会确实存在着大量像李教一样所谓的“妖人”“狂人”“异人”，突出表现为“妄言妖逆”“出妖言”“发狂妄语”等失常现象。宋人习惯将精神病患者视为所谓“造妖书妖言”的“妖人”。这也就可以理解为什么同样是李教“造妖案”的亲历者、见证者，却出现对事件性质的差异性描述。有学者通过对宋代精神病患者的深入研究，认为由于民智未开，医学知识匮乏，以怪力乱神来解释心理疾病，较容易被普通民众所接

① （宋）王铚：《默记》，《全宋笔记》第四编第三册，第147页。

受。[①]宋人多将精神异常视为妖魔附身，以道德善恶或妖术的观点来看待精神异常者。李教从“醉酒妄言”、“妄言妖逆”到“为妖党主谋”，原本的士大夫子弟形象逐步发生了质变。一个言行出格、离经叛道的官宦子弟，居然被推上了妖党作乱的神坛，可见信息传播对于塑造人物形象的巨大威力。

三、告妖——朝廷信息应对的失范

宋廷在迅速扑灭王则之乱后，还未来得及对玩忽职守者进行秋后算账，就迫不及待地先对李教“造妖案”相关人员兴师问罪（见表1）。虽然事实证明李教“造妖作乱”是一起子虚乌有的闹剧，充其量也只是贝州王则之乱的一个小插曲，然而其对宋廷所产生的震慑和恐惧却远远超过了王则之乱本身。与王则之乱后受处分的官员群体（见表2）相比，受李教“造妖案”牵连的一众官员无论在数量还是级别上都丝毫不逊色于前者。王则之乱后，几名死于乱军的低阶官吏受到追授褒奖，文彦博、明镐等人还因平叛有功受到嘉奖擢升。涉及李教案的官员却几乎被一网打尽，无一幸免。其中，张存同时卷入李教案和王则之乱，受到一贬再贬。名臣蔡襄（1012—1067年）为张昷之撰写的墓志铭中记载：

> 贝州军乱。先其所欲危公者谓公前使河北，有妖人李教坐法，公宽之，贝卒得李教为师以乱。冀人段得政将诣登闻自陈，常为李教狱词。逮连教父昙，转以私书属公。同职者得词，绝至澶州监河桥，索其藁以闻。事下御史府，贝之乱实无李教，而得政所讼无根，犹追三官，监鄂州商税。[②]

表1 李教“造妖案”牵连人员一览表[③]

姓名	现职	时任职务	罪名	受何惩处	与李教关系
张存	龙图阁直学士、给事中	知真定府	失觉察、以女嫁昙子	降为左谏议大夫、知池州	李教兄李敭之岳父
张沔	工部郎中、直史馆	河北都转运使	失觉察	降为都官员外郎、监宣州税	
张昷之	工部郎中	河北都转运按察使	失觉察	降为祠部员外郎、监鄂州税	

① 杨宇勋：《降妖与幽禁：宋人对精神病患的处置》，《台湾师大历史学报》2003年第31期，第74—75页。

② （宋）蔡襄著，（明）徐㶿等编，吴以宁点校：《蔡襄集》卷40《光禄卿致仕张公墓志铭》，上海：上海古籍出版社，1996年，第726页。

③ （宋）李焘：《续资治通鉴长编》卷163，庆历八年二月丁丑条，第3918页。

续表

姓名	现职	时任职务	罪名	受何惩处	与李教关系
李端懿	济州防御使	知冀州	失觉察	降为单州团练使、知均州	
韩赞	殿中侍御史	冀州通判	失觉察	降为太常博士、监江州税	
梁蒨	监察御史	德州通判	狱状失详	秘书丞、监衡州税	受命勘鞫李教“造妖案”
李昺	屯田郎中		匿教不出、以赇免缘坐	贬为昭州别驾	李教之父
李敭				韶州编管	李教之兄
赵仲				郓州编管	李教之师

表2 贝州王则之乱涉事官员惩处情况一览表①

姓名	时任职务	罪名	受何惩罚
张存	左谏议大夫、知池州	坐尝举张得一	降知郴州
李昭度	恩州钤辖、皇城使	妖党结集，久而不察	追三官为濠州团练副使
皇甫泌	河北转运使、兵部郎中	坐贼发	降为监青州税
田京	提点刑狱、祠部员外郎	坐贼发	降为监郓州税
裴德舆	知恩州、四方馆使、昭州刺史	妖党结集，久而不察	追三官为池州团练副使
冯文吉	恩州都监、内殿承制	懦怯弃城	除名、长流梅州
赵惟一	监押、右侍禁		杖脊、配沙门岛

即使查明了告妖者“所讼无根”，但张昷之等依然都受到了惩处。朝廷的执意所为进一步暴露了其信息应对的无力感和信息处置的失范。另据司马光记载：“会昺以子学妖术妄言事，父子械系御史台狱。上怒甚，治狱方急，昺平生亲友无一人敢饷问之者。”②司马光如实记录李氏一门蒙此劫数，也揭露了仁宗的多疑心态。李教“造妖案”中，反复出现了多次告发，先是有人告发李昺之子李教造妖术，接着是揭发李教逃匿在贝州叛军之中，紧接着是告发李昺请托张存以求脱罪。其中，张昷之甚至前后被告发了两次，一是被诬告私自释放李教，二是被检举接受李昺的私书行赇。

值得注意的是，宋廷给李教“造妖案”中众多涉案官员定的罪名主要为“失觉察”（除了受命勘鞫李教“造妖案”的时任德州通判梁蒨罪名为“狱状失详”）。到了多名高级官员皆以同样罪名卷入妖案的时候，李教“造妖案”显然已经升级为一场激烈的政治事件。朝廷很大程度上是在固执地发泄怒火，不容分辩、不计真伪。这种非理性的治罪

① （宋）李焘：《续资治通鉴长编》卷163，庆历八年春正月辛酉条，第3908页。
② （宋）司马光撰，邓广铭、张希清点校：《涑水记闻》卷4《王逵报旧主》，北京：中华书局，1989年，第71页。

方式近似于宣告朝廷除妖务尽、必有所获的决心，也暴露出朝廷失败的信息应对。朝廷的震怒，既出于对官僚集团内部涉嫌造妖的惶恐，又表现在对各级监测机器失灵导致信息混乱的忧虑，所以才会“治狱方急”，前后数次被告妖者的信息所误导，乃至被牵着鼻子走。谣言指向何处，惩治的大棒就挥向何处。李教“造妖案”牵连甚众，原因就在于此。从朝廷事后对相关人员处置情况中也可以得出同样的结论。例如，时任德州通判梁蒨：

> 前此在大名，转运使以冀州妖人李生狱属公，李生既前死，独刑其余有差，号称详平。至是李氏怒怨生父覃（昙），妄言生不死，有中人故仇转运使，颇居中讧其事。遂付御史狱，钩按虽力，卒不能变。然皆以吏议挂之，宰相画特旨夺官，同列奏留，以为太重，中丞翰林亦更为论辨（辩），犹贬秩秘书丞、监衡州税。①

朝廷对李教案的关注度明显高于王则之乱，王则妖乱是看得见且可控的叛乱，而李教案似乎更难以捉摸。查办政治案最不愿意看到的结果是查无所获、不了了之，而告妖刚好迎合了朝廷的这种需求，所以朝廷才会毫不犹豫地挥起惩处的大棒。孔飞力提出，中华帝国晚期的普通民众在妖案发生后会产生“权力的幻觉”，即“一旦官府认真发起对妖术的清剿，普通人就有了很好的机会来清算宿怨或谋取私利。……在这个权力对普通民众来说向来稀缺的社会里，以‘叫魂’罪名来恶意中伤他人成了普通人的一种突然可得的权力”②。在早于“叫魂案”七百多年的北宋，一个名不见经传的小人物因为涉嫌传造妖术，遭到接二连三的告发、举报，导致家破人亡，甚至还引发了一场官场震动。告妖者抛出的信息使得李昙的“怨家”、张昷之等官员的“故仇”如愿获取了生杀大权，成功牵引着朝廷的视线和影响着朝廷的决策。从这个意义上讲，宋代的“造妖案”与清代的“叫魂案”在本质上并无二致。许人告妖无疑为政治斗争创设空间，导致告讦成风，破坏政治生态的稳定。关于妖案的舆论重心从“造妖”向“告妖”转变，因此才会看到朝廷在妖案发生后，迫切摆出一副向官僚集团开刀的架势。不论是事前的政治威胁，还是事后对官吏做出处理的声势和力度，都早已超出了妖案本身若干“妖人”的影响范围。

---

① （宋）刘挚：《忠肃集》卷13《兵部员外郎直史馆梁公墓志铭》，《丛书集成初编》，北京：中华书局，1985年，第182页。

② （美）孔飞力：《叫魂：1768年中国妖术大恐慌》，陈兼、刘昶译，北京：生活·读书·新知三联书店，2012年，第285页。

四、围绕“造妖案”的认知反差

告妖者作为妖案的信息制造者，善于捕捉官方的心理，对造妖案的情节加以修饰、编辑，所传递出来的信息更容易得到朝廷的注意和跟踪。由于朝廷对来自告妖者的舆情信息极为敏感，反应也常常更为强烈。因此，在地方官员看来是愚民造妖的微小事件，在朝廷看来却如临大敌。李教“造妖案”中获罪的官员韩贽，史载“至殿中侍御史。坐微累，黜监江州税”[①]。同朝的包拯也为韩贽鸣不平，认为韩贽等人“先任御史，各以微累黜免，多历年所，屡经恩宥，勘会前来，所坐原情，且非大故，弃瑕亦合录用”[②]，请求朝廷摒弃前嫌，重新录用韩贽为御史。由此可见，李教“造妖案”在朝臣眼里属于“微累”，朝廷实在没必要上纲上线、牵连甚众。为什么会有这样的认知反差呢？归根到底缘于妖案信息的不对称。朝廷对告妖的态度十分暧昧，始终在鼓励告妖和提防遏制之间摇摆，一边“许人告妖”，一边又三令五申要求地方官不得追捕过滥、殃及无辜。从这种政策与现实操作的矛盾中可以看出朝廷对待妖案的复杂心态。地方官面对妖案，首先考虑的是如何对上交差的问题，即如何尽快抚平这种两难局面和打消朝廷的疑虑。但朝廷对来自常规司法体制的信息显然没有给予充分的信任，主要表现为委派“中人使者”赴地方上督导破案，甚至公开动员和鼓励民众参与告妖（实则对地方官另一种形式的监督）。

皇帝是否知道妖案的信息传播可能会蒙蔽朝廷的视线，以致追捕过滥呢？事实上他是清楚的，并且能够辨别真伪。仁宗即位之初，“时有习妖术者，相传能飞，且攫人。都下大骇，捕工术数者，皆考讯傅致其罪。公奏请取捕吏，使参考以防其枉。帝寤，遂无冤者”[③]。现实中，各色名目的告妖往往沦为了政治斗争的舆论工具。宋廷对于以告妖为名的政治告讦也同样持有警惕。王则妖乱过后，“州郡大索妖党，被系者不可胜数。上恐滥及良民，三月壬寅，诏：诸传习妖教，非情涉不顺者，毋得过有追捕”[④]。所谓的妖案形成，常常是信息向上传播、影响决策的结果。告妖的动机复杂，朝廷应对的方法十分有限，难以较快辨别信息真伪。宋廷最痛恨、最担忧的是官员们为求自我保护和掩护人际关系，对情报有选择性的隐匿，或是墨守成规地进行漫长的勘鞫，最终让

---

① 《宋史》卷331《韩贽传》，第10666页。

② （宋）包拯撰，杨国宜校注：《包拯集校注》卷3《请复韩贽等台官》，合肥：黄山书社，1999年，第228页。

③ （宋）朱熹：《五朝名臣言行录》卷6之1《丞相许国吕文靖公》，《朱子全书》，上海：上海古籍出版社；合肥：安徽教育出版社，2002年，第12册，第168页。

④ （宋）李焘：《续资治通鉴长编》卷163，庆历八年三月壬寅条，第3920页。

朝廷失去耐心。朝廷显然也知道，要强化自身具备主宰妖案信息流通的角色，就只能坚持认定“妖人”尚未根除、官员皆无能失察。因此，在官方语境之下，政治正确是评判妖案处置是否得体与成功的重要标准。随着告妖的升级和蔓延，宋廷也就愈加坚信自己的判断。

五、信息传递中的权力斗争

庆历八年（1048年）初，宋廷迅速做出了针对李教“造妖案”的处理结果。从存世文献来看，朝野上下噤若寒蝉，无人抗议或表达不满。这在标榜广开言路的宋代，不得不说是一例外。直到次年，才有范仲淹、文彦博等朝中意见领袖试探性地翻出此案。皇祐元年（1049年），文彦博在为张沔等受李教案牵连官员辩护时，奏言：“往年张沔以保州及李扬事降黜，数经大赦，至今未复旧职，言体则皇城司事为重，议罪则张沔等辈为轻，升擢废弃，理似未均，不惟刑罚失平，实恐贵幸坏法。”①范仲淹也十分同情李昪一家的遭遇，上书皇帝为其陈情：“伏蒙圣慈以臣等在中书日，行遣李昪男公事不当，特放罪者。具位之材，早亏于国论……日视四方之奏，类多庶狱之疑。而有告讦以言，情伪未究；妖凶既毙，证左弗完。上开三面之仁，在刑惟恤。”②可见，当时的官僚集团对朝廷处置李教“造妖案”的做法普遍存疑。官方史书和私人传记等文本记载，重在突显妖案制造冤屈的情节，以及国家如何一再被“告妖”引入歧途，又如何让举国为之癫狂、让朝野为之风声鹤唳。所有存世文献中，均未发现有对告妖不实者的处置，更多的是以捕妖之名兴起的政治倾轧和社会厮杀。

宋廷始终对地方情报抱有成见，认为各级官员热衷于敷衍塞责，浑浑噩噩，缺乏执行效率。为获取更广泛的信息来源，朝廷不断升级手段来刺激告妖的活跃度。因此，告妖就成了不得不依靠的对象。然而，酬赏告妖等做法不一定会得到宋代地方官的认同。官僚士大夫中也不乏对朝廷迷信告妖的规劝和警告。当时的翰林学士张方平（1007—1091年）目睹了地方上因妖案而导致冤狱丛生、殃及无辜的惨状，愤然上书揭露了告妖者如何制造谣言、搅乱舆论，进而误导朝廷、损害政治生态的现象。

> 近贝州妖贼传云，凭恃妖术，朝廷加罚按察官等，自缘素失防检，致兹窃发，

① （宋）文彦博：《文潞公文集》卷16《答御札手诏》，《宋集珍本丛刊》，北京：线装书局，2004年，第352页。

② （宋）范仲淹著，李勇先、王蓉贵校点：《范仲淹全集》卷17《谢在中书日行遣公事不当放罪表》，成都：四川大学出版社，2002年，第418页。

> 故降新条，增损旧文，重故纵之坐。然闻州郡颇有告发妖事者，中使驰传捕妖者近已数辈。窃虑奸人乘便［构］造疑似，以干赏利，官吏希风，不详事体枝蔓，考逮以及善良，或挟怨仇，更相攀引，榜掠之下，何求不获？则平人自诬皆为妖党，上致朝廷深惑，下使人情惴恐。①

李教“造妖案”的处理结果对当时官僚阶层也产生了强大的心理冲击。地方官面对辖内曝出的妖案，往往无不恐于牵连其中，稍有不慎就容易被扣上“捕妖不力”“坐失觉察”等罪名。他们为求自保，要么迎合朝廷斩妖除根、求快求准的心理，要么是尽可能减少影响面，防止事态扩大。宋代地方官员对于以“告妖”之名，散布谣言、干扰朝廷决策的行为深恶痛绝。这种告妖传递的信息容易迷惑朝廷，加重朝廷对地方的不信任，屡屡导致地方官吏饱受指责和无端得咎，地方必然要阻断这种信息的传播。李教“造妖案”被破获后不久，又有妖案被告发：

> 时京师有告妖人千数聚蔡州之确山县，诏遣中使召捕者十人，至则请以巡检兵往索之。知州吴育谓曰：“使者欲得妖人还报邪？”曰：“然。”曰：“育在此，虽不敏，聚千人境内，无容不知，此特乡民用浮屠法相聚以利钱财尔，一弓手召之可致也，今以兵往，人必惊疑，请留无往。”中使听之。未几，召十人者果至，械送阙下，皆无罪，而告者伏辜。②

知州吴育（1004—1058年）坚持地方官理应掌控所谓妖案信息的主导权，对告妖的本质洞若观火，因而才对朝廷的兴师问罪早有准备。围绕妖案，总有一些地方官员努力纠偏，以求息事宁人，这与朝廷为妖案而风声鹤唳、宁可枉杀的表现形成鲜明反差。这种为化解妖案而采取大事化小、小事化无的做法甚至被舆论评价为良好官德的体现。王则妖乱过后，李教“造妖案”的余威还在。郭申锡（998—1074年）知博州时，“妖人王则反贝州，调发佐军为诸郡最，玺书褒谕。贼平，民犹以习妖告讦，公谓污俗未革尔，多从末减。有戍卒谋乱，取其首恶刑之，余置不问，仁宗阅奏谓大臣曰：小官行事能若此。嘉叹久之。”③又如当时的知磁州昭德县傅立（994—1059年），“贝州妖人为乱，吏坐不察者众，州县惩艾，有以妖告者，辄又致之刑辟。或诬浮屠道人为妖，州捕之急，

---

①（宋）张方平：《乐全先生文集》卷21《论京东西河北百姓传习妖教事》，《宋集珍本丛刊》，第5册，第494页。

②（宋）李焘：《续资治通鉴长编》卷163，庆历八年三月壬寅条，第3920—3921页。

③（宋）刘挚：《忠肃集》卷11《天章阁待制郭公墓志铭》，《丛书集成初编》，第155页。

公辨其无罪，即释之”[①]。由此可见，李教案一定程度上对当时的社会秩序和政治生态皆造成了破坏和损害。

六、结　语

“造妖”为什么屡禁不绝？“告妖”为什么又能屡屡得逞？有宋一代，大大小小的告妖案不胜枚举，大体经过与李教“造妖案”相似：由一个小人物“造妖术妖言”引来“告妖”，进而牢狱大兴，牵连甚众，对宋代社会政治产生了极为深远的影响。一些妖案的主角及当事人被认定为“造妖”，多缘于信息传递过程中受到“告妖”的诱导，朝廷对待告妖报以既爱又忧的矛盾心理，宋人认为：“朝廷非不恶告讦，而有觇事者以擿抉隐微，盖京师聚万姓，易以宿奸，于计当然，非扰人也。比来或徒隶觖望，或民相怨仇，或意冒告赏，但泛云某有罪，某知状、官不识所逮之囚，囚不省见逮之故。”[②]从哲宗皇帝与枢密使曾布（1036—1107年）的一段对话中，可以窥视朝廷对告妖行为的心态：

> 曾布言：“近日谤讪者多，度日前亦非无此等语，但告讦者少尔。比因赏告者，而开封及三帅司此狱相属不绝。若稍宽犯人及勿赏告者，且严责本辖人员觉察，则庶几稍止。”上曰：“既告有实，何可不赏？”布曰：“小人无知，轻易谤讪，非不痛惩而不可遏。但恐告者寖多，诛杀亦广，于观听为不足尔。”[③]

朝廷对告妖者提供的情报信息始终充满兴趣和幻想，地方司法体制愈显迟缓低效的信息显然不能满足朝廷的胃口。朝廷试图迅速剪灭“造妖”，实现除妖务尽的目的，就必然依赖于非常规的信息传递渠道。妖案往往是政治谣言最好的素材，也是政治倾轧最有力的武器。通过告妖，适时迎合了朝廷的需要，也可以就地取材，借机实现打击政敌的目的。如崇宁年间，沈锡知江宁府，时值妖人张怀素伏诛，“朝廷疑其党有脱者，江、淮间往往以诬告兴狱。锡至郡，有告者，按之，则妄也。具疏于朝，由是他郡系者皆得释”[④]。

---

① （宋）王安石：《临川先生文集》卷95《山南东道节度推官赠尚书工部郎中傅公墓志铭》，北京：中华书局，1959年，第981页。

② 《宋史》卷330《杜纯传》，第10632页。

③ （宋）李焘：《续资治通鉴长编》卷495，元符元年三月丁巳条，第11771—11772页。

④ 《宋史》卷354《沈锡传》，第11158页。

朝廷对告妖信息往往持有默许的态度，难以按捺告妖立赏的冲动。这种对信息无休止和非理性的搜求，是导致妖案频发的根源。诚如宋人张咏（946—1015年）所言："妖讹之兴，沴气乘之，妖则有形，讹则有声，止讹之术，在于识断，不在乎厌胜。"[①]在不断追求告妖信息的过程中，冤狱丛生就不可避免。朝廷习惯事后拿官僚集团问罪，株连愈广，又进一步加重对告妖这条信息渠道的依赖程度。宋代的言路开放助长了告讦成风的政治气候，而官僚群体、党派之间的猜忌、攻伐无形之中又催化和加剧了告妖的大行其道。宋人洞悉李教"造妖案"的本质，也提出了尖锐的批评：

> 近因贝贼挟妖为乱，朝廷又追劾李昺之狱，张存等例蒙重罚。州郡承风，觉发妖事，至于诵经供佛、符咒禁术，尽遭捕系，蔓延平民，岂无奸人乘便创造疑似，或挟仇怨更相攀引，榜掠之下，何求不获。臣见判审刑院奏案七十余道，内二十余道系是妖事。虽近降朝旨，严加止绝，但恐官吏指李昺为鉴戒，无复更用平恕之心。[②]

朝廷虽然清楚认识到鼓励和支持告妖的危害，却又迷信告妖的作用，这种矛盾始终伴随着朝廷对造妖案的界定和处置。朝廷对某个社会底层小人物出格的言行（即官方话语中的"造妖言惑众"）条件反射式地穷追猛打和间歇性地掀起白色恐怖。一方面穷追不舍，轮番使上恩威并施的手段（对知妖不告的惩罚、对告妖的奖赏）；另一方面又小心修正政策的越界和竭力遏制捕妖的泛滥。显然，朝廷的忌惮来自地方官员"报喜不报忧"式的信息筛选或封锁。此外，朝廷也痛恨监司、州县等各层级官僚机器信息反馈不实、效率低下，所以才会不顾公论地对一众涉事官员进行无情问责。于是，一些地方官洞悉朝廷的矛盾心理，善于寻求解围之，避免沦为妖案的牺牲品。从"造妖案"起承转合的过程，我们还可以看到，朝廷、地方官、告妖者之间围绕信息主导权展开的激烈争夺。

作者简介：柯稀云（1988—），男，湖北大冶人，华中科技大学人文学院博士研究生，从事宋代政治史、新闻传播史研究。

---

① （宋）张咏著，张其凡整理：《张乖崖集》卷12《语录》，北京：中华书局，2000年，第130页。

② （宋）李焘：《续资治通鉴长编》卷163，庆历八年三月甲寅条，第3928—3929页。

宋代区域经济史研究

博弈太行

——宋廷亲征北汉陉口北移与粮食补给刍议*

马　巍

（复旦大学 历史地理研究中心，上海，200433）

摘　要：太行山作为横亘于北汉与中原政区的巨大屏障，是北汉政权军事防御的重要依托，同时也是中原政权试图突破的巨大自然阻碍。后周至宋初，中原政权历次跨越太行山亲征北汉的行军路线，呈现入晋陉口北移的趋势。笔者以历次亲征粮食补给相关问题为切入点，对其亲征路线改变原因进行探讨，认为粮食补给对宋廷亲征路线的改变起着重要作用，是宋廷平北汉的主要原因之一。

关键词：北宋；太行山；粮食补给；陉口北移

五代至宋，随着中原王朝政治中心逐渐东移至开封，太行山作为横亘于北汉与中原政权之间的天然障碍，其作用显得更加突出。[①]如何从华北平原北上，突破太行山天险平灭北汉，历来是困扰中原政权的重要问题。[②]关于宋太祖、太宗二朝的御驾亲征问

---

* 本文为教育部人文社会科学研究项目“治国理念的地方化：武臣知州与北宋边疆治理研究”（17YJC770023）的阶段性研究成果。

① 唐晓峰认为：“一般来说，山体本身没有什么经济价值（除非含有矿物），但具有政治、军事、交通价值（后来又有艺术价值），在守卫一方是屏障，在进攻一方是逾越的目标。屏障使一些群体得以存活、发展，而逾越则是大地域整合必须完成的任务。”（《新订人文地理随笔》，北京：生活·读书·新知三联书店，2018 年，第 22—23 页）笔者以为，对于北汉而言太行山则为守卫屏障，而对于宋廷而言太行山则为逾越的目标。关于唐宋时期太行山区位价值，安介生在其《从历史地理看太行山精神与民族崛起》（《山西大学学报（哲学社会科学版）》2019 年第 1 期）已有详细论述。

② 关于宋平北汉的相关战争问题，李裕民的《宋太宗平北汉始末》（《山西大学学报（哲学社会科学版）》1982 年第 3 期），对战争进程有所论述。此外，其所著《北汉简史》（太原：三晋出版社，2010 年）中，对北汉政权的相关政治概况、人物等问题也有详细研究。

题，柳立言在《从御驾亲征看宋太祖的创业与转型》一文中，分析了宋太祖由“御兵”至“御将”，由“亲征”至“不亲征”的变化，并探讨了御驾亲征和创业转型的关系。[①]仝相卿《北宋御驾亲征行军速度考》一文对宋太祖、太宗二朝的御驾亲征速度进行了探讨，认为平原地区每天可行军40—50里，倍道兼程能达到70—90里，在山区即便加速行军，每日也不过35里左右；回程时平均速度则为60—83里。[②]杨玮燕在《宋初对辽战争中军粮供应诸问题研究》中，对宋初统一南北的历次战争以及宋辽对峙时期粮食补给问题进行了讨论，其重点集中于粮食补给体系与制度。[③]相关学者研究中已经发现宋太祖、太宗亲征及其回师路线存在差异这一问题，但是对其存在差异产生的原因和影响，笔者认为尚有深入探讨的空间。本文试图从粮食补给的角度对历次亲征路线改变原因进行讨论，认为粮食补给及其亲征路线的改变，是宋廷平北汉的主要原因之一。

一、从周世宗至宋太祖——以潞州为中心的前沿基地

（一）后周世宗征太原

显德元年（954年），北汉刘崇以周太祖去世、世宗继位未稳南犯潞州。后周穆令均部在良侯驿为北汉军队所败。为应对战场形势，周世宗三路进击，下令“天雄军节度使符彦卿领兵自磁州固镇路赴潞州，以澶州节度使郭崇副之。诏河中节度使王彦超领兵取晋州路东向邀击，以陕府节度使韩通为副。命宣徽使向训、马军都指挥使樊爱能、步军都指挥使何徽、滑州节度使白重赞、郑州防御使史彦超、前耀州团练使符彦能等，领兵先赴泽州”[④]。

又下诏亲征北汉，赵匡胤随同御驾亲征，依据史料，将其亲征路线整理如表1所示。

表1 显德元年后周世宗亲征北汉行军进程表

时间	战争进程
三月乙酉	帝发大梁
三月庚寅	至怀州
三月壬辰	帝过泽州，宿于州东北
三月丁酉	帝至潞州

① 柳立言：《从御驾亲征看宋太祖的创业与转型》，田余庆主编：《庆祝邓广铭教授九十华诞论文集》，石家庄：河北教育出版社，1997年，第151—160页。

② 仝相卿：《北宋御驾亲征行军速度考》，《南都学坛》2014年第1期，第34页。

③ 杨玮燕：《宋初对辽战争中军粮供应诸问题研究》，西北大学硕士学位论文，2007年。

④ 《旧五代史》卷114《周书五》，北京：中华书局，1976年，第1512页。

续表

时间	战争进程
五月丙子	帝至晋阳城下，旗帜环城四十里
六月乙巳	帝发晋阳
六月甲子	至郑州
六月庚午	至大梁

资料来源：《资治通鉴》《新五代史》《旧五代史》

可见，大军从三月亲征至六月结束，可谓旷日持久。关于此次战争双方参战人数，《资治通鉴》载："契丹遣其武定节度使、政事令杨衮将万余骑如晋阳。北汉主自将兵三万，以义成节度使白从晖为行军都部署，武宁节度使张元徽为前锋都指挥使，与契丹自团柏南趣潞州。"①北汉军三万加契丹援军一万，即北汉机动部队至少有四万余人。而关于后周军队人数史籍并未明确记载，但是有鉴于双方在泽州巴公高原形成对峙的局面，实力应该势均力敌。又高平之战胜利后，世宗派"史彦超为先锋都指挥使，将步骑二万发潞州；仍诏王彦超、韩通自阴地关入，与彦卿合军而进，又以刘词为随驾部署，保大节度使白重赞副之"②。其中一支先锋都指挥使所率领人数都在两万人以上，可见其总人数并非小数。周世宗取得高平之战胜利后，即挥师北上，包围太原城，欲一举而灭之，史载：

> 初，帝遣符彦卿等北征，但欲耀兵于晋阳城下，未议攻取。既入北汉境，其民争以食物迎周师，泣诉刘氏赋役之重，愿供军须，助攻晋阳，北汉州县继有降者。帝闻之，始有兼并之意。遣使往与诸将议之，诸将皆言'刍粮不足，请且班师以俟再举。'帝不听。既而诸军数十万聚于太原城下，军士不免剽掠，北汉民失望，稍稍保山谷自固。帝闻之，驰诏禁止剽掠，安抚农民，止征今岁租税，及募民入粟拜官有差，仍发泽、潞、晋、绛、慈、隰及山东近便诸州民运粮以馈军。己未，遣李榖诣太原计度刍粮。③

符彦卿作为参与此次出征的大将之一，《宋史·符彦卿传》对此次亲征亦有十分详细的记载：

> 及帝亲征，命为行营一行都部署兼知太原行府事，领步骑二万进讨。初，彦卿

① （宋）司马光编著：《资治通鉴》卷291《后周纪二》，北京：中华书局，1956年，第9501页。
② （宋）司马光编著：《资治通鉴》卷291《后周纪二》，第9508页。
③ （宋）司马光编著：《资治通鉴》卷291《后周纪二》，第9509—9510页。

之行也，世宗以并人虽败，朝廷馈运不继，未议攻击，且令观兵城下，徐图进取。及周师入境，汾、晋吏民望风款接，皆以久罹虐政，愿输军须以资兵力，世宗从之。而连下数州，彦卿等皆以刍粮未备，欲旋军。世宗不之省，乃调山东近郡挽军食济之。及世宗至城下，命与郭从义、向训、白重赞、史彦超率万骑屯忻口，以拒北援，又下盂县。①

分析材料不难发现，周世宗此次亲征太原并未有长远规划，而是在高平之战胜利后草率乘胜追击。双方于太原城下形成长期对峙，这就使得军粮供应成为制约后周军队的主要问题。此次战争区域主要为北汉政区控制之下的太原、辽、沁等州，这对后周军队的粮食补给十分不利。第一，基于自然地理条件限制，河东诸州尤其晋东南诸州，并非农业社会经济发达地带；第二，久经晚唐至五代战乱，社会经济的凋敝使得此地粮食补给捉襟见肘。

面对军事行动中粮食补给的困局，作为直接指挥作战的符彦卿等将领，采取就地征粮和从其他诸州征调粮食的策略，并将这一状况上报世宗，但求胜心切的世宗并未对此问题进行审慎的考虑。长此以往，后周军队遂出现纵兵抢粮的恶行，这一举动遭到北汉居民的顽强抵抗。为稳定军心、民心，世宗下诏进行安抚，并先后采取蠲免战区的租税，以及提出入粟拜官的制度，鼓励百姓积极纳粮，但都未从根本上解决粮食补给的问题。《旧五代史》载："（世宗）遣右仆射、平章事、判三司李穀赴河东城下，计度军储。诏河东城下诸将，招抚户口，禁止侵掠，只令征纳当年租税，及募民入粟五百斛、草五百围者赐出身，千斛、千围者授州县官。"②同时，征调粮食也需要大量人力运至交战区域，后周军队遂积极征调泽、潞、晋等近便州军的百姓运送粮食，并派遣李穀负责调度运输军粮。据《宋史·李穀传》亦载："世宗将趋太原，命穀先调兵食，又代符彦卿判太原行府事。"③此次军粮供应地主要是晋东南、晋南等地以及山东部分州军，但是长途跋涉和艰难路程，使得后周粮食供给十分匮乏。《旧五代史》对当时的情形有所记载："时大集兵赋，及征山东、怀、孟、蒲、陕丁夫数万，急攻其城，旦夕之间，期于必取。会大雨时行，军士劳苦，复以忻口之师不振，帝遂决旋师之意。指麾之间，颇伤忽遽，部伍纷乱，无复严整，不逞之徒，讹言相恐，随军资用，颇有遗失者，贼城之下，粮草数十万，悉焚弃之。"④当时州军粮食补给困难，除去从近便州军征粮外，甚至

① 《宋史》卷251《符彦卿传》，北京：中华书局，1985年，第8839页。
② 《旧五代史》卷114《世宗纪一》，第1516页。
③ 《宋史》卷262《李穀传》，第9053页。
④ 《旧五代史》卷114《世宗纪一》，第1517页。

从山东、陕西诸州强制招纳丁夫以运输粮食，解决粮食供应问题。“时大发兵夫，东自怀、孟，西及陕、蒲，以攻晋阳，不克；会久雨，士卒疲病，乃议引还。”[①]再加上当时固守石岭关的史彦超部为辽援军所败，周世宗遂决定撤军。其撤兵之时，“军还匆遽，刍粮数十万在城下，悉焚弃之”[②]。

后来北宋大将曹彬在论及周世宗亲征北汉失败原因时，将其失败原因归咎为“史超败于石岭关，人情震恐，故师还”[③]。笔者以为，对于此次战役失败的原因仍有进一步探讨空间。高平之战后，周世宗此次亲征太原纯属计划之外，其旷日持久的战事使得后周军队的粮食供给难以为继，并由此引发了一系列致命失误。例如，军队强制征收粮食的行为造成北汉百姓的态度由“夹道相迎”变为“激烈反抗”；其征调山东、山西诸州民夫供应军粮也引起了民怨。这些都是促使后周世宗失败的重要原因。

（二）太祖亲征李筠

宋朝立国不久，昭义节度使、兼中书令太原李筠就联合北汉起兵叛乱。李筠历仕后唐、后晋、后汉、后周、北宋五朝，宋初为昭义节度使，其辖区有泽、潞、沁三州。李筠长期镇守宋、北汉交战的前沿地带，其主力兵力在三万人以上，并有马匹三千，屡立战功，其“在镇逾八年，恃勇专恣，招集亡命，阴为跋扈之计”[④]。李筠叛乱不久，太祖遂下诏亲征。关于宋初军队人数，宋人朱牟在《曲洧旧闻》中指出宋太祖朝“养兵止二十万，京师十万余，诸道十万余”[⑤]。而关于此次宋军出征人数，史载：“太祖亲讨之，大军十万出太行。”[⑥]赵普更是称：“服天下之心，在此举矣。且兵机贵速，不尚巧迟，若倍道兼行，掩其未备，所谓自天而下，可一战而擒也。”[⑦]虽然不排除有夸张的成分，但是足以见得太祖对此次亲征李筠的重视程度。

五代时期，河东政权在与中原政权战争长期消耗中，粮食补给问题也十分突出。晋王李克用南下作战时，亦出现粮食短缺的问题。“晋王尝穷追汴师，粮运不继，蒸粟以

---

① （宋）司马光编著：《资治通鉴》卷292《后周纪三》，第9515页。

② （宋）司马光编著：《资治通鉴》卷292《后周纪三》，第9516页。

③ （宋）李焘：《续资治通鉴长编》卷20，太平兴国四年正月丁亥条，北京：中华书局，2004年，第442页。

④ （宋）李焘：《续资治通鉴长编》卷1，建隆元年四月己巳条，第12页。

⑤ （宋）朱牟撰，孔凡礼点校：《曲洧旧闻》卷9，北京：中华书局，2002年，第213页。此外，宋人吕陶也曾论述“艺祖受命之初，国家之兵十有二万”。《历代名臣奏议》（《景印文渊阁四库全书》）卷221《论减出戍去冗兵疏》。吕颐浩：“夫太祖、太宗皇帝有兵十四万而平定诸国。”《忠穆集》（《景印文渊阁四库全书》）卷2《上边事善后十策》

⑥ 《宋史》卷259《张美传》，第8998页。

⑦ 刘晓东等点校：《二十五别史·东都事略》卷26《赵普传》，济南：齐鲁书社，2000年，第204页。

食，军中遂呼粟为‘河东饭’。”[①]而李筠亦利用谋略解决钱粮问题，《涑水纪闻》中对此记载较为详细：

> 有僧素为人所信响，筠乃召见，密谓之曰：‘吾军府用不足，欲借师之名以足之。吾为师作维那，教化钱粮各三十万，且寄我仓库，事毕之日中分之。’僧许诺。乃令僧积薪，坐其上，克日自焚。筠为穿地道于其下，令通府中，曰：‘至日走归府中耳。’筠乃与夫人先往，倾家财尽施之。于是，远近争以钱粮馈之，四方辐辏，仓库不能容，旬日六十万俱足。筠乃塞地道，焚僧杀之，尽取其钱粮，遂反。[②]

可见，李筠利用僧人筹集六十余万钱粮，用以应对太祖的军事行动。而为解决大军出征所需粮食补给，太祖先后任用一批精明干练的官员负责这一事务。四月“命户部侍郎寿阳高防、兵部侍郎阳曲边光范并充前军转运使”[③]。而关于此次粮食征召范围在《宋史·边光范传》中的记载则更加详细，“宋初，征泽、潞，命光范为前军转运，计度郑、洛、汝、孟、怀刍粮”[④]。此外三司使张美、怀州刺史马令琮等人亦参与前线粮食的调运工作，“上召三司使清河张美调兵食，美言怀州刺史马令琮度李筠必反，日夜储偫以待王师。上亟令授令琮团练使。宰相范质曰：‘大军北伐，方藉令琮供亿，不可移他郡。’戊戌，升怀州为团练，以令琮充使焉”[⑤]。可知，此次宋军粮食补给前方主要由高防担任前军转运使负责，后方则有三司使张美以及怀州马令琮供给。其粮食征调范围主要为郑、洛、汝、孟、怀等距离泽、潞二州较近的地区，以便利粮食运输。

在前期筹备工作妥善之后。五月，即先行派遣石守信、高怀德等先锋予以出击，后又下诏亲征，根据史料可将其行程整理成如表 2 所示。

表 2　建隆元年宋太祖亲征李筠行军进程表

时间	行程路线
五月己未	帝发大梁
五月壬戌	次荥阳
五月甲子	次河阳
五月丙寅	次怀州

① （宋）陶谷撰，郑村声、俞钢整理：《清异录》卷 3，《全宋笔记》第一编第二册，郑州：大象出版社，2003 年，第 42 页。

② （宋）司马光撰，邓广铭、张希清点校：《涑水记闻》卷 1，北京：中华书局，1989 年，第 8 页。

③ （宋）李焘：《续资治通鉴长编》卷 1，太平兴国四年四月丙申条，第 14 页。

④ 《宋史》卷 262《边光范传》，第 9080 页。

⑤ （宋）李焘：《续资治通鉴长编》卷 1，建隆元年四月丙申条，第 14 页。

续表

时间	行程路线
六月己巳朔	上至泽州，督诸军攻城
六月辛巳	克其城
六月乙酉	进攻潞州
六月丁亥	筠子守节以城降，上赦其罪……是日，车驾入潞州，宴从官于行宫
六月丁酉	上发潞州
（七月）戊申	至京师

资料来源：《续资治通鉴长编》

宋太祖此次亲征同样也采取周世宗“兼行速进”[①]的策略，主张“倍道兼行，掩其不备”[②]，力求一战而克。但是，太行山路艰难的道路状况对行军和军粮供应还是造成了巨大阻碍。需要指出的是从怀州至泽州段为太行山山区地带，据《沁阳市志》载：“沁阳地处豫西北黄沁河冲击（积）平原，地势北高南低，从西北向东南呈倾斜状，海拔为 110—1116.9 米，境域分山地、丘陵、平原三种地形。山地位于市境北部，海拔 250—1116.9 米，区域面积 158.2 平方公里，占总面积的 25.4%。山势陡峻、沟壑纵横……太行八陉之一的第二陉就在市区北部 30 公里处的马鞍山南端，古为通往山西的咽喉要道。”[③]可见，怀州至泽州的高差约有 800—1000 余米，群山险峻，道路难行，修缮道路成为当时行军的主要任务。当时的情况是，君臣人人参与太行山道路的整修。《续资治通鉴长编》载：“上之亲征泽、潞也，山程狭隘多石，上自取数石于马上抱之，群臣六军皆争负石开道。行逢惮涉险，伪伤足，留怀州不行。”[④]不难看出，由于此次出征太行道路险峻，跟随亲征的中书舍人赵逢畏惧路险，借口坠马伤足，便停留在怀州。关于其畏行的真正原因，如宋太祖对宰相所言“此人得非规避行役者耶”[⑤]，更是一语中的。这也从另一个侧面反映出此次出征路况艰难，造成官员畏惧出行。

宋廷在成功平叛李筠的军事行动中，俘虏北汉宰相卫融、杀宣徽使卢赞，使得北汉主从太平驿，逃回太原城，可谓大获全胜。但是宋太祖并未模仿周世宗耀兵于太原城下，而是见好就收，返回开封。究其原因，史籍并未给出明确记载。但是从战后宋太祖和张晖的对话中可以分析出端倪，“上既诛李筠，将事河东，召晖入觐，问以计策。晖曰：‘泽、潞疮痍未瘳，军务洊兴，恐不堪命。不若戢兵育民，俟富庶而后图之。’上慰

① （宋）司马光编著：《资治通鉴》卷 291《后周纪二》，第 9503 页。
② （宋）李焘：《续资治通鉴长编》卷 1，建隆元年五月壬戌条，第 16 页。
③ 河南省沁阳市地方史志编纂委员会编纂：《沁阳市志》，北京：红旗出版社，1993 年，第 1 页。
④ （宋）李焘：《续资治通鉴长编》卷 1，建隆元年九月己酉条，第 24 页。
⑤ 《宋史》卷 279《赵逢传》，9257 页；《续资治通鉴长编》中所载赵行逢即《宋史》中所称赵逢。

劳遣还。于是始谋伐蜀，乃徙晖凤州”①。笔者认为原因有二：第一，根据史料分析此次太祖亲征征收粮食的范围为郑、洛、汝、孟、怀数州，相较后周世宗，其粮食补给地区减少。在某种程度上说明此次亲征，李筠的粮食供给有限，其供给量并不能满足亲征北汉的需求。如若盲目强征粮食，势必会重蹈覆辙。第二，由怀州至泽州险峻的路况对行军和粮食补给造成巨大障碍，以现有的路况强行攻占北汉只会适得其反。

（三）开宝二年亲征

开宝元年（968 年）北汉国主刘钧去世，其继位者刘继恩又被侯霸荣所杀，大臣郭无为立刘继元为北汉国主，宋廷遂趁其朝局动荡遂北上讨伐。“（八月）丙寅，命客省使卢怀忠等二十二人领兵屯潞州，将有事于北汉也。”② “戊辰，以昭义节度使、同平章事李继勋为河东行营前军都部署，侍卫步军都指挥使党进副之，宣徽南院使曹彬为都监；棣州防御使何继筠为先锋部署，怀州防御使康延沼为都监；建雄节度使赵赞为汾州路部署，绛州防御使司超副之，隰州刺史李谦溥为都监。”③并于二月下诏亲征，现将史料中太祖亲征及回师路线归纳为表 3。

表 3　开宝二年宋太祖亲征北汉行军进程表

时间	行程路线
二月戊午	诏亲征
二月甲子	车驾发京师
二月丙寅	次滑州
二月丁卯	次王桥顿
二月己巳	次相州
二月庚午	次磁州
二月乙亥	次潞州，以霖雨驻跸
三月壬辰	发潞州
三月乙未	次南关
三月戊戌	次太原
闰五月壬戌	车驾发太原
闰五月戊辰	次镇州
六月己卯	上发镇州
六月壬午	次邢州

① （宋）李焘：《续资治通鉴长编》卷 4，乾德元年四月庚子条，第 89 页。
② （宋）李焘：《续资治通鉴长编》卷 9，开宝元年八月丙寅条，第 207 页。
③ （宋）李焘：《续资治通鉴长编》卷 9，开宝元年八月戊辰条，第 207 页。

续表

时间	行程路线
六月丙戌	次相州……漳州水泛滥，坏浮桥，命士卒亟治之
六月己丑	次滑州
六月癸巳	车驾至自太原

资料来源：《续资治通鉴长编》

早在宋太祖亲征之前，就于正月“壬寅，遣殿中侍御史洛阳李莹等十八人分往诸州，调发军储赴太原”[①]。调运其他诸州物资赴太原，以备征伐。同时“丙午，又遣使四十九人发诸道兵，屯于潞、晋、磁等州”[②]。大量兵力与物资集结于河东诸州，必然会使路况较差的太行山路发生堵塞。

相较讨伐李筠时经由太行陉路至潞州的路线，宋太祖此次亲征北汉的路线明显发生改变。从开封出发，向西北过相州（今河南安阳），经磁州（今河北磁县）。关于此次亲征的由磁州进至泽州的行军路线，史料并无记载，只知其共费时五天左右。据笔者推测，磁州西至潞州 380 里，由西北徒涉太行山，经滏口陉（今河北省武安县东南 20 里），其山岭高深，实为险阨。由磁州入晋的道路独此一处。三国时期魏文帝邀击袁尚、高欢出击尔朱荣即经由此地。因其位于邺城西六十余里，称其为古邺都的西大门。由此陉入晋后，抵达潞州（今山西长治），时值连续降雨，遂在潞州停留将近半个月。不难发现，宋太祖为避免上次亲征所出现“负石修路”的状况以及改善大军粮食补给，将其亲征入晋陉口北移至滏口陉一带。据学者研究，建隆元年太祖征李筠行至太行山区时，日行军速度为 35 里。而开宝二年由磁州至潞州的日平均行军速度则达到 76 里。[③]抛开其他因素干扰，单纯从日行军速度分析，相较太行陉则滏口陉的同行状况较好。

入晋之后，太祖驻跸于潞州，跟随亲征的大军和从诸州馈运的粮食云集于潞州城中。绵延不断的阴雨天气也给粮食运输造成一定影响，太祖遂“分命近臣祈晴于在城寺庙”[④]。《续资治通鉴长编》中对当时的状况有着详细的记载：

诸州馈饷，毕集（潞州）城中，车乘塞路。上闻之，以为非理稽留，将罪转运使。宰相赵普曰：‘六师方至，而转运使获罪，敌人闻之，必谓储偫不充，非所以威远之道，但当择治剧者莅此州耳。’丙子，命户部员外郎、知制诰王祐权知潞

① （宋）李焘：《续资治通鉴长编》卷 10，开宝二年正月壬寅条，第 216 页。

② （宋）李焘：《续资治通鉴长编》卷 10，开宝二年正月丙午条，第 216 页。

③ 仝相卿：《北宋御驾亲征行军速度考》，《南都学坛》2014 年第 1 期，第 35 页。

④ （宋）李焘：《续资治通鉴长编》卷 10，开宝二年三月乙酉条，第 218 页。

州。祐即发遣车乘，行路无阻。[①]

由史料可知，当时潞州城大军云集，诸州调发的馈运也都囤积于此，难免出现车辆堵塞、粮食补给延误的状况。太祖对此十分不满，欲处罚转运使，但是被赵普劝阻。随后采取一系列的人事任命来解决这一问题。首先，任命王祐权知潞州，解决粮食堵塞于潞州的问题。其次，将负责此次粮食转运的知河东转运事刘仪罢官，又任命滕白为知河东诸州转运事，负责相关事宜。《续资治通鉴长编》载："(三月)庚辰，以刑部员外郎滕白知河东诸州转运事。……辛卯，秘书丞、知河东转运事刘仪坐馈饷稽期，免所居官。先是，有诏沿边和市军储，既而虑其扰民，亟遣中使李神祐驰驿止之。时诏已下五日，神祐一夕而反。"[②]除此之外，又采取在边境地区和市军储的策略，但是为避免其扰民，重蹈后周世宗覆辙，不久遂罢。

由此可见，虽然宋廷已经采取一系列措施来保障粮食供应，但是太行山路交通状况对粮食运输的影响却不容忽视，对北宋用兵的制约依旧存在。受史料所限，关于此次运输粮食的记载并无确数。但其在用兵过程中，先后"遣使发太原诸县民数万赴城下"[③]。史籍中对数万民赴城下的动机并未记载，但是其极有可能是运输粮食的民夫。此次亲征，北宋撤兵时，"北汉主籍我所弃军储，得粟三十万，茶、绢各数万"[④]。从宋军遗弃粟三十万石也不难发现，此次亲征动用人数之庞大，以及军粮运输之多。李光赞在上言太祖时更是指出"闻是役也，竭府库之财，尽生民之力"[⑤]。可见，旷日持久的战事，使得北宋军队的后勤供给问题频出，加之其他新情况，最终使得太祖决定撤军。

此次亲征中关于出入晋陉口改变的原因？史籍中并未给出明确记载。笔者以为其原因有以下三点：第一，征伐对象的改变。宋初李筠据泽、潞二州叛，基于泽、潞二地的重要战略地理位置，宋太祖必须急趋太行，平李筠。而此次亲征北汉，泽潞二州以非其主要矛盾，故其路线可以发生相应变化。第二，正如上文中提到，较之河东地区，太行山以东诸州社会经济状况发展相对较好，其人口、粮食产量等指标，相较河东地区占优，故其成为宋廷亲征北汉粮食的重要补给区域之一。亲征路口北移有利于征集来华北平原磁州、赵州等地的粮食。此次亲征结束后，太祖下诏"相、深、赵三州丁夫死太原城下者三百三十四人，诏复其家三年"[⑥]。所以，亲征粮食除去就地征粮外，还调集了

① （宋）李焘：《续资治通鉴长编》卷10，开宝二年三月乙亥条，第217页。
② （宋）李焘：《续资治通鉴长编》卷10，开宝二年三月辛卯条，第218页。
③ （宋）李焘：《续资治通鉴长编》卷10，开宝二年三月壬寅条，第219页。
④ （宋）李焘：《续资治通鉴长编》卷10，开宝二年闰五月壬戌条，第226页。
⑤ （宋）李焘：《续资治通鉴长编》卷10，开宝二年闰五月己酉条，第224—225页。
⑥ （宋）李焘：《续资治通鉴长编》卷10，开宝二年十月辛卯条，第233页。

相州、深州、赵州等河北州军一带的大量民夫运输粮食。第三，兵贵神速，从行军速度角度来看。建隆元年太祖征李筠行至太行山区时，日行军速度为 35 里。而开宝二年由磁州至潞州的日平均行军速度则达到 76 里。这也从侧面凸显出滏口陉路路况较好，对于大军行军、粮食补给极其有利。

开宝二年，宋太祖通过开太行山道通馈运、入晋陉口北移至滏口陉等措施试图解决亲征中所出现的粮食补给问题。但是随着大量的军队和人口集中于潞州城中，粮食的调运和补充依旧出现了较大问题，粮食补给亦成为影响此次亲征胜利的因素。

二、长期战争背景之下的泽、潞地区的社会经济与粮食补给

（一）农业经济脆弱

宋太祖在平李筠后的九年，虽未对北汉进行亲征，但是双方围绕汾、晋、潞、辽等州进行了长时期的博弈。从当时战况分析来看，宋与北汉军队长期对峙于南太行山平定、辽州一带。这一地区，农业基础薄弱，社会经济凋敝，再加上晚唐至宋初，各种势力征伐不断，对这一区域的社会经济发展造成毁灭性影响。《旧唐书·李抱真传》载：“上党且当兵冲，是时乘战余之地，土瘠赋重，人益困，无以养军士。”①刘从谏试图以河东割据时，左仆射李绛上疏就指出：“此道素贫，言昭义一道，素来贫薄，不比他道丰富，非时必无优赏。”②意在指出其割据的经济基础薄弱。随着作为泽、潞节度使割据经济基础的邢、洺、磁三州投降朝廷，昭义节度使割据的经济基础大大削弱。对此，李德裕更是指出：“昭义根本尽在山东，三州降，则上党不日有变矣。”③可见，相较太行山东侧邢、洺、磁三州，泽、潞二州的社会经济发展水平相对较差。同时，宋太祖对北汉实施商业封锁的政策，限制其与宋廷的商业往来。《宋会要辑稿》载：“太祖建隆元年八月，禁商人不得赍箭笴、水银、丹、漆等物于河东境上贩易，违者重致其罪。沿边民敢居停河东商人者，弃市。”④这一封锁政策，对区域社会经济的恢复和发展显然不利。正如前文所述，太祖平叛李筠后欲亲征河东，遂问计于张晖。张晖指出：“泽、潞疮痍

① 《旧唐书》卷 132《李抱真传》，北京：中华书局，1975 年，第 3647 页。
② （宋）司马光编著：《资治通鉴》卷 243《唐纪五十九》，第 7846 页。
③ （宋）司马光编著：《资治通鉴》卷 248《唐纪六十四》，第 8006 页。
④ （清）徐松辑，刘琳等校点：《宋会要辑稿》食货 37 之 1，上海：上海古籍出版社，2014 年，第 6805 页。

未瘳，军务存兴，恐不堪命。不若戢兵育民，俟富庶而后图之。”[①]建议采用休养生息的办法。这一情况即便在入宋后也并未发生改观，庆历年间欧阳修奉使河东时曾记载辽州“地里、人户不及一中下小县”[②]。潞州“屯留、黎城、壶关三县，地居僻远，户口凋零”[③]。所以不难看出，从地理要素来看太行山南部地区地形以山地、丘陵为主，农业经济发展缓慢，频繁的战事又加重了此地的负担。故宋太祖在此时听取了张晖的策略，暂时放弃了大规模的军事进攻，采取息兵育民的战略，军事上以小规模的袭扰为主。但是潞州特殊的地理位置和地形上对北汉的天然优势，使得宋廷在潞州驻有大量军队以应战备，所以打通修缮维系开封与潞州之间的运粮道路就成为当时保证对北汉军事斗争的重要任务之一。

（二）打通太行山粮道的尝试

早在建隆三年（962年）五月宋太祖就下诏开太行路，以运粮食。《续资治通鉴长编》载：“（五月）乙亥，发潞州民开太行道，通馈运。”[④]而据《宋会要辑稿》载：太祖建隆三年“潞州言：‘先奉诏集丁夫开太行路，俾通馈运，今已功毕。’”[⑤]关于通太行路的目的，即为通馈运，即运送粮食。虽然已开太行山道通馈运，但是太行山崎岖山路对粮食运输的不利因素仍然存在。乾德元年十二月，宰相范质在《上太祖谏伐河东》中，就对当时宋军进攻太原时的粮食补给状况表示担忧，指出：

> 若大军三数月间在贼城下，料草不接，即须抽退。虽无损军势，且虚困自家一二十州百姓，枉费朝廷事力。近闻般运粮草才第一转，所在乡村甚有逃户。盖是晋、绛、蒲、陕、汝、洛、怀、孟及沿山诸州人民，频年以来，秋夏不熟。陛下八年令免供输，尚自逃走，若是更有差遣，自然难为驻足。百姓般运艰难，更不一一敷陈。又闻所般运粮草且至潞府、晋州，将来大驾到河东城下，三五十万粮草。潞府、晋州百姓无多，不知更差何人津置？此事须挂宸衷，请陛下子（仔）细勘算军马粮草准备之数，必若有备，则更复何忧。[⑥]

首先，范质强调大军驻扎于太原城下数月，粮草供应顺利与否是保证军事行动的基

① （宋）李焘：《续资治通鉴长编》卷4，乾德元年四月庚子条，第89页。
② （宋）欧阳修著，李逸安点校：《欧阳修全集》卷116《河东奉使奏草卷下》，北京：中华书局，2001年，第1774页。
③ （宋）欧阳修著，李逸安点校：《欧阳修全集》卷116《河东奉使奏草卷下》，第1774页。
④ （宋）李焘：《续资治通鉴长编》卷3，建隆三年五月甲子条，第67页。
⑤ （清）徐松辑，刘琳等校点：《宋会要辑稿》方域10之1，第9463页。
⑥ （宋）赵汝愚：《宋朝诸臣奏议》卷120《兵门·兵议上》，上海：上海古籍出版社，1999年，第1314页。

础。纵然最后能够全身而退，但是亲征北汉所征调的粮食消耗也会使宋廷一二十州百姓陷入困境。其次，他对宋军的粮食补给能力感到担忧，因为之前正常粮食的征调就已经造成乡村大量百姓逃荒。如若再加亲征所需军粮，势必会造成更大规模流民的出现。而《续资治通鉴长编》中同年闰十二月的一则记载则更加说明了当时形势的严峻。“或言上将北征，大发民馈运。河南民相惊，逃亡者四万家。上忧之，丙寅，命枢密直学士薛居正驰传招集，逾旬乃复故。”①可见发馈运谣言的传出，造成河南四万家，近二十余万的逃亡，这种大规模的人口逃亡，也足以见证其征调粮食中的残暴程度，使百姓不惜以背井离乡近乎流亡的代价躲避馈运。再次，征调粮食的运输也是其必须考虑的问题。如何保证运输粮食民夫的数量，而昔州、潞州等宋汉对峙前沿因长期战乱，可供征调的民夫较少。所以，宋廷后续的军事行动中遂征调陕西、河北等地的民夫以运送粮食。最后，他又劝谏太祖应细致、周密解决粮食供给事宜，并感叹如果粮草、兵马准备得当，则“更复何忧”。从范质的谏言中可以看出粮食补给问题对宋军造成的困扰，如何解决粮食的征收和运输，成为亟待宋军解决的两大问题。虽然宋军已经通过开太行山道等措施解决了行军和粮食补给中的困难，但是太行山的天险依旧给宋军造成巨大困扰，这在宋军之后的亲征中体现的较为明显。

三、以太原为中心的粮食补给基地及其建立

宋太宗继位后不久，就开始策划亲征北汉相关事项。太平兴国二年（977 年）冬，在宋汉对峙前沿晋、潞、邢等州，厉兵秣马，准备攻伐北汉的武器装备以及辎重。《画墁路》中对于太祖、太宗回师的路线有所论述，认为“祖宗征河东，皆自土门还师，驻驿真定潭园。有两朝行宫，几谨缮完，器甲所储至二十四库”②。即在此修建了行宫，以及储备粮食的仓库。同年冬天，在宋汉对峙前沿晋、潞、邢等州，厉兵秣马，准备攻伐北汉的武器装备以及辎重。《续资治通鉴长编》载：“是冬，北汉边候言晋、潞、邢、洺、镇、冀等州皆治戎器及攻城之具，又转漕刍粟，北汉主甚恐。”③不难发现，太宗亲征北汉时的粮食补给范围已扩大至漕运所征收粮食，这种情况在太祖亲征北汉时并未出现。太平兴国三年（978 年）正月，又“令绛州浚汾河”④。绛州位于晋州南部汾河谷

① （宋）李焘:《续资治通鉴长编》卷 4，乾德元年闰十二月乙卯条，第 112 页。
② （宋）张舜民:《画墁路》,《全宋笔记》第二编第一册，郑州：大象出版社，2006 年，第 208 页。
③ （宋）李焘:《续资治通鉴长编》卷 18，太平兴国二年十二月甲申条，第 418 页。
④ （宋）李焘:《续资治通鉴长编》卷 19，太平兴国三年正月甲午条，第 420 页。

地，农业基础较好。唐朝卢纶曾作《送绛州郭参军》“炎天故绛路，千里麦花香”[①]。就是对其农业经济发展的写照。史料中虽未对其疏浚绛州汾河的目的进行记载，但据笔者推测，其主要目的有二：第一，以汾河便利的水利条件运输绛州、河中府以及陕西诸州的军粮至晋州等战区，太平兴国四年对陕西诸州的粮食调度也印证了这一点；第二，汾河绛州段有天然渡口，疏浚汾河可以为南来北往的各种军储物资运输提供便利。当然这些举措在太平兴国四年亲征期间愈加频繁，现依据史料，将其此次用兵中调运粮食状况统计如表4所示。

表4　太平兴国四年粮食补给措施统计表

时间	粮食补给措施	涉及州军数量
正月	先遣常参官分督州军储赴太原	21
	诏发邢、贝、洺、泽等州军储赴太原，著作佐郎张润之掌其出纳	
	诏发齐、汝、蔡等州军粮赴太原	
	诏发曹、单、滑、潍、滨、淄、青、郓、同、耀、华等州、京兆、河南、大名府、军储赴太原	
二月	以唐州团练使曹光实知威胜军事，令调军食	1
三月	丁亥，分命太子中允扈华等十二人发安、复、唐、邓、商、坊、徐、宿、兖、海、密、蔡等州军储赴太原	13
	癸卯，河东城西面转运使刘保勋为陕西北路转运使，代雷德骧也。德骧调发沁州军储后期，诏劾德骧，命保勋兼领之	
	丙午，命左补阙乐冲驰传督诸供军刍粟	
四月	诏发河南、郓、济、博、棣、泽、潞、怀、汝、同、华、虢等州军储赴太原	24
	诏发河中、晋、绛、慈、隰、解、齐、德、曹、单、淄、卫等州军储赴太原	

资料来源：《续资治通鉴长编》

由表4可知，早在太平兴国四年正月即太宗还未亲征之前，宋廷调运赴太原的粮食就已多达二十余州军，远超后周世宗、宋太祖亲征所调运州军粮食的数量。同年二月，宋太宗离开开封后加大征调力度，至四月时达到顶峰，征调至少二十四州军的粮食。通过分析此次亲征北汉征调粮食的地域分布，不难发现相比开宝二年，此次征粮的地域范围近六十余州军，征收范围几乎为长江以北的绝大部分地区，而此次粮食征调的目的地，史料中几乎都记载为太原。

大量粮食征调后的调运问题也十分棘手，为保证粮食供给顺利，宋太宗还先后任命了一批官员。首先，太原作为北汉的大本营，历来是宋兵屯兵、进攻的重点。为解决围攻太原城军事所需粮食问题，任命“河北转运使侯陟与陕西北路转运使雷德骧分掌太原

---

① （清）彭定求等编：《全唐诗》卷276《卢纶》，北京：中华书局，1960年，第3130页。

东、西路转运事”①。由于当时运输至太原城下的军储过多，事务繁忙，宋廷遂依据太原城下军粮来源的方向分为东、西两员处理相关事宜。而当时担任太原东、西转运使职务的正好为陕西北路转运使雷德骧与河北路转运使侯陟，这也说明当时太原城下的粮食补给有相当部分来源于河北、陕西二路。裴庄是转运使雷德骧的下属，《宋史·裴庄传》中对当时粮食补给的人事安排亦有所记载：“先是，并州徬积军储，条制甚峻，掌出纳者常十余人，及庄代之，独任其事。”②赵普之弟赵安易，太平兴国年间亦曾运输粮食至太原，《宋史·赵安易传》载：“历华、邢二镇掌书记。部刍粮至太原城下。”③

其次，亲征大军作为此次出征的主力之一，解决亲征大军所需粮食也是其应解决的主要任务之一。宋廷先后任命祠部郎中刘保勋为行在转运使，后又兼勾当北面转运使事。以“唐州团练使曹光实知威胜军事，令调军食”④。关于威胜军的设置时间，据《续资治通鉴长编》载太平兴国二年，“诏于潞州北乱柳石围中筑城。甲午，赐名威胜军”⑤。通过梳理宋、北汉对峙时期史料，发现开宝八年（975年）三月，“权知潞州药继能领兵入北汉界，夜攻鹰涧堡，拔之，斩首数千级，获马八百匹”⑥。此为潞州与北汉最后一次直接冲突的记载，之后再无发现相关史料，直至太平兴国二年建威胜军。关于建威胜军的目的史籍中并未记载，一方面，反映出宋廷对北汉政权的一步步蚕食，其稳定控制区域过渡至潞州以北；另一方面也可知，宋廷在此建威胜军是以调度军粮为主要目的，以避免开宝二年时军队和粮食拥挤在潞州城的情况发生。最初曹光实对此任命并不理解，相比之下更希望得到直接参战的任务，并表达了“愿提一旅之众，奋锐先登”⑦的想法。但是宋太宗以“资粮事大，亦足宣力也”⑧，对其进行劝勉，劝诫其勿掉以轻心。这也可以看出粮食供给在此次战争中的重要性。

最后，针对粮食调运中存在的失误，及时罢免不称职官员，减少损失，并对有功官员进行赏赐。太原西路转运使就因调度不当被罢免，“（雷）德骧调发沁州军储后期，诏劾德骧，命保勋兼领之”⑨。《宋史·薛正辞传》亦载：“太宗征河东，诸州部粮多不及

① （宋）李焘：《续资治通鉴长编》卷20，太平兴国四年正月丁酉条，第444页。
② 《宋史》卷277《裴庄传》，第9437页。
③ 《宋史》卷256《赵普传附赵安易传》，第8941页。
④ （宋）李焘：《续资治通鉴长编》卷20，太平兴国四年二月甲戌条，第445页。
⑤ （宋）李焘：《续资治通鉴长编》卷18，太平兴国二年四月辛卯条，第402页。关于威胜军记载时间《续资治通鉴长编》《隆平集校正》《太平寰宇记》《元丰九域志》记载为太平兴国二年。而《文献通考》《宋史》中则记载为太平兴国三年。
⑥ （宋）李焘：《续资治通鉴长编》卷16，开宝八年三月己亥条，第337页。
⑦ （宋）李焘：《续资治通鉴长编》卷20，太平兴国四年二月甲戌条，第445页。
⑧ （宋）李焘：《续资治通鉴长编》卷20，太平兴国四年二月甲戌条，第446页。
⑨ （宋）李焘：《续资治通鉴长编》卷20，太平兴国四年三月癸卯条，第447页。

期，正辞所部长山县吏张秀督民输，受钱二千，即杖杀之，郡中畏服。”[①]而太原东路转运使侯陟，则“以功迁左谏议大夫，权御史中丞事”[②]。

与此相对应的是，宋太宗亲征北汉出入河东的路线相较宋太祖也发生变化。现将史料中太祖亲征路线归纳为表5所示。

表5 太平兴国四年宋太祖亲征北汉行军进程表

时间	行军路线
二月甲子	车驾发京师
二月戊辰	次澶州
二月己巳	次德清军
二月庚午	次大名府
二月壬申	次洺州
三月庚辰朔	驻跸于镇州
四月壬戌	车驾发镇州，幸太原
四月癸亥	次天威军，作早行诗，令从臣和
四月丙寅	次侧口顿，作闻捷奏、平隆州诗
四月庚午	上至太原，驻跸于汾水之东
五月甲申	刘继元降
五月庚子	车驾发太原，诏以行宫为佛寺，号平晋，上自记之，刻古寺中
五月辛丑	次新并州
五月丁未	次镇州

资料来源：《续资治通鉴长编》

宋太宗亲征北汉的路线直接北移至由井陉入太原。据学者研究“镇州到太原的路程516里，行军8日，每日行军约64.5里”[③]。关于其路线改变原因及其影响会在后文进行论述。需要指出的是即便是进行了如此规模庞大的粮食征调与运输，在攻下太原城之后，宋军也出现了“馈饷且尽，军士罢乏”[④]，的状况。这也就为其北征辽国的失败埋下了伏笔。

① 《宋史》卷304《范正辞传》，第10059页。

② 《宋史》卷270《侯陟传》，第9274页。

③ 仝相卿：《北宋御驾亲征行军速度考》，《南都学坛》2014年第1期，第36页。

④ （宋）李焘：《续资治通鉴长编》卷20，太平兴国四年五月丁未条，第453页。

四、出入河东陉口北移与亲征粮食补给

通过比较周世宗、宋太祖、宋太宗亲征路线，不难发现，历次出入河东陉口呈现出北移的趋势。究其原因：首先，因作战对象、任务不同，亲征路线必然存在差异；其次，陉口的北移代表宋廷对宋、北汉交界地带的控制力增强①；最后，笔者试图从历次亲征粮食补给角度分析其出入河东路线变化原因，并认为这一变化对宋平北汉产生决定性影响。

从后周世宗至宋太宗亲征北汉，历次战争的进程旷日持久，多为三至四个月甚至更长。在这冗长的时间范围内，双方形成“持久作战”的态势。作为守方北汉，可以利用天险坚壁清野、屯粮固守。作为攻方的宋廷，多采取因粮于敌和从后方征调粮食的策略，其军粮供应的顺畅与否就成为亲征北汉胜败的关键因素。现据史料，将周世宗、宋太祖、宋太宗历次亲征的粮食补给范围统计如表 6 所示。

表 6　后周至宋历次亲征北汉粮食征收区域统计表②

历次亲征	粮食补给地域	州军数量
后周世宗亲征	山东、怀、孟、蒲、陕丁夫数万	10 及山东近便州军
	泽、潞、晋、绛、慈、隰及山东近便诸州民运粮以馈军	
宋太祖亲征李筠	郑、洛、汝、孟、怀	5
宋太祖亲征北汉	范质言：一二十州百姓	20
	遣殿中侍御史洛阳李莹等十八人分往诸州，调发军储赴太原	
	丙午，又遣使四十九人发诸道兵，屯于潞、晋、磁等州	
宋太宗亲征北汉	正月，乃先遣常参官分督州军储赴太原	57
	诏发邢、贝、洺、泽等州军储赴太原，著作佐郎张润之掌其出纳	
	壬寅，诏发齐、汝、蔡等州军粮赴太原	
	诏发曹、单、滑、潍、滨、淄、青、郓、同、耀、华等州，京兆、河南、大名府、军储赴太原	
	丁亥，分命太子中允扈华等十二人发安、复、唐、邓、商、坊、徐、宿、兖、海、密、蔡等州军储赴太原	
	诏发河南、郓、济、博、棣、泽、潞、怀、汝、同、华、虢等州军储赴太原	
	诏发河中、晋、绛、慈、隰、解、齐、德、曹、单、淄、卫等州军储赴太原	

通过分析后周世宗、宋太祖、宋太宗亲征北汉时的粮食补给，可以发现以下特点。

① 马巍、张健：《宋与北汉交通道路研究》，《山西广播电视大学学报》2016 年第 3 期。
② 资料来源：《资治通鉴》《新五代史》《旧五代史》《宋史》《宋会要辑稿》《续资治通鉴长编》等。

（1）其亲征所需粮食补给州县的数量呈现出递增趋势。

后周世宗亲征北汉时，所征调州军数应在十至二十州军之间。宋太祖亲征李筠时，战场多控制在泽、潞二州，其并未兴师北上进攻北汉，故其军粮供应州军在五个左右。开宝二年，太祖亲征北汉。范质在劝谏中指出其征收军粮州军为一二十州。而太祖派十八使者去诸州征调军储，也说明其征调军粮的州军数量为二十左右。宋太宗吸取了世宗、太祖征伐北汉时粮食补给困难的经验，此次亲征所征调军粮的州军（次）数甚至达到近六十余州军。显然，随着战事的不断发展，历次亲征所调运粮食的州军呈现出急速增长的趋势，这就为长时期的军事行动提供了充足的粮食保障。

（2）粮食征调的地域范围也从随着战争进程的不断深入，征调粮食的区域逐渐由河东、河北、陕西诸州军扩大至长江以北大部分州军。

随着战争的持续进行，其核心战区及其附近的粮食征调势必受到影响。薛居正曾云："臣每见国朝发兵，未至屯戍之所，已于两河诸郡调民运粮，远近骚然，烦费十倍。"①为解这一问题，宋廷不断增加粮食征调区域。征调范围先后由河东诸州、山东诸州，扩展至陕西、河南、京东、京西等淮河以北大部分州军。同时，从各州军出现的频率来看，粮食补给中的主体，也由京东、京西等相对富庶的州军承担。

（3）大量粮食征调后的运送地点由潞州北移至太原。

粮食征调之后，如何组织人力、物力将大规模的粮食运送至前沿军事基地，也是一个必须解决的问题。后周世宗、宋太祖亲征北汉时，多将其军队主力和粮食补给集中于潞州一带。由东京至潞州，其亲征出入河东陉口先后选择天井陉、滏口陉，但是在这两次亲征中都因为亲征道路选择失误，造成行军堵塞、粮食补给延误，从而影响军事行动。宋太宗则将其征调目的地调整为太原，从而最大限度地避免太行山山路对行军的阻碍。同时，通过从粮食补给的角度分析入晋陉口，不难发现，相比太行陉、滏口陉路，从井陉路入晋可以减少军队行军和物资运输的山地里程，减少成本和提高军队行军和运送粮食的效率。虽然这次行军征调的粮食将近有六十余州，但是并未出现如开宝二年堵塞于潞州的状况。

五、结　语

从后周至北宋如何突破太行天险、沟通东西两侧粮食补给，历来是后周和宋廷需要

① （宋）李焘：《续资治通鉴长编》卷27，雍熙三年正月戊寅条，第607页。

解决的重要问题。为此，北宋政府先后下令修缮太行道，以馈送粮食。并将泽州升级成为直隶州，以统筹粮食的调运。但是基于自然地理条件限制，原有的太行陉和滏口陉道路的粮食运输并不能满足战争日益扩大的需要。随着战争进程的不断深入，征调粮食的区域逐渐由河东地区扩大至河北路、京东路、京西路等淮河以北地区。如何将庞大的粮食安全、高效的运输至前线。宋太宗吸取历次亲征失败的教训，做出两点改变：首先，将亲征军粮的集结地由潞州北移至太原；其次，将其亲征入晋陉口北移至井陉。太宗的两点改变不久就收到成效，此次亲征中的粮食补给较为顺利，为宋太宗平河东奠定了坚实的基础。

作者简介：马巍（1991—），男，汉族，复旦大学历史地理研究中心博士研究生，从事宋史、历史人文地理方向研究。

北宋雄州知州考略

——兼论武臣知州与北宋边疆治理问题*

任欢欢

（合肥工业大学 马克思主义研究院，河北 秦皇岛，066004）

摘　要：雄州既是北宋收复燕云和守卫国土的前沿阵地，同时又是契丹入主中原的必经之地，因此成为北宋的门户。雄州知州的选任，得到北宋朝廷高度重视。为加强雄州地区的边防建设，朝廷选用武臣出任知州，以武臣出任知州更具有边疆治理的实效性。看似与北宋“祖宗之法”相抵牾的武臣知州政策，实为朝廷经国御敌的权变之法。

关键词：北宋；雄州；武臣知州；边疆治理

雄州原名瓦桥关，大致范围为今河北雄县，因周世宗柴荣收复而改名为雄州。《宋史·地理志二》载：“雄州，中，防御，本唐涿州瓦桥关。政和三年，赐郡名曰易阳。……县二：归信，中。……容城，中，建隆四年复置。”①雄州处于华北平原中部，紧邻东北平原、蒙古高原与华北平原的连接通道，其地貌特征突显了该地重要的地理阻隔和军事防守意义。雄州距离宋与辽的界河——拒马河，仅三十里之遥，“河北，朝廷根本，而雄州又河北咽喉”②。雄州既是北宋收复燕云和守卫国土的前沿阵地，同时又

---

* 本文为教育部人文社会科学研究项目“治国理念的地方化：武臣知州与北宋边疆治理研究”（17YJC770023）的阶段性研究成果。

① 《宋史》卷86《地理志二》，北京：中华书局，1977年，第2124页。

② （宋）李焘：《续资治通鉴长编》卷170，皇祐三年四月己酉条，北京：中华书局，2004 年，第4090页。

是契丹入主中原的主要线路，因此成为北宋的门户，“喉领塞南地”①。

学界对北宋雄州的研究已有较多成果问世，如陶晋生先生通过重要的历史事件分析了雄州外交和情报方面的特殊地位。②李昌宪先生③和安国楼先生④以雄州为例，梗概地介绍了两属地的成因及政权组织形式、治理等方面的特殊性，以及对宋辽关系的影响。李之亮先生对北宋雄州守将的年表考证清楚。⑤杨军先生认为雄州城的出现和发展得益于其所处的特殊地理位置和历史背景，并论述了雄州在军事、外交、经济等方面所处的特殊地位及发挥的重要作用。⑥王轶英先生的系列研究成果，则主要从军事防御的角度对北宋雄州的边防重要性加以阐述。⑦杨帆先生对北宋河北四大榷场之首——雄州榷场，做了详细的论述。⑧刘振宇先生则对北宋政府赋予雄州的政治、交通、军事、外交、贸易、信息等多种区域功能，分别阐述。⑨综上所述，目前学界对北宋雄州的探讨仅限于雄州地理位置的特殊性，或是雄州某个侧面的研究，而对雄州等边疆要地的治理方略，尚缺少必要的关注。

一、雄州知州的选任

宋代的知州全称为知某州军州事，习惯上又称为太守、郡守、刺史、州牧等，其职责有：“一曰宣诏令，二曰厚风俗，三曰劝农桑，四曰平狱讼，五曰兴学校，六曰理财富，七曰实户口。”⑩因官品的差异，还有判、充、权知、权发遣等区别。宋初两朝确定知州的选任原则为，文臣以京、朝官，武臣则以阁门祗候以上充。⑪太祖、太宗两朝的知州任命，大多限于新征服地区以及北方延边诸路，以武臣知州为主。宋太宗认为“以五代战争以来，自节镇至刺史皆用武臣，多不晓政事，人受其弊，帝欲兼用文士，渐复

---

① （宋）宋祁：《景文集》卷7《钤辖冒上阁就移知雄州》，《景印文渊阁四库全书》，第1088册，第57页。

② 陶晋生：《雄州与宋辽关系》，原载《国际宋史研究会论文集》，台北：中国文化大学，1988年。现载陶晋生：《宋辽金史论丛》，台北：“中央研究院”联经出版公司，2013年。

③ 李昌宪：《北宋河北雄州的两属地》，《南京大学学报（哲学·人文·社会科学版）》1993年第3期。

④ 安国楼：《宋辽边境的“两属户”》，《中国史研究》1991年第4期。

⑤ 李之亮：《北宋雄州守将系年》，《河北师范大学学报（哲学社会科学版）》2001年第4期。

⑥ 杨军：《试说北宋时期的雄州城》，《中国历史地理论丛》2004年第9辑。

⑦ 王轶英：《北宋河北边防建设研究》，河北大学硕士学位论文，2007年；丁建军、王轶英：《宋辽对峙成就的一座历史名城：北宋之雄州》，《华北区域历史变迁国际学术研讨会论文集》，保定：河北大学出版社，2012年；王轶英：《北宋重镇雄州城考析》，《唐山师范学院学报》2017年第1期。

⑧ 杨帆：《北宋雄州榷场初探》，《廊坊师范学院学报（社会科学版）》2017年第4期。

⑨ 刘振宇：《北宋雄州区域功能探究》，《河南科技大学学报（社会科学版）》2018年第5期。

⑩ 张纲：《华阳集》卷15《乞重监司札子》，《景印文渊阁四库全书》，第1131册，第95页。

⑪ （清）徐松辑，刘琳等校点：《宋会要辑稿》职官46之1，上海：上海古籍出版社，2014年，第3418页。

旧制”①。朝廷为限制武臣掌握地方事权，避免形成地方割据势力，后来以文臣知州为主，“选儒臣干事者百余，分治大藩，纵皆贪浊，亦未及武臣一人”②，进而贯彻抑制武将以及强干弱枝的治国方略。在与少数民族政权的抗衡过程中，文臣知州无法胜任严峻的边防形势，因此有朝臣建议选任得力武臣担任边疆要冲的知州，“近边内地州郡，多是儒臣知州，边事武略，安肯留意”③。

因雄州处在北宋重要的地理位置，北宋朝廷投入了很大的精力关注雄州知州的人选，其知州大多选任能征善战、有勇有谋之人，“典州之将，不可不精择其人”④。景德二年（1005年），宋真宗选任河北守臣“宜得武干善镇静者，乙卯，命西上阁门使马知节知定州，孙全照知镇州，刑部侍郎赵昌言知大名府……西上阁门副使李允则知雄州，供备库副使赵彬知霸州”。并且，亲自录其姓名交给中书省，宰相毕士安说：“陛下所择，皆才适于用，望付外施行。”⑤熙宁八年（1075年），知雄州冯行己离任，宋神宗认为：“雄州最当北边冲要，不可久阙正官，中书、枢密院可速同选拟进呈。”于是，任命四方馆使、康州刺史王道恭知雄州。⑥因雄州是北宋的军事要冲，其知州的人选都得到当朝皇帝密切关注，“选良守将易置之”⑦，正是由于选择标准的严格，才保证了雄州知州的政绩显著，为北宋的边疆治理做出了巨大贡献。北宋雄州知州任职情况参见表1。

表1　北宋雄州知州任职时间表

知州姓名	文/武职	任职起止时间	备注
石曦	武	建隆二年（961年）至乾德六年（968年）	《宋史》卷271《石曦传》
侯仁矩	武	开宝元年（968年）至开宝二年（969年）	《宋史》卷254《侯仁矩传》、《续资治通鉴长编》卷11
李瀚	文	开宝二年（969年）至开宝七年（974年）	《续资治通鉴长编》卷20
孙全兴	武	开宝七年（974年）至太平兴国六年（981年）	《续资治通鉴长编》卷16、卷22
韦进韬	武	太平兴国六年（981年）至太平兴国七年（982年）	《续资治通鉴长编》卷23
贺令图	武	太平兴国七年（982年）至雍熙三年（986年）	《续资治通鉴长编》卷27、《宋史》卷463《贺令图传》
刘廷让	武	雍熙三年（986年）	《续资治通鉴长编》卷27
张永德	武	雍熙三年（986年）至雍熙四年（987年）	《宋史》卷255《张永德传》

① （清）徐松辑，刘琳等校点：《宋会要辑稿》职官52，第4456页。
② （宋）李焘：《续资治通鉴长编》卷13，开宝五年十二月乙卯条，第293页。
③ （宋）李焘：《续资治通鉴长编》卷108，天圣七年五月庚午条，第2513页。
④ （宋）李焘：《续资治通鉴长编》卷195，嘉祐六年九月丙子条，第4721页。
⑤ （宋）李焘：《续资治通鉴长编》卷59，景德二年正月乙卯条，第1308页。
⑥ （宋）李焘：《续资治通鉴长编》卷259，熙宁八年正月丁酉条，第6309页。。
⑦ 《宋史》卷281《毕士安传》，第9521页。

续表

知州姓名	文／武职	任职起止时间	备注
刘廷让	武	雍熙四年（987 年）	《宋史》卷 257《刘廷让传》
田仁朗	武	雍熙四年（987 年）至端拱二年（989 年）	《宋史》卷 257《田仁朗传》
刘福	武	端拱二年（989 年）至淳化二年（991 年）	《宋史》卷 275《刘福传》、《续资治通鉴长编》卷 32
安守忠	武	淳化二年（991 年）至淳化四年（993 年）	《宋史》卷 275《安守忠传》、《续资治通鉴长编》卷 32
何承矩	武	淳化五年（994 年）至至道元年（995 年）	《宋史》卷 273《何承矩传》 《宋史》卷 5《太宗本纪二》
安守忠	武	至道元年（995 年）至至道三年（997 年）	《宋史》卷 273《何承矩传》 《宋史》卷 275《安守忠传》
何承矩	武	至道三年（997 年）至景德元年（1004 年）	《宋史》卷 273《何承矩传》
张雍	文	景德元年（1004 年）至景德二年（1005 年）	《宋会要辑稿》职官 51 之 45
李允则	武	景德二年（1005 年）	《续资治通鉴长编》卷 59
何承矩	武	景德二年（1005 年）至景德三年（1006 年）	《宋史》卷 273《何承矩传》
李允则	武	景德三年（1006 年）至天禧三年（1019 年）	《续资治通鉴长编》卷 93
刘承宗	武	天禧三年（1019 年）至天禧五年（1021 年）	《宋会要辑稿》职官 41 之 87、《宋史》卷 463《刘承宗传》
高继勋	武	天禧五年（1021 年）至天圣四年（1026 年）	《宋史》卷 289《高继勋传》、《文庄集》卷 2
张昭远	武	天圣四年（1026 年）至天圣七年（1029 年）	《续资治通鉴长编》卷 104、《宋史》卷 326《张昭远传》
刘平	武	天圣七年（1029 年）至天圣十年（1032 年）	《宋史》卷 325《刘平传》、《续资治通鉴长编》卷 112
孙继邺	武	明道元年（1032 年）至景祐元年（1034 年）	《山右石刻丛编》卷 13
葛怀敏	武	景祐元年（1034 年）至宝元二年（1039 年）	《宋史》卷 289《葛怀敏传》、《续资治通鉴长编》卷 122
高继宣	武	宝元二年（1039 年）至康定二年（1041 年）	《宋史》卷 298《高继宣传》
杜惟序	武	庆历元年（1041 年）至庆历二年（1042 年）	《续资治通鉴长编》卷 138
张昭远	武	庆历二年（1042 年）至庆历三年（1043 年）	《宋会要辑稿》兵 27 之 28
王德基	武	庆历三年（1043 年）至庆历五年（1045 年）	《宋会要辑稿》职官 64 之 47
王仁旭	武	庆历五年（1045 年）至庆历六年（1046 年）	《续资治通鉴长编》卷 158
王德基	武	庆历六年（1046 年）至皇祐二年（1050 年）	《续资治通鉴长编》卷 158
李纬	武	皇祐二年（1050 年）至皇祐四年（1052 年）	《宋史》卷 287《李纬传》
刘兼济	武	皇祐四年（1052 年）	《续资治通鉴长编》卷 172
李纬	武	皇祐四年（1052 年）至皇祐五年（1053 年）	《续资治通鉴长编》卷 174
马怀德	武	皇祐四年（1052 年）至嘉祐二年（1057 年）	《宋会要辑稿》职官 60 之 20、《宋会要辑稿》职官 65 之 16
曹偕	武	嘉祐二年（1057 年）至嘉祐五年（1060 年）	《宋史》卷 464《曹偕传》

续表

知州姓名	文 / 武职	任职起止时间	备注
宋守约	武	嘉祐五年（1060 年）至嘉祐六年（1061 年）	《宋史》卷 349《宋守约传》
赵滋	武	嘉祐六年（1061 年）至治平元年（1064 年）	《续资治通鉴长编》卷 193、卷 201
李中祐	武	治平元年（1064 年）至治平二年（1065 年）	《宋史》卷 336《司马光传》
张利一	武	治平二年（1065 年）至熙宁五年（1072 年）	《续资治通鉴长编》卷 205
冯行己	武	熙宁五年（1072 年）至熙宁八年（1075 年）	《续资治通鉴长编》卷 236、卷 259
王道恭	武	熙宁八年（1075 年）至熙宁十年（1077 年）	《续资治通鉴长编》卷 262、卷 284
苗授	武	熙宁十年（1077 年）至元丰三年（1080 年）	《续资治通鉴长编》卷 286、卷 305
刘舜卿	武	元丰三年（1080 年）至元祐元年（1086 年）	《宋史》卷 349《刘舜卿传》
王崇拯	武	元祐元年（1086 年）至元祐六年（1091 年）	《续资治通鉴长编》卷 457
曹诵	武	元祐六年（1091 年）至元祐九年（1094 年）	《续资治通鉴长编》卷 457
王祐	不详	元祐九年（1094 年）至绍圣四年（1097 年）	《苏轼诗集》卷 37
张赴	武	绍圣四年（1097 年）至元符二年（1099 年）	《续资治通鉴长编》卷 490、卷 509
刘方	武	元符二年（1099 年）至崇宁元年（1102 年）	《续资治通鉴长编》卷 509
王荐	武	崇宁元年（1102 年）至崇宁三年（1104 年）	《宋会要辑稿》兵 29 之 2
杨应询	武	崇宁三年（1104 年）至政和元年（1111 年）	《宋史》卷 350《杨应询传》
和诜	武	政和三年（1113 年）至宣和六年（1124 年）	《宋史》卷 350《和诜传》

注：据李之亮《北宋雄州守将系年》一文改制而成

自建隆二年（961 年）到宣和六年（1124 年），据李之亮先生统计北宋雄州共 52 人次出任知州，其中武臣 49 人次，文臣 2 人次，1 人身份不详。[①]北宋朝廷以级别较高武臣出任雄州知州，即显示了对边防治理的特殊考虑。河北路地处与辽对峙的前沿地带，此政治、军事形势，南宋人吕中在《国势论》中，有着深入的分析：

> 汉、唐多内难，而无外患，本朝无内患，而有外忧者，国势之有强弱也。……而国势之所以不若汉、唐者则有由矣。盖我朝北不得幽冀，则河北不可都，西不得灵夏，则关中不可都；不得已而都汴梁之地，恃兵以为强，通漕以为利，此国势之弱一也。[②]

在失去了长城天险的屏障下，为保障中原地区的安全，在一马平川的河北路即采取了以武臣知州为主的防御政策。朝廷对于雄州守臣的任命，也颇费了一番苦心。“以河朔事体至重，故进任大臣节制一路，诚为长策。然沿边守将，未甚得人，此不可不精择

① 李之亮：《北宋雄州守将系年》，《河北师范大学学报（哲学社会科学版）》2001 年第 4 期。

② （宋）吕中：《类编皇朝大事记讲义》卷 1《国势论》，上海：上海人民出版社，2014 年，第 42 页。

也……盖委任得人之明效也，方今不患乏材，但患不能用尔，缘雄州最为控扼重地，尤不当轻授。”[①]在雄州 44 位武臣知州中，对雄州的军政之事治理有佳，表现出武勇与韬略相辅相成的一面。

二、雄州知州的职能

1. 修建防御工事

北宋建国后失去了抵御北方少数民族的天然屏障——燕山、长城一线，河北路的雄州（今雄安新区）、保州（今保定市）、霸州（今霸州市）、鄚州（今任丘市），东至渤海一线，即成为与契丹隔拒马河相望的边境。因契丹的主要战斗兵力来自于骑兵，朝廷在雄州地区广植榆柳，“太祖尝令于瓦桥一带南北分界之所，专植榆柳，中通一径，仅能容一骑。后至真宗朝，以为使人每岁往来之路，岁月浸久，日益繁茂，合抱之木，交络翳塞”[②]。知雄州李允则命令安抚司在州内空隙之地，广植榆柳，“久之榆满塞”[③]。朝中很多人对于种植榆柳表示不解，李允则“谓僚佐曰：‘此步兵之地，不利骑战，岂独资屋材耶。’”[④]大中祥符五年（1012 年），宋真宗下令“河北缘边官道左右及时植榆柳”[⑤]。大中祥符九年（1016 年），河北安抚司上奏朝廷，“缘边官地所种榆柳，望令逐处官籍其数，以时检校，从之”。后来，朝廷检校河北榆柳，“内出北面榆柳图示辅臣，数逾三百万。帝曰：‘此可代鹿角也。雄州李允则颇用心于此，朕尝询其累任劳课书历否？’对曰：‘设官本要莅事，但当竭力，何得更谋课最？’此言亦可嘉也”。李允则作为雄州知州，因广植榆柳成绩显著，得到了宋真宗的肯定。

为了抵御契丹骑兵南下，北宋朝廷在河北边疆防御没有天险可守的情况下，结合当地的自然条件，创造了水上、地下相结合的防御体系。雄州境内有两条大河横贯而过，一为滹沱河，一为大清河，河流分支广泛，以致雄州南部几乎均被水淀覆盖。因此，利用地势平坦、多水的地形，兴修塘泊，可以有效地抵御辽朝骑兵，“自雄州东际于海，多积水，契丹患之，未尝敢由此路入”[⑥]。景祐二年（1035 年），葛怀敏知雄州，“时岁旱，塘水涸，知雄州葛怀敏虑契丹使至测知其广深，乃拥界河水注之，塘复如故”[⑦]。

---

① （宋）包拯：《包孝肃奏议集》卷 6《请罢知雄州刘兼济》，《影印文渊阁四库全书》，第 427 册，第 138 页。
② （宋）王明清：《挥麈录》后录卷 1《祖宗规模宏远》，第 41 页。
③ 《宋史》卷 324《李允则传》，第 10481 页。
④ （宋）李焘：《续资治通鉴长编》卷 93，天禧三年六月丁酉条，第 2151 页。
⑤ （宋）李焘：《续资治通鉴长编》卷 79，大中祥符五年十一月庚申条，第 1806 页。
⑥ 《宋史》卷 95《河渠志》，第 2364 页。
⑦ （宋）李焘：《续资治通鉴长编》卷 122，宝元元年十一月己未条，第 2887 页。

塘泊不仅可以御敌，还可自用为沿边城池的交通要道。知雄州何承矩上奏朝廷，“诏沧州、乾宁军常督壕寨主吏谨视斗门、水口，俟海潮至，拥入御河东塘堰，以广灌溉”[①]。李允则知雄州时，“列堤道，以通安肃、广信、顺安军”[②]，若契丹南下，雄州与广信、安肃、顺安即可互相支援、策应。河北沿边塘泊“自边吴淀至泥姑海口，绵亘七州军，屈曲九百里，深不可以舟行，浅不可徒涉，虽有劲兵，不能度也”[③]。若没有这条防线，契丹骑兵可以大肆南侵，北宋的兵力将更加分散。自此，雄州形成了“赵北燕南古战场，何年千里作方塘？”[④]

河北“边境千里，塘水占三分之二”[⑤]，北宋朝廷正是利用河北边境多塘泊、河渠的特点，在边疆地带以屯田为名，兴修水利，并使其贯通连接、纵横交错。兴修水利、屯田实边，既可限制契丹骑兵南下，又可增加农业生产、储备军粮，还可以减少宋廷的戍边士卒。端拱元年（988年），何承矩即提出在河北兴塘泺、屯田以抵御辽军。[⑥]端拱二年（989年），太宗“诏缘边作方田，颁条置量地里之远近，列置寨栅，以限戎马，而利我之步兵”[⑦]。淳化四年（993年），知雄州何承矩上奏朝廷，请于“顺安寨西引易河，筑堤为屯田”。既而河朔地区连年水患，坏城垒民舍，又上奏“复请因积潦处畜积为陂塘”，依何承矩的建议，河北地区“大作稻田以足食”[⑧]。历任雄州知州均认真、负责地大兴塘泊、屯田事务，仁宗宝元元年（1038年）雄州大旱，知州葛怀敏“虑契丹使至测知其广深，乃拥界河水注之，塘复如故”[⑨]。屯田工作在雄州顺利地开展，收效显著。咸平三年（1000年），“戎人犯边，高阳一路，东负海，西抵顺安，士庶安居，即屯田之利也”[⑩]。南宋薛季宣向宋孝宗高度评价了北宋镇边之策，“河北为三，而统于大名。有塘泺、方田、稻田、榆塞为之险”[⑪]。

2. 城池建设

虽有宋辽双方的盟约保障，但雄州守臣依然有着强烈的边防意识，对雄州城池的工

① （宋）李焘：《续资治通鉴长编》卷57，景德元年八月庚申条，第1252页。

② （宋）李焘：《续资治通鉴长编》卷93，天禧三年六月丁酉条，第2151页。

③ 《宋史》卷95《河渠志五》，第2359页。

④ （宋）苏辙著，陈宏天、高秀芳点校：《苏辙集》之《栾城集》卷16《奉使契丹二十八首之赠知雄州王崇拯二首》，北京：中华书局，1999年，第318页。

⑤ （宋）李焘：《续资治通鉴长编》卷150，庆历四年六月戊午条，第3658页。

⑥ （宋）赵汝愚：《宋朝诸臣奏议》卷105《上太宗论塘泊屯田之利》，上海：上海古籍出版社，1999年，第1130页。

⑦ （元）马端临：《文献通考》卷346《契丹中》，北京：中华书局，2011年，第9594页。

⑧ （元）马端临：《文献通考》卷7《田赋考七》，第163页。

⑨ （宋）李焘：《续资治通鉴长编》卷122，宝元元年十一月己未条，第2887页。

⑩ （宋）李焘：《续资治通鉴长编》卷47，真宗咸平三年四月庚戌条，第1010页。

⑪ （宋）薛季宣撰，张良权点校：《薛季宣集》附录《宋右奉议郎新改差常州借紫薛公行状》，上海：上海社会科学院出版社，2003年，第613页。

程建设都非常重视，要实现对敌患“来则御之，去则备之”[①]的战略需求。高州团练使李允则知雄州时：

河北既罢兵，允则治城垒不辍，辽主问其相张俭曰：“闻南朝尚修城备，得无违誓约？”俭曰：“李雄州为安抚使，其人长者，不足疑。”既而有以为言，诏诘之，允则奏曰：“初通好不即完治，他日如有颓圮，复安敢动？因此废守备，臣恐辽人不可测也。”帝以为然。[②]

李允则知雄州十八年。初，朝廷与契丹和亲，约不修河北城隍，允则欲展雄州城，乃置银器五百两于城北神祠中。或曰：“城北孤迥，请多以人守之。”允则不许。数日，契丹数十骑盗取之，允则大怒，移牒涿州捕贼，因且急筑其城。契丹内惭，不敢止也。[③]

高州团练使、知雄州李允则看似以小计谋达到了修建城池的目的，实则是为增强雄州的防御能力，而实现其保家卫国的雄伟韬略。沈括看到修缮的雄州城，称赞道：“大都军中诈谋未必皆奇策，但当时偶能欺敌而成奇功。”[④]至仁宗庆历六年（1046年），卫州团练使、知雄州王德基，看到“关城居民甚众，而故堞隳坏，久莫敢修，德基豫调兵夫筑完之”[⑤]。雄州城池的扩建，工程浩大，雄州守臣颇费心血。神宗熙宁七年（1074年），“雄州外罗城，乃嘉祐七年因旧修葺，元计六十余万工，至今已十三年，才修五万余工”[⑥]。知雄州李允则不但扩建了城池，还加固了雄州城内的战备设施，“周世宗始以关为州，而民多以草覆屋。允则取材木西山，大为仓廪营舍。始教民陶瓦甓，摽里闬，置廊市、邸舍、水硙。城上悉累甓，下环以沟堑，莳麻，植榆柳”[⑦]。

雄州城上还设有很多为探视敌情而用的瞭望楼，瞭望楼最远可以窥探十里的范围。“自罢兵，人莫敢登。允则曰：‘南北既讲和矣，安用此为？’”[⑧]知雄州李允则下令拆楼填坑，实则暗中修建防御工事，“浚井疏洫，列畦陇，筑短垣，纵横其中，植以荆棘，而其地益阻隘”[⑨]。李允则下令在城北建立一座高的佛塔，以为国防之用。此佛塔高达

① （宋）李焘：《续资治通鉴长编》卷47，真宗咸平三年夏四月庚戌条，第1010页。
② （宋）李焘：《续资治通鉴长编》卷93，真宗天禧三年六月丁酉条，第2150页。
③ （宋）司马光：《涑水记闻》卷6，北京：中华书局，1989年，第107页。
④ （宋）沈括：《梦溪笔谈》卷13，上海：上海书店出版社，2009年，第119页。
⑤ （宋）李焘：《续资治通鉴长编》卷158，庆历六年夏四月丙子条，第3826页。
⑥ （宋）李焘：《续资治通鉴长编》卷251，熙宁七年三月癸亥条，第6135页。
⑦ （宋）李焘：《续资治通鉴长编》卷93，天禧三年六月丁酉条，第2150页。
⑧ 《宋史》卷324《李允则传》，第10480页。
⑨ 《宋史》卷324《李允则传》，第10480页。

九层，“徙浮图北垣上，州民旦夕登望三十里”[①]。这个佛塔较之以前的瞭望楼，可以站得更高、看得更远，无疑是北宋国家安全之所需。虽有两国盟约在先，但为巩固国防的需要，雄州武臣知州顶着“边臣皆以生事为能，渐不可长”[②]的压力，确保了城池的坚固完善，履行一方守臣的应有责任。

3．兴榷场贸易

雄州处于宋辽边界，是宋辽双方沟通的窗口。在雄州设立榷场进行贸易，可以互通有无、怀柔远人，维护边疆和平稳定。开宝七年（974年），契丹涿州刺史耶律琮致书权知雄州、内园使孙全兴，“两朝初无纤隙，若交驰一介之使，显布二君之心，用息疲民，长为邻国，不亦休哉！”之后，知雄州孙全兴“以琮书来上，上命全兴答书，并修好焉”。[③]同年七月，“遣西上阁门使郝崇信使契丹，以太常寺丞吕端副之。自是始与中国交聘”[④]。雄州榷场于太平兴国二年（977年）正式建立，“契丹在太祖朝，虽听沿边互市，而未有官司。是月，始令镇、易、雄、霸、沧州各置榷务，命常参官与内侍同掌，辇香药、犀、象及茶，与相贸易”[⑤]。自太平兴国四年（979年）北宋征伐北汉开始，宋辽边境战事不断，因此双方的榷场贸易时断时续。真宗咸平五年（1002年），辽朝向宋朝提交文书，“求复置榷场”。但是北宋朝廷认为，“朝议以敌情翻覆，未之许”。知雄州何承矩陈请朝廷，要求设立榷场，“榷场之设，盖先朝从权立制，以惠戎人，纵其渝信犯边，亦不之废。戎退商行，似全大体。今缘边榷场，因敌骑入寇，即已停废。去岁以臣上言，于雄州置场卖茶，虽赀货并行，而边氓未有所济，望延访大臣，议其可否。或文武中有抗执独见，是必别有良谋，请委之边任，使施方略，责其成功。苟空陈浮议，上惑圣聪，只如灵州足为证验，况兹北敌又非平夏之比也？”[⑥]知雄州何承矩言辞犀利地说明了雄州设立榷场的情况，要求开边贸易，于是朝廷同意在雄州复置榷场。宋辽双方的生产力水平差距较大，其贸易一般是以宋方价格低廉的加工制品换取辽方昂贵原料等的不等价交换。这些榷场贸易增加了北宋的财政收入，弥补了边境战事的军费开支。大中祥符三年（1010年），李允则知雄州时，“雄州谍者常告，虏中要官闲遣人至京师造茶笼燎炉。允则亦使倍与直作之，纤巧无毫发之异，且先期至，则携至榷场，使茶酒卒多口夸说其巧，令蕃商遍观之”[⑦]。契丹对于宋朝精加工的奢侈品非常热衷，纵

① （宋）李焘：《续资治通鉴长编》卷93，天禧三年六月丁酉条，第2151页。

② 《宋史》卷336《司马光传》，第10761页。

③ （宋）李焘：《续资治通鉴长编》卷15，开宝七年十一月甲午条，第328页。

④ （清）徐松辑，刘琳等校点：《宋会要辑稿》蕃夷1之2，第9712页。

⑤ （宋）李焘：《续资治通鉴长编》卷18，太平兴国二年正月庚寅条，第402页。

⑥ （宋）李焘：《续资治通鉴长编》卷51，咸平五年四月癸巳条，第1128页。

⑦ （宋）苏辙：《龙川别志》卷下，北京：中华书局，1982年，第96页。

使宋廷对榷场贸易物品有明确的禁令，然而在对国家安全没有触动的情况下，雄州守臣看在本国贸易利润上会网开一面。“允则知雄州。初，禁榷场通异物，而逻者得所易珉玉带。允则曰：‘此以我无用易彼有用也，纵不治。’”①雄州榷场贸易中，其经济收入对宋朝财政贡献不可小觑。“盖祖宗朝赐予之费，皆出于榷场。岁得之息，取之于虏而复以予虏，中国初无毫发损也。”②澶渊之盟后，北宋每年给辽朝的岁币开支皆取自榷场利润所得，可谓取之于敌而用之于敌。雄州作为北宋四大榷场之首，其经济收入对河北路财政贡献不容忽视。雄州守臣对榷场的设置、管理也做出了巨大贡献。

4. 情报与间谍活动

北宋朝廷为防止辽朝间谍窃取情报，对国家安全信息保密要求非常严格。由于雄州是宋辽间军事和外交的要地，机密事宜对于雄州守臣而言是重要的职责所在。大中祥符三年（1010 年），北宋朝廷“只令知州军与逐处通判、钤辖、都监商议施行，其余官员、使臣，不得辄有干预”③。对事关国家安全的情报事宜，雄州守臣建议将保密级别升高，参与决策者的人数减少。天禧三年（1019 年），知雄州刘承宗上奏：“北面有密报事宜，其通判官已下勿复参闻。”朝廷从之。④甚至边疆守臣的家信也要加以限制，宣和四年（1122 年）诏：“诸沿边官吏辄以私书报边事，以违制论。”⑤辽朝境内的信息，大都由雄州的情报机构或间谍首先获得。守边之将使用间谍成为北宋御边的一个有效手段，同时也是边疆守臣的一项职责。熙宁七年（1074 年），宋神宗下诏：“其边臣不能，使人到前后探事尤无实者，当移降。”⑥间谍活动需要充裕的经费支持。范纯仁说：“雄、霸之间岁出金帛购谍者以揣知虏情。”⑦神宗时期，王安石说：“雄州有官库，专给用间。”⑧元丰四年（1081 年），雄州知州刘舜卿上奏朝廷，请求可以不受限制地招募间谍。北宋朝廷答应其请求，并诏令三司给予，“银千两、金百两”。⑨

北宋缘边州军选取谍人多从当地百姓中招募，因“边鄙之人，多负壮勇，识外邦之情伪，知山川之形胜”。何承矩为雄州知州时，知百姓疾苦，“推诚御众”，使雄州百姓乐于为其所用，“边民有告机事者，屏左右与之款接，无所猜忌，故契丹动息皆能前

① 《宋史》卷 324《李允则传》，第 10480 页。
② （宋）徐梦莘：《三朝北盟会编》卷 8《政宣上帙八》，上海：上海古籍出版社，1987 年，第 53 页。
③ （清）徐松辑，刘琳等校点：《宋会要辑稿》兵 27 之 16，第 9190 页。
④ （清）徐松辑，刘琳等校点：《宋会要辑稿》职官 41 之 87，第 4043 页。
⑤ （清）徐松辑，刘琳等校点：《宋会要辑稿》刑法 2 之 86，第 8329 页。
⑥ （宋）李焘：《续资治通鉴长编》卷 256，熙宁七年九月甲寅条，第 6258 页。
⑦ （宋）范纯仁：《范忠宣集》卷 16《大中大夫充集英殿修撰张公行状》，《景印文渊阁四库全书》，第 1104 册，第 713 页。
⑧ （宋）李焘：《续资治通鉴长编》卷 237，熙宁五年八月戊戌条，第 5775 页。
⑨ （清）徐松辑，刘琳等校点：《宋会要辑稿》蕃夷 2 之 28，第 9754 页。

知”[①]。李允则作为雄州知州长达十四年，善于用间谍，“契丹中机密事，动息皆知之，当时边臣无有及者”[②]。如大中祥符三年（1010年），李允则上奏：“契丹由显州东侵高丽，期以十二月还中京，盖虑朝廷使至彼也。又上契丹兵数。”[③]知雄州李允则对于辽方国事动向悉数了解，并上报朝廷。雄州有云翼卒逃亡到契丹，李允则督促辽国归还逃亡士兵，“契丹报以不知所在。允则曰：‘在某所。’契丹骇，不敢隐，即归卒，乃斩以徇，后无敢亡者”[④]。李允则此番作为，既打击了辽朝的嚣张气焰，又给境内军士、百姓以威慑。李允则能够对逃亡士兵的行踪了如指掌，得益于他平时的养间和用间，李允则在雄州城开有很多的便门，“多纳燕京左右奸细等人，询问北朝事宜”[⑤]，以致李允则晚年致仕居于开封，“有自契丹亡归者，皆命舍允则家”[⑥]。李允则所豢养的间谍最著名的就是张文质。张文质为雄州人，李允则让其更改普通俗人身份为僧人，派遣其进入辽朝，以侦察敌情，后来竟顺利在辽入朝为官，直到仁宗天圣五年（1027年）回归大宋，朝廷给予张文质嘉奖“至是来归，诏补文质三班奉职、潭州监当”[⑦]。契丹也未就此作罢，同时派遣辽方间谍进入大宋进行侦查，“又得谍，释缚厚遇之，谍言燕京大王遣来，因出所刺缘边金谷、兵马之数。允则曰：‘若所得谬矣。’呼主吏按籍书实数与之。谍请加缄印，因厚赐以金，纵还。未几，谍遽至，还所与数，缄印如故，反出彼中兵马、财力、地里委曲以为报”[⑧]。李允则善于攻心，用大度之心感化了辽方间谍，不仅保护了大宋的机密文件，还将敌方间谍收为我用，其治理能力让人叹服。

仁宗庆历年间，宋夏在西北地区相互攻伐，战争吃紧。辽朝乘机要挟北宋，要得关南之地。在如此纷繁复杂的外交形势下，北宋间谍发挥了重要作用。“时契丹勒兵燕、蓟间，遣使求割地。”契丹使者还未到达北宋，时任雄州知州的杜惟序已经通过间谍，“购得其草，先以闻”[⑨]。从而，宋方在时间上获得先机，为制定对策提供了依据。徽宗年间，雄州知州和诜“在雄十年，颇能侦敌”，以至于“童贯攻燕，召诜计事，悦之”[⑩]。

---

① 《宋史》卷273《何承矩传》，第9329页。
② （宋）司马光：《涑水记闻》卷6《李允则知雄州》，第107页。
③ （宋）李焘：《续资治通鉴长编》卷74，大中祥符三年十月戊辰条，第1692页。
④ （宋）李焘：《续资治通鉴长编》卷93，天禧三年六月丁酉条，第2152页。
⑤ （宋）包拯撰，杨国宜校注：《包拯集校注》卷9《奉使契丹辨雄州便门事状》，第70页。
⑥ 《宋史》卷324《李允则传》，第10482页。
⑦ （宋）李焘：《续资治通鉴长编》卷105，天圣五年九月乙巳条，第2447页。
⑧ 《宋史》卷324《李允则传》，第10481页。
⑨ 《宋史》卷463《外戚上》，第13540页。
⑩ 《宋史》卷350《和诜传》，第11081页。

5. 处理军事、外交等纠纷

雄州是北宋缘边之地，是军事冲突的高风险地带。相比文臣，武臣知雄州可以更好地应对战争压力，能及时有效的临兵御敌。如曾巩言："敕某：州有兵民之寄，而地在疆埸之间。则常择用材武之臣，属之守御之任。尔以能进，往祇厥服。尚思绥靖，以称简求。"①真宗咸平四年（1001 年）知雄州何承矩，"请于乾宁军选锐兵，乘刀鱼船，自界河攻平州，以分敌势，从之"②。咸平六年（1003 年），知雄州何承矩，"言杀敌斥堠军士，夺马二匹，并得敌界新城都监仲文煦牒，请徙九村民以避劫掠，寻各谕令警备"③。澶渊之盟后，宋辽双方协议遵守誓约，不修战备之事。知雄州李允则处事得当，既要加强战备，又不能落辽方口实。李允则将军事备战训练，寄予游戏之间，乃妙不可言。李允则每年夏秋两季组织祭祀娱乐活动，其中之一便是让战船在白沟河上竞渡比赛，"岁修禊事，召界河战棹为竞渡，纵北人游观，潜寓水战"④。组织赛船游戏，又允许契丹百姓观赏，在不引起辽方猜忌、怀疑的过程中，宋方已然训练了军士，达到了战备的目的。当边境有异动之时，武臣知州也可在第一时间，做出恰当的应对方式。知雄州高继勋，在仁宗即位初年的冬季，"契丹猎燕蓟，候卒报有兵入钞，边州皆警。继勋曰：'契丹岁赖汉金缯，何敢损盟好邪？'居自若，已，乃知渤海人叛契丹，行剽两界也"⑤。和平时期的武臣知州，能做到"即有警，使以兵互应"⑥。如安守忠知雄州时，"守忠尝与僚属宴饮，有军校谋变，衷甲及门。阍吏狼狈入白，守忠言笑自若，徐顾坐客曰：'此辈酒狂耳！'实时擒获，人颇服其量"⑦。

雄州守臣不仅对边境的军事、战争具有高度的警惕性，且对边疆民族关系也颇耐心处理。皇祐四年（1052 年），西上閤门使、惠州刺史刘兼济知雄州。"先是，边民避罪或亡入契丹，契丹辄纳之，守将畏事不敢诘，兼济悉移檄责还。"⑧刘兼济一改前任胆小怕事作风，勇于向契丹交涉处理边事。赵滋出任雄州知州时，契丹的百姓违背盟约经常到界河打渔，北宋一方为了避免生事端，不敢进行阻止。以致事态愈演愈烈，契丹一方公然从海上驶船穿越界河，途径雄州，走私食盐。朝廷因赵滋"强力精悍，有吏能，所至

---

① （宋）曾巩撰，陈杏珍、晁继周点校：《曾巩集》卷 22《温嵩知钦州制》，北京：中华书局，1984 年，第 351—352 页。

② （宋）李焘：《续资治通鉴长编》卷 49，咸平四年十月甲子条，第 1080 页。

③ （宋）李焘：《续资治通鉴长编》卷 54，咸平六年五月丙辰条，第 1179 页。

④ （宋）李焘：《续资治通鉴长编》卷 93，天禧三年六月丁酉条，第 2151 页。

⑤ 《宋史》卷 289《高继勋传》，第 9695 页。

⑥ （清）徐松辑，刘琳等校点：《宋会要辑稿》职官 47 之 16，第 4274 页。

⑦ （宋）李焘：《续资治通鉴长编》卷 32，淳化二年闰二月庚辰条，第 713 页。

⑧ （宋）李焘：《续资治通鉴长编》卷 172，皇祐四年二月庚寅条，第 4133 页。

称治”，任命其知雄州，“滋戒巡兵，舟至，辄捕其人杀之，辇其舟，移文还涿州，渔者遂绝”。知瀛州彭思永、河北转运使唐介燕都一致认为赵滋破坏盟约，挑起事端，请求罢免赵滋知雄州一职。朝廷非但没有罢免，还授予嘉州团练使予以表彰，“更以为能，擢龙神卫四厢都指挥使、嘉州团练使”①。治平二年（1065年），契丹民众又“捕鱼界河，伐柳白沟之南”②，此时的雄州知州为李中祐，而朝廷认为李中祐不才，别选州将以代之。治平二年六月，英宗以嘉州团练使张利一知雄州兼河北沿边安抚使。司马光认为，“若契丹不循常例，小小相侵，如鱼船、柳栽之类，止可以文牒敕会，道理晓谕，使其官司自行禁约，不可以矢刃相加”③。但张利一对于契丹经常挑起事端的行为，采取强硬手段，不可令其有得寸进尺之念。辽人要刺两属民为兵，百姓不堪其辱，张利一得知此事并采取措施，“有大姓举族南徙，慕而来者至二万。利一发廪振恤，且移诘涿州，自是不敢复刺”④。

三、结语——兼论武臣知州与北宋边疆治理问题

北宋雄州是一个宋与辽深度交流的地区，它的一举一动反映了宋辽关系的动向。甚至可以说，一座雄州城，半部宋辽关系史。⑤雄州是宋辽边境的军事重镇，其知州的选任，朝廷颇为重视“雄州守将，委任甚重”⑥，一般以能力较强的武臣充任。在河北沿边州军，一州之长除了要负责州内的户口、赋役、狱讼等事务外，还要肩负处理边境纷争、维护边疆稳定的要责。边防要地以武臣知州明显优于文臣，因为边防要地的国防安全重要性远大于内政处理。宋人曾说：“时时有一二竭节死难，当横溃之冲者，皆武臣也。”⑦若依一般规则，以文臣知边州，朝廷则有非议，如“泾原路都钤辖兼知渭州曹玮，请如旧例，别遣官知渭州。上曰：‘边防屯集之地，别命知州，或互执其所见，将致生事。’”⑧以武将来保障边地的安全，自古以来便受推崇，“盖古人有封建之法，所以无边塞之警”。太祖任武将戍守边关，“于边将任之久责之专”，使西北不敢犯边。然自

① 《宋史》卷324《赵滋传》，第10497页。

② 《宋史》卷336《司马光传》，第10760页。

③ （宋）李焘：《续资治通鉴长编》卷205，治平二年六月己酉条，第4970页。

④ 《宋史》卷290《张利一传》，第9712页。

⑤ 丁建军、王轶英：《宋辽对峙成就的一座历史名城：北宋之雄州》，《华北区域历史变迁国际学术研讨会论文集》，第77页。

⑥ （宋）李焘：《续资治通鉴长编》卷138，庆历二年十一月丁酉条，第3326页。

⑦ （宋）徐梦莘：《三朝北盟会编》卷145，第1054页。

⑧ （宋）李焘：《续资治通鉴长编》卷78，大中祥符五年六月戊申条，第1770页。

太宗以后，“有莫大之兵而受外国无疆之侮，亦以外权既轻而边将数易故也”[①]。宋朝以武臣出任雄州知州，其人选颇费了一番心思，知雄州者多为能征善战、有勇有谋之将。宋太宗说：“刺史之任，最为亲民，苟非其人，则民受其祸。”[②]北宋皇帝一般选任“宜得武干善镇静者”[③]镇守河北缘边州郡。例如，太宗、真宗时期知雄州者何承矩，“习熟戎事，有方略，能绥抚异俗。其后北使至者，言敌人皆畏服承矩之名。尤好儒学，宾礼贤士大夫”[④]。何承矩在雄州出任知州期间，治州理边皆优，得到百姓的爱戴，以至于要解任归朝时，当地百姓集体上奏朝廷请求再任，“先是，诏知雄州何承矩入朝，州民百余诣阙贡马，求承矩再任。壬子，复遣承矩知雄州，还民所贡马”[⑤]。在何承矩以老解边之后，朝廷任命李允则知雄州，李允则作为雄州执掌的时间长达14年，对于河北地区的边疆治理功绩流传于世，《宋史·李允则传》称：“(其)在河北二十年，设施方略，不动声气，契丹至以长者称之。”[⑥]以致南宋曹彦约评价说：“本朝守边之臣，未有出于(李)允则之右者。”[⑦]仁宗以后，雄州守将虽无何承矩、李允则之名流，但也都“察其识用，颇为通审”[⑧]。何承矩在即离任雄州知州时，上奏朝廷表达了对边吏人选的建议：

> 伏望遴择疆吏，出牧边民，厚之以俸禄，使充其心，借之以威权，使严其令。然后深沟高垒，秣马厉兵，为战守之备，修仁立德，布政行惠，广安辑之道。训士卒，开田畴，劝农耕，畜刍粟，以备凶年。完长戟，修劲弩，谨烽燧，缮堡戍，以防外患。来则御之，去则备之。如此，则边城安堵矣。
>
> 且边鄙之人，多负壮勇，识羌戎之情伪，知山川之形势。望于边郡置营召募，不须等其人才，止求少壮武力，令及万人，俟契丹有警，任智勇将统而用之，乃中国之长算也。[⑨]

朝廷对于武臣掌管边防要地的军政大权，也并非全无顾虑。如边地武臣知州三年一任，是为了防止地方割据势力的形成。雄州知州一般皆以武臣充任的前提下，于景德三

---

① (宋)吕中:《类编皇朝大事记讲义》卷2《命将帅》，第56页。
② (宋)李焘:《续资治通鉴长编》卷25，雍熙元年三月丙午条，第574页。
③ (宋)李焘:《续资治通鉴长编》卷59，景德二年正月甲寅条，第1308页。
④ (宋)李焘:《续资治通鉴长编》卷64，景德三年九月乙丑条，第1427页。
⑤ (宋)李焘:《续资治通鉴长编》卷47，咸平三年四月庚戌条，第1009页。
⑥ 《宋史》卷324《李允则传》，第10498页。
⑦ (宋)曹彦约:《经幄管见》卷4,《丛书集成初编》，第686册，第63页。
⑧ (宋)李焘:《续资治通鉴长编》卷138，庆历二年十一月丁酉条，第3327页。
⑨ (宋)李焘:《续资治通鉴长编》卷47，咸平三年四月庚戌条，第1010页。

年（1006 年）设立了河北缘边安抚使[①]、庆历八年（1048 年）置河北四路安抚使，“命知大名真定府、瀛定州者领之”[②]。河北缘边安抚使的任职者也为武官，任满后，按照惯例接任者多由保州知州充任。[③]而庆历八年所置的河北四路安抚使，依据陕西安抚使模式，以文臣担任安抚使，武臣任副都部署。如文臣韩琦“（庆历）八年四月，河北置四路安抚使，除公（韩琦）定州路安抚使、都总管、知定州。前此守臣皆武臣，安于无事，循尚姑息，兵颇骄纵。公至，则修明军政”[④]。

除却制度上的保障外，皇帝还经常对边地武臣给予训导教化，如澶渊之盟后，真宗遣引进使、华州团练使何承矩知雄州，赐承矩诏曰：

> 朕嗣守鸿业，惟怀永固，思与华夷，共臻富寿。而契丹自太祖在位之日，先帝继统之初，和好往来，礼币不绝。其后克复汾、晋，疆臣贪地，为国生事，信好不通。今者圣考上仙，礼当讣告。汝任居边要，洞晓诗书，凡有事机，必能详究，轻重之际，务在得中。[⑤]

高州团练使李允则曾担任过河北路多个边地知州，如知雄州、瀛洲、镇州等，其深知朝廷对于武臣知边州的忧虑，李允则曾对真宗言：

> 朝廷不欲困军民，故屈己议和，虽国费甚多，较之用兵，其利固不侔也。但择边将谨守誓约，有言和好非利者，请一切斥去。
>
> 上曰：“兹朕意也，边将皆如是，朕岂复有北顾之忧乎。”[⑥]

朝廷虽以武将知边州，但深知其掌兵的厉害。无论是出于少惹事端的担心，还是对其久握兵权的芥蒂，朝廷都心存疑虑，以致某些文官上奏，“宜敕边吏，疆场细故辄以矢刃相加者，罪之”[⑦]。武臣知州虽有治理边疆的便利之处，但其与北宋重文抑武的治国理念相违背，因此在一些州军采取了灵活措施，“平时责其抚绥怀柔，则易以文吏，缓急责其控捍制御，则付之武臣，一举可谓两得矣”[⑧]。

---

① （宋）李焘：《续资治通鉴长编》卷 62，景德三年四月乙酉条，第 1394 页。

② （宋）李焘：《续资治通鉴长编》卷 164，庆历八年夏四月辛卯条，第 3947 页。

③ 李立：《北宋河北缘边安抚使研究》，漆侠主编：《宋史研究论文集：国际宋史研讨会暨中国宋史研究会第九届年会编刊》，保定：河北大学出版社，2002 年，第 96 页。

④ （宋）韩琦著，李之亮、徐正英校笺：《安阳集编年笺注》，成都：巴蜀书社，2000 年，第 1796 页。

⑤ 《宋史》卷 273《何承矩传》，第 9329 页。

⑥ （宋）李焘：《续资治通鉴长编》卷 59，景德二年春正月甲辰条，第 1320 页。

⑦ 《宋史》卷 336《司马光传》，第 10761 页。

⑧ （清）徐松辑，刘琳等校点：《宋会要辑稿》职官 41 之 95，第 4047 页。

宋太祖以陈桥兵变立国以后，便形成了崇文抑武、强干弱枝的祖宗家法。在中央集权体制下，北宋朝廷在政治运行和地方治理中形成了文臣知州的一般规则。但是，面对纷繁复杂的边疆形式，北宋朝廷不得以任用武臣出任边疆要地的知州，只因武臣知州更具有边疆治理的实效性。可见，以文驭武的治国理念并非一成不变的教条。这看似与北宋“祖宗之法”相抵牾的武臣知州政策，实为朝廷经国御敌的权变之法。

唐宋名胜许昌西湖考述

张祥云

（河南大学 历史文化学院，河南 开封，475001）

摘　要：许昌西湖是一处人工湖景观，肇始于唐代，兴盛于北宋。该湖澄澈渺远、鸟飞鱼跃、棠花梅艳、青竹密布，自然景观优美；加之处处亭台楼阁，画舫拱桥，人语喧嚣、笛声琴诉，更是兼具人文景观魅力。吸引了众多名臣宿儒、高僧大德和普通民众，他们呼朋唤友，畅游西湖，或吟咏唱和，或谈经论典、生产种艺，有效促进了当地文化教育、宗教、艺术、园艺等事业的发展。西湖景观的发展繁盛，在某种程度上反映了许昌独特的地理环境、深厚的历史文化积淀和逸乐嬉游的民俗风貌；也反映了当时中原地区物候及社会经济状况。

关键词：唐宋；许昌；西湖；民俗

“西湖者，许昌胜地也。”[①]北宋时期，该湖与杭州西湖、颍州（今安徽阜阳）西湖齐名。又因许昌地接东京开封、西京洛阳，交通便利，具有独特的历史人文和畿辅区位优势，以至于被时人称誉为众西湖之“首”[②]。作为许昌历史时期的名片、展现许昌人文风采及地理环境变迁的窗口，该湖的历史文化价值依然存在，且对今天许昌新西湖的建设、旅游开发，也颇具现实借鉴作用。故笔者在广泛爬梳有关史料的基础上，试对唐

① （宋）欧阳修著，洪本健校笺：《欧阳修诗文集校笺·外集》卷2《春日西湖寄谢法曹歌》“原注”，上海：上海古籍出版社，2009年，第1310页。

② （宋）胡宿：《文恭集》卷35《流杯亭记》：“又惟杭、颍二州西偏，皆映带流水，同得西湖之号，与许为三。……许在三辅……为首焉。”参见曾枣庄、刘琳主编：《全宋文》，上海：上海辞书出版社；合肥：安徽教育出版社，2006年，第11册，第544页。

宋许昌西湖做一考述，以再现这一历史人文景观，进而揭示许昌乃至中原地区之人文社会风貌。

一、“凿开鱼鸟忘情地，展尽江湖极目天”①——许昌西湖的形成发展

“府寺之胜，寄于亭沼”这一城建理念，使许昌西湖发展为一处游览胜地：“芹蘋芡芰，菰蒲菡萏之植，含葩耸干，或丹或白，罗映洲沚，粲若绘境”②，冠绝一方。相传，唐代曲環作镇时筑城取土，“因以其地导潩水潴之，略广百余亩”③，成就了这一人工湖，因位于许昌城之西北，故称“西湖”。“大抵湖水修于南北，狭于东西”，即呈现南北长、东西短的状态。唐末，善吟咏、好游赏的薛能主政许州，进一步“增广其沚”，扩大规模，并于湖上修建水亭——“绿鸭亭”，故该湖又称“绿鸭陂（湖）”。④

“绿鸭东陂已可怜，更因云窦注西田。”⑤北宋时期社会较为安定，经济繁荣，民众游赏之风盛行，加之以京都为中心的漕运体系的拓展，促使许昌西湖再获发展。如郡守、皇戚李遵勖，热心园林建设，在湖之西北角修建流杯亭，并砻石作渠，析潩上流，注于亭中，为浮觞乐饮之所。名臣宋庠则利用黄河春夫，“浚治之，始与西相通”⑥，使该湖“淼漫澝沦，浸可数里”⑦。湖之东北，则有壕沟与潩水曲折相通，蜿蜒十余里，两边密布大竹。这样，西湖景观面积从“百顷”⑧，逐步拓展至“万顷”⑨。其后，西湖规模虽曾一度缩小，但旋即得以恢复。史载：“厨规利者，遂涸以为田……予（叶梦得）为守时，复以还旧，稍益开浚，渺然真有江湖之趣。”⑩

两宋之际，宋金交战，中原离乱，许昌地区遭到严重摧残，“自穰下由许昌以趋宋城。几千里无复鸡犬……菽粟梨枣，亦无人采刈”⑪，致使西湖名胜之风采不再。金著

---

① （宋）宋庠：《元宪集》卷12《重展西湖二首》，《景印文渊阁四库全书》，台北：商务印书馆，1986年，第1087册，第489页。

② （宋）胡宿：《文恭集》卷35《流杯亭记》，曾枣庄、刘琳主编：《全宋文》，第11册，第543页。

③ （宋）叶梦得：《石林诗话》，《景印文渊阁四库全书》，第1478册，第988页。

④ （宋）胡宿：《文恭集》卷35《流杯亭记》，曾枣庄、刘琳主编：《全宋文》，第11册，第543页。

⑤ （宋）宋庠：《元宪集》卷12《重展西湖二首》，《景印文渊阁四库全书》，第1087册，第489页。

⑥ （宋）叶梦得：《石林诗话》，《景印文渊阁四库全书》，第1478册，第989页。

⑦ （宋）胡宿：《文恭集》卷35《流杯亭记》，曾枣庄、刘琳主编：《全宋文》，第11册，第543页。

⑧ （宋）邹浩：《道乡集》卷8《送郭舜俞再任颍昌》，《景印文渊阁四库全书》，第1121册，第237页。

⑨ （宋）邹浩：《道乡集》卷2《范仲成约非晚过颍昌留数日因邓兵还追用前韵寄之》，《景印文渊阁四库全书》，第1121册，第173页。

⑩ （宋）叶梦得：《石林诗话》，《景印文渊阁四库全书》，第1478册，第989页。

⑪ （宋）庄绰撰，萧鲁阳点校：《鸡肋编》，北京：中华书局，1983年，第21页。

名诗人元好问曾感慨道："安得西湖展江手，乱铺云锦浸青山。"[①]

二、"究奇选胜，殆穷目巧"[②]
——许昌西湖的景观魅力

许昌西湖，物物随时，自然、人文景观兼具，魅力无限，以至于"客至无情亦有情"[③]。下面根据唐、宋有关文献记载，描述如下。

（一）西湖自然景象

初春时，东风吹拂，物华一新："万顷琉璃蹙翠鳞"[④]、"紫荷媚曲塘，青秧舞平畦"[⑤]，引惹人们纷纷出户，去感受春天的气息，正所谓"游女红裙上大堤"[⑥]、"幽怀先赏潩滩春"[⑦]。晚春，登上湖桥高亭，凭栏远眺，则是湖光晓烟，夭桃弄春，残梅标格[⑧]，别有一番韵味。初夏，树影斑驳，紫荷点点，还有"巨鲤开纹浪"[⑨]、"莺度水东西"[⑩]。湖边曲径上，竹皮冠冕新颖别致，成为一道独特的风景。[⑪]盛夏，蛱蝶团起，蜻蜓对飞，"荷芰忽翻倒，四散飘暗香"[⑫]，西湖动态之美尽显。初秋的西湖，平波淼淼，色彩斑斓："芡盘凋晚翠，菊艳夺春红。"[⑬]而人们，或湖边小径"闻草香"[⑭]，或湖上泛舟"度深幽"[⑮]，收红稻、获紫菱。深秋之时，"霜风吹林叶乱坠，波下叠叠如铺茵"[⑯]，景

① （金）元好问：《遗山集》卷 12《马坊冷大师清真道院三首》，《景印文渊阁四库全书》，第 1191 册，第 141 页。
② （宋）胡宿：《文恭集》卷 35《流杯亭记》，曾枣庄、刘琳主编：《全宋文》，第 11 册，第 543 页。
③ （宋）宋庠：《元宪集》卷 15《新岁雪霁到西湖作三首》，《景印文渊阁四库全书》，第 1087 册，第 511 页。
④ （宋）范纯仁：《范忠宣集》卷 4《西湖四时四首》，《景印文渊阁四库全书》，第 1104 册，第 584 页。
⑤ （宋）李廌：《济南集》卷 3《已卯春许昌湖上酬王实仲弓作》，《景印文渊阁四库全书》，第 1115 册，第 729 页。
⑥ （宋）韩维：《南阳集》卷 10《和况之》，《景印文渊阁四库全书》，第 1101 册，第 598 页。
⑦ （宋）宋庠：《元宪集》卷 15《新岁雪霁到西湖作三首》，《景印文渊阁四库全书》，第 1087 册，第 511 页。
⑧ （宋）苏轼撰、（清）王文诰辑注，孔凡礼点校：《苏轼诗集》卷 27《许州西湖》，北京：中华书局，1982 年，第 81 页。
⑨ （宋）韩维：《南阳集》卷 10《和子华同程中散燕湖上》，《景印文渊阁四库全书》，第 1101 册，第 601 页。
⑩ （宋）梅尧臣著，朱东润编年校注：《梅尧臣集编年校注》卷 11《夏日晚晴登许昌西湖》，上海：上海古籍出版社，1980 年，第 181 页。
⑪ （宋）宋庠：《元宪集》卷 12《闰三月再到西湖花卉已过春余夏早景物亦佳因复留连日夕忘返》，《景印文渊阁四库全书》，第 1087 册，第 489 页。
⑫ （宋）韩维：《南阳集》卷 2《和晏相公西湖》，《景印文渊阁四库全书》，第 1101 册，第 521 页。
⑬ （宋）韩维：《南阳集》卷 11《和微之》，《景印文渊阁四库全书》，第 1101 册，第 609 页。
⑭ （宋）梅尧臣著，朱东润编年校注：《梅尧臣集编年校注》卷 17《同诸韩及孙曼叔晚游西湖三首》，第 400 页。
⑮ （宋）郑刚中：《北山集》卷 7《次韵和颍昌叶翰林七首》，《景印文渊阁四库全书》，第 1130 册，第 71 页。
⑯ （宋）韩维：《南阳集》卷 13《和晏相公湖上十月九日三首》，《景印文渊阁四库全书》，第 1101 册，第 620 页。

象萧瑟。严霜之下，棠梨叶赤，杉篁涵翠，“嘹唳惊鸿入镜中”[①]，同样吸引人们的眼球。冬日之西湖，空旷而不沉寂：潭水“容暖”[②]，“浴凫沈鹭不知寒”[③]；而渔叟们，童趣满满，独玩湖中雪[④]，破冰捕鱼。

（二）西湖人文景观

“远烟被林莽，楼阁隐岧峣。”[⑤]许昌西湖不仅有迷人的自然风光，还有密布亭台楼阁等的人文景观，以方便游人休憩、赏玩。

1. 亭景

（1）德星亭。位于西湖东岸堤边，早在唐代就已存在，是为纪念东汉先贤陈寔、荀淑而建。[⑥]唐胡曾有诗言：“古贤高尚不争名，行止由来动杳冥。今日浪为千里客，看花惭上德星亭。”[⑦]表达了对先贤的爱慕敬仰。而唐郡守薛能之诗句：“汉水南流东有堤，堤边亭是武陵溪。槎松配石堪僧坐，蕊杏含春欲鸟啼。高处月生苍海外，远郊山在夕阳西。”[⑧]则将该亭在西湖的大体位置，以及岸边的松、石、人、鸟、花等景观勾勒出来。（2）绿鸭亭，唐代薛能创建。其命名缘起，现在已不清楚，但其影响较大，成为一众文人骚客笔下的常用语。如“渺渺鸭头春”[⑨]、“一竿同钓鸭陂头”[⑩]等即是。宋文士李廌曾登临此亭，留下脍炙人口的诗句：“澄波滃沦鸭头绿，秋水清于春水明。芰裳已逐秋光尽，藻带暗藏春意生。”[⑪]诗中直观表现了其于深秋登临此亭的感受。（3）展江亭。该亭“清绝至如家”[⑫]，颇似“广寒宫”[⑬]，是消夏避暑的好地方。在此，还可以“看尽渚莲红”[⑭]，品鉴海棠花，以至于“梦魂不复过西州”[⑮]。如此，许昌成为众多川蜀知识分子如苏轼、苏辙、范镇等人的第二故乡。[⑯]（4）湖光亭。乃许昌西湖上的又一著名景

① （宋）韩维：《南阳集》卷 11《和尧夫思湖上秋时见寄》，《景印文渊阁四库全书》，第 1101 册，第 610 页。
② （宋）梅尧臣著，朱东润编年校注：《梅尧臣集编年校注》卷 17《和仲文西湖野步至新堰二首》，第 384 页。
③ （宋）韩维：《南阳集》卷 13《和晏相公湖上十月九日三首》，《景印文渊阁四库全书》，第 1101 册，第 621 页。
④ （宋）梅尧臣著，朱东润编年校注：《梅尧臣集编年校注》卷 15《西湖对雪》，第 319 页。
⑤ （宋）刘敞：《公是集》卷 11《晚过西湖》，《景印文渊阁四库全书》，第 1095 册，第 490 页。
⑥ （明）李贤等：《明一统志》卷 26《德星亭》，《景印文渊阁四库全书》，第 472 册，第 636 页。
⑦ （唐）胡曾：《咏史诗》卷下《颍川》，《景印文渊阁四库全书》，第 1083 册，第 441 页。
⑧ （宋）王安石：《唐百家诗选》卷 18《许州德星亭》，《景印文渊阁四库全书》，第 1344 册，第 727 页。
⑨ （宋）梅尧臣著，朱东润编年校注：《梅尧臣集编年校注》卷 17《与道损仲文子华陪泛西湖》，第 383 页。
⑩ （宋）韩维：《南阳集》卷 10《和曾令绰买宅贻景仁》，《景印文渊阁四库全书》，第 1101 册，第 594 页。
⑪ （宋）李廌：《济南集》卷 4《绿鸭亭》，《景印文渊阁四库全书》，第 1115 册，第 761 页。
⑫ （宋）韩维：《南阳集》卷 11《寓展江亭谢尧夫寄酒及花》，《景印文渊阁四库全书》，第 1101 册，第 609 页。
⑬ （宋）韩维：《南阳集》卷 14《和微之游湖春夏秋冬四绝》，《景印文渊阁四库全书》，第 1101 册，第 635 页。
⑭ （宋）韩维：《南阳集》卷 11《送忠玉提刑还朝》，《景印文渊阁四库全书》，第 1101 册，第 609 页。
⑮ （宋）韩维：《南阳集》卷 14《展江亭海棠四首》，《景印文渊阁四库全书》，第 1101 册，第 630 页。
⑯ （宋）朱熹撰，朱杰人等主编：《朱子全书·晦庵先生朱文公文集》卷 90《安人王氏墓表》，合肥：安徽教育出版社，2010 年，第 4189 页载：“盖范氏自蜀郡忠文公、中书荣国公徙居许、洛，至是始还故乡。”

点，由谁创建已不可考。但通过一些传世诗句，可以再现该亭状况：“从容陟九层，指顾纷百态”①，“只应空旷中，缥缈飞神仙”②。说明该亭为九级之高亭，可凭栏远望，令人心旷神怡。韩维诗句“雪尽尘消径露沙……翠痕满地初生草”③，描述的是此亭初春之景象；而“梅花冒雪轻红破，湖面先春嫩绿还”④，则体现了该亭冬日之红梅白雪景致。需要注意的是，因该亭壁画“于佛道鬼神，山林人兽，无不精绝”⑤，吸引了众多文人游客的眼球，也平添了些许文化因素。（5）流杯亭、信美亭、听水亭等。流杯亭，是宋初郡守李遵勖所建，在湖之西北角。亭东、西遍植果树、花草，并砻石作渠，析溟上流……注于亭中，“为浮觞乐饮之所”⑥。大诗人梅尧臣“来从百花底，转向众宾前”⑦，曾携友人于此宴集。信美亭，该亭高爽华美，登之可南瞻津浒⑧，北眺京阙⑨。听水亭，亭名颇具诗意，是感受西湖水韵之佳处。苏辙等认为此地“夜雨朝晴似蜀天”⑩，故将其宅第建在附近。（6）会景亭、象罔亭。会景亭位于西湖北岸正中，为北宋中期名相吕夷简所建。登“临瞰泉水，禽鱼卉木，形无遁者”⑪。象罔亭，此亭“泛尽溪流数曲清，竹阴开处见新亭……莲香浮坐断还闻。诛茆结宇才方丈，占尽清风与白云”⑫。说明该亭规模不大，周围密布修竹，但仰可观白云苍狗，俯可见淙淙清波，应是一处修身养性的佳地。

2. 堂榭楼阁景观

（1）清暑堂。北宋钱惟演所建，在湖中小岛上，规模较大。因其修建“随所面势，咸极佳趣”⑬。其左右有钓台、射堋，吸引了众多老人、孩童驻足。（2）净居堂。该堂在会景亭的北边，周边密植梅、梨、桃、杏，面积达“十亩”⑭，是一处相对独立的园林场所。

3. 池渠、碚景观

（1）池。《流杯亭记》载：“‘净居’之北，有池曰‘迷鱼’。清泉碧树，幽邃闲

---

① （宋）邹浩：《道乡集》卷3《次韵和韩大资湖光亭对雪之作》，《景印文渊阁四库全书》，第1121册，第184页。
② （宋）邹浩：《道乡集》卷2《次德符湖光亭之什》，《景印文渊阁四库全书》，第1121册，第170页。
③ （宋）韩维：《南阳集》卷9《登湖光亭》，《景印文渊阁四库全书》，第1101册，第590页。
④ （宋）韩维：《南阳集》卷10《和景仁同稚卿湖光亭对雪》，《景印文渊阁四库全书》，第1101册，第602页。
⑤ （宋）郭若虚：《图画见闻志》卷4《崔白》，《景印文渊阁四库全书》，第812册，第548页。
⑥ （宋）胡宿：《文恭集》卷35《流杯亭记》，曾枣庄、刘琳主编：《全宋文》，第11册，第544页。
⑦ （宋）梅尧臣著，朱东润编年校注：《梅尧臣集编年校注》卷16《依韵和李密学会流杯亭》，第377页。
⑧ （宋）张嵲：《紫微集》卷8《信美亭二首》，《景印文渊阁四库全书》，第1131册，第408页。
⑨ （宋）宋庠：《元宪集》卷15《晚登信美亭》原注，《景印文渊阁四库全书》，第1087册，第513页。
⑩ （宋）邹浩：《道乡集》卷7《湖上访世美不遇》，《景印文渊阁四库全书》，第1121册，第229页。
⑪ （宋）胡宿：《文恭集》卷35《流杯亭记》，曾枣庄、刘琳主编：《全宋文》，第11册，第543页。
⑫ （宋）韩维：《南阳集》卷14《游象罔亭偶成二绝》，《景印文渊阁四库全书》，第1101册，第634页。
⑬ （宋）胡宿：《文恭集》卷35《流杯亭记》，曾枣庄、刘琳主编：《全宋文》，第11册，第543页。
⑭ （宋）胡宿：《文恭集》卷35《流杯亭记》，曾枣庄、刘琳主编：《全宋文》，第11册，第543页。

静，有山间林下之思。”[①]即在西湖主体水面之外，还有别有情趣的池塘水体，以供民众观览游赏。在这里，“冲落波上霞”之夕阳美景[②]，让人流连忘返。（2）渠。西湖的河渠水道，是西湖景观的重要组成部分，增添了游人的乐趣。为保障西湖的水源输送，人们开挖沟渠，以通潩河，沟渠两岸，则栽植“有大竹三十余亩”[③]，形成了曲水园。李遵勖建流杯亭时，砻石作渠，“粼粼萦曲处，有时浮落英”[④]，自有一番情趣。（3）硙。硙是利用水力的机械装置——水磨。史载，李遵勖在建造流杯亭后，又在湖之坤隅作硙，以“广群游之观”[⑤]。该硙的建成，借助水利之功，增添了一处体验水花雨雾之新景。梅尧臣对此描述道：“湖壖此兴硙，许俗见仍稀，激射聊因势，回环岂息机。”[⑥]

4. 桥船等景观

（1）桥。在西湖碧水上，“红桥朱阁影参差”[⑦]，即拱桥与亭、榭等构成了一幅组合式美景。桥连舟转，方便了游览活动。宋人刘敞曾在暑夏傍晚，沿着“老木森亭亭”[⑧]的曲折小径，走上西城桥，“怅然念远渚，兴尽复行谣”[⑨]。（2）舟船。有水就有舟，烟波浩渺的湖面上，自然少不了舟船的影子：

春光集渔舠[⑩]；
鸭子陂中有钓舡[⑪]；
新试画舡浮鹢首[⑫]；
舟泛荷香柳影中[⑬]；
菱蔓遥迎画舸开[⑭]；
日暮倚风归棹急[⑮]；

---

① （宋）胡宿：《文恭集》卷35《流杯亭记》，曾枣庄、刘琳主编：《全宋文》，第11册，第543页。
② （宋）梅尧臣著，朱东润编年校注：《梅尧臣集编年校注》卷16《和资政侍郎湖亭杂咏绝句十首·莲塘》，第354页。
③ （宋）叶梦得：《石林诗话》，《景印文渊阁四库全书》，第1478册，第989页。
④ （宋）梅尧臣著，朱东润编年校注：《梅尧臣集编年校注》卷16《流泉》，第355页。
⑤ （宋）胡宿：《文恭集》卷35《流杯亭记》，曾枣庄、刘琳主编：《全宋文》，第11册，第544页。
⑥ （宋）梅尧臣著，朱东润编年校注：《梅尧臣集编年校注》卷16《与仲文子华陪观新水硙》，第382页。
⑦ （宋）范纯仁：《范忠宣集》卷4《西湖四时四首》，《景印文渊阁四库全书》，第1104册，第584页。
⑧ （宋）邹浩：《道乡集》卷3《次韵德符访世美》，《景印文渊阁四库全书》，第1121册，第182页。
⑨ （宋）刘敞：《公是集》卷11《晚过西湖》，《景印文渊阁四库全书》，第1095册，第490页。
⑩ （宋）邹浩：《道乡集》卷1《次韵醇中见寄》，《景印文渊阁四库全书》，第1121册，第169页。
⑪ （宋）韩维：《南阳集》卷11《答外孙杨承务》，《景印文渊阁四库全书》，第1101册，第610页。
⑫ （宋）韩维：《南阳集》卷10《和况之》，《景印文渊阁四库全书》，第1101册，第598页。
⑬ （宋）范纯仁：《范忠宣集》卷4《西湖四时四首》，《景印文渊阁四库全书》，第1104册，第584页。
⑭ （宋）韩维：《南阳集》卷13《和晏相公西湖》，《景印文渊阁四库全书》，第1101册，第620页。
⑮ （宋）杨时：《龟山集》卷41《颍昌西湖泛舟》，《景印文渊阁四库全书》，第1125册，第475页。

惊鹭飞鸣避画桡[①]；

移船影动波心月，横笛声随水面风[②]。

由上可见，舟舫或静浮，或游荡，或疾驶，成为湖上不可或缺的景观要素，如诗：

谁能尽一醉，灯火宿船篷[③]；

妙龄才子更豪酌，月中醉倒西湖船。[④]

以上展现了一幅以游船为载体，醉酒享乐的世俗画卷。

5. 寺院、民居等景观

“湖水与濠接，岸亭将寺邻。”[⑤]散布在西湖周边的寺院、庭院也是西湖景观的重要部分，并在某种程度上提升了西湖的文化韵味。（1）开元寺（观），始建于唐代，因其阁楼颇高，宜于望远。尤以其壁画为宋初名家赵光辅所作：“五百高僧，资质风度，互有意思，坐立瞻听，皆得其妙貌慈阁，以动观者。”[⑥]该寺（观）所塑老君像据传曾“自动”[⑦]，相当有灵性，更增添了其影响。（2）观音堂。大概建于北宋中后期，在西湖西南水中，“乃四门亭子，常有大蛇居之，民不敢近”。为驱邪避患，人们在此塑造了一尊颇为高大的观音像，耸立在西湖上。[⑧]因该像以太皇太后“慈圣光献法容”[⑨]为原型，兼具皇家亲和力和宗教威仪，而成为民众的膜拜对象。（3）湖畔民居、城垣等，为西湖景观增辉不少。如西湖东畔孙曼叔的“铃斋”，被宋庠写进了诗中：“更赖鸭陂能慰我，铃斋西畔似江天。”[⑩]再如苏轼之子苏过在西湖南岸，依水营建了自己的庭院：“水竹数亩，名曰‘小斜川’。”[⑪]处于西湖东南部的城墙、门楼及长堤，因“楼峻城千堞，堤长竹万竿”[⑫]，亦丰富了西湖外围景观。

---

① （宋）韩维：《南阳集》卷14《和杜孝锡展江亭三首》，《景印文渊阁四库全书》，第1101册，第631页。

② （宋）范纯仁：《范忠宣集》卷5《秋晴思西湖寄韩少师》，《景印文渊阁四库全书》，第1104册，第587页。

③ （宋）韩维：《南阳集》卷7《西湖雨中同公懿诸君饮》，《景印文渊阁四库全书》，第1101册，第568页。

④ （宋）邹浩：《道乡集》卷3《戏世美》，《景印文渊阁四库全书》，第1121册，第181页。

⑤ （宋）梅尧臣著，朱东润编年校注：《梅尧臣集编年校注》卷18《依韵朱学士廉叔忆颍川西湖春色寄献尚书晏公且将有宛丘之命》，第444页。

⑥ （宋）刘道醇：《宋朝名画评》卷1《赵光辅》，《景印文渊阁四库全书》，第812册，第451页。

⑦ 《宋史》卷67《五行表五·土》，中华书局，1977年，第1483页。

⑧ （宋）刘攽：《彭城集》卷18《许州西湖观音像》，《景印文渊阁四库全书》，第1096册，第177页。

⑨ （宋）张舜民撰，丁如明校点：《画墁录》，《宋元笔记小说大观》，上海：上海古籍出版社，2001年，第1538页。

⑩ （宋）宋庠：《元宪集》卷10《自洛移许初至郡斋作》，《景印文渊阁四库全书》，第1087册，第475页。

⑪ 《宋史》卷338《苏过传》，第10818页。

⑫ （宋）韩维：《南阳集》卷10《游曲水园和景仁》，《景印文渊阁四库全书》，第1101册，第596页。

三、“是中有真趣，轩裳付悠悠”①
——许昌西湖的游宴唱和

“池台信宏丽，贵与民同赏。”②景观斓然，需要人的欣赏分享，流水旨趣，需要知音者的聆听品鉴。正是各色民众的参与、融入，才使鸭湖情趣得到领悟，美景得以升华，展现出鲜明的时代特色和生活气息。

湖民——依靠西湖为生者，采莲捕鱼，“砧声渔唱”③，辛苦而悠然。是他们使鱼虾菱芡之饶得以收获，丰富了人们的餐桌。正所谓：“贪饵鲜鳞荐客盘”④，“菱芡亦易求”⑤。相比这些劳作者，踏青游湖的其他民众，则多了一份闲适：“挈榼三且两”⑥，“村歌社舞谩盈船”⑦。湖畔小径上，“醉客卧道傍，扶起尚偃仰”⑧。一对步履蹒跚、醉意朦胧的夫妇，正喧呼走来，更为恣意：

> 许昌笔人郭纯棣，业甚精，远人多求之。所入日限五千，数足，不论早暮闭肆。出游，恣其所之，尽醉始回，虽寒暑不失。⑨

由此可见许昌市民之知足常乐、洒脱无羁、追求情趣之一面。

乡绅贤达、文人骚客，也是鸭湖的常客。他们境遇不同，旨趣各异，或独行，或结伴，或静思，或吟哦，或醉歌，自为西湖增色不少。儒者程颐，游湖之际，也不忘追求物外之趣，竟于石凳小坐时，因“脚踏处便湿”，竟感悟出“天地升降”的大道理。⑩僧人芳公等于湖边漫步，“参禅摩道”⑪，直至鱼沉鹭起才各归家⑫。远离朝堂的晏殊，则

---

① （宋）郑刚中：《北山集》卷7《次韵和颖昌叶翰林七首》，《景印文渊阁四库全书》，第1130册，第71页。

② （宋）苏轼撰，（清）王文诰辑注，孔凡礼点校：《苏轼诗集》卷2《许州西湖》，第81页。

③ （宋）邹浩：《道乡集》卷3《戏世美》，《景印文渊阁四库全书》，第1121册，第181页。

④ （宋）宋庠：《元宪集》卷12《闰三月再到西湖花卉已过春余夏早景物亦佳因复留连日夕忘返》，《景印文渊阁四库全书》，第1087册，第489页。

⑤ （宋）苏辙撰，陈宏天、高秀芳点校：《苏辙集·栾城后集》卷4《和迟田舍杂诗九首》，北京：中华书局，1990年，第927页。

⑥ （宋）苏轼撰，（清）王文诰辑注，孔凡礼点校：《苏轼诗集》卷27《许州西湖》，第81页。

⑦ （宋）范纯仁：《范忠宣集》卷5《和持国听琵琶二首》，《景印文渊阁四库全书》，第1104册，第586页。

⑧ （宋）苏轼撰，（清）王文诰辑注，孔凡礼点校：《苏轼诗集》卷2《许州西湖》，第81页。

⑨ （宋）范公偁撰，孔凡礼点校：《过庭录》，北京：中华书局，2002年，第357页。

⑩ （宋）程颢、程颐著，王孝鱼点校：《二程集·二先生语三》，北京：中华书局，1981年，第59—60页。

⑪ （宋）韩维：《南阳集》卷10《和冲公上人》，《景印文渊阁四库全书》，第1101册，第597页。

⑫ （宋）韩维：《南阳集》卷11《同芳公上人游湖》，《景印文渊阁四库全书》，第1101册，第608页。

招伴游湖，“每逢嘉景便开颜”[①]。学者杨时，独步湖边，“飘然自得江湖趣，陡起归与万里心”[②]。随后南归，播洛学于南国。大诗人梅尧臣，每每“写景未能就，娟娟月上城”[③]。因迷恋湖景而忘返。亲朋社友们游湖，则多了一份亲情、友情，“劳生从宦意多违，常恨交亲会合稀。父子相随今不间，主宾交错暮忘归”。这是一描述韩维兄弟、子侄们欢聚西湖的场景。因宦游四方，分多聚少，偶尔团聚西湖，赏景集宴，着实难得。所以有“尽日清欢犹有憾”[④]的感慨。著名书法家米芾夜游西湖，触景抒情，赋无声之诗——泼墨作画，尽得西湖青松意蕴：“淡墨画成，针芒千万，攒错如铁。今古画松，未见此制。”[⑤]

“美矣流水意，当为知音赏。”[⑥]宋徽宗时，郡守叶梦得以组织许昌诗社，唱酬吟咏，佳作屡现，遂编为《许昌唱和集》传世，更是增光许昌，华美西湖。史载：

> 叶梦得少蕴镇许昌日……苏翰林二子迨仲豫、过叔党……时相从于西湖之上，辄终日忘归，酒酣赋诗，唱酬迭作，至屡返不已。一时冠盖人物之盛如此！[⑦]

此见许昌西湖不仅是景观之地，也是许昌文化交流的重要平台。

“宣风阜俗，怡神乐职”[⑧]，郡僚们也宴聚西湖。如寓居许昌的韩维、范纯仁等[⑨]，“官冷身闲百不营”[⑩]，有更多闲暇时间聚会。一边游湖赏花，一边品酒听歌，过着放旷闲适生活。在职官员在公务之余，也会来到西湖，如郡守李遵勖聚会流杯亭，“朱鲔登俎，渌醅在樽，流波不停，来觞无算。人具醉止……”[⑪]。即将归休的长官韩维，表现得更为出格，如下史料记载：

> 韩持国（维）为守，每入春，常日设十客之具于西湖，且以郡事委僚吏，即造湖上。使吏之湖门，有士大夫过，即邀之入，满九客而止。辄与乐饮终日，不问其

---

① （宋）韩维：《南阳集》卷10《和景仁同稚卿湖光亭对雪》，《景印文渊阁四库全书》，第1101册，第602页。

② （宋）杨时：《龟山集》卷41《颍昌西湖泛舟》，《景印文渊阁四库全书》，第1125册，第475页。

③ （宋）梅尧臣著，朱东润编校注：《梅尧臣集编年校注》卷16《王德言夏日西湖晚步十韵次而和之》，第356页。

④ （宋）韩维：《南阳集》卷11《和厚卿饮西湖时小侄同赴》，《景印文渊阁四库全书》，第1101册，第612页。

⑤ （宋）邓椿撰，刘世军校注：《画继》校注，桂林：广西师范大学出版社，2015年，第49页。

⑥ （宋）刘敞：《公是集》卷11《许州西湖》，《景印文渊阁四库全书》，第1095册，第490页。

⑦ （元）陆友仁：《研北杂志》卷上，《景印文渊阁四库全书》，第866册，第573—574页。

⑧ （宋）胡宿：《文恭集》卷35《流杯亭记》，曾枣庄、刘琳主编：《全宋文》，第11册，第544页。

⑨ （宋）韩维：《南阳集》卷11《和微之》原注：“范尧夫相公下大夫在坐”，“宾主四人，并家颍昌。”《景印文渊阁四库全书》，第1101册，第609页。

⑩ （宋）韩维：《南阳集》卷11《予会宾答微之惠诗》，《景印文渊阁四库全书》，第1101册，第609页。

⑪ （宋）胡宿：《文恭集》卷35《流杯亭记》，曾枣庄、刘琳主编：《全宋文》，第11册，第544页。

何人也。曾存之常以问公曰："无乃有不得已者乎？"公曰："汝少年安知此？吾老矣，未知复有几春。若待可与饮者而后从，吾之为乐无几，而春亦不吾待也。"[①]

这种宴集方式固然令人叫绝，但不免有某种今朝有酒今朝醉的颓废心态。

当然，也不乏官吏目睹西湖之繁华，而更加体恤平民百姓之困顿。如苏轼感慨道："但恐城市欢，不知田野怆。颍川七不登，野气长苍莽。"[②]官员也在游湖时"徐行问疾苦"[③]，尽可能地了解百姓生活情况，谋求应对办法。

四、"许下今乐郊，胜事亦复繁"[④]——许昌西湖兴盛之因

北宋时期，许昌西湖作为旅游胜地，吸引了众多的游客，声名远播。产生这种现象的原因何在？值得玩味探析。根据有关史料，笔者认为大致与以下因素密切相关。

1. 自然环境因素

许昌地处中原腹地，"西控汝洛，东引淮泗，舟车辐集，转输易通。原野宽平，耕屯有赖"[⑤]，且"山色来嵩室，风光彻汝坟"[⑥]。徐昌历来是水、陆交通枢纽，经济较为富足，为宜居游观之地，如下史料记载：

许、洛尤多，有江梅、椒萼梅、绿萼梅、千叶黄香梅。[⑦]

地胜依危堞，城高若半峰。[⑧]

王都且不远，乐此林泉性。[⑨]

（大中祥符）九年……引沙河以漕京师。……以通舟运。[⑩]

泛西湖、浮濮水，登香菜楼、望陉山，起居甚适。[⑪]

---

① （宋）叶梦得撰，徐时仪校点：《避暑录话》，《宋元笔记小说大观》，第 2585 页。

② （宋）苏轼撰，（清）王文诰辑注，孔凡礼点校：《苏轼诗集》卷 27《许州西湖》，第 81—82 页。

③ （宋）程俱：《北山集》卷 7《次韵和颍昌叶翰林七首》，《景印文渊阁四库全书》，第 1130 册，第 71 页。

④ （宋）程俱：《北山集》卷 7《次韵和颍昌叶翰林七首》，《景印文渊阁四库全书》，第 1130 册，第 70 页。

⑤ （清）和珅等：《大清一统志》卷 172《许州・形势》，《景印文渊阁四库全书》，第 477 册，第 461 页。

⑥ （宋）范仲淹著，李勇先、王蓉贵校点：《范仲淹全集》卷 4《寄题许州钱相公信美亭》，成都：四川大学出版社，2007 年，第 86 页。

⑦ （宋）朱弁撰，孔凡礼点校：《曲洧旧闻》卷 3，北京：中华书局，2002 年，第 125 页。

⑧ （宋）韩维：《南阳集》卷 9《载酒过景仁东园》，《景印文渊阁四库全书》，第 1101 册，第 585 页。

⑨ （宋）梅尧臣著，朱东润编年校注：《梅尧臣集编年校注》卷 17《和仲文西湖野步至新堰二首》，第 384 页。

⑩ 《宋史》卷 94《河渠志四・蔡河》，第 2337 页。

⑪ （宋）司马光：《传家集》卷 62《答范景仁书》，《景印文渊阁四库全书》，第 1094 册，第 557 页。

水竹相望许洛居。(原注：朱希贞尝言山阴富水竹。有洛阳许下气象)①

以上史料说明，北宋时期的许州，近山临水，气温较高，气候温润，竹林密布，海棠、腊梅、飞鹤寻常见。其交通便利，则方便了周边民众的汇集，为该地区的经济文化发展、西湖繁盛提供了保障。

2. 社会政治因素

北宋时期，许昌号称“雄藩”②，“领南辅、都总管”③，治长社县(今许昌市魏都区)，辖“长社、长葛、临颍、许昌、阳翟、郾城、舞阳”④等数县。“当四通五达之郊，邮传交驰，冠盖相望”⑤，是京都开封以南的政治、军事、交通重镇。

自宋初“杯酒释兵权”事件为标志，以相对柔性手段体面安置重臣，以达到维持政治稳定，成为北宋的政治传统。许昌离京不远且环境优美，成为权贵暂离权力中心修养的理想地。如前文提到的李遵勖、钱惟演、宋庠、宋祁、吕夷简、晏殊、贾昌朝、范仲淹、韩维等诸多朝臣，都曾被安置到许昌为守。

同时，由于“澶渊之盟”的签订，外患减少，宋王朝进入了相对和平时期，“四方兵备纵弛不复振，器械刓朽，教场鞠为蔬圃”⑥。尤其是较为宽松的政治环境，使官吏散漫，民众享乐之风渐行，以致“尽日临流忘吏事”⑦，社会乱象频仍。此外，北宋中后期的朝堂党争，也使一大批官僚寓居许昌，纵酒西湖，歌咏唱和。如苏世美、史从龙、崔德符、裴仲孺、胥述之等，以文行结盟，“间或浮清溴，欵招提，谈经议史……先后倡酬，以是弥年，裕如也……共得若干篇，名之曰《颍川集》”⑧。

可见，以上社会环境因素的存在，使官僚、名人纷纷来到许昌；也正是在这些人的推动下，许昌西湖面积不断得以拓展，逐步成为一处闻名遐迩的游赏胜地。

3. 经济发展因素

北宋时期，社会较为稳定，经济快速发展，人口倍增，为旅游业的发展提供坚实保

---

① (宋)陆游：《陆游集·剑南诗稿》卷47《新凉抒怀四首》，北京：中华书局，1976年，第1168页。

② (宋)陈思等辑：《两宋名贤小集》卷47《闻范景仁迁居许昌为诗寄之》，《景印文渊阁四库全书》，第1362册，第628页。

③ (宋)程俱：《北山集》卷19《京西北路提举常平司新移公宇记》，《景印文渊阁四库全书》，第1130册，第197页。

④ (宋)乐史撰，王文楚等点校：《太平寰宇记》卷7《河南道七·许州》，中华书局，2007年，第125页。

⑤ (宋)杨亿：《武夷新集》卷11《故翰林侍读学士正奉大夫尚书兵部侍郎兼秘书监上柱国江陵郡开国侯食邑一千三百户食实封三百户赐紫金鱼袋赠兵部尚书杨公行状》，《景印文渊阁四库全书》，第1086册，第490页。

⑥ (宋)叶梦得撰，徐时仪校点：《避暑录话》卷4，《宋元笔记小说大观》，第2664页。

⑦ (宋)宋庠：《元宪集》卷12《闰三月再到西湖花卉已过春余夏早景物亦佳因复留连日夕忘返》，《景印文渊阁四库全书》，第1087册，第489页。

⑧ (宋)邹浩：《道乡集》卷27《颍川诗集叙》，《景印文渊阁四库全书》，第1121册，第406页。

障。史载："自五代之季，生齿彫耗，太祖受命，而太宗、真宗休养百姓，天下户口之数，盖倍于前矣。"[①]而许昌也逐步改变了地旷人稀、"荆棘布野"的状况[②]，荒田变沃土，人口数大增。司马光称誉说："惟许昌之奥区……土毛丰衍，民齿伙繁。"[③]其社会经济的发展情况，主要表现为以下几个方面：首先，政府加大了对地方医疗卫生方面的投入，使民众健康得到一定程度的保障。史载："列郡每夏岁支系省钱二百千，合药散军民。"北宋后期叶梦得主政许昌时："岁适多疾，使有司修故事……遂并出千缗市药材京师。余亲督众医分治，率幕官轮日给散。"[④]其次，除当地人口自然增长繁衍外，还积极吸纳外来流民、归降人口。叶梦得曾言："余在许昌，岁适大水灾伤，京西尤甚。流殍自唐、邓入吾境不可胜计。"[⑤]最后，众多的移民使许昌人口快速增加，如"契丹于越部下大林寨使王昭敏等归附……于许州给田归之"[⑥]等。众多官宦富户纷纷安家许州，也在某种程度上助推了该地经济发展。诸如下史料记载：

（孙）全照许州有别墅，求典是州（许州），可之。[⑦]

（王）嗣宗尝游是州（许州），别墅在焉。[⑧]

（许州）城隅有大第，世本官吴楚。尝同太湖石，不惜持金取。欲作园林胜，园林宁暇睹。[⑨]

（李昌龄）尝典许州……包苴辎重悉留贮焉。[⑩]

（苏辙）筑室于许，号"颍滨遗老"。[⑪]

（苏过）葬轼汝州郏城小峨眉山，遂家颍昌，营湖阴水竹数亩，名曰"小斜川"。[⑫]

司门范郎中云：叔父蜀郡公镇，近居许昌……[⑬]。

---

① 《宋史》卷301《梅询传》，第9985页。
② （宋）苏辙撰，陈宏天、高秀芳点校：《苏辙集·栾城应诏集》卷10《民政下·第三道》，第1332页。
③ （宋）司马光：《传家集》卷17《为文相公许州谢上表》，《景印文渊阁四库全书》，第1094册，第173页。
④ （宋）叶梦得撰，徐时仪校点：《避暑录话》卷1，《宋元笔记小说大观》，第2595页。
⑤ （宋）叶梦得撰，徐时仪校点：《避暑录话》卷1，《宋元笔记小说大观》，第2593页。
⑥ （宋）李焘：《续资治通鉴长编》卷52，真宗咸平五年七月壬戌条，北京：中华书局，2004年，第1145页。
⑦ 《宋史》卷253《孙行友传附孙全照传》，第8875页。
⑧ 《宋史》卷287《王嗣宗传》，第9651页。
⑨ （宋）梅尧臣著，朱东润编年校注：《梅尧臣集编年校注》卷17《同道损世则元辅游西湖于卞氏借双鹤以观》，第399页。
⑩ 《宋史》卷287《李昌龄传》，第9652页。
⑪ 《宋史》卷339《苏辙传》，第10835页。
⑫ 《宋史》卷339《苏轼传附苏过传》，第10818页。
⑬ （宋）庞元英撰，黄纯艳整理：《文昌杂录》卷4，《金宋笔记》，郑州：大象出版社，2019年，第179页。

如上所列大族名门的加入，不仅增加了许州的经济实力，也促进了当地城市建设，刺激了西湖胜景的发展。另，由于朝廷元老重臣出任郡守，许州办公经费也逐步宽裕。史载：宋真宗天禧三年，“增许州公用钱至七十万”[①]。正是由于较为充裕的办公经费，使宋庠等许州郡守能够进行一些西湖亭阁等景观建设。此外，针对河流泛滥，毁坏农田的情况，政府也积极予以治理：“(宋太宗)淳化二年，以溵水汎溢，浸许州民田，诏自长葛县开小河，导溵水，分流二十里，合于惠民河。”[②]去害兴利，有效促进了当地经济的发展。正是在当地经济获得较大发展的情况下，民众才能“康强直行乐”[③]，郡守们才安心“间引参佐，觞于湖上”[④]。

4. 文化环境因素

深厚的历史文化底蕴，众多名儒大德的汇聚，良好的文化艺术氛围，无疑是催化、助推许昌西湖知名度的重要因素。诚如宋人张耒所言，“许昌古名都，气象良未替”[⑤]。许昌是历史文化名城，具有深厚的文化底蕴，不仅保留着曹魏许都遗存、“三绝碑”《尹宙碑》、《勒马挺风图》等文化艺术瑰宝，还流传着许由、郭嘉、荀攸、荀彧等贤臣名士事迹，传诵着“薛许昌能”之诗篇佳句。唐宋时，这里仍是士大夫之渊薮，风流俱在。长时期的和平环境和重视文教的社会氛围，使北宋许昌在教育、文化艺术方面有良好的发展“汝、郑、许、洛之间，士多治辞赋，从科举”[⑥]，英才辈出，号为“儒海”[⑦]。出现这种情况，要归功于当职官僚们的引领敦促，助推了当地文化教育事业的发展，如史料记载：

> 丞相文公（彦博）出镇许昌，士大夫愿从后车以自效于幕下者甚众。[⑧]
>
> （曹佾）为许州都监……尝从梅尧臣学诗。[⑨]
>
> 济阳丁公（丁谓）为举子时，与孙汉公客许田，公（胡则）待之甚厚。[⑩]
>
> 初，公（晁端仁）少日与……范公纯礼，俱学许昌。[⑪]

---

① （宋）李焘：《续资治通鉴长编》卷93，真宗天禧三年三月乙丑条，第2139页。

② 《宋史》卷94《河渠志四·蔡河》，第2337页。

③ （宋）韩维：《南阳集》卷10《游曲水园和景仁》，《景印文渊阁四库全书》，第1101册，第596页。

④ （宋）胡宿：《文恭集》卷35《流杯亭记》，曾枣庄、刘琳主编：《全宋文》，第11册，第543页。

⑤ （宋）张耒撰，李逸安、孙通海、傅信点校：《张耒集》卷6《次颖川》，北京：中华书局，1999年，第69页。

⑥ （宋）毕仲游撰，陈斌校点：《西台集》卷14《王彦明墓志铭》，郑州：中州古籍出版社，2005年，第234页。

⑦ （宋）邹浩：《道乡集》卷27《颍川诗集叙》，《景印文渊阁四库全书》，第1121册，第406页。

⑧ （宋）司马光撰，李之亮点校：《司马温公集编年笺注》卷64《送李子仪序》，成都：巴蜀书社，2009年，第125页。

⑨ 《宋史》卷464《外戚传中》，第13573页。

⑩ （宋）范仲淹著，李勇先、王蓉贵校点：《范仲淹全集·范文正公文集》卷13《兵部侍郎致仕胡公墓志铭》，第325页。

⑪ （宋）晁补之：《鸡肋集》卷67《朝请大夫致仕晁公墓志铭》，《景印文渊阁四库全书》，第1118册，第982页。

（孙侑）徙居颍川……聚书数千卷，以教诸子……遂以文学有大名。[1]

以上史料显示，确实有较多许州长官，发挥了伯乐荐才之效，招引了众多的才学之士来到该地，也使许昌成为不少青年学子心仪之地，纷纷来此求学问疑。同时，诸如“西湖”为题材的歌诗，则成为联络人们思想感情的纽带，无形中提高了许昌的知名度和影响。

再者，寺观的兴盛，名僧大德的莅临，也在某种程度上使许昌文化艺术氛围更加浓厚。表现有二：一是寺观本身的文化艺术价值。如龙兴寺北廊帝释梵王壁画，就出自名画家武宗元之手；开元寺则有宋初名画家赵光辅的手迹[2]；而西湖亭榭之上的精美彩绘，大多出自画匠崔白之手[3]，皆为“奇绝”之品。二是高僧的学识修养影响。“颍昌府奏乞以……‘天宁万寿禅院’为额，招徕四方学者。”[4]“韩持国许昌私第凉堂深七丈，每盛夏，犹以为不可居。常颍士适自郊居来，因问‘郊外凉乎？’曰：‘凉’。持国诘其故，曰：‘野人自知无修檐大厦，旦起不畏车马衣冠之役，胸中复无他念。……而语未竟，持国亟止之曰：‘汝勿言，吾心亦凉矣。’”[5]

显然，通过政府的积极招徕，众多的学僧大德来到许昌，并借助其渊博学识、身体力行，熏陶感染着广大信徒和民众，产生了广泛影响，提升了许州的文化水平和影响力。

五、结　语

许昌西湖肇自唐代，发展繁盛于北宋，至金、元而泯没。这一过程的发生，是当时社会政治环境、自然地理和物候环境、人文社会环境及社会经济兴衰等因素共同作用的结果。其一，社会政治环境是必要条件。如唐末的政令不一、藩镇割据，直接导致了城防建设的强化，许昌西湖也就在这种情况下应运而生。北宋相对宽松的政治生活环境，以及许昌长时期作为京都西南门户的政治地位，使其成为朝廷重臣、名儒大德的汇聚地，从而促进了许昌西湖作为休闲娱乐场所的快速发展。

---

① （宋）韩琦：《安阳集》卷47《故太常博士通判应天府赠光禄少卿孙公墓志铭并序》，《景印文渊阁四库全书》，第1089册，第514页。

② （宋）郭若虚：《图画见闻志》卷3《赵光辅》，《景印文渊阁四库全书》，第812册，第535页。

③ （宋）郭若虚：《图画见闻志》卷4《崔白》，《景印文渊阁四库全书》，第812册，第548页。

④ （宋）李之仪：《姑溪居士前集》卷37《颍昌府崇宁万寿寺元赐天宁万寿敕赐改作十方住持黄牒刻石记》，《景印文渊阁四库全书》，第1120册，第567页。

⑤ （元）陶宗仪：《说郛》卷20（上）（宋）叶梦得《玉涧襍书》，《景印文渊阁四库全书》，第877册，第169页。

其二，地理、物候自然环境变化是许昌西湖兴亡的关键因素。首先，唐、北宋时期，气候仍基本处于历史上暖温期阶段。一方面，降水较多，容易造成溴水等河流的泛滥成灾（许昌地区是太行山区到豫东平原过渡的坡地地理环境）。这样，作为城区周边的蓄洪滞洪之所和调节漕河水量的水源，其存在是必要的。同时，充足的降水也使西湖面积不断拓展成为可能。另一方面，温润的气候条件，使这里植被茂盛，竹林密布，甚至可以生长海棠、腊梅等植物，颇具江南、西蜀的物候色彩。故而吸引了如三苏、范缜、范仲淹等等众多川蜀和南方人才的寓居，有助于许昌乃至西湖景观的发展。

其三，人文社会环境是许昌西湖文化氛围浓厚催化剂。一方面，许州本身具有历史文化名人、曹魏故都遗迹众多的深厚底蕴积淀，尤其是唐薛能，宋梅尧臣、苏轼、苏辙、宋祁、韩维、二程、慧远法师等名人高僧的莅临，直接带动当地文化教育等事业的发展繁荣，催生了西湖这一展现许昌乃至北宋文化风俗的载体。另一方面，北宋社会安定、政治氛围相对宽松的特定时代背景，使民众得以更广泛的参与西湖游赏活动，使自古而来的中原民众逸乐嬉游习俗，也极大地推动了西湖景观的发展繁盛。

其四，经济发展是西湖日趋鼎盛的物质保障。一方面，因唐末五代之际战争摧残，造成的人口亡失、良田抛荒现象，在北宋时期已经得到很大改观，即人口大增、稻田广布、社会经济得到恢复和发展、民众生活也有了较大改善。正是在这一背景下，西湖游赏活动中才有了更多民众的身影。另一方面，一些官僚大族纷纷携资定居，以及州府财政状况的改善，使许昌城市建设及西湖景观拓展有了可靠的物质基础。

随着北宋政权的亡没、气候变冷，许昌的政治地位不再，水陆枢纽地位削弱，人口大量流失、经济萧条，以及自然植被的变化，西湖景观逐步荒芜、消失，也是必然的事情。尽管曾经辉煌一时的许昌西湖一度消失在历史的长河中，但通过对西湖景观发展情况的考述追忆，对于我们了解历史时期许昌乃至中原地区的自然、人文和社会风俗变革，以及新时期的许昌建设大有裨益。

作者简介：张祥云（1971—），河南台前县人，历史学博士，研究方向为宋史、城市地理。

宋代乡村治理与文化转型视野下的村社演变

——以村社碑刻为中心

孟 伟 杨 波

（河北大学 宋史研究中心，河北 保定，071002）

摘　要：社源于先秦社祭，现存村社碑刻显示宋代村社社事更加丰富，社祭与地方神灵结合，社坛转变为社庙，村社管理制度更加完善，民间色彩明显。宋代废除了唐代村制，乡村管理从乡官制转为乡役制，管理理念更趋实用主义，这些是村社演变的政治原因。宋代佛教衰落而民间信仰兴起的文化转型是村社演变的文化原因。

关键词：乡村治理；文化转型；村社

一、问题的提出——从村到社

位于山西泽州（今晋城）东南丹河河畔的青莲寺是当地名刹，现存众多唐宋碑刻，比较唐宋碑刻上捐款记录，却能发现明显的差异。青莲寺于唐宝历二年（826年）的碑刻上有部分村民捐施题名：

乌涧村：都□、李如顺、侯义、侯恭、郭瑞、李华

漳东□村：进□

霍□村：卫海、王道、王国、张少阳、张万

胡属村：高仪、郭廷金、王山、□荣、李惟政、张嘉禾、党进兴、张少□

长阴村：张翼、刘惠贤母王氏、王干妻段氏，陈□、焦□亮

金村：金如珎、金藏元、金惟亮、焦开、李冬荣、毛君庆、毛造、毛宽、毛□、赵进、金□、焦□、崔仲容、祁士忠①

青莲寺于宋元祐四年（1089 年）的五条石柱题记也有如下的捐施记录：

北村社尚书杜选谨施石柱一，永为供养。男杜昌等。元祐四年十月记。

南下社田头翁苏简并崔家社崔应施石柱各一。元祐四年十月十日。

内曲村成恭施石柱一。元祐四年十月二十六日。

南村社田宗奉为亡考许愿施石柱一条母亲李氏。元祐四年十月十日。

郭壁社施主毋选等谨舍净财施石柱一条侄男毋宗佑、毋宗号、毋宗遇。元祐四年十月日记。②

简单地将上述两个捐施题名比较一下就会发现，唐代聚落全部都称村，而宋代绝大部分都称社。这是否是因为不同村落原本就有不同的称呼习惯呢？唐乾符四年（877 年）碑文有“郭壁村有麻田廿亩”③。唐代的郭壁村就是上述宋代石柱题记捐施题名中的郭壁社，看来同一个村在唐宋称呼不同。虽然青莲寺题名的这种情况不能说是普遍存在的，但这一案例的存在表明在唐宋之间一定发生了某种变化，这种变化可以称作“由村到社”。

村社最早受到研究庙会、戏曲、赛社（社火）、信仰等学者的注意。1999 年，赵世瑜发表《明清华北的社与社火——关于地缘组织、仪式表演以及二者的关系》一文，文章探讨了社与社火、社祭和傩事等文化活动的关系，强调了社的文化社区或民俗社区的性质和文化凝聚职能。④山西师范大学戏曲文物研究所的研究者们从 20 世纪 80 年代开始进行戏曲碑刻的田野调查，2007 年至 2009 年，王福才、车文明等人发表了一系列关于村社的文章。⑤这些文章从戏曲研究者角度将村社作为祭祀组织和戏曲活动的组织

① 宝历二年（826 年）《纪弥勒菩萨上生变赞并序》，《山右石刻丛编》卷 8，《石刻史料新编》第 1 辑，台北：新文丰出版股份有限公司，1982 年，第 20 册，第 15107 页。

② 元祐四年（1089 年）《青莲寺石柱题记》，樊秋宝主编：《泽州碑刻大全》，北京：中华书局，2012 年，第 2 册，第 33 页。“北村社”一条根据原题记校改。

③ 乾符四年（877 年）《青莲寺碑碣之所记》，现存山西泽州青莲寺。

④ 赵世瑜：《明清华北的社与社火——关于地缘组织、仪式表演以及二者的关系》，《中国史研究》1999 年第 3 期。

⑤ 王福才、车文明：《对宋元明清民间祭祀组织“社”与“会”的初步考察》，《中华戏曲》2007 年第 1 期；车文明：《中国古代民间祭祀组织“社”与“会”初探》，《世界宗教研究》2008 年第 4 期。

者。民间文化的研究者通过田野调查对清代、民国时期村社有了较多的描述，村社有怎样的历史渊源呢？杜正贞的《村社传统与明清士绅：山西泽州乡土社会的制度变迁》和颜伟的《村社传统与神庙演艺——以山西泽州地区为中心》均将村社历史追溯到宋代，通常认为明清时期村社的各种仪式剧和杂剧等文化活动均源于宋代。[①]日本学者金井德幸和须江隆等对宋代的社进行了比较全面的研究，揭示了宋代“屋而不坛”的社庙转型以及社与佛教、宗族等的关系问题。[②]丁荷生对福建兴化府（莆田）的社进行了研究，指出福建在宋代已经发生了与地方神灵结合和社庙出现的转变。[③]那么作为一种文化社区的村社在宋代有怎样的具体表现形式？为什么村社这种文化社区会在宋代开始兴盛起来？本文试图从唐宋乡村治理变革和文化转型的角度来探讨这些问题。

二、村社的社事活动

村社源于先秦社祭，村社以社祭为最基本的事务。宋代开始，祈雨和演艺活动等社事变得越来越重要。这些社事活动都在社庙中进行，村社兴修社庙资金通常以募化捐资方式进行。这些就是宋代村社主要的社事活动。

（一）春秋社祭

河西三嵕庙碑文中记录了王通发起修庙的过程：

> 今有当保录翁王通等，二德双美，文武两全，阅礼乐而敦诗书，□寸心而行片善。于是三和有备，四德无亏，常怀克己之心不务兼人之道。春秋献贺，踌躇而战战兢兢；送故迎新，鞠躬而悚悚惕惕。畴昔前年逢辛未，月值夹钟，当两乡祷庙之时，乃四社祈神之次，辄有录翁王通起而发言，语于众曰：“通适睹堂廊峭峻，殿宇峥嵘，神仪以彩绘全新，圣像以装銮鲜净，唯有阁楼前土阶废坠，踏道崩摧，若不用石以为基，渐见□残□柱顶。□而叹曰：夫人不言，言必有中，一则壮一村于

---

① 杜正贞：《村社传统与明清士绅：山西泽州乡土社会的制度变迁》，上海：上海辞书出版社，2007年；颜伟：《村社传统与神庙演艺——以山西泽州地区为中心》，山西师范大学博士学位论文，2018年。

② ［日］金井德幸：《宋代的村社与佛教》，《佛教史学研究》1976年第2期；［日］金井德幸：《宋代的村社与社神》，《东洋史研究》1979年第2期；［日］金井德幸：《宋代的乡社与土地神》，《中屿敏先生古稀纪念论集（上）》，1980年；［日］金井德幸：《宋代的村社与宗族》，《酒井忠夫先生古稀祝贺纪念论集》，1982年；［日］须江隆：《社神之变容》，《文化》1994年第1期。

③ ［美］丁荷生：《福建社神之转型》，刘永华译，刘永华编：《中国社会文化史读本》，北京：北京大学出版社，2011年，第237—242页。

神明，二乃保安于黎庶。”[①]

辛未年是天圣九年（1031年），夹钟月是以十二律记录的月份，“春秋献贺”也是指春秋两季举行的祭祀活动。汉代社的主要活动就是“二八社祭”，这表明宋代村社中仍然存在进行春秋两次的祭祀活动。大中祥符三年（1010年）《大宋国忻州定襄县蒙山乡东霍社新建东岳庙碑铭》也明确提到春秋社祭：“有社长太原郡郝超、吕瓌等三十人同发至诚建其庙貌，春秋祈于嘉谷焉。”[②]可见，村社对于社祭一直有继承关系，这是村社长期延续的重要表现。

宋代各地地方神灵大量出现，这些神灵表现出与社祭相结合的趋势。丁荷生描述了福建碑刻中地方神灵与社祭的结合情况，宋代的《圣墩祖庙记》所记妈祖、《兴化军祥应庙记》所记显惠侯等神灵都和当时社祭有密切关系。[③]《长安志》中有社祭董龙的记载：“董龙社树，在（盩厔）县西南三十里，旧图经曰董龙，盩厔人，家贫，村社众人祭社逐出之。龙遂以泥造饭祭之，后穿地得黄金，因大富，遂名董龙树。”[④]董龙因为得黄金的神迹而成为当地地方神灵，与社树祭祀结合。《新安志》也记载了徽州程灵洗被奉祀为社神的情况：“今人即灵洗墓处为坛，水旱祷者八十余社。”[⑤]程灵洗是徽州南北朝时期的名将，在宋代已经成为地方神灵，对它的祭祀也与社祭相结合。山陕地区现存比较丰富的宋代庙宇碑刻材料，从这些碑刻材料可以看出宋代社庙奉祀的地方神灵相当多样，包括二仙、汤王、三嵕、圣母、仓颉等。二仙庙有山西泽州东中村二仙庙和东南村二仙庙；汤王庙有山西闻喜县姜阳乡南五保汤王庙、山西泽州河底汤王庙；三嵕庙有山西高平市河西三嵕庙；圣母庙有山西平顺九天圣母庙、陕西蒲城县尧山圣母庙；仓颉庙有陕西白水县仓颉庙等。[⑥]以上这些神灵均为当地流行的地方神灵，它们均在当地几

---

① 天圣十年（1032年）《三嵕庙门楼下石砌基阶铭》，现存山西高平河西三嵕庙。注：凡笔者调查获取碑刻直接标注原石所在地，碑刻有题名（首题）的使用原题名，没有题名的自拟题名，加括号以示区分，文献中的碑刻直接用原文献题名。

② 大中祥符三年（1010年）《大宋国忻州定襄县蒙山乡东霍社新建东岳庙碑铭》，《山右石刻丛编》卷11，《石刻史料新编》，第15199页。

③ 丁荷生：《福建社神之转型》，刘永华编：《中国社会文化史读本》，第240页。

④ （宋）宋敏求：《长安志》第18卷，《宋元方志丛刊》，北京：中华书局，1990年，第1册，第188页。

⑤ （宋）罗愿纂，赵不悔修：《新安志》第3卷，《宋元方志丛刊》，第1册，第7638页。

⑥ 嘉祐四年（1059年）《大宋国泽州高都郡晋城县移风乡招贤管□□长老重兴二仙行宫记》，现存山西泽州东中村二仙庙；大观元年（1107年）《二仙庙记》，现存山西泽州东南村二仙庙；太平兴国四年（979年）《大宋国解州闻喜县姜阳乡南五保重建汤庙碑铭》，《山右石刻丛编》卷11，《石刻史料新编》，第15176页；宣和二年（1120年）《泽州晋城县建兴乡七擀管重修汤王庙记》，现存山西泽州河底汤王庙；天圣十年（1032）《三嵕庙门楼下石砌基阶铭》，现存山西高平河西三嵕庙；建中靖国元年（1101年）《潞州潞城县圣母三池东圣母仙乡之碑》，现存山西平顺九天圣母庙内；秦建明、吕敏编著：《尧山圣母庙与神社》，北京：中华书局，2003年，第198—199页；开宝八年（975年）《修仓颉祠颂碑并阴》，《八琼室金石补正》卷84，转引自［日］金井德幸：《宋代的村社与宗族》，《酒井忠夫先生古稀祝贺纪念论集》，1982年。

个村共建的社庙中受到奉祀。

（二）祈雨

上引《新安志》中记载可以看出，宋代社作为祈雨场所是相当普遍的情形。宋代太行山地区地方神灵几乎都具有求雨的功能。熙宁九年（1076年）《玉皇庙碑文》记载：

> 府城社玉皇行宫者，始为岁旱遍于群神，祈祷无应。本社李宗、秦恕二人即陵川之下壁请得信马，于当社祈求，克日而甘泽沾足，即时兴意，卜地北岗秦吉，秦简地内，鸠工营匠，不日而成。[①]

“于当社祈求”说明府城社在兴建社庙之前当也有某种简易的露天社坛或社树，祈雨在这类场所进行。祈雨灵验之后，府城社联合周围其他15个社一起兴建了玉皇庙。陕西蒲城的尧山圣母庙也有类似的现象：“盖闻尧山之神，自古老相传，于蒲邑一方最灵祠也。里人尝来祈祷，于是甘泽破块，风即鸣条，□时雨降。今有本县翔鸾乡东党村社人纠首曹宗等，及贤相乡池阳村社人纠首党遇等，自发宏愿，并重翻修尧山夫人之古殿。”[②]可见祈雨及其灵验是村社一项重要的活动，同时也是庙宇兴修和信仰传播的动力。

（三）演艺活动

山西泽州东南村二仙庙崇宁五年（1106年）《二仙铭记》中记载了为村社提供演乐活动的乐人的情况：“乐人张用，长男张顺。张仙，和淑，程用。”[③]这里的乐人演奏的是哪一种乐呢？泽州县大东沟镇河底村汤王庙宣和二年（1120年）《泽州晋城县七擀管重修汤王庙记》有：“宣和得贰庚子岁，九月乙亥朔，越七日乙巳，大合乐以落成。”[④]据颜伟考证，这里的大合乐是所谓“乐神之乐”，其演奏形式主要以“鼓吹”为主。[⑤]这是在庙宇告竣落成之时，为神灵演奏，以“鼓吹”为主要形式，这是庙宇兴修过程中的特殊仪式。长子县紫云山灵贶王庙宣和四年（1122年）碑上有“请神行马，大兴供献，仪仗、法物僭拟王者，百戏妓乐，所费不赀，官司莫之禁，习以为常”[⑥]。这里也可以

---

① 熙宁九年（1076年）《玉皇庙碑文》，现存山西泽州府城玉皇庙。
② 秦建明、（法）吕敏编著：《尧山圣母庙与神社》，北京：中华书局，2003年，第198—199页。
③ 崇宁五年（1106年）《二仙铭记》，樊秋宝主编：《泽州碑刻大全》，第3册，第296—297页。
④ 宣和二年（1120年）《泽州晋城县建兴乡七擀管重修汤王庙记》，今存山西泽州河底汤王庙。
⑤ 颜伟：《村社传统与神庙演艺——以山西泽州地区为中心》，山西师范大学博士学位论文，2019年，第43页。
⑥ 申修福主编：《三晋石刻大全》（长子卷），太原：三晋出版社，2013年，第47页。

看出宋代乡村神庙演艺的丰富性。神庙剧场是这些演艺活动进行的场所，平顺九天圣母庙建中靖国元年（1101 年）碑是目前太行山地区少见的宋代村社兴修舞楼的碑："终南山下陈家庄众社重修圣母之庙，创起舞楼、行廊共五十间。"①

（四）社庙兴修与社费募化

原始形态的社祭通常以坛、石或树的形式进行。按照《礼记》中规定的礼制，社祭地点是不允许建屋子的："天子大社，必受霜露风雨，以达天地之气也。是故丧国之社屋之，不受天阳也。"②宋代，"坛而不屋"的社坛开始转化为"屋而不坛"的社庙："春祈秋报，惟社为亲。古者祠以坛，则谓之里社；今者祠以屋，则谓之社庙，其为社一也。且岂惟一里之中有社，虽一家之中亦有社。"③"社，古礼也，坛而不屋，因地所宜木为主。今庶民之社，往往多绘事于家，屋而不坛，非古。"④社庙是以上村社各种活动的场所，兴修社庙就成为基本的社事之一。从前面河西三嵕庙的例子可以看到，春秋社祭作为村社的集会，常常也成了社人商议修庙的重要时机，而祈雨灵验之后的感谢神恩又常常是修庙的直接原因，社费募化主要是为了兴修庙宇之用，祭祀演乐也常常是在兴修庙宇告竣之时进行的。可以说，兴修社庙集中了村社各项社事。兴修社庙的费用主要来自于募化捐资。河西三嵕庙补修基阶过程中进行了募化"近扰乡耆，遍户排门，幸蒙允济"⑤，看来修庙的费用主要来自募化。府城玉皇庙创修过程中"又得秦翌、杜惟熙等纠率乡人，敛集藻绘廊庑之费，无不喜从者。先是，廊殿既成，有信义之士李宗颜自备已力，构成三门，费直之缗，不下数万"⑥。这也是以临时募捐的方式解决费用问题。

总之，宋代社事表现出以下特征。从村社活动场所来看，从"坛而不屋"的坛壝发展到"屋而不坛"的屋庙。应该注意的是，宋代的社仍然是以坛壝和屋庙两种形式并存的，并没有全部完成这种转变。从神灵角度来说，土地神转变为各种各样的社庙神灵，构成复杂的神灵谱系。宋代各种地方神灵大量涌现并大量传播，以民间传说和地方仪式为标志的人格化的地方神灵取代了木石土等自然崇拜。祈雨和演艺活动成为重要的社事，其重要性有超越社祭的趋势。在宋代村社的发展中祈雨越来越成为核心的内容，农

---

① 建中靖国元年（1101 年）《潞州潞城县圣母三池东圣母仙乡之碑》，现存山西平顺九天圣母庙内。

② 《礼记・郊特性》，（清）朱彬：《礼记训纂》，北京：中华书局，1995 年，第 391—392 页。

③ （宋）黄震：《黄氏日抄》卷 8，转引自［日］须江隆：《社神之变容》，《文化》1994 年第 1 期。

④ （宋）胡炳文《云峰文集》卷 2，转引自［美］丁荷生：《福建社神之转型》，刘永华译，刘永华编：《中国社会文化史读本》，第 239 页。

⑤ 天圣十年（1032 年）《三嵕庙门楼下石砌基阶铭》，现存山西高平河西三嵕庙。

⑥ 熙宁九年（1076 年）《玉皇庙碑文》，现存山西泽州府城玉皇庙。

业生产和生活的现实需要取代了礼制传统的约束。

三、村社的社会结构

围绕着上述社事活动，村社形成了一个文化社区。这个社区具有特定的社会结构。这里分别从村社规模、社人身份和村社首领三个角度来进行分析。

（一）村社规模

一个村社社人的数量（含村社首领在内）从几个人到几十个人不等。参与府城玉皇庙创修的各村社人数情况为：

> 府城社
>
> 修殿维那：李信、秦韶、秦翌。彩画正壁维那：大理寺丞孙刘宗嗣、毛怀信。彩画东壁维那：李用、秦禹锡、焦文政。管老人：秦恕、李恭。社人：张吉、李盖、大理寺丞孙刘宗颜、李刁、李旻、李侃、秦简、李昌、毛白、李集、李望、秦弁、王用、李勍、郭从、秦德、秦昱、秦选、焦善、李锡、李安、陈志、陈昌、李绶、李清、李晏、秦应、陈文、李志、李准、秦昇、李能、李顺、阎宗左、秦谅、张德、秦士安。张信、陈庆、陈忠、王清、赵贵、宋清、宋诚。（下略）①

府城社 54 人、水东社 26 人、内曲社 10 人、水北社 21 人、元庆社 11 人（含下社人数）、元庆下社 4 人、漳东大社 26 人、焦家社 12 人、秦家社 13 人、漳东南社 11 人、黄头社 29 人、水西社 22 人、吴庄社 9 人、临泽社 9 人、赵庄社 10 人、凤安社 4 人。社庙所在的府城村人数最多，最少的凤安社只有 4 人，10 到 30 人的社数量最多。

兴修东中村二仙庙各村社人数为中村东社 20 人、中村西社 15 人、下村社 39 人、上村社 22 人、阎家社 3 人、郝家社 29 人、孔家社 9 人。②庙所在中村不是人数最多的村，下村社人数最多，阎家社仅有 3 人，其余也大都在 10—30 人。

河西三嵕庙仙井北村 37 人、常乐村 17 人、仙井南村 76 人、牛村 25 人、杜村 19 人。③仙井南村是目前所见材料中村社人数最多的，其他也大概在 10—30 人左右。

---

① 熙宁九年（1076）《玉皇庙碑文》，现存山西泽州府城玉皇庙。

② 嘉祐四年（1059 年）《大宋国泽州高都郡晋城县移风乡招贤管□□长老重兴二仙行官记》，现存山西泽州东中村二仙庙。

③ 天圣十年（1032 年）《三嵕庙门楼下石砌基阶铭》，现存山西高平河西三嵕庙。

总之，村社规模大体上在10—30人左右，宋代社庙通常由几个到十几个村社共同兴建。

（二）社人身份

根据现有材料，我们很难说这些社人是否包括了村中全部的人户，也就是说村社是否是全体村民均参与的。既然村社以聚落名称来命名，且如前所述社已经成为村落代称，社人至少应该在村中具有很大的代表性。即便不是全体村民均参加，也应该包括了乡村社会中大部分的主户。

值得注意的是碑文中出现了客户和女性。东南村二仙庙崇宁五年（1106年）《二仙铭记》的题名中有“客户贺贵”①，看来客户也可以加入村社之中，但特别强调客户身份似乎说明这种情况并不常见。东南村二仙庙政和七年（1117年）《新修二仙庙记》碑阴列出了几十位女性姓名，称作“招贤社女弟子、东村社女弟子、北村社女弟子、南下社女弟子、崔家社女弟子”②，看来似乎女性也属于村社，只不过这些女性与前面的社人还是分开来记录的，这里的社或许只是对聚落的一种称呼，未必直接加入社中。以上这类客户或女性的记录很少，但是这说明村社即便不是包括所有人，至少在村中很具有代表性。

（三）村社首领

宋代太行山地区村社首领有多种称谓，主要有两类，一是常设性的村社首领，二是为组织某次活动临时选出的村社首领。限于篇幅，这里不能详细展开。

府城玉皇庙兴修中，组织修庙的主要是杜惟熙：“杜惟熙等纠率乡人，敛集藻绘廊庑之费，无不喜从者。……管纠司：杜惟熙。”③这是具有管身份的人牵头修庙。东中村二仙庙兴修的发起人和组织者是王仁侃，“嗣兴新庙，必须纲维。是故选众求能，举乡录翁王仁侃等为维那□之。……知乡录事，先举意立碑首领人：王侃”④。王仁侃（王侃）的身份是乡录事（翁）。河西三嵕庙的发起人王通也是录翁的身份：“今有当保录翁王通等，二德双美，文武两全，阅礼乐而敦诗书……畴昔前年逢辛未，月值夹钟，当两乡祷庙之时，乃四社祈神之次，辄有录翁王通起而发言。”⑤这里的录翁也是录事，但却

① 崇宁五年（1106年）《二仙铭记》，樊秋宝主编：《泽州碑刻大全》，第3册，第296—297页。

② 政和七年（1117年）《新修二仙庙记》，现存山西泽州东南村二仙庙。

③ 熙宁九年（1076年）《玉皇庙碑文》，现存山西泽州府城玉皇庙。

④ 嘉祐四年（1059年）《大宋国泽州高都郡晋城县移风乡招贤管□□长老重兴二仙行宫记》，现存山西泽州东中村二仙庙。

⑤ 天圣十年（1032年）《三嵕庙门楼下石砌基阶铭》，现存山西高平河西三嵕庙。

是保录事。府城玉皇庙首领有“管老人：秦恕，李恭”①。东中村二仙庙兴修首领有“管社知事老人：张筠，王宣，刘顺，杨坦，司元，孔卿，孔坦，□□，孔吉，王坦，贾则，段让，张开，刘意，封进，韩和，李隐，阎宗”②。纠司、录事（翁）、老人是村社主要的常设首领，他们和国家基层管理组织乡、管和保有密切关系。

府城玉皇庙兴修中有：“彩画正壁维那：大理寺丞孙刘宗嗣，毛怀信。彩画东壁维那：李用，秦禹锡，焦文政”③，这些维那都和具体的工程项目直接联系在一起。他们都是具体工程的组织管理者。东中村二仙庙修建过程中“嗣兴新庙，必须纲维。是故选众求能，举乡录翁王仁侃等为维那□之”④，这里乡录翁（乡录事）与维那的关系非常清楚，管录事或管老人是其日常就具有的身份，而维那则是修庙中临时负责人的身份。维那可以不是管录事或管老人，但是大多数情况下，修庙维那由具有这种身份的人来担任。维那一词渊源于佛教，这体现了佛教对村社的影响。

总之，一套自发的民间的村社管理模式和筹集经费模式已经形成。具有一定官方身份的人是村社在村社集群层级上的主要首领，以耆老为主体的老人构成了村社层级的主要首领。经费的筹集尚未形成制度化的方式，以临时性的捐款为主体。

四、唐宋村社演变表现及其原因

社源于先秦社祭，经历了汉代国家建立的里社，到南北朝时期的法社，再到唐代的社邑。⑤

关于唐代官方建立的村社的情况，刘再聪列举了一些零星的史料：

> 周（武周）有逯仁杰，河阳人。自地官令史出尚书，改天下帐式，颇甚繁细，法令滋章。每村立社官，仍置平、直、老三员，掌簿案，设锁钥，十羊九牧，人皆散逃。
>
> 赞礼者引社正诣盥器所，执盥者酌水。社正洗手，取巾拭手讫。洗爵拭爵讫，赞礼者引社正诣社神座前，跪奠爵于馔右。兴，少退，南向立。祝持版进，社神座

① 熙宁九年（1076年）《玉皇庙碑文》，现存山西泽州府城玉皇庙。

② 嘉祐四年（1059年）《大宋国泽州高都郡晋城县移风乡招贤管□□长老重兴二仙行宫记》，现存山西泽州东中村二仙庙。

③ 熙宁九年（1076年）《玉皇庙碑文》，现存山西泽州府城玉皇庙。

④ 嘉祐四年（1059年）《大宋国泽州高都郡晋城县移风乡招贤管□□长老重兴二仙行宫记》，现存山西泽州东中村二仙庙。

⑤ 宁可：《述“社邑”》，《北京师院学报（社会科学版）》1985年第1期。

东西面，跪读祝文曰：维某年岁次月朔日子，某坊（村则云某村，以下准此）社正姓名合社若干人等，今昭告于社神。惟神载育黎元，长兹庶物，时属仲春仲秋。[①]

目前所见唐代社最主要的形式还是敦煌文书中所反映的经过佛教改造之后的社邑组织。社邑源于南北朝时期的法社，中国传统的“社”与佛教教义是存在矛盾的，法社是佛教对里社的改造，主要就是废除“血祠”的做法。[②]隋唐以后，佛教影响力越来越大，佛教主导的各种社组织非常繁荣，法社和邑义逐渐混同，相关学者通常将它们统称为社邑组织。敦煌的社邑中春秋二社仍然是社邑活动的重要日子，在各种转帖中数量最多。在具体的形式上，春秋社祭已经转变为宴饮性质的春秋坐局席，这延续了佛教对不符合佛教教义的传统春秋社祭的改造。这个时期的社邑不仅在名称上趋同，在内容上也综合了传统的社与佛教的邑义。[③]

宋代村社的演变主要有三个方面的原因，一是村制的取消，二是国家对基层社会管理方式和理念的转变，三是唐宋之间从佛教到民间信仰的文化转型。

1. 村制的取消

学界讨论宋初“废乡设管令”的时候常常关注废的是乡还是里，还是没有废，却往往忽视了唐代村制被废的情况。唐代的村不仅仅是聚落名称，也是一种国家基层组织。从聚落名称角度来说，唐代聚落全部称村，几乎没有例外。从基层制度角度来看，唐令规定“在邑居者为坊，别置正一人，掌坊门管钥，督察奸非，并免其课役。在田野者为村，别置村正一人，其村满百家，增置一人，掌同坊正”[④]。村正主要是负责治安，以自然聚落为组织单元。

宋代的村不再是一种基层组织和制度，仅仅是聚落名称。包伟民在谈到宋代没有村制这个问题的时候说“如果说这是指未见宋代有直接以‘村’为名的正式行政组织，此论甚是。但如果以为宋代不再设置以乡村聚落为基点的管理制度，则此论或可再议”[⑤]。他认为宋代的耆就是一种聚落组织，类似于今天的行政村。无论是编户组织，还是聚落组织，从具体的管理上来说，规模才是决定性的。规模决定了基层管理组织的层级，层级决定了它的性质。正如包伟民所论证的那样，耆的范围是相当大的：“宋代金溪各乡设耆最多者归政乡，共五耆；最少者顺政、延昌两乡，各两耆。顺德乡未设

① 刘再聪：《唐朝“村”制度研究》，厦门大学博士学位论文，2003年，第173页。
② 郝春文：《两晋南北朝时期的法社》，《北京师范学院学报（社会科学版）》1992年第1期。
③ 关于唐代社邑情况参看宁可、郝春文辑校：《敦煌社邑文书辑校》，南京：江苏古籍出版社，1997年。
④ （唐）杜佑：《通典》卷3《乡党》，北京：中华书局，1988年，第63—64页。
⑤ 包伟民：《宋代的村》，《文史》2019年第1期。

耆，'为里四'，估计当系乡俗，实与耆无异。平均而言，各乡三耆有余。"[①]宋代乡的规模远大于唐代。一乡三耆意味着一个耆下面的自然聚落数量相当大。耆下辖数量如此众多的村，它的管理就不可能深入到每一个村。耆所管辖的人户数量恐怕不仅仅超过了唐代的里，甚至超过了唐代的乡。那么，从这个意义上说，耆和唐代的村还是有相当大的区别，不具有前后的替代关系。从地域划分单元规模来看，唐代里为百户，乡为五百户，即便是边远地区也实行较为严格的这种乡里制度，而且长期保持稳定。[②]相较唐代，宋代的各层级乡里组织规模都有所扩大，而且规模不统一，有的大、有的小，且变动频繁。宋代，乡在经过合并之后，数目大幅度减少，再考虑到宋代人口大大多于唐代，每乡规模扩大很多。相当于里的管在规模上也大大超过唐代的里，甚至超过唐代的乡。乡和管在户数上都不是固定的，有的多、有的少。

总之，一方面，宋代已经没有唐代那样的村一级的聚落组织，管的规模略小，但还是编户组织。耆是聚落组织，但由于规模太大，和唐代的村没有对应性。另一方面，乡、里、管等地域划分单元的扩大化反映的实际上是这些地域划分单元的地域化和聚落化，实际上就是其直接管控功能的弱化。

2. 基层社会管理方式和理念的改变

宋代基层社会管理有一个基本特点，频繁变动且各地不同，刁培俊把唐宋之间的这种变化概括为"从前后一致到顺时而变"，"从海内一统到因地制宜"。[③]出现这种现象的原因是多方面的，这从根本上说是因为宋代人口、社会和经济发展造成乡治越来越困难，不得不因时因地制宜。地域划分单元在名目上反复变化也和宋代的政治文化有关，宋代各种制度也是反复修改以至于非常复杂。但是，最重要的直接原因还是晚唐以来乡治治理理念和治理方式的变化。

治理方式的改变体现为从乡官制转向乡役制，从"以官治民"转向"以民治民"，这也是此后近千年始终实行的乡治方式，西方学者称之为"经纪型统治"。[④]宋代以后，随着人口的增多，财政制度的改革（两税法），国家基层治理方式的变迁（职役化），国家权力在基层社会的存在方式开始发生了变化。基层社会自我管理的空间加大了。

从治理理念来说，宋代开始越来越倾向于在基层社会奉行一种实用主义。面对越来越复杂的乡村社会治理困境，宋朝廷越来越放弃早期儒学的乡治理想，更没有能力实现

---

① 包伟民：《宋代的村》，《文史》2019年第1期。

② 张国刚：《唐代乡村基层组织及其演变》，《北京大学学报（哲学社会科学版）》2009年第5期。

③ 刁培俊：《唐宋时期乡村控制理念的转变》，《厦门大学学报（哲学社会科学版）》2009年第1期。

④ ［美］杜赞奇：《文化、权力与国家——1900—1942年的华北农村》，王福明译，南京：江苏人民出版社，2003年，第28页。

汉唐时期那样的整齐划一的乡治实践，“对于苟且应对心态下的帝国而言，只要能够保障乡间各类赋税的征纳和乡村社会的稳定，具体采取何种方式管理乡间的广大众民，控制整个乡村，并未从根本上要加以改革，也不想解决”[①]。这样一种实用主义的治理理念造成的结果就是倾向于降低乡治成本，最低成本的办法就是用乡村职役来作为管理乡村社会的代理，这就是经纪型统治的来源。另一个重要的结果是乡治的主要任务收缩到赋役和治安两项，文化方面的教化功能被忽视或流于形式。由于教化是一个见效慢、长期的事务，实用主义的乡治理念势必造成不重视乡村文化建设。国家治理所留下来的空缺就需要民间社会来填补，村社其实就是为满足这一需要而出现的。

3. 从佛教到民间信仰推动的转变

如果说宋代政府基层社会管理模式的转变是从“放”的方面为村社发展创造条件，那么宋代民间信仰的发展是从“推”的方面为村社发展提供了直接的动力。对于村社发展动力来说，唐宋之间很大的差异就是从主要由佛教推动发展到主要由民间信仰推动。这实际上反映的是宋代民间社会的一种文化转型，从佛教主导的文化转变为民间信仰主导的文化，佛教日益成为融入民间社会信仰体系中的要素之一。民间信仰具有一些独有的特征，在民间信仰的推动下，这些特征就影响到了村社的发展演变。

首先，地方化的特征。和佛教具有统一的教义和教派体系不同，民间信仰主要依赖民间传说和地方仪式等口头传统，这种口头传统传播范围是有限的，距离稍微远一些，内容可能就会走样或加入接受地的地方知识。民间信仰的这一特点造成村社被限制在一定的空间范围之内。村社成员主要关心自己周边有限的空间范围内的公共事务。

其次，社神、社庙、神主和仪式等的变化。因为民间信仰的这种地方化的特点，就造成了神灵的繁多和复杂，每个地方的社神都不一样。民间信仰的感性化的特点又带来对建筑（神庙）、神像（神主）、装饰、图画（壁画）、音乐（演乐）等民间性的艺术表现形式的追求，民间信仰推动的村社相关各种艺术形式更具民间特征。

再次，祈雨与功利性的指向。和佛教不同，民间信仰没有精致的、统一的教义。这就不存在佛教面对秦汉社祭时候的教义冲突。民间信仰主要依靠“灵验”这一功利性的结果来支撑，而灵验实际上是要解决现实的社会经济问题，因此祈雨就成了最重要的社事之一。

最后，杂糅的组织管理体制。佛教有自身一套统一的管理体制，国家也有一套针对佛教的管理制度，但是民间社会没有。宋代的村社杂糅了各种各样的管理体制，既由具

---

① 刁培俊：《唐宋时期乡村控制理念的转变》，《厦门大学学报（哲学社会科学版）》2009年第1期，第88页。

有一定官方身份的职役管理，也有渊源于佛教的维那这样的首领称谓，也有家族或老人的管理方式，也有民间自发的协商的管理方式。

五、结　论

如果问题回到本文一开头的“由村到社”转变，无论村还是社，它们都是聚落的代称，这种转变的实质是从国家基层管理组织到民间组织。由此，我们可以概括宋代村社演变的主要特征：

首先，宋代村社演变主要特征是民间化。社神转变为地方神灵，社庙的出现、祈雨和演艺活动日趋重要，这些都是民间化的体现。村社管理制度上也充分体现了民间化，杂糅了官方、佛教因素的民间制度，地方化的规模限制等都是如此。

其次，村社的民间化是相对于国家而言的。一方面，国家废除村制，这就减弱了村一级的直接行政管理，民间的村社就逐步成了乡村聚落的代称。另一方面，乡村治理方式转为乡役制，治理理念走向实用主义。这种转变在赋役和治安等国家利益攸关的事务方面尚无太大问题，但在文化教化等方面，民间的方式成为主导，作为文化社区的村社开始兴盛。

最后，村社的民间化也是相对佛教而言的。宋代文化转型的主要特征是佛教开始衰落，同时民间信仰兴起。村社从唐代佛教色彩明显的社邑转化为宋代民间社会色彩明显的村社，这就是宋代文化转型的结果。

作者简介：孟伟（1963—），男，山西文水人，历史学博士，河北大学宋史研究中心特聘教授，从事社会经济史研究；杨波（1980—），男，山西太原人，河北大学宋史研究中心兼职研究员、博士研究生，从事社会经济史和民间文献研究。

宋代以来基层社会治理的演变与长程历史

——以太行山地区村社首领的变迁为中心

陈添翼　杨　波

（河北大学 宋史研究中心，河北 保定，071002）

摘　要：宋代以来基层社会的总特点是“以民治民”的经纪型统治。太行山地区宋至清时期的村社碑刻题名揭示了村社首领的长时段演变情况，其主要趋势是从职役型转向非职役型，从老人制转向社首制。这些演变说明时代越是往后这种经纪型统治的趋势就越是明显，职役有越来越劣化的趋势，民间社会却有越来越活跃和复杂的趋势。

关键词：基层社会治理；长时段演变；太行山地区；村社首领

关于唐中叶以后中国基层社会治理的演变，学界已经有一个大致的共识，那就是从“以官治民”的乡官制发展到“以民治民”的乡役制[①]，明清以后又逐步发展为依托地方精英而建立的“经纪型统治”。[②]但对于基层社会最底层的基本单元村社中的权力结构的细节尚缺乏一种长时段的研究。地处华北西部的太行山地区现存大量村社碑刻，赵世瑜主要利用这些碑刻，通过对孔子回车和窦鸣犊的个案研究，认为从金元至明清存在“由

---

① 刁培俊：《唐宋时期乡村控制理念的转变》，《厦门大学学报（哲学社会科学版）》2009 年第 1 期。

② ［美］杜赞奇：《文化、权力与国家——1900—1942 年的华北乡村》，王福明译，南京：江苏人民出版社，2003 年，第 28 页。

帝国管控力量较强向民间社会力量活跃的方向转变”①。这类碑刻的碑阴题名常常未受到重视，各种地方志、文集和碑刻集中均不收录碑阴题名。在这些碑阴题名上有大量村社首领的记载，时间从宋至清绵延近千年。笔者通过实地调查对这些碑阴题名做了系统整理，通过考察这些村社首领的称谓变迁能够看到在近千年的长程历史中基层社会治理结构的演变过程。

一、宋代村社首领的主要特点

（一）宋代村社首领称谓的基本情况

宋代太行山地区村社首领有多种称谓，包括乡（管、保）纠司、乡（管、保）录事（翁）、管老人（管社知事老人）、副乡首领同意人、社长、维那、邑首、副邑长、都修造、举意人、首领人、神录、神官、庙子和庙官等。限于篇幅，这里不详细展开，其中最重要的为两类，分别代表了官役与老人。

1. 乡（管、保）纠司与乡（管、保）录事（翁）

府城玉皇庙兴修中，组织修庙的主要是杜惟熙：“杜惟熙等纠率乡人，敛集藻绘廊庑之费，无不喜从者。……管纠司：杜惟熙。”②杜惟熙是碑阳最后署名的管纠司，但并没有出现在碑阴题名之中，府城村 54 人中没有一个杜姓的人。因此，杜惟熙或许并非府城村的人，而是府城村所属的管的首领，是具有管身份的人牵头修庙。东中村二仙庙兴修的发起人和组织者是王仁侃，“嗣兴新庙，必须纲维。是故选众求能，举乡录翁王仁侃等为维那□之……知乡录事，先举意立碑首领人：王侃”③，王仁侃（王侃）④的身份是乡录事（翁）。根据碑阴题名，王仁侃是上村人，并非社庙所在中村人。这种情况当与上述杜惟熙的情况类似，是具有乡身份的人牵头修庙。河西三嵕庙的发起人王通也是录翁的身份：“今有当保录翁王通等，二德双美，文武两全，阅礼乐而敦诗书……畴昔前年逢辛未，月值夹钟，当两乡祷庙之时，乃四社祈神之次，辄有录翁王通起而发言。”⑤这

---

① 赵世瑜：《从贤人到水神，晋南与太原的区域演变与长程历史——兼论山西历史的两个“历史性时刻”》，《社会科学》2011 年第 2 期。

② 熙宁九年（1076 年）《玉皇庙碑文》，现存山西泽州府城玉皇庙。

③ 嘉祐四年（1059 年）《大宋国泽州高都郡晋城县移风乡招贤管□□长老重兴二仙行宫记》，现存山西泽州东中村二仙庙，参见《三晋石刻大全·晋城市泽州县卷》，太原：三晋出版社，2012 年，第 29—30 页。

④ 碑阳序文中写作王仁侃，题名中写作王侃，按照碑阳序文中王仁侃是组织者，又是管录事，与后面题名中王侃身份一致，当为同一人。

⑤ 天圣十年（1032 年）《三嵕庙门楼下石砌基阶铭》，现存山西高平河西三嵕庙。

里的录翁也是录事，但却是保录事。王通是牛村人，牛村是牛村保的首村，也不是社庙所在村的首领，而是社庙所在保的首领。这是具有保身份的人牵头修庙。同庙政和石柱题记中也出现了“牛村保：首领李谏，纠司李道，录翁李概”。①主要组织者还是纠司和录事。综上所述，具有乡、管或保身份的首领主要称谓或者是纠司，或者是录事（翁），这些人是村社修庙过程中最重要的发起人和组织者。

2. 管老人（管社知事老人）

府城玉皇庙的兴修缘起于祈雨活动，祈雨的领导者是李宗和秦恕二人，碑阴题名中没有李宗，大概在立碑时已经不在世，而秦恕则是府城社的两位管老人中排在最前面的，后面一位李恭则当是李宗的族人：“管老人：秦恕，李恭。”②也就是说，祈雨活动主要的领导者是管老人。东中村二仙庙兴修中，乡录事王仁侃和三位“副乡首领同意人、纠司”作为主要牵头人，主要执行和落实的就是18位“管社知事老人”，这里的官社知事老人当为管老人和社老人的合称。“知乡录事，先举意立碑首领人：王侃。副乡首领同意人、纠司：郝秀、侯象。副乡首领同意人、纠司：□□。副乡首领同意人、纠司：张□。管社知事老人：张筠、王宣、刘顺、杨坦、司元、孔卿、孔坦、□□、孔吉、王坦、贾则、段让、张开、刘意、封进、韩和、李隐、阎宗。”③河西三嵕庙天圣十年修基阶碑中称为长老也是老人的另一种称谓。④长老与老人应当含义相同，只是叫法不同。总之，老人也是村社重要首领，但地位低于纠司和录事。

（二）村社首领的身份

上述村社的首领大部分都有乡、管、保的身份，至少从名称来看，他们似乎并不是社的首领，而是乡、管、保的首领。乡录事这一称呼不见于传世文献，最早见于唐代碑刻，太行山中部的鹿泉有《鹿泉本愿寺铜钟铭碑》的碑阴有“□□乡录事李奉節、录事张凤归，封龙乡录事韩处亮，丰润乡录事霍三良，录事赵少節，光泉乡录事雍伯恭，崇善乡录事冯□仁”⑤。叶昌炽说：“唐人又有‘社录’‘耆宿’等称。盖乡里愚氓，因事立号，本无义例，亦不能备详也。”⑥由于唐代贞观十五年就废除了乡级长吏，乡的事务主要由里正来完成，有学者认为这里的乡录事实际上是指里正，是部分地区仿照县以上

① 政和元年（1111年）《石柱题记》，现存山西高平河西三嵕庙。

② 熙宁九年（1076年）《玉皇庙碑文》，现存山西泽州府城玉皇庙。

③ 嘉祐四年（1059年）《大宋国泽州高都郡晋城县移风乡招贤管□□长老重兴二仙行宫记》，现存山西泽州东中村二仙庙，参见《三晋石刻大全·晋城市泽州县卷》，第29—30页。

④ 天圣十年（1032年）《三嵕庙门楼下石砌基阶铭》，现存山西高平河西三嵕庙。

⑤ 《金石萃编补略》，转引自杜文玉：《唐五代州县内部监察机制研究》，《江西社会科学》2013年第2期。

⑥ （清）叶昌炽：《语石》卷5，杭州：浙江大学出版社，2018年，第308页。

的录事称谓对里正的一种美称。[①]如果这种说法成立的话，无论具体指何种职役，太行山地区早在唐代就有把在乡里承担职役的人称作乡录事的传统。唐末，里已经逐步丧失功能。管录事和保录事均未见于任何其他文献之中，这些称谓明显是仿照乡录事的，应当与乡录事性质类似。宋代承担基层职役的目前所知有里正（后废）、户长（管的首领）、耆长（耆的首领）、乡书手（乡或县一级职役）、保长（正）副、甲头等[②]，则乡录事或者也可能是乡书手，乡录事、管录事和保录事可能是对上述这些职役的美称。换言之，乡录事、管录事和保录事这一类名称大约都是指在乡、管、保组织中当差或雇佣的职役。纠司这个称谓大体上当与录事类似，当也是指这一类的职役人员。这些人是村社最主要的首领。

管老人或管社老人的身份很明确，他们是属于管或者村社的老人。老人，或称父老、耆老、乡老、长老等。这个人群从汉代开始就是乡村社会的一类重要力量。汉制："大率十里一亭，亭有长。十亭一乡，乡有三老、有秩、啬夫、游徼。三老掌教化。啬夫职听讼，收赋税。"[③]唐代乡也有老人："大唐凡百户为一里，里置正一人；五里为一乡，乡置耆老一人。以耆年平谨者，县补之，亦曰父老。"[④]关于唐代耆老的具体职掌，谷更有认为乡老的作用"并不体现在包揽乡中具体事务方面。乡中具体事务的操作主要由当执里正执行。乡老的视野除了对具体事务加以参谋外，其主要精力便放在了与教化有关的事务上"[⑤]。柳田节子对宋代父老的研究实际上也大体不出谷更有的这个判断，除了住持祭祀和祈雨之外，父老在农田、水利、诉讼和户籍等方面的作用主要是咨询性质的，管和保这类乡里组织才是赋役和治安的行政管理的主要承担者。[⑥]

就上述官役和老人的关系而言，两者并不是绝对区分的，录事既然也称作录翁，则当也具有老人身份。从数量上来说，从府城玉皇庙碑文中可以看出几乎每一个村都有1—2个管老人，而只有少数村才有管录事或管纠司。[⑦]东中村二仙庙碑文中有的村社的老人数量相当多，下村有8个，中村西社有6个，不过大多数也还是2—3个老人。[⑧]老人数量远远多过纠司和录事。但从重要性来说，庙宇兴修最重要的首领是纠司和录事，

---

① 杜文玉：《唐五代州县内部监察机制研究》，《江西社会科学》2013年第2期。

② 刁培俊：《分工与合作：两宋乡役职责的演变》，《河北大学学报（哲学社会科学版）》2005年第4期。

③ 《汉书》卷19，北京：中华书局，1962年，第742页。

④ （唐）杜佑：《通典》卷33，北京：中华书局，1988年，第924页。

⑤ 谷更有：《唐宋国家与乡村社会》，北京：中国社会科学出版社，2006年，第109页。

⑥ ［日］柳田节子：《宋代的父老——关于宋代专制权力对农民的支配》，《漆侠先生纪念文集》，保定：河北大学出版社，2002年，第331—338页。

⑦ 熙宁九年（1076年）《玉皇庙碑文》，现存山西泽州府城玉皇庙。

⑧ 嘉祐四年（1059年）《大宋国泽州高都郡晋城县移风乡招贤管□□长老重兴二仙行宫记》，现存山西泽州东中村二仙庙，参见《三晋石刻大全·晋城市泽州县卷》，第29—30页。

他们地位明显高于老人。总之，宋代村社首领以官役和老人为主体。官役多属于乡、管或保等国家基层组织，他们数量少但地位较高。老人地位低于官役，数量更多，是村社事务的实际执行者。

二、金至明前期村社首领的演变

金代以后，录事这个称谓完全消失，乡、管、保的前缀也基本不再出现。金代以后，一部分村社首领沿用了宋代“纠司”的说法。黄石村碑文中的“纠司”是整个兴修庙宇的首领。①府城玉皇庙碑文中的纠司也是整个村社集群的首领：“水东管西五都纠司、维那：东元庆社进义校尉段继立石。”②每一个村另有“随社纠司”，这里的“随社纠司”应该类似于元代所见的“住坐社长”③，是属于乡（里正）管理，但在村里当差的人。元代府城玉皇庙碑中，村社首领仍然称为纠司。南赵庄二仙庙元代碑上也有“纠司：米山村牛珪、程辅、龙曲村张鹏翼、杨文、朱庄朱明、秦庄秦顺、张庄张荣、西李庄李英”④。这里的纠司同样是村社首领。除了较少使用乡、管、保字样外，这些情况都和宋代类似。这些纠司的身份应该也类似于宋代的情况，应该是乡一级的职役。碑文中偶尔出现“乡司”：“至元五仲冬十二月日，社长秦弘、乡司郭良立石。”⑤“乡司”一词见于《通制条格》：“滥设头目。至元七年四月，尚书省御史台呈：河北河南道按察司申，诸处州县各管村分，以远就近，并为一乡，或为一保，设立乡头、里正、保头、节级以下，更有所设乡司人员，催趁差发，投下本县文字一切勾当，据各户合着差发，计构本县官吏减免分数，或虽立户名，科着丝料、包银、税粮，却令所管村分人户代纳，每年秋夏两次于人户处取敛年常物斛，或别作名称，托散聚敛。如此侵扰，以其久在县衙，与官吏上下惯通，易为作弊。都省议得：仰遍行各路严切禁治，司县、乡司、里正人等须管不致似前冒滥多设，作弊扰民违错，仍取准行文状。”⑥从这里看出乡司是乡里的职役。鲁西奇认为乡司即乡头，即宋代乡书手。⑦元代乡的首领当为里正，并没有专门的首领，或许乡头和乡司均为私设，乡头是乡司的首领。大概其中不少是县里为了实际需要而私设的，不符合国家规定。碑文中的纠司应当就是这一类的乡司，和宋代乡书

---

① 承安三年（1198年）《晋城县莒山乡成公管北六社创修舞亭记》，现存山西泽州县西黄石村三官庙。

② 泰和七年（1207年）《重修玉帝庙记》，现存山西泽州府城玉皇庙。

③ 鲁西奇：《买地券所见宋元时期的城乡区划与组织》，《中国社会经济史研究》2013年第1期。

④ 至元二十一年（1284年）《重修真泽庙记》，现存山西高平南赵庄二仙庙。

⑤ 至元五年（1339年）《大元国泽州高平县举义乡话壁村翠屏山重修真泽行宫之记》，现存山西高平中坪二仙宫。

⑥ 黄时鉴点校：《通制条格》卷17，杭州：浙江古籍出版社，1986年，第222—223页。

⑦ 鲁西奇：《买地券所见宋元时期的城乡区划与组织》，《中国社会经济史研究》2013年第1期。

手在职能上类似，都是乡一级的职役人员。

村社首领中老人还是主要的称谓，包括老人、耆老、长老、乡老、德年、长者等都是类似的意思。河西三嵕庙碑文中有“苏庄南社长老……仙井南村老人”[①]冶底岱庙碑文中有“此本社乡老董仔，暨社长闫聚，与德年丘坚，同老人闫广，共启虔意，各分一隅，愿心协力”[②]。府城玉皇庙碑文中有“水东管都纠司维那府城社乡老刘宽”[③]。“仅有乡民维那刘公玘、续公景岩、陈公聚，倡率十八社德年长者符合起废之心，募缘告成。”[④]芹池东岳庙碑文中有“本社耆老刘镐施银四两”[⑤]。孝义石闸村还有“五社都乡老郭信”[⑥]，他是修庙主要发起人和组织者。

金元时期在村落中建立官方的社制，其首领分别称为主首和社长。[⑦]目前金代村社碑刻中出现的村社首领中并未见到村社主首的称谓，元代社长则出现较多。从元代碑文中可以看出社长在村社中的作用和地位。冶底岱庙重修由四人发起，社长是其中之一，其余三人身份是乡老、德年和老人。“此本社乡老董仔暨社长闫聚与德年丘坚同老人闫广共启虔意。”[⑧]南赵庄发起修庙的八位纠司中没有一个社长，共计10个村的老人中仅有米山与秦庄两村有社长。[⑨]府城玉皇庙重修的发起人刘宽身份是乡老，不是社长，各村老人中社长人数如下：水东社社长四人，府城社、东赵庄、黄头社、水北社各有社长两人，临泽、崔庄、水西、丰安、漳东、东元庆、焦家庄社长各一人，其余村社没有社长。社长排名没有明显靠前的现象，混杂在众老人之中。[⑩]中坪二仙宫发起重修的是社长和乡司，老人中也有一位社长。[⑪]另还有相当一部分村社碑刻中并没有提及社长。从以上这些整理的情况可以看出，在元代村社中，社长不能算是村社的主要首领，而只是村社老人中具有官方职役身份的人，他们可以作为村社的首领，但这不是因为他们社长的身份，而是因为它们老人的身份。主首主要从富户中选任，而社长从老人中推举。这就是为什么不出现主首，而出现社长。

综上所述，金至明前期村社首领还是以官役和老人为主体，但是官役的影响似乎已

① 大定九年（1169年）《三嵕□盆铭》，原存河西三嵕庙已经佚失。

② 至元十一年（1274年）《重修岱岳庙记》，现存山西泽州冶底岱庙。

③ 至元三十一年（1294年）《玉皇行宫记》，现存山西泽州府城玉皇庙。

④ 成化二年（1466年）《重修玉帝庙记》，现存山西泽州府城玉皇庙。

⑤ 成化十五年（1479年）《重修府君祠记》，现存山西阳城芹池东岳庙，参见《三晋石刻大全·晋城市阳城县卷》，第31页。

⑥ 至治元年（1321年）《重修黑龙池记》，《三晋石刻大全·孝义卷》，太原：三晋出版社，2012年。

⑦ 杨讷：《元代农村社制研究》，《历史研究》1965年第4期。

⑧ 至元十一年（1274年）《重修岱岳庙记》，现存山西泽州冶底岱庙。

⑨ 至元二十一年（1284年）《重修真泽庙记》，现存山西高平南赵庄二仙庙。

⑩ 至元三十一年（1294年）《玉皇行宫记》，现存山西泽州府城玉皇庙。

⑪ 至元五年（1339年）《大元国泽州高平县举义乡话壁村翠屏山重修真泽行宫之记》，现存山西高平中坪二仙宫。

经减弱了，一方面，村社首领称谓中不再频繁出现国家基层组织的乡、管和保字样；另一方面，金代建立的社制的主首完全不出现在碑刻中，元代的社长在碑文中出现也不多，地位也不太重要。老人仍然是村社首领中重要的群体。

三、晚明至清时期村社首领的变迁

晚明以后，村社首领最主要的称谓就是社首，有时也称作纠首和维首等类似名称。[①]这方面例子太多，这里仅举一例，反映了推举社首的过程："嗣是本社共推韦玉姚君为社首，盖本乡韦玉君族姓居十之九，他姓寡寡也，而韦玉君行最尊居恒，心甚公、口甚直，行甚断，财甚分明、事甚历练，不但为其族中子弟所钦服，故社众力推。"[②]社首的选任有一个综合的标准，在家族中的代表性、道德品质、乡里声望、办事能力等都是村社选任的条件，年龄不再成为最主要的因素。只从社首的称谓无法知道其身份。要想依据现有资料了解社首身份是很难的，史料中罕见关于社首的年龄、职业、财富、文化水平、社会关系、亲属关系、生活经历等的资料。尽管如此，在史料的字里行间仍然可以努力看出一些线索。老人和富户是最主要的村社首领的身份特征，其次底层士绅和商人也可能是村社首领，只是因为太行山地区士绅数量较少，商人又常年不在村中，所以他们在村社首领中比重不高。以下分别简述这几种身份的社首。

晚明之后，村社首领不再以老人为绝对主体，但老人仍然是村社首领的重要组成部分。有些碑文中直接将村社首领称为乡老："南石明首事乡老本社……乡老：刘成美、刘时奇。"[③]有时也称作耆老"退而谋之同社耆老，李天文、赵文俊、徐天才……村中耆老问序于余……督理人：耆老李天文、徐天才、赵文俊；监理人：耆老李天武、赵起等；协理人：耆老赵全仁、李法科等"[④]。可以看到此次庙宇兴建主要由耆老组织完成。

社首是否更倾向于由村中富户来担任呢？以现有材料考察明清社首的收入水平还是比较困难的，好在极少数碑刻上详细开列了村中每一户所缴纳的地亩摊派钱数额，可以根据这一金额推算出每一户所拥有土地的相对数量（占全村土地的比重）。这种推算当然有很多问题，如不能考虑工商业收入情况，个例也缺乏足够的典型性，但这是目前能

---

① 姚春敏：《清代华北乡村"社首"初探——以山西泽州碑刻资料为中心》，《清史研究》2013 年第 1 期。

② 康熙三十五年（1696 年）《大岭头重建关帝神庙碑记》，樊秋宝主编：《泽州碑刻大全》第二册，北京：中华书局，2013 年，第 350 页。

③ 康熙二十一年（1682 年）《重修三皇东岳庙记》，李国富、王汝雕、张宝年主编：《洪洞金石录》，太原：山西古籍出版社，2008 年，第 176 页。

④ 乾隆五十六年（1791 年）《马村社重修大庙碑记》，《三晋石刻大全·晋城市泽州县卷》，第 492 页。

够采取的较好的方法。这里以山西高平北常庄村榆树坪自然村的数据进行推算。榆树村共有四个维首："维首；韩德山，韩子元，王振国，王上选。"经过统计，榆树村全村共有 23 户，其中无地户两户，有地户共计 21 户。全村占有土地最多的是王上选（17.98%），韩德山为 8.85%，两人属于占有土地较多的富户。韩子元为 4.78%，在村中为中等户，仅有王振国属于穷户（占比为 1.67%）。[①]由此可见，社首确实更倾向于由富户来担任，但又不是绝对的，穷户也有任社首的情况。

村落社会中，举人以上（含举人）的中上层士绅较少出现，大部分都是具有生员、贡生或监生身份的底层士绅。底层士绅起到的最主要的作用还是撰文书丹这一类文化活动。底层士绅也有作为村社首领的例子："自来庙□□修葺，患在资财之不厚，亦患在经理之无人。经理不得其人，则募化无术，资财何由而厚？即或资财丰厚，而提调无方，厥功何以克成？此经理之任，所以较资财为更重也。何则？经理之难有三：一曰才，二曰勤，三曰心术。无才则智慧粗浅，而量工程材不能因应而咸宜；不勤则精神怠□，而经营奔走或瞻前且缩后；心术不端，则机变莫测，而出纳之际不能光明正大，何以服众而鸠工？语云：私事易办，公事难成，职此故耳。……于是合社公议，以总理之责，独推董士兰、董宗闵二人。……儒学生员董宗闵德裔氏书……总理：生员董宗闵。"[②]总的来说，在大部分村落社会中，士绅数量都比较少，士绅做社首的情况不太多。

商人在村社中起到最主要的作用还是在外省捐资募化，为村社解决资金不足问题，有时也作为组织修庙的首领："高平距城东五里之东山村，有古庙一所。正殿祀祖师，配殿祀三嵕、鲁班。……光绪二十四年，李君金声谓有其举之莫敢废也。慨出银一百两，经社首李禳等督工少加补葺，虽觉苟合，苟完尚未尽美尽善。后复经李君在外募缘得银四百二十六两八钱，于是鸠工庀材，大加改作……不独可以壮观瞻，亦且可以妥神灵，而原其始终皆李君一人之力。李君字王瘵，村之伟人也。平日经商于汴，广交游，乐成善举斯役也。……总理维首：李金声。"[③]社首是李禳，李金声作为主要的出资人，担任总理维首，是修庙的主要负责人。

综上所述，晚明以后村社首领呈现比较多样化的趋势，形成一个由老人、富户、底层士绅和商人构成的社首群体。其中基本看不到具有官役身份的里甲长、保长、乡约和地方等人。以这一时期最重要的官役乡地为例，在很多社规中也出现了乡地，他们多听

---

① 道光九年（1829 年）《榆树村南堂小叙》，现存山西高平北常村榆树坪自然村南堂；道光十年（1830）《重修南堂碑记》，现存山西高平北常村榆树坪自然村南堂。

② 乾隆十六年（1751 年）《重修讼萝院碑记》，史景怡主编：《三晋石刻大全·晋中市寿阳县卷》，第 308 页。

③ 宣统二年（1910 年）《补修祖师庙暨创建舞楼碑记》，现存山西高平东山村祖师庙。

命于村社首领："合社公议定，村中四至边界倘有外来市□乞丐、村落贫见（贱）来于边界村中地内，地主布知乡约，速于大社办理，并不与地主相干。"① "一私盐入境经手过称并货卖者安轻重议罚，酗酒打降（架）亦按内中情形议罚，以上条规遇有事之日报执年乡地照理公议，乡地总理推诿议罚。乾隆四十九年六月十六日合社公立。"②从以上这些例子，可以看出乡地是在村社首领的领导下来完成村社制定的社规的。乡地这一类官役成了官府和村社的办事人员，不能视作村社首领。

四、宋代以来村社首领变迁的总趋势

宋代以来，太行山地区村社首领的演变主要有以下两个总的趋势。

（一）从职役性首领到非职役性首领

村社首领的演变是一个长期的过程，决定性的转变发生在晚明时期。高寿仙利用西方的地方精英理论来讨论晚明里甲衰落的性质及其后果。他将明代的地方精英区分为职役性地方精英（粮长、里甲长等职役）、身份性地方精英（士绅）和非身份性地方精英（含能人、豪强、宗教团体首领）。晚明职役性地方精英被非职役性地方精英所取代。他还特别指出在一些比较偏远缺少士绅的地区，非身份性的地方精英更有可能取得主导性的地位。③里甲衰落暴露的最大问题是国家没有能力把乡村权威（地方精英）吸纳到官方组织里面来，乡村权威与官方职役身份之间出现了分离。在较高层级的乡村社会中（如县一级社会），或士绅比较多的村落社会中，士绅可以填补职役性地方精英空缺留下来的空间，而在太行山地区大多数的村落社会中，并没有那么多的士绅来完成这种社会转型。以社首为代表的这些乡村权威同样需要一个制度化的方式来体现他们对于村落社会的影响力，村社在这种情况下就满足了他们的这一需求。

（二）从老人到社首

宋代以来村社首领的另一个变化趋势是综合性的社首制取代老人制。总的来说，在

---

① 嘉庆十八年（1813 年）《湛家村八音会施地亩碑记》，樊秋宝主编：《泽州碑刻大全》第二册，北京：中华书局，2013 年，第 542 页。

② 乾隆四十九年（1784 年）《秦庄阖社公议禁止吊缢鞭杆乞丐游食僧道牧羊损桑私盐入境碑记》，现存山西高平秦庄西庙。

③ 万明主编：《晚明社会变迁：问题与研究》，北京：商务印书馆，2005 年，第 249—250 页；高寿仙：《明代农业经济与农村社会》，合肥：黄山书社，2006 年，第 162—174 页。

中国历史的传统中，老人主要是和教化、村落中的仪式、知识传承、地方官的咨询等有关系。时代越是往后，老人的地位和作用就越弱，汉代的三老是地方社会非常重要的力量，唐代的耆老就已经不是乡官，具有职役性质，但在地方社会中还是有很高的威望，仍然在官方的序列之中。宋代的父老已经纯粹是民间性质的。晚明以后，村社的性质已经发生了改变，村社不再仅仅负责社祭、祈雨等教化方面的事务，而是涉及村落社会中几乎所有事务，这就对村社首领提出了新的要求。一方面，从历代制度设计和村落社会实际情况而言，老人主要还是只能在教化方面起到作用，老人作为首领已经不能满足包括了众多职能在内的村社的需要；另一方面，明清政府职役的劣化导致了这些人在村落社会中毫无威望可言，众人对这样的职役避之唯恐不及。这样，乡村社会中的一些其他的精英不能通过在体制内谋求职役的方式来发挥其作用，就需要在村社中体现其价值，他们也产生了在村社中担任首领的愿望。因此，社首需要一个综合了年龄、家族地位、财富、威望、知识等身份特征的综合的选任标准。最终社首制取代了老人制，村社首领制度发生了根本变革。

五、结　语

从历代碑刻来看，村社首领的各种称谓相当复杂，囿于篇幅，上述对宋代以来村社首领变迁的考察仍然比较粗略。仅从上述粗线条的考察就可以看出宋代以来基层社会治理变迁的一些总的趋势，现略作总结。

首先，总的来说，宋代以后中国基层社会治理模式是国家通过建立职役制度对基层社会进行间接性的经纪型统治。但就宋代以来每一个时代来说，这种趋势越是往后就越是明显。宋代的职役虽然也是当差者，但是在村社中仍然具有一定的威望，在村社各项社事中仍然起着组织作用，这种作用实际上超出了国家所规定的职役内容。金至明前期，民间的村社事务与国家职役逐步趋于二元化，两套制度逐步分离。到晚明以后，职役成为人人避之唯恐不及的苦差事，真正起到决定作用的是村社社首这一类真正的地方权威。在这个过程中，金至明前期是主要的过渡时期，晚明是关键的转化时段，清中叶以后表现越来越明显。

其次，宋代以来，基层社会的职役呈现一个越来越劣化的趋势，这是村社首领从职役型向非职役型转化的根本原因。宋代的职役在村社中仍然具有一定的威望，这种情况反过来说明，宋代政府尚能够将村社中地方权威吸纳到职役的系统之中。元代社长与村社也基本能够保持融洽。明初的粮长制还在探索一种以地方权威管理地方的制度。到了晚明以后，里甲长、保甲长、乡地这一类职役越来越成为苦差事，地位越来越低，在村社中完全没有权威可言。基层社会治理成了地方政府与地方权威相互博弈的过程，而这些职役夹在两者之间，苦不堪言。

最后，宋代以来，基层社会日趋走向复杂，这是村社首领从老人制向社首制转化的原因。伴随着社会经济的发展，民间社会越来越活跃，民间经济走向繁荣，民间文化日趋成熟和独立。在这个过程中，村社出现了越来越多因为其社会、经济和文化地位增加而出现的新的精英人物，但国家没有能力将这些精英人物吸纳到官方序列之中。原本起着重要的阶层上下流动功能的科举制度单一（仅有儒家文化标准）而又僵化，面对越来越复杂的社会，制度的落后性日益突出。因此，这些精英人物就在国家序列之外建立一套制度体系，基层社会治理转化为地方政府和地方权威之间的博弈。

作者简介：陈添翼（1989—），女，河北涞水人，河北大学宋史研究中心博士生，从事社会经济史研究；杨波（1980—），男，山西太原人，河北大学宋史研究中心兼职研究员、博士研究生，从事社会经济史和民间文献研究。

宋代“海上陶瓷之路”探研

余　军

（宁夏社会科学院，宁夏 银川，750021）

摘　要：宋代是中国制瓷业发展史上的鼎盛阶段，也是瓷器输出的繁荣时期。文章从宋代海上交通航线、宋代航海技术成就、文献记载的瓷器输出、宋代沉船出水瓷器遗物及波斯湾、非洲发现的宋代瓷器等五个方面阐释了宋代“海上陶瓷之路”的形成发展状况。宋代“海上陶瓷之路”不是专指瓷器海外贸易之路，在丝绸等传统贸易之外，这一时期海外输出商品中瓷器乃居显耀地位。“海上陶瓷之路”的开辟畅通不是古代中国单向的历史创举，古代西方波斯人、阿拉伯人以及其他族群在通往东方之路上的不懈努力也极大地推动了“海上陶瓷之路”的兴盛。它是各国和平往来、官民共同参与、互惠双赢发展之路，是当今共建“一带一路”丝路文明共同体历史上的物产流通、科技传播、文化交融的阶段性缩影。

关键词：宋代；陶瓷之路

丝绸、瓷器与香料在古代国际贸易史上享有盛誉，是交易最多、最具代表性的商品，在人民经济生活中占有重要地位。中国是发明使用蚕丝和瓷器最早的国家，因此被称为丝国，或 China，Sina，后者亦用以称瓷器。中国瓷器在唐代中后期开始向外输出，自此形成了“海上陶瓷之路”，持续千余年。它即是东西方贸易的象征，也促进了与亚、非两大洲的文化交流。宋代是瓷器出口的空前繁荣时期。

宋代是制瓷业发展史上的一个鼎盛阶段。宋代瓷业的发达兴盛，一方面是宋代政治、经济、社会各种因素共同作用的结果；另一方面又是宋代社会、经济、文化昌盛的反映。宋代结束了五代十国分裂局面，社会生产力、商品经济得以恢复发展，出现了许多手工业与商业兴旺、人口密集的城市、集镇，社会风气、意识有了很大改观，在家庭居室生活中供观赏陈设、适用“斗茶”等关乎民生日用的瓷器已为普及。各地瓷窑为了满足各阶层人们物质生活的需要，烧制了品类多样的陶瓷器，有碗、盘、碟、瓶、壶、罐、盆、钵、奁、尊、盒、樽、盅、盏、托、灯、炉、薰、枕、洗、砚滴、注子、渣斗、唾壶、腰鼓、瓷塑等，器物造型多样，实用兼顾审美，或轻盈俏丽，或秀美匀称。装饰构图丰富多彩，花卉植物、祥瑞动物及婴戏、山水纹饰是常用题材，回纹、卷枝、卷叶、曲带、云头、莲瓣、蕉叶、圆圈、水波、钱纹等辅助纹样多用于器物的间饰和边饰。为提高产量、降低成本，维持传统市场及争夺新市场，宋代的制瓷工艺、烧造技法做出了革新努力。宋代瓷窑发明应用“火照”查验烧制瓷器过程中窑炉的温度，以保障成品质量；北宋中期河北曲阳定窑始创了覆烧技法，这种方法是把盘碗之类器皿反过来装烧，用垫圈组合的匣钵取代普通匣钵，充分利用窑炉空间，耗用同样的燃料，烧一次窑的数量比用普通匣钵为高。覆烧方法广泛应用到了其他瓷窑。瓷窑的结构也有所变革，窑腔扩大，增加了烧制瓷器的产量；窑的中部做弧形，对窑温的利用更趋合理。

陶瓷史家通常以各窑产品工艺、釉色、造型及装饰的异同划分瓷窑体系，宋代瓷业形成了北方地区的定窑系、磁州窑系、耀州窑系、钧窑系，南方地区的景德镇青白瓷窑系、浙江东部龙泉青瓷窑系及越窑系和建窑系。[①]各地不同风格、不同釉色和纹饰的瓷窑体系概括与体现了宋代制瓷业的发展面貌。宋代瓷窑体系在历史渊源和某些技艺特征方面可溯源于唐代，是在唐代“南青北白”瓷业布局下顺应趋势的发展，同时也是适应宋代社会生活方式的变化而对瓷业提出的新需求。

一、宋代海上交通航线

相较于丝绸，瓷器海外贸易要晚得多，直到唐代后期瓷器开始输往海外。两宋时期社会繁荣，制瓷、纺织等手工业商品经济相当发达，海外贸易迅猛发展，手工业产品成为海外贸易中的主要出口物资。南宋时纺织业中心南移，瓷器制作方面南方也超过了北方。南方经济发展迅速、商品增多，为扩大海外贸易奠定了坚实的基础。朝廷为了增加财政收入并满足皇室及京城奢侈消费需要，先后在沿海城市广州、杭州、明州、泉州及

① 中国硅酸盐学会主编：《中国陶瓷史》第六章，北京：文物出版社，1982年，第232—284页；中国社会科学院考古研究所编著：《新中国的考古发现和研究》第六章五，北京：文物出版社，1984年，第639—646页。

密州板桥等地设置专门管理海外贸易的机构“市舶司”[①]。《宋史·职官志七》:“提举市舶司，掌蕃货海舶征榷贸易之事，以来远人，通远物。”[②]东南海隅交通发达，瓷器作为宋代独有的物品，海外有需求广阔的市场，瓷器是重要的外销商品，为促进出口量，沿海地区出现的大批瓷窑，有的仿制内地名窑产品，有的烧制海外喜爱的特殊器物。“中世纪的商业，一开始就不是在地方贸易的影响之下，而是在输出贸易的影响之下发展起来的，看起来似乎很奇怪。正是由于这种原因才产生了作为十一、十二世纪经济复兴媒介的职业商人。”远程贸易是推动的力量。“中世纪的贸易是以奢侈品的贸易开始的。所谓奢侈品的贸易就是成本较低、利润较高的贸易。直到中世纪贸易的末期，这种性质并无改变。需要巨额运费与大量资金的大批原料和日用消费品的贩运，在中世纪是没有的。这就是现代贸易与中世纪贸易最为强烈的对比。”[③]

瓷器不同于丝绸，陆运沉重而易碎，不便大量运输，一般多取海运，海船容载量大且装载陶瓷能起到压舱作用。

北宋乌程人朱彧记述在广州的见闻中说：

> 舶船深阔各数十丈，商人分占贮货，人得数尺许，下以贮物，夜卧其上。货多陶器，大小相套，无少隙地。海中不畏风涛，唯惧靠阁，谓之‘凑浅’，则不复可脱。[④]

唐后期向外输出瓷器，是海运发展出现的情况。航路多为中国通往朝鲜半岛和日本列岛的东洋航线及中国通往东南亚和印度洋地区的南海、西洋航线。[⑤]

1. 东洋航线

宋代与朝鲜半岛的海上交通航线，在北方或从山东登州（今蓬莱）出发，至朝鲜西海岸海州的瓮津登陆；或从密州（今诸城）板桥镇起航，出胶州湾，东渡黄海至朝鲜半岛西海岸。北宋前期，登州、密州是朝鲜半岛及日本与中原王朝由海路进行朝贡遣使活

① 《宋史》卷186《食货志下八》，北京：中华书局，1977年，第4558、4561页；（宋）朱彧撰，李伟国点校：《萍洲可谈》卷2，北京：中华书局，2007年，第132页。

② 《宋史》卷167《职官志七》，第3971页。

③ ［比］亨利·皮朗：《中世纪欧洲经济社会史》第五章，乐文译，上海：上海人民出版社，1964年，1987年，第127—128页。

④ （宋）朱彧撰，李伟国点校：《萍洲可谈》卷2，第133页。

⑤ 唐末以后，有了“东洋”与“西洋”两个概念，其地理范围，“东洋”大体上指今南海以东，“西洋”大体上指今南海以西地区。刘迎胜：《“东洋”与“西洋”的由来》，原载南京郑和研究会编：《走向海洋的中国人：郑和下西洋590周年国际学术研讨会论文集》，北京：海潮出版社，1996年，第120—135页，后收入氏著文集：《从西太平洋到北印度洋：古代中国与亚非海域》，南京：南京大学出版社，2017年，第405—419页。

动的重要口岸。①

《新唐书·地理志七下》记载了唐代著名地理学家贾耽所描绘的登州海行入高丽道：

登州东北海行，过大谢岛、龟歆岛、末岛、乌湖岛三百里。北渡乌湖海，至马石山东之都里镇二百里。东傍海壖，过青泥浦、桃花浦、杏花浦、石人汪、橐驼湾、乌骨江八百里。乃南傍海壖，过乌牧岛、贝江口、椒岛，得新罗西北之长口镇。又过秦王石桥、麻田岛、古寺岛、得物岛，千里至鸭渌（绿）江唐恩浦口。乃东南陆行，七百里至新罗王城。②

《宋史·高丽传》记载淳化四年（993年）二月，陈靖、刘式出使高丽的行程：

自芝冈岛（芝罘岛）顺风泛大海，再宿抵瓮津口登陆，行百六十里抵高丽之境曰海州，又百里至阎州，又四十里至白州，又四十里至其国。③

磁州窑外销瓷主要销往朝鲜半岛和日本列岛，运输航线主要从渤海湾沿岸港口出海。④金国在与南宋对峙阶段，长期控制着淮河以北的沿海地区。山东和渤海湾地区的三处金代海港：海丰遗址（河北黄骅市海丰镇村，渤海湾西岸）、海北遗址（山东东营市垦利区胜坨镇海北村，渤海湾西南岸）、板桥遗址（山东胶州板桥镇，胶州湾北岸），这些遗址均出土了大量金代瓷器。据考察，海丰遗址出土的金代磁州窑、定窑瓷器极为丰富，朝鲜半岛和日本同时期遗址中发现的这些瓷器很有可能是从海丰镇输出的；海北遗址和板桥遗址有可能是作为磁村窑产品销往朝鲜半岛和日本的始发港的。⑤金朝在密州板桥镇设立榷场，在金朝与南宋贸易市场开放的情况下，通过海路沟通了山东半岛与江浙、闽粤之间的贸易，直接或间接地与高丽商、日商有贸易往来，也是海外的物资交易地及中转站。⑥

---

① 刘凤鸣：《山东半岛与东方海上丝绸之路》，北京：人民出版社，2007年，第203—229页；朱亚非：《论宋元时期山东半岛对外交往》，耿昇、刘凤鸣、张守禄主编：《登州与海上丝绸之路——登州与海上丝绸之路国际学术研讨会论文集》，北京：人民出版社，2009年，第183—191页。

② 《新唐书》卷43下《地理志七下》，北京：中华书局，1975年，第1147页。

③ 《宋史》卷487《外国传三·高丽》，第14040—14041页。

④ 马小青：《宋金元时期磁州窑外销瓷浅析》，中国古陶瓷学会编：《外销瓷器与颜色釉瓷器研究》，北京：故宫出版社，2012年，第187—202页。

⑤ 吴敬、石玉兵、潘晓暾：《金代瓷器海运港口的考古学观察》，《考古》2018年第10期，第110—120页。

⑥ 刘凤鸣：《山东半岛与东方海上丝绸之路》，第231页；陈杰：《从出土瓷器看唐宋时期山东半岛与南方地区的海上交流》，《福建文博》2012年第4期，第15—19页。

宋商船到朝鲜半岛的南路航线，自明州（今宁波）或台州出发北上，过杨子江口越黄海至黑山岛附近，然后沿朝鲜半岛西岸经江华岛至礼成江（碧澜渡）。

《宋史》记载自宁波至平壤的行程：

自明州定海遇便风，三日入洋，又五日抵墨山（黑山），入其境。自墨山过岛屿，诘曲嶕石间，舟行甚驶，七日至礼成江。江居两山间，束以石峡，湍激而下，所谓急水门，最为险恶。又三日抵岸，有馆曰碧澜亭，使人由此登陆，崎岖山谷四十余里，乃其国都云。①

中国海岸线中段的明州港，至宋代港城的繁荣达到了全盛时期，瓷器是明州输出货物中的重要品类。②

博多（今福冈）是日本对宋朝的主要贸易港。航行宋、日间的商舶，由明州或越州出发，横渡东海至肥前值嘉岛，转入博多湾泊岸。③12世纪中叶，为开展与宋朝贸易，在博多港内开凿建设了一个长袖形状的人工港，称为“袖凑”。20世纪70年代，在“袖凑”居住遗址出土了大量宋代青、白瓷器。④日本长崎县小值贺岛前方湾曾出土两宋瓷器，有广东潮州窑，福建闽清义窑、福清窑、浦口窑、磁灶窑，江苏宜兴窑，浙江越窑及龙泉窑系产品。研究者以为，小值贺岛和宋朝商人进行过贸易活动，有可能宋朝商人的目的就是小值贺岛产的干鲍鱼。前方湾出土的宋代陶瓷是从船上卸货时掉下来的，或者由于事故（台风、触礁等）而随船只沉没海底。⑤宋代德化窑、磁灶窑产品在日本一些遗址中也有发现。⑥

2. 南海、西洋航线

贾耽所记“广州通海夷道”详细述及西方海路航程：

广州东南海行，二百里至屯门山，乃帆风西行，二日至九州石。又南二日至象石。又西南三日行，至占不劳山，山在环王国东二百里海中。又南二日行至陵山。

---

① 《宋史》卷487《外国传三·高丽》，第14055页。

② 林士民：《论宋元时期明州与高丽的友好交往》，《海交史研究》1995年第2期，第31页；许孟光：《明州与高丽的交往以及高丽使馆》，《海交史研究》1995年第2期，第37页；叶恩典、李玉昆：《古代福建与新罗、高丽关系若干问题研究》，《海交史研究》2008年第1期，第36页。

③ 朱云影：《中国文化对日韩越的影响》第四编第十五章，桂林：广西师范大学出版社，2007年，第354页。

④ 陈高华、吴泰：《宋元时期的海外贸易》第二章第二节，天津：天津人民出版社，1981年，第39页。

⑤ ［日］田中克子：《从日本小值贺岛前方湾海底遗址出土的中国陶瓷看日宋贸易》，中国古陶瓷学会编：《外销瓷器与颜色釉瓷器研究》，第101—112页。

⑥ 陈丽华：《唐宋时期泉州与东北亚的陶瓷贸易》，《海交史研究》2006年第1期，第42—58页。

又一日行，至门毒国。又一日行，至古笪国。又半日行，至奔陀浪洲。又两日行，到军突弄山。又五日行至海硖，蕃人谓之“质”，南北百里，北岸则罗越国，南岸则佛逝国。佛逝国东水行四五日，至诃陵国，南中洲之最大者。又西出硖，三日至葛葛僧祇国，在佛逝西北隅之别岛，国人多钞暴，乘舶者畏惮之。其北岸则箇罗国。箇罗西则哥谷罗国。又从葛葛僧祇四五日行，至胜邓洲。又西五日行，至婆露国。又六日行，至婆国伽蓝洲。又北四日行，至师子国，其北海岸距南天竺大岸百里。又西四日行，经没来国，南天竺之最南境。又西北经十余小国，至婆罗门西境。又西北二日行，至拔颰国。又十日行，经天竺西境小国五，至提颰国，其国有弥兰太河，一曰新头河，自北渤昆国来，西流至提颰国北，入于海。又自提颰国西二十日行，经小国二十余，至提罗卢和国，一曰罗和异国，国人于海中立华表，夜则置炬其上，使舶人夜行不迷。又西一日行，至乌剌国，乃大食国之弗利剌河，南入于海。小舟溯流，二日至末罗国，大食重镇也。又西北陆行千里，至茂门王所都缚达城。

自婆罗门南境，从没来国至乌剌国，皆缘海东岸行；其西岸之西，皆大食国，其西最南谓之三兰国。自三兰国正北二十日行，经小国十余，至设国。又十日行，经小国六七，至萨伊瞿和竭国，当海西岸。又西六七日行，经小国六七，至没巽国。又西北十日行，经小国十余，至拔离謌磨难国。又一日行，至乌剌国，与东岸路合。①

这些记载有许多地点不甚清楚。早年张星烺②、冯承钧③及张铁生④、陈佳荣、谢

① 《新唐书》卷43下《地理志七下》，第1153—1154页。

② 张星烺曾为一些地名作出比对，如“奔陁浪”在湄公河口，“海硖”即今新加坡海峡，“罗越国”即暹罗，“佛逝国”在今苏门答腊岛南部，“诃陵”即今之爪哇，“个罗国”在今槟榔屿之南，“婆露”即苏门答腊岛北境之拍腊克国，“师子国”即今锡兰岛，“没来国”在印度半岛西岸，“拔颰国”或即孟买港北之巴罗赫，“新头河”即印度斯河，“弗利剌河”即幼发拉底河等。参见张星烺编注，朱杰勤校订：《中西交通史料汇编》第2册，北京：中华书局，2003年，第714—717页。

③ 冯承钧认为：屯门在大屿山及香港二岛之北，海岸及琵琶洲之间。九州石似即后之七洲。象石得为后之独珠山。占不劳山为安南之岣崂山。环王国即昔之林邑，后之占城。门毒国疑指今之归仁。古笪今安南衙庄之梵名也。奔陀浪即后之宾童龙，今安南之藩笼省地也。军突弄山即后之昆仑山。罗越显是马来半岛之南端。佛逝国乃室利佛逝国之省称，当时南海中之大国也，都苏门答剌岛之巴林冯，后称旧港。诃陵今爪哇也。婆露得为义净之婆鲁师。师子国即锡兰。冯承钧：《中国南洋交通史》上编第六章，冯承钧撰，邬国义编校：《冯承钧学术著作集》中册，上海：上海古籍出版社，2015年，第689—691页。

④ 张铁生引用这段在地名后直接标注：“屯门山”在广东省东莞以南，“九州石”在海南岛的东北角，“象石”即独珠山，“占不劳山”即越南东海岸外的占婆岛，“环王国”即古代的林邑或占城，“陵山”即越南归仁以北的燕子岬，“门毒国”即越南芽庄，“古笪国”即越南庆和省，“奔陀浪洲”即越南藩朗，“军突弄山”即昆仑岛，“海硖”即新加坡海峡、菲利普海峡和马六甲海峡，“罗越国”即马来半岛的南部，“佛逝国”指苏门答腊的东南部，“诃陵国”即爪哇，“葛葛僧祇国”似在不罗华尔群岛中，“箇罗国”即克拉地峡，“哥谷罗国”在克拉地峡的西海岸（马来半岛西岸、泰国南部普吉岛一带），“胜邓洲”似在苏门答腊的日里附近，“婆国伽蓝洲”即尼科巴群岛，“师子国”即斯里兰卡，“没来国”似指魁朗，“拔颰国”似为布罗奇，“提颰国”在印度河口以西，“新头河”即印度河，“提罗卢和国”在波斯湾头奥波拉以东近阿巴丹处，“乌剌国”即奥波拉，“弗利剌河”即幼发拉底河，“末罗国”即巴士拉，“缚达城”即巴格达。张铁生：《中国同非洲的海上交通》，《中非交通史初探》，北京：生活·读书·新知三联书店，1965年，1973年第2版，第91—93页。

方[①]等对文中地名释出今名。也有对“屯门山”“环王国”“师子国”“没来国”“拔离謌磨难国”“婆罗门”“拔颶”“提颶”“乌剌”“末罗”等国做了专项考释。[②]近年来又有对“古罗（箇罗）”[③]、“乌剌国”、“末罗国”等古国方位进行了个案论证。[④]

岑仲勉考证认为该记述的后段“为逆叙”，当云：“其西岸之西，皆大食国，自乌剌国一日行至拔离謌磨难国。又东南十日行，经小国十余，至没巽国。又东六七日行，经小国六七，至萨伊瞿和竭国，当海西岸。又（西）十日行，经小国十余，至设国。又正南二十日行，至三兰国，国在西边之最南。”[⑤]

马文宽、孟凡人参考岑仲勉的考证以为：“如果说贾耽记载广州波斯湾间航线是唐船频繁出入波斯湾的结果，那么贾耽记载乌剌至三兰的航线起码可以认为是唐船已经开始访问东非的反映。”[⑥]

宿白对这段海上交通大致估定为：从广州入海，经中南半岛，穿马六甲海峡至师子国，到印度半岛东部，绕而西，北上到大食区域（伊朗），进波斯湾，溯河抵大食都成缚达（巴格达），然后登陆，经今伊朗西部、北部到昭武九姓区域与陆路相接。从大食

① 陈佳荣、谢方的汇释为：“占不劳”指今占婆岛或指当时占城国的首都；“环王”地在今越南的中南部；“陵山”，一般认为在今越南义平省东南岸的归仁一带；“门毒”在今越南富庆省东岸，或即华列拉角一带；“古笪”指今越南富庆省东南部的芽庄；“奔陀浪洲”在今越南的藩朗一带，一说指加里曼丹岛西岸的坤甸；“军突弄山”在今越南的南岸外，指昆仑岛；“海硖”指今新加坡海峡，也有的主张为马六甲海峡，或柔佛海峡；“罗越”今马来西亚的柔佛州一带，或指新加坡海峡一带；“佛逝”在今印度尼西亚苏门答腊岛的巨港、占碑一带；“诃陵”一说在今印度尼西亚的爪哇岛中部，一说在马来半岛；“葛葛僧祇”在印度尼西亚苏门答腊岛东北岸外的伯劳威斯群岛；“箇罗”“哥谷罗”在今马来半岛西岸；“胜鄧洲”在今印度尼西亚苏门答腊岛东北岸的日里一带；“婆露”或指今印度尼西亚苏门答腊岛西北岸外的布腊斯岛，一说指苏门答腊岛西岸的巴鲁斯；“婆国伽蓝洲”“师子”指今斯里兰卡；“天竺”指今巴基斯坦、印度、孟加拉、尼泊尔等国的地方；“没来”指今印度西南的马拉巴尔海岸一带，没来国或指今奎隆一带；“婆罗门”指今印度，或兼指斯里兰卡；“拔颶”即今印度西岸坎贝湾东面的布罗奇；“提颶”即今印度西北岸卡提阿瓦半岛南部的第乌；“弥兰太河”指今印度河；“提罗卢和”或谓在今伊朗西部阿巴丹附近；“乌剌”在今伊拉克南部巴士拉；“末罗”在今伊拉克南部巴士拉的西南祖贝尔村；“缚达”即今伊拉克首都巴格达；“三兰”或谓即今东非坦桑尼亚首都达累斯萨拉姆，另一说为索马里异译；“设国”在今阿拉伯半岛南岸南也门一带；“萨伊瞿和竭”在今阿拉伯半岛东南岸；“没巽”即今阿曼东北部哈德角西岸之苏哈尔港；“拔离謌磨难”或谓今波斯湾内的巴林，或谓今伊朗东南沿海的莫克兰。陈佳荣、谢方、陆峻岭：《古代南海地名汇释》，北京：中华书局，1986年，第280—281、481—482、685—686、156、246、489、364—365、681、514、436、449—450、766、153—154、632、633、596—597、734、738、341、187、448、734、488—489、759、553、760、215、237、825、125、366、694、449、489页。

② 武伯纶：《唐代广州至波斯湾的海上交通》，《文物》1972年第6期，第2—8页；汶江：《评〈唐代广州至波斯湾的海上交通〉》，《文物》1978年第11期，第68—74转67页；于豪亮：《我国古代海上交通中几个地名的考释》，《文物》1978年第11期，第75—79页。

③ 刘清涛：《唐宋时期海上丝绸之路上的古罗国——基于中文史料的探查》，《海交史研究》2018年第2期，第17—30页。文章考证唐宋时期地名箇罗、古罗当为一地，位于今天马六甲一带，而与之相关的哥谷罗（葛古罗）当在古罗西面不远处。

④ 钱江：《古代波斯湾的航海活动与贸易港埠》，《海交史研究》2010年第2期，第13—19页。文中论述了13世纪前波斯湾北岸几个重要港埠的历史沿革。其中“乌剌国”位于底格里斯河河口西岸，“末罗国”在幼发拉底老运河的右岸。

⑤ 岑仲勉：《自波斯湾头至东非中部之唐人航线》，原刊《东方杂志》1945年第18期，参见岑仲勉：《中外史地考证：外一种》，北京：中华书局，1962年，第411页。

⑥ 马文宽、孟凡人：《中国古瓷在非洲的发现》七，北京：紫禁城出版社，1987年，第92—93页。

还记有向西的航线，绕阿拉伯半岛南端到非洲东海岸的索马里地区。[①]有文章对“贾耽所志广州通夷道”还作了分段考释。[②]

航海文献和行纪的出现是古典时期阿拉伯—伊斯兰地理文献发展的一个重要方面。这类文献的作者不是地理学家，而主要是水手、商人和旅行者。[③]九世纪中叶到十世纪初的著作《中国印度见闻录》是根据曾旅居中国的阿拉伯商人和旅行者的亲身记录而写成，书中记述了从巴士拉出发东行到广州府海路诸岛屿情况：

> 至于船舶的来处，他们提到货物从巴士拉（Basso-rah）、阿曼以及其他地方运到尸罗夫（Siraf），大部分中国船在此装货……货物装运上船以后，装上淡水……“扬帆开船”——去阿曼北部一个叫做（作）马斯喀特的地方……从马斯喀特抢路往印度，先开往故临（Koulam-Malaya）：从马斯喀特到故临的航程，中等风力需时一月。……在故临我们加足淡水，然后开船驶往海尔肯德海。越过海尔肯德海，便到达名叫朗迦婆鲁斯岛（Langabalous）的地方……船只抢路往箇罗国……这是爪哇（Javaga）王国，位于印度的右方……接着，我们起航去奔陀浪山（Pan-do-uranga）：又是十天的时间。……随后，船只航行了十天，到达一个叫占婆的地方，该地可取得淡水。……得到淡水以后，我们便向一个叫占不牢山（Tchams）的地方前进……当上帝保佑我们平安地到达占不牢山之后，船只就扬帆去中国：需要一个月的时间。……船只通过中国之门后，便进入一个江口，在中国地方登岸取水，并在该地抛锚，此处即中国城市（广州）。[④]

成书于公元 947 年 11—12 月（伊斯兰历 336 年 5 月）的《黄金草原和珠玑宝藏》[⑤]、大约九世纪晚期定型的《道里邦国志》[⑥]等阿拉伯古典地理文献均叙述了从巴士拉出发，沿波斯湾海岸航行到东方（中国海）的情况。这反向印证了贾耽记载的由东方到西方的海上航线。中外文献对海上交通相向而行的记述彼此呼应。有认为，宋代与阿

---

① 宿白：《考古发现与中西文化交流》附录 2，北京：文物出版社，2012 年，第 135 页。

② 李金明：《唐代中国与阿拉伯海上交通航线考释》，《海交史研究》2009 年第 2 期，第 55—58 页。文中将广州到阿拉伯海上交通航线分“从广州至越南南端海域”“从马六甲海峡到孟加拉湾”“从斯里兰卡至波斯湾”三段进行了考释。

③ 许序雅：《阿拉伯——伊斯兰舆地文献及其研究》，黄时鉴主编：《东西交流论谭》，上海：上海文艺出版社，1998 年，第 441 页。

④ ［法］索瓦杰译注，汶江、穆根来译，纳忠校：《中国印度见闻录》卷 1，北京：中华书局，1983 年，第 4—11 页。

⑤ ［古代阿拉伯］马苏第：《黄金草原》（一、二卷），耿昇译，西宁：青海人民出版社，1998 年，第一卷第 16 章，第 195—201 页；［法］G. 费瑯编：《阿拉伯波斯突厥人东方文献辑注》全二册，耿昇、穆根来译，北京：中华书局，1989 年，上册，第 114—119 页。

⑥ ［阿拉伯］伊本·胡尔达兹比赫：《道里邦国志》，宋岘译注，北京：中华书局，1991 年，第 63—74 页。

拉伯的航线，一条是传统的由广州（或泉州）到波斯湾航线；一条是从广州（或泉州）横渡印度洋的新航线。[①]又有考证，宋代西向的海上交通为宋船至波斯湾的航线、横渡印度洋至佐法尔的航线、横渡印度洋至亚丁的航线、横渡印度洋至东非的航线。[②]这是对唐代西方海路航程的分段细化。广州与波斯湾之间成为当时世界上贸易最稳定、路程最长的海上航线。

二、宋代航海技术进步

宋代的海洋知识日趋丰富，其主要来源有历代各类典籍有关海洋记载的积累和传承、海商群体（舟师、水手）世代口耳相传及反复航海验证、海外诸国使节和入宋僧侣的记录、礼宾机构和沿边官员的采集著述及所绘涉及的海外舆图等途径，海洋世界变得更为清晰而实际，“宋代在国家实行相对开放的海上贸易政策，经济重心逐步南移等因素推动下，海上贸易空前繁荣，为海洋知识的积累和传播开启了一个新的阶段。……宋代官民都在日益发展的海上贸易中获得利益，海洋被认为是一个充满财富和商机的世界。官民都以生财取利的心态认识海洋，这是汉唐所未有过的。宋人获得的海洋知识已可比较清晰正确地判断东海和南海地区的朝鲜半岛、日本诸岛、台湾岛、菲律宾群岛、印尼群岛、中南半岛沿海地区的地理方位，对印度洋沿岸及西亚和北非等地诸国的地理方位也有近于实际的判断”[③]。

1. 造船工艺提升

11 世纪以来宋代的造船技术有许多新的进展和成就。《梦溪笔谈·补笔谈·权智》中记载了当时海船之体量相当可观且造船使用了船坞：

> 国初两浙献龙船，长二十余丈，上为宫室层楼，设御榻以备游幸。岁久腹败，欲修治而水中不可施工，熙宁中（1068—1077 年）宦官黄怀信献计，于金明池北凿大澳可容龙船，其下置柱，以大木梁其上，乃决水入澳，引船当梁上，即车出澳中水，船乃笐于空中，完补讫复以水浮船……[④]

---

① 张俊彦：《中古时期中国和阿拉伯的往来——兼论中国和阿曼的关系》，《北京大学学报（哲学社会科学版）》1981 年第 3 期，第 55—56 页，后收入张俊彦编著：《古代中国与西亚、非洲的海上往来》第五章，北京：海洋出版社，1986 年，第 143—144 页。

② 马文宽、孟凡人：《中国古瓷在非洲的发现》七，第 97—111 页。

③ 黄纯艳：《造船业视域下的宋代社会》第三章，上海：上海人民出版社，2017 年，第 225、226 页。

④ （宋）沈括：《梦溪笔谈·补笔谈》卷 2·权智，上海：上海书店出版社，2003 年，第 258—259 页。

南宋淳熙五年（1178年）成书的《岭外代答》卷六“木兰舟”条说：

浮南海而南，舟如巨室，帆若垂天之云，柂长数丈，一舟数百人，中积一年粮，豢豕酿酒其中，置死生于度外。……盖其舟大载重，不忧巨浪而忧浅水也。又大食国更越西海，至木兰皮国，则其舟又加大矣。一舟容千人，舟上有机杼市井，或不遇便风，则数年而后达，非甚巨舟，不可至也。

同书同卷“藤舟”条说：

深广沿海州军，难得铁钉桐油，造船皆空板穿藤约束而成。于藤缝中，以海上所生茜草，乾而窒之，遇水则涨，舟为之不漏矣。其舟甚大，越大海商贩皆用之。[①]

南宋钱塘（今杭州市）人吴自牧的《梦粱录》卷十二“江海船舰”记：

浙江乃通江渡海之津道，且如海商之舰，大小不等，大者五千料，可载五六百人；中等二千料至一千料，亦可载二三百人；余者谓之“钻风”，大小八橹或六橹，每船可载百余人。[②]

“料”就是“石”，一石合一百二十斤，千料船载重即六十吨，二千料船载重即一百二十吨，五千料船载重达三百吨左右。《梦粱录》材料来源于淳祐、咸淳《临安志》及作者的耳闻目睹。

考古发现的宋代古船有些是对世界造船技艺的重大发明与贡献。1974年福建泉州湾后渚港出土的一艘宋代海船[③]，复原后总长30米、甲板宽10.5米、型深5米、吃水3.75米、排水量454吨。船型设计综合考虑了稳定性、快速性、耐波性和加工工艺等多种性能要求。该船采用了具有舱壁周边肋骨和流水孔的水密舱壁、构件纵向端接的“直角同口”联结形式，以及它的可眠船桅、升降舵、钉连和密封捻缝等技术，更为突出的是它船壳的多重板鱼鳞式搭接技艺，为中国古船船壳连接工艺提供了极为罕见的实物资料。从现代船舶设计原理的角度来评论，也是无懈可击的。这是宋代造船技术

① （宋）周去非著，杨武泉校注：《岭外代答校注》卷6《器用门》104条、105条，北京：中华书局，1999年，第216—217、218页。
② （宋）吴自牧：《梦粱录》卷12，杭州：浙江人民出版社，1984年，第111页。
③ 泉州湾宋代海船发掘报告编写组：《泉州湾宋代海船发掘简报》，《文物》1975年第10期，第1—18、99—101页。

臻于成熟的重要表征。[①]有分析认为，泉州古船是一艘宋代泉州建造的中等远洋槽船。[②]1978 年宁波发现宋代海运码头遗址和宋代古船，出土的宋代海船说明，至晚在北宋末年，就实际应用了减摇龙骨（即现代船舶经常运用的舭龙骨），这比国外大约早七百年。[③]1992 年 6 月，在韩国珍岛出土了一艘宋朝后期建造的舟船，复原尺度为船长 19 米、船宽 2.34 米（船体后端）、船深 0.75 米（船体后端），船材厚 10—23 厘米，所用木材是华南地区生长的楠木、马尾松等。据研究，该船装有风帆作为动力，采用了当时比较先进的造船技术：设 6 个隔舱壁，大大加强了船体强度；船体的横向和纵向接头，均为子母榫的椎接结构，并辅以铁钉加固；以石灰、桐油、麻丝调制的传统舱料封填木船缝隙等。[④]宋代海上东北之人皆云：

> 南方木性与水相宜，故海舟以福建为上，广东西船次之，昌明州船又次之。北方之木与水不相宜，海水咸苦，能害木性，故舟船入海不得耐久而又不能御风涛，往往有覆溺之患。[⑤]

宋时定型的“福船”性能优良，活跃于当时的南海、西洋等各条航线上。宋代的造船业在当时世界上居于先进行列，反映了那个时代生产经济的巨大增长，科学技术的重大突破。[⑥]

2. 航海指针应用

两宋时期，远洋航海技术有了质的飞跃。唐末宋初出现了测深设备，测探方式有两种：一种是“下钩”测深法，一种是铅锤测深法（重锤测探法），掌握了比较熟练的深水测量技术。[⑦]

---

① 泉州湾宋代海船复原小组、福建泉州造船厂：《泉州湾宋代海船复原初探》,《文物》1975 年第 10 期，第 28—35 页；席龙飞、何国卫：《对泉州湾出土的宋代海船及其复原尺度的探讨》,《中国造船》1979 年第 2 期，第 117 页；李国清：《泉州湾宋代海船的舱料使用》,《海交史研究》1986 年第 2 期，第 89—94 页；[日] 松木哲：《十三——十四世纪的贸易船——以泉州、新安船为要点》，杨琮译，《海交史研究》1986 年第 2 期，第 104—105 页；席龙飞：《多学科重大科学研究的组织者——祝贺泉州海交史博物馆建馆 30 周年》,《海交史研究》1989 年第 2 期，第 60 页；[澳大利亚] 杰勤米 · 格林：《泉州宋代古船》，张瑞璧译，《海交史研究》1989 年第 2 期，第 84—87 页；席龙飞编：《中国造船史》第六章，武汉：湖北教育出版社，2000 年，第 158—160 页；何国卫：《泉州南宋海船船壳的多重板鱼鳞式搭接技术》,《海交史研究》2016 年第 1 期，第 2—3 页。

② 庄景辉：《泉州出土海船结构的历史分析》,《海外交通史迹研究》，厦门：厦门大学出版社，1996 年，第 68—78 页。

③ 蔡薇、刘超、席龙飞：《海上丝绸之路上的中国帆船》,《海交史研究》2015 年第 2 期，第 8—9 页；席龙飞、何国卫：《中国古船的减摇龙骨》,《自然科学史研究》1984 年第 4 期，第 168—171 页。

④ 袁晓春：《韩国珍岛发现中国宋朝独木舟》,《海交史研究》1994 年第 1 期，第 114—116 页。

⑤ （宋）徐梦莘：《三朝北盟会编》卷 176，上海：上海古籍出版社，1987 年，下册，第 1278 页上栏。

⑥ 王曾瑜：《谈宋代的造船业》,《文物》1975 年第 10 期，第 24—27 转 8 页。

⑦ 王心喜：《中国古代海船深水测量技术考述》,《海交史研究》1995 年第 2 期，第 88 页。

《宣和奉使高丽图经》卷三十四“客舟”中记：

海行不畏深，惟惧浅阁。以舟底不平，若潮落，则倾覆不可救，故常以绳垂铅硾以试之。①

《梦粱录》卷十二“江海船舰”中说：

若欲船泛外国买卖，则是泉州便可出洋，迤逦过七洲洋，舟中测水，约有七十余丈。……凡测水之时，必视其底，知是何等泥沙，所以知近山有港。②

宋代航海家已了解东亚、东南亚直至中东的海洋季候风的规律，甚至可以通过对北极星的高度观测判断地理纬度。宋代航海者已对部分海区的水文状况有了较深的了解，根据不同水色标识、确立各海区的方位及相互关系，初步形成了水文导航技术。③

《宣和奉使高丽图经》卷三十四“半洋焦”中说：

是夜，洋中不可住维，视星斗前迈；

卷三十四中分别记有“白水洋”“黄水洋”“黑水洋”等不同水域。同书卷三十九“礼成港”中说：

去日以南风，归日以北风。④

《梦粱录》卷十二“江海船舰”中载：

论舟师观海洋中日出日入，则知阴阳；验云气则知风色顺逆，毫发无差。远见浪花，则知风自彼来；见巨涛拍岸，则知次日当起南风；见电光则云夏风对闪。如此之类，略无少差。相水之清浑，便知山之远近。大洋之水，碧黑如淀；有山之水，碧而绿；傍山之水，浑而白矣。⑤

---

① （宋）徐兢：《宣和奉使高丽图经》（四册）卷 34·海道一，上海：商务印书馆，1937 年，第四册，第 117 页。

② （宋）吴自牧：《梦粱录》卷 12，第 112 页。

③ 刘义杰：《试说我国古代北方海区的水文导航术》，上海中国航海博物馆编：《航海——文明之迹》，上海：上海古籍出版社，2011 年，第 142 页。

④ （宋）徐兢：《宣和奉使高丽图经》（四册）卷 34·海道一；卷 39·海道六，第四册，第 120—121 页、135 页。

⑤ （宋）吴自牧：《梦粱录》卷 12，第 112 页。

中国发明的罗盘（指南针）早于11世纪末实际应用于航海，宋代使用的早期指南水浮针盘，其结构由盘中央的水浮针与外圆的方位盘组成。《梦溪笔谈·杂志》中记载：

方家以磁石磨针锋则能指南，然常微偏东，不全南也。水浮多荡摇。指爪及碗唇上皆可为之，运转尤速，但坚滑易坠，不若缕悬为最善。其法取新纩中独茧缕，以芥子许蜡缀于针腰，无风处悬之则针常指南。其中有磨而指北者，余家指南、北者皆有之。磁石之指南犹柏之指西，莫可原其理。①

文中提到安置磁针方式：浮置水面，但摇荡；放在指甲或碗沿上，但易坠；以丝线系磁针腰部，平悬于无风处，这是最佳方法。有认为，指南针作为定向工具用在远洋海船上的时间，约在北宋元符至崇宁年间（1098—1102年）。②

《萍洲可谈》卷二载：

舟师识地理，夜则观星，昼则观日，阴晦观指南针，或以十丈绳钩，取海底泥嗅之，便知所至。③

《宣和奉使高丽图经》卷三十四“半洋焦”中也说：

若晦冥，则用指南浮针，以揆南北。④

“指南浮针”就是水罗盘，后来又叫“针盘”。北宋时指南针解决了在阴晦气象情况下星宿无法定方位的困境。南宋制成的罗盘针在航海事业中得以普遍应用。

南宋赵汝适为提举福建路市舶时撰写《诸蕃志》，成书于理宗宝庆元年（1225年）。《诸蕃志》卷下“海南”条说海洋之中：

渺茫无际，天水一色，舟舶来往，惟以指南针为则，昼夜守视唯谨，毫厘之差，生死系焉。⑤

---

① （宋）沈括：《梦溪笔谈》卷24·杂志一，第201页。
② 杨熹（遗作）：《中国木帆船建造技术简介》，《海交史研究》2009年第1期，第66—67页。
③ （宋）朱彧撰，李伟国点校：《萍洲可谈》卷2，第133页。
④ （宋）徐兢：《宣和奉使高丽图经》（四册）卷34·海道一，第四册，第120页。
⑤ 冯承钧校注：《诸蕃志校注》卷下，台北：商务印书馆，1930年，1986年第4版，第146页。

《梦粱录》卷十二“江海船舰”中说：

> 风雨晦冥时，惟凭针盘而行，乃火长掌之，毫厘不敢差误，盖一舟人命所系也。①

“火长”是航海罗盘发明后对掌握航海罗盘这一工具的专职人员称谓。火长在海船上至少有一正一副的配备，还可按航行海区的情况配备多达8人得火长。②作为全天候的导航工具，海船匠师以航海指南针罗盘弥补了天文、地文导航的不足。

航海技术的进步给东西海路交通提供了更为方便安全的条件。当船上的货物（瓷器、丝绸、香料等）有较高的市场价值，那么航行无疑是大为有利可图的。宋代与西方的贸易往返交流，海路已然超过了陆路。③

三、文献记载瓷器输出

唐朝的对外贸易中陶瓷（三彩陶与青白瓷）已远销至印度洋各国和日本、朝鲜半岛，但仍不及丝绸的出口地位。逮宋代继往开来，名窑辈出，瓷器品种增多，产销地区扩大，瓷器出口空前繁荣。

《岭外代答》记载了十一、十二世纪海上贸易覆盖的地域：

> 诸蕃国大抵海为界限，各为方隅而立国。国有物宜，各从都会以阜通。正南诸国，三佛齐其都会也。东南诸国，阇婆其都会也。西南诸国，浩乎不可穷，近则占城、真腊为窊里诸国之都会，远则大秦为西天竺诸国之都会，又其远则麻离拔国为大食诸国之都会，又其外则木兰皮国为极西诸国之都会。三佛齐之南，南大洋海

---

① （宋）吴自牧：《梦粱录》卷12，第112页。

② 唐嘉弘：《“火长”考辨》，《社会科学研究》1980年第4期，第32—35页；刘义杰：《“火长”辨正》，《海交史研究》2013年第1期，第56—78页。

③ 过去曾有认为：北宋中叶，西夏政权控制了河西走廊这一交通要道，大食与宋朝的陆路联系受到影响，陆道梗塞，海上航路便成了宋朝同阿拉伯各国之间往来的唯一交通渠道。陈高华、吴泰：《宋元时期的海外贸易》第二章，天津：天津人民出版社，1981年，第30页；汶江主编：《古代中国与亚非地区的海上交通》四，成都：四川省社会科学院出版社，1989年，第151页。埃及福斯塔特遗址出土了可能是辽代后期的辽三彩凤首壶残件，辽与伊斯兰世界的交往主要发生在11世纪前后。内蒙古通辽市奈曼旗青龙山镇辽代陈国公主与驸马萧绍矩合葬墓（葬于辽开泰七年，1018年）和河北蓟县独乐寺白塔塔身中出土有伊斯兰玻璃器，这两批材料都是11世纪前期的，说明辽与伊斯兰世界虽然远隔万里，又无海上交通，但两地间确有联系，这为乐道的草原丝绸之路提供了研究素材。秦大树：《埃及福斯塔特遗址中发现的中国陶瓷》，《海交史研究》1995年第1期，第83、85—86页；杨蕤：《回鹘时代：10～13世纪陆上丝绸之路贸易研究》，北京：中国社会科学出版社，2015年。

也。海中有屿万余，人莫居之。愈南不可通矣。阇婆之东，东大洋海也，水势渐低，女人国在焉。愈东则尾闾之所泄，非复人世。稍东北向，则高丽、百济耳。

西南海上诸国，不可胜计，其大略亦可考，姑以交阯定其方隅。直交阯之南，则占城、真腊、佛罗安也。交阯之西北，则大理、黑水、吐蕃也。于是西有大海隔之，是海也，名曰细兰。细兰海中有一大洲，名细兰国。渡之而西，复有诸国。其南为故临国，其北为大秦国、王舍城、天竺国。又其西有海，曰东大食海。渡之而西，则大食诸国也。大食之地甚广，其国甚多，不可细载。又其西有海，名西大食海。渡之而西，则木兰皮诸国，凡千余。更西，则日之所入，不得而闻也。①

中国台湾学者陈国栋曾考证认为1178年时，周去非已经明确指出“故临”是中国船常往的地方。即使周去非的观察不能确定中国船完全支配故临以东的海运，至少也可以证明中国帆船在12世纪时延航至故临的也已经不少了。②

《诸蕃志》书前赵汝适自序其成书缘由：

至唐市舶有使招徕，懋迁之道自是益广，国朝列圣相传。以仁俭为宝，声教所暨，累译奉琛。于是置官于泉广，以司互市。盖欲宽民力而助国朝，其与贵异物穷侈心者乌可同日而语。汝适被命此来，暇日阅诸番图，有所谓石床长沙之险，交洋竺屿之限，问其志则无有焉。迺询诸贾胡，俾列其国名，道其风土，与夫道里之联属，山泽之蓄产，译以华言，删其秽渫，存其事实，名曰诸蕃志。

书中“俾列”了当时亚非57个国家或地区，详述其风土物产而略于事迹，当中明确记有瓷器“博易”的国家或地区涉及十多处。

占城国（载籍又名其为汉林邑地，唐代末叶始名占城。又作佔城。占婆、占不劳、占八、蘸八皆其对音。今越南的中南部）：

自泉州至本国顺风舟行二十余程。……番商兴贩用脑麝、檀香、草席、凉伞、绢扇、漆器、瓷器、铅锡、酒糖等博易。

真腊国（真腊系汉文史籍对7—17世纪中南半岛高棉族所建王国的统称。又作真蜡、真猎、占蜡、占腊、占猎、占臘。当北宋时为吴哥王朝，今柬埔寨）：

① （宋）周去非著，杨武泉校注：《岭外代答校注》卷2《外国门上》031条，第74—75页。
② 陈国栋：《东亚海域一千年：历史上的海洋中国与对外贸易》，济南：山东画报出版社，2006年，第47页。

自泉州舟行顺风月余日可到。……番商兴贩用金银、瓷器、假锦、凉伞、皮鼓、酒、糖、醯（醋）醢（肉、鱼等制成的酱）之属博易。

三佛齐国（又作三佛脐、三弗齐、佛齐、三佛国。唐译作室利佛逝，或作尸利佛逝，又别称金洲①，苏门答腊岛东南部，扼马六甲海峡之要冲）：

番商兴贩用金银、瓷器、锦绫、缬绢、糖、铁、酒、米、干良姜、大黄、樟脑等物博易。

单马令国②（又作丹马令。此国在今马来半岛中）：

番商用绢伞、雨伞、荷池、缬绢、酒、米、盐、糖、瓷器、盆钵、鹿重等物及用金银为盘盂博易。

凌牙斯加国（又作凌牙斯、凌牙苏家、龙牙犀角、狼西加、灵牙苏嘉。一般认为是泰国北大年的古名）：

自单马令风帆六昼夜可到，亦有陆程。……蕃商兴贩用酒、米、荷池、缬绢、瓷器等为货，各先以此等物准金银，然后打博。

佛啰安国（又作佛罗安、佛来安、婆罗蛮。在今马来半岛，其故地众说不一，或指马来西亚的瓜拉勿兰或瓜拉龙运，或指泰国的高头廊府一带等）：

自凌牙斯加四日可到，亦可遵陆。……番以金、银、瓷、铁、漆器、酒、米、糖、麦博易。

细兰国（细蓝、悉兰、西兰、锡兰皆细兰的同名异译，今斯里兰卡）：

番商转易用檀香、丁香、脑子、金银、瓷器、马、象、丝帛等为货。

阇婆国（宋代之阇婆，指印度尼西亚爪哇岛）：

---

① 关于“金洲”梳理考证，钱江：《金洲、金地与耶婆提：古代印度与东南亚的海上贸易》，余太山、李锦绣主编：《丝瓷之路Ⅰ：古代中外关系史研究》，北京：商务印书馆，2011 年，第 306—354 页。

② 关于“单马令”专题考证，陈国栋：《东亚海域一千年：历史上的海洋中国与对外贸易》，第 59—68 页。

于泉州为丙巳方，率以冬月发船，盖借北风之便，顺风昼夜行月余可到。……番商兴贩用夹杂金银及金银器皿、五色缬绢、皂绫、川芎、白芷、朱砂、绿矾、白矾、鹏（硼）砂、砒霜、漆器、铁鼎、青白瓷器交易。

南毗国（今印度西岸马拉巴尔海岸一带）：

在西南之极，自三佛齐便风月余可到。……用荷池、缬绢、瓷器、樟脑、大黄、黄连、丁香、脑子、檀香、豆蔻、沉香为货，商人就博易焉。故临国自南毗舟行顺风五日可到……博易用货亦与南毗同。

层拔国（一说今非洲东岸索马里以南一带，一说今桑给巴尔岛）：

以白布、瓷器、赤铜、红吉贝为货。

渤泥国（一般认为在加里曼丹岛）：

在泉之东南。去阇婆四十五日程，去三佛齐四十日程，去占城与麻逸各三十日程，皆以顺风为则。……番商兴贩用货金、货银、假锦、建阳锦、五色绢、五色茸、琉璃珠、琉璃瓶子、白锡、乌铅、网坠、牙臂环、胭脂漆、椀楪（碗碟）、青瓷器等博易。

西龙宫（什庙、日丽、胡芦蔓头、苏勿里等地）（一说位于今加里曼丹岛，一说指马来西亚的沙捞越）：

居海岛中，用小船来往，服色饮食与渤泥同。出生香、降真香、黄蜡、玳瑁，商人以白瓷器、酒、米、粗盐、白绢、货金易之。

麻逸国（今菲律宾民都洛岛，或兼指吕宋岛和民都洛岛等地）：

土产黄蜡、吉贝、真珠、玳瑁、药槟榔、于达布，商人用瓷器、货金、铁鼎、乌铅、五色琉璃珠、铁针等博易。

三屿（一说指今菲律宾卡拉棉、巴拉望、布桑加等岛；一说在吕宋岛西南沿岸；一说应在吕宋岛北部一带）：

乃麻逸之属。博易用瓷器、皂绫、缬绢、五色烧珠、铅网坠、白锡为货。[①]

这十多个国家或地区属今亚洲的越南、柬埔寨、马来西亚、印度尼西亚、菲律宾、斯里兰卡、印度及非洲东部沿岸等。元代汪大渊在至正年间（1341—1368年）附海舶往南洋数十国期间写成的《岛夷志略》，书中所记瓷器输往有44个地区。[②]赵汝适询诸贾胡的博易用货内容与瓷器输出的地点或有遗漏，《岭外代答》卷二“海外诸蕃国”条中说：“海中有屿万余，人奠居之。……西南海上诸国，不可胜计。”[③]《诸蕃志》作者自序中说“海外环水而国者以万数”，也许瓷器外销不止这十多个国家或地区，记载最远的是非洲的层拔国（非洲东岸）。用货博易中的“瓷器”为泛称，仅在“渤泥国”“阇婆国”“西龙宫”中具体提到“青瓷器”“青白瓷器”“白瓷器”各一处。宋代外销瓷以青白两色为主，尤以青瓷为多。“青瓷器”是以龙泉青瓷为主，并非仅指龙泉所出，包括福建、浙江沿海地区及江西仿龙泉窑烧制的瓷器；“青白瓷器”以江西景德镇窑烧制的产品为主，包括东南沿海地区瓷窑的制品；“白瓷器”可能是定窑系产品或仿内地名窑烧造的制品。定窑瓷器是北方名瓷，宋室南渡后，在景德镇又建定窑，或称“南定”，继续烧制定瓷。

四、宋代沉船瓷器遗物

宋代主要港口有广州、泉州、明州、杭州，南海交通贸易常以广州、泉州为主。江南内河水运发达，航运主干道和众多支线纵横交织，沟通着内陆广阔腹地和广州等东南沿海港口，与海上运输和贸易密切相连。[④]10世纪下半叶至12世纪上半叶，广州外销瓷器有西村窑青瓷、潮州窑青白瓷、佛山石湾窑青瓷及褐釉瓷，还有江西窑系生产的青白瓷、越窑系青瓷等。[⑤]12世纪下半叶至13世纪上半叶，泉州港兴起，取代广州成为第一贸易大港，阿拉伯人来华贸易活动多在泉州进行。进出口“舶货”数量浩瀚，种类

① 冯承钧校注：《诸蕃志校注》卷上，第3—4、7—8、13、17、18、19、22、23—25、30—32、55、79、80、83、84页。

② 陈万里：《宋末——清初中国对外贸易中的瓷器》，《文物》1963年第1期，第20—24页；冯先铭：《元以前我国瓷器销行亚洲的考察》，《文物》1981年第6期，第66—68页；中国硅酸盐学会主编：《中国陶瓷史》第八章，第352—353页。

③ （宋）周去非著，杨武泉校注：《岭外代答校注》卷2《外国门上》031条，第74、75页。

④ 刘永连：《“东南丝绸之路”刍议——谈从江浙至广州的丝绸外销干线及其网络》，《海交史研究》2013年第1期，第79—91页。

⑤ 黄慧怡：《唐宋广东生产瓷器的外销》，《海交史研究》2004年第1期，第105—118页转83页。

繁夥。[①]中国的福州、漳州等其他港口的对外交通贸易也相当活跃，这些港埠与高丽、日本、中南半岛、马来半岛、马来群岛、菲律宾群岛、南亚诸国及西亚、非洲国家均有较频繁的通商往来。[②]为适应市场的需求，泉州沿海地区形成了较大规模的瓷器生产体系，越窑青瓷、龙泉窑青瓷、景德镇青白瓷、磁州窑系等制瓷技术和风格是该地区瓷器产品“仿烧”的来源。[③]泉州港输出的瓷器有泉州西北部的德化窑、同安汀溪窑及浙江龙泉窑、江西景德镇等名窑的产品。[④]泉州景江磁灶窑也是泉州外销瓷的重要窑口之一。[⑤]

唐宋时期是与阿拉伯帝国交往的黄金年代，“海上陶瓷之路”的出现带动了海岛国家的兴起，并使海峡地带成为掌控东南亚经济命脉的地区。[⑥]在南海海域发现这一时期的多处沉船中的瓷器遗物。1998 年和 1999 年，在印度尼西亚勿里洞岛海域一块黑色大礁岩附近德国打捞公司发现了一艘唐代沉船，名为“Batu Hitam”，意译为“黑石”号。船只结构为阿拉伯商船，装载着经由东南亚运往西亚、北非的中国货物。沉船年代被确认为 9 世纪上半叶。船上物品 98%是陶瓷，长沙窑瓷器就有 56 500 余件，几乎涵盖了已知的长沙窑器物造型。2017 年又征集 162 件，为晚唐长沙窑、越窑、邢窑、巩县窑、广东窑等窑口产品。[⑦]

两宋时期的沉船遗存主要有：

Tanjung Simpang Mengayu 沉船：2003 年在马来西亚沙巴州（Sabah）西北部距海岸约 400 米发现的一艘北宋或南宋船，处 12 米深的海底。该船是目前南海地区发现的最早确定为中国船的沉船。出水货物以宋代南方地区窑口的瓷器为主。

“井里汶号”沉船：2004—2005 年在印度尼西亚的爪哇海域发现，沉船因靠近井里汶镇而得名。船的时代排定在 10 世纪后半叶（北宋早期），很可能是北宋在两浙设立市舶司以后。船长约 28 米，处 56 米深的海底。从船体结构看，一般认为这是 10 世纪末

---

① 戴显群：《唐宋时期我国第一贸易大港地位的转换》，《海交史研究》2004 年第 2 期，第 49—57 页；庄景辉：《论宋代泉州的海外贸易》，《海外交通史迹研究》，第 79—98 页。

② 廖大珂：《福建海外交通史》第三章，福州：福建人民出版社，2002 年，第 83—128 页。

③ 孟原召：《宋元时期泉州沿海地区制瓷业的兴盛与技术来源试探》，《海交史研究》2007 年第 2 期，第 75—89 页。

④ 陈建中：《泉州的陶瓷贸易与东西方文化互动：以德化窑外销瓷为例》，《海交史研究》2004 年第 1 期，第 94—104 页。

⑤ 郭育生：《“海上丝绸之路”的外销瓷——磁灶童子山窑的产品及其工艺》，《海交史研究》2012 年第 1 期，第 43—49 页。

⑥ 卢苇：《南海丝绸之路与东南亚》，《海交史研究》2008 年第 2 期，第 5—13 页。

⑦ 谢明良：《记黑石号（Batu Hitam）沉船中的中国陶瓷器》，台湾大学《美术史研究集刊》第 13 期，2002 年，第 1—60 页；[美] 约翰·盖伊（John Guy）：《九世纪初连结中国与波斯湾的外销瓷：勿里洞沉船的例证》，王丽明译，《海交史研究》2008 年第 2 期，第 14—26 页；长沙铜官窑遗址管理处编著：《海丝唐韵 千年回望——“黑石号”出水遗珍》，北京：文物出版社，2018 年。

的爪哇船（阇婆）船或苏门答腊（Sumatra）船。该船容载的器物达260万件，其中越窑瓷器10万件，还有较多北宋早期的定窑瓷器。它是目前南海地区的船货数量及装载越窑瓷器最多的一艘沉船，也是发现越窑瓷器最多的一处遗址，表明当时两浙地区贩往海外的主要货物就是越窑瓷器。两浙市舶司主要管理瓷器的向外运输。①

"南海Ⅰ号"沉船：1987年8月在广东台山县川山群岛附近发现。②沉船海域在近海30米等深线之内，深度24—26米。沉船为南宋船，木质船体残长22.1米，船体保存最大宽度9.35米，有14道横向隔舱壁板分成15个船舱。船体中上部使用多重木板对接或搭接结构和榫卯嵌合、铁钉和木钉等铆合固定的工艺技术，两舷上部及船壳板多为三重板结构。船型宽扁，船艏平头微起翘，两侧船舷略弧曲，艏艉部弧收，是长宽比例小、安全系数高、耐波性能好、装货载量大的短肥性船型，与前文提到的泉州湾后渚沉船的船型头尖尾方、船身扁阔、尖形船底等构造相近，符合北宋末期就获得"海舟以福建为上"赞誉的"福船"特性：尖底阔面、首尾高昂、水密性良好等③，均属于古代"福船"类型。出水遗物中瓷器数量最多，是该沉船上外销的大宗船货，包装材料大多使用了竹篾或藤条，同时采用扭绳捆扎或隔垫的方式。这些瓷器釉色品种有青白瓷、青瓷、黑釉瓷、绿釉瓷、酱褐釉瓷等，主要来自南方地区的江西景德镇窑、浙江龙泉窑以及福建泉州德化窑、晋江磁灶窑、闽清义窑等窑场，还有少数福建地区其他窑场如南安罗东窑、东张窑及陕西耀州窑的产品。瓷器的种类有碗、盘、碟、壶、瓶、罐、盅、盆、军持、盒、瓷塑等。④

五、波斯湾、非洲发现宋代瓷器

阿拉伯人在8—13世纪（阿巴斯王朝时期），在中国的海上贸易中崛起且占据着比较重要的地位。

《岭外代答》卷二"故临国"条载：

① 秦大树：《拾遗南海 补阙中土——谈井里汶沉船的出水瓷器》，《故宫博物院院刊》2007年第6期，第91—101页；沈岳明：《越窑的发展及井里汶沉船的越窑瓷器》，《故宫博物院院刊》2007年第6期，第102—106页；焦天龙：《南海南部地区沉船与中国古代海洋贸易的变迁》，《海交史研究》2014年第2期，第11—13页；［印尼］苏玛拉·亚德阿曼：《印度尼西亚发现若干德化窑青花瓷盘》，陈丽华编译，《海交史研究》1994年第1期，第107—109页。

② 俞伟超：《十年来中国水下考古学的主要成果》，《福建文博》1997年第2期，第7页；张威：《南海沉船的发现与预备调查》，《福建文博》1997年第2期，第28—31页。

③ 刘义杰：《福船源流考》，《海交史研究》2016年第2期，第1—12页。

④ 周湘东：《从"南海一号"出水瓷器看古代海外贸易瓷器的生产变迁》，《丝绸之路》2012年第14期，第52—53页；国家文物局水下文化遗产保护中心等编著：《南海Ⅰ号沉船考古报告之二：2014年～2015年发掘》（上、下）第四章、第五章，北京：文物出版社，2018年，第109—419页。

中国舶商欲往大食，必自故临易小舟而往；

同书卷三“航海外夷”条载：

大食国之来也，以小舟运而南行，至故临国易大舟而东行，至三佛齐国乃复如三佛齐入中国。①

阿拉伯人直接继承了早期波斯人的航海传统和经验，有时甚至雇佣当时已降服阿拉伯帝国并改信奉伊斯兰教的波斯水手，让其为阿拉伯商船服务。11世纪是印度洋西部海上贸易的转折点，也是波斯湾商人在东非沿海发展的重要时期，在波斯湾北岸、西海岸一些港埠兴盛起来。阿拉伯商船从波斯湾航行到广州来回需要约18个月的时间。②

波斯湾地区发现有宋代瓷器。也门舍尔迈港遗址地处阿拉伯半岛南海岸中部舍尔迈角北端，遥望东非索马里，是波斯湾通往东非海岸的必经之地。舍尔迈遗迹主要归属三大段文化层，其中第二段文化层是公元10—12世纪时期由城墙和数座小城堡保护起来的港口城市遗址。出土两宋时期的瓷器按胎质釉色分有青白瓷、乳白釉瓷、青瓷、灰青釉瓷、釉下彩绘瓷、酱黑釉瓷、绿铅釉瓷和素胎瓷，器形有碗、罐、盘、注壶、瓶、盒、盆等。瓷器窑场有湖南长沙窑系，浙江越窑系、龙泉窑系，江西景德镇窑系，福建泉州窑、磁灶窑，广东潮州窑、西村窑、石湾窑、遂溪窑、南海窑等，还有少量瓷器为福建建阳窑、霞阳窑，江西南丰窑、赣州窑、吉州窑及陕西耀州窑的产品。就这些实物资料来说，广东珠江和潮州一带的港口及浙江宁波港是与舍尔迈遗址发现宋代瓷器有关的出口港。③

非洲北部、东部发现大量中国古瓷。从埃及、苏丹、肯尼亚、坦桑尼亚等地出土的宋代瓷片、瓷器来看，宋代瓷器输往非洲分为两路：一路沿亚丁湾进入红海与地中海，再由红海与地中海西进，运往北非、西非和欧洲；另一路则南下沿非洲东海岸输往东非沿海各地。④昔年荷兰汉学家戴闻达（或戴文达，1889—1954年）曾以为：对非洲的贸易，仅仅是与阿拉伯各国的巨大贸易的一个分支，而没有什么证据可以说明在宋朝时中

① （宋）周去非著，杨武泉校注：《岭外代答校注》卷2《外国门上》037条；卷3《外国门下》052条，第91、126页。

② 钱江：《古代波斯湾的航海活动与贸易港埠》，《海交史研究》2010年第2期，第12—20页。

③ 赵冰：《中世纪时期贸易中转站——也门舍尔迈遗址出土的中国瓷片》，《法国汉学》丛书编辑委员会编：《考古发掘与历史复原》（法国汉学第十一辑），北京：中华书局，2006年，第79—116页。

④ 黄盛璋：《中国和索马里的传统友好关系》，《世界历史》1981年第3期，第64页，后收入黄盛璋编著：《中外交通与交流史研究》，（题目改为《中国与索马里的传统友好关系与经济、文化交流》），合肥：安徽教育出版社，2002年，第448—463页。

国人自己就已访问过非洲东部沿海。不过他们早知道有这个地方。[①]《岭外代答》中提到非洲西北部摩洛哥（及欧洲西班牙南部一带）即“木兰皮国”与埃及即“勿斯离（勿斯里）国”。[②]《诸蕃志》一书里也提到埃及，“勿斯里国”中的“憩野”（意译得胜城）为今开罗；“遏根陀国”中的“大塔”即古埃及法鲁斯灯塔。[③]宋代有专门绘制的海外国家的地理图，北宋初年，“知广州凌策献《海外诸蕃地理图》”[④]；赵汝适在《诸蕃志》自序中说“暇日阅《诸蕃图》”。现存西安碑林的宋代石刻地图《华夷图》（号称《唐贾魏公图》，从该图中契丹称为大辽国这点看，可能是宋或辽代人根据贾耽《海内华夷图》修绘的）已经标识了非洲：“图中地域轮廓变形较大的不仅有中南半岛和印度半岛，而且还有非洲大陆。遗憾的是，非洲大陆的轮廓一直悄悄地藏在《华夷图》的左下角，未能引起史学界的注意”，“在《华夷图》中，波斯湾的左下方绘有一条细长的河流，这应该是红海。红海的下方能看出‘非洲之角’和好望角的地域轮廓，只不过非洲南端的朝向不是垂直向南，而是被画成转向东方。《华夷图》还清晰地绘出了非洲西部海岸线和地中海”。[⑤]

肯尼亚北部海域拉姆群岛中的曼达岛曼达城，在 20 世纪 60 年代出土有 9—10 世纪的越窑瓷和白瓷，它是在非洲发现的中国瓷器年代最早的地点。在肯尼亚东海岸中部马林迪地区的格迪古城遗址曾出土南宋时期的青白瓷器，有器盖、瓜棱壶。[⑥]

埃及开罗南郊的福斯塔特遗址[⑦]，20 世纪初以来发掘出土了大量晚唐、五代末期到北宋（9—13 世纪）的中国瓷器（也有少量元明时代的青花白瓷片）。在福斯塔特发现的法蒂玛王朝时期（969—1168 年，相对应北宋、辽和南宋、金前期）的中国瓷器主要有越窑青瓷、龙泉窑青瓷、景德镇青白瓷（影青瓷）、定窑白瓷、耀州窑青瓷、磁州窑瓷

---

① ［荷］戴闻达：《中国人对非洲的发现》，胡国强、覃锦显译，北京：商务印书馆，1983 年，第 21 页。

② （宋）周去非著，杨武泉校注：《岭外代答校注》卷 3《外国门下》040 条、041 条、052 条，第 101、106—107、127 页；陈佳荣、谢方、陆峻岭：《古代南海地名汇释》，第 192、1002 页。刘钢考证认为：《岭外代答》记载的“木兰皮”所在地理位置、国家数量、气候特点、动植物特征以及天文现象等，都与北非摩洛哥一带完全不相符合。“木兰皮”位于南美洲大陆巴塔哥尼亚高原和南美大草原的交界处。刘钢：《古地图密码：中国发现世界的谜团玄机》第五章，桂林：广西师范大学出版社，2009 年，第 118—128 页。

③ 冯承钧校注：《诸蕃志校注》卷上，第 69—72 页；陈佳荣、谢方、陆峻岭：《古代南海地名汇释》，第 952—953、1000 页。

④ （宋）李焘：《续资治通鉴长编》卷 54，咸平六年五月乙卯条，北京：中华书局，1995 年，第 1195 页。

⑤ 刘钢：《古地图密码：中国发现世界的谜团玄机》第六章，第 149 页。

⑥ 刘岩、秦大树、齐里亚马 · 赫曼：《肯尼亚滨海省格迪古城遗址出土中国瓷器》，《文物》2012 年第 11 期，第 38—39 页。

⑦ 公元 641 年福斯塔特城建立，969 年后政治中心移至现今的开罗城，但工商业中心仍在福斯塔特。1168 年遭到第二次十字军的围攻，这座城市被焚毁。据 1249 年的记载，福斯塔特后来恢复过来，工商业仍很繁荣。13 世纪末逐渐衰落。夏鼐：《作为古代中非交通关系证据的瓷器》，原刊《文物》1963 年第 1 期，第 17—19 转 7 页、15—16 页，后收入中国社会科学院科研局组织编选：《夏鼐集》（中国社会科学院学者文选），北京：中国社会科学出版社，2008 年，第 418—427 页。

等。越窑瓷装饰技法有素釉、刺纹或镂空工艺，内壁划花和刻画花卉，有龙、鸟与昆虫图案，器形有碗、盘、壶、罐、盏、盒、唾盂、杯、瓶、香薰等；北宋龙泉瓷有内壁刻画缠枝花纹、细部饰篦点线纹的碗，南宋龙泉瓷有素面和单面刻画花纹两类，器形有洗、碗、小盅、瓶、粉盒、盘、盖罐、钵等；景德镇白瓷和青白瓷大多瓷质极好，胎质细腻，分素釉、刻画和印花三种，主要器形有碗、盘、杯、罐、盒等；定窑白瓷器形有海棠式杯、唇口碗、芒口印花盘、“官”字款碗等。11世纪始在福斯塔特发现的中国瓷器数量有了质的飞跃，对埃及的制瓷业产生了重要影响，法蒂玛时期先后仿制了白釉刻花、划花器，低温铅釉下的划花器，珍珠地划花器、剔花器和模印花器，其器形纹饰和装饰技法都与输入的原器有诸多相同。即使在这一时期流行的所谓“拉斯特”（Luster，金属釉瓷器），在纹饰题材上也大量模仿中国瓷器。阿龙布王朝时期（1169—1250年，相当于金和南宋中后期）出现的中国瓷器主要是龙泉窑青瓷、景德镇和南方其他窑生产的白瓷与影青瓷，尤其在南宋后期，龙泉窑青瓷大量出口到福斯塔特，而越窑和北方地区窑口产品基本上没有发现。开罗东郊阿斯巴尔清真寺附近的山丘一带、尼罗河河口亚历山大城、红海港口城市库赛尔及埃及南部阿斯旺、努比亚的结贝尔阿达等地均发现12—14世纪的龙泉青瓷、景德镇青白瓷、越窑青瓷片等。①埃及人称中国为Sini，对瓷器也叫作Sini。②中国古瓷输入开罗的数量使人惊叹，在开罗、埃及地中海与红海沿岸，好像家家户户都使用中国瓷器，且中国瓷器已进入到埃及腹地。

苏丹东北部与埃及交界附近的埃得哈布港（又译阿伊扎布港）在红海岸边，隔海与阿拉伯半岛麦加的外港吉达相望。从11世纪中期到14世纪中期（1058—1368年），是这个港口最繁荣的时期，被誉为“世界上最热闹的城市之一”。埃得哈布处在珊瑚礁海岸的荒凉沙漠和贫瘠草原地带，这里发现有唐末、宋元的越窑瓷、龙泉窑瓷、白瓷、青白瓷等大量瓷片，遗迹沿着海岸分布，长达二公里，背后是高达六、七米的海岸台地。曾经调查过此地的三上次男说：“像这样在整个遗迹中都散布着中国陶瓷的，除此以外，实在罕见。这里曾是渡越万里波涛而来的中国陶瓷的主要卸货场所，那是绝无可疑的。”③

坦桑尼亚东南海域的基尔瓦岛堪称是东非的“福斯塔特”，这里不仅是坦桑尼亚出

---

① 马文宽、孟凡人：《中国古瓷在非洲的发现》，第1—6、37—42页；秦大树：《埃及福斯塔特遗址中发现的中国陶瓷》，《海交史研究》1995年第1期，第85—86页。

② 黄盛璋：《中国和索马里的传统友好关系》，《世界历史》1981年第3期，第65页。有关这一名称讨论参见，张小夫：《〈光明之城伪书考〉存疑——兼与黄时鉴教授商榷》，《海交史研究》2003年第1期，第92—96页；龚方震：《说Sinim》，《海交史研究》2004年第1期，第19—21页。

③ ［日］三上次男：《陶瓷之路——东西文明接触点的探索》一，胡德芬译，天津：天津人民出版社，1983年，第29—35页。

土中国古瓷最多的地方，也是非洲发现中国古瓷最多的地点之一。20世纪五六十年代该岛进行过考古发掘工作，在“大清真寺”遗址和“大房子”遗址出土瓷器种类有龙泉窑青瓷、定窑白瓷、耀州窑瓷、磁州窑瓷、德化窑白瓷、景德镇青花瓷、南方青瓷和青白瓷、安溪福昌窑青花瓷等，时代主要集中在12—15世纪。龙泉窑青瓷多属日常生活用瓷，有碗、盘、钵、洗、罐及器盖等，釉色多为淡绿或灰绿，质地有粗细之别；纹饰以莲荷、莲瓣、菊瓣、双鱼、瓜棱、古钱和弦纹为主。①

与宋代原产地的瓷器比较而言，非洲发现的属于北宋时期龙泉窑青瓷的典型器有，福斯塔特出土的刻纹与篦点纹碗片、基尔瓦出土的刻花折扇纹碗片，篦点纹、折扇纹和刻莲花纹等都是北宋龙泉窑青瓷的装饰特点。非洲发现的属于南宋时期的龙泉窑青瓷较多，在数量、品种上超过北宋时期，代表器形有福斯塔特出土的内底刻凤鸟纹大盘瓷片、内壁刻花竖卷云纹碗、内壁刻缠枝莲花与覆莲叶纹碗、外壁刻莲花莲瓣纹碗、外壁刻细莲瓣纹碗及浅腹洗瓷片等；此外，福斯塔特出土的素釉小碗、斜腹碗、盘口瓶和粉盒等残片，釉层厚而釉色晶莹滋润，有玉质感，是南宋龙泉窑的主要特征。这些器形及其装饰风格与龙泉安仁口、项户村、金村等窑址所出产品相一致。

非洲发现的越窑青瓷的代表器物有福斯塔特出土的内壁刻缠枝牡丹纹碗片、内壁刻花加篦点纹碗片、外壁刻飞凤纹内底刻水波纹碗片、内壁浅雕牡丹团花纹圈足碗片、外壁浅雕曲线花瓣纹碗片、内壁或内底刻画双飞凤纹盘片、内底线刻缠枝菊花纹盘片及镂空刻画纹香薰等。非洲发现的越窑瓷主要是浙江鄞县、余姚和上虞三个窑口所出产品。鄞县、余姚、上虞毗邻，鄞县位于钱塘江口南岸，现属宁波辖境，唐宋时期，宁波是主要外贸港口之一，这三个窑口产品从宁波出发极为便利。埃及所出具有繁缛纹饰的越窑瓷及苏丹埃得哈布和东非海岸发现的越窑瓷其时代均是北宋时期的产品。

非洲发现的北宋定窑白瓷标本有福斯塔特出土的浅雕两层或多层莲瓣纹碗片、北宋初期（11世纪后半期）的凸唇碗、内壁印缠枝牡丹纹外壁花瓣纹的芒口盘片、底部带“官”字款碗（盘）腹片等；耀州窑青瓷标本有福斯塔特、基尔瓦出土的外壁刻细花瓣纹内壁刻缠枝花纹碗片、内底刻凤鸟纹周围饰莲花莲叶纹大盘片等；磁州窑标本有福斯塔特出土的10世纪后半叶观台窑产品剔花器盖，11世纪前期划花碗片；景德镇等窑的青白瓷标本有福斯塔特、基尔瓦出土的内底刻莲花腹壁刻花间饰飞凤纹的碗残件、刻纹篦点纹碗片、刻花斗笠碗片、牡丹纹碗底片、菊花纹团花碗底片、折沿浅腹素釉盘、涡纹梅瓶片、刻花牡丹纹瓶片等，这些均属宋代青白瓷中的上品，其中斗笠碗盛行于北宋

① 马文宽、孟凡人：《中国古瓷在非洲的发现》，第23—27、37—45页。

晚期到南宋早期，景德镇湖田窑烧制此类产品。

六、小　结

日本陶瓷学家和历史学家三上次男把运输瓷器的海上航线称为“陶瓷之路”：“在中世纪时代，东西方两个世界之间，连（联）结着一根坚强有力的陶瓷纽带，它同时又是东西方文化交流的桥梁。对于这条连（联）结东西方的海上航路，我就姑且称它为‘陶瓷之路’吧。”①宋代从事海外贸易的国内商人和来华的外商较之汉唐有显著增加。来华的外商国别众多，特别在广州、泉州一带，人数庞大，资本雄厚，是中外贸易中的重要力量。②广州的番坊、番长都有阿拉伯人。在南海发现的沉船中有唐时期的阿拉伯商船。阿拉伯人航海运用了天文测量等技术（牵星过洋、针路）。“海上陶瓷之路”的开辟畅通不是古代中国单向的历史创举，古代西方波斯人、阿拉伯人以及其他族群在通往东方之路上的不懈努力也极大地推动了“海上陶瓷之路”的兴盛。

宋代“海上陶瓷之路”不是专指一种商品的贸易之路。宋代海外贸易输出、输入的主要物品，大抵如《宋史·食货志下八》中所言：“凡大食、古逻、阇婆、占城、勃泥、麻逸、三佛齐诸蕃并通货易，以金银、缗钱、铅锡、杂色帛、瓷器，市香药、犀象、珊瑚、琥珀、珠琲、镔铁、鼊皮、玳瑁、玛瑙、车渠、水精、蕃布、乌樠、苏木等物。”③在丝绸等传统贸易之外，这一时期海外输出商品中瓷器乃居显耀地位。宋代“海上陶瓷之路”是各国和平往来、官民共同参与、互惠双赢发展之路，是当今共建“一带一路”丝路文明共同体历史上的物产流通、科技传播、文化交融的阶段性缩影。

作者简介：余军，宁夏社会科学院《西夏研究》主编，研究馆员。

---

① ［日］三上次男：《陶瓷之路——东西文明接触点的探索》十，胡德芬译，第251页。

② 张俊彦：《中古时期中国和阿拉伯的往来——兼论中国和阿曼的关系》，《北京大学学报（哲学社会科学版）》1981年第3期，第56—58页；黄纯艳：《宋代海外贸易》第二章第一节，第115页。

③ 《宋史》卷186《食货志下八》，第4558—4559页。

宋代科学社会史研究

《政和圣济总录》在日本的传播、接受与应用*

韩 毅

（中国科学院 自然科学史研究所，北京，100190）

摘 要：《政和圣济总录》是中国宋朝政府官修的第六部医学方书，代表了北宋一百六十余年间医学理论、临床医学诸科和方剂学知识发展的最高成就。该书元明时期由日、中僧人及商人、使者或留学生等传入日本，受到日本医学界的高度重视，先后有日本文化十三年江户医学馆《聚珍版圣济总录》刊本、文政六年《圣济总录纂要》刊本和日本钞本、影印本等流传。日本镰仓、室町、江户时代成书的史书、目录学和医学著作中，详细地记载了其卷数、序跋、版本和流传情况。日本医家撰写的方书著作《覆载万安方》《有林福田方》《校正新增观聚方要补》《医方挈领》《杂病广要》等，不仅大量引用了《政和圣济总录》中疾病学、方剂学、针灸学、养生学等知识，而且广泛应用于临证疾病治疗、药物炮制和医学教育，对日本汉方医学的发展产生了积极的影响。

关键词：《政和圣济总录》；日本；刊本；钞本；医书

《政和圣济总录》是政和至重和、宣和年间（1111—1125年）宋徽宗下诏朝廷医官编撰的现存宋代医学史上规模最大的一部方书著作，也是宋代官修的第六部医学方书，代表了北宋一百六十余年间医学理论、临床医学诸科和方剂学发展的最高成就。元人称

* 本文为国家社科基金项目“宋代的药品生产与政府管理研究”（14BZS105）、中国科学院自然科学史研究所“十三五”重大突破项目“科技知识的创造与传播研究”（Y621011005）的阶段性研究成果。

赞此书“实医经之会要，学者之指南，生民之司命”①，“近代诸书，独不若《圣济总录》之详且备”②。该书于政和元年（1111年）由宋徽宗下诏编修，约在政和八年至重和、宣和年间（1118—1125年）成书，宋徽宗御制序，赐书名。惜因“靖康之变”，书版为金朝所得，未及颁行全国。

元明时期，《政和圣济总录》由日、中僧人及商人、使者或留学生等传入日本，受到日本医学界的高度重视。在镰仓（1192—1333年）、室町（1336—1573年）、江户（1603—1867年）时代，《政和圣济总录》不仅有元代刊本和日本刊本、钞本流传，而且日本医家撰写的《覆载万安方》《有林福田方》《校正新增观聚方要补》《医方挈领》《杂病广要》等方书中，大量采纳了《政和圣济总录》中疾病学、方剂学、针灸学、养生学等知识，广泛应用于临证疾病治疗和药物炮制。日本文化十一年（1814年），东都侍医兼医学提举司杉本良仲温称赞此书“足以嘉惠后学”③。

学术界关于《政和圣济总录》传入日本的研究，论述极为简略，仍有进一步探讨的必要。④本文依据汉文、日文资料，重点探讨《政和圣济总录》在日本传播、接受与应用的过程及史实，梳理《政和圣济总录》在日本的元代刊本、清代纂要本、日本刊本、钞本、影印本，以及日本医家应用《政和圣济总录》治疗疾病的情况。

一、《政和圣济总录》的编撰过程与主要内容

（一）《政和圣济总录》的编撰过程

政和二年（1112年）七月壬申，宋徽宗下诏“访天下遗书”⑤，正式启动《政和圣济经》和《政和圣济总录》两部医书的编撰工作。政和三年十二月癸丑，宋徽宗“诏天下访求道教仙经”⑥。政和四年八月三十日，宋徽宗发布《求方书药法御笔》，《宋大诏令集》卷二一九载：

---

① （元）焦养直：《〈大德重校圣济总录〉序》，（宋）赵佶敕编，郑金生、汪惟刚、犬卷太一校点：《圣济总录：校点本：全2册》附录，北京：人民卫生出版社，2013年，第2342页。

② （宋）赵佶敕编，郑金生、汪惟刚、犬卷太一校点：《圣济总录：校点本：全2册》附录，第2343页。

③ ［日］杉本良：《聚珍版〈圣济总录〉序》，（宋）赵佶敕编，郑金生、汪惟刚、犬卷太一校点：《圣济总录：校点本：全2册》附录，第2345页。

④ 韩毅：《宋代医学方书的形成与传播应用研究》，广州：广东人民出版社，2019年，第410—516页；杨东方、周明鉴：《〈圣济总录〉流传小史》，《安徽中医药大学学报》2015年第1期，第6—8页。

⑤ 《宋史》卷21《徽宗本纪三》，北京：中华书局，2007年，第390页。

⑥ 《宋史》卷21《徽宗本纪三》，第392页。

> 人肖形于天地，气盭则形病。昔圣人救以医药，跻之寿域，仁政之急务也。比者医不穷理，流于世好，人以夭折，朕甚悯焉。乃诏有司，诏学设局，教养多士，命之以官，分任天下，士稍劝焉。尚虑方书药法，有不如古，遗失不完，致误服食。其令天下应有奇方善术，许申纳本州，逐州缴进以闻。朕好生之意，差曹孝忠，就提举入内医官所编类御前所降方书，差文臣米肱、刘植充检阅官，候逐路进到奇方善术，并送本部编集，俟书成进呈，仍以《政和圣济经》为名，下国子监刊印颁行。[①]

御笔，系皇帝签发、用以布告或下达紧要命令之文书，其体严于诏书。从宋徽宗诏令中可知，此次访求到的方书、药法、奇方善术等，由医官曹孝忠、文臣米肱、刘植等编集进呈，下翰林医官局、御药院、殿中省尚药局、太医局等“验其方”[②]，经验试有效者编入方书之中。

关于宋徽宗时期朝廷访求医书、名方的措施，蔡絛（1077—1126年）《铁围山丛谈》卷六也有记载：

> 政和间，佑陵以仁经惠天下，尝即上清宝箓宫之前，新作两亭。左曰“仁济”，给药治疾苦；右曰“辅正”，主符水除邪鬼。因遂诏海内，凡药之治病彰彰有声者，悉索其方，书而上之焉。于是成都守臣监司，奉命相与穷其状，乃始得售解毒丹家。盖世世惧行毒者为仇害，故匿其迹，非有所谓神仙也。既据方修治，得其全，即并药奏御，事下殿中省。[③]

佑陵即宋徽宗。蔡絛为蔡京季子，任徽猷阁待制，其有关政和年间朝廷访求医书的记载，具有一定的真实性。可见，政府命医官编撰《政和圣济总录》的同时，采取了访求医书的措施。这项措施可能一直持续到政和八年（1118年）以后《政和圣济经》《政和圣济总录》编撰成书。从现存《政和圣济经》的内容来看，该书是我国现存较早的一部中医理论专著，所收方剂数量不多。因此，政和年间朝廷征集到的大量医方，被编入《政和圣济总录》之中。

宋徽宗《〈政和圣济总录〉序》详细地记载了朝廷医官确定编撰体例和成书的经

---

① （宋）宋徽宗：《求方书药法御笔》，《宋大诏令集》卷219《政事七十二·医方》，北京：中华书局，1997年，第843页。

② （宋）蔡絛撰，冯惠民、沈锡麟点校：《铁围山丛谈》卷6，北京：中华书局，1997年，第105页。

③ （宋）蔡絛撰，冯惠民、沈锡麟点校：《铁围山丛谈》卷6，第105页。

过，以及“以《黄帝内经》考其常，以《天元玉册》极其变”的指导思想。《政和圣济总录》卷首载：

> 诏天下以方术来上，并御府所藏，颁之为《补遗》一卷，《治法》一卷。卷凡二百，方几二万。以病分门，门各有论而叙统附焉。首之以风疾之变动，终之以神仙之服饵，详至于俞穴经络、祝由符禁，无不悉备，名之曰《政和圣济总录》。①

宋徽宗御制序言反映了朝廷编撰新方书的目的、知识来源和知识组成。宋徽宗指出，“其所载在事，所以佑天下之至神。盖圣人之驢世，本在于上，末在于下。无见于上则治之道不立，无见于下则治之具不行。《经》之所言者道也，医得之而穷神；《总录》之所载者具也，医用之而已疾”，又说“朕作《总录》，于以急世用而救民疾，亦斯道之筌蹄云耳”，是朝廷编撰此书的根本目的。

《政和圣济总录》究竟完成于哪一年，文献记载不详。但从该书中引用《政和圣济经》的内容来看，《政和圣济总录》当完成于政和八年（1118年）之后，约在重和、宣和年间（1118—1125年）最终完成。靖康二年（1127年），北宋灭亡，该书未及刊行，“随内府图籍北行，南渡诸人未睹其本”②。政和原版为金朝所得，于金世宗大定年间（1161—1189年）刊刻，主要流传于北方地区。南宋人未见此书，故引用极少。大德四年（1300年），元朝江浙行省又以金刻本再次刊刻，是为现存最早刊本。

《政和圣济总录》题宋徽宗赵佶敕编。实际上，从目前留存的史料来看，《政和圣济总录》是集体编撰的成果，其编修作者可能包括以下人员：一是宋徽宗赵佶，《政和圣济总录》编撰的策划者和组织者，不仅确立了编撰体例，而且亲撰《御制政和圣济总录序》；二是编类《圣济经》所的医官曹孝忠、刘植、龚璧、丁阜、许堪、杜润夫、朱永弼、谢惇和检阅官米肱等，其中检阅官米肱和刘植为文臣；三是校正《黄帝内经》的太医学司业刘植、李庶，通元冲妙先生张虚白，大素处士赵壬，明堂颁朔皇甫自牧、黄次公，迪功郎龚璧，从事郎王尚，上舍及第宋乔年，太医助教宋炳，以及尚书左仆射蔡京、刑部尚书薛嗣昌等朝中重臣。这些朝臣、医官、道士、文臣和医学生等，很可能参与了《政和圣济总录》的编撰。

---

① （宋）赵佶敕编，郑金生、汪惟刚、犬卷太一校点：《圣济总录：校点本：全2册》卷首《〈政和圣济总录〉序》，第8页。

② （清）永瑢等：《四库全书总目》卷103《子部·医家类一》，北京：中华书局，2003年，第863页。

（二）《政和圣济总录》的主要内容

《政和圣济总录》由目录、宋徽宗御制序和正文组成，以《黄帝内经》和《天元玉册》作为全书的方论思想。全书 200 卷，分 66 门，方 2 万首，运气学说列于卷首，其体例是“以病分门，门各有论而叙统附焉。首之以风疾之变动，终之以神仙之服饵，详至于俞穴经络、祝由符禁，无不悉备”①。首载运气、叙例、补遗、治法四则，阐明全书大旨；次列诸风门、诸痹门、伤寒门、中暍门、疟病门寒热瘴气附、霍乱门、肝藏门、胆门、心藏门、小肠病门、脾藏门、胃病门、肺藏门、大肠门、肾藏门、膀胱门、三焦门、心痛门、心腹门贲肋附、消渴门、黄病门、胸痹门、膈气门、呕吐门、痰饮门、咳嗽门、诸气门、吐血门、鼻衄门、积聚门、痃癖门、泄痢门蟨虫附、水肿门、脚气门、腰痛门、虚劳门、骨蒸传尸门、诸疝门、阴疝门、大小便门、诸淋门、九虫门、诸尸门、诸注门中恶客忤等附、面体门、髭发门、眼目门、耳病门、鼻病门、口齿门、咽喉门、瘿瘤门、瘰疬门诸瘘附、痈疽门、疮肿门疥癣附、金疮门、痔瘘门、伤折门、杂疗门、妇人血风门、妇人血气门、妊娠门、逆产门、产后门、小儿门、乳石发动门等 66 门病证和治法，包括内科、外科、妇科、儿科、耳科、眼科、口齿咽喉科等诸科疾病；最后列有补益门、食治门、针灸门、符禁门和神仙服饵门。《政和圣济总录》中的医学门类，充分反映了崇宁二年（1103 年）九月十五日宋徽宗诏令中规定的三大科通十三事内容，即方脉科通习大方脉、小方脉、风科和产科，针科通习针灸、口齿、咽喉、眼科和耳科，疡科通习疮肿、伤折、金镞和书禁科等。②

总之，宋朝皇帝的爱好和政府重视，深刻地影响了《政和圣济总录》的形成。书中所收方剂，丸、散、膏、丹、酒等剂型占据了绝大多数，充分反映了宋代政府和各地药局重视成药的发展。同时，书中道教医学内容大量增加，这与宋徽宗重视道教和道士参与编撰方书活动密切相关。

（三）《政和圣济总录》的版本流变

《政和圣济总录》原书约完成于政和八年至重和、宣和年间（1118—1125 年），是否有印版刻成，或刊印成书，宋朝文献和金朝文献均记载不详。元代以后，学术界普遍认为政和本医书已有刻板或印本完成，惜因“靖康之变”，未及颁行全国。

金世宗大定年间（1161—1189 年），金朝政府命汴京国子监重刊《政和圣济总录》，

---

① （宋）赵佶敕编，郑金生、汪惟刚、犬卷太一校点：《圣济总录：校点本：全 2 册》卷首《〈政和圣济总录〉序》，第 8 页。

② （清）徐松辑，刘琳等校点：《宋会要辑稿》崇儒 3 之 11—13，上海：上海古籍出版社，2014 年，第 2793—2795 页。

是为“大定本”。其具体刊刻年代，史书记载不详。但据清王子接《绛雪园古方选注》卷中载：“《圣济总录》列《素问》病机六十二证，每证各载数方。河间选其可因者，尝录于《宣明方论》中。”此处之《宣明方论》，全名为《黄帝素问宣明方论》，金朝刘完素撰，约成书于大定十二年（1172 年）。据此推断，大定本《政和圣济总录》可能刊刻于大定元年至大定十二年间（1161—1172 年），其书名究竟是沿用了宋代旧名，还是改为《大定重刊圣济总录》，史书记载不详。大定本《政和圣济总录》现已不存。

元成宗大德二年（1298 年）七月，医愈郎、诸路医学副提举申甫，医效郎、御药院副使王希逸，承直郎、太医院判官和思诚，朝廷使臣速古儿赤八思同瓦等 12 人，“内赍挈圣旨驰驿前来江浙等处，行中书省开读雕造《大德重校圣济总录》”①。大德三年（1299 年）九月，江浙等处行中书省“内钦奉圣旨，刊造《大德重校圣济总录》”。大德四年（1300 年）二月，全书刊印完毕，仍为 200 卷，是为现存最早刊本。

明代，《政和圣济总录》虽没有专门的刻本问世，但有几部钞本流传。较著名有《永乐大典》钞本、杭州高相国家钞本、海宁陈鳣藏旧钞本和《普济方》摘录本等，但均不完整。在民间医家的著作中，对《政和圣济总录》的应用也较为重视。

清初，元代《大德重校圣济总录》的足本已不多见。清康熙二十年（1681 年），医家程林积极搜求《大德重校圣济总录》，历 30 余年，编成《圣济总录纂要》26 卷，乾隆五年（1740 年）刊刻行世。清乾隆四十八年（1783 年），新安汪鸣珂开始搜集明清以来佚逸的《大德重校圣济总录》残本，乾隆五十年（1785 年）由燕远堂开始刊刻，乾隆五十三年（1788 年）完成，定书名为《重校圣济总录》。②

总之，中国不同时期刊刻的《政和圣济总录》版本，先后在镰仓、室町、江户时代传入日本，不仅有日本刊本和钞本流传，而且被日本医家广泛应用于临证疾病治疗。

二、《政和圣济总录》传入日本的经过与日本刊本、钞本流传情况

（一）《政和圣济总录》传入日本的经过

《政和圣济总录》何时传入日本，是宋朝原刊本还是金朝大定重刊本？中国、日本

① （宋）赵佶敕编，郑金生、汪惟刚、犬卷太一校点：《圣济总录：校点本：全 2 册》附录《大德重校及刊造人员姓氏》，第 2344 页。

② 韩毅：《宋代医学方书的形成与传播应用研究》，第 454—468 页。

史书记载不详。但从日本正和四年（1315年）梶原性全编撰《覆载万安方》征引《政和圣济总录》方剂数百首来看，此书在元成宗大德四年（1300年）二月“内钦奉圣旨刊造”完成后，最晚在元仁宗延佑二年（1315年）前已传入日本。

明世宗嘉靖十八年（1539年），日本留学生吉田宗桂（1512—1572年）随遣明使僧人策彦周良（1501—1579年）前往中国学习。嘉靖二十六年（1547年），吉田宗桂再次入明，治愈了明世宗嘉靖帝所患疾病。嘉靖二十九年（1550年）吉田宗桂回国时，明世宗赐给他元人绘《扁鹊图》和元刊本《大德重校圣济总录》等医书。关于《大德重校圣济总录》传入日本的历史背景及其过程，日本涩江全善、森立之在《经籍访古志》中进行了详细的考证。

按：此本吉田宗桂入明时所赍归。其家谱称天文八年，与遣明使僧策彦同往留学五年，治验甚多。至十六年再往，适（明）世宗有疾，宗桂措剂，不日亟愈。帝喜，赏以书画珍玩，此其一也。子孙能守不失。文政癸酉，医官子弟捐资活字印行。①

这是有关《政和圣济总录》传入日本最详细的记载。吉田宗桂是日本名医，其传入的《政和圣济总录》是元大德四年江浙等处行中书省奉旨刊刻的《大德重校圣济总录》刊本。其版本形态，“首载大德重校焦养直序，次政和序。篇末有大德二年七月开读雕造申甫等三人官衔，及四年二月内毕工在局提调官梁曾等五人官衔”，“每半版八行，行十七字，高七寸五分强，幅六寸二分强。板心记字数及刻手姓名”。②

从上述日本学者的考证可知，《政和圣济总录》于日本镰仓时代（1192—1333年）、室町时代（1336—1573年）通过不同的途径传入日本。尤其是元刊本《大德重校圣济总录》，19世纪时日本仍有版本存世，如文政十三年（1830年）丹波元胤编《聿修堂书目》载：“《大德重校圣济总录》零本三十二卷，自卷六十二至九十三卷，三十二册，大德原本。”③

（二）《政和圣济总录》的日本刊本

《政和圣济总录》传入日本后，出现了日本文化十三年江户医学馆木活字《聚珍版

---

① ［日］涩江全善、森立之等撰，杜泽逊、班龙门点校：《经籍访古志补遗·医部》，上海：上海古籍出版社，2014年，第311—312页。

② ［日］涩江全善、森立之等撰，杜泽逊、班龙门点校：《经籍访古志补遗·医部》，第311页。

③ ［日］丹波元胤编：《聿修堂书目·杂病证治方论》，日本国立国会图书馆藏文政庚寅十三年（1830年）钞本，第36页。

圣济总录》刊本和日本文政六年《圣济总录纂要》刊本，在中、日医学交流史上产生重要影响。

1. 日本文化十三年江户医学馆木活字《聚珍版圣济总录》刊本

日本文化十年（1813年），日本医官杉本良仲温、山本瑞、千田恭、曲直赖正隆、丹波元胤等组织39位“医官暨其子弟肄业于医学者”校勘《大德重校圣济总录》。杉本良等以吉田宗桂十世孙吉田子颖家藏明世宗赐元刊本《大德重校圣济总录》为底本，以丹波元胤家藏古写本合校。文化十三年（1816年）校勘完毕，江户医学馆以木活字印刷200部，每部100册。此本即《聚珍版圣济总录》，共200卷，封面题“圣经总录”，扉页题“大日本文化癸酉”“元大德椠本”“圣济总录”“医学聚珍版”字样，每页10行，每行21字。《聚珍版圣济总录》全文包括杉本良仲温撰《聚珍版〈圣济总录〉序》、校勘及刊造人员姓名、焦养直撰《大德重校圣济总录序》、申甫等撰《圣济总录序后》、宋徽宗撰《政和圣济总录序》《大德重校圣济总录目录》及正文等。

日本文化十一年（1814年），负责督刊的东都侍医兼医学提举司杉本良仲温撰《聚珍版〈圣济总录〉序》，详细地记载了日本刊刻《聚珍版圣济总录》的情况。

《圣济总录》二百卷，宋政和中奉敕撰。晁、陈二氏书目及马氏《通考》无著录。《文渊阁书目》云：一部一百二十册，阙；一部九十五册，阙欠四十二卷。《内阁藏书目录》云：《圣济总录》二十六册，不全。元大德间重校，莫详姓氏。意者此书刊版未遍行于世，靖康之变，随内府图籍北行。元之灭金也，复为元人之有，是以再刊于金大定，三刊于元大德，而南宋诸家未能睹此书也。迨于明代，脱佚颇多，杨士奇、张萱等所录可以证矣。清·程林为之《纂要》，购求残袠，凡得三本，互相补苴，尚阙一百七十三卷至一百七十七卷，而《四库全书总目》收载程林《纂要》，云未睹其原书，则其佚于彼可推而知也。

我邦天文丁未之岁，吉田宗桂意安从僧策彦入明，留居四年。其归也，赍《大德重校圣济总录》二百卷来，其家世世珍藏，不啻拱璧也。是西土所佚而存于我东方，如有神物呵护，可谓医门一大幸矣。良因谓印本之全者，止此一部，倘罹祝融阳侯之厄，则将如之何？癸酉春，与山本锡侯、丹波绍翁谋借之于吉田氏十世孙子颖，以为原本，以丹波氏家藏本及古写本校雠，活字刷印于医学，凡二百部，庶几古医方借以不至堙没焉。斯举也，医官暨其子弟肄业于医学者若干人，分掌其役，不假手工人而竣其事，属叙于良。此书固不待良文而轻重，然不敢辞者，喜佚书独存于我而足以嘉惠后学也。聊书其概，略为之序。

文化十一年岁次甲戌春三月。

东都侍医兼医学提举司杉本良仲温撰。①

杉本良仲温之序文具有较高的史料价值，详细地记载了明世宗嘉靖皇帝赏赐日本使臣吉田宗桂《大德重校圣济总录》的情况，以及此书东传日本和杉本良仲温等活字刊刻的经过。

日本文政九年（1826年），参加此次校勘活动的丹波元胤（1789—1826年）在《医籍考》一书中，也详细地记载了校勘《大德重校圣济总录》的经过：

按，先子曰："是书《宋志》并诸家书目不载，南宋诸方书未见引据者。盖是书之成，在于徽宗之季年，《圣济经》、《和剂局方》之后。洪迈《容斋随笔》云：宣和殿、大清楼、龙图阁所储书籍，靖康荡析之余，尽归于燕。考之《宋史》，则云靖康二年，少帝在青城，金人尽索国子监书版，三馆秘阁四部书，大尝礼物，大成乐舞，明堂大内图，以至乘舆服御珍玩之物，辇致军前。意者如此书，镂版才成，未及颁布，亦在其中。尔后南北殊域，彼此不通，故南宋之士，不得观之，遂至并其目而无知者。及金世宗大定中取所获于汴都，重刊颁行，因传于今矣。呜呼！是书成于北宋而晦于南宋，不传于中国，而存于夷狄，而徽宗慈心之所寓，不泯于千载者，抑亦奇矣。清程云来《纂要》凡例云：大德重校《圣济总录》，元朝奉诏颁行者，大版大字，每卷首篇署"元耶律楚材"五字。今吉医官及予家所藏大德重校本，亦大版大字，然无"耶律楚材"字。原文书法端雅，盖为宋版之旧，但每卷首页"大德重校圣济总录卷第某"数字，书刻并劣，系于元人改刊无疑矣。文化癸酉岁，元胤与众医官议于医学，为活字配印本，阅四岁竣工。②

丹波元胤的记载，也具有极高的史料价值。他详细地记载了日本刊刻《聚珍版圣济总录》过程中，政府派遣各级医官督刊、提调、校勘、校对、收掌、摆印、监造的情况，参见表1。

---

① ［日］杉本良仲温：《聚珍版〈圣济总录〉序》，（宋）赵佶敕编，郑金生、汪惟刚、犬卷太一校点：《圣济总录：校点本：全2册》附录，第2345页。

② ［日］丹波元胤：《医籍考》卷47《方论二十五》，郭秀梅、［日］冈田研吉校译，北京：学苑出版社，2007年，第352页。

表1　日本《聚珍版圣济总录》校勘及刊造人员姓名

职责	医职官阶	姓名
督刊	侍医法眼兼医学提举司	杉本良仲温
提调	侍医法眼兼医学同提举	山本瑞
	西城侍医法眼兼医学同提举	千田恭
	内医熟药所辨验药材兼医学同提举	曲直濑正隆
	奉朝请医官医学同提举	丹波元胤
	内医熟药所辨验药材兼医学副提举	舟桥玄鼎
	奉朝请医官医学副提举	遊佐审
校勘	外班直房医官兼医学副提举	平田信行
	外班直房医官	喜多村直
	外班直房医官	千贺辑
	外班直房医官	大八木高広
	外班直房医官	久志木常传
	医学生	河野俊
校对	外班直房医官	滕本湛清
	散班医官医学旋药局监理	冈温
	医学生医学施药局监理	高丽直展
	医学生医学施药局监理	古田明
	散班医官医学施药局直事	小岛质
收掌	奉朝请医官医学施药局监理	井上玄方
	外班直房医官	武田信近
	外班直房医官	谷边䄂
	外班直房医官	冈井道哉
	散班医官医学施药局监理	数原尚絅
摆印	奉朝请医官医学施药局直事	久志木常定
	奉朝请医官医学施药局直事	秦子明
	奉朝请医官医学施药局直事	久保德润
	外班直房医官	大渊常春
	散班医官医学教读	栗本元良
	医学生医学教读	笠原正豹
	散班医官医学施药局直事	森正适
	散班医官医学施药局直事	数原元香
	散班医官医学施药局直事	村上信厚
	散班医官医学施药局直事	大膳亮道一
	散班医官医学施药局直事	森春元

续表

职责	医职官阶	姓名
摆印	散班医官医学施药局直事	山田正直
	散班医官医学施药局直事	吉益忠良
	散班医官	片山玄幸
	医学助教兼医学施药局直事	小野直孝
监造	医学典簿	大野世成
	医学典簿	铃木贞好

日本江户医学馆刊行活字本《聚珍版圣济总录》200卷，“是为现存最完整准确的版本”[①]。其目录和卷数，日本史书和中国史书均有记载。如日本文政十三年（1830年），丹波元胤编《聿修堂书目》载：“《大德重校圣济总录》二百卷，目录。百册，文化癸酉，东都医学活字本。宋徽宗皇帝。”[②]东京帝室博物馆编《东京帝室博物馆和汉书分类目录》载：“《圣济总录》，杉本良等校，一百册”，又载“《圣济总录》，自六十二至九十八（内八十六、九十五欠），三五册”。[③]日本内阁书记官室记录课编纂《内阁文库图书第二部汉书目录》载：“《大德重校圣济总录》二百卷，《目》一卷。二〇〇册。文化十至十三年活版。”[④]明治、大正年间，河田罴撰《静嘉堂秘籍志》载：“《圣济总录》，宋政和中奉敕撰。东洋活字一百本。《志》：《大德重校圣济总录》二百卷，东洋活字本。宋政和中奉敕撰。御制序。焦养直序，大德四年。脱因纳序，刊板（版）衔名。”[⑤]昭和四年（1929年），静嘉堂文库编《静嘉堂文库国书分类目录》载：“《大德重校圣济总录》二〇〇卷，总目一卷。宋政和中敕撰。文化一〇刊，一〇〇册，一〇函。”[⑥]昭和六年（1931年），黑田源次、冈西为人编《中国医学书目》考证了其版式和序跋情况，“《圣济总录》，二百卷，九十六册，十行，二十一字（框横十六・〇，纵二二・五），杉本良等校刊，医学聚珍版（覆大德椠本），文化十年。《聚珍版圣济总录序》，杉本仲温，文化十一年。《大德重校圣济总录序》，焦养直，大德四年。《政和圣济总录序》。目录”[⑦]。昭和

① （宋）赵佶敕编，郑金生、汪惟刚、犬卷太一校点：《圣济总录：校点本：全2册》卷首《前言》，第3页。

② ［日］丹波元胤编：《聿修堂书目・杂病证治方论》，日本国立国会图书馆藏文政庚寅十三年（1830年）钞本，第36页。

③ ［日］东京帝室博物馆编：《东京帝室博物馆和汉书分类目录・医学》，东京：东京帝室博物馆，1902年，第132页。

④ ［日］内阁书记官室记录课编纂：《内阁文库图书第二部汉书目录》第6类《医家》，东京：帝国地方行政学会，1914年，第197页。

⑤ ［日］河田罴撰，杜泽逊、李寒光、张学谦，等点校：《静嘉堂秘籍志》卷24《子部・医家类》，《日藏中国古籍书志》，上海：上海古籍出版社，2016年，第873页。

⑥ ［日］静嘉堂文库编：《静嘉堂文库国书分类目录・医学》，东京：静嘉堂文库，1929年，第1120页。

⑦ ［日］黑田源次、冈西为人编：《中国医学书目・病总》，沈阳：“满洲医科大学”中国医学研究室，1931年，第468页。

十一年（1936年），日本杏雨书屋编《杏雨书屋图书假目录》载："元大德椠本《圣济总录》，序目，二〇〇卷·内卷一及自卷一九七至二〇〇补写，日本·杉本良（樗园）等校，文化活字刊本。一〇〇册。"[①]

日本《聚珍版圣济总录》刊行后，随即又回流到中国，引起中国学者的高度重视。如清陆心源《皕宋楼藏书志》卷四四载："《大德重校圣济总录》二百卷，东洋活字本。宋正（政）和中奉敕撰。御制序。焦养直序，大德四年。脱因纳序，刊版衔名。"[②]清丁丙撰《善本书室藏书志》卷一六载："《大德重校圣济总录》二百卷、《目录》一卷，日本刊本"，"此为日本文化十一年东都医学提举司杉本良仲温序刊，完全不阙，洵医林大观矣"。[③]清丁仁撰《八千卷楼书目》一〇载："《圣济总录》二百卷，宋政和中奉敕撰。乾隆刊本，日本刊本。"[④]沈德寿《抱经楼藏书志》卷三六载："《大德重校圣济总录》二百卷，东洋刊本。"[⑤]民国时期，孙殿起撰《贩书偶记》卷九载："《圣济总录》二百卷。宋政和中奉敕撰，日本文化间刊木活字本，即嘉庆间刊。乾隆五十四年震泽汪氏刊本不足。"[⑥]楼藜然编《诸暨图书馆目录初编》卷五载："《圣济总录》二百卷。日本文化十一年，医学官据元堑金大定三年刊于元大德年间刊以聚珍本精印大字本。"[⑦]民国八年（1919年）上海文瑞楼"石印本"《圣济总录》和1962年人民卫生出版社"整理本"《圣济总录》，其底本均来源于日本《聚珍版圣济总录》足本。

2. 日本文政六年《圣济总录纂要》刊本

清乾隆五年（1740年）刊行的《圣济总录纂要》26卷，是《政和圣济总录》的节选本，清乾隆、嘉庆年间传入日本。日本文政六年（1823年），日本刊刻《圣济总录纂要》26卷，共21册，卷首页题"清程云来先生纂要，君澳宁山先生校正""卫生馆藏校"等字样。

关于文政六年《圣济总录纂要》刊本，丹波元胤编《聿修堂书目》载："《圣济总录纂要》二十六卷。十二册，乾隆五年校刊本。"[⑧]《内阁文库图书第二部汉书目录》载：

---

① ［日］杏雨书屋编：《杏雨书屋图书假目录》第1编，大阪：杏雨书屋，1936年，第281页。

② （清）陆心源：《皕宋楼藏书志》卷44《医家类二》，《清人书目题跋丛刊》，第1册，北京：中华书局，1990年，第499页。

③ （清）丁丙撰：《善本书室藏书志》卷16《子部三》，《清人书目题跋丛刊》，第2册，第585页。

④ （清）丁丙藏，（清）丁仁撰：《八千卷楼书目》卷10《子部·医家类》，《续修四库全书》，上海：上海古籍出版社，2003年，第921册，第210页。

⑤ （清）沈德寿：《抱经楼藏书志》卷36《医家类二》，《清人书目题跋丛刊》，第5册，第399页。

⑥ 孙殿起：《贩书偶记》卷9《子部·医家类》，上海：中华书局，1959年，第230页。

⑦ ［日］冈西为人著，郭秀梅整理：《宋以前医籍考》，北京：学苑出版社，2012年，第690页。

⑧ ［日］丹波元胤编：《聿修堂书目·杂病证治方论》，日本国立国会图书馆藏文政庚寅十三年（1830年）钞本，第36页。

"《圣济总录纂要》二十六卷，清程林，一〇册，清版。"①清丁丙藏、丁仁撰《八千卷楼书目》一〇载："《圣济总录纂要》二十六卷。宋政和中奉敕撰。国朝程林纂，乾隆刊本，日本刊本。"②

（三）《政和圣济总录》的日本钞本

《政和圣济总录》的日本钞本，有多部流传，分别是骏府御文库藏古写本、守先阁藏旧钞本、《聿修堂藏书目录》载日钞本、《群碧楼善本书录》载日钞本和《观海堂书目》载日钞本等。

1. 骏府御文库藏古写本

骏府御文库是日本江户时代收藏宋元书籍的图书馆，藏有珍贵的汉文中医古籍。日本宝应二年（1866年）成书的《元治增补御书籍目录》载："《圣济总录》二百卷。古写本。骏府御文库本。二百零五册，宋申甫等撰。"③此处之"宋申甫等撰"有误，应为"元申甫等校"。大正五年（1916年），宫内省图书寮编《帝室和汉图书目录》载："《大德重校圣济总录》。宋徽宗。元申甫等校。古写。二〇〇卷，二〇五册。"④昭和六年（1931年）编《图书寮汉籍善本书目》卷三载："《圣济总录》二百卷，首一卷，二百四册，附录一卷一册。旧钞本。前有大德四年焦养直序及佚名氏序。此本审其书法及纸质，恐是成于朝鲜人之手笔欤。旧藏骏河文库，而后归于枫山文库者云。第百三十一至末册，每册首有'秘阁图书之章'印记。《御书籍来历志》所载本。"⑤

2. 《聿修堂藏书目录》载日钞本

日本丹波氏家藏有《政和圣济总录》刊刻本和古写本。宽政七年（1795年），丹波元简编《聿修堂藏书目录》载："《大德重校圣济总录》二百卷目录，百册。"⑥

3. 《经籍访古志》载存诚药室藏钞本

日本涩江全善、森立之等撰《经籍访古志补遗》载："存诚药室尝获皇国二百年前钞本，一遵元板样式。或曰是翠竹先生真迹。虽未知果然否，全部二百卷，大抵一手浑成，正见古人勤苦，非后辈所企及。"⑦

---

① ［日］内阁书记官室记录课编：《内阁文库图书第二部汉书目录》第6类《医家》，第197页。
② （清）丁丙藏，（清）丁仁撰：《八千卷楼书目》卷10《子部·医家类》，《续修四库全书》，第921册，第210页。
③ ［日］冈西为人著，郭秀梅整理：《宋以前医籍考》，第691页。
④ ［日］宫内省图书寮编：《帝室和汉图书目录·医学》，东京：宫内省图书寮，1916年，第844页。
⑤ ［日］宫内省图书寮编：《图书寮汉籍善本书目》卷3《子部·医家类》，东京：文求堂书店，1931年，第19—20页。
⑥ ［日］丹波元简编：《聿修堂藏书目录》，日本国立国会图书馆藏文政九年（1826年）东洞院街济美堂钞本，第12页。
⑦ ［日］涩江全善、森立之等撰，杜泽逊、班龙门点校：《经籍访古志补遗·医部》，第312页。

4. 守先阁藏旧钞本

日本昭和四年（1929年），静嘉堂文库编《静嘉堂文库国书分类目录》载："《圣济总录》二〇〇卷（内二七卷缺），宋政和中敕撰。古写，四八册，二八函。"①

5. 《群碧楼善本书录》载日钞本

民国初年（1912年），邓邦述《群碧楼善本书录》卷五《钞校本》载："《大德重校圣济总录》二百卷，一百二十八册，宋徽宗御撰。日本钞本。前有徽宗御制序，又大德四年（鱼）[焦]养直序。有'清真堂主'一印。此足本也，吾国所刊行者曾不及半。往岁吾友冯敏卿善医，乞余求此本于都门，然卒得吾国所刊者，敏卿审其非足本。因知惟日本尚有流传钞本，盖皆病其卷帙浩繁，不能覆刊。后得此本，确为日本所钞，兼用朱笔勘过，至为罕觏。惜余不知医，又无力为之刊布，仅为吾国留一足本，世有习岐黄者，待其探索可也。壬子七月津门，正闇。"②说明已有日钞本于1912年前后流入中国。

6. 《观海堂书目》载日钞本

清光绪六年至十年（1880—1884年），杨守敬作为驻日大使何如璋的随员前往日本，驻日期间购得大量汉籍善本。杨守敬藏、何澄一编《故宫所藏观海堂书目》载："《圣济总录》二百卷，宋政和中奉敕撰。日本钞本。有大德四年焦养直序。一百一十册。"③

（四）《政和圣济总录》的日本影印本

1994年3月，大阪东方出版社出版日本东洋医学研究会编《东洋医学善本丛书》，其中第35—40册为《大德重校圣济总录》影印本，题"宋刻大德本圣济总录"。④

三、《政和圣济总录》在日本的传播、接受与临证应用

（一）《政和圣济总录》在日本的传播与接受情况

《政和圣济总录》传入日本后，引起日本学者的重视与关注。关于北宋政和原刊本、金大定刊本和元大德刊本的版本关系，汉医学家丹波元简（1755—1810年）在《医

---

① ［日］静嘉堂文库编：《静嘉堂文库国书分类目录·医学》，东京：静嘉堂文库，1929年，第1120页。

② 邓邦述撰，金晓东整理：《群碧楼善本书录》卷5《钞校本》，《中国历代书目题跋丛书》第4辑，上海：上海古籍出版社，2014年，第179页。

③ 何澄一编：《故宫所藏观海堂书目》卷3《子部·医家类》，北平：故宫博物院图书馆，1932年，第14页。

④ ［日］日本东洋医学研究会编：《东洋医学善本丛书》第35册，大阪：东方出版社，1994年，第1页。

賸》中进行了详细的考证：

> 《政和圣济总录》二百卷，宋《艺文志》、《艺文略》、《玉海》、晁陈二氏，并不载其目。南宋诸方书，未见引据者。盖此书之成，在于徽宗之季年，《圣济经》、《和剂局方》之后。洪景卢《容斋随笔》云：宣和殿大清楼龙图阁所储书籍，靖康荡析之余，尽归于燕。考之《宋史》则云：靖康二年，少帝在青城，金人尽索国子监书版，三馆秘阁四部书，大尝礼物，大成乐舞，明堂大内图，以至乘舆服御珍玩之物，辇致军前。意者如此书，镂版才成，未及颁布，亦在其中。尔后南北殊界，彼此不通。故南宋之士，不得观之，遂至有并其目而无知者。及金世宗大定中，取所俘于汴都重刊颁行，因传于今矣。呜呼！是书成于北宋，而晦于南宋，不传于中国，而存于夷狄，而徽宗慈心之所寓，得不泯于千载之后者，抑亦奇矣。清程云来云：《大德重校圣济总录》，元朝奉诏颁行者，大版大字，每卷首篇署“元耶律楚材”五字。今吉医官及予家所藏大德重校本，亦大版大字，然无“耶律楚材”五字。原文书法端雅，盖为宋版之旧。但每卷首页“大德重校圣济总录卷第某”数字，书刻并劣，系于元人改刊无疑矣。[①]

丹波元简通过版本镌刻字体、书法风格和题款跋识的比较，认为金朝大定刊本、元朝大德刊本《圣济总录》来源于政和原版，其特征是“原文书法端雅”“大版大字”，“盖为宋版之旧”。但元朝官刻《大德重校圣济总录》每卷首页“大德重校圣济总录卷第某数字”题识，“书刻并劣，系于元人改刊无疑”。他认为菊潭吉医官（长达）和其家藏《大德重校圣济总录》，“亦大版大字”，当为宋朝政和原版，元代挖刻重印。

关于元刻本《大德重校圣济总录》在日本的流传情况和版本形态，官私目录学、医学著作记载较多。如日本亨德三年（1454 年）刊刻的饭尾永祥《撮壤集》卷下载《圣济总录》一部。[②]亨保八年（1723 年），服部肃编《东都官库医籍目录》载：“《大德重校圣济总录》全二百卷，分二百零五卷。政和年中（剩）〔敕〕著。大德四年太医院王希逸重校。编中药名，杏仁、桃仁、痳仁等之‘仁’字，皆换‘人’字，盖避仁宗者乎。编首有运气，卷尾有神仙服气炼丹方。书木笔者，明陈安士，弟陈仲士，甥陈陆房。”[③]宽政

① ［日］丹波元简：《医賸》卷上《圣济总录》，北京：人民卫生出版社，1983 年，第 24 页。

② ［日］饭尾永祥：《撮壤集》卷下《本书部·书籍名·医书》，［日］塙保己一编，［日］太田藤四郎补：《续群书类丛》第 30 辑下《杂部》，东京：续群书类丛完成会，1959 年，第 298 页。

③ ［日］服部肃编：《东都官库医籍目录》，日本国立国会图书馆藏亨保八年（1723 年）钞本，第 34 页。又见冈西为人著，郭秀梅整理：《宋以前医籍考》，第 692 页。

七年（1795 年），丹波元简编《聿修堂藏书目录》载："《大德重校圣济总录》二百卷目录，百册……《大德重校圣济总录》零本三十二卷，自卷六十二至九十三卷，三十二册，大德原本。"[①]文化十四年（1817 年），近藤正斋《右文故事》卷四《御本日记续录卷上》详细介绍了政和《圣济总录》的传播情况：

> 《圣济总录》二百五册。旧志云出自骏河御文库，是从大德重校本摹写者。予尝见半井氏藏本，宽永十二年季冬道春跋云"大医和气姓半井氏驴莽瑞寿家素有此书，而脱半部。闻官府有全书，而上言讲补修之，幕下听借与之，于是缮写，甫就装潢又新"，意即借此本者。按吉田家谱云"意安法印宗桂，仕于义晴公。天文八年，从遣明使策彦入明留学，于彼国治疗有验。同十二年归国。十六年，再入明。时世宗有恼，受命献药，不日而得平安。因赐颜秋月所画扁鹊像、《圣济总录》一部、薰墨等物。十九年归于朝"。或疑是载来此书之始。然今加贺侯所藏，有古抄金泽本，即大德重校本之摹写也。是知先时即有传本也。清程林《纂要》云"是书宋徽宗政和诏集海内名医，并出御府所藏，汇成共二百卷。禁方秘论，人所未闻。厥后再刻于金大定，三刻于元大德"，云云。《大德重校圣济总录》，元朝奉诏颁行者，大板大字，每卷首篇署"元耶律楚材"五字。明武林高相国家抄本，用"缐纸硃格，缮写精工"。今验吉田本，亦大板大字。匡郭纵七寸三分，横六寸三分，八行十七字，夹注廿三字。诸摹本皆同，题"大德重校"，无"元耶律楚材"五字，疑即别本欤。亡友多纪氏亦收储此零本三十二册，其所著《医賸》云"原文书法端雅，盖为宋版之旧，但每卷首页'大德重校圣济总录卷第某'数字，书刻并劣，系于元人改刊无疑矣"。可谓精于鉴书。[②]

近藤守重的考证包含两点重要的信息：一是日本天文十九年（1550 年）吉田宗桂带入日本的元刊本《大德重校圣济总录》，为明世宗嘉靖帝所赐；二是江户中期加贺侯前田纲纪（1643—1724 年）所藏镰仓时代古金泽抄本《大德重校圣济总录》，早于天文十九年吉田宗桂带入的刊本。可知，《政和圣济总录》早在镰仓时代（1192—1333 年）就已传入日本。

日本明治十八年（1885 年）刊行的涩江全善、森立之等撰《经籍访古志补遗》，详

---

① ［日］丹波元简编：《聿修堂藏书目录》，日本国立国会图书馆藏文政九年（1826 年）东洞院街济美堂钞本，第 12 页。

② ［日］近藤正斋：《右文故事》卷 4《御本日记续录卷上·圣济总录》，［日］近藤正斋：《近藤正斋全集》第 2 卷，东京：日本国书刊行会，1905 年，第 179—180 页；又见［日］冈西为人著，郭秀梅整理：《宋以前医籍考》，第 680 页。

细地记载了元刻本《大德重校圣济总录》在日本的流传情况与版本形态。

《大德重校圣济总录》二百卷，《目录》一卷。元大德四年刊本，吉田氏称意馆藏。首载大德重校焦养直序，次政和序。篇末有大德二年七月开读雕造申甫等三人官衔及四年二月内毕工在局提调官梁曾等五人官衔。每半版八行，行十七字，高七寸五分强，幅六寸二分强。板心记字数及刻手姓名。

按：此本吉田宗桂入明时所赍归。其家谱称天文八年，与遣明使僧策彦同往留学五年，治验甚多。至十六年再往，适（明）世宗有疾，宗桂措剂，不日亟愈。帝喜，赏以书画珍玩，此其一也。子孙能守不失。文政癸酉，医官子弟捐资活字印行。

又按：聿修堂亦藏零本。（多纪）栎窗先生曰："清程云来撰是书《纂要》，云《大德重校圣济总录》，元朝奉诏颁行者，大版大字，每卷首篇署'元耶律楚材'五字。今吉医官及予家所藏本亦大版大字，然无'耶律楚材'字。原文书法端雅，盖为宋版之旧。但每卷题目一行，书刻并劣，系于元人改刊无疑矣。今考楚材以元太宗十五年卒，在大德二年前五十二年，则何由得有此五字。知程氏所见本妄人所加，非刻本之旧也。"①

从涩江全善、森立之的考证可知，传入日本的元刊本《大德重校圣济总录》除保留"大定本"的全部内容外，还收录了大德四年（1300年）二月一日嘉议大夫、集贤学士焦养直（1238—1310年）撰《〈大德重校圣济总录〉序》《〈总录〉序后》《大德重校及刊造人员姓氏》。

日本昭和十六年（1941年），冈西为人编《续中国医学书目》载："《大德重校圣济总录》零本，十卷，七册（存卷一之下，卷二之中，卷十七，卷十九、二十，卷六十一、二，卷八十三、四，卷九十九）。宋徽宗敕撰。元刊本。"②

此外，清乾隆年间汪鸣珂燕远堂《重校圣济总录》刊本也传入了日本。日本涩江全善、森立之等撰《经籍访古志补遗》载："近日吴船赍来乾隆五十年汪鸣珂刻本。"③这是有关汪鸣珂校本传入日本较详细的记载。

（二）《政和圣济总录》在日本的临证应用情况

日本医家极为重视《政和圣济总录》，不仅在其方书中大量引用该书的内容，而且

① ［日］涩江全善、森立之等撰，杜泽逊、班龙门点校：《经籍访古志补遗·医部》，第311页。
② ［日］冈西为人编：《续中国医学书目·病总》，第331页。
③ ［日］涩江全善、森之立等撰，杜泽逊、班龙门点校：《经籍访古志补遗·医部》，第312页。

将其广泛应用于临证疾病治疗。

梶原性全撰《覆载万安方》62 卷，约成书于日本正和四年（1315 年），是镰仓时代末期日本医家撰写的规模最大之医学著作。《覆载万安方》采纳《政和圣济总录》中的方论思想，提倡五运六气学说，征引《政和圣济总录》方剂达数百首。如卷七《伤寒中》载牡丹汤，治伤寒中疱豆赤斑者，全异于真斑疮、痘疮，“以上《圣济总录》之说，不可昏乱矣”[①]。卷三九《小儿》载治小儿疾病，引《政和圣济总录》“治小儿卒客忤，吐下乳哺，面青黄色变，弦急浴之方，钱七十文，以水三升煮，令有味，适寒温浴”。又云：“凡寻常浴儿方，上以汤添水，着小盐，浴见后以粉敷之。若无事勿数落，恐遇风冷，令儿发惊成痫。（粉者，括蒌粉或米粉、胡粉、轻粉等也）。”[②]卷五〇《五运六气》载“六气凡例”，引《政和圣济总录》“第一（上、中、下）、第二（上、中、下）六卷，自甲子至亥己，六十年作图而明之”[③]。卷五一《一切诸痛门》，引用《政和圣济总录》方剂有十全饮、乌豆汤渫脚方、蒴藋熏蒸方、豉脚汤洗方等。[④]

丹波元简撰《医方挈领》1 卷，约成书于日本文化十二年（1815 年），以桂枝汤、小半夏汤、理中汤、三黄汤、甘桔汤、四逆汤、麻黄汤、小柴胡汤、葛根汤、半夏厚朴汤和白虎汤分类，引用了大量中国医书中的证治方药及出处，其中征引《政和圣济总录》方剂 34 首。如《小半夏汤类》载“竹茹汤”，治伤寒上气，烦满干呕，更加麦门冬、陈皮。[⑤]“半夏汤”，治伤生咳嗽，加麻黄、干姜。“铁刷汤”，治风痰，胃中有寒，呕吐痰涎，加木香、大枣。[⑥]《理中汤类》载“温中汤”，治霍乱吐下，虚烦不止，加当归。[⑦]“白术汤”，治伤寒四逆脉微，加桂枝。“附子汤”，治中风，四肢挛急，更去人参。[⑧]《三黄汤类》载“苦参汤”，治大衄，口耳皆血出不止，去黄芩，加栀子、苦参。

---

① ［日］梶原性全撰，卞正、高雨校注：《覆载万安方》卷 7《伤寒中》，陈仁寿、曾莉主编：《台北故宫珍藏版中医手抄孤本丛书》，上海：上海科学技术出版社，2014 年，第 144 页。

② ［日］梶原性全撰，卞正、高雨校注：《覆载万安方》卷 39《小儿一·浴儿法》，陈仁寿、曾莉主编：《台北故宫珍藏版中医手抄孤本丛书》，第 853 页。

③ ［日］梶原性全撰，卞正、高雨校注：《覆载万安方》卷 50《五运六气·六气凡例》，陈仁寿、曾莉主编：《台北故宫珍藏版中医手抄孤本丛书》，第 1133 页。

④ ［日］梶原性全撰，卞正、高雨校注：《覆载万安方》卷 51《一切诸痛门》，陈仁寿、曾莉主编：《台北故宫珍藏版中医手抄孤本丛书》，第 1171—1172 页。

⑤ ［日］丹波元简撰，陈守鹏、卞正校注：《医方挈领·小半夏汤类》，陈仁寿、曾莉主编：《台北故宫珍藏版中医手抄孤本丛书》，第 6 册，第 11 页。

⑥ ［日］丹波元简撰，陈守鹏、卞正校注：《医方挈领·小半夏汤类》，陈仁寿、曾莉主编：《台北故宫珍藏版中医手抄孤本丛书》，第 6 册，第 14 页。

⑦ ［日］丹波元简撰，陈守鹏、卞正校注：《医方挈领·理中汤类》，陈仁寿、曾莉主编：《台北故宫珍藏版中医手抄孤本丛书》，第 6 册，第 30 页。

⑧ ［日］丹波元简撰，陈守鹏、卞正校注：《医方挈领·理中汤类》，陈仁寿、曾莉主编：《台北故宫珍藏版中医手抄孤本丛书》，第 6 册，第 33 页。

"泻心汤"，治阳毒，伤寒头痛，壮热若见鬼状，加石膏、芍药、葛根。"黄连汤"，治伤寒后下利脓血，去大黄，加阿胶、栀子仁。①《四逆汤类》载"四神散"，治漏风，汗出不止，加桂枝。"附子散"，治中风不遂，口面㖞僻，更加细辛、防风。"柴胡饮"，治久疟将成骨蒸，寒热无时，加柴胡、常山。②《麻黄汤类》载"桂心汤"，治伤寒阴盛，头疼体痛者，加人参、白术、附子。③"麻黄解肌汤"，治伤寒初患一二日，体热头痛，加葛根。"麻黄桂心汤"，治伤寒体痛，汗不出而烦，加干姜、薄荷。④"麻黄饮"，治中风发热，头目昏疼，加防风、羌活、赤芍药。⑤《小柴胡汤类》载"加减小柴胡汤"，治伤寒往来寒热，咳嗽，去人参，加干姜、五味子。⑥"柴胡散"，治狐惑，神思昏闷，大便难，去黄芩、大枣，加槟榔。⑦"四逆散"，治同原方，加五味子、干姜。⑧《葛根汤类》载"羌活汤"，治中风身体疼痛，四肢缓弱，加羌活、干地黄、黄芪。"葛根汤"，治伤寒体疼，加白术、干姜。"葛根汤"，治伤寒余热不解，加柴胡、黄芩。⑨《白虎汤类》载"知母犀角汤"，治伤寒后烦渴，饮水无度，去米，加犀角、升麻、小麦、淡竹叶。⑩

丹波元简（1755—1810 年）撰《校正新增观聚方要补》1 卷，刊刻于日本文政二年（1819 年），收载《政和圣济总录》方剂 49 首。如《中风》载"稀涎散"，治风涎潮于上，膈闭不通。⑪"附子散"，治中风四肢拘急，屈伸不得，即麻黄汤加附子。⑫《伤

① ［日］丹波元简撰，陈守鹏、卞正校注：《医方挈领·三黄汤类》，陈仁寿、曾莉主编：《台北故宫珍藏版中医手抄孤本丛书》，第 6 册，第 42 页。

② ［日］丹波元简撰，陈守鹏、卞正校注：《医方挈领·四逆汤类》，陈仁寿、曾莉主编：《台北故宫珍藏版中医手抄孤本丛书》，第 6 册，第 54 页。

③ ［日］丹波元简撰，陈守鹏、卞正校注：《医方挈领·麻黄汤类》，陈仁寿、曾莉主编：《台北故宫珍藏版中医手抄孤本丛书》，第 6 册，第 58 页。

④ ［日］丹波元简撰，陈守鹏、卞正校注：《医方挈领·麻黄汤类》，陈仁寿、曾莉主编：《台北故宫珍藏版中医手抄孤本丛书》，第 6 册，第 59 页。

⑤ ［日］丹波元简撰，陈守鹏、卞正校注：《医方挈领·麻黄汤类》，陈仁寿、曾莉主编：《台北故宫珍藏版中医手抄孤本丛书》，第 6 册，第 60 页。

⑥ ［日］丹波元简撰，陈守鹏、卞正校注：《医方挈领·小柴胡汤类》，陈仁寿、曾莉主编：《台北故宫珍藏版中医手抄孤本丛书》，第 6 册，第 66 页。

⑦ ［日］丹波元简撰，陈守鹏、卞正校注：《医方挈领·小柴胡汤类》，陈仁寿、曾莉主编：《台北故宫珍藏版中医手抄孤本丛书》，第 6 册，第 69 页。

⑧ ［日］丹波元简撰，陈守鹏、卞正校注：《医方挈领·小柴胡汤类》，陈仁寿、曾莉主编：《台北故宫珍藏版中医手抄孤本丛书》，第 6 册，第 70 页。

⑨ ［日］丹波元简撰，陈守鹏、卞正校注：《医方挈领·葛根汤类》，陈仁寿、曾莉主编：《台北故宫珍藏版中医手抄孤本丛书》，第 6 册，第 70 页。

⑩ ［日］丹波元简撰，陈守鹏、卞正校注：《医方挈领·白虎汤类》，陈仁寿、曾莉主编：《台北故宫珍藏版中医手抄孤本丛书》，第 6 册，第 74 页。

⑪ ［日］丹波元简撰，陈守鹏、郝桂荣点校：《校正新增观聚方要补·中风》，陈仁寿、曾莉主编：《台北故宫珍藏版中医手抄孤本丛书》，第 8 册，第 6 页。

⑫ ［日］丹波元简撰，陈守鹏、郝桂荣点校：《校正新增观聚方要补·中风》，陈仁寿、曾莉主编：《台北故宫珍藏版中医手抄孤本丛书》，第 8 册，第 12 页。

寒》载"五积散"，治伤寒脾胃不和，呕逆寒热，和气。[①]"柴胡鳖甲汤"，治伤寒潮热不解，或时热或时寒如疟状。[②]《中暑》载"甘露散"，治暑气。[③]《痰饮》载"旋覆花汤"，治支饮胸膈实痞，吸呼短气。[④]《水气》载"牵牛五灵煮散"，治水气、脚气、肺气，每觉心闷烦满，奔豚气上筑心胸不可忍。[⑤]"泽漆汤"，治痢后肿满，气急咳喘，小便如血。"茯苓汤"，治痢后遍身浮肿。[⑥]《脚气》载"大戟丸"，治脚气攻注，心腹胀满，小便赤涩。[⑦]黑豆散"，治一切风毒脚气，软脚等。[⑧]"羚羊角汤"，治脚气上冲心膈，烦闷。[⑨]《滞下》载"万灵汤"，治赤白泻痢，腹脏疼痛，里急后重，并治疝气。[⑩]《泄泻》载"熟艾汤"，治洞泄冷痢。"龙骨黄连汤"，治大便滑泄，色如鹜溏。[⑪]《虚劳》载"附子汤"，治脾虚。附子（炮），人参（等分），姜、枣水煎，食前温服。[⑫]"鳖甲散"，治伤寒后肺痿，劳嗽寒热。[⑬]

丹波元坚编纂《杂病广要》40卷，刊刻于日本嘉永六年（1853年），是摘录中国清代以前医书中有关内科杂病的专著，书中征引《政和圣济总录》中的内容千余处。如气血类诸气病，引《政和圣济总录》："九气者，证虽不同，大概诊寸口脉伏，胸中逆

---

① ［日］丹波元简撰，陈守鹏、郝桂荣点校：《校正新增观聚方要补·伤寒》，陈仁寿、曾莉主编：《台北故宫珍藏版中医手抄孤本丛书》，第8册，第18页。

② ［日］丹波元简撰，陈守鹏、郝桂荣点校：《校正新增观聚方要补·伤寒》，陈仁寿、曾莉主编：《台北故宫珍藏版中医手抄孤本丛书》，第8册，第25页。

③ ［日］丹波元简撰，陈守鹏、郝桂荣点校：《校正新增观聚方要补·中暑》，陈仁寿、曾莉主编：《台北故宫珍藏版中医手抄孤本丛书》，第8册，第45页。

④ ［日］丹波元简撰，陈守鹏、郝桂荣点校：《校正新增观聚方要补·痰饮》，陈仁寿、曾莉主编：《台北故宫珍藏版中医手抄孤本丛书》，第8册，第72页。

⑤ ［日］丹波元简撰，陈守鹏、郝桂荣点校：《校正新增观聚方要补·水气》，陈仁寿、曾莉主编：《台北故宫珍藏版中医手抄孤本丛书》，第8册，第80页。

⑥ ［日］丹波元简撰，陈守鹏、郝桂荣点校：《校正新增观聚方要补·水气》，陈仁寿、曾莉主编：《台北故宫珍藏版中医手抄孤本丛书》，第8册，第86页。

⑦ ［日］丹波元简撰，陈守鹏、郝桂荣点校：《校正新增观聚方要补·脚气》，陈仁寿、曾莉主编：《台北故宫珍藏版中医手抄孤本丛书》，第8册，第109页。

⑧ ［日］丹波元简撰，陈守鹏、郝桂荣点校：《校正新增观聚方要补·脚气》，陈仁寿、曾莉主编：《台北故宫珍藏版中医手抄孤本丛书》，第8册，第111页。

⑨ ［日］丹波元简撰，陈守鹏、郝桂荣点校：《校正新增观聚方要补·脚气》，陈仁寿、曾莉主编：《台北故宫珍藏版中医手抄孤本丛书》，第8册，第113页。

⑩ ［日］丹波元简撰，陈守鹏、郝桂荣点校：《校正新增观聚方要补·滞下》，陈仁寿、曾莉主编：《台北故宫珍藏版中医手抄孤本丛书》，第8册，第117页。

⑪ ［日］丹波元简撰，陈守鹏、郝桂荣点校：《校正新增观聚方要补·泄泻》，陈仁寿、曾莉主编：《台北故宫珍藏版中医手抄孤本丛书》，第8册，第141页。

⑫ ［日］丹波元简撰，陈守鹏、郝桂荣点校：《校正新增观聚方要补·虚劳》，陈仁寿、曾莉主编：《台北故宫珍藏版中医手抄孤本丛书》，第8册，第146页。

⑬ ［日］丹波元简撰，陈守鹏、郝桂荣点校：《校正新增观聚方要补·虚劳》，陈仁寿、曾莉主编：《台北故宫珍藏版中医手抄孤本丛书》，第8册，第153页。

气。"[①]在诸血病中，引《政和圣济总录》："《内经》谓：胆移热于脑，则辛頞鼻渊，传为衄衊瞑目。夫血得热则涌溢，得寒则凝泣。胆受胃热，循脉而上移于脑，盖阳络溢则血妄行，在鼻为衄，在汗空为衊。二者不同，此热厥血溢之过也。"[②]关于治气，引《政和圣济总录》："今之治衄衊者，专于治衄，不知血之行留，气为之本，犹海水潮汐，阴阳之气使然也。明夫经络逆顺，则血与气俱流通而无妄行之患矣。"[③]"五灵脂饼子方"，治吐血呕血。[④]"红蓝花饮方"，治吐血不止。[⑤]"地黄饮方"，治肺损，吐血不止。[⑥]"大蒜贴足方"，治鼻衄不止，诸药不验。[⑦]关于小便血，引《政和圣济总录》："《内经》谓：悲哀太甚则胞络绝，阳气动中，数溲血；又曰：胞移热于膀胱，为癃溺血。二者皆虚热妄溢，故溲血不止也。治宜去邪热，调心气。"[⑧]"阿胶汤"，治肾客热连心，小便出血疼痛。[⑨]"黄连饮方"，治肠风泻血如痢，腹中疞痛，面色萎黄。"枳实丸"，治肠风。"决效方"，治泻血不止。[⑩]

（三）《政和圣济总录》向中国之回流

日本版《政和圣济总录》的刊本和钞本，在中医文献学史上具有重要意义。1816年，日本江户医学馆木活字《聚珍版圣济总录》刊行后，随即回流至中国。除清末杨守敬带回的《聚珍版圣济总录》外，晚清藏书家沈德寿在《抱经楼藏书志》中记载了其获得日本刊本《聚珍版圣济总录》一册。

> 《大德重校圣济总录》二百卷，东洋刊本。宋正（政）和中奉敕撰。……丁未岁（1907年）正月，舍亲前往瀛洲，临行谒谒嘱托购置《圣济总录》一书，后仅觅寄《圣济纂要》以归。展卷细阅，并未原书，复函致寻获，时违一载余，始于神户坊间，搜罗东洋刊本《圣济总录》一册，什袭珍藏，宝如撰璧，且价亦甚昂云。光

① ［日］丹波元坚编纂，李洪涛等校注：《杂病广要》卷14《气血类·诸气病》，北京：中医古籍出版社，2002年，第452页。
② ［日］丹波元坚编纂，李洪涛等校注：《杂病广要》卷15《气血类·诸血病上》，第474页。
③ ［日］丹波元坚编纂，李洪涛等校注：《杂病广要》卷15《气血类·诸血病上》，第482页。
④ ［日］丹波元坚编纂，李洪涛等校注：《杂病广要》卷15《气血类·诸血病上》，第498页。
⑤ ［日］丹波元坚编纂，李洪涛等校注：《杂病广要》卷15《气血类·诸血病上》，第501页。
⑥ ［日］丹波元坚编纂，李洪涛等校注：《杂病广要》卷15《气血类·诸血病上》，第504页。
⑦ ［日］丹波元坚编纂，李洪涛等校注：《杂病广要》卷16《气血类·诸血病下》，第513页。
⑧ ［日］丹波元坚编纂，李洪涛等校注：《杂病广要》卷16《气血类·诸血病下》，第522页。
⑨ ［日］丹波元坚编纂，李洪涛等校注：《杂病广要》卷16《气血类·诸血病下》，第524页。
⑩ ［日］丹波元坚编纂，李洪涛等校注：《杂病广要》卷16《气血类·诸血病下》，第531页。

绪戊申年八月望日，沈德寿药庵识于守先居。[①]

这条史料具有较高的价值，说明清末《聚珍版圣济总录》已通过不同的渠道，重新回流到中国。后来中国出版的各种《政和圣济总录》版本，均以此日本刊本为底本。

四、结　　语

《政和圣济总录》是宋代官修医学方书编撰的最高峰，反映了12世纪初期中国医学发展的最新水平。该书在元明时期传入日本后，受到日本医学界的重视，不仅出现了日本刊本、钞本、影印本等，而且书中的方剂学知识受到日本医家的高度重视，广泛应用于临证疾病治疗和药物炮制，对日本汉方医学的发展产生了积极的影响。

作者简介：韩毅，男，甘肃临洮人，博士，中国科学院自然科学史研究所研究员、博士生导师，从事医学史研究。

① （清）沈德寿：《抱经楼藏书志》卷36《医家类二》，《清人书目题跋丛刊》，第5册，第400—403页。

《女科百问》与宋代的妇产科*

吴 苗

（中国科学院 自然科学史研究所，北京，100190）

摘 要：宋代是中国古代社会、政治、经济、文化发生前所未有变化的时代。医学亦是如此，朝廷十分重视医药事业，视此为“仁政”的一种体现，“儒医”这一新的阶层也开始出现。妇产科更是从其他医科中分离出来，成为一门独立学科，促使宋代妇产科迅速发展，涌现了一批妇产科专著，如《十产论》《妇人产育宝庆集》《卫生家宝产科备要》《女科百问》《妇人大全良方》等。其中《女科百问》既是当时的代表作，对后世影响也颇深，后世有言：“女科之书充栋，皆活一人者也。百问成，而九十九人者生矣。”本文对《女科百问》的版本、知识来源、主要内容、学术特点和重要影响进行了考察，并在此基础上探讨宋代妇产科的整体发展水平及独特之处。

关键词：宋代；妇产科；《女科百问》；齐仲甫

宋代是中国古代社会、政治、经济、文化发生了前所未有变化的时代，有“中国的‘文艺复兴’”[①]之谓。宋代医学亦是如此，朝廷十分重视医药事业，视此为“仁政”的一种体现，广泛兴办医学教育、校正医书、颁布医药法令。前人研究指出，两宋期间，政府所颁布的与医学相关的诏令就有2813条。[②]此外在政府的重视下，也形成了名人尚

---

* 本文为中国科学院自然科学史研究所“十三五”重大突破项目“科技知识的创造与传播研究”（Y621011005）的阶段性研究成果。

① ［法］谢和耐：《中国社会史》，耿昇译，南京：江苏人民出版社，1995年，第255页。

② 韩毅：《政府治理与医学发展：宋代医事诏令研究》，北京：中国科学技术出版社，2014年，第22页。

医、文人知医的社会风尚和“不为良相，当为良医”的社会心理，产生了所谓的“儒医”。

政府的重视、社会文化的推崇，伴随着印刷技术的革命，促使了宋代医学理论的繁盛以及医药知识的普及。这一繁荣在妇产一科尤盛，熙宁九年（1076年），宋神宗下诏调整太医局的隶属，《中书备对》载：“太医局九科，学生额三百人……产科十人。”①这是妇产科学从其他医科中分离出来，成为一门独立学科的标志。费侠莉在《繁盛之阴——中国医学史中的性（960—1665）》一书中也指出：“宋代妇科确实是医学革命的一部分……所有的医学在长达300年的宋代都重新形成，而妇科作为一门新型医学与儿科一起从当时的非主流的医学实践进入到医学的主流。”②在此背景下，涌现了诸多妇产科专著，如《十产论》《产论》《妇人产育宝庆集》《卫生家宝产科备要》《女科百问》《妇人大全良方》等。《女科百问》作为当时的代表作，对后世影响颇深，书中很多理论与方药都被《妇人大全良方》所引用。明代有人这样评价《女科百问》：“女科之书充栋，皆活一人者也。《百问》成而九十九人者生矣。”③可见《女科百问》在中医妇产科发展史上的重要地位，但学术界对《女科百问》的研究却寥寥无几，或是对《女科百问》及其作者的学术成就进行了简要概括④，或是探讨了其中某一种药物的配伍规律⑤，未能对《女科百问》进行全面的评价。因此，本文拟对《女科百问》的版本流传、知识来源、主要内容、学术特点和重要影响进行考察，并在此基础上探讨该书所反映的宋代妇产科的发展水平、重要成就及独特之处。

一、《女科百问》的成书与版本流传

1.《女科百问》的作者与成书

《女科百问》为南宋医家齐仲甫所著。齐仲甫，号讷斋，南宋钱塘（今浙江杭州）人，生卒年未详。宁宗时（1195—1224年）为翰林医证、入内内宿寿明慈睿殿应奉侍卫步军司医官，兼太医局教授，分职主管产科。经考证，齐仲甫所任翰林医证，在政和二

① （宋）程迥：《医经正本书·本朝医政第二》，《丛书集成初编》，上海：商务印书馆，1939年，第2页。

② ［美］费侠莉：《繁盛之阴——中国医学史中的性（960—1665）》，甄橙主译，南京：江苏人民出版社，2006年，第55—56页。

③ （宋）齐仲甫：《女科百问》，北京：中国医药科技出版社，2012年，序二。

④ 宋咏梅：《〈女科百问〉主要学术成就》，《中医文献杂志》2001年第3期，第15—16页；岳胜难、卜德艳、姜丽娟，等：《齐仲甫的主要学术贡献探析》，《时珍国医国药》2014年第2期，第416—417页。

⑤ 李娜娜、张晓琳、向赤霞：《〈女科百问〉附子方药配伍规律的探究》，《云南中医中药杂志》2013年第3期，第15—16页。

年以后至南宋医官二十二阶中所处第十八阶，从八品。[①]太医局教授为宋代医生职称，掌医学教育，最早设于北宋熙宁九年，每科均设有教授1名，通过考试者，选拔得任。齐仲甫所任太医局教授，当为太医局产科教授。另外翰林医官院还需从本院中选拔人才充任入内内宿医官[②]，为皇帝治病，“此名医中选，差充诊御脉，内宿祗应”[③]。入内内宿医官不仅象征着医技精湛，还代表着可以近侍宫中，是地位和荣誉的象征。

《女科百问》成书于南宋宁宗嘉定十三年（1220年），共2卷，是一部综合性的妇科著作。齐仲甫在《女科百问》序中明确了自己著录此书的目的：“为病家居处僻左，有是证，用是药。虽非医家，亦能愈疾，免致束手无措”，认为之前的医书或者“有论无方”，或者“证详而方不具”，或者“有方而杂见”，或者“有录无书”，并且由于“妇人受病，比男子倍多而难治，况产褥尤为急务，命系须臾”，所以更需要重视，再者由于自己分管产科，所以“不敢怠事，辄忘蒙昧，尝集众方，纂成一帙，目曰《女科百问》”。[④]

2.《女科百问》的刊刻与版本流传

《女科百问》的主要版本有：明隆庆五年（1571年）刻本、明万历刻本、明崇祯十三年（1640年）闵氏刻本、明抄本、清康熙四十二年（1703年）燕诒堂刻本、清乾隆六十年（1795年）聚锦堂刻本、清光绪八年（1882年）世德堂刻本、清慎诒堂刻本。[⑤]

《女科百问》中的理论和方药在宋代就被其他医家引用。在明代，多次被刊刻，书中方药也被广泛应用于临证治疗。明隆庆五年（1571年），江西按察司佥事许谷认为此书疗效确切，有济阴之德，因此广泛印刷进行传播，并为此书作序，序中指出：“每遇国中女妇诸证，凡与所问答相合者，即用其方疗之，靡不立效。尝语太保石冈公曰：此书有功济阴，盍梓之以传。”认为《女科百问》一书：“论匪无稽，法咸有据。要之萃前人之意，而间以独得之见参焉，岂非妇人科中之至宝？……卓有源流，深探标本，盖不专恃汤液以为功者。”希望世人可以细细揣摩此书，用其方药以救妇人于危难之际：“学者能考其答问之意，取其方而斟酌用之，其图难于易，转危而安，有补造化，岂其微哉？”[⑥]明崇祯十三年（1640年），乌程闵齐汲鉴于男性医者因男女之大防而无法对女性患者进行诊疗的现状，重新刊刻《女科百问》，造福妇人：“南宋齐公重闵此情，设为百问，次以受病之因，次以治病之法。有不可问者，百问问之；有不便答者，百答答

① 韩毅：《政府治理与医学发展：宋代医事诏令研究》，第307页。

② 入内内宿医官，即经严格选择、保荐、考试而在宫内宿值的侍医，有医师、御医两等。详见《宋会要辑稿·职官》36之105。

③ （宋）赵升编，王瑞来点校：《朝野类要：附朝野类要研究》卷2《国医》，北京：中华书局，2007年，第61页。

④ （宋）齐仲甫：《女科百问》，序一。

⑤ 余瀛鳌、傅景华主编：《中医古籍珍本提要》，北京：中医古籍出版社，1992年，第298页。

⑥ （宋）齐仲甫：《女科百问》，序三。

之。使人自晓其因，而人自谙其治，可无烦先生之三指也，讵不贤于四术也耶？是故女科之书充栋，皆活一人者也。《百问》成而九十九人者生矣。"①

《女科百问》在近现代也多次刊印，收录于数种经典丛书之中，如1936年上海书局出版的《珍本医书集成》、1996年中国中医药出版社出版的《精选中医妇科名著》、1997年华夏出版社出版的《中医妇科名著集成》、1999年天津科学技术出版社出版的《实用中医古籍丛书》、2016年中国医药科技出版社出版的《中医传世经典诵读本》等。这些丛书以"历代流传广、社会影响大、临床实用价值高为选书原则"。②《珍本医书集成》更是由被誉为"浙江三杰"的近代著名医家裘吉生所辑，其中妇科类涉及四种，分别是《产宝》《产孕集》《胎产新书》《女科百问》。1999年，《珍本医书集成》由中国中医药出版社再版，再版前言即指出："该书自1936年问世后，深为中医界所推重。1986年上海科技出版社修订再版后，早已供不应求。"③书中凡例也有言："本集选辑，全以切合实用与可供参考为主。其不切实用者……概不选入。……为学医者必读之书。即不知医者家庭，亦可备参考检查之用。"④

二、《女科百问》的知识来源与著述体例

1.《女科百问》的知识来源

根据《女科百问》一书明确引用的内容，可以总结出其理论主要源于《诸病源候论》（以下简称《病源》）、《褚氏遗书》、《脉经》、《伤寒明理论》、《内经》、《难经》、《金匮要略》（以下简称《金匮》）、《元和纪用经》。方药主要源于《太平惠民和剂局方》（以下简称《局方》）、《全生指迷方》（以下简称《指迷方》）、《三因极一病证方论》（以下简称《三因方》）。此外，还有部分未列出来源，经笔者考证，文中第一问和五十一问的理论源于《褚氏遗书》，第三问源于《备急千金要方》（以下简称《千金方》），第四十八和五十一问源于《指迷方》，从第八十问到第一百问这产后二十一论即是《三因方》中陈言所评郭稽中《产科经验保庆集》中的二十一篇，凡十八方，齐氏删去了陈言的评论，又在其后附加了一些医方。以下是笔者按照前后顺序整理的《女科百问》理论和方药来源情况，详见表1。

① （宋）齐仲甫：《女科百问》，序二。

② 牛兵占主编：《中医妇科名著集成》，北京：华夏出版社，1997年，《历代中医名著文库》序。

③ 裘庆元辑：《珍本医书集成》，北京：中国中医药出版社，1999年，前言，第2页。

④ 裘庆元辑：《珍本医书集成》，凡例。

表 1 《女科百问》理论和方药来源表

内容	理论	方药	来源
第一问 精血以分男女之本源者，何也	精血以分男女之本源		《褚氏遗书》精血篇
第三问 妇人感病倍于男子者，何也	妇人感病倍于男子		《千金方》第二卷
第四问 何以谓之天癸			《素问》
第六问 经候或前或后，多寡不定者，何也		温经汤	《局方·妇人门》
第七问 月水依时来，不利者，何也			《病源》
第八问 经水欲行，先身体痛或腹痛者，何也		撞气阿魏圆	《局方·妇人门》
第九问 月水闭绝不通者，何也	血气受冷、内气损耗、劳伤肝经	桃仁煎丸	《病源》 《千金方》
第十问 虚劳之病，何以得之	五劳六极七伤	胶艾汤	《病源》《局方·妇人门》
第十一问 妇人卦数已尽，经水当止而复行者，何也			《内经》
第十五问 妇人多惊者，何也	血气 风邪		《内经》《病源·风邪惊悸候》
第十七 妇人多头眩而冒者，何也	风邪		《伤害明理论》《针经》《素问》
第十八 身体疼痛，流注不定者，何也	风邪		《病源》
第二十问 夫人之病多因气生者，何也	情志，九气		《内经》
第二十四问 咳嗽有红痰者，何也	寒邪		《难经》《褚氏遗书》
第二十七问 妇人喜少怒多，悲泣不止者，何也	脏燥		《金匮》
第二十九问 妇人足十指痛如油煎，覆之则热痛，风吹则冷痛者，何也	湿毒		《千金方》《内经》
第三十一问四肢如故，但腹胀者，何也			《内经》
第三十二问 病有血分有水分，何以别之		葶苈丸	《指迷方》
第三十三问 心腹痛，或又有小腹痛者，何也	寒气		《病源》
第三十五问 妇人昼则明了，暮则谵语，如见鬼妆者，何也	热入血室		《内经》
第三十八问 妇人渴病与三消之病同异	男嗜欲饮酒、女损血		《指迷方》
第三十九问 腰痛如折者，何也	肾气虚弱		《内经》
第四十一问 身目黄者，何也	脾湿	苦酒汤、茵陈五苓散	《指迷方》
第四十二问 阴崩阳崩，何以别之			《内经》
第四十四问 左肋痛如刀刺，不得喘息者何也			《针经》 《病源》
第四十八问 大小便不通者，何也		真珠丸	《病源》《指迷方》
第四十九问 带下三十六疾者，何也	劳伤、风冷		《病源》《三因方》《金匮》
第五十一问 男女受形，何以别之			《褚氏遗书》
第五十二问 何以谓之有妊			《脉经》
第五十三问 何以谓之居经			《素问》

续表

内容	理论	方药	来源
第五十四问 妇人居经之后，心中愦闷，不欲执作，恶闻气食者，何也		茯苓丸、半夏茯苓汤	《局方》《千金方》
第五十五问 居经之后或复有漏下者，何也		桂枝茯苓汤	《三因方》
第五十七问 何谓子满	脾胃虚弱	商路赤小豆汤	《三因方》
第六十问 妊娠伤寒与常人治法同异，何如	四时之气 冬温之毒		《金匮》
第六十一问 妊娠伤寒瘥后，复发热者，何也	劳食	枳实栀子汤	《内经》《千金方》《金匮》
第六十四问 下利与滞利，何以别之		六气经纬丸	《元和纪用经》
第六十八问 何谓子烦	血饮停滞		《病源·妊娠子烦侯》
第七十一问 何为子痫	体虚受风		《病源·妊娠痉候》
第七十二问 胎痿，过年不产，又两胎一死一生者，何也	冷热失宜 气血损弱		《脉经》
第七十三问 妊娠堕胎，或出血不止，或血不出者，何也		伏龙肝散	《局方》
第七十五问 小便或有利者，或有不通者，何也		苁蓉丸	《指迷方》
第八十问——第一百问	血气虚损 寒邪	黑神散、胜金散、夺命丹、牛膝汤、清魂散、调经散、七珍散、调中汤、趁痛散、麻仁丸、固经丸、匠胜汤、旋覆花汤、济危上丹、增损四物汤	《三因方》

2.《女科百问》的著述体例

《女科百问》采取了“问答体”的著述体例，其特点是问题明确，内容简洁，针对性强。以此命名的医书还有北宋朱肱所撰的《伤寒百问》、南宋钱闻礼所撰的《伤寒百问歌》、明鲁伯嗣所撰的《婴童百问》等。

《女科百问》共有100道问题，先提出问题，然后根据问题涉及的内容予以解答，详述病名、证候，并列举方剂主治，回答时既引有名医论述，也有齐仲甫自己的见解，某些答案中还引有丰富的医案。

三、《女科百问》的主要内容与学术特点

（一）主要内容

全书共分上、下两卷，均以问答形式论述了妇女的生理特点、病因病机以及经、

带、胎、产、妇科杂病等。每问解答均有理、法、方、药，条理清晰，内容简要。

1. 月经生理、病理及各种妇科疾病

《女科百问》卷上共50个问题，主要讨论月经生理、月经不调以及血气虚损和风冷寒邪等内外因素所致的各种妇科疾病。书中提出“男子以精为本，女子以血为源”的观点，认为女子月经来潮的原理为：“女至二七，肾气全盛，冲任流通，经血渐盈，应时而下。天真之气殊降，与之从事，故云天癸也。”①在谈及月经失调时，齐氏认为之前医者没有仔细辨证论治，因此治疗效果欠缺：“夫妇人病，多是月经乍多乍少，或前或后，时发疼痛，医者一例呼为经病。不曾说得是阴胜阳，是阳胜阴，所以服药少得有效。”强调应该仔细辨别证候：“盖阴气盛乘阳，则胞寒气冷，血不运行，经所谓天寒地冻，水凝成冰，故令乍少而在月后。若阳气盛乘阴，则血流散溢，经所谓天暑地热，经水沸溢，故令乍多而在月前。”②根据不同的证候，使用不同的药物，若“阳气胜阴，月假多者”，用“当归饮”以“抑阳助阴，调理经脉”，若“阴气胜阳，月假少者”，用“七物汤”以“治妇人营卫气虚，经水愆期，或多或少而腹痛”，最终实现“和其阴阳，调其气血，以平为福”。以上可见《女科百问》一书“辨证论治”的特色，以及“理法方药”具备的用药特点。

书中认为妇人多惊的原因在于血气亏损：“妇人者，众阴之所集，而以血为之主。夫心主行血，脾主裹血，肝主藏血，因产蓐过伤，或因喜怒攻损，是致营血亏耗。”③指出妇人多因风冷而生诸疾也是由于劳伤血气：“夫人将摄顺理，则血气调和，风寒暑湿不能为害。若劳伤血气，便致虚损，则风冷乘虚而干之，或客于经络，则气血凝涩，不能温养于肌肤；或入于腹内，则冲气亏损，不能消化于饮食，大肠虚则多利，子脏寒则不生，或为断绝，或为不通者，随所伤而成病，皆不逃乎风冷之气也。”④再者，“风邪乘虚”还会导致妇人“头眩而冒”“身体疼痛”“癫狂”等。

此外，齐氏还对臂痛、渴病、腰痛、黑皯、目黄、多汗、胁痛、积聚、瘙痒、大小便不通等疾病病因、证候进行了详细的辨析。

2. 妊娠生理、病理及养护

《女科百问》下卷开篇就介绍了受孕和胎儿性别形成的原理和症状。认为：“男女之合，二情交畅，阴血先至，阳精后冲，血开裹精，精入为骨，而男形成矣。阳精先入，

① （宋）齐仲甫：《女科百问》，第3页。
② （宋）齐仲甫：《女科百问》，第4页。
③ （宋）齐仲甫：《女科百问》，第21页。
④ （宋）齐仲甫：《女科百问》，第23页。

阴血后渗，精开裹血，血入居本，而女形成矣。”[①]指出月经超一月不来就可能受孕，三月不来是为居经和作胎：“经侯一月后，觉不通，诊其脉理平和，妇无他疾，欲作胎也……一月为胚，二月为始膏，三月为居经。今既居经，正是为作胎也。”[②]

随后对妊娠相关的恶阻、漏胞、胎动不安、子满、流产、大小便不通、伤寒、下利、喘病、多痰、霍乱、子烦、子嗽、胸痹、子痫、子淋等证候进行了详细的辨析，并给出相应的治疗方法。如其认为妊娠霍乱的总体原因在于：“饱食豚脍，复啖生冷，或饮寒浆，眠卧冷席，风冷之气，伤于脾胃，诸食结而不消，阴阳二气壅而不散，交错于中，变成吐痢。”[③]强调具体的病因还要根据实际的证候进行判断：“邪在于上者，先心痛而吐；邪在于下者，先腹痛而痢；心腹俱痛，吐痢并发。挟风者，身热头痛；冒暑者，吐痢冷饮。”症状不同治疗上也有不同：“寒者”需服用“理中汤”，主“治里寒外热，霍乱吐痢，手足厥冷，胸脾心痛，逆气结气”；“渴者”需服用“五苓散”，主“治霍乱吐痢，躁渴引饮”；“参苓白术散”主“治胃气不顺，吐痢止后躁渴不解”；“香薷饮”主“治清浊相干，霍乱吐痢”。[④]这是《女科百问》一书“辨证论治”的特色以及“理法方药”具备的用药特点的又一个佐证。

《女科百问》第七十八问为“妊娠十月将养之法，何如”，此一问引用了徐之才“逐月养胎”的观点，专门探讨了妊娠各月的注意事项，包括孕妇的饮食、情绪、衣着、居室环境、运动、应预服的药物、脉诊要点等各个方面，另外还涉及胎教和胎儿性别判定等内容。

3. 难产原因及产后诸病

《女科百问》第七十九问到八十二问，主要探讨了临产征兆、难产和胎衣不下的原因及应对方法。认为“腹痛连腰甚者”便会临产，原因在于：“肾候于腰，胞系于肾……诊其尺脉转大，如切绳转珠者，谓之离经，日中觉，夜半生。若腰痛甚者，即产也。”难产或因“触犯五行禁忌”，或因“漏胎去血脏燥”，或因“子脏宿挟疹病”，或因“产时未到，便即惊动，秽露下早，致子道干涩，产妇力疲”，或因“横逆不顺”，或因“妊娠之人，失于将养，子上逼心”。[⑤]齐氏尤为强调，分娩乃“瓜熟蒂落、粟熟自出、自然之理”，横逆不顺的原因多半在于产妇不能忍痛：“横生逆产者，皆因少母未经生育，将产之时，不肯忍痛，务欲逼下为妙，殊不知时候未到，胎气未至，其子未能翻

① （宋）齐仲甫：《女科百问》，第48页。
② （宋）齐仲甫：《女科百问》，第48页。
③ （宋）齐仲甫：《女科百问》，第67页。
④ （宋）齐仲甫：《女科百问》，第67—68页。
⑤ （宋）齐仲甫：《女科百问》，第85页。

身，受逼不过，只得一任离胎迳下，以至倒生。其有横生者，其子离胎，将欲翻身投下，半中之间，被母逼紧，转身不及，以至横下。”[①]难产时，可以使用的方药有“乌金散”“乳香丸”“出衣法”“瘔生丸”。指出胎衣不下的原因在于“血流入衣中，衣为血所胀”，认为这种情况需要紧急处理，不然会导致“胀满腹中，以次上冲心胸，疼痛喘息”，建议使用“夺命丹”以“速去衣中之血，血散胀消，胎衣自下而无所患”。[②]

《女科百问》第八十三问到一百问探讨的是产后各种疾病，包括产后“血虚”“口干痞闷”“乍寒乍热”“四肢虚肿”“乍见鬼神”“不语”“腹痛又泻痢”“遍身疼痛”“大便秘涩”“血崩”“腹胀闷满，呕吐不定”“口鼻黑气起及鼻衄”“喉中气急喘”“中风”“心痛”“热闷气上，转为脚气”“产后汗出多而变为痓风”“所下过多，虚极生风”等疾病的病因、症状和治疗方法。

4. 方药

《女科百问》所用方药大量引用了《指迷方》《局方》《三因方》这些在宋代颇有影响的著作。其中温经汤、撞气阿魏圆、胶艾汤等源于《局方・妇人门》，苦酒汤、茵陈五苓散、葶苈丸等源自《指迷方》，黑神散、胜金散、夺命丹等源自《三因方》。此外，还有齐氏亲试的验方效方，如拱辰丹、芎苏饮、安胎和气散等。

5. 医案

《女科百问》还完整地记载了一则临证医案，对诊疗经过的描述甚为详细，从中或可管窥宋代的医患关系。如第十二问载：

> 第十二问，何谓避年
>
> 答曰：王氏云：有一妇人女，年十五岁，来诊。言女年十四时，经水自下，今经反断。其母言恐怖。师曰：此女为是夫人亲女非耶？若亲者，当相为说之。妇人因答言：是自女耳。师曰：所以问者，无他。夫人年十四，亦以经水下，所以女至此而断，是谓避年，勿怪，后当自下。[③]

从这则医案中我们可以看出宋代的病案记录不是医者单方面的诊疗，其十分强调患者及其家属的参与，有对症状“今经反断”，甚至心理感受“恐怖”的详细记载。另外医者也十分体谅患者，怕患者误解，专门解释了为何要询问“此女为是夫人亲女非耶”这一会涉及患者隐私的问题。医案中医者的这种诊疗态度和病案书写方式对如何改善当

① （宋）齐仲甫：《女科百问》，第85—86页。
② （宋）齐仲甫：《女科百问》，第88页。
③ （宋）齐仲甫：《女科百问》，第12页。

今医患关系紧张的现状也有一定的启发意义。

（二）特点

1. 调经与产育并重

以前的医书多重视产后调理而忽略调经，而《女科百问》把调经与产育置于并列的地位，给予相当的重视。费侠莉就指出《女科百问》可能是第一本把怀孕和产后平等对待的妇科著作①，这就表明宋代已经认识到调经对妇人产育所起的重要作用。这一特点在宋代朝廷修编的大型方书《太平圣惠方》与《圣济总录》中也有体现，不但确立了经带胎产的编排序列，而且涉及经带疾病的内容也颇为可观。此外，陈自明的《妇人大全良方》也提出“凡医妇人，必须调经，故以为初”②的观点，严用和的《济生方》也遵此体例。马大正在《中国妇产科发展史》一书中指出：“宋代对经带疾病的研究，比以往任何时候都深刻，经带胎产研究重心的平衡和次第关系，也从此确立。”③

2. 强调气血学说

齐氏强调气血在妇人行经、养胎以及产后调理中的重要作用，认为血气不足会导致痛经、胎儿发育不良以及各种产后并发症：“经脉者，行血气，通阴阳，以营卫周身者也。血气盛，阴阳和，则形体适平。……血气不足，经候欲行，身体先痛也”④、“胎之在胞，以气血滋养。若寒温节适，血气强盛，则无伤；若冷热失宜，气血损弱，则胎瘘燥不育”⑤、“产后血气虚损，阴阳不和，阴盛则乍寒，阳盛则乍热，阴阳相胜，则或寒火热”⑥、“妇人以营血为主，因产血下太多，气无所主，唇青，肉冷，汗出，目瞑，神昏，命在须臾”⑦。宋代其他医书中也有此论点，如《妇人大全良方》就明确提出“大率治病，先论其所主。男子调其气，女子调其血”⑧的观点。可见，血气学说的确立是宋代妇产科发展的一大特点。

3. 强调情志因素及男女有“别”

正如费侠莉在《繁盛之阴——中国医学史中的性（960—1665）》一书中的深刻观察：“宋代关于妇女的医学思考经常强调整个过程中情感的特殊因素”，认为“治疗妇女

① ［美］费侠莉：《繁盛之阴——中国医学史中的性（960—1665）》，甄橙主译，第70页。
② （宋）陈自明著，刘洋校注：《妇人良方大全》卷1，北京：中国医药科技出版社，2011年，第8页。
③ 马大正：《中国妇产科发展史》，太原：山西科学教育出版社，1991年，第154页。
④ （宋）齐仲甫：《女科百问》，第6页。
⑤ （宋）齐仲甫：《女科百问》，第72页。
⑥ （宋）齐仲甫：《女科百问》，第91页。
⑦ （宋）齐仲甫：《女科百问》，第101页。
⑧ （宋）陈自明著，刘洋校注：《妇人良方大全》卷7，第9页。

的疾病，如果能治疗她们的情感，减少她们的忧虑，就没有不可治愈的疾病”。[①]齐氏在第三问中就引用《千金方》中的观点来解释为何妇人感病倍于男子：“夫妇人者，众阴之所集，常与湿居。十四以上，阴气浮溢，百想经心，内伤腑脏，外损姿容。……大抵妇人以其慈恋憎爱疾妒忧恚，染着坚牢，情不自制，所以为病根深，疗之难瘥，故倍于男子之者，此也。”[②]在第四十九问中又引用《三因方》中的观点，再次强调“妇人病比男子十倍难治”[③]。第二十七问借助《金匮》“脏躁”的概念代指妇人易受情志干扰的特性：“妇人无故悲泣不止，象如神灵，或以祟祈祷，终不应，《金匮》谓之脏躁是也，为所欲不称其意。”[④]此外，宋代医家也重视妇人在临产以及产后的情绪。陈自明指出：“临觉太早，大小挥霍，或信卜筮，或说鬼祟，多方误恐，致令产母心惊神恐，忧恼怖惧，又被闲杂妇人、丧孝秽浊之人冲触，若不预为杜绝，临产必难。”[⑤]陈言认为：“产蓐最难调理。所以忌问男女，及不许见秽恶者，皆古人预防其妄念也。每见妇人以得男则喜，得女则忧，忧喜太早，致心虚烦闷，多自此始。”[⑥]现代医学也表明产妇的精神心理因素是决定能否顺利分娩的四大因素之一[⑦]，宋代妇产科的发展水平可见一斑。

另外，齐氏也强调妇人有别于男性，用药亦有不同，妊娠及产褥期间更需要谨慎用药。在第六十问回答妊娠伤寒与常人治法同异时提到“麻黄、桂枝皆能堕胎，以此言之，则妊娠伤寒，常人之治法大不相侔也”[⑧]；第三十八问认为妇人渴病不同于男性的三消之病：“消渴之病，自来有二，多缘嗜欲太甚，自为虚寒，服五石汤丸，猛烈燥药，积之在脏，遂至精血枯涸；又久饮酒者，酒性酷热，熏蒸于脏肺，是致津液耗竭，渴乃生焉。妇人之渴，多因损血，血虚则热，热则能消饮，所以多渴，故与男子之病有异也。”[⑨]齐氏结合自己的诊病经验，强调对怀孕女性用药需要多加注意：“妊娠而挟病者，避毒药，恐或伤胎耳。”[⑩]这一思想在《妇人大全良方》中也有体现，陈自明在胎教门卷十一中专有一论论述孕妇在饮食上的注意事项，另外还将药物禁忌编成了歌诀，以便记忆。如此可见，强调男女有“别”也是宋代妇产科的一大特色。

① ［美］费侠莉：《繁盛之阴——中国医学史中的性（960—1665）》，甄橙主译，第 75 页。
② （宋）齐仲甫：《女科百问》，第 2—3 页。
③ （宋）齐仲甫：《女科百问》，第 46 页。
④ （宋）齐仲甫：《女科百问》，第 25 页。
⑤ （宋）陈自明著，刘洋校注：《妇人良方大全》卷 17，第 288 页。
⑥ （宋）陈言：《三因极一病证方论》卷 17，北京：人民卫生出版社，1957 年，第 254 页。
⑦ 冯玲，陈晓燕主编：《妇产科学》，武汉：湖北科学技术出版社，2008 年，第 37 页。
⑧ （宋）齐仲甫：《女科百问》，第 59 页。
⑨ （宋）齐仲甫：《女科百问》，第 35—36 页。
⑩ （宋）齐仲甫：《女科百问》，第 2 页。

4. 重视胎教及优生

《女科百问》关于胎教的核心观点是“外像而变”，指出“妊娠三月始胎，当此之时，血不流通，行像始化，未有定仪，见物而变”，认为孕妇的所看、所食、所听、所想以及举止行为都会影响胎儿的智力品行。因此，强调孕妇的外在观感和内在修养是胎教的关键：“欲令见贵盛王公好人，端正庄严；不欲令见伛偻侏儒，丑陋形人，及猿猴之类。……欲令子美好端正者，数视白璧美玉，看孔雀，食鲤鱼。欲令儿多智有力，则啖牛肉心，食大麦。欲令子贤良盛德，端心正坐，清和虚一，坐无邪席，立无偏倚，行无邪径，目无邪视，口无邪言，心无邪念，无妄喜怒，无得思虑，食无到脔，无邪卧，无横足，思欲瓜果，啖味酸菹，好芬芳，恶见秽臭。”①

《女科百问》也传达了反对早婚，重视优生的观念。《女科百问》第一问即引用《褚氏遗书》中的观点，指出女子最佳生育年龄为初潮后十年左右，提倡优生，反对过早生育：“女人天癸既至，逾十年无男子合，则不调；未逾十年男子合，亦不调。”②第二问阐明了古法“男及三十而娶”“女二十而嫁”的原理，再次强调：“及其时得子皆强，所谓乾坤之体定矣；不及其时而嫁娶者，则刚阳柔阴，必有所亏也。”③

严世芸在《宋代医家学术思想研究》中就以《圣济经》和《圣济总录》为例指出宋代颇为重视胎教和优生。④《圣济经》总结了历代的胎教学说，认为胎教得以成功的前提是胎儿在母体内能够接受外界信息，因物所感而发生潜移默化，胎教的目标是培养胎儿的情性道德，胎教的原则是趋好避恶。《妇人大全良方》也专门设立了胎教门。总的来说，尽管“外像而变”这一胎教思想带着一定的迷信色彩，但其蕴含的原理也未必全是糟粕。现代科学就认为胎教音乐刺激对提高小儿发育商有积极的促进作用⑤，可见孕妇的外在观感的确会对胎儿有所影响。此外，宋代所推崇的初潮后十年左右再生育也与现代科学经验相符。

5. 重视药物炮制，颇有“尚简”之风

《女科百问》所附药方中的每一味药材的炮制方法齐氏均有标注，一方面便于患者和其他医者依方治药，另一方面也反映了齐氏在药物炮制学上的造诣。后人亦评：“齐氏对药物炮制颇为重视，在处方中多以脚注形式加以说明……如净制、炒制、煅制、辅

---

① （宋）齐仲甫：《女科百问》，第80—81页。

② （宋）齐仲甫：《女科百问》，第2页。

③ （宋）齐仲甫：《女科百问》，第2页。

④ 严世芸主编：《宋代医家学术思想研究》，上海：上海中医学院出版社，1993年，第142—143页。

⑤ 刘莉、张峰、刘纪平：《胎教音乐刺激对婴幼儿发育商影响的研究》，《中国儿童保健杂志》2003年第11期，第35—36页。

料制等。……尤其创立了以药汁同药渣互制的炮制方法，与前人所不同。”[①]

此外，其所选方药多出自《三因方》和《局方》，尚简之风一脉相承。《四库全书总目提要》如此评价《三因方》：“每类有论有方，文词典雅而理致简赅。”[②]朱震亨指出：“《和剂局方》之为书也，可以据证检方，即方用药，不必求医，不必修制，寻赎见成丸散，病痛便可安痊。仁民之意，可谓至矣！自宋迄今，官府守之以为法，医门传之以为业，病者恃之以立命，世人习之以成俗。”[③]《女科百问》中所选方药均十分简洁，许多药方都不超过十味药，有的甚至只有两三味药，且方剂中丸、散、膏、丹、酒剂等成药也占了很大的比例。另外，还根据患者的实际条件提供不同的治疗方法，如其对妊娠子痫的治疗：“妊娠忽闷，眼直不识人，须臾醒，醒复发似不醒者，名曰痓病，亦号子痫，亦号子冒，以葛根汤。若有竹近可速办，当先作竹沥汤。其竹远不可即办者，当先办葛（根）汤。”[④]这些都充分反映了宋朝“医风尚简”的习俗，以及将向百姓提供医疗保障视作“仁政”的思想。

四、《女科百问》中妇产科学知识的传播和应用

《女科百问》具有极高的学术价值，其对病机的阐释以及著录的方药对后世均有很大的影响。其很多理论与方药都被《妇人大全良方》引用。如《妇人大全良方》卷六“喘满方论第十四”中治疗喘病的方药，如神秘汤等均引自《女科百问》，陈自明只是简单地写道：“以上方并见《百问》，不复录。”[⑤]卷七“妇人霍乱”中“凡霍乱吐利，热多而渴者，五苓散。寒多不饮水者，理中圆。……夏月中暑霍乱，大烦渴，四肢逆冷，冷汗出，脚转筋者，香薷散浓煎，沉冷服即效”[⑥]这些内容，引自《女科百问》的第六十七问“妊娠霍乱者，何也”。卷十九“产后热闷气上转为脚气”中“寒中三阳，所患必冷，小续命汤主之，加生姜汁最快。暑中三阴，所患必热，小续命汤（去附子，减桂心一半）。大烦躁者，紫雪最良，如无紫雪用真薄荷煎，冷水嚼下”[⑦]这些疗法，均受《女科百问》启发，陈自明还专门进行了注释，进一步肯定《女科百问》的临症疗效：“仆

① 叶定江，原思通主编：《中药炮制学辞典》，上海：上海科学技术出版社，2005年，第9页。
② 宫温虹编著：《温州中医药文化志》，北京：中国中医药出版社，2016年，第114页。
③ （元）朱震亨：《局方发挥》，北京：中国中医药出版社，2006年，第33页。
④ （宋）齐仲甫：《女科百问》，第71页。
⑤ （宋）陈自明著，刘洋校注：《妇人良方大全》卷6，第122页；又见（宋）齐仲甫：《女科百问》，第66页。
⑥ （宋）陈自明著，刘洋校注：《妇人良方大全》卷7，第130页；又见（宋）齐仲甫：《女科百问》，第67—68页。
⑦ （宋）陈自明著，刘洋校注：《妇人良方大全》卷19，第335页；又见（宋）齐仲甫：《女科百问》，第100页。

取《百问》中加减法，庶使后人均得治疗。”①

南宋医家陈言在《产科序论》中指出：“世传产书甚多，《千金》、《外台》、会王《产宝》，马氏、王氏、崔氏皆有产书。巢安世有《卫生宝集》《子母秘录》等，备则备矣，但仓卒之间，未易历试。惟李师圣序郭稽中《产科经验保庆集》二十一篇，凡十八方，用之颇效。但其间序论，未为至当，始用料理简辩，于诸方之下，以备识之者，非敢好辩也。”②陈自明在陈言序后注解时说：

> 愚详产后要病，无出于郭稽中二十一论、一十八方，有益于世多矣。余家三世用之，未有不效。虽陈无择所评或是或否，亦不可不详而究之。且如产后眩晕以牡丹散，然其中有大黄、芒硝，况新产后气血大虚，岂宜轻服？又云去血过多而晕者，或有之；若言痰晕者，十无一二。又如产后热闷，气上转为脚气，不应用小续命汤，仆以《百问》中方加减而用之，此活法也。故孟子云：尽信书则不如无书。此之谓也。③

可见陈自明对《女科百问》临证医学价值的认可。另外，陈自明还指出齐氏对妇人伤寒的治疗方法也颇为可取，希望后人多做参用：“今取《金匮玉函》治妇人伤寒，与俗方中可采者列为一卷。虽不足以尽妇人伤寒之详，并可以《百问》中参用也。”④

五、结　论

《女科百问》一书荟萃诸家之经典，齐氏又根据自身的诊病经验作为补充，按照经、带、胎、产的顺序依次论述了月经生理、病理及各种妇科疾病，妊娠生理、病理及养护，难产及产后诸病的证治，还涉及相关的医案和方药学知识，涵盖了完整的中医妇产科知识体系，具有“调经与产育并重”“强调气血学说”“强调情志因素及男女有‘别’”“重视胎教及优生”“重视药物炮制，颇有‘尚简’之风”这些特点，充分体现出宋代妇产科的发展水平。该书对后世妇产科学的发展产生了广泛的影响，主要体现在以下三个方面：第一，书中所涉及的很多理论被《妇人大全良方》所摘录，所用方药也深

---

① （宋）陈自明著，刘洋校注：《妇人良方大全》卷19，第335页。

② （宋）陈言：《三因极一病证方论》卷17，第242页；又见（宋）陈自明著，刘洋校注：《妇人良方大全》卷18，第313页。

③ （宋）陈自明著，刘洋校注：《妇人良方大全》卷18，第313页。

④ （宋）陈自明著，刘洋校注：《妇人良方大全》卷18，第115页。

得陈自明的认同；第二，书中所录方药被后世广泛应用于临证治疗；第三，该书在南宋以后不断被翻刻和传播，至今仍在被点校、出版、收录于各种丛书之中。

致谢：笔者在写作过程中，得到导师中国科学院自然科学史研究所韩毅研究员的精心指导，特表感谢！

作者简介：吴苗（1988—），女，汉，中国科学院大学在读博士研究生，从事医学史研究。

南北·胡汉·文武

——唐宋时期代北安氏家族变迁考论

杨晓敏

（四川大学 历史文化学院，四川 成都，610065）

摘　要：五代时期兴起于代北的安氏家族是晚唐从六胡州一带迁入的突厥粟特人后裔，唐末到南宋该家族在政治洪流的影响下从代北到太原、郓州、开封，再到明州不断南迁，与此同时安氏在文化、任职、民族等方面也发生了极大的变化，由胡人武功家族逐步转变为汉族文人士大夫之家，安氏三百余年的变迁史是粟特人于9—12世纪在国家权力结构和文化认同不断嬗变的大背景下消解、融合到华夏文化的生动个案。

关键词：唐宋；安氏；粟特；儒释化；由武入文

安氏家族祖居代北，系突厥粟特人后裔，具有浓烈的尚武精神，从唐末起就跟随沙陀李氏南征北战，经过三代人的苦心经营终成显赫一时的武将家族，进入宋代逐渐转变成儒释兼容的文人士大夫之家。该家族在唐末五代宋的发展、变迁与当时的政治文化、民族迁徙、融合密切相关。对安氏家族进行深入研究，不仅能了解其家族变迁史，也有助于我们更好地把握粟特人在唐宋时期的民族融合过程以及政治文化的转型等问题。学术界对该家族的关注相当有限，只是在论述粟特人群体时将其作为其中一个例子有所提及。①

① 樊文礼：《唐代的安姓胡人》，《内蒙古大学学报（人文社会科学版）》1998年第2期，第56、58页；邓小南：《论五代宋初“胡/汉”语境的消解》，《文史哲》2005年第5期，第61—62页；徐汉杰：《失忆与认同：唐代的“六胡州”群体》，内蒙古师范大学硕士学位论文，2017年，48—49页。

迄今为止，尚无专文梳理该家族在唐宋时期长时段的发展变迁。本文拟考察安氏的族属及十四代人的生平、职官、文武转型、迁徙历程等，以期全面钩沉考论该家族三百多年的发展变迁。需要特别说明的是《安守忠墓志》《大宋故齐王夫人曹氏墓志铭》《左骁卫大将军世谧夫人仁寿县君安氏墓志铭并序》《安光远墓志铭》为我们了解该家族在宋代的情形提供了丰富的信息，大大弥补了史料不足的缺憾。

一、源出胡种：安氏族属与世系

（一）族属

楼钥在撰于南宋庆元六年（1200 年）的《安光远墓志铭》中说："惟安氏系出唐忠义传金藏……之后"[①]，直接将安氏先祖追溯到唐代前期官员安金藏。安金藏活跃于武后到代宗大历年间，京兆长安人，粟特安国人后裔[②]，初为太常医工，官至右骁卫将军、代国公，卒赠兵部尚书。因剖腹刺心为唐睿宗申冤而闻名于史，两《唐书·忠义传》有传。宋代墓志中胡乱攀附远祖的情况比较常见，有些甚至将祖先上溯至汉代或先秦时期的汉人士大夫，这类墓志多为伪托，但是《安光远墓志铭》最突出的特点是把粟特胡人视为先祖。接下来我们来考察安金藏家族和安光远家族的世系及族属，看二者是否有可能为同一家族或存在何种联系。

安金藏家族可考成员较少，父安菩，母何氏，弟游骑将军胡子、金刚，子庐州长史承恩。唐中和年间（881—885 年）有远孙太子右谕德安敬。而安光远家族可考的第一世先祖是唐末安山盛，任朔州牢城都校，生卒年不详，但从其后代的情况大致可推测出其活动年份。其长子安金全卒于后唐长兴元年（930 年），生年不详，金全长子审晖生于唐大顺元年（890 年）。若以二十年为一世系，则可推知金全应生于唐懿宗咸通十二年（871 年），而山盛应生于唐宣宗大中六年（852 年）。这样看来，安山盛、安金全应与金藏远孙安敬大致生活于同一时代，然不见他们之间有任何互动，史料中的记载也是各行其是，况且金藏后裔在五代、宋的情况已不可考。至于安光远家族，除了写于南宋的《安光远墓志铭》，其他相关史料都把祖先追溯至安山盛、安金全，也没有任何与安金藏

① （宋）楼钥：《攻媿集》卷 104《安光远墓志铭》，《景印文渊阁四库全书》，台北：商务印书馆，1986 年，第 1153 册，第 596 页。

② 关于安金藏的族属问题，在其父安菩墓志中有明确记载："君讳菩，字萨，其先安国大首领。破匈奴衙帐，百姓归中国。……曾祖讳钵达干，祖讳系利。君时逢北狄南下……"（赵振华：《洛阳古代铭刻文献研究》，西安：三秦出版社，2009 年）。关于安菩族源具体分析，可参看赵振华、朱亮：《安菩墓志初探》，《中原文物》1982 年第 3 期；李鸿宾：《安菩墓志铭再考——一个胡人家族入居内地的案例分析》，《唐史论丛》第 12 辑，西安：三秦出版社，2010 年。

家族成员相关的记载。笔者以为《安光远墓志铭》所载出自金藏之后，不太可信，至少不是直系后裔。墓志之所以追金藏为祖先，当是借重其忠孝之名，而没有过多考虑其粟特胡人的身份。在宋代随着民族融合的完成、时势以及人们观念认识的变化，唐史中敏感的胡汉之分的语境已被消解。[①]

安光远虽非安金藏直系后裔，但从种种迹象来看其家族为粟特人后裔当不会错，且很可能与金藏尤其是其父安菩存在着某种难以割舍的联系。考诸史籍，安光远家族在唐代的世系虽多模糊不清，但是从唐末五代到南宋的世系大多是清楚的。下面根据其姓氏、地域、种族、官职等历史信息及唐末的政治形势和民族迁徙状况，对安氏家族的民族来源做一梳理。他们在唐末是以代北沙陀部边将的身份出现的，《旧五代史·安审琦传》载："其先沙陀部人也。祖山盛，朔州牢城都校……性骁果，善骑射，幼以良家子事庄宗为义直军使。"《旧五代史·安金全传》言其为"代北人，世为边将"。这说明安氏家族至少从安山盛开始已为边将，而且极有可能在安山盛之前数代一直任边将。此处，"代北"指今山西北部、河北西部以及内蒙古中部一带地区；"沙陀部"指的是"沙陀三部落"，由沙陀、安庆、萨葛（又称索葛、薛葛）三个部落组成。据学者考证，安庆、萨葛均为昭武九姓胡人部落，即粟特人部落[②]，也就是唐史中不断出现的"六州胡"。六州胡原居住在河曲地区，安史之乱后，一部分投靠安史叛军、迁往河北，另一部分则流落到石州，唐贞元二年（786年）在马燧带领下迁往代北。[③]安姓是典型的粟特姓，是昭武九姓之一，本文所论之安氏家族的先辈们大概就掺杂在跟随马燧前往代北的六州胡中，之后在朔州（今山西朔州）一带定居下来。二十多年后，不堪吐蕃压迫的沙陀人几经辗转迁入河东定襄川。定襄川与云朔相邻，出于共同的政治利益的需要，二者很快便开始结合，约二十年后融合为后来的"沙陀三部落"。安氏家族的先辈们应该就是在这样的时代背景下融入了沙陀三部落，并以"沙陀人"的面目出现在随后的史籍中。遗憾的是融合之初，他们官职不显，所以未留下一鳞半爪的记载。后来随着第二代安金全（？—930年）、第三代安审琦（897—959年）等的显达才为我们提供了了解这一家族的机会。另外，安氏家族的"边将"身份，也是我们了解其民族成分的一个密码。"六胡州"的粟特人为突厥降人，他们深受突厥文化的影响，并非一般意义上善经

① 邓小南：《论五代宋初"胡/汉"语境的消解》，《文史哲》2005年第5期，第62—63页。

② 关于安庆、萨葛为粟特人部落的研究可参看张广达：《唐代六胡州等地的昭武九姓》，《北京大学学报（哲学社会科学版）》1986年第2期，后收入氏著《西域史地丛稿初编》，上海：上海古籍出版社，1995年；Edwin G.Pulleyblank（蒲立本），A Sogdian Colony In Inner Mongolia，*T'oung Pao*，41，1952，343—344.

③ （宋）司马光编著：《资治通鉴》卷232，北京：中华书局，1976年，第7477页。

商、歌舞的粟特人，而是精于骑射、善于养马的突厥化了的粟特人[①]，并且在唐、五代一直保持了这一传统。而安氏家族的成员在唐末五代全都以武立身，并以善战闻名，这与六胡州粟特人的情况是一致的。综上所述，安氏家族应是唐河曲“六胡州”突厥化的粟特人的后裔，安史之乱后被唐廷迁入代北，之后与同样迁入代北的沙陀人结合成沙陀三部落共同体，并世代为将。

在梳理完安氏家族与六胡州粟特人的关系后，现在回过头来我们再来讨论一下安氏家族与安金藏家族的关系。巧的是安金藏父安菩（601—664年）曾任唐“陆胡州大首领”[②]，“陆胡州”就是“六胡州”[③]。关于六胡州的设置时间学界一直悬而未决，主要有两种观点，一种以张广达为代表，认为安菩墓志所记合理，六胡州的设置时间应早于史籍记载的调露元年（679年）。又利用《唐维州刺史安侯神道碑》进一步佐证，将六胡州始设时间定为贞观四年（630年）东突厥败亡后。另一种以周伟洲为代表，认为安菩的六胡州大首领的名号是安金藏附会的，不应轻易更改文献记载的调露元年。[④]若按照张广达的观点，那么安菩墓志中的“陆胡州”就是前文所述的“六胡州”，即鲁、丽、塞、含、依、契六个胡人州。这样安菩及其所统辖的陆州胡某部落当与安光远家族的祖先出自同族，且都在六胡州一带生存过，可见《安光远墓志铭》将祖先攀附至安金藏是有一定根据的。

（二）世系

从唐末到南宋中期历三百余年，共十四代人，世系如下（宋代的世系、任职多据上述三方墓志补充）。

（Ⅰ-1）安山盛，唐朔州牢城都校。[⑤]

---

① 关于粟特人突厥化问题可参看王北辰：《唐代河曲的“六胡州”》，《内蒙古社会科学（文史哲版）》1992年第5期，后收入《王北辰西北历史地理论文集》，北京：学苑出版社，2000年，第218—230页；（Canada）Edwin G.Pulleyblank（蒲立本），A Sogdian Colony In Inner Mongolia，*T'oung Pao*，41，1952，P317—356；姜伯勤：《唐安菩墓所出三彩骆驼所见“盛于皮袋”的祆神——兼论六胡州突厥人与粟特人之祆神崇拜》，《唐研究》第7卷，北京：北京大学出版社，2001年，第55—70页；蔡鸿生：《唐代九姓胡与突厥文化》，北京：中华书局，1998年，第124—125页。

② 《大唐定远将军安君墓志》志题为“唐故陆胡州大首领安菩墓志”。关于安菩“陆胡州大首领”身份的分析可参看李鸿宾：《安菩墓志铭再考——一个胡人家族入居内地的案例分析》，《唐史论丛》第12辑，163—166页。

③ 唐代“六”“陆”两字同音，都作“liuk”，《广韵》作“力竹切”，常混用。

④ 可参看周伟洲：《唐代六胡州与“康待宾”之乱》，《民族研究》1988年第3期；张广达：《唐代六胡州等地的昭武九姓》，《北京大学学报（哲学社会科学版）》1986年第2期。

⑤ 《大宋故推诚翊戴功臣感德军节度观察留后光禄大夫检校太傅知定州军州事充本州马步军部署管内制置营田使兼御史大夫上柱国安定郡开国公食邑五千八百户实封六百户赠太尉安公墓志铭》（以下简称《安守忠墓志》）载山盛为“唐朔州都指挥使”，参见（宋）张宗诲：《安守忠墓志》，北京图书馆金石组编：《北京图书馆藏中国历代石刻拓本汇编》，郑州：中州古籍出版社，1997年，第38册，第4页；《旧五代史·安审琦传》载山盛为“朔州牢城都校”。

（Ⅱ-1）安金全（？—930年），官至安北都护，振武节度使，同平章事。

（Ⅱ-2）安金祐，金全弟。

（Ⅲ-1）安审晖（890—952年），金全长子，历任河阳、邓州、上党、邢州等地节度使，检校太师，封鲁国公，卒赠侍中，谥曰静。

（Ⅲ-2）安审通（？—928年），金祐长子，官至检校太傅，沧州节度使，卒赠太尉。

（Ⅲ-3）安审信（894—953年），金祐次子，历任河中、许、兖、华等州节度使，检校太尉、同平章事，卒赠侍中，谥曰成穆。

（Ⅲ-4）安审琦（897—959年），金全次子，历任顺化军、邢州、天平军、晋昌军、河中、许州、襄州、平卢军节度使，封陈王，加守太师，卒赠尚书令，追封齐王。妻曹氏。

（Ⅲ-5）安审韬，曾任邠州副使。

（Ⅲ-6）安审玉，曾任郓州副使。

（Ⅲ-7）安审寓，曾任太原西宫使。

（Ⅲ-8）安审卿，曾任延州行军司马。

（Ⅲ-9）安审霸，曾任供奉官。

（Ⅳ-1）安守鏻，安审晖子，曾任右赞善大夫。

（Ⅳ-2）安守铁，审琦长子，官至太子左赞善大夫。

（Ⅳ-3）安守忠（932—1000年），审琦次子，长期在北边和西边任职，官至感德军节度观察留后，知定州军州事，充本州马步军部署，管内制置营田使兼御史大夫，检校太傅，安定郡开国公。妻赵氏，在礼之女。

（Ⅳ-4）安守鉴，审琦三子。

（Ⅳ-5）安守莹，审琦四子，官至东头供奉官。

（Ⅴ-1）安继绩，守忠长子，官至濮州衙内指挥使，早逝。

（Ⅴ-2）安继昌，守忠次子，官至崇仪使，活跃于真宗及仁宗前期。

（Ⅴ-3）安崇愿，守莹子，出家为僧，号崇教。

（Ⅴ-4）守忠有二女，长适莱州衙内指挥使张继璘。次适光禄寺丞王世及，早卒。

（Ⅵ-1）安习，安守忠孙，解州防御使，司徒忠果雄勇功臣。

（Ⅶ-1）安惟演，东头供奉官。

（Ⅷ-1）安氏（1029—1065年），惟演女，适宗室左骁卫大将军赵世谧，子令业，早卒。

*第九世不详。

（Ⅹ）安希文，崇信军节度使。

（Ⅺ）安县，卒于建炎元年（1127年），官至武德大夫、真定中山府路廉访使者。

（Ⅻ）安时（1103—1161年），从义郎。

（XIII）安昭祖（1142—1198年），不仕。

（XIV）安胜非、安辟彊、安去华、安弃疾。

二、从代北到开封——以武起家，显赫一时

唐贞元二年（786年）安氏家族从六胡州迁往河东北部朔州一带，此后一个世纪都定居于此。迁入该地对家族发展来说意义是非凡的，就在这一带他们在9世纪前期与更骁勇的沙陀人相遇并被吸纳进沙陀三部落中。作为突厥粟特人的安氏家族是借与沙陀人结合后靠武功起家的，从代北到太原再到开封，家族的发展和迁徙是与沙陀人的崛起和沙陀三王朝的建立紧密相随的。

第一代安山盛，官职不显，史籍关于其职务记载有不同之处，《旧五代史》称其为"朔州牢城都校"，《安守忠墓志》称其为"朔州都指挥使"。查严耕望《唐代方镇使府僚佐考》，方镇并无"某州都指挥使"之职，故墓志所记失实。当然，还有一种可能是墓志撰者出于某种考虑，在"朔州"后故意省去了"牢城"二字，如若这样便说得通。牢城军、牢城使在唐末至宋的含义、职能发生了很大变化。牢城军在唐末及五代前期是州镇重要军队，负有防御和野战之职，而牢城使作为牢城军的长官是州镇系统中的紧要军职，充任者俱为节帅心腹。到宋代牢城军和牢城使的地位低下，受人歧视。牢城军除少量招募外，大都由犯罪之人组成，主要承担各种役使，其长官牢城使亦不为所重。作于宋真宗时期的《安守忠墓志》为了避免世人对此官职形成误会，故刻意略去"牢城"二字，达到为死者讳的目的。至于"牢城都校"则是牢城使下属军官的俗称，并非正式官名。①"牢城都校"与"牢城都指挥使"二者存在抵牾之处。安山盛具体在牢城军中任何军职，依据现有史料无法确定，但其为朔州牢城军官是可以肯定的。另外，牢城军在唐末一般驻守在藩镇治所，朔州属河东节度使（治所太原）下辖州，是沙陀人的发源地，也是河东北边要地，为李克用所重视。安山盛与李克用是同代人，他虽未跟随李前往太原任职，但是能在朔州牢城军中效力也间接说明了他还是较受重用的，作战能力也是可以肯定的。

① 杜文玉、王凤翔：《唐宋时期牢城使考述》，《陕西师范大学学报（哲学社会科学版）》2006年第2期。

唐中和三年（883年）李克用因功被封为河东节度使，此后沙陀势力的发展重心逐步转移到并州太原。安氏家族应该从第二代安金全、安金祐晚年起也随之从代北迁往太原。最初仍保留了代北籍贯，如《旧五代史》云安金全为代北人。之后连籍贯也改为并州，如《宋史》载金全孙守忠为并州晋阳人。随着同光元年（925年）后唐的建立，家族的发展重心也逐步南移。从家族成员的葬地来看，他们似乎一度将郓州作为定居地。[①]不过，开封也是居住地之一。[②]并州太原的籍贯一直保持到宋初的第四代人。

安金祐只知其“世为沙陁部偏裨，名闻边塞”[③]。具体官职、事迹一概不详。兄安金全，新旧《五代史》有传。尽管其功勋、官阶比不上子侄辈，但《安光远墓志铭》将他追为安氏在五代时期的代表，可见他在家族发展史上的地位。他是家族崛起的重要奠基人。少年从军，只做到州刺史便“以老病退居太原”[④]。此后，尽管在晋梁大战中有保全晋阳之大功，但终李存勖时期始终没有再获提拔，至于原因说法不一。[⑤]其实不只是金全在庄宗时期不得势，其子侄在这一时期的发展也是有限的，审通官至北京右厢马军都指挥使，审晖官至蔚州刺史，审琦官至义直军指挥使。直至明宗即位后家族整体实力才有较大提升，金全拜振武军节度使、同中书门下平章事，成为家族中第一位高级军官。之所以获得如此提拔，史书有不同说法，《旧五代史》本传说是因为“与之有旧”，《资治通鉴》卷二七五载：“帝以前相州刺史安金全有功于晋阳，壬戌，以金全为振武节度使、同平章事。”但其实这些只是次要原因，真正的原因是金全侄子安审通在明宗称帝的过程中率先投靠，并发挥了重要作用。同光四年（926年）三月发生邺都兵变，李

① （宋）麦叔度：《安审琦夫人曹氏墓志》，何新所编：《新出宋代墓志碑刻辑录（北宋卷）》第5册，北京：文物出版社，2019年，第5册，第15页记载：“夫人以开宝七年（974年）九月十七日薨于濮州之公署，享年七十有五，卜当年十一月十日用大葬之礼，葬夫人于郓州须城县（今山东东平县）登庸乡张欢里，祔齐王之茔”，可见安审琦和夫人曹氏都葬在郓州（治所在须城县）。《安守忠墓志铭》载：“夫人赵氏，故中书令讳在礼之女也。庆门挺质，令淑有仪，不幸先亡，早葬于郓。偶河流之炽患，故同穴而未谐。”那么安审琦的儿媳赵氏也葬在郓州。甚至安守忠在咸平三年去世后也打算葬到郓州，只是恰逢河决郓州才未成行（关于河决郓州的记载可参看李焘《续资治通鉴长编》卷47，五月甲辰条、己酉条、十一月丙子条）。葬地要么是故乡要么是常住地，当然也有随官而葬的临时情况。安审琦去世时（959年）任平卢节度使，郓州为其辖区，表面上看似乎是随官而葬，但是从妻曹氏在二十余年后仍葬郓州和子守忠四十年后还打算葬于郓州的情况来看，安氏郓州葬地绝非临时性质，而是有长期计划的，很可能安氏也一度长期定居郓州，即便之后迁离，在子孙心目中也是将其看作故乡的。

② 《旧五代史》云：显德五年（958），安审琦“承诏赴镇，因朝于京师，世宗以国之元老，礼遇甚厚，车驾亲幸其第以宠之”，参见《旧五代史》卷123《周书·列传第三》，北京：中华书局，1976年，第1615页。但是按照安氏任官经历来讲，应在后晋时在开封就有府邸。

③ 《旧五代史》卷123《周书·列传第三》，第1617页。

④ 《旧五代史》卷61《唐书·列传第十三》，第815页。

⑤ 金全不获升迁的原因有以下几种说法。洪迈《容斋随笔》卷15曹操唐庄宗条和《资治通鉴》卷269都说“庄宗以策非己出，金全等赏皆不行”；《新五代史》卷25《安金全传》载：“然庄宗不以金全为能，终其世不录其功”；《旧五代史》卷61《唐书·列传第十三》载：“庄宗性矜伐，凡大将立功，不时行赏，故金全终庄宗世，名位不进”，又载：“案《辽史》，安金全以幽州战败，故退废不用。”

嗣源不久便下定决心起兵，“乃令安重诲移檄会兵”，被召者有四，安审通为其一，时任北京右厢马军都指挥使。[①]审通“赴明宗急诏，军趋夷门，为前锋”[②]。南下洛阳途中李嗣源在胙城与符习争战时，“安审通亦引兵来会”[③]。明宗即位后，审通因功被授单州刺史，旋即改齐州防御使，兼诸道先锋马军都指挥使。天成二年（927 年），在卢台银枪效节军叛乱中，他机勇有谋，措置得宜，最终把桀骜难制、屡次作乱的银枪效节军一网打尽，以功授检校太傅、沧州节度使，成为继伯父金全之后，家族中的第二位高级军官。可惜的是，天成三年（928 年）在年富力强且仕途正如日中天的时候战死沙场，年仅 39 岁，没能为家族的发展贡献更多力量。[④]同年，安金全由于不善治民为政被罢，两年后病卒。

家族的中流砥柱安审通、安金全接连而去，然安氏家族并没有因此而衰颓下去，后人反而借前人打下的良好基础和自身的努力经营青出于蓝，将家族势力推向顶峰。可以说安氏家族的真正崛起是在第三代，后晋到后周这段时间是唐五代三百余年中家族势力最显赫的时候。第三代不仅人数众多，而且多显达者。除上文提及的安审通外，审晖、审信、审琦兄弟三人后来也皆位至方镇，一人封国公、一人封王，俨然贵胄之门。审晖兄弟三人中，最杰出的当属年龄最小的安审琦。他德才兼备，“幼以良家子事庄宗为义直军使”。天成以后任唐末帝李从珂牙兵都校，此后仕途一路顺畅，在末帝清泰年间已为节度使。与他相比，他的两个兄长就略逊一筹了[⑤]，但由于兄弟三人在清泰末年石敬瑭与唐末帝的争斗中都对石敬瑭做了及时的政治投资，使得家族由安审琦一枝独秀的状况迅速转变为三杰并立的局面，可以说没有这次政治投资就没有安氏家族的迅速崛起，一门显达。当时石敬瑭任河东节度使，安审晖为其下属河东行军司马。石氏太原起义后，唐末帝以张敬达为太原四面招讨使、杨光远为太原四面副招讨使发兵攻太原城，其时安审信、审琦兄弟皆在军中，审信为西北面先锋都指挥使，审琦为北面行营排阵使。大战还未正式开始，审信就率“雄义左第二指挥二百二十七骑，并部下共五百骑，剽劫百井，叛入太原”[⑥]。“晋祖以其故人，得之甚悦。”[⑦]在杨光远以晋安寨降后，石敬瑭提拔审信为汾州刺史、检校太保，充马步军副部署。相信他投靠石敬瑭与在河东任职的兄

① （宋）司马光编著：《资治通鉴》卷 274，第 8969 页。

② 《旧五代史》卷 61《唐书·列传第十三》附安审通，第 816 页。

③ （宋）司马光编著：《资治通鉴》卷 274，第 8971—8972 页。

④ 天成三年（928 年），盘踞镇、定、易十余年的义武节度使王都反，明宗以王晏球为北面招讨使，以安审通为副招讨使，他们“围王都于中山”，审通“躬冒矢石，为飞石所中而卒”，卒赠太尉。参见《旧五代史》卷 61。

⑤ 清泰年间审晖任徐州节度副使、河东行军司马，审信任许州马步军都指挥使。

⑥ 《旧五代史》卷 48、《旧五代史》卷 123、《资治通鉴》卷 280、《册府元龟》卷 8《帝王部》都有类似记载。

⑦ 《旧五代史》卷 123《周书·列传第三》，第 1617 页。

长审晖的拉拢策应也有很大关系。安审琦则是在后唐军战败，被契丹围困晋安寨数月之久，处境极其艰难的时候，与杨光远等杀张敬达后投降。石敬瑭即位后，安氏三兄弟皆加官晋爵，出现一门三节度的盛况，安审晖“以霸府上僚授振武兵马留后，迁河阳节度使，不逾月移镇鄜州”①。安审信“授河中节度使、检校太尉、同平章事”②。安审琦“加检校太傅、同平章事，充天平军节度使兼侍卫马步军都指挥使”③。就连已经去世十年的安审通也在天福二年被赠太师。④及至汉、周，他们早已是位高权重的元老级人物，易代对他们的仕途基本影响很小，安审琦积官至平卢节度使，封陈王，加守太师；安审晖官至邢州节度使，封鲁国公；审信终官右金吾卫上将军。除了上述审琦等四个佼佼者外，同辈中还有五个弟弟亦在各地任官，后周时审韬、审玉分别任邠州副使、郓州副使，审寓任太原西宫使，审卿任延州行军司马，审霸任供奉官，“将门之盛，近代罕俦”。⑤

在家族发迹的过程中，实际上除了政治投资外，个人素质和军功在其中也占很重要的因素。安氏家族成员多有善骑射的特征，如安金全《新五代史》说他“工骑射，号能擒生踏伏”，《旧五代史》又说他“便骑射”。安审琦“性骁果，善骑射”，安审信亦“习骑射”，尽管没有关于安审通骑射方面的记载，但他有在马军任职的经历，曾任北京右厢马军都指挥使，诸道先锋马军都指挥使等职，说明他也是善骑射的。在冷兵器时代，骑兵相对于步兵价值更大，常常是克敌制胜的法宝。安氏成员弓马娴熟才有机会进入强悍的沙陀骑兵中任职。就为官声誉来讲，安审晖和审琦都是较好的，这是他们能在后汉、后周仍任节镇、获重用的重要保证。审琦“镇襄、沔仅一纪，严而不残，威而不暴，故南邦之民甚怀其惠”⑥。周太祖即位后将安审晖“召于内殿，从容顾问，尤所叹重”。而从战功来讲，他们都多次参战。安金全在李克用时“为骑将，屡从征讨。庄宗之救潞州及平河朔，皆有战功，累为刺史”。天祐中，汴将王檀围攻晋阳，金全“被甲跨马，召率子弟及退闲诸将，得数百人，夜出北门，击贼于羊马城内。梁人惊溃，由是退却”⑦，由此晋阳城得以保全。安审晖“从庄宗平幽、蓟，战山东，定河南，皆预其功”⑧。后晋天福五年（940年）作为副都部署与都部署马全节一起平定李金全安州叛

① 《旧五代史》卷123《周书·列传第三》，第1616页。
② 《旧五代史》卷123《周书·列传第三》，第1617页。
③ 《旧五代史》卷123《周书·列传第三》，第1614页。
④ 《旧五代史》卷76《晋书·高祖纪第二》，第1009页。
⑤ （宋）王钦若等编：《册府元龟》卷866《贵盛》，台北：中华书局，1960年，第18册，第10289页。
⑥ 《旧五代史》卷123《周书·列传第三》，第1615页。
⑦ 《旧五代史》卷61《唐书·列传第十三》，第815页。
⑧ 《旧五代史》卷123《周书·列传第三》，第1616页。

乱；天福六年（941年）又成功抵御了安从进对南阳的进攻。安审琦，时人谓之猛将。参与后晋开运年间抵御契丹的多次战争，在他的率领下成功救下被敌围困的猛将皇甫遇和慕容彦超；后汉时又平定了荆人叛乱。安审通的战功前文已述，兹不赘述。安审信是安氏家族中素质最差的一个，几无战功可论，性多疑忌，每至一地，唯务搜刮。可能也正是因此，他在后汉、后周被罢镇，任无实权的高级环卫官。

与官职高升相伴随的是财富的迅速积累，兹举例说明。显德"三年夏四月，太祖御乾元殿入阁，审信不赴班位，为御史所弹，诏释之。时审信久病，神情恍惚，闻台司奏劾，扬言曰：'趋朝偶晚，未是大过，何用弹举，我终进奉二万缗，尽逐此乞索儿辈。'"[①]因为迟到这样的小过被弹劾而心有不快就要进奉两万缗财物堵上别人的嘴，可见其富裕程度。安氏的钱财多是借权位搜刮而来的，如安审信，可谓搜刮民脂的能手，《旧五代史》说他"历许、兖州镇，所至以聚敛为务，民甚苦之"[②]。《资治通鉴》又载："先是，诏以杨光远叛，命兖州修守备。泰宁节度使安审信，以治楼堞为名，率民财以实私藏。大理卿张仁愿为括率使，至兖州，赋缗钱十万。值审信不在，拘其守藏吏，指取钱一囷，已满其数。"[③]透过这些材料，我们可窥知其家贪腐之严重、豪富之非同寻常。史料虽无安氏其他人敛财的明证，但是五代节度使掌握着地方的行政和财政权，借权位敛财致富是再平常不过之事，只是他们相对审信来说程度较轻。另外，安审琦的亲家赵在礼也和安审信一样毫无顾忌地疯狂敛财。他"历十余镇，善治生殖货，积财巨万，两京及所历藩镇皆邸店罗列"。他镇宋州时因所为不法，百姓苦之，甚至向百姓征收"拔钉钱"，一年就"获钱百万"。[④]

综上所述，安氏家族通过三代人的军功、两次正确的政治投资以及个人具备的素质迅速跻身贵显行列，并通过搜刮民财成为豪富之家。后周时期兄弟数人皆步入老迈之年，相继离开人世，随着显德六年（959年）安审琦的被杀[⑤]，标志着家族最辉煌时代的逝去。

三、从开封到明州——由武入文，儒释兼融

从第四代起进入宋代，终北宋一代安氏一直居住在开封，并著籍开封祥符县。[⑥]宋

---

① 《旧五代史》卷123《周书·列传第三》，第1618页。

② 《旧五代史》卷123《周书·列传第三》，第1618页。

③ （宋）司马光：《资治通鉴》卷274，第9271页。

④ 《旧五代史》卷90《晋书·列传第五》，第1179页。

⑤ 审琦爱妾与隶人安友进私通，虑事泄见诛，因与友进乘审琦醉酒酣睡之机将其杀害。

⑥ 第四代的籍贯仍然是并州晋阳，如安守忠，《宋史》记载他为并州晋阳人，但是之后著籍开封。《安光远墓志铭》载：曾祖希文、祖县、父时"三世皆娶赵氏，家开封祥符县"。

一改五代重武之弊转而崇文，武臣的地位不断下降，以武起家的安氏家族在新的政治环境下失去了既有的优势。宋代的一些武将家族为适应新的环境，也开始加强对子弟的文化素质培养，以期得中科举，使家族向文的方向转变，但较快地实现文武转换谈何容易，像麟州杨氏那样能在三四代内出现将门学士的并不多见。更多的武将家族则继续从事武职，苟无战功或特殊关系，很难维持先辈既有的成就，一两代后便沉于下僚或销声匿迹。面对考验和挑战，安氏家族并没有选择非文即武的其中一个方向发展，而是文武并进。第四代可知者有安守鏻、守铁、守忠、守鉴、守莹五人[①]，除了守鏻为审晖之子外，其余四人皆为审琦之子。守鏻、守铁任文职，分别为太子右赞善大夫、太子左赞善大夫，属无出身朝官最低阶。守忠、守莹任武职，守莹为东头供奉官，属武官阶中级别很低的小使臣。守忠为感德军节度观察留后，属武官阶中级别最高的正任官，仅次于节度使，是家族第四代人中官职最高的一个。守忠一支在北宋的绝大部分时间里都一直任武职。守鉴任职不详，但从赵翼《廿二史札记》“安审琦三子，皆仕宋为显官”[②]的记载可以推知，他官位应不低。实际上除了任文职的守鏻、守铁外，守忠、守莹两支也都绝不是赳赳武夫，呈现出崇文的新气象。如守莹“落落有大夫气，干父之蛊”[③]。守忠则从小便乐善好学，对佛教极其痴迷。“笃信浮图，教自髫龀，自白首未尝暂懈。虽在军旅，涉远道，未尝废也。”[④]他的信佛不止流于形式，对佛教理论也有一定了解。他“亲讽藏经”“书佛典”，对“禅宗法要，了然玄解”[⑤]，“昼夜□诵，看大藏经文一遍□彻”[⑥]。更重要的是他“喜与士大夫游从”[⑦]。守莹子崇愿可能受守忠影响，也好佛，以致归身佛门。《安守忠墓志》说他“育质庆以栖心法苑，不作畤瑞，已为人师。因戒行精严，赐大号曰崇教，赐紫方袍矣”[⑧]。同时他也喜与文人士大夫交往，如陈尧叟、刘

---

① 安审信有二子，在他投靠石敬瑭后，二子被唐末帝杀于京师。

② （清）赵翼撰，曹光甫校点：《廿二史札记》卷21，上海：上海古籍出版社，2011年，第404页。

③ （宋）张宗诲：《安守忠墓志》，北京图书馆金石组编：《北京图书馆藏中国历代石刻拓本汇编》，第38册，第4页。

④ （宋）张宗诲：《安守忠墓志》，北京图书馆金石组编：《北京图书馆藏中国历代石刻拓本汇编》，第38册，第4页。陶岳《五代史补》卷4“安审琦素恶释氏”条下有“凡居方镇，僧凡有过，不问轻重，杀之。及镇青州也，一旦方大宴，忽有紫衣僧持锡直上厅事，审琦赫怒连叱，是僧安然不顾，纵步已从阃至中门。审琦仗剑逐之，将及而灭，但闻锡杖声铿然入在卧所。审琦惊惧之际，有小苍头报曰：‘国夫人生子矣！得非紫衣锡杖者乎？’因命之曰僧哥，即安守忠也。自是，审琦稍稍信重。”参见《景印文渊阁四库全书》，第407册，第670—671页。此条资料旨在说明安守忠信佛是天命使然，也说明当时佛教信仰的流行，但是时间是错误的。审琦镇青州最早也是在后晋建立（936年）以后，而实际上守忠出生在后唐长兴三年（932年）。

⑤ （宋）张宗诲：《安守忠墓志》，北京图书馆金石组编：《北京图书馆藏中国历代石刻拓本汇编》，第38册，第4页。

⑥ （宋）麦叔度：《安审琦夫人曹氏墓志》，何新所编：《新出宋代墓志碑刻辑录（北宋卷）》，第5册，第15页。

⑦ 《宋史》卷275《安守忠传》，北京：中华书局，1977年，第9370页。

⑧ （宋）张宗诲：《安守忠墓志》，北京图书馆金石组编：《北京图书馆藏中国历代石刻拓本汇编》，第38册，第4页。

少逸、潘阆、阮思道、范贻孙等都有送他归山的诗。[①]其中陈尧叟为宋初状元，出自一门四进士的阆中陈氏；范贻孙为宰相范质之孙，妻为明德皇后之妹，陈、范两家都是宋初的显贵家族。刘少逸和阮思道皆进士出身，潘阆为宋初著名隐士、文人，有诗名。综上所述，从第四代开始，家族有向文途转化的趋势，个人作风也与先辈们有很大差别，即便仍任武职但其尚武特征在一定程度上弱化，这是宋代崇文的政治环境熏陶和家族主动迎合时风双向互动的结果。

虽渐被文风，但是仍保持了武将该有的杀伐果决。如守忠佞佛但并不包庇佛教徒，“缁徒违戒，行干典型，必置于法，行干典型”[②]。遇事沉着有谋，运筹帷幄。开宝五年，知辽州时“有郡民构并寇，谋及城以叛，响应有日，阴谋莫知。将发之夕，子妇告变，咸肆于阖境赖安”[③]。又“淳化二年，徙知雄州。方与僚佐宴饮，有军校谋变，擐甲及阁，阍者仓卒入白。守忠言笑自若，徐顾坐客曰：‘此辈酒狂尔，擒之可也。’人服其量焉”[④]。这些素质是他为将之本。

从官位上来看，尽管清人赵翼说“审琦三子皆仕宋为显官”，但是与上一代人相比，他们的官位已经出现下滑状态，整体上从金字塔的顶层滑落至中上层。在积极参与中原政治活动的同时，他们自身的民族文化也在潜移默化中裂变。转文途、信佛教、与士大夫游等一系列的行为，使其夷狄气息逐渐淡化。在关于安氏的历史记述中不再有沙陀或粟特族属的记载，他们看起来与汉族士人一般无二。粟特安氏就这样在五代宋民族混融、政治变革的时代语境下融入了华夏民族的大家庭中。从财力上来看，昔日财雄一方的豪族在家族成员的捐赠和大肆挥霍下已是大不如前。特别是安守忠，他信佛以致佞佛，“散家财，建塔庙，书佛典，有为之施，不可殚记”[⑤]。如淳化二年，他曾将万年县春明门庄一所、硙二所，泾阳县界临泾庄一所捐给广慈院，“每年斋供僧，资荐父母。所有庄下舍屋、间架、桑树并诸杂树木，兼逐年所收课利，诸般数目并在□内”[⑥]。除了崇佛的各项花费外，他在助边和宴乐上的花费更甚，墓志说他“视金玉财币如粪除耳，凡在牧御，必罄家之有，大则募其功，次则奉宾客，虽偏裨小校，以宴以乐，皆充

---

① 相关诗歌都存于《全宋诗》（北京大学古文献研究所编，北京：北京大学出版社，1995年）中，如陈尧叟《送崇教大师南归》（卷88，第983页）、刘少逸《送崇教大师归天台寿昌寺》（卷143，第1583页）、潘阆《送崇教大师惠思归山》（卷57，第631页）、阮思道《宋崇教大师回天台》（卷14，第197页）。

② （宋）张宗诲：《安守忠墓志》，北京图书馆金石组编：《北京图书馆藏中国历代石刻拓本汇编》，第38册，第4页。

③ （宋）张宗诲：《安守忠墓志》，北京图书馆金石组编：《北京图书馆藏中国历代石刻拓本汇编》，第38册，第4页。

④ （宋）张宗诲：《安守忠墓志》，北京图书馆金石组编：《北京图书馆藏中国历代石刻拓本汇编》，第38册，第4页。

⑤ （宋）张宗诲：《安守忠墓志》，北京图书馆金石组编：《北京图书馆藏中国历代石刻拓本汇编》，第38册，第4页。

⑥ （宋）安守忠：《舍田庄状》，曾枣庄、刘琳主编：《全宋文》卷53，上海：上海辞书出版社；合肥：安徽教育出版社，2006年，第3册，第281页。

其心"[①]。为表嘉奖和资助，太宗在淳化二年曾出御府钱五百万以赐之，并说："知卿竭私徇公，尽力王室。"[②]由此可以看出，他在助边上的花费应很庞大，以致"先王之产，今存者十二三"[③]。咸平三年，随着家族第四代最高任职者安守忠的病逝，安氏陷入衰落的境地，既无高官又无雄财，然而其家并未就此一败涂地，在一代又一代人的惨淡经营下，一直到南宋中期家族都处于衰而不败中。

第四代后除了守忠、守莹两支外，其余三人的后裔不见任何史籍有记载，多半是进一步衰落了。第五代五人，男三女二，守莹子崇愿上文已提及，在此不赘述。守忠二子二女，长子继绩官至濮州衙内指挥使，早卒；次子继昌，官至崇仪使。长女适莱州衙内指挥使张继璘，次适光禄寺丞王世及（守忠恩荫）。总体来看，第五代人丁凋零，且没有杰出人才出现。全部是中下级官员，最高官阶为从七品的崇仪使，且没有如先辈一样效命疆场的经历。第六代以后只有守忠一支约略可考。第六代安习，关于他的记载有两条，一是《安光远墓志》载其为"司徒忠果雄勇功臣"，二是《左骁卫大将军世谥夫人仁寿县君安氏墓志铭并序》载其官职为"解州防御"。司徒级别较高，且在南宋的《安光远墓志》才出现，应当是追赠官。"解州防御"即解州防御使，防御使有正任和遥郡之分，此处具体为哪种，一时难下定论，但从其功臣号入手或可破解。赐功臣之号，作为对文武臣僚赴难效忠的嘉奖，始于唐德宗兴元元年（784年）。[④]唐末，功臣号成为将相例加美名。[⑤]宋朝"循唐制，宰相、枢密使初拜，必赐焉。参知政事、枢密副使初或未赐，遇加恩乃有之。刺史已上阶勋高者，亦或得赐。……中书、枢密则有推忠、协谋、同德、佐理，余官则推诚、保德、奉义、翊戴，掌兵则忠果、雄勇、宣力，外臣则纯诚、顺化之名"[⑥]。此处"刺史"当指正任刺史以上，据此看来，安习应任军职，且官阶至少在正任刺史以上[⑦]，故安习终官应是正任解州防御使，且曾在禁军任职。

第七代安惟演，为安习子，官至东头供奉官，是武官小使臣七阶中级别最高的一阶。第八代仁寿县君安氏，为惟演女，十四岁即景祐四年（1037年）嫁宗室赵世谥，可

① （宋）张宗诲：《安守忠墓志》，北京图书馆金石组编：《北京图书馆藏中国历代石刻拓本汇编》，第38册，第4页。

② （宋）张宗诲：《安守忠墓志》，北京图书馆金石组编：《北京图书馆藏中国历代石刻拓本汇编》，第38册，第4页；《宋史》卷275《安守忠传》也有类似记载"未几，召还，条陈边事，敷奏称旨，赐钱五百万"。

③ （宋）张宗诲：《安守忠墓志》，北京图书馆金石组编：《北京图书馆藏中国历代石刻拓本汇编》，第38册，第4页。

④ （宋）高承撰，（明）李果订，金圆、许沛藻点校：《事物纪原》卷4，北京：中华书局，1989年，第198页。

⑤ （宋）岳珂：《愧郯录》卷7，《四部丛刊续编》，上海：上海书店出版社，1984年，第54册，第5页。

⑥ （清）徐松辑，刘琳等校点：《宋会要辑稿》礼59之22，上海：上海古籍出版社，2014年，第2091—2092页。

⑦ 元丰七年八月"戊申，户部尚书王存言：'准诏具析安守忠豫绘像因依，勘会所采臣僚勋绩，并于《国史》、《实录》考求事迹。据本传所载，赠太尉安守忠有战功政迹，当豫绘像。其捧日左厢都指挥使、钦州团练使安守忠，史册无载，即无豫绘像人数。'诏景灵宫改绘赠太尉安守忠像，并推恩其家。先是，景灵宫绘像管勾官误以钦州团练使安守忠充数，而赠太尉安守忠之孙自言，故命存考定，而降是诏。"参见（宋）李焘：《续资治通鉴长编》卷348，神宗元丰七年条，北京：中华书局，1990年，第8357页。此处的安守忠之孙很可能就是安习。

惜世谧才年届二十即去世。他们育有一子，名令业，亦早夭。安氏伤夫悼子，投身佛教中寻求安慰，然终忧思成疾，不数年便一命呜呼，年仅三十七岁。[①]第九代情况不详。

第十代安希文官至崇信军节度使。第十一代安县，虽然仍任武职，官至从七品的诸司使武德大夫，但是他“以文受知徽皇，屡将使指”。颇见重用，曾任真定中山府路廉访使者。按廉访使者即原走马承受公事，职位不高，但权力极重，代表皇帝巡察各路，“一路事无巨细，皆所按刺”，为“朝廷耳目之任”。[②]他还与当时著名文人、高官交游，如宇文虚中、蔡靖。宇文虚中（1079—1146年）进士及第，为两宋之际名臣，曾任枢密使，工诗文。蔡靖在北宋末年曾知燕山府，亦是文臣。但他与武将宝学公刘子羽（1097—1146年）最为厚善。刘氏虽为武将，但他能文能诗。其家族不仅有世代文武交替的特征，而且即便同代人也是文武混杂，如子羽弟子翚是理学家，朱熹尝从其学。可能由于与刘氏相似的家世背景、个人素质，又同任武官，才更容易相互理解，成为挚友。北宋末年，金兵南下，子羽父“（刘）韐守真定，子羽辟从”[③]。此时任真定中山府路廉访使者的安县“实佐之分守京城，又引以自助”[④]。靖康二年（1127年），刘韐执节以死，子羽在战乱纷飞中“扶丧归葬，号天泣血，以必报仇耻自誓”[⑤]，可谓悲愤至极。安县一直陪伴在侧，并随其护丧南下福建，不幸死于途中。子羽在为安县所作的行状中“自谓急难之义天属莫加也”。二人可谓患难之交。安县还著有诗集，楼钥作跋。跋中载：“顷以假吏过赵石桥，色深碧而累甃坚致。中为大洞，跨水两旁桥基，各为小洞三，若品字。洞中多前良题刻，不能详记，意公诗在其中也，此轴多北刻，无别本，安氏尤当宝之。”[⑥]可惜诗集未能流传下来，但他是安氏家族中第一个有诗文集的人。家族一代代的文化积淀和传承及在政治上的努力为子孙转入文途奠定了基础。

北宋末年的靖康之变中，二帝北狩，大批衣冠南渡，安氏在南迁的潮流中流寓至明州鄞县小溪。《安光远墓志》云安氏在庆元六年（1200年）已“居小溪镇四十年矣”。表明其家大致在绍兴三十年（1160年）左右已迁入明州。明州在南宋史上地位是极其重要的，当时有“满朝朱紫贵，尽是四明人”之誉，这为安氏的发展提供了便利的环境和条件。如果说安县是一位文人化的武官，多少还有几分武人的风骨，那么他的儿孙则是彻头彻尾的文人士大夫。一是放弃武职，转为文官。墓志说安时“兄弟终鲜承父祖之

---

① （宋）《左骁卫大将军世谧夫人仁寿县君安氏墓志铭并序》，曾枣庄、刘琳主编：《全宋文》卷824，第38册，第249页。

② （清）徐松辑，刘琳等校点：《宋会要辑稿》职官41之130，第4067—4068页。

③ 《宋史》卷370《刘子羽传》，第11504页。

④ （宋）楼钥：《攻媿集》卷70《跋安光远所藏祖廉访诗跋》，《景印文渊阁四库全书》，第1153册，第163页。

⑤ （宋）朱熹：《少傅刘公神道碑》，曾枣庄，刘琳主编：《全宋文》，卷5674，第253册，第2页。

⑥ （宋）楼钥：《攻媿集》卷70《跋安光远所藏祖廉访诗跋》，《景印文渊阁四库全书》，第1153册，第163页。

传”，意味着这一代人都放弃了家族传承多年的武职。然而转文后仕途并不如想象中顺达，安时“仕不显”，仅官至从八品的从义郎。安时的其他兄弟由于资料限制，具体情况不详，但是从安光远“自以世袭衣冠，未有以文发身者”的感叹及之后奋发科场以图一改以往局面的种种情况来看，安时兄弟一辈不仅都没有获得科举出身，而且官位也不会高。安时的儿子光远更是一生未仕。二是安氏在良好家学的熏陶下，有着深厚的文学涵养和儒家理念，成为典型的儒生。安时“性端静，衣或数岁一浣，翻书已熟，若手未触者。举动不苟，绝无子弟过”。“幼敏悟力学，抗志高迈从义。指物命题，脱手成句。”①但是留传下来的文字只有诗“仙骨留来不记春，仙岩石欲化为尘”一句。②安时子光远文学修养更胜其父，在当地士大夫圈中小有名气。他在诗、文方面都颇有造诣，墓志中说他“好为古文，尤工于诗，平澹敷腴，不为艰深之词……有文集二十卷，名《通村遗稿》”，且“笔札素工，称其文，肮脏高简，莫窥其际”。③只是文集已失传，无法一窥其貌，但是与光远同时代且同籍的文人士大夫、高官楼钥、魏杞等人都对他在文学上的成就予以了肯定。如楼钥曾说：“淳熙十二年（1185年），余方怀东嘉（永嘉，即今温州）之绶于家，颇闻安君光远诗声。一日褏（同“袖”）长笺临门，倒屣迎之，貌甚伟，文甚工。”④淳熙十二年光远年四十四岁，可见此时他已在同乡中以善诗而闻名。魏杞曾称赞他说：“山中之客惟雪窻张武子与君，从容觞咏，如裴迪之在辋川也。”⑤裴迪为唐山水田园派诗人，有能诗之名。⑥清人管世铭云：“裴迪辋川唱和，不失为摩诘劲敌。”⑦魏杞不仅认为安光远和张武子在鄞县小溪这个名流云集之地为诗中翘楚，还把他们与隐居辋川的唐代诗人裴迪相提并论，这个评价可谓不低，也与安光远、张武子不仕的身份暗合。同时光远也研究理学，晚年“一意于义理性命之学。舍后筑圃，中辟一

---

① （宋）楼钥：《攻媿集》卷104《安光远墓志铭》，《景印文渊阁四库全书》，第1153册，第597页。

② 北京大学古文献研究所编：《全宋诗》，卷1630，北京：北京大学出版社，1995年，第27册，第18289页。

③ （宋）楼钥：《攻媿集》卷104《安光远墓志铭》，《景印文渊阁四库全书》，第1153册，第597页。

④ （宋）楼钥：《攻媿集》卷104《安光远墓志铭》，《景印文渊阁四库全书》，第1153册，第596页。

⑤ （宋）楼钥：《攻媿集》卷104《安光远墓志铭》，《景印文渊阁四库全书》，第1153册，第597页。关于“辋川”，新旧《唐书·王维传》中都有记载，位于今陕西蓝田。《旧唐书》卷190下《王维传》云：“晚年长斋，不衣文采，得宋之问蓝田别墅，在辋口，辋水周于舍下，别涨竹州花坞，与道友裴迪浮舟往来，弹琴赋诗，啸咏终日，尝聚其田园所为诗，号《辋川集》。”《新唐书》卷202《王维传》云：“别墅在辋川，地奇胜，有华子冈、敧湖、竹里馆、柳浪、茱萸沜、辛夷坞，与裴迪游其中，赋诗相酬为乐。”张武子即张良臣，楼钥同年，仕不显，以诗闻，为文好古。楼钥在《攻媿集》卷70“书张武子诗集后”又说其诗“清丽粹洁，上参古作旁，出入禅门，寄兴高远，遽读之或不易了，而中有理窟，览者当自知之。”“与武子评诗，谓当有悟入处，非积学所能到也。”《两宋名贤小集》卷306《雪窗小稿》有张武子诗31首，其诗的显著特点是以禅入诗，讲求禅悟。（宋）陈思、（元）陈世隆：《两宋名贤小集》卷306，《宋集珍本丛刊》，北京：线装书局，2004年，第103册，第297—300页。

⑥ （宋）洪迈：《容斋续笔》卷1谓：“杜子美寄裴十诗云：‘知君苦思缘诗瘦。’乃迪也，其能诗可知。”

⑦ （清）管世铭著，金武祥校刊：《读雪山房唐诗凡例》，《粟香室丛书》第12册，清光绪十二年江阴金氏刻本，第23页。

径，自号‘通村老子’”。他侍双亲极孝，父亲“得疾委顿，君忧惴，愿以身代”。父亲去世后又“执丧哀毁，悲感行路”。母严重，他亦“尽其欢心。及疾革，医禬未效，至刲股以进，家人窃窥而后知之”[①]。又“扁其室曰‘观行’”，“观行”即观察行为，出自《论语·学而》，“父在观其志，父没观其行。三年无改于父之道，孝矣”。上述这些孝行都出于儒家养亲之道，孝敬也是儒家斯文理想的重点，取名“观行”更寄托着光远践行儒家孝道的理想。三是投身科场。在南宋，文官要想获得较好的仕途，科举出身是必备的，为此许多人靠恩荫做官后仍然汲汲于科场中。为振兴家族，光大门楣，安时把大量精力放到儿子光远身上，以期得中科举。不仅自幼“择师以教”，而且亲自加以辅导、切磋乃至形影不离，“父子短檠相对，至十余载，自为知己，出入不能相舍”。在光远弱冠后，为了求得更好的学习资源，父子二人又离开家乡鄞县“同客都下”。令人遗憾的是，光远举业未成，父亲竟撒手人寰。此后三十余年光远为完成父亲的心愿，一直奋发于科场中，“扁其室曰‘观行’，朝暮激昂，期绍先志”。然而“蹉跎至五十”，仍不能得偿所愿。面对这样的结局，他自己无奈地慨叹道：“科举之不效，命也。”[②]从北宋到南宋，士人数量急剧膨胀，南宋科举竞争的激烈程度远超北宋。据估计在南宋进士“录取率均在百分之一以下”“大约超过百分九十九以上的士人，仍被排挤在仕宦大门之外”。[③]而安氏加入科场恰恰在南宋时期，此前家族也并无登科的先例，这些是导致他在科举之路上大概率失败的重要原因。四是信仰佛教。宋代文人士大夫崇佛是较为普遍的，加之明州是佛教圣地，天台宗和禅宗两大宗派都活跃于此[④]，更是促进了当地士人的崇佛活动。光远“参阅内典，旁接诸禅，趺坐至深夜不动。年才五十有七而疾病，垂绝，犹大书偈语，词意超诣”。南渡以来，安氏定居四明，而四明又是全国的文化中心浙东的重镇，佛教昌盛，儒学发达。置身其中的安氏深受当地文教的滋养熏陶，比之宋初，汉地的儒家理想和佛教观念深刻地融入了其血液之中。尽管一生未仕，但是安光远在鄞县当地还是拥有较高的声望，“致仕应君良弼，一乡推为长者，老而益高，君尤与之厚。尝铭其墓，人以君为应之亚匹”。在士大夫日益地方化的南宋，安氏已完全融入了当地的基层社会成为地方精英。他也喜欢结交朋友，“客至趣备酒肴，撷蔬买鱼，陶

① （宋）楼钥：《攻媿集》卷104《安光远墓志铭》，《景印文渊阁四库全书》，第1153册，第597页。割股奉亲这个一直存在争议的行为，在宋代得到了包括士大夫阶层在内的整个社会的普遍认可，割股以进既是子女表达孝心的极端手段，也是社会评价他们是否孝顺的圭臬。

② （宋）楼钥：《攻媿集》卷104《安光远墓志铭》，《景印文渊阁四库全书》，第1153册，第597页。

③ 黄宽重：《政策·对策：宋代政治史探索》，台北：联经出版公司，2012年，第110页。

④ 牛润珍、宋羽：《宋元之际四明地区佛教的发展——以延祐〈四明志〉为中心的考察》，《中国地方志》2018年第1期，第57页。

然径醉。气同志合，或馆致累日”①。从他买鱼待客，有时竟至数日的情况来看，家境应是不错的。

四、结　　论

从地域来看，安氏家族在唐末至南宋中期的三百余年的延续中屡次迁徙，足迹从西北到代北，由代北而太原，由太原而郓州、开封，后又在靖康之乱中又南迁至明州。基本呈现由西而东、由北而南、由边关到内地的迁徙特点。从文化层面来看，安氏家族的发展基本经历了以武起家，由武入文的过程，转换的过程呈现出文武并进、极其漫长的特点。唐末五代安氏前三代人弓马娴熟、战功赫赫，进入北宋的第四代人则在宋廷力倡文治的号召下根据时势和自身的实际情况选择亦文亦武的发展策略，然而文的转化并不成功，坚持以武立身的安守忠一支却衰而不败、余脉不绝，在满朝文风的浸淫下这一支也最终在南宋时转为被深层次儒释化了的文人士大夫，粟特胡人的尚武特征消失殆尽。遗憾的是该家族自始至终都没有出现过一位在全国有影响力的著名文士。从家族盛衰来看，五代的后唐到后周是家族势力最鼎盛的时期，政治上出现一门五节度，一王一国公的盛况，借助政治势力通过搜刮民财在经济上也成了财雄一方的豪族。北宋前期经历了子孙的大肆挥霍和竭私财助国守边的打击后一直处于衰而不败的状态。南宋以后转入文途，投身科场，无奈此时科举的竞争激烈程度已远甚北宋，以致一生困顿科场而无果，但无疑安氏还是成了人杰地灵的四明基层社会中的重要一员。回顾安氏家族的发展史，能很清楚地观察到家族的迁徙常常是在当时政治洪流的裹挟下进行的，与一次次内迁相伴随的是家族文化基因的延续和转变——由武而文，由粟特而华夏，这种延续和转变正是唐末五代两宋国家权力结构和文化认同不断嬗变的反映，一定程度上也是唐末五代到宋民族融合的自然过程。质言之，安氏家族的变迁史是粟特人在唐宋社会变革的大背景下消解、融合到华夏文化的生动个案。在宋代能维持数百年不坠的世家大族早已成为明日黄花，安氏能历三百余年而不败殊为不易，其最根本的原因在于他具有极强的时代适应性，能根据时势变化做出有利于自身的积极调整。

① （宋）楼钥:《攻媿集》卷104《安光远墓志铭》,《景印文渊阁四库全书》，第1153册，第597—598页。

宋代士大夫择偶观再论*

李　兵

（苏州大学 社会学院，江苏 苏州，215123）

摘　要：儒家理念中认为婚姻维系着社会伦理，是人伦之始，为了达到繁衍的目的，则需要维持和谐的婚姻关系，并主张选择人物、家庭相对等的配偶。婚姻论财并非宋代所特有的择偶观，实际源于南北朝门阀制度时期，并延续至元明清。受政治上的限制与追求、思想上儒家的熏陶，士大夫对于婚姻论财的行为一直持批判的态度。婚姻论财更多地出现于民间。在"男外女内"的儒家理念下，士大夫择偶最看重"男官女德"。由于未婚进士数量的稀少，导致门当户对成为主流的择偶观念。宋代出现了"男婚低户，女嫁高门"的新型择偶观。纷杂的择偶观念背后始终贯穿着"和"的儒家理念。宋代既继承了前世的择偶观念，其转变也对后世产生了深远影响。

关键词：宋代；士大夫；择偶观；儒家理念

士大夫被视为官僚与知识分子的结合。[①]学界关于宋代婚姻已经有着非常深厚的研究，其中关于择偶观也有着相当多的成果。学术界对此的观点主要包括三方面：婚姻论财；人物相当，男性看重才学，进而倾向科举进士，女性看重家庭背景；门当户

---

* 本文为江苏省研究生科研与实践创新计划项目"宋代士大夫择偶观研究"（KYCX20-2643）的阶段性研究成果。

① 关于士大夫定义，学界有着丰富的研究成果，士大夫至少包含着官僚与知识分子的双重角色。可参考吴晗：《论绅权》，吴晗、费孝通等：《皇权与绅权》，天津：天津人民出版社，1988年，第66页；阎步克：《士大夫政治演生史稿》第3版，北京：北京大学出版社，2015年，第2—12页；余英时：《士与中国文化》引言《士在中国文化史上的地位》，上海：上海人民出版社，2003年，第5—8页，等。

对。[①]更抽象而言，宋代的择偶观念是财富、个人、家庭背景三个因素的考量。这些观念屡经学界讨论，几乎已成定论。但是细细思索，这些观点彼此之间相互矛盾，无法做到自圆其说。一是财富、个人、家庭背景三者虽然各有侧重，但是何者为先，哪个更符合宋代择偶观念的主流？二是这些纷乱的择偶观念下是否有着更深层次的理念引导？因此本文欲以儒家经学为视角，将宋代的择偶观念置于“长时段”中进行重新观察。不当之处，请各位方家不吝批评指正。

一、儒家理念对择偶观的阐释

在传统社会中士大夫所接受的文化、思想教育都源于儒家经典，而其观念也深受儒家所影响，这是众所周知的事实。因此在讨论宋代士大夫的择偶观念之前，有必要探讨对士大夫有着潜移默化作用的儒家经典是如何阐发择偶观念的，而这又须明白择偶是想选择怎样的婚姻，又是如何看待婚姻的。

首先，婚姻的作用十分重要，是维系社会伦理的基础。《周易》提到“有天地，然后有万物。有万物，然后有男女。有男女，然后有夫妇。有夫妇，然后有父子。有父子，然后有君臣。有君臣，然后有上下。有上下，然后礼义有所错”[②]。自然界源于天地，而人类社会则始于男女、夫妇。在西汉司马迁看来“《易》基《乾》《坤》，《诗》始《关雎》，《书》美釐降，《春秋》讥不亲迎。夫妇之际，人道之大伦也。礼之用，唯婚姻为兢兢。夫乐调而四时和，阴阳之变，万物之统也”[③]。儒家经典《周易》和《诗经》都是以乾坤、男女为始而展开，因此婚姻尤为重要。这种重视婚姻的观念一直是儒家的重要理念，为后世所延续。宋儒胡安国仍然延续并补充这一说法：

有男女然后有夫妇，有夫妇然后有父子，故《春秋》慎男女之配，重大昏

① 讨论财富的代表性观点有：方建新：《宋代婚姻论财》，《历史研究》1986 年第 3 期；朱瑞熙等：《辽宋西夏金社会生活史》，北京：中国社会科学出版社，1998 年，第 140—144 页。

讨论家庭背景的代表性观点有：张邦炜：《试论宋代“婚姻不问阀阅”》，《历史研究》1985 年第 6 期；姚兆余：《论北宋世家大族的择偶标准》，《甘肃社会科学》2002 年第 6 期；邓小南：《宋代士人家族中的妇女：以苏州为例》，《朗润学史丛稿》，北京：中华书局，2010 年。

讨论个人的代表性观点有：吴旭霞：《试论宋代婚姻重科举士人》，《广东社会科学》1990 年第 1 期。

除此之外，李云根认为家庭背景优先于才学（李云根：《北宋宰辅群体姻亲选择的标准》，《江汉论坛》2013 年第 3 期）；刘伟文认为才学与财富同时存在（刘伟文：《宋代士大夫择偶观辨析》，杨渭生主编：《徐规教授从事教学科研工作五十周年纪念文集》，杭州：杭州大学出版社，1995 年）。

② 《周易正义·序卦》，（清）阮元校刻：《十三经注疏》，北京：中华书局，1980 年，第 96 页。

③ 《史记》卷 49《外戚世家》，北京：中华书局，1959 年，第 1967 页。

（婚）之礼，以是为人伦之本也，事有大于此者乎？男而贤也，得淑女以为配，则自家刑国，可以移风俗；女而贤也，得君子以为归，则承宗庙奉祭祀，能化天下以妇道，岂曰小补之哉？①

婚姻作为人类社会中的一项重要活动，被视为封建社会秩序的基石，有着教化社会风俗的关键作用，这是儒家一脉相承的观点，宋代士大夫受儒家观念影响。

其次，婚姻的目的是繁衍后代，而欲达到这一目的则需要通过“和”的手段。古代“阳尊阴卑”“男尊女卑”的婚姻状态一直是学界中的传统观点。伊佩霞曾提到“儒家的社会关系模式不言自明地由阳统治阴”②，不仅国内外学者，古人也认为“阴顺阳，女顺夫，天地之义也”③。而面对阴阳理论中“阳尊阴卑”“阴随阳动”模式下的理所当然，值得追问的是为什么不是反过来（如阴尊阳卑等）？或者阴阳处于同一状态（如阳尊阴尊等）呢？

地之所以要服从天，是因为在古人朴素的宇宙观中，“天上地下，贵贱判矣”④。在古人眼中，天地在宇宙中呈现的是一种自然、直观的空间位置——天上地下，而上贵下贱自然衍生出天贵地贱，地要服从于天的朴素观念。而阴阳既是具体的天地之气，又包含着抽象化的天地这一哲学概念，阴阳模式是对天地的模仿，“阳得正于上，阴得正于下，尊卑之象定，礼之序也”⑤。所以代表天的阳在上，代表地的阴在下，阳上阴下，故阳尊阴卑。而董仲舒认为“天地之阴阳当男女，人之男女当阴阳。阴阳亦可以谓男女，男女亦可以谓阴阳”⑥。因此对天地、阴阳的理解也延伸到男女中。“妻顺夫……何法？法地顺天也。”⑦天地直观的空间位置令古人确立了天尊地卑、阳尊阴卑、男尊女卑的观念。

铁爱花先生也曾指出阴阳学说与宋儒阐发男女地位的关系，男为阳，女为阴；男为乾，女为坤，宋人以阳尊阴卑的理论诠释男尊女卑的两性权力关系，是男性社会性别伦常秩序与政治秩序的理论基础。⑧但是阴阳、男女尊卑的理论范围仅限于男女的社会、家庭地位，并非男女、婚姻的相处之道。王充就曾提及“儒家说夫妇之道，取法于天

---

① 王雷松：《胡安国〈春秋传〉校释与研究》，北京：北京师范大学出版社，2016年，第214页。

② ［美］伊佩霞：《内闱：宋代的婚姻和妇女生活》，胡志宏译，南京：江苏人民出版社，2004年，第29页。

③ （清）苏舆撰，钟哲点校：《春秋繁露义证·阳尊阴卑第四十三》，北京：中华书局，1992年，第324页。

④ （清）苏舆撰，钟哲点校：《春秋繁露义证·阳尊阴卑第四十三》，第324页。

⑤ （汉）佚名撰，（汉）郑玄注：《周易乾凿度》卷上，《景印文渊阁四库全书》，台北：商务印书馆，1986年，第53册，第867—868页。

⑥ （清）苏舆撰，钟哲点校：《春秋繁露义证·循天之道第七十七》，第446页。

⑦ （清）陈立撰，吴则虞点校：《白虎通疏证》卷4《五行》，北京：中华书局，1994年，第194页。

⑧ 铁爱花：《宋代士人阶层女性研究》，北京：人民出版社，2011年，第38—85页。

地”[①]。可以说儒家对天地运行的认识指导着夫妻关系，而儒家对于天地的理解不仅仅是位置的上下，也有运行的理解。《礼记》中对于天地运行的描述是“地气上齐，天气下降，阴阳相摩，天地相荡，鼓之以雷霆，奋之以风雨，动之以四时，暖之以日月，而百化兴焉”[②]。认为天地运行的结果是万物随之而生。而天地生万物的关键，董仲舒认为“和者，天地之正也，阴阳之平也，其气最良，物之所生也”[③]。《淮南子·汜论训》中也说“天地之气，莫大于和。和者，阴阳调，日夜分，而生物”[④]。可见天地正是依据“和”才能够孕育万物。儒家对于天地、阴阳和合而万物生的理解也因此运用到夫妇、婚姻的相处原则当中。《礼记正义·昏义》对于婚姻的本质进行定义：“昏礼者，将合二姓之好，上以事宗庙，而下以继后世也”[⑤]在儒家观念中，婚姻的目的在于事宗庙，继后世。而要达到延续后代的目的，“和”则是其中的关键所在。毛亨在《毛诗正义·国风·谷风》中对“习习谷风，以阴以雨”一句进行解释：“阴阳和而谷风至，夫妇和则室家成，室家成而继嗣生。”[⑥]在儒家看来，唯有夫妻之间和谐才能建立家庭，达到延续后代的目的。这也是天地、阴阳化生与夫妇延续后代的相通之处。和谐的婚姻关系与延续后代形成因果关系，可以说婚姻理念的终极依据就是“和”[⑦]。

而儒家经典中对于夫妇和谐观念的构建也由此伴随儒家教育而一脉传承。宋代程颐也以《诗经·谷风》为例，认为：“习习，和风。阴阳交和，则感阴而成雨。夫妇之道同，黾勉和同，不宜有怨怒也。盖和则夫妇之道成而家室正，如阴阳和而成雨。”[⑧]朱熹也说：“用兵则要相杀相胜，婚姻则要和合。”[⑨]而在宋代众多的婚书当中，“琴瑟和鸣”“凤凰于飞”“鸾凤偕老”等等祝福夫妇婚姻生活美满和谐的典故词句比比皆是，这些常见的祝福语句背后凝聚的是儒家传统思想中对于婚姻和谐的美好期望，以及对和谐的夫妻关系在婚姻中所起到关键作用的认识。

要达到和谐的婚姻状态，择偶则需要尽量保证男女、家族的对等与匹配。《诗经》中“深则厉，浅则揭”一句，郑玄解释为“以水深浅喻男女之才性、贤与不肖及长幼

---

① 黄晖：《论衡校释》卷18《自然篇》，北京：中华书局，1990年，第782页。
② 《礼记正义·乐记》，（清）阮元校刻：《十三经注疏》，第1531页。
③ （清）苏舆撰，钟哲点校：《春秋繁露义证·循天之道第七十七》，第446页。
④ 何宁：《淮南子集释》卷13《汜论训》，北京：中华书局，1998年，第934页。
⑤ 《礼记正义·昏义》，（清）阮元校刻：《十三经注疏》，第1680页。
⑥ 《毛诗正义·国风·谷风》，（清）阮元校刻：《十三经注疏》，第303页。
⑦ 按：终极依据的含义是指一个逻辑是所有道理中的根本道理，被视为不用论证和思考的起点，而伴随着知识、思想的丰富与时间发展，这一逻辑逐渐隐没，成为一切合理性的支持背景。参见葛兆光：《中国思想史·导论》，上海：复旦大学出版社，2017年，第32—41页。
⑧ （宋）程颢、程颐：《二程集·河南程氏经说》卷3《谷风》，北京：中华书局，2004年，第1050页。
⑨ （宋）黎靖德编，王星贤点校：《朱子语类》，北京：中华书局，1986年，第1859页。

也。各顺其人之宜，为之求妃耦”，孔颖达对此做进一步阐释：“行纳采之法如过水，深则厉，浅则揭。各随深浅之宜，以兴男女相配。男贤则娶贤女，男愚则娶愚女”，认为择偶需要讲求男女个人的对等与匹配。[①]而对于如何保证男女的匹配，《大戴礼记》认为：“谨为子孙娶妻嫁女，必择孝悌世世有行义者。如是则其子孙慈孝，不敢淫暴，党无不善，三族辅之。故曰：凤皇生而有仁义之意，虎狼生而有贪戾之心。两者不等，各以其母。呜呼！戒之哉！无养乳虎，将伤天下！”[②]择偶需要看重并考察其家族的品行，因为家族对于个人有着极深的影响，家族品行的优劣是决定个人的关键因素，因此必须要选择品行优良的家族才能保证男女的匹配。而到宋代，王安石则说：“夫妇正者，在求有德之淑女为后妃以配君子也，故始之以《关雎》。夫淑女所以有德者，其在家本于女工之事也，故次以《葛覃》。有女功（工）之本，而后妃之职尽矣，则当辅佐君子求贤审官。”[③]认为本于女工的“有德”淑女，以及有志于仕途的君子才是男女的匹配，看重的是个人的品行。

二、士、俗身份下的择偶差异

在审视儒家经义中对择偶、婚姻观点之后，士大夫的择偶观、婚姻观的也就迎刃而解。首先值得重新审视的一个问题是婚姻论财的问题，部分学者将这一择偶观扩大到宋代全部群体之中，但值得商榷的一点是这能否能够真正代表整个宋代?

（一）婚姻论财的普遍性

方建新先生、张邦炜先生都认为宋代择偶的时代特征是“不顾门户，直资求财”。事实上，婚姻论财的现象早已有之。顾向明先生指出，早在门阀制度盛行的魏晋南北朝时期就已经出现了士族在与庶族富室联姻时大索彩礼，出现了“卖婚”现象，并一直延续到唐代。[④]例如《颜氏家训》中就记载到：“近世嫁娶，遂有卖女纳财，买妇输绢，比量父祖，计较锱铢，责多还少，市井无异。”[⑤]可见在中古时期婚姻中计较彩礼的风气早已广为盛行，“婚姻论财”的行为并非宋代突兀产生的现象。而门阀制度下之所以会发生这一行为，是有其深刻的历史背景。门阀制度下“家世的清华并不一定伴随着经济的

① 《毛诗正义·邶风·匏有苦叶》，(清)阮元校刻:《十三经注疏》，第302页。

② (清)孔广森撰，王丰先点校:《大戴礼记补注：附校正孔氏大戴礼记补注》卷3《保傅第四十八》，北京：中华书局，2013年，第73页。

③ (宋)王安石撰，聂安福等整理:《临川先生文集》卷66《周南诗次解》，上海：复旦大学出版社，2016年，第1197页。

④ 顾向明:《中古时期的士庶婚姻及“卖婚”习俗》,《民族研究》2002年第3期。

⑤ 王利器:《颜氏家训集解：增补本》卷1《治家第五》，北京：中华书局，1996年，第53页。

富足，这样的例子在六朝是史不绝书的。士族求利，庶族求名”①。而伴随着门阀制度的不断衰落，不仅仅是政治地位，其经济实力也逐渐衰落。“名虽著于州闾，身未免于贫贱，自号膏粱之胄，不敦匹敌之仪，问名惟在于窃赀，结褵必归于富室”②，可见在唐初，虽然门阀大族的名望仍然具有较强的吸引力，但是其政治实力与经济实力都不再强盛，而为了维持其声望，“每嫁女他族，必广索聘财，以多为贵”③，将门第高低、家族声望与聘财相连，婚姻中大索聘财的“卖婚”行为就成为其将声望交换成为实际利益的有效手段。“山东人尚婚媾，求禄利耳”④，所以“比量父祖”、比较门第高低的行为仅仅是为了能够凸显自身声望的高贵，从中牟取更多的财富。可见中古时期的择偶观念既问阀阅，也求其财。而婚姻论财的现象也并未止于唐代，而是一直延续下来。南宋孙觌在为其子所作的婚书中也提及“卖婚久矣，浸已成风”⑤，可见一斑。关于宋代这一择偶观念有诸多论述，笔者不再赘述。但是这一行为在元明清时期也不曾断绝。元代王结就进行过描述“近年婚姻之家贪慕富贵权势，不为男女远图，或结婚之后，随即乖争，计较聘财多寡，责望资装厚薄。……又闻府中人家亦有苟贪财贿，甘与异类为婚者”⑥。而明代婚姻论财的现象也屡见不鲜：“湖湘风俗甚漓，以葬为末务，婚姻必论财。”⑦“齐俗婚姻素论财。”⑧清朝也存在着这一现象：“（台湾）其俗之不善者，婚姻论财。”⑨清人赵翼就曾指出“魏、齐之时，婚嫁多以财币相尚，盖其始高门与卑族为婚，利其所有财贿纷遗，其后遂成风俗，凡婚嫁无不以财币为事，争多竞少，恬不为怪也。……此可见财婚由来久矣”⑩。可见婚姻论财的观念由来已久，且为后世所常见，并非宋代所特有的择偶观念。

（二）士大夫择偶不论财

而与之相对而言，士大夫群体并不主张婚姻论财。笔者欲从士大夫本身的定位来探

---

① 程章灿：《沈约〈奏弹王源〉与南朝士风考辨》，《传统文化与现代化》1995年第6期。

② （唐）王溥：《唐会要》卷83《嫁娶》，北京：中华书局，1955年，第1528页。

③ （唐）吴兢撰，谢保成集校：《贞观政要集校》卷7《论礼乐第二十九》，北京：中华书局，2003年，第396页。

④ 《新唐书》卷201《袁谊传》，北京：中华书局，1975年，第5728页。

⑤ （宋）孙觌：《鸿庆居士集》卷28《超宗求婚》，《景印文渊阁四库全书》，第1135册，第284页。

⑥ （元）王结：《文忠集》卷6《二十三曰正婚姻》，《景印文渊阁四库全书》，第1206册，第258页。

⑦ （明）焦竑：《国朝献征录》卷63《中宪大夫都察院左佥都御史张公纲神道碑》，台北：学生书局，1984年，第2704页。

⑧ （明）黎淳著，段心惠、段虹校释：《黎文僖公集》卷16《后军都督府经历王君墓表》，长沙：岳麓书社，2017年，第324页。

⑨ （清）蒋毓英撰，陈碧笙校注：《台湾府志校注》卷5《风俗》，厦门：厦门大学出版社，1985年，第55页。

⑩ （清）赵翼著，王树民校证：《廿二史札记校证》卷15《财婚》，北京：中华书局，1984年，第317页。

讨这一问题。

首先士大夫在政治中的官僚角色不允许也并无必要在婚姻中论财。方建新先生就曾列举向敏中与张齐贤相互争娶柴氏，屯田郎中刘宗吉娶寡妇，右朝请郎知秀州王蘧甚至成为寡妇的赘婿，这些士大夫都是出于钱财的目的而形成的婚姻，因此“很能反映当时士大夫阶层中一些人的婚姻观念”。[①]这些士大夫在为钱财娶妻之后的结果学界却并未关注，事实上，对士大夫婚姻论财行为，朝堂中一直都采用严厉的手段来处理这一行为。张齐贤“晚娶薛氏妇，真宗不悦”[②]，并对张齐贤进行贬官，在对其贬官的制书中写道“悦媒氏之甘言，利寡妇之私帑。讼端是构，物议交喧，宜用小惩，俾循深咎”[③]，是宋真宗对张齐贤为财娶妇的一种惩戒，而刘宗古也因京东转运司的上报而被“放归田里”[④]，王蘧更是被批评为“贪污至此，素为士论所薄”[⑤]。尽管这些人被贬官有着其他的因素在内，但是为财娶妻无疑是其中极为重要的一个原因。丁骘所上奏章中对进士婚姻论财的行为更是批评激烈：“臣窃闻近年进士登科娶妻论财，全乖礼义。……沾污恩命，亏损名节，莫甚于此。……筮仕之初，已为污行，推而从政，贪墨可知。臣欲乞下御史台严行觉察，如有似此之人，以典法从事。庶几惇厚风教，以惩曲士。”[⑥]在丁骘看来，这些新科进士以婚求财，完全违背了儒家的礼义廉耻，甚至可以借此推断其后为政贪腐的行为，要求从严处理，可见士大夫对于娶妻论财行为的深恶痛绝。因为在士大夫眼中，婚姻论财意味着其个人的品行不端，而其贪财的表现在日后的仕途中必定会成为腐败的官员，婚姻论财直接与士大夫的为官操守相联系。而如沈继祖弹劾朱熹“男女婚嫁，必择富民，以利其奁聘之多”[⑦]，这一说法虽是污蔑，却倒映出在士大夫眼中，婚姻论财足以视为个人的污点。因此在宋代诸多的史料当中，但凡出现因财娶妻的行为，都受到了士大夫的批评与非议，严重者甚至遭到贬官、免官的惩处。

官员的身份令士大夫追求的是政治资源，而非财富。以南宋宰相家族的婚姻为例，在145例婚姻中，配偶绝大部分都具有一定的政治地位（官员的后代、进士等），仅有汤思退、陈宜中两人与商人有联姻行为。[⑧]当然，不排除已经失去记载的历史当中有更

---

① 方建新：《宋代婚姻论财》，《历史研究》1986年第3期。

② （宋）吴处厚撰，李裕民点校：《青箱杂记》卷2，北京：中华书局，1985年，第17页。

③ （宋）徐自明撰，王瑞来校补：《宋宰辅编年录校补》卷3，咸平三年十一月丙申条，北京：中华书局，1986年，第90页。

④ （宋）李焘：《续资治通鉴长编》卷291，元丰元年八月丙寅条，北京：中华书局，2004年，第7124页。

⑤ （宋）李焘：《续资治通鉴长编》卷471，元祐七年三月丁酉条，第11247页。

⑥ 曾枣庄、刘琳主编：《全宋文》卷1580《请禁绝登科进士论财娶妻奏》，上海：上海辞书出版社；合肥：安徽教育出版社，2006年，第72册，第311—312页。

⑦ （宋）叶绍翁撰，沈锡麟、冯惠民点校：《四朝闻见录》丁集《庆元党》，北京：中华书局，1989年，第145页。

⑧ 李兵：《南宋宰相家族婚姻研究》，河南大学硕士学位论文，2019年。

多的婚姻是出于财富的目的。但是现存史料当中婚姻论财的现象在南宋宰相家族的婚姻中仅占有相当低的比例，一定程度上可以表明这种婚姻观念在宰相家族、士大夫家族当中并不占有主流地位，甚至是极为稀少。丁大全虽然身为进士，但是为了能够更加迅速地升迁，“为戚里婢婿，夤缘以取宠位。”不惜身份娶外戚奴婢之女，可见政治权力对于士大夫的吸引力。[①]因此政治权力才是士大夫的第一追求，而这恰恰是商人群体或者财富所无法提供的。

其次士大夫在文化上知识分子的角色也令其对婚姻论财的行为持批判态度。北宋时期司马光便谈到“今世俗之贪鄙者，将娶妇先问资装之厚薄，将嫁女先问聘财之多少……岂得谓之士大夫婚姻哉”[②]，将婚姻论财的行为视为贪鄙之人的行为。《萍州可谈》中广为引用的一则史料：

> 京师买妾，每五千钱名一个，美者售钱三五十个。近岁贵人，务以声色为得意，妾价腾贵至五千缗，不复论个数。既成券，父母亲属又诛求，谓之“遍手钱”。本朝贵人家选婿，于科场年，挥过省士人，不问阴阳吉凶及其家世，谓之“榜下捉婿”。亦有缗钱，谓之“系捉钱”，盖与婿为京索之费。近岁富商庸俗与厚藏者嫁女，亦于榜下捉婿，厚捉钱以饵士人，使之俯就，一婿至千余缗。既成婚，其家亦索“遍手钱”，往往计较装橐，要约束缚如诉牒，如此用心何哉？[③]

在这段史料中，朱彧的记载是将贵人买妾时的遍手钱与时下捉婿索要的遍手钱进行类比，而“系捉钱”仅有千余缗，不如妾价五千缗，实际上是在讽刺这些进士卖婚的行为如同被买的妾，甚至还不如妾的价格。朱彧的记载本身就表达了一种价值判断，是对这些卖婚行为的士人的鄙夷和不满。在士大夫群体当中，尽管有一部分人有着娶妻论财的现象，但是这种行为在士大夫当中并非主流观念，恰恰相反，士大夫群体对于这一行为内心是十分鄙薄的，并一直在营造排斥这一行为的文化氛围。

士大夫之所以轻视婚姻论财这一现象，并视为贪鄙之人才做的事情。这是因为“王者之治，始之于家，家之序，本于夫妇正”[④]，在接受儒家教育的士大夫眼中，婚姻作为社会伦理的基石，是正人伦、维护社会秩序的最开始、最基础的一步。而婚姻论财是

---

① 《宋史》卷474《奸臣四·丁大全》，北京：中华书局，1977年，第13778页。

② （宋）司马光：《司马氏书仪》卷3《婚仪上》，《丛书集成新编》，台北：新文丰出版股份有限公司，1985年，第35册，第25页。

③ （宋）朱彧撰，李伟国点校：《萍州可谈》卷1《买妾价贵捉婿费多》，北京：中华书局，2007年，第127页。

④ （宋）王安石：《临川先生文集》卷66《周南诗次解》，第6册，第1197页。

在择偶中以财富取代品性作为选择标准，其择偶的核心是财，这与欲正夫妇进而达到王者之治的理念不符，也和传统社会下的官本位、儒家理念中的德本位相冲突。传统社会中建立在夫妇基础上的父子、君臣的社会秩序以及秩序中所蕴含的上下尊卑、忠孝节义观念，无疑会被财以及其中所意味的利所取代，是对于传统社会秩序、儒家伦理的挑衅，是对要借夫妇之义来教化天下的儒家理念的一种挑战，这正是士大夫所难以接受的。因此婚姻论财的现象与行为无疑会遭到士大夫的批判与谴责，更是将其指斥为“卖婚”。司马光在《司马氏书仪》中引用隋代王通称：“文中子曰：‘婚娶而论财，鄙俗之道也’”[①]，引用上从“夷虏之道”改为“鄙俗之道”，也许是司马光为了语气的缓和而有意做出的修改。而到南宋时，在朱熹所编《家礼》的记载中，司马光所引用语句却又发生变动：“司马公曰：‘文中子曰：“昏（婚）娶而论财，夷虏之道也”。’”[②]对婚姻论财的批评，从司马光的“鄙俗之道”再回归到朱熹的“夷虏之道”，这句话的变动并非简单地文字变化，也并非朱熹个人无意中所造成的引用上的失误，实际上，无论是《事类备要》《琴堂谕俗编》《事文类聚》等面向大众的、普及性的类书，还是在《东莱集》《读书记》等士大夫个人文集中，都采用了后者的说法。南宋士大夫对司马光的引用重新回归到王通的“夷虏”一说，并非简单的文字校正。南宋宰相史浩也在其女的订婚书中写道“鄙夷虏之卖婚，信风期之拔俗”[③]。可见这不仅仅是朱熹一人的观点，而是南宋士大夫有意为之，透露出当时南宋士大夫对于婚姻论财现象的一种普遍性的观念。从“鄙俗之道”到“夷虏之道”，语句的批判色彩更加浓厚，这种语境的有意转变，可以看到儒家观念在南宋时期对于婚姻论财行为的评判已经从道德上的缺陷上升为划分华夷的标准。南宋士大夫对婚姻论财所表现出的更低的容忍限度、更严肃的指责语气，无疑是儒家观念中对择偶所持有的看法在两宋时期不显眼而又坚定的转变。

与此同时，士大夫也力图在择偶过程中力图以儒家理念作为标准。姚勉就在婚书中说“惟男女及时之义，非币不交；至婚娶论财之风，则吾岂敢”。表示不愿以财论婚，耽误男女婚嫁的年龄，在谈及原因时，则说“二姓相孚于道义，百年永托于姻娅”，“第相交儒素之风，安敢效夷虏之习”。[④]重视婚姻对于联系两家感情有着重要意义，“道义”“儒素之风”等语句也表明其择偶中所受儒家观念影响之深。赵善应的旧交许珪去世之

① （宋）司马光：《司马氏书仪》卷3《婚仪上》，《丛书集成新编》，第35册，第25页。

② （宋）朱熹：《朱子全书·家礼》卷第三《昏礼》，上海：上海古籍出版社；合肥：安徽教育出版社，2002年，第897页。

③ （宋）史浩：《鄮峰真隐漫录》卷28《女回陆氏定礼书》，《宋集珍本丛刊》，北京：线装书局，2004年，第43册，第133—134页。

④ （宋）姚勉：《姚勉集》卷24《餉启》、《定亲（姚娶赵）》，上海：上海古籍出版社，2012年，285页。

后，家中贫困，无法为女儿准备嫁妆，赵善应便以次子赵汝拙聘为妻子。[①]魏杞家族与王家缔结婚姻的例子也可做参考，魏鹿宾在记载其父魏杞为他选择王氏为妇的过程是：

> 王氏……母赵氏……赵氏与祖妣燕国有连。先公文节（魏杞）居政府，外舅以厄贫挚家来相依，燕国深念之。先公承燕国之志，既为之经理其家，且命鹿宾聘其长女，燕国喜甚。方议姻，外舅惊曰：'一寒如此，何以为装送？'逊避再三。先公曰：'吾所望于妇者，克尽妇道足矣，奁具非具所问也。'卒厚其礼而成之。[②]

王家家庭非常贫困，甚至全家过来投奔，更无法为王氏提供嫁妆，但是魏杞对此却并不在意，对于王氏的要求仅仅是克尽妇道。因此婚姻论财仅仅是个别士大夫的行为，绝非士大夫的主流观念。

（三）民间婚姻论财的习俗与治理

更确切地说，婚姻论财的现象更多的是出现在宋代社会中的世俗、平民群体当中。在宋代诸多的史料当中，凡是谈及婚姻论财的现象，却必然会出现“俗”。杨简说：“男女婚嫁，人之大义也。薄俗语及婚嫁，意多不正”[③]，《琴堂谕俗编》中也谈及“而今之世俗，每不能然。将娶妇，惟问资装之厚薄，而不问其女之贤否；将嫁女，惟问聘财之多少，而不问其婿之何如”[④]。而诸多批评婚姻论财陋习，指责“俗”的言论，都是暗指民间婚姻论财的行为。

“俗”有时为名词意义上的民间。宋神宗朝林积在担任福州知州时，“俗多规财为婚，不如其欲，往往遂诬以非，理有经义，追不及，数而残辱其父母。公闻之久矣，适有两造于庭，公谕之以义理，正之以刑宪，亲为告谕，布宪属。邑民始知耻，是法不敢为是弊”[⑤]。福州在经过林积治理之后，百姓婚嫁时便已不再有求财的现象，这则史料中表明士大夫笔中所谓的“俗”正是暗指“邑民”。南宋理学家张栻也说：“为父母之道，要使男女及时，各有所归。婚姻结好，岂为财物？其侈靡等事，一时之间徒足以欺

---

① （宋）朱熹：《朱子全书·晦庵先生朱文公文集》卷92《笃行赵君彦远墓碣》，第4255—4256页。

② 章国庆编著：《宁波历代碑碣墓志汇编·宋故安人王氏（妙喜）圹志》，上海：上海古籍出版社，2012年，第223页。

③ （宋）杨简著，董平校点：《杨简全集·慈湖先生遗书》卷17，杭州：浙江大学出版社，2016年，第2243页。

④ （宋）郑玉道、彭仲刚撰，应俊辑补：《琴堂谕俗编》卷上《重婚姻》，《全宋笔记》，郑州：大象出版社，2018年，第11册，第77页。

⑤ （宋）黄裳：《演山先生文集》卷33《中散大夫林公墓志铭》，《宋集珍本丛刊》，第25册，第50页。

眩乡闾无知之人。”[①]直接指出所谓的求财不过是乡间没有见识的普通民众的追求。王梦龙在求叶适为妻子赵氏作墓志铭的时候便说道：“妇贵，夫所倚也；夫富，妇所安也；此固世俗与宗室为婚者之常也。赵氏家及中外，皆王公将相，贵盛矣。然我士人，义不倚为重。”[②]很显然，王梦龙也在宣扬士大夫与民间世俗婚姻不同的婚姻观念。袁采在作《袁氏世范》时一开始的书名为《训俗》，便是出于教导百姓的目的，他在婚姻问题上认为“男女议亲不可贪其阀阅之高，资产之厚”[③]。

“俗”有时为风俗之义。无论是北宋福州知州蔡襄所作《福州五戒》中批判的“今之俗，娶其妻，不顾门户，直求资财……此生民之大弊”[④]，还是南宋漳州知州廖刚的奏章中所提到的“本州有习俗之弊，婚嫁丧祭，民务浮侈，殊不依仿礼制”[⑤]。这些却都清晰地指出婚姻论财的“俗”出现在“民”当中。士大夫笔下每每都在痛心疾首地批评世俗婚姻论财的风气，针对士大夫的记载更多的是个人，对民间更多的是群体，是以“士”“俗”为标准隐晦地将士大夫与平民群体分开。

面对门阀制度下产生的婚财行为对儒家传统择偶观念的扭曲与冲击，历朝历代的统治者都对此进行禁止。魏晋南北朝时期，北魏太和二年（478年），孝文帝下诏：“婚聘过礼，则嫁娶有失时之弊。……乃者，民渐奢尚，婚葬越轨，致贫富相高，贵贱无别。又皇族贵戚及士民之家，不惟氏族，下与非类婚偶。”[⑥]可见民间婚姻论财的现象在南北朝时期便已经存在，但是在当时门阀制度的背景下，禁止平民阶层婚姻论财仅仅是治理门阀大族择偶乱象的附庸，因此取得的成效并不显著。唐代为了打击山东士族择偶论财的行为，唐太宗于贞观十六年颁布“禁卖婚诏”，试图以冠冕取代门第；武则天于显庆四年颁布“禁婚令”，试图以官品取代门第。伴随着唐朝中后期的衰落，之后的皇帝选驸马时又取山东士族，唐宪宗“诏宰相于士族之家选尚公主者”，唐文宗“诏宗正卿取世家子以闻”，唐前期禁卖婚的诏令已经名存实亡。宋以前的禁止婚姻论财的政策具有一定的政治色彩，更多的是针对门阀士族，而非普通的平民阶层。北宋前期士大夫批评以财论婚的现象相对较少，这与当时士大夫“务以冲晦自养”[⑦]的士风密切相关，即便

---

① （宋）张栻著，杨世文点校：《张栻集·新刊南轩先生文集》卷15《谕俗文》，北京：中华书局，2015年，第997页。

② （宋）叶适：《叶适集·水心集》卷25《赵孺人墓志铭》，北京：中华书局，2010年，第500—501页。

③ （宋）袁采：《袁氏世范》卷1《议亲贵人物相当》，《丛书集成新编》，第33册，第149页。

④ （宋）蔡襄著，徐爀等编，吴以宁点校：《蔡襄集》卷34《福州五戒文》，上海：上海古籍出版社，1996年，第618页。

⑤ （宋）廖刚：《高峰文集》卷5《漳州到任条具民间利病五事奏状》，《景印文渊阁四库全书》，第1142册，第364页。

⑥ 《魏书》卷7上《高祖纪第七上》，北京：中华书局，1974年，第145页。

⑦ （宋）王辟之撰，吕友仁点校：《渑水燕谈录》卷3，北京：中华书局，1981年，第30页。

是真宗朝宰相李沆也自称“惟四方言利事者，未尝一施行”①。宋前期对于民间的风俗也并未进行过多的干预。而到北宋中后期，儒家开始将视野集中在时政，意图针砭时弊，教化天下。范仲淹“每感激论天下事，奋不顾身，一时士大夫矫厉尚风节”②。士风的扭转促使士大夫“议风俗之厚薄”③，此时民间与儒家理念截然相反的婚财现象就开始受到众多士人的批评，并对这一风俗采取了多样化的应对措施，既有部分地方官员使用行政命令来矫正风俗，侯可在知巴州化成县时“为立制度，称其家之有无，与之约曰：‘逾是者有诛。’”④孙觉“裁为中法，使资装无得过百千”⑤。也有部分士大夫通过撰写谕俗文、通俗读物、家礼等方式从观念上对婚财行为晓以利害，进行道德批判，试图引导、重塑平民阶层的择偶观；在家训、文集、笔记等私人性质的文学作品中宣传、强化士大夫群体对婚财行为鄙视的氛围和儒家理念。这种群体性、连续性的手段都是宋代以前所未有的士大夫自发行为，从侧面可以展现宋代中期之后士大夫对社会道德建设更加富有责任感。宋代经过较长时间的治理之后，士大夫已经意识到想要通过利用儒家观念进行教化的手段对这一习俗进行舆论上的引导和约束是低效而无力的方式。廖刚曾上书谈道：“臣职在宣化，敢不谆谕，觊其悔悟，所愧无德，格之诚难。欲圣慈特降睿旨于福建路，杂格令内增立约束，为之节制而禁止之。”⑥采取行政手段对民间婚财的习俗进行治理已经成为部分士大夫的共识，由此也对后世产生启发。元代至元八年（1271年）二月规定“诸色人同类自相婚姻者，各从本俗法”⑦。随后就在同年八月下诏“据汉儿人旧来体例，照得朱文公《家礼》内《婚礼》，酌古准今，拟到各项事理”⑧。前文提到朱熹在《家礼》中明确表达了对婚财的反感态度，这无疑意味着汉族对婚财行为的反感已经成了本民族的“俗法”，成为元代统治者管理汉族婚姻的重要依据。在大德八年（1304年）又下诏“民间聘财，命中书省从宜定立等第”⑨，对民间上户、中户、下户的聘财分别规定了明确的数量。明代建国之初，明太祖于洪武五年（1372年）下诏：“古之婚礼，结两姓之好，以重人伦。近代以来，专论聘财，习染奢侈，宜令中书省集

---

① （宋）李焘：《续资治通鉴长编》卷56，景德元年六月丙戌条，第1244页。

② 《宋史》卷314《范仲淹传》，第10268页。

③ （宋）范仲淹：《范仲淹全集·范文正公文集》卷9《奏上时务书》，成都：四川大学出版社，2002年，第205页。

④ （宋）程颢、程颐著，王孝鱼点校：《二程集·河南程氏文集》卷4《华阴侯先生墓志铭》，北京：中华书局，2004年，第504页。

⑤ 《宋史》卷344《孙觉传》，第10927页。

⑥ （宋）廖刚：《高峰文集》卷5《漳州到任条具民间利病五事奏状》，《景印文渊阁四库全书》，第1142册，第364页。

⑦ 方龄贵校注：《通制条格校注》卷3《婚姻礼制》，北京：中华书局，2001年，第143页。

⑧ 方龄贵校注：《通制条格校注》卷3《婚姻礼制》，第138页。

⑨ 方龄贵校注：《通制条格校注》卷3《婚姻礼制》，第143页。

议定制，颁行遵守，务在崇尚节俭，以厚风俗。违者论罪如律。”[①]则是已经将其定为违律行为。从唐代武则天颁布“三品以上纳绢不得过三百匹，四品五品二百，六品七品百，悉为归装”[②]的“禁婚令”中仅仅针对官员、士族的聘财要求，到宋代“聘财无多少之限”[③]，再到元明时期制定法令明确民间聘财的标准，制定清晰的律条禁止民间婚姻论财的行为。对于民间婚财现象的重视，离不开两宋时期士大夫对“永惟择配以宜家，共鄙卖婚之败俗”持续广泛地呼吁与倡导。[④]从舆论到确立法规，元明清统治者从制度上对民间婚财行为进行广泛的纠正与禁止，离不开两宋士人在处理这一现象的行政实践与文化导向。

三、宋代士大夫的择偶标准

如果宋代士大夫的择偶观念并非是婚姻论财，那么其择偶标准又是什么呢？笔者欲从男女两个方面进行探讨。

（一）择婿的标准

士大夫在择婿时首先最先看重的是进士，其次看重官宦子弟。诸多学者都指出宋代家族内部之间的通婚现象。[⑤]李云根先生据此婚姻现象认为择婿首重门第，其次看重科举进士。[⑥]而之所以会出现大量士大夫家族之间的通婚，是有着一定的历史背景的。

首先从数据上看，进士与官宦子弟的数量不具有可比性。宋代男性的平均婚龄经过统计是23岁[⑦]，即便进士的婚姻延迟至26岁[⑧]，未婚的进士也在少数。笔者以现今保留完整的进士名单《绍兴十八年同年小录》《宝祐四年登科录》对未婚进士进行统计，如

① （明）申时行等修：《明会典》卷71《飨送者其礼如品官飨送者之仪》，北京：中华书局，1989年，第419页。

② 《新唐书》卷95《高俭传》，第3842页。

③ （宋）窦仪等撰，吴翊如点校：《宋刑统》卷13《婚嫁妄冒》，北京：中华书局，1984年，第213页。

④ （宋）史浩：《鄮峰真隐漫录》卷28《文翁弟定贝氏礼书》，《宋集珍本丛刊》，第43册，第134页。

⑤ 陶晋生：《北宋士族：家族·婚姻·生活》，台北：“中央研究院”历史语言研究所，2001年，第101—114页；[美]柏文莉：《权力关系：宋代中国的家族、地位与国家》，刘云军译，南京：江苏人民出版社，2015年，第101—123页；姚兆余：《北宋宰辅择偶标准》，《甘肃社会科学》2002年第6期，等等。

⑥ 李云根：《北宋宰辅群体姻亲选择的标准》，《江汉论坛》2013年第3期。

⑦ 程民生先生经过统计认为宋代士人的平均婚龄在22.3岁，这是宋代大部分士人的平均婚龄，参见程民生：《宋人婚龄及平均死亡年龄、死亡率、家庭子女数、男女比例考》，朱瑞熙主编：《宋史研究论文集》第11辑，成都：巴蜀书社，2006年，第299页）；郑丽萍先生统计认为宋代男性婚龄在23岁左右浮动，参见郑丽萍：《宋代男女初婚年龄探析》，《华东师范大学学报（哲学社会科学版）》2010年第3期。

⑧ 《绍兴十八年同年小录》中未记载叶翊（27岁）、严瑀（40岁）、何瑛（25岁）、徐存（30岁）是否婚配，再排除56岁的胡师徐，未婚进士的平均年龄为26岁。

表1和表2所示。[①]

表1 绍兴十八年未婚进士统计表

姓名	年龄	姓名	年龄	姓名	年龄	姓名	年龄
王东里	19	王宗衡	25	王章	31	毛介	26
叶民极	19	田兴宗	33	吴利见	39	吴良骥	26
吴琼	31	陈光	32	赵伻之	20	赵善屾	27
赵像之	21	胡师徐	56	钟将之	19	洪邦直	36
顾澥	21	徐日章	23	徐履	27	黄岱	32
景黄裳	23	蔡珵	21	麋师旦	18	何瑛	25

表2 宝祐四年未婚进士统计表[②]

姓名	年龄	姓名	年龄	姓名	年龄	姓名	年龄
马从龙	26	毛沆	21	朱龙	24	刘师中	26
刘祥南	25	阮次膺	21	李时发	19	李梦吕	24
时梦洪	22	何安然	19	张公谨	25	张未僧	26
张震金	19	张濬仲	22	陆秀夫	19	林元复	22
卓云	19	郑士颖	21	郑会龙	21	赵与溥	26
赵与锔	23	赵正元	24	赵西泰	26	赵时垦	25
赵良埈	24	赵若祺	26	赵孟钻	25	赵孟铸	26
赵孟镭	22	赵崇回	24	赵崇回	20	赵巽	25
胡炎午	19	袁森	22	高若霖	22	郭龙发	23
郭珏	24	蒋砳	22	舒杭	26		

绍兴十八年正奏名进士共330人，其中未婚人数共24人，比例为7.27%；宝祐四年正奏名进士共601人，其中未婚人数共39人，比例为6.49%。因此在考中进士之前就有许多士人已经成婚或者定下婚约。若以7.5%的比例对两宋62098名进士进行估算[③]，未婚的进士数量大约仅有4657人，再加上童子科约350人，在两宋共118次科举中，平均每榜大约只有42名未婚进士，平均每年只有15人。在两宋长达300余年的时间里，如此稀少的未婚进士数量很显然极难满足当时官员择婿的需求。因此“榜下择婿”的现

① 据龚延明、祖慧编著：《宋代登科总录》，桂林：广西师范大学出版社，2014年的数据统计。按：至于未记载婚否的进士以平均婚龄作为是否结婚的标准，特奏名在两宋最少需要年满四十岁，参见马晓燕：《宋代优待老年士人政策——以特奏名为中心》，《史志学刊》2017年第5期。其年龄较大，绝大多数都已经成婚，故不计入。而武举所选，在当时“崇文抑武”的背景下，应该并不在“榜下择婿”之中，也不计入。

② 按：由于《宝祐四年登科录》中对进士的婚姻状况缺漏较多，故以《绍兴十八年同年小录》中未婚进士平均年龄26岁作为是否婚配的标准。

③ 据张希清先生统计北宋宋正奏名进士、诸科进士共36400人，南宋正奏名进士共23198人，两宋宗室进士共2500人，共62098人，另外童子科超过312人。（张希清：《论宋代科举取士之多与冗官问题》，《北京大学学报（哲学社会科学版）》1987年第5期。）

象仅仅只是一种新兴的社会现象而被津津乐道，但在宋代婚姻中并未占据太大的比例，根本无法被视为士大夫普遍的择偶行为。

而在进士数量无法满足士大夫的择婿需求的背景下，士大夫将目光更多地集中在高门子弟中也就顺理成章。之所以会以这些名门子弟为婿，也与宋代的荫补制度有着密切联系。宋代的荫补制度是指朝廷根据官员的地位而授予其亲属官职的制度，在宋代成为官员重要的来源之一。据统计，宋代每年荫补得官者不下 500 人。①但与进士的不可预测性相比而言，由荫补得官的子弟却是有着稳定的来源——即有一定政治地位的官员。正是出于这一考量，士大夫在择婿时也就看重其家族，因为只有官宦子弟才会有着恩荫为官的可能。

从政治前途来看，择婿之所以弃高门子弟而求进士，是因为“国家用人之法，非进士及第者不得美官”②。尽管未婚进士的数量稀少，但是其政治前途却是极为远大。高门子弟虽然拥有富贵的家庭条件，这些家族条件对于其个人的仕途是有着正面影响，但是荫补得官的官员其职位一生更多的是位于中下层，政治地位根本无法与进士相提并论。故未婚进士的数量相对较少，但是进士仍然是士大夫的首选。只有明晰未婚进士数量的稀少与光明的前途，方能对宋代记载中“捉”进士为婚的行为，甚至由此产生的闹剧有着更多的理解。而首重进士，次重门第的择婿标准是以男性未来仕途作为标准，实际上是对“官”作为标准。

（二）择妇的标准

士大夫择妇更看重其家世，但实质是看重女性的品行。邓小南先生认为宋人择妇时“注重其门户或曰家族背景，不仅注意该家族的经济条件、政治地位，也注意该家族的‘家法如何’”③，认为择妇是门户与家法并重。择妇虽是以门户、家法为标准，但是这一观点却忽略了对于妇女门户家法标准背后更深层次的要求事实上是出于妇德的考量。

择妇选择家风良好的家庭，其背后并非是以妇女家庭作为根本要求，而是在儒家观念中，家庭氛围的影响从而决定了妇女的品行，而妇女的品行又会进一步影响夫家的后代，最根本的还是对妇德的要求。虽然汉代与宋代时间跨度较大，但是《大戴礼记》中看重家族门风的观点却仍然在延续。司马光认为“凡议婚姻当先察其婿与妇之性行及家法何如”④，叶梦得也在家训当中劝诫子孙“无家教之族切不可与为婚姻。娶妇固不

---

① 张希清：《论宋代科举取士之多与冗官问题》，《北京大学学报（哲学社会科学版）》1987 年第 5 期。
② （宋）司马光：《贡院乞逐路取人状》，曾枣庄、刘琳主编：《全宋文》卷 1188，第 55 册，第 3 页。
③ 邓小南：《宋代士大夫家族中的妇女：以苏州为例》，《朗润学史丛稿》，第 304 页。
④ （宋）司马光：《司马氏书仪》卷 3《婚仪上》，《丛书集成新编》，第 35 册，第 24 页。

可，嫁女亦不可。此虽吾惩往失，痛心之言，然正理古今不异。”[①]迂回地强调门户、家法，而非直接去要求妇女的品行，事实上是因为古代有着其特殊的背景。真德秀便曾谈道：“妇人深居闺阃，美不外着，贤否未易知也，亦观其家如何尔。逆家子不娶，是其所取必忠孝之家也；乱家子不娶，是其所娶必礼义之族也。推是类而求之，其不中者鲜矣。”[②]由于女性常常深居家中，为士人所看重的妇德并不能够为人所了解。再加上妇德不像男性的官职或者科举可以量化或有直观认识的标准，因此士大夫择妇对妇德的要求便转化为对妇女家庭的家法、家风要求。家风为表，女德为里，由表而及里。在宋人看来，在对于女性情况并不了解的前提下，良好的门第、家风无疑能最大程度上保证女性的品德。这在宋代女性的墓志当中也能侧面印证，在女性墓志的描写中，一般都是讲述墓主如何相夫教子、维护宗族关系。柏文莉认为唐代墓志侧重描述墓主的祖先和郡望，而宋代墓志更侧重描述墓主个人的成就，就女性身份而言，更看重其德行，以及是否符合妇道。[③]宋人对于女性的社会定位是“未嫁，承顺父母尽子道。既嫁，夫家贫，养姑尽妇道。辅其夫尽妻道。……以勤俭积日大其家，以诱教不倦成其子，又可谓尽母道也”[④]。可见对女性的期许是能够尽到孝顺父母公婆的子道，辅助丈夫的妻道，爱护教育子女的母道，维持家庭、维护与其他家族成员亲密关系的妇道，这样才能够保证婚姻和谐。

而若是对女性的品行有着一定程度的了解，那么对士大夫而言，门第并非毫不可逾的障碍。南宋赵崇宪在为其子择妇时，就可以佐证：

> （汤）宜人幼孤，事母孝。母疾，久不愈。至验之矢溲，以测其证之退否。刲股刲肝以济其药力之所不及。此虽非礼典所尚，而人情所难，宜人毅然行之。故天意随感，母夫人疾亦随愈。人尤喜称而乐道之至，有诵其事于朝行间者。时度支（赵必愿）之父华文（赵崇宪）实官奏邸，闻而慨然曰：“为女如此，则其为妇可知。”即介同列为媒，愿得以为度支（赵必愿）妇，宜人之归赵氏，实昉于此。[⑤]

汤氏年幼时父亲早逝，此时其家族已经衰落。赵崇宪在未与其有所接触的前提下，就据汤氏事母极孝的事迹，便推断其日后为妇也必然能够行妇道，断然替儿子择汤氏为妇。由孝道推至妇道，汤氏落魄的家庭背景却并未令赵崇宪产生犹疑，其背后的逻辑思维正

---

① （宋）叶梦得：《石林治生家训要略》卷1，《丛书集成续编》，第78册，第498页。

② （宋）真德秀：《西山读书记》卷13，《景印文渊阁四库全书》，第705册，第383页。

③ ［美］柏文莉：《权力关系：宋代中国的家族、地位与国家》，刘云军译，第14—22页。

④ （宋）曾巩撰，陈吉珍、晁继周点校：《曾巩集》卷45《金华县君曾氏墓志铭》，北京：中华书局，1984年，第606页。

⑤ （宋）刘宰：《漫塘文集》卷30《故汤氏宜人墓志铭》，《宋集珍本丛刊》，第72册，第486页。

是受当时儒家观念的熏陶。

士大夫择偶观中的核心是要求女性能够遵守妇道，男性在仕途上有所成就，这才是男女匹配、人物相当的婚姻状态，也符合“女主于内，男主于外，然后家道乃立”的家庭秩序。[①]从儒家文本上看，宋代士大夫的择偶观是“郎官女德”，但是由于实际操作的局限和信息的闭塞，在某种程度上才迫不得已改为“郎才女门”，再次之则是男女“门当户对”。门第之所以会成为男女双方择偶的重要标准，是因为在封建等级社会下，门第本身就是官、德最直观、易得的标准，是富贵、家风的一种代表。

（三）宋代新的择偶观念

宋代士大夫又开始宣扬“男婚低户，女嫁高门”的择偶观念，实为宋代特色择偶观。胡瑗认为：“嫁女必须胜吾家者，娶妇必须不若吾家者……嫁胜吾家，则女之事人必钦必戒；妇不若吾家，则妇之事舅姑必执妇道。”[②]择偶时应该尽量保证女性家族的地位低于男性家族，只有在门户不对等的情况下，才能保证女性在家庭当中能够遵守妇道。司马光也不鼓励男性选择高门女性，“妇者，家之所由盛衰也。苟慕一时之富贵而娶之，彼挟其富贵鲜有不轻其夫而傲其舅姑，养成骄妒之性，异日为患，庸有极乎！借使因妇财以致富，依妇势以取贵，苟有丈夫之志气者，能无愧乎！”[③]在司马光眼中夫妻在女高男低的家庭背景下，容易造成夫妻在家庭地位的不平等，进而导致二者关系的不和谐。在楚地甚至有“男婚低户，女嫁高门”[④]的谚语。可以看到在维持这种夫妻关系的观念中，士大夫要保证的是男高女低、夫唱妇随的不平等的夫妻地位，恰恰是要用这种不平等来保证妇女能够遵守妇道，进而达到家庭与家族和谐的目的。崔遹“少年登科，声动辇下，公卿争欲妻之以子。不就，曰：‘以贵富偶贫贱，肯屈意事吾亲哉！’钱公（钱顗）方斥监秀州税，乃自请婚焉，又取其季以继其室。”[⑤]少宰王黼、中书侍郎张邦昌、御史中丞郭三益都想择进士潘良贵为婿，但潘良贵却以“吾起家寒微，贵人之女安能执妇道以事吾亲乎？”为由而拒绝了联姻请求。[⑥]洪皓也以“妇所以事舅姑也，家素壁立。今暴得一官，乃令鼎贵荐女，身得计矣，如父母何暨。”拒绝了王黼。[⑦]洪皓最后选择的是太学博士沈松年的妹妹沈氏为妻。而沈松年“祖讳宗道，赠朝请郎。考讳

① 《周易正义·家人》，（清）阮元校刻：《十三经注疏》，第 50 页。
② （宋）朱熹：《五朝名臣言行录》卷 10 之 2《安定胡先生（瑗）》，《四部丛刊初编》，第 201 页。
③ （宋）司马光：《司马氏书仪》卷 3《婚仪上》，《丛书集成新编》，第 35 册，第 24 页。
④ （宋）郑玉道、彭仲刚撰，应俊辑补：《琴堂谕俗编》卷上《重婚姻》，《全宋笔记》，第 11 册，第 77 页。
⑤ （宋）邹浩：《提点刑狱崔君墓志铭》，曾枣庄、刘琳主编：《全宋文》卷 2845，第 132 册，第 34 页。
⑥ 吴洪泽、尹波主编：《宋人年谱丛刊》第八册《潘舍人年谱》，成都：四川大学出版社，2002 年，第 4979 页。
⑦ （宋）洪适：《盘州文集》卷 74《先君述》，《宋集珍本丛刊》，第 45 册，第 491 页。

复，仕至朝奉大夫，赠左中奉大夫”[①]。可见沈宗道本人并未入仕，而沈复官职的朝奉大夫在元丰改制后为正六品寄禄官，而太学博士也仅仅是从八品。沈氏家族是自沈复开始崛起，家世并不显赫，沈复、沈松年父子在宋代也仅仅是中下级官员，与王鬴的身份地位相距甚远。当时洪氏家族与沈氏家族都没有显赫的家庭背景，这种相近的家庭在洪皓看来恰恰有助于家庭的和谐，这也正符合其“妇所以事舅姑也”的要求。在这些进士、士大夫看来，在不了解女性品行的前提下，高于夫家的门第反而成为妻子履行妇道，实现家庭和睦的阻碍。而涂抹在婚姻关系表面的男尊女卑、夫唱妇随等观念，施加于女性的种种规范要求，追求婚姻中的双方家庭条件的不对等，这些以现代视角看来并不平等的关系，其背后却是宋代部分士大夫认为择偶中要采取的一种必要手段，其目的是为了营造家庭的和谐。不再追求门第匹配的婚姻背后，是对门阀制度下盲目追求阀阅的一种反思，也是中古时期“婚姻勿贪势家”[②]择偶观念延续下的极端选择。

四、余　论

通过以上研究，可以回答本文开篇提到的两个问题。于宋代士大夫而言，财富、个人、家庭地位三个择偶要素，财富是最不为看重的一项，由于进士人数的稀少，占据主流的择偶行为是看重家庭背景，但是由于进士政治前途更为远大，因此进士最受重视。而个人因素中寻求人物的相当，男性先重进士、才学，女性最重妇德，寻求人物的相当。次之则是看重家庭地位，讲求门当户对。无论是排斥婚姻论财，还是追求“男官女德”、门当户对、“男婚低户，女嫁高门”等诸多矛盾复杂的择偶行为，却可以发现其中却一直遵循着儒家经典中重视婚姻、重视婚姻和谐的理念。

从法律史的角度观察，法律史中经常关注“法律儒家化”的概念，认为传统社会中一直在应用儒家观念来实施与应用法律，侧重探讨法律在儒家影响下实际的运行。儒家理念中对婚姻的重视并因此提倡禁止婚姻论财，却在一步步地从观念走向成形的法令，某种程度上可以称之为“儒家法律化”。作为属于士人阶层的儒家理念，成为全体民众共同遵守的行为准则，不仅仅依赖于儒家的教育，也离不开士人运用儒家理念将其演化为法律政令，借此对全体社会的强制性约束，逐渐形成了全体民众共同践行儒家理念的行为。

从思想史的角度观察，学界当中所提到的无论是婚姻论财，还是择偶不重阀阅，而

① （宋）洪适：《盘州文集》卷77《慈茔石表》，《宋集珍本丛刊》，第45册，第505页。

② 王利器：《颜氏家训集解：增补本》卷5《止足第十三》，第343页。

重进士，侧重的是宋代商品经济的发展，门阀制度的终结等时代背景的变迁影响了择偶观念的转变，关注的都是唐宋之间的变革，但是这却在某种程度上忽视了自西汉确立占据统治地位的儒家理念。儒家地位虽屡经挑战，但是其中的核心观念却在一直延续。各朝各代的统治者在发布关于禁止婚姻论财的诏书律令中，其开篇却会不约而同地宣扬“婚姻者，人道之始。是以夫妇之义，三纲之首，礼之重者，莫过于斯”①。“男女居室，人之大伦”②，不厌其烦地申明婚姻在社会中所起到的意义与作用，以及禁止婚财会起到“厚风俗”的积极影响。虽然统治者禁止婚姻论财的出发点与目的各有不同，但是打出的旗帜却是异常的统一。这提醒着学界对于思想考察不仅仅要观察其“变”，也不能忽视其“常”的一面。

从社会史的角度观察，不同择偶观的背后却都在努力追求着相同的目的——婚姻和谐。中国历史上统一的观念是中国的政治主流理念。而阎步克先生认为这是因为中国的历史有着一个主轴，尽管有着分裂、门阀等，但这仅仅是历史的“变态”，中国的历史在经过这些波动之后，仍然会回归到主轴，这是秦汉一统所带来的政治遗产。③这种政治史上的“主轴”同样在社会史，或更具体的婚姻观、择偶观上有所体现。古人在宣传各种不同的择偶观时，袁采“有男虽欲择妇，有女虽欲择婿，又须自量我家子女如何。如我子愚凝庸下，若娶美妇，岂特不和，或有他事。如我女丑拙很（狠）妒，若嫁美婿，万一不和，卒为其弃出者有之。凡嫁娶因非偶而不和者，父母不审之罪也”④，其思维的出发点并非是出于男女的人物不相当，而是担心不相当造成“不和”的婚姻。抑或“男婚低户，女嫁高门”、追求“男官女德”的理念，也是想要通过男女在婚姻中不同的地位，来维系婚姻、家族的和谐。尽管时间、地域、阶层、身份、个人的观念有所不同，士大夫婚姻择偶的表现形式也千差万别，但婚姻对于社会重要性的认识，以及追求和谐的婚姻关系，二者正是中国传统社会婚姻观念的主轴，而各不相同婚姻形式波动的表面之下也一直围绕着这一主轴。这一主轴正是受传统社会中占据主导地位的儒家理念所提倡与形成的。

作者简介：李兵（1993— ），河北邢台人，苏州大学社会学院历史系博士生，研究方向为宋史。

---

① 《魏书》卷5《高宗纪第五》，第122页。
② 方龄贵校注：《通制条格校注》卷3《婚姻礼制》，第143页。
③ 阎步克编著：《波谷与波峰：秦汉魏晋南北朝的政治文明》，北京：北京大学出版社，2017年，序言，第5—15页。
④ （宋）袁采：《袁氏世范》卷1《嫁娶当父母择配》，《丛书集成新编》，第33册，第149页。

宋代士人家族的迁徙与归葬

——以临城王氏为例*

武亚南

（西北大学 历史学院，陕西 西安，710069）

摘　要： 宋代士人家族的迁徙有多方面的原因，但最根本的还是为了获得社会资源，利于个人以及家族的发展。宋代士人家族的归葬是子女孝行的体现，受统治者的提倡和社会风俗的影响。其实质是逝者对于家乡的认同、子女的儒家孝道观念和主持归葬士人家族意识的体现。宋代士人家族的迁徙是祖居地意识产生的开始，归葬强化了祖居地意识，而祖居地意识的提高会反哺家族本身，进而强化家族意识和维持家族声名。

关键词： 宋代；士人家族；迁徙；归葬；临城王氏

关于宋代士人家族的研究，科举仕宦、婚姻交游和家法门风等诸因素历来是学者们关注的重点，也是热点，但还有其他因素也会对家族的发展和维持起到重要作用，如家族的迁徙和归葬。虽然学界对此也有一些相关成果①，但还不够深入，鲜有二者结合来

---

* 本文系国家社会科学基金重大项目“辽宋西夏金元族谱文献整理与研究”（19ZDA200）的阶段性研究成果。

① 关于宋代家族迁徙研究的成果，主要有：魏峰：《宋代迁徙官僚家族研究》，上海：上海古籍出版社，2009 年；郝旭东：《北宋河北路家族迁徙研究——以〈宋史〉列传人物为中心》，河北大学硕士学位论文，2018 年。以上成果偏重于分析家族迁徙的原因，以及迁徙家族是如何融入地方，并未更深入地分析家族迁徙对家族本身到底有什么样的作用。关于归葬问题的研究成果可参见：吴丽娱：《孤立四十年后的怨冢回归——从新出墓志看唐代官员的归葬问题》，中国社会科学院历史所隋唐宋辽金元史研究室编，黄正建主编：《隋唐辽宋金元史论丛》第 4 辑，上海：上海古籍出版社，2014 年，第 7—32 页；韩桂华：《墓志铭中所见宋代官员归葬问题》，《中国历史学会史学集刊》2006 年第 38 期，第 119—144 页；徐战伟：

进行研究。故本文以此为视角，通过临城王氏家族来分析迁徙和归葬对宋代士人家族发展的重要意义。当然，临城王氏这一个案并不能代表整个宋代士族迁徙和归葬的情形，但此家族自唐末延续到南宋，在此期间家族经历两次迁徙，而且族人基本也都归葬祖茔。通过此个案考察，也可以帮助我们更加了解宋代士人家族的迁徙和归葬问题，以及此举对家族发展的影响。

一、王氏家族的迁徙

中国古代社会安土重迁，然仍有不少家庭迁徙他处，甚至举族迁徙。唐代士族迁徙的方向倾向于政治中心，而原因也多偏重于政治因素。毛汉光先生考察了清河崔氏、博陵崔氏、范阳卢氏和太原王氏等十姓十三家的迁徙情况，认为在唐代这些士族倾向于向两京地区发展，许多官僚家族迁徙至长安和洛阳地区。而这种现象产生的根源在于唐代科举选官制度，同时又进一步造成了士族的中央化与官僚化。[①]虽然政治因素十分重要，但其他原因也不容忽视。冻国栋先生认为唐代前期旧士族向两京地区迁徙的原因，主要在于科举选官产生的巨大吸引力，但两京地区的经济、文化资源也是重要因素。[②]可以说，唐代士族多向两京地区迁徙，以便于获取此地的政治、经济和文化资源，最终目的自然是利于本族发展。关于两宋官僚家族迁徙的方向和原因，魏峰的《宋代迁徙官僚家族研究》通过迁徙家族的个案研究表明，“经济、政治、文化因素是家族迁徙的主要原因”[③]。如果从家族发展的角度来看，宋代士人家族迁徙最重要的因素可以说是政治因素。与唐朝相较，宋代可以称之为科举社会，科举选官对于宋代家族发展的重要性更甚于唐。世家大族要想保住其政治地位，需要族人前赴后继地致力于科举仕宦。在这样的背景下，首都开封成为众多士人家族的迁入中心。“盖学士大夫起自远方，羁旅仕宦处于中州，皆东西南北之人也，岁月既久，即其所居，求田问舍，遂为中州人者多

《宋代归葬问题研究》，河北大学硕士学位论文，2019年。韩文认为“现任官员卒于任所，后归葬故里祖茔是承平时期官员的一种常态”。徐文从“归葬概念”、“归葬原因、时间和地点”、“归葬群体分析”和“丧葬观念”四个方面，对宋代归葬问题的发展和演变进行了梳理和探讨，并总结出了宋代归葬习俗的时代特色。另，陈卓：《北宋士大夫不归葬现象研究》，华东师范大学硕士学位论文，2018年。此文虽是分析不归葬现象，但是也正说明“归葬观念在北宋士大夫中仍占主流地位，也是当时社会丧葬习俗的主要体现”。宋代士人家族的归葬和官员的归葬是不同的，毕竟有些家族成员不属于官僚士大夫之列。本文希冀发现士人家族归葬现象背后更为深层次的原因以及意义。

① 参见毛汉光：《从士族籍贯迁移看唐代士族之中央化》，《中国中古社会史论》，上海：上海书店出版社，2002年，第234—333页。

② 冻国栋：《唐代人口问题研究》，武汉：武汉大学出版社，1993年，第278页。

③ 魏峰：《宋代迁徙官僚家族研究》，第39页。

矣。”[①]范仲淹原籍苏州，在他功成名就之后定居开封，后世族人也居住于开封附近。三槐王氏家族原籍大名，王祜之时徙家开封，“始居京师”[②]。宋绶原为赵州平棘人，宋仁宗“赐其居京师春明坊”[③]，其后世子孙也居于开封。除了向开封地区迁徙之外，也有因仕宦之故而迁徙他处。仇公著之祖先原为沧州人，“曾祖讳华，任尚书驾部员外郎，为青州牧，终而家焉”[④]。任孚“其先乐安人也。曾高而下，徙于营丘，公因宦游，卜居洛孟间，遂为洛人”[⑤]。以上诸人皆因仕宦之需而举家迁徙，而且宋代官员调遣频繁，因仕途而举家迁徙不在少数。当然，举族迁徙也有其他方面的因素，如战争、自然灾害等原因。

一般而言，家族迁徙有自愿和被迫两种性质。唐末五季，战乱频仍，干戈不息，北方大地许多家族为生存而迁徙他处。河南洛阳张子元“其先济阴宛句人也。石晋开运中，兵旱相继，戎虏南下，少帝北狩，衣冠陷没。先人避地洛表，子孙因家焉，今为河南人也”[⑥]。杨畏之妻王氏，“其先光州固始人。高祖避五季之乱，乘桴游海南”[⑦]。他们都是因战乱而被迫迁徙。另外，也有受环境所迫而迁徙。李清臣本为大名魏县人，“始以河患徙家洛师，而卜安阳吉，以其三世丧迁焉，故其族或从居安阳”[⑧]。黄河水患非人力所能避免，为了家族生存发展只能举家迁徙。还有的家族是因为政治压力而被迫迁徙，如吴越钱氏就是在宋廷施压下而举族迁开封。除此之外，举家迁徙还有风土之因。河南王士英，其祖上世为河阳人。“父文政，乐河南土风，徙居之。”[⑨]李宗师“世为冯翊人。父博士监凤翔府太平宫，爱终南林泉之胜，遂家于鄠户”[⑩]。闻名于世的蓝田吕氏家族也并非祖籍于蓝田，而是吕蕡“过蓝田，爱其山川风景，遂葬通（其父）于蓝田，因家焉”[⑪]。吕氏家族于此地顺利发展，随后才有了蓝田吕氏四贤和吕氏盛名。

---

① （宋）徐积：《节孝集》卷 20《过故乡》，《景印文渊阁四库全书》，台北：商务印书馆，1986 年，第 1101 册，第 887 页。

② （宋）苏舜钦著，沈文倬校点：《苏舜钦集》卷 16《朝奉大夫尚书度支郎中充天章阁待制知陕州军府事平晋县开国男食邑三百户上护军赐紫金鱼袋王公行状》，上海：上海古籍出版社，2011 年，2 版，第 209 页。

③ （宋）叶适：《叶适集》卷 22《故朝奉大夫知峡州宋公墓志铭》，北京：中华书局，1961 年，第 429 页。

④ 《宋仇公著墓志》，青州博物馆编：《青州博物馆》，北京：文物出版社，2003 年，第 222 页。

⑤ 《宋故朝奉郎尚书司门员外郎柱国赐绯鱼袋任公（孚）墓志铭》，郭茂育、刘继保编著：《宋代墓志辑释》，郑州：中州古籍出版社，2016 年，第 185 页。书中为“曾高而丁”，当误，应为“曾高而下”。

⑥ 《宋故朝奉郎守殿中丞分司西京上轻车都尉赐绯鱼袋张公（子元）墓志铭并序》，郭茂育、刘继保编著：《宋代墓志辑释》，第 171 页。

⑦ 《宋故硕人王氏（杨畏妻）墓志铭并序》，郭茂育、刘继保编著：《宋代墓志辑释》，第 493 页。

⑧ （宋）晁补之：《鸡肋集》卷 62《资政殿大学士李公行状》，《景印文渊阁四库全书》，第 1118 册，第 924—925 页。

⑨ 《宋故太原王公（士英）墓志铭》，郭茂育、刘继保编著：《宋代墓志辑释》，第 473 页。

⑩ 《宋故内园使李公墓志铭》，《户县文物志》编纂委员会编：《户县文物志》，西安：陕西人民教育出版社，1995 年，第 176 页。

⑪ （清）刘於义：《陕西通志》卷 70，《景印文渊阁四库全书》，第 555 册，第 236 页。

宋代士人家族迁徙的原因有自愿和被迫两种性质，而迁徙原因的类型则包含政治、经济、文化和环境诸因素。但是不管家族迁移是出于何种目的，都是为了获取社会资源以利于家族自身发展，临城王氏家族亦是如此。

王氏家族迁入地为临城，今为河北省邢台市管辖。首先，“临城县，本战国时赵房子邑也，汉以为县，属常山郡，自汉至隋不改。属赵州，皇朝因之。天宝元年改名临城，以县西南十里有古临城，因改名焉”①。北宋时期的临城县，隶属河北路赵州。河北路地处燕山以南，太行山以东，地势西高东低，以平原为主。由于位于中纬度地带，故气候属于温带气候。再加上此地河流较多，大部分地区又为平原，虽称不上膏腴之地，但也是土地比较肥沃之地。纵观北宋河北路全境，南部地区的农业经济比北部地区发展要好一些②，而临城正处河北南部，太行东麓，故其农业经济发展状况在整个河北路是比较不错的。

其次，临城也是山水相间、风景秀丽之地。县内长河泜水“在县南二里。出白土，细滑如膏，以之濯绵，色若霜雪，如蜀锦之得江津也，故俗称房子之纩”③。泜河为县内最长河，自西向东贯穿全境，滋润着临城这一方土地。此外，还有泥河和沙河等。自古就为山川名胜的太行山，“在临城县西九十里，层峦叠嶂，峻不可逾”④。苏轼曾作词描述太行之雄伟壮丽，“太行西来万马屯，势与岱岳争雄尊。飞狐上党天下脊，半掩落日先黄昏”⑤。敦与山“在县西南七十里，泜水所出”⑥。又称“幽淮山，南接太行，北连常山”⑦。钓盘山“在临城县东南五里，相传韩信败陈余于此”⑧。此外，还有铁山、天台山、杏山和空山等。

临城既有秀丽风景，又承古风遗韵，还有一定的经济基础。故在当时的社会环境下，原为“常山人，代为北州望族”⑨的王璘举家迁居临城实可谓远见之举。而王璘之所以举族迁居临城，后人追记他“最慕其（临城）风土，因而家焉”⑩。但事实并非如此，王璘举家迁徙，不仅有传统风土之因，而且更出于仕养之需。关于王璘举族迁徙之

---

① （唐）李吉甫撰，贺次君点校：《元和郡县图志》卷17，北京：中华书局，1983年，第491页。

② 苑书义、孙宝存、郭文书主编：《河北经济史》第2卷，石家庄：河北人民出版社，2003年，第11页。

③ （唐）李吉甫撰，贺次君点校：《元和郡县图志》卷17，第491页。

④ （明）蔡懋昭：《（隆庆）赵州志》卷1，《天一阁藏明代方志选刊》，上海：上海古籍书店，1962年，第5页。

⑤ （清）王文诰辑注，孔凡礼点校：《苏轼诗集》卷37《次韵滕大夫三首·雪浪石》，北京：中华书局，1982年，第1998页。

⑥ （唐）李吉甫撰，贺次君点校：《元和郡县图志》卷17，第491页。

⑦ （明）蔡懋昭：《（隆庆）赵州志》卷1，第6页。

⑧ （明）蔡懋昭：《（隆庆）赵州志》卷1，第5—6页。

⑨ 《王璘墓志铭》，谢飞、张志忠、杨超：《北宋临城王氏家族墓志》，北京：文物出版社，2009年，第34页。

⑩ 《王璘墓志铭》，谢飞、张志忠、杨超：《北宋临城王氏家族墓志》，第34页。

时间和原因，目前仅见诸墓志记载：

> 周显德中，梁光祚授节符之重，守于赵郡。稔公之名，召致戎幕。儒服从容，府望增重，累署本郡上佐，掌临城关市之赋。安早俟时所莅居，最慕其风土，因而家焉。①

依此可知，王璘应是在后周显德年间，被赵郡太守梁光祚征为幕僚，掌管临城关市之赋。临城属赵州，自唐后期以来一直是成德镇管辖，在后周也占有重要经济地位。族人追记始迁祖王璘只因风土之故便举家迁入临城，其实不然。如果分析其所处时代背景，亦会发现更为深层次的原因。首先，王璘原为“常山人，代为北州望族”，于“雍熙甲申岁二月十一日，感疾而终，年六十三”②。王璘生于后梁龙德二年（922年），卒于北宋雍熙元年（984年），生活在五代时期近四十年。五代时期战乱频仍，河北更是各方势力角逐之地。史载“大河之北、易水之南，久因兵戈，聚成疮痏，男孤女寡，十室九空”③。后周建立之后，太祖郭威和世宗柴荣采取了一系列措施，使得河北地区逐渐趋于稳定，故而王璘于此时接受后周征召，掌管临城关市。在此之前，因河北地区的动乱，王璘以及其祖、父都未曾出仕为官，“皆身退而家肥，华缨荣禄故不及焉”④。此时，河北已经稳定下来，故为了个人以及家族的发展，他出仕为官。其次，赵州临城地处冀南，经济发展水平较高。最后，临城西靠太行山脉，风景秀丽。最后，出于个人仕宦和家族发展的需要，王璘做出了举家迁徙的决定，也开创了临城王氏家族的基业。

王氏家族自王璘临城开基之后，家族稳定地居于临城，达三代之久，且有王璘之子王礠为参知政事、知枢密院事⑤，家族势力达到顶峰。直到北宋后期，家族第四代王蘧（王礠之孙）又举家迁居江阴。元祐年间，王蘧背生疽疮致仕，宅居江阴。⑥数年病愈之后，又重新为官，迁转各地。后朝廷以其年老，遂提举杭州洞霄宫。⑦“于是，（王蘧）访集族属之孤贫，泛舟东下抵常州之江阴县居焉。阖门内外不翅千指，子孙甥侄森然满

---

① 《王璘墓志铭》，谢飞、张志忠、杨超：《北宋临城王氏家族墓志》，第34页。
② 《王璘墓志铭》，谢飞、张志忠、杨超：《北宋临城王氏家族墓志》，第34页。
③ （宋）王钦若等编：《册府元龟》卷95《帝王部·赦宥》，北京：中华书局，1960年，第1133页。
④ 《王璘墓志铭》，谢飞、张志忠、杨超：《北宋临城王氏家族墓志》，第34页。
⑤ 《宋史》卷291《王礠传》，北京：中华书局，1977年，第9749—9750页。
⑥ 张耒曾作诗三首，对王蘧闲居江阴的田园生活表示祝福。参见：（宋）张耒著，李逸安、孙通海、傅信点校：《张耒集》卷7《王子开朝散早年以疾病谢事还江阴求诗为别三首》，北京：中华书局，1990年，第98页。
⑦ 《王蘧墓志铭》，谢飞、张志忠、杨超：《北宋临城王氏家族墓志》，第44页。

前。”[①]由“千指”和“森然”等字眼来看，已有很多王氏族人在江阴居住。王蘧之所以举族迁居此地，婚姻要素为主要原因。王蘧之续妻张氏，世为常州江阴人[②]，所在家族为宋代江阴豪族，家富于财。王蘧续娶张氏为妻，对于临城王氏家族的延续具有十分重要的意义。宋代的世家要想保持其社会地位，必须要有一定的经济基础。临城王氏发展到王蘧这一代，虽有世家之名望，但财力有限。“昔金紫、会宁继殁，家无赢粮，一门百口仰给于公……而金紫、会宁之丧亦更二十年贫不能葬。”[③]王蘧父母去世之后，家族经济比较困难，从其父母二十年未葬可见一斑。后来，王蘧合族人三十四棺，全部归葬祖茔。[④]不得不说，这和张氏家族提供的财力不无关系。

王氏和张氏结亲之后，王蘧为了更好地发展家族，遂迁居江阴。而且在张氏的帮助下，王氏家族很快在当地站稳了脚跟。王蘧墓志记载：

> 其居江阴，姻旧之贫者赒之，死而无以周身者棺敛之，节操可称而风雨莫庇者，至为新其舍宅。岁或艰食，富民闭籴以邀价，官弗能救，道路有饥死。公必辇粟于市，而平其直以出之，获济者众。其敦尚风义而振人急难类，又有如此者。故公之殁，邑人慕思焉。[⑤]

王蘧举族迁居江阴之后，时常抚恤贫民，维持地方社会稳定。此举很快提高了王蘧的名望，在他去世之后，“邑人慕思焉”。墓志虽有溢美，但王蘧在张氏财力的帮助下，为使得家族融入地方进而更好地发展而做出的努力却是事实。张氏家族以其庞大的财富，富甲一方。王氏家族虽为官僚士大夫家族，但财力有限。两者联姻，以张氏雄厚的经济资源结合王氏的政治文化资源，可以获得更多的社会资源，使得家族更好地发展下去。而事实也的确如此，直至南宋绍兴年间，王氏家族仍于江阴继续发展。据宋人赵彦卫《云麓漫钞》记载：“（王）迥后改名蘧（王皞之孙），字子开，宅在江阴。予曩居江阴，常见其行状，著受学荆公甚详。绍兴间，其家尽裒东坡兄弟往来简帖示人，然散失亦多矣。其孙棨以母宗女恩得右职，常为镇江都统司机宜，开其所得贴于都统司。”[⑥]可知，王氏家族自王蘧举家迁居江阴之后，至少稳定发展达三代之久。

---

① 《王蘧墓志铭》，谢飞、张志忠、杨超：《北宋临城王氏家族墓志》，第 44 页。
② 《张氏墓志铭》，谢飞、张志忠、杨超：《北宋临城王氏家族墓志》，第 50 页。
③ 《王蘧墓志铭》，谢飞、张志忠、杨超：《北宋临城王氏家族墓志》，第 44 页。
④ 《王蘧墓志铭》，谢飞、张志忠、杨超：《北宋临城王氏家族墓志》，第 44 页。
⑤ 《王蘧墓志铭》，谢飞、张志忠、杨超：《北宋临城王氏家族墓志》，第 44 页。
⑥ （宋）赵彦卫撰，傅根清点校：《云麓漫钞》卷 10，北京：中华书局，1996 年，第 168 页。

二、临城王氏的归葬

归葬是丧葬礼俗的一种，也是一种社会现象，极受古人重视。唐代士族多归葬两京地区，显示了唐代士族的中央化。近者徐战伟对宋代归葬诸问题进行了系统考证，对宋代归葬原因、时间及地点，官员归葬的具体问题和丧葬观念进行了细致深入的介绍，认为在唐宋历史变革下，宋代归葬较前朝已有所变化。[①]徐文认为在归葬的理念上，宋代更加注重随亲而葬；在归葬地点的选择上，宋人开始选择另立新茔，改变自己家族的归葬地点。[②]徐文旁征博引，但结论或有可商榷之处。虽然宋代社会流动频繁，许多官员改变了归葬原籍，但仍有许多士人死后仍归葬祖茔，至少诸多士人家族便是如此。宋朝诸多世家大族提倡聚族而葬，不管死于何地几乎都要埋于祖茔。相州韩氏家族自韩琦曾祖韩璆之时举家安阳，后世族人死后基本上都归葬于相州祖茔。蓝田吕氏家族自吕蕡举家蓝田之后，家族成员基本也都葬于此地。此外，洛阳富弼家族和武义吕祖谦家族也都十分注重族人归葬祖茔。而且，近年来对以上世家的家族墓地也多有发现[③]，这也说明了宋代士人家族仍然十分注重聚族而居和聚族而葬。

临城王氏亦十分重视族人的归葬。王氏家族的祖茔原在常山，始迁祖王璘虽徙家临城，但祖茔却并未移动。王璘去世之后仍归葬常山，后其子王覈把他和先祖之墓迁到临城龙门之两口原。此后，在外去世的族人，不管离世有多久，基本都归葬临城祖茔。即便王蘧已举族迁居江阴，但他去世之后仍归葬临城祖茔。回归生养之地，也反映出亡者对于家乡的认同，子女的儒家孝道观念和主持归葬士人的家族意识。正如有些学者所言："远离故土，仍不忘归葬乡里，因此形成了祖居地意识。"[④]正是因为祖茔的存在、祖居地意识的产生才有了临城王氏之名，归葬对于临城王氏更具有特殊的意义。王璘自后周显德中（954—960年）迁居临城之后，直至雍熙元年（984年）去世，在此地生活25年以上。即便如此，其去世之后仍归葬常山祖茔，而非葬于临城当地。这体现了王氏家族对于家族血缘关系的重视，死后归葬祖茔就是继续保持此亲密关系的体现。另一方面也说明了王氏家族虽迁居临城，但尚未彻底融入当地，没有家乡的归属感。但是随着家族在迁入地的进一步发展，同时也为了方便族人祭祀和维护家族的团结以及形象，迁

---

① 徐战伟：《宋代归葬问题研究》，河北大学硕士学位论文，2019年。

② 徐战伟：《宋代归葬问题研究》，河北大学硕士学位论文，2019年，第46页。

③ 洛阳市第二文物工作队编著：《富弼家族墓地》，郑州：中州古籍出版社，2009年；河南省文物局编著：《安阳韩琦家族墓地》，北京：科学出版社，2012年；郑嘉励：《明招山出土的南宋吕祖谦家族墓志》，包伟民、刘后滨主编：《唐宋历史评论》，北京：社会科学文献出版社，2015年，第186—215页；陕西省考古研究院、西安市文物保护考古研究院、陕西历史博物馆编著：《蓝田吕氏家族墓园》，北京：文物出版社，2018年。

④ 包伟民、魏峰：《宋人籍贯观念述论》，《浙江大学学报（人文社会科学版）》2007年第1期。

葬就十分有必要。王氏家族祖茔迁移的经过如下：

> 夫扬名显亲，孝子之心也。初，赠府君廷尉评，凡六追命至麟台。少列密学，以夙罹悯凶，连失怙恃，弗克茵鼎之养，未遑封树之事。谋及龟筮，岁利癸酉（1033 年），卜兆于临城县龙门乡之两口原。经启窀穸，用宁体魄，露章请告，力营襄事。冬十月辛酉（1033 年），自曾门而下十有四丧，启泉垆而迁祔焉。且岸谷之变不可以不识，篆兹乐石，且无愧辞。[①]

可知，自王璘曾祖至王璘四代十四人均迁葬于临城县龙门乡之两口原，亦此后的临城祖茔。古人对于迁葬十分重视，有时甚至重于首葬。而且古人有阳间与阴间观念，影响死者的地下生活乃大忌，故而迁葬一定要请得先人的理解。此外，不仅要选好风水之地，还要甄选黄道吉日。宋代丧葬民俗兴阴阳风水之风，平民百姓、士人官僚几乎都不免俗。王氏家族的"龟筮"良日和"卜兆"吉地即是此风之体现。而且为了取得祖先的谅解和同意，王氏后人"露章请告"后"力营襄事"，并"刻铭下泉，传信终古"。[②]至此，随着王氏家族祖茔迁移于此，家族才彻底融入临城当地。

宋代士人或因仕宦，或因游学，常年不回家乡，辗转各地。有些士大夫甚至离开原籍，去世后于任官之地就近安葬。对于临城王氏成员来说，远离家乡，客死异乡已是常态，但他们却都毫无例外地归葬祖茔。现将王氏成员归葬情况列表 1 如下。

表 1 临城王氏家族成员归葬事例表

世代	姓名	去世时间	去世地点	归葬时间	归葬地点	葬期	资料来源
第二代	王礪	康定二年（1041 年）二月	洛阳	康定二年（1041 年）十一月	临城	9 个月	《王礪墓志铭》《宋史》《王礪传》
第三代	王正路	治平四年（1067 年）	不详	元祐二年（1087 年）	临城	20 年	《王蘧墓志铭》
第四代	王蘧	大观四年（1110 年）闰八月	常州江阴	政和元年（1111 年）九月	临城	13 个月	《王蘧墓志铭》
第四代	王遹	崇宁三年（1104 年）正月	河南永安	崇宁三年（1104 年）四月	临城	3 个月	《王遹墓志铭》
第四代	王适	元祐四年（1089 年）十月	泰安奉高	元祐七年（1092 年）十一月	临城	37 个月	《苏轼文集》卷 15、《王子立墓志铭》
第五代	王康	大观四年（1110 年）七月	苏州昆山	政和元年（1111 年）九月	临城	14 个月	《王康墓志铭》
不详	三十四人	不详	不详	元祐二年（1087 年）	临城	不详	《王蘧墓志铭》

① 《王璘墓志铭》，谢飞、张志忠、杨超：《北宋临城王氏家族墓志》，第 34 页。
② 《王璘墓志铭》，谢飞、张志忠、杨超：《北宋临城王氏家族墓志》，第 34 页。

以上所举诸人，或因游学，或因仕宦等原因，卒于外地。王氏诸成员虽于外地归葬祖茔，但葬期却差异甚大，短者3个月，最长者20年。关于宋人葬期超长现象的出现，有学者认为丧葬程序烦琐、操办丧事隆重、家贫无力治丧、政府监管不力和历史发展趋势等原因是可能导致丧期较长的原因。[①]上述王正路夫妇便因旅榇在远，更因家贫以致20年未归葬祖茔。其他成员或因距离，或因时机等原因。

三、家族迁徙和归葬的意义

陈寅恪先生论及中古士人迁徙和归葬时曾言："故其家非万不得已，决无舍弃其祖茔旧宅并与茔宅有关之田产而他徙之理。"[②]毛汉光先生进一步提到，"坟茔之所在地，成为今日研究某家族重心的重要标竿（杆）"[③]。虽是论及中古士人，但祖茔之论同样适用于北宋士人家族。而王氏家族之所以有临城王氏之名，迁居和归葬临城形成的祖居地意识是根本原因。

一般而言，形成祖居地意识需要三世以上[④]，从王氏族人的诸墓志记载可窥得一二。《王璘墓志铭》记载他为"常山人，代为北州望族"[⑤]。其子，《王鬷墓志铭》称王鬷为"太原郡开国侯""太原王公""赵州临城人"。[⑥]第四代，《王蘧墓志铭》载其为"太原王公""临城县开国伯""赵州临城县人"。[⑦]王蘧之弟王适"赵郡临城人也"[⑧]。王蘧之弟王遹"世为赵郡临城人"[⑨]。第五代王蘧之子王康"世为赵人"[⑩]。第一代王璘为首迁者，并未融入当地。第二代王鬷的籍贯已是临城人，《宋史》本传亦记载其为"赵州临城人"[⑪]，临城祖茔的产生也是自此始。第三代尚未见文献记载其墓志行状，但应为"赵州临城人"无疑，毕竟第二代时祖茔已迁到临城。第四代开始出现"世为赵郡临城人"和"世为赵人"的记载，表明祖居地意识已深入临城王氏族

① 吴敬：《试论宋代的葬期》，《华夏考古》2012年第1期。还有学者认为服丧守孝、外地归葬、占卜葬日以及避尊长之凶是产生葬期较长的主要原因。参见：梁洪生：《江西宋代墓志及其丧期考》，《江西文物》1989年1期；雷玉华：《唐宋丧期考——兼论风水术对唐宋时期丧葬习俗的影响》，《四川文物》1999年3期。

② 陈寅恪：《论李栖筠自赵徙卫事》，《陈寅恪集·金明馆丛稿二编》，北京：生活·读书·新知三联书店，2015年，3版，第2页。

③ 毛汉光：《从士族籍贯迁移看唐代士族之中央化》，《中国中古社会史论》，第244页。

④ 包伟民、魏峰：《宋人籍贯观念述论》，《浙江大学学报（人文社会科学版）》2007年第1期。

⑤ 《王璘墓志铭》，谢飞、张志忠、杨超：《北宋临城王氏家族墓志》，第34页。

⑥ 《王鬷墓志铭》，谢飞、张志忠、杨超：《北宋临城王氏家族墓志》，第36页。

⑦ 《王蘧墓志铭》，谢飞、张志忠、杨超：《北宋临城王氏家族墓志》，第43页。

⑧ （宋）苏轼著，孔凡礼点校：《苏轼文集》卷15《王子立墓志铭》，北京：中华书局，2004年，第466页。

⑨ 《王遹墓志铭》，谢飞、张志忠、杨超：《北宋临城王氏家族墓志》，第52页。

⑩ 《王康墓志铭》，谢飞、张志忠、杨超：《北宋临城王氏家族墓志》，第55页。

⑪ 《宋史》卷291《王鬷传》，第9749页。

人的内心。而在王礹和王蘧的墓志铭中，出现郡望为太原王公的现象，明显受到唐中后期以后墓志书写重郡望之风的影响。“唐中后期题书郡望现象的普遍与士族迁出原籍葬归新贯的社会风气紧密相关，同时也受标榜门第的社会风气影响。其本质是魏晋崛起的士族政治社会向宋代以后的官僚政治社会变迁的世俗反映。墓志题书郡望的关键是迁出本地，死后葬在迁入地附近，不在归葬迁出地。”①而根据王氏家族成员的墓志铭记载，第一代王璘为北州望族；第二代王礹称“太原郡开国侯”“太原王公”；第四代王蘧称“太原王公”“临城县开国伯”；第四代的王遹世为赵郡临城人，后世家族成员墓志也记载世为赵人或赵州临城人，但却并无题写郡望，从中我们或许可以看出迁出家族在迁入地的自我定位和文化认同的过程。临城王氏并非唐代以来太原王氏的分支，但在郡望上却用之标榜，其实是士族门阀时代的郡望意识在北宋社会的残存体现。第四代王蘧虽然也称“太原王公”，但其爵号却是“临城县开国伯”，已经异于乃祖王礹的“太原郡开国侯”，这也表明王氏家族已逐渐开始形成新的本地郡望。正如前人学者所言，“到了宋代，随着魏晋以来世家大族彻底衰败，许多士大夫以本朝官僚大族的分布地域作为某个姓氏的新‘郡望’，与传统的‘郡望’混合起来，形成了宋代士大夫们的‘郡望’观念”②。新的郡望来源于新的地域，而新的地域则肇始于家族的迁徙。可以说，如果没有王氏家族迁徙临城，就没有临城郡望，也就不会有后世的临城王氏。

和家族迁徙相联系进而对家族产生影响的是族人的归葬。古语有云：“狐死正首丘”，古人讲究落叶归根，回归乡土。而且统治者也鼓励在外地去世之人归葬家乡，有时鉴于社会风气败坏，甚至会下诏维护归葬之礼俗。后周太祖于广顺二年（952年）十一月下诏：“古者封树之制，定丧葬之期，著在典经，是为名教。洎乎世俗衰薄，风化陵迟，亲殁而多阙送终，身后而便为无主……缙绅人士，当体兹怀，应内外文武臣寮、幕职州县官、选人等，今后有父母、祖父母亡殁未经迁葬，其主家之长不得辄求仕进，所繇司亦不得申举解送。”③五代时期战乱频仍，世风日下，归葬习俗亦受影响，故而周太祖以诏令约束之。入宋之后，统治者依然提倡归葬之风，甚至会对归葬官员提供便利和服务。天禧二年（1018年）真宗下诏，“命官、使臣任满及移徙后身亡，其家属无托，不能还乡里者，委所在官司令人护送，无令失所”④。《天圣令》规定：“诸在任官身丧，听于公廨内棺敛，不得在厅事。其尸柩、家属并给公人送还。其川峡、广南、福建等路死于任者，其家资物色官为检录，选本处人员护送还家。官赐钱十千，仍据口给

① 杨向奎：《唐墓志题书郡望的增多及其原因探析》，《新疆大学学报（哲学·人文社会科学版）》2012第6期。

② 包伟民、魏峰：《宋人籍贯观念述论》，《浙江大学学报（人文社会科学版）》2007年第1期。

③ （宋）王钦若等编：《册府元龟》卷160《帝王部·革弊二》，第1937页。

④ （宋）李焘：《续资治通鉴长编》卷91，天禧二年四月壬午条，北京：中华书局，2004年，第2109页。

仓券，到日停支。”[①]在任官身丧，棺椁、家属不仅由官府派人护送回家，一些偏远之地另有优惠政策，可见统治者对于归葬的提倡之意。

家族成员的归葬过程和完成也是对家族的认同和维系。对于逝者来说，落叶归根，魂归故土是其最大的愿望；身为家族一分子，死后也要和族人团聚在一起。对于生者子女来讲，为亲人送终，实现父母遗愿，是作为子女的应尽义务。对于亲朋好友而言，怀念逝者并参与其中，实可说是两者亲密关系的再确认。前文提及王氏成员远离家乡，旅榇在远。为了实现逝者回家的心愿，生者往往会竭尽全力完成此事。如王蘧力办大事，不仅把20年未葬的父母归葬祖茔，同时亦把其他族属归葬祖茔。王蘧迁居江阴，但在他去世之后，其子等人仍不远数千里也要把他的灵柩送到祖茔。如果没有家族意识和对家族的认同是很难做到这一点的。此外，亲朋好友的参与其中，无形之中也加深了二者的亲密关系。王瞈墓志铭的撰写者王举正，系王瞈之师王化基之子，同时也是王瞈之妻宋氏的表哥。为其墓志铭篆盖者宋选，系京兆宋氏成员，宋氏之侄。王蘧墓志铭撰写者蒋静，是其同僚好友。王適墓志铭撰写者江公望，系其妻江氏之兄。为王適篆盖者贺铸，是他们兄弟三人共同之好友，他还为王適妻江氏篆盖，为王蘧作挽歌。王适墓志铭由其师苏轼所写。王康墓志铭的撰者系相州韩氏韩向，娶王康之姊。这些亲朋好友在此间的作为，无形之中再次确认了王氏家族和他们之间的联系，归葬完成过程中他们身影的闪动，恰恰反映出王氏家族的人际关系网络。这对于王氏家族的维系，或多或少有一些积极作用在内。或许这也是逝者最后一次加强祖居地意识，以证家族之名。在一定程度上，归葬祖茔凝聚着家族的向心力，对于家族的声名亦有强力助益。

四、余　　论

王璘徙家临城是后世以临城为祖居地的开始，随着家族与当地融合的深入，祖居地意识开始产生并逐渐加强，一代代家族成员的归葬更是深化了祖居地意识，甚至形成新的郡望意识，进而强化家族意识和维持家族声名。王蘧虽然举家迁居江阴，但死后还是归葬临城祖茔，这是临城郡望意识和祖居地意识的体现。本文选取临城王氏家族进行个案研究，也是因为此家族具备迁徙和归葬双重因素之特点。以此特殊性进行研究得出的结论是否普遍适用于其他家族，则仍需要进一步对具体问题做具体分析。前文提及相州韩氏、蓝田吕氏、洛阳富弼家族和武义吕祖谦家族等宋代世家，这些士人家族也十分重

---

① 天一阁博物馆、中国社会科学院历史研究所天圣令整理课题组校证：《天一阁藏明钞本天圣令校证：附唐令复原研究》，北京：中华书局，2006年，第358页。

视迁徙和归葬。韩氏家族自韩琦曾祖韩璆之时举家迁徙安阳，此后一代代族人于此地生活。随着家族的发展，相州已成为韩氏的祖居地，后世族人死后基本上也归葬相州祖茔。吕氏家族自吕蕡举家蓝田之后，蓝田祖居地意识逐渐形成，家族成员基本也都葬于此地。洛阳富弼家族和武义吕祖谦家族也都十分注重家族迁徙和归葬祖茔，这也说明了宋代士人家族仍然十分注重聚族而居和聚族而葬。三槐王氏和真定韩氏亦是如此。宋代三槐王氏又称大名王氏[①]，族人王质墓志铭记载，“其先太原人，曾、高占籍大名”[②]。王质高祖为王言，大名王氏之称，始于王言迁徙大名。但王祐之时又徙家开封，王质行状云：“其先占籍大名，由晋公贵，始居京师。”[③]迁徙开封之后，随着在当地的融合与发展，家族墓地亦设在开封。这与临城王氏徙家之后也迁来祖茔相同。唯一异处在于三槐王氏仍有大名王氏之称，并未因祖茔迁到开封而形成开封地望，或是受大名祖居地意识的影响。另外，还有真定韩氏家族。《宋史》记载，“其先真定灵寿人，徙开封之雍丘”[④]，然事实并非如此。据王善军师考证，韩氏家族原居真定府灵寿县，后迁颍昌府长社县。而且韩氏迁长社县后，族人无论死于何处，皆归葬祖茔。[⑤]韩氏家族也是在迁入新地后形成了新的祖茔，但家族仍称真定韩氏，盖因真定为其祖地也。以上家族的迁徙和归葬虽有相异之处，但也有相同点。略考他们迁徙之因，虽有多样性，但都是为了获取社会资源以发展家族。就家族归葬层面来看，基本也都是归葬家族墓地，也可称之为祖茔。

作者简介：武亚南（1993—），男，河北邯郸人，西北大学历史学院博士研究生。

① 王善军：《宋代三槐王氏家族的仕宦、婚姻与文化成就》，《河北学刊》2003 年第 2 期；王善军：《宋代世家个案研究》第六章《三槐的期待——大名王氏家族》，北京：人民出版社，2019 年，第 158 页。

② （宋）范仲淹：《范文正公文集》卷 14《尚书度支郎中充天章阁待制知陕州军府事王公墓志铭》，（宋）范仲淹著，李勇先、王蓉贵校点：《范仲淹全集》，成都：四川大学出版社，2002 年，第 335 页。

③ （宋）苏舜钦著，沈文倬校点：《苏舜钦集》卷 16《上护军赐紫金鱼袋王公行状》，第 209 页。

④ 《宋史》卷 315《韩亿传》，第 10297 页。

⑤ 王善军：《宋代世家个案研究》，第 199—200 页。

南宋豫章进贤傅氏家世考

余 辉

（首都师范大学 历史学院，北京，100048）

摘 要：南宋进贤傅氏家族，由乡曲豪族转为文士家族，其中原委值得深思。傅氏于建炎初年，以乡曲武弁参加岳家军，转战南北。其子以黄榦友善，亲近朱熹，为朱门高弟，其孙以诗歌名世，在南宋家族转型中极具代表性。傅氏家族其后一直以文著称，元明两朝代有文士，名扬科举，在乡里积淀深厚，更为我们研究南宋后江南家族绵延提供一个有研究价值的个案。本文研究傅氏由北宋末乡里豪族转为地方文士家族的变迁看江南地区家族的赓续与绵延。

关键词：进贤；南宋；傅氏；理学；家世

傅梦得，字崇甫，隆兴府进贤籍，今江西省南昌市进贤县城西南四公里的民和镇（南宋时期的进贤县归仁乡）人，生于宋宁宗嘉定乙亥（1215 年）十月，卒于宝祐丁巳（1258 年）十二月。傅梦得是一个地方士人，他“尤工笔法”有“仿佛晋宋间”之气象；他虽没有科考成绩，平生也没有出仕，但是坚持尽守孝道，知书达礼，为父执尽师训之责。一直过着“优哉游哉，与诗会友”的隐士生活。傅梦得编撰的《全宋诗》留下诗歌 27 首，而世人都不明白其乡里，多以其为江南人。2008 年沪昆高铁进贤段施工，出土了“宋故傅君崇甫墓志”，文先国先生据此考证为文《隐逸诗人傅梦得》，考证傅氏的生平及其文学情怀。[①]近日笔者阅读清人王梓材、冯云濠编的《宋元学案补遗》，发现

① 文先国：《隐逸诗人傅梦得》，《中国文物报》，2015 年 5 月 5 日版。

里面也有弥足珍贵之傅梦得及其家世材料，所以在文先国先生基础上，继续追索南宋诗人傅梦得的家世。

进贤县博物馆藏《傅梦得墓志铭》如下：

宋故傅君崇甫墓志

君姓傅氏，讳梦得，崇甫其字。世居豫章进贤。曾大父盛。大父文宥。父安福，字子寿，承信郎、监临江军新淦县户部赡军酒库。君生于嘉定乙亥十月丙申日。幼颖异。眉目秀耸。少长，纳之义方，读书辄记习，尤工笔法，仿佛晋宋间书体。既冠，智识益警敏。其父如京师调官，悉以家务委君，而能得竭力干蛊。随事应酬，各有条序。父由是嘉赖之居。母吴夫人，丧亡缺事，族党称族其贤子。寿笃意延师训，导幼子若孙。迺克承父志，辟斋宇丛，诗书惟恐不及。姻宾过从，倒屣迎待其父，对客从容，礼意勤至。君在侍侧，恰恰愉愉，未尝有一毫厌心戳。其伯父瑞阳税官，字子仁。常语人曰：吾弟所以高堂燕居，应接优游者，侄梦得力也。事长敬抚幼，慈处乡里，睦至若周急恤贫。尤出雅意，人皆德之。和气薰蒸，家道日肥，居乐其乐。讵谓一旦，而倏然长逝，实宝祐丁巳十有二月辛巳也。娶临川吴氏儒家女。男四，埜习举，子业、壁、明。孙尚未龆龀。女一，许同邑赵必桨。同安法掾之口，明年子寿携孙埜来言曰：将于十二月甲申，葬吾长子于邑之归仁乡凤山。原敢匄一言志诸幽。余曰：余曩客公之塾，目觇公父子慈孝气象，公今年馀六十矣，长子死焉，志不属之他而属之我。我奚敢辞，遂援笔，为书梗概云。

亲末晋阳王敬祖撰

亲末迪功郎新隆兴府南昌县主簿章文新书亲末迪功郎前隆兴府南昌县尉巡捉私茶盐矾兼催纲李居信题盖

刊者施椿

清代编修《宋元学案补遗》，这样说起傅梦得及其父亲：

傅先生修附子梦得、梦舆、瑭。傅修字子期，进贤人，尝师朱子，而友黄勉斋。天资敏悟，不乐时学，少习辄弃去。端坐一室，左右图史，持身斩斩无违行，于事亲尤笃。朱子没，且葬，柩行，先生怅怅而来。且号且泣，拜俯伏于道，若将陨焉。送葬者重为之垂涕，子三人。梦得、梦舆、瑭，皆笃信好学，有父风，瑭尝与乡贡。黄勉斋集。[①]

进贤出土傅梦得墓志，指出傅梦得父亲："（傅）安福，字子寿，承信郎、监临江军新淦县户部赡军酒库"；傅梦得伯父，"其伯父瑞阳税官，字子仁"。这里包括了其伯父、父亲的姓名、字号与职官。《宋元学案补遗》据黄榦《黄勉斋集》说傅修（傅梦得父亲）字子期，字号相差只有一个字，即字号第一个字为"子"。明宋端仪撰，薛应旂重修《考亭渊源录》载，傅修字子期，豫章进贤人，从文公游，嗜学笃行。其明确傅修是进贤人。朱熹《朱文公文集》也有多处提及傅修，可见传世文献中不一定会错，但是从《宋元学案补遗》引述《黄勉斋集》，可以推知傅梦得与傅修（子期）有父子辈关系，至于墓志铭与传世材料有些许字差别，或许是傅梦得过继给傅修也未可知，墓志铭与传世文献中家族人名的错误，在宋代也可能是改名所致。无论如何，同时期同在一地而字号相近，此傅梦得一定是傅修同族的晚辈。我们接来下来看黄榦的原文。

笃孝傅公墓志铭

公讳脩，字子期，豫章进贤人也。曾祖俊。祖安民，建炎中以收逆贼补官进义校尉。父时中，从政郎，为宣抚岳公宾客。母胡氏。生于绍兴己未，以开禧丁卯六月丙午卒于正寝。将以嘉定元年十有二月癸酉葬于所居之南荷田源。是岁十月，公季子瑭走临川，谒公之友长乐黄榦，泣而言曰："瑭尝侍先人师晦庵先生而友吾子，今不幸弃诸孤，葬有日，生平之梗概托以不朽者，先生殁矣，子何说之辞？"榦谢不敏，又泣曰："德与位，世所有也，先人之友莫子若也，子何说之辞？"发其书读之。公刚方质直，孝友信义行于家庭，着于闾里。天资敏悟，不乐时学，少习辄弃去。端坐一室，左右图史，持身斩斩无违行。接亲族有恩，赒人之急常恐不及。凡公之性行皆可述如此。而于事亲尤笃，饮食起居未尝顷刻忘。尝游芜湖，一夕有感而叹曰："吾亲其有疾乎！"旦即驰归，千里不数日而至。从政公既葬，去家一舍，每一念至，即驰往，裴回信宿而后反。庚申之春，榦尝侍坐于晦庵先生之侧，有麻绖菅屦扶服而前者，貌不胜衣，言不能出诸其口。问其姓名，则公也。先生方与诸生习礼于武夷之下，爱其贤，书其所携从政公之事状曰："予观其冠履应礼，而戚容与之称，言词恳悫，情旨酸辛，为恻然动心焉。"坐者无不加敬。未几先生没。明年，且葬，柩行，公怅怅而来，且号且拜，俯伏于道，若将陨焉，送葬

① 王梓材、冯云濠编撰，沈芝盈、梁运华点校：《宋元学案补遗》卷69《沧州诸儒学案补遗上·晦翁门人·傅先生修》，北京：中华书局，2012年，第3885页。

者重为之垂涕。方是时，伪学之禁严，缙绅耻言学，学者更名它师，至有吊赙不及门者，公独毅然不远千里，哀号痛莫若此。公诚孝人也，以其爱亲者施之师，由是充之，则凡子瑭之所述，皆可信不疑也。呜呼，道之不明久矣，诸老先生迭起力扶之。习俗日薄，学者不能尽通其师之意，小廉曲谨不足以救大本之差，博闻多见适足以为实行之累，顾使阿世之徒得以借口，济其为奸之术，而斯文日以堙晦。今诸老先生既没，如公之笃实躬行者亦复相继而逝，是岂不重哀也夫！公娶张氏。子三人，梦得、梦舆、瑭，业进士，瑭尝与乡贡，皆笃信好学，有父之遗风焉。女四人，长适修职郎、前筠州主簿赵汝偩，次适待补太学生王大年，次适进士周士珍。孙男女十四人，男谦、巽、观、咸、益、涣，女长适漕贡进士赵师橹，次未行。榦既谢不获，遂次公之行而为之铭。铭曰：学之大，先人伦。行有实，岂其文。参也鲁，以孝闻。一唯间，策奇勋。嗟后世，胡纷纭。毋他求，视兹坟。[1]

傅梦得父亲傅修不但是朱熹门人，而且他也是朱熹女婿兼高足黄榦的好友。傅修与朱熹关系不一般，他就学于武夷山朱熹座前，为学虔诚，甚至在庆元党禁最激烈时期，仍旧维护朱子学术，他请朱子为自己父亲傅时中行状做跋，使得他父亲作为岳飞的幕僚事实广为人知。他事父极度恭顺，对待朱子执弟子礼甚恭，这是中国传统孝友的典型。他的女婿赵汝偩，是居住在进贤的赵宋皇家宗室，南宋宰相赵汝愚的同辈兄弟，二女婿王大年，三女婿周士珍都是当时进贤地方社会甚有名望的科举士绅，孙女婿赵师橹也是居住在余干的赵宋皇家宗室，可以说傅氏家族是当时进贤第一流高门。傅时中，傅修之父，傅梦得之公辈，进贤人。早年在抗金名臣岳飞帐下作文书，善治生产，教子读书，酌酒赋诗以自适。晚值庆恩，三蒙锡命之宠，遂易文阶。岳飞被杀后，傅时中隐居乡里，教授子弟为乐。傅修后拜朱熹为师，傅时中过世后，朱熹在其子邀请下为其一生行状做跋文。

跋进贤傅君行实

从政进贤傅君既没，将葬，其子脩抱其行实一通，不远千里，辱以顾予。流涕言曰："先人蚤岁有志功名之会，中间不幸遭罹国难，盖尝解儒服以事戎行，实从宣抚岳公转战许、洛之间，屡以捷告。上功未报，而南北通和，岳公遂罹谗口，失兵柄，得奇祸。先人为之感慨愤激，弃其官勋，以归故里。复治家人生产作业，教子读书，酌酒赋诗，以自排适，倏然不知其身之老也。晚值庆恩，三蒙锡命之宠，遂易文阶，老寿康宁，闾里嗟叹。今者不幸至于大故，不肖之孤，衔哀忍死，以奉

① 黄榦：《勉斋先生黄文肃公文集》卷35，《宋集珍本丛刊》，景元刻本，第139—140页。

窀穸之事，既有期矣，顾恨未得当世之大人君子发其潜德之幽光，传之久远，以覆露其后嗣，是以匍匐而来，再拜以请于执事，惟公幸哀而与之铭，则死者有知，亦无恨于泉下矣。”予视其冠屦应礼，而戚容与之称，言词恳悫，情旨酸辛，为恻然动心焉，知其平日习于贤父兄之教训也。以是虽不及识傅君，而于此得其为人，顾念罪戾之余，言语不足以取重当世，而疾病摧颓，意绪荒忽，亦无复心力可以治笔研，作文词矣。特以其远来泣请之哀，不可以不答也，因为书此于行状之后，使并以视来者云。

庆元己未十一月辛丑新安朱熹书。[①]

同时期进贤人在岳飞帐下为将，其后裔知名者还有宋末宰执罗必元的爷爷。据刘克庄所撰《罗必元墓志铭》记载：

罗氏世居隆兴之进贤，曾大父讳先，以勤俭成家，当建炎初乡国乱离，多所全活。祖讳俊臣，武穆岳公讨杨么，过师豫章，后军裨将道毙众散，亟以便宜招集，归之行营，武穆壮之，将留置麾下，以亲老辞，授保义郎。考讳天祐，急谊好施，岁歉贷人而焚其券，三世积善，累积中散大夫，妣万氏，赠恭人。[②]

可见岳飞过化豫章地区时，在进贤县招收了不少将校与僚属。朱熹为进贤傅时中一生行状做跋文，其中也掺杂自己不少感触。傅时中早年遭遇北宋覆灭，二帝北狩的千古奇耻的靖康之变，愤然投笔从戎。傅时中在岳飞帐下转战河南许昌、洛阳之间，取得例如郾城大捷等重要胜利，岳飞既以“莫须有之罪”被宋高宗与秦桧谋害，傅时中慨然辞官回乡，教授子弟读书为乐，晚年因为岳飞被平反，傅时中受到了南宋朝廷的高度礼遇。但此时朱熹及其门徒正在被韩侂胄等诬陷为“伪学”，正是“庆元党禁”最激烈的时候，朱熹一生学问被斥为“伪学”，学术和行动受到了朝廷的极大禁锢。朱熹以傅时中忠心报国，虽然一生坎坷，事多曲折，但是最终为南宋政府所认可而感触，希望也有后来人像他一样“发其潜德之幽光，传之久远，以覆露其后嗣”，传承其学术与志行。果不其然，朱熹过世后不久，其学问也被万人传颂，成为后世元明清三代所尊崇的官学，朱熹更是进入孔庙大成殿，配享孔子，受到了传统士大夫的最高礼遇。朱熹这篇与进贤人傅时中的跋文，毋宁说是傅时中的人生学问志趣的写照，也是朱熹自己的自画

① 朱熹：《朱子全书·晦庵先生朱文公集》卷84《题跋·跋进贤傅君行实》，上海：上海古籍出版社；合肥：安徽教育出版社，2002年，第24册，3974—3975页。

② 刘克庄，辛更儒笺校：《刘克庄集笺校》卷162，《墓志铭·直宝章阁罗公》，北京：中华书局，2011年，第6337—6338页。

像，通过感慨他人，为我们树立一个忠心报国、教学乡里的儒者形象，也是画为心声，抒发了朱熹悲天悯人的大儒智慧，此情此景，焉能不然后世人潸然泪下，长叹朱熹。正因为如此，朱熹与傅修情感独特，以及学术传承脉络。朱熹殁后，傅修不远千里前去为朱子送行，并扶柩痛哭，同辈朱学门人为之动容，可见二人感情之深。

最近笔者在阅读上海图书馆藏相关谱牒的时候，意外发现元代顺帝至正八年进士傅箕撰有《樊氏宗谱叙》又有相关记载。傅箕为傅时中、傅安民后人。我们把全文抄录于下：

> 孟子曰："所谓故国者，非谓有乔木之谓也，有世臣之谓也。"岂惟世臣，虽蕞尔小邑，亦必有世族与同休戚焉。豫章锺陵诸樊，繇韬公当盛时，至自鄱阳之双江，家于三阳，懋种隐德，克隆本支。或迁居盱江，或析处修水、南昌、泰浦、北山、蜀泷、土坊，垂四百年，军族俎豆，代不乏人。仕进莫荣于科第而流芳雁塔者不一，伦纪莫先于节义而孀居守节者不一。其余若人材擢用，飏历州县大府黄门，先后相望。时平则食禄行义，或青或紫；世乱则讨叛死忠，而致方伯吊祭，朝廷赠职赐庙食，在宋在元，凡五人。兹非所谓与同休戚，犹故国之世臣者欤。厥族既蕃，支派往往翘隔，旧谱岁久续缀为难。诸子孙者北山自弜武仲纂辑屡年，始克详明行迹宅兆。其载大略既久，请序于予。嗟夫！韩魏公有云：人之所以重于有子孙者，以其能谨谱牒坵墓也。此而不谨，则与夫世之绝也何异。今观樊氏之族谱也如是，庸非孝之大端欤。览其附录，历代巨鸿公博，若宽居胡公、草庐吴文正公、翰林滕玉霄、学士虞文靖公、博士柯敬仲、集贤承旨刘良甫、翰林学士刘三吾、台州知府芮志文、国子祭酒季安、贡士熊钊伯机，或铭墓，或题额，或记其燕居之堂，或多其德业而序其谱焉。文献足征旧矣。况昌时兄弟同死国难。予从祖安民时中尝与同勤王事，椅甬灭贼，自是厥后世复姻联，区区虽欲辞让，其可得乎。虽然张公艺九世同居而着于唐，陈兢以十四世义门而显于宋，范文正公周恤宗族昭然在人耳目而脍炙人口也。樊氏苟能因谱牒之修，念支派子孙皆原于韬公之一人，仿效昔贤联睦宗族，厚其所当厚，异日亢宗之誉，安知不有大于今日者乎。是为序。[①]

樊氏昆仲在元末抗击红巾军起义时，死难国事。傅箕为其家谱作序，不禁回想起祖先与樊氏祖先一起抗击金兵的历史、保卫南宋政权的往事，家族又世代联姻，可谓是渊源不断。樊氏与傅氏在南宋高宗初年保卫郡城的事情，吴澄有记叙这件事："樊氏，洪

① 上海图书馆编，陈建华、王鹤鸣主编，丁凤麟整理：《中国家谱资料选编2·序跋卷上》，上海：上海古籍出版社，2013年，第144页。

进贤著姓，居士讳士高，字叔厚，世居崇礼乡之三阳里。宋绍兴初，盗据江城，侵及洪境，樊昌时率民兵拒战，而死事，定赠脩职郎，自是族浸昌大，脩职五传至秀英，由三阳里徙居北山”。[①]先辈士人殁于王事，乃传统中国社会的大功业，傅箕为之作序，自然也是无比动容。傅箕为吴澄再传弟子，著名学者包希鲁的弟子。明初傅箕与包实夫、王景符、熊钊并称进贤乡里四先生。[②]其再传弟子樊静，字伯静，南昌进贤县人。永乐二年甲申科进士，改庶吉士，历编修，调梁山知县，终济南卫经历。[③]可见傅、樊两家为世代交好。傅箕在明初江西颇有影响，梁寅曾为其砚台作记：

傅氏家藏砚记

洪武三年秋，余与傅君拱辰同考江右试。拱辰出其家藏之砚曰：“是砚，吾先人肄业时所用也，迨余试藩省及礼部，试廷试，皆用之。今幸砚之存，弗失所付，且将以遗后之人，其为我记之。”寅曰：世之人多藏金玉以遗后者，恒有之矣。然或不能训以善，则粪土其金玉，莫之守，亦恒有之矣。君之先君子独能训子以明经饬行，以至为名进士，故是砚者，常器也，方之邺中铜雀之瓦、端溪龙尾之石，未有以过之者也。而父传之子，历七十载，常珍而用之，则由是而子传之孙，孙又传之子，断断其能守也可知矣。方之世人宝金玉者，不远胜之乎？拱辰少刻励于学，闻善必为。及登第，居官廉能有闻。兵兴，遁迹田野，艰苦涉历，资用悉丧，而不易其操。痛父之卒弗终养，而是砚幸存，每一出之，感父手泽，必泫然流涕。夫砚者，置之群籍之府而切于用者也。君以砚付后之人，后之人必究心群籍以蹈德袭美，传是砚于无穷，其望于后人者岂浅哉？《书》云：“人不易物，惟德繄物。”是君之心也。君名箕，以《易》试江西。是年，翰林吴公当考文，得君《易义》，大喜，以为本经之冠云。[④]

此砚是傅箕先人以及他科考所用，包含其家族情感，而且其科考读卷官是吴当，也即是傅箕太师傅吴澄之孙，又为其砚台增添另外一重渊源，所以梁寅欣然为其作记。傅箕之孙傅行，字德芳。建文二年庚辰科胡广榜进士。历兵部给事中，调广陵卫经历，终隰州判官。[⑤]

---

① 吴澄：《吴文正公集》卷81《故樊居士墓志铭》，《景印文渊阁四库全书》，第1197册，第768页。

② 王直：《抑庵文集》卷10《樊孺人陶氏墓志铭》，《景印文渊阁四库全书》，第1241册，第220页。

③ 《同治进贤县志》卷14，中国国家图书馆藏清光绪刻本，第146页。

④ 李修生主编：《全元文》卷1517，《梁寅·傅氏家藏砚记》，南京：江苏古籍出版社，1998年，第622—623页。

⑤ 《同治进贤县志》卷14，中国国家图书馆藏清光绪刻本，第146页。

傅时中—傅修—傅梦得……傅箕—傅行，这个隆兴府宋元时代的文化家族，紧密联系起南宋、元代、明代的历史。傅时中为岳飞帐下文书，为岳家军抗金兵做出了卓越的贡献；傅修潜心学问，追求理学，是朱文公高足；傅梦得孝友乡里，留下 27 首脍炙人口的诗篇，至今为人所传颂。傅梦得墓志铭没有出土以前，多以其为江南人，但是墓志铭以及《勉斋集》《宋元学案补遗》明确指出他是进贤人，也为我们理解南宋时期江南地域概念以及文化场域提供一些新的线索。傅箕为元代后期进士，也是明初江西文化遗老之一，其孙为明早期进士。不管如何说，这个家族是南宋、元代、明代历史上的一段奇葩，祖孙三代混杂军旅、理学、文学，允文允武，后世子孙傅箕得中难度颇大的元进士，是名副其实的文化世家；傅时中、傅修、傅梦得祖孙三代能够与南宋甚至中华历史上第一流人物有交集。子孙在元明两代均得中进士，全国都是不多见的，堪称宋室南渡之后家族学问的典型代表。

作者简介：余辉，首都师范大学历史学院博士研究生。

宋代思想文献史研究

北宋前期文人与佛教

赵　伟

（青岛大学 历史学院，山东 青岛，266071）

摘　要：由于统治者支持佛教发展的政策及佛教的兴盛，北宋的文人士大夫广泛接受佛教，文人们对于佛教的浸润极深，与佛教毫无干涉的文人极为罕见。文人与佛教的关系大体上可以分为四种类型：钻研且信仰佛教者、受挫后入佛者、批驳佛教但又涉佛者、折服于佛教徒的博识而与佛教徒交游者。文人与佛教徒几乎都有着儒释一致的看法，即使辟佛的文人亦有儒释在某些方面一致的看法，这是二者交往的基础。

关键词：北宋前期；文人涉佛；儒释一致；迹异道同

北宋开国之后，佛教尤其是禅宗再次兴盛起来，对于宋代的思想、文学创作、士大夫心态、社会生活等方面都产生了极大极深的影响。北宋文人普遍研习佛教，即使反对佛教的文人对佛教也有比较深入的研读，由北宋文人对佛教的反对最为深刻便可知。北宋文人与佛教的深层次关系，北宋甫建就开始了。原因大概是：首先是唐代兴起的禅宗继续向前发展，其次是统治者的扶持，然后是民众信仰实践的层面更加普遍，最后是佛教更加深入渗透到其他领域中。

北宋文人涉佛的事实，孙昌武在《禅思与诗情》中说“到了宋代，禅继续深入到文人阶层，诗人写作偈颂式作品的也不少……诗风的转变与时代整个意识形态的转变有着密切的关联。宋人讲性理，显然受到禅思想的影响。”[①]凡是涉及宋代佛教、宋代文学的

---

① 孙昌武：《禅思与诗情》，北京：中华书局，1997 年，第 437 页。

论著，或多或少都会提及文人涉佛的事实，早期如梁启超《佛学研究十八篇》、胡适《白话文学史》等著述中皆有提及。陈垣《中国佛教史籍概论》叙述了宋代所撰写的《佛祖统纪》《禅林僧宝传》等几部重要的佛教史籍。佛教史的研究开始兴起后，在汤用彤《汉魏两晋南北朝佛教史》和任继愈《中国佛教史》等著作的带动下，出现了一批涉及宋代佛教史的成果，如印顺《中国禅宗史》、日本柳田圣山《禅与中国》、日本高雄义坚《宋代佛教史研究》、日本忽滑谷快天《中国禅学思想史》、杨曾文《宋元禅宗史》、高令印《中国禅学通史》、魏道儒《宋代禅宗史论》、顾吉辰《宋代佛教史稿》、黄启江《北宋佛教史论稿》、麻天祥《中国禅宗思想史略》、潘桂明《中国禅宗思想历程》与《中国居士佛教史》、洪修平《禅宗思想的形成与发展》、日本土屋太祐《北宋禅宗思想史及其渊源》、曹刚华《宋代佛教史籍研究》、刘长东《宋代佛教政策论稿》等。要论述北宋文人涉佛情况，不可避免要谈到佛教与文学创作，如日本学者加地哲定《中国佛教文学》、深浦正文《佛教文学概论》、小野玄妙《佛教文学概论》、泉芳璟《佛教文学史》等；20世纪80年代之后，中国学者孙昌武《佛教与中国文学》、《禅思与诗情》、《中国文学中的维摩与观音》、《文坛佛影》（初集、续集）等著作，张中行《佛教与中国文学》、陈洪《佛教与中国古典文学》、张伯伟《禅与诗学》、胡燧《中国佛学与文学》、周裕锴《中国禅宗与诗歌》与《文字禅与宋代诗学》、赖永海《佛道诗禅》、覃召文《禅月诗魂——中国诗僧纵横谈》、张锡坤等《禅与中国文学》、谢思炜《禅宗与中国文学》、杜松柏《禅与诗之融合》、张培锋《宋代士大夫佛学与文学》、张文利《理禅融会和宋诗研究》等，这些论述佛教与宋代文学创作的著述中都论及北宋文人与佛教的关系。

本文论述北宋前期文人与佛教关系，与上述著述有所不同的是，本文将北宋前期文人涉佛的类型进行了划分，将文人与佛教的关系做了更为清晰地描述。北宋前期文人与佛教及与僧人交往的故事，可谓是不计其数，无论是文人还是僧徒，学说中往往体现出儒释合一的特征，即孙昌武说宋代知识阶层中居士佛教大盛，“特别是受到白居易等人的影响，部分人中居士思想兴盛起来，在理论上与实践上外儒内释的表现有相当的普遍性”①。

一

北宋前期，文人与佛教、佛僧之关系，大概可以分为以下四种类型。

（1）深入学习佛教，对佛教有着很深的信仰，如陈文惠、王日休等。陈文惠景祐年

---

① 孙昌武：《佛教与中国文学》第二章，上海：上海人民出版社，1988年，第146页。

间拜相，寻出判郑州，以太子太师致仕，“平居于释氏留心”。所谓的“平居于释氏留心”，即佛教典籍是他平常阅读的内容之一，对于佛教所说的义理也有所思考。故其在游佛寺时“恍然有得”，为偈曰：“殿古寒炉空，流尘暗金碧。独坐了无人，又得真消息。”在临终时，自志其墓曰：“……年八十二不为夭，官一品不为贱，卿相纳禄不为辱，三者粗可归息于父母栖神之域矣。”从其所作偈与墓志铭来看，陈文惠确实是“于幻妄境中，了无遗恨”①。宋代的文人士大夫对待佛教，大多都如陈文惠一般，他们阅读佛书、游览佛寺、交往佛僧，在思想观念和行为上，都深深刻印上了佛教的痕迹。又如王日休，“为六经训传数十万言”，后来去弃儒而习佛教，并云“是皆业习，非究竟法，吾其为西方之归”。之后“一志念佛，日课千拜”，直至“立化”②。如王日休一样，接触佛教之后即潜心于佛教者不计其数。

（2）受挫后而研习佛教者，如尹洙所说“废放之臣，因其身之穷，乃趋浮图氏之说”③。尹洙字师鲁，“少与兄源俱以儒学知名”，自唐末以至五代，“文格卑弱”④，尹洙与石介、柳开、穆修等人起而倡导古文，以期改变卑弱之文风，范仲淹在《河南集原序》中说：“予观尧典舜歌而下，文章之作，醇醨迭变，殆无穷乎。惟抑末扬本，去郑复雅，左右圣人之道者难之。近则唐贞元、元和之间，韩退之之主盟于文，而风雅最盛。懿僖以降，寖及五代，其体薄弱，皇朝柳仲涂起而麾之，髦俊率从焉。仲涂门人能师经探道，有文于天下者多矣。洎杨大年以应用之才，独步当世，学者刻词镂意以希仿佛，未暇及古也。其甚者，专事藻饰，破碎大雅，反谓古道不适于用，废而弗学者久之。洛阳尹师鲁，少有高识，不逐时辈，与穆伯长游，力为古文，而师鲁深于《春秋》，故其文谨严，辞约而理精，章奏疏议，大见风采，士林始耸慕焉。复得欧阳永叔从而振之，由是天下之文一变而正，是大有功于道也。”尹洙能以自己的努力而使“士林始耸慕焉”而改变文风，确实如范仲淹所说是“吾儒之盛”。范仲淹说“复得欧阳永叔从而振之”⑤，是欧阳修对尹师鲁的推许。尹洙去世后，欧阳修撰《论尹师鲁墓志》，言其“近年古文自师鲁始”⑥。在《尹师鲁墓志铭》中，欧阳修说：“盖其名重当世，而世之知师鲁者，或推其文学，或高其议论，或多其材能。至其忠义之节，处穷达，临祸福，无愧于古君子，则天下之称师鲁者，未必尽知之。师鲁为文章，简而有法，博学强

① （宋）释晓莹：《云卧纪谈》卷下，《全宋笔记》第五编第二册，郑州：大象出版社，2012年，第56页。
② 志磐：《佛祖统纪》卷47，《大正新修大藏经》，第49册，第428页。
③ 《河南集》卷5《送浮图迴光一首》，《景印文渊阁四库全书》，台北：商务印书馆，第1090册，第24页。
④ 《宋史》卷295，北京：中华书局，1977年，第9831、9838页。
⑤ 《河南集》原序，《景印文渊阁四库全书》，第1090册，第2页。
⑥ 《文忠集》卷73《论尹师鲁墓志》，《景印文渊阁四库全书》，第1102册，第575页。

记，通知今古，长于《春秋》。其与人言，是是非非，务穷尽道理乃已，不为苟止妄随，而人亦罕能过也。遇事无难易，而勇于敢为，其所以见称于世者，亦所以取嫉于人。故其卒穷以死。”[①]四库馆臣因此在《河南集》提要中评价说：“所为文章，古峭劲洁，继柳开、穆修之后，一挽五季浮靡之习，尤卓然可以自传。”

这样的尹洙，自然是一心“务求古之道”[②]了。他在《送浮图迴光一首》中提到“趋浮图氏之说”者，说：“予病废放之臣，因其身之穷，乃趋浮图氏之说，齐其身之荣辱穷通，然后能平其心。”尹洙对因为身穷而“趋浮图氏之说”的文人士大夫进行了批评，说：“吁！其惑哉！屈原、贾生为放逐之辞，皇皇焉切以深，所不忘者君也。彼岂以身之穷辱，能累其心耶？先圣称颜子‘箪食瓢饮，人不堪其忧，回也不改其乐’，盖夫乐吾圣人之道者，未始有忧也，尚何荣辱穷通之有哉？”尹洙提到这篇文章的写作缘由，是：“予谪随之一月，光师来相过，持其师之说以警予。光师，明达人也，于其行，叙吾说以为别。”[③]从这篇文章来看，尹洙批评那些因身穷而信仰佛教的人，认为应该如屈原、贾生、颜回那样，若能“深所不忘”其君、“乐吾圣人之道”便即无忧也。尹洙这是在“谪随之一月”时说出的话，说明他是以屈原、贾生、颜回能“深所不忘”其君、“乐吾圣人之道”为榜样。不过，尹洙也说僧人迴光是“明达人”，表明他不拒绝和僧人交往，也非声严厉色地批评迴光，只是对其“叙吾说”。

事实上，尹洙与僧人交往颇不少，亦接受佛教之说。其作《退说》，言其与禅师关于“退”的讨论：“因言禅师始见予进于文，而已益进以名，遂以仕，禅师视予之为进久矣。山林乐也，盍退乎以休吾勤？禅师曰：‘退与进，均有为也，不若两忘焉。’予悚然愧其说之胜也，然予之所谓退者，岂以进为不偶、退为高耶？直以不才，于退适宜耳，乐之不为过也。既而自诋曰：‘予之不才于退适宜者，非今日始，自知也。向天子命之治民，又命之治兵，不于是时自退，今以罪黜，乃曰乐退，退之乐与否，非所得而言也。’”尹洙自言最后对于“退”的心得是“禅师之说旨”[④]。在《送浮图奉坚一首》中，僧人奉坚“出所述三昧义”，请尹洙“为之赞”，尹洙说：“师为浮图学，能广其所传以导人，欲赞其说，当求之深其学者，不然名公大人其能取信于世者？予蒙固未能了师之说，且言不足为世重，曷为求哉？”尹洙表现得相当自谦，不再是如《送浮图迴光一首》中那般给奉坚“叙吾说”。在奉坚“请益坚”的情况下，尹洙“观师之心，是不

① （宋）欧阳修：《居士集》卷28，《欧阳修全集》上册，北京：中国书店，1986年，第199页。

② 《河南集》卷4《志古堂记》，《景印文渊阁四库全书》，第1090册，第18页。

③ 《河南集》卷5《送浮图迴光一首》，《景印文渊阁四库全书》，第1090册，第24—25页。

④ 《河南集》卷3《退说》，《景印文渊阁四库全书》，第1090册，第14页。

欲使一人不通其说者"，因之感叹"世之儒者，有能自信其传如师之固欤"[①]。在《浮图秘演诗集序》中，言与秘演交往二十年："浮图号文惠师秘演者过我，道欧阳永叔为其作诗序，苏子美贻之诗。永叔悲演老且衰，子美有'惜哉不栉被佛缚，不尔烜赫为名卿'之句。予识演二十年，当初见时，多与穆伯长游，伯长刚峻，人罕能与之合，独喜演。演善诗，复辨博，好论天下事，自谓浮图其服而儒其心，若当世有势力者，衣冠而振起之，必荦荦取奇节。今老且穷，其为佛缚，讵得已耶？伯长为州参军已死，演老浮图，固其分。演之再来京师，不饮酒，不与人剧谈，颇自持谨，与世名浮图者不甚异。演之心，岂与年俱衰乎？永叔因石曼卿始以知演，见其衰而闻其壮所为，是以为之悲。然演始健于诗，老而愈壮，不如其年之衰。予闻诗发于中，宁相戾耶？岂演老益更事，且不预世故，遂汩汩顺流俗，其外若衰，其中挺然，独于诗乃发之耶？"[②]尹洙言秘演之"持谨"与"世名浮图者不甚异"，表明他对于佛教僧徒是有比较多的了解的。在写给王仲仪的书中，尹洙提到游览僧居："辱赐书教，承自至汝阳，政简讼稀，尊体安适。某到随州城东，得一僧居，竹树甚美，颇有隐者之趣，所愧者，以罪来耳。"[③]尹洙被贬后，来到僧居，感受到"竹树甚美"和"隐者之趣"，只是愧疚自己是因罪而来此。"所愧者，以罪来"，所表达的正是"废放之臣，因其身之穷，乃趋浮图氏之说，齐其身之荣辱穷通，然后能平其心"之意。由此可见，即使如尹洙这般坚定的儒学之士，受挫时也是从佛教中寻找慰藉。更能说明尹洙最终深入佛教，是他临终对于佛教的领悟。《冷斋诗话》记云："尹师鲁谪官过大梁，与一老衲语，师鲁曰：'以退静为乐。'衲曰：'孰若进退两忘？'师鲁顿若有所得。及移邓州，时范文正守南阳，师鲁手书与文正别，文正驰至，则师鲁已沐浴衣冠而坐，少顷而化。文正哭之甚哀，师鲁忽举首曰：'已与分别，安用复来？'文正惊问所以，师鲁笑曰：'死生常理也，何文正不达此！'又问后事，曰'此在公耳。'乃揖希文，复逝，俄顷又举首谓文正曰：'亦无鬼神，亦无恐怖。'言讫长往。"[④]这则记载虽具有轶事性质，但也能说明尹洙入佛且对佛教领悟之深，是为当时所认可的。

（3）坚决反对佛教而后受到佛教影响而研学佛教者，如李觏者。李觏，字泰伯，"在宋为盱江一时儒宗"[⑤]。李觏在理学尚未兴起之时，倡道德文章，被视为周程之先导。《陆瑶林李泰伯先生文集原序》评论说："李泰伯先生，旧属南唐之裔，生于宋真宗

① 《河南集》卷5《送浮图奉坚一首》，《景印文渊阁四库全书》，第1090册，第23页。
② 《河南集》卷5《浮图秘演诗集序》，《景印文渊阁四库全书》，第1090册，第24页。
③ 《河南集》卷11《答汝州王仲仪待制书二首》，《景印文渊阁四库全书》，第1090册，第52页。
④ （宋）释惠洪：《冷斋夜话》卷8，《全宋笔记》第二编第九册，郑州：大象出版社，2013年，第73页。
⑤ （宋）李觏著，王国轩点校：《李觏集》附录三《孙甫正德本直讲李先生集序》，北京：中华书局，1981年，第550页。

之时，道德文章卓绝一世，且多所著作，学者皆斗山仰之，盖屹然为宋代儒宗。……先生先于周、程、张、朱数十年，尝与范希文诸先辈上下论议，畅发乎尧、舜以来相传之旨，于是理学大明，儒风蔚起，识者谓濂、闽、关、洛之学，皆先生有以启其绪焉。其所以羽翼圣经，匡扶世教，岂浅显哉！”[①]《李来泰宋泰伯公文集原叙》云：“夫儒者，代不乏人，而明道之儒，唯宋独盛，周、程、张、朱，其最著矣。然学问渊源，递相师祖，如家泰伯生于宋真宗之末年，是时理学尚未繁兴，公菰芦中一韦素耳，将伯无助，独挺然倡绝学于东南，其于干禄应制之文，屏弃弗习，一以六经四子为宗，阐析微义，股肱大道。”[②]范仲淹在推荐李觏时评价说：“善讲论六经，辩博明达，释然见圣人之旨。著书立言，有孟轲、杨雄之风义，实无愧于天下之士。”[③]李觏因专注于讲论六经、阐发圣人之旨，故对佛教极力反对。尹洙只是叙屈原、贾生“深所不忘”其君、颜回“乐吾圣人之道”之说回复迥光，李觏则是“欲驱缁黄而归之”。有人说佛教之弊，“酷排者多矣”，但佛教“以修心养真，化人以善，或有益于世，故圣贤相因，重其改作”，现在“欲驱缁黄而归之”则太过，李觏辩驳说：“夫所谓修心化人者，舍吾尧舜之道，将安之乎？彼修心化人而不由于礼，苟简自恣而已矣。昔孟子之辟杨墨曰：‘杨氏为我，是无君也，墨氏兼爱，是无父也。’今山泽之臞，务为无求于世，呼吸服食，谓寿可长，非为我乎？浮屠之法，弃家违亲，鸟兽鱼鳖，毋得杀伐，非兼爱乎？为我是无君，兼爱是无父，无父无君，不忠不孝，况其弗及者，则罪可知矣。故韩愈曰‘释老之弊，过于杨墨’也。然而曰‘人其人，火其书，庐其居’，则言之太暴，驱之亡渐。何者？饱食安居，其习已久，一旦敛数十百万人而冠之，则惊扰甚矣。故前所谓止度人而禁修寺观者，渐而驱之之术也。”仅从这段话来看，李觏对于佛教的批评一承韩愈而来，也是后来对于佛教批评的渊薮。李觏进一步指出“缁黄存则其害有十”，云：“男不知耕而农夫食之，女不知蚕而织妇衣之，其害一也。男则旷，女则怨，上感阴阳，下长淫滥，其害二也。幼不为黄，长不为丁，坐逃徭役，弗给公上，其害三也。俗不患贫而患不施，不患恶而患不斋，民财以殚，国用以耗，其害四也。诱人子弟，以披以削，亲老莫养，家贫莫救，其害五也。不易之田，树艺之圃，大山泽薮，跨据略尽，其害六也。营缮之功，岁月弗已，驱我贫民，夺我农时，其害七也。材木瓦石，兼收并采，市价腾踊，民无室庐，其害八也。门堂之饬，器用之华，刻画丹漆，末作以炽，其害九也。惰农之子，避吏之猾，以佣以役，所至如归，其害十也。”若将佛教去除，相对应

① （宋）李觏著，王国轩点校：《李觏集》附录三《陆瑶林李泰伯先生文集原序》，第551页。
② （宋）李觏著，王国轩点校：《李觏集》附录三《李来泰宋泰伯公文集原叙》，第552页。
③ （清）范能濬编集，薛正兴校点：《范仲淹全集》，南京：凤凰出版社，2004年，第398页。

的是，“则其利有十”，云：“果去之，则男可使耕，而农夫不辍食矣；女可使蚕，而织妇不辍衣矣，其利一也。男则有室，女则有家，和气以臻，风俗以正，其利二也。户有增口，籍有增丁，徭役乃均，民力不困，其利三也。财无所施，食无所斋，民有羡余，国以充实，其利四也。父保其子，兄保其弟，冠焉带焉，没齿弗去，其利五也。土田之直，有助经费，山泽之富，一归衡虞，其利六也。营缮之劳，悉已禁止，不驱贫民，不夺农时，其利七也。良材密石，亦既无用，民得筑盖，官得缮完，其利八也。淫巧之工，无所措手，弃末反本，尽缘南晦，其利九也。宫毁寺坏，不佣不役，惰者猾者，靡所逋逃，其利十也。”如此“去十害而取十利”，则“民人乐业，国家富强”。李觏强调这些观念，是“皆贤人之至论，先圣之法言”①。

除此篇外，李觏在《潜书》《广潜书》中亦多有抨击佛教之语。李觏列举的十害和十利虽然详细，长篇大论，但无一是从理论入手的，所说的都确实是“先圣之法言”，是从对夫妇伦理、国家经济、兵丁等方面的损害来说的，这并不能使佛教界折服，并为他自己的转变埋下了伏笔。

与李觏前后同时抨击佛教的，还有欧阳修、石介等。针对这些批评，佛教中有些僧人坐不住了，开始起来反驳，最著名者是契嵩。契嵩作《辅教编》《劝书》《广原教》《孝论》等著述反驳对于佛教的批评，这些著述取得了很好的效果，基本上使得批驳佛教的士人改变了看法，李之仝在《明教大师〈辅教编〉序》中说：“西方之书，名字音声与东夏不同，诸儒多以为异端，尽力而攻之，欲其破灭。当宋仁庙时，欧阳修作《本论》唱之于上，石守道作《怪说》和之于下，非嵩禅师出《辅教》一编，吾恐德士著冠，不待于天水之世也。尝读此书，略举佛语之一二合于孔老之言者，微加训释，文而不夸，辨而不争，诸儒尚莫能涯际，其邃处固叵测也。始警而中喜，后从而阴化者，如王介甫父子、苏子瞻兄弟，黄鲁直、陈无己、张天觉之徒，愿为外护，甘以翰墨为佛事，未必不自此书发之。”②这里提到契嵩对于佛教的贡献，在他的努力下，批驳佛教者息声，影响到更多的士人对于佛教“从而阴化”。李之仝在这里说到欧阳修、石介，没有说到李觏，实际上李觏对于佛教的批评，也是促使契嵩作《辅教编》的动机。熙宁八年（1075 年），陈舜俞作《镡津明教大师行业记》，其中提到：“当是时天下之士学为古文，慕韩退之排佛而尊孔子。东南有章表民、黄聱隅、李泰伯，尤为雄杰，学者宗之。仲灵独居，作《原教》《孝论》十余篇，明儒释之道一贯，以抗其说。诸君读之，既爱其文，又畏其理之胜而莫之能夺也，因与之游。遇士大夫之恶佛者，仲灵无不恳恳为言

① （宋）李觏著，王国轩点校：《李觏集》卷 16《富国策第五》，第 145—147 页。
② （宋）释契嵩著，邱小毛校译：《夹注辅教编校译》，重庆：西南交通大学出版社，2011 年，第 1 页。

之，由是排者浸止。而后有好之甚者，仲灵唱之也。”[①]这里提到契嵩由于李觏反对佛教的刺激而撰写护教的著述。契嵩逝于熙宁五年（1072 年），陈舜俞之文作于熙宁八年，时间距离很近，因此陈舜俞所述应该不假。释晓莹则直言李觏在读了契嵩的著述后，开始阅读佛经，云：“泰伯先尝著《潜书》，又《广潜书》，力于排佛，嵩明教携所著《辅教编》谒之辩明。泰伯方留意读佛书，乃怅然曰：‘吾辈议论尚未及一卷《般若心经》，佛道岂易知耶？’有门下士黄汉杰者，以书诘其然。泰伯答之，略曰：‘民之欲善，盖其天性。古之儒者用于世，必有以教导之。民之耳、目、鼻、口、心知百体，皆有所主，其异端何暇及哉？后之儒者用于世，则无以教导之，民之耳、目、鼻、口、心知百体，皆无所主，舍浮图何适哉？’”[②]由原来对佛教声色俱厉的批驳，到“吾辈议论尚未及一卷《般若心经》，佛道岂易知”“舍浮图何适”的转变，再次说明佛教对于文人士大夫巨大的吸引力。

李觏所代表的开始坚定地反对佛教，经过与佛僧接触之后而由对佛教的反对者变成喜爱者和支持者的文人士大夫类型。

（4）文人因折服于僧人的学识而与之交往，僧人亦以学识、禅机游于文人士大夫之间。宋代文人爱读书、阅读广泛，若读书少会受到讥笑，赵匡胤曾对赵普说：“卿苦不读书，今学臣角立，隽轨高驾，卿得无愧乎？”赵普“由是手不释卷”，赵匡胤“亦因是广阅经史”[③]。与文人一样，宋代的僧人同样是阅读广博，不仅阅读佛教典籍，更阅读大量的儒家典籍，所以如契嵩者，才能在儒释会通的基础上反驳批评佛教的文人。一些僧人甚至因为在某一方面的专长，成了自己的符号或名号。如苏东坡赞赏“参寥善绝句”，参寥即道潜，其有诗云“隔林仿佛闻机杼，知有人家在翠微”，道潜因之被称为“隔林仿佛闻机杼”和尚，苏东坡说“此吾师七字师号也”[④]。这就如张先被称为“云破月来花弄影”郎中、宋祁被称为“红杏枝头春意闹”尚书一样，可见其受到文人士大夫重视之程度。

广泛的阅读、广博的学识、义理的精通和严密的思辨，是僧人与文人交往、或者说吸引文人的媒介。《湘山野录》中记载余杭一个“能万卷”的“浮图之真儒”，云：“介然持古人风节。有奥学，著《典类》一百廿卷。天禧中，秘馆购书，王冀公钦若特请附焉。冀公尤所礼重。其居延庆寺，在大慈坞，时儒皆抱经授业，师居尝喜阅《唐韵》，诸生长窃笑。一日出题于法堂曰‘枫为虎赋’，其韵曰‘脂入于地，千岁成虎’。诸生皆

① 《镡津文集》卷首，《大正新修大藏经》第 52 册，第 648 页。

② （宋）释晓莹：《云卧纪谈》卷上，第 27 页。

③ （宋）释文莹：《玉壶清话》卷 2，《全宋笔记》第一编第六册，第 103 页。

④ 《王直方诗话》，吴文治主编：《宋诗话全编》第二册，南京：凤凰出版社，2006 年，第 1172 页。

不谕，固请之，不说。凡月余，检经、史殆百家会最小说，俱无见者，阁笔以听教。师曰：‘闻诸君笑老僧酷嗜《唐韵》，兹事止在东字韵第二版，请详阅。’诸生检之，果见‘枫’字注中云：‘黄帝杀蚩尤，弃其桎梏，变为枫木，脂入地千年，化为虎魄。’”[①]此僧徒所阅读之广，甚于众多儒生。释晓莹《云卧纪谈》中就记载了多个文人士大夫与博学僧人交往的事例。如蜀僧祖秀，“蚤以文鸣于士大夫间。慕嵩明教之风，著《欧阳文忠公外传》”[②]。新淦东山吉禅师，因其“道学充茂，谈辩洒落”，故“高明士夫喜与之过从”[③]。金山达观颖禅师，“为人奇逸，智识敏妙，书史无不观，词章亦雅丽。与夏英公、王文康公、欧阳文忠公、赵参政平叔游，殊相乐也”[④]。欧阳修开始是反对佛教的，契嵩用博识、思辨改变了他对佛教的看法。颖禅师之所以能与欧阳修等人游而“殊相乐”，很大程度上就是因为他的博广的才学。又记欧阳修能欣赏大觉琏禅师诗，“大觉琏禅师学外工诗，舒王少与游。尝以其诗示欧公，欧公曰：‘此道人作肝脏馒头也。’舒王不悟其戏，问其意，欧公曰：‘是中无一点菜气’”[⑤]。真州六合县释迦院妙应大师伯华，“以风鉴之术游士夫间，决祸福寿夭多奇中”，因此受到士大夫们的欢迎。《云卧纪谈》记云：“孙尚书仲益与叔诣内翰兄手牍，略曰：‘觌过全州，遇妙应，携被从之。通夕语，谓觌去死尚远也。’其信从可见于此，而尚书果享寿几及期颐。华虽蕴异能解，笃为杜多之行，如张魏公尤深知遇，题其肖像曰：‘坦然心地元无物，萧洒容仪自出尘。日诵观音咒一藏，不妨功行拯迷津。’润之焦山虚席，有欲延华为东道主，华力辞曰：‘愚不曾参禅，何敢妄为许事耶？’闻者贤其言。李参政泰发尝遗以诗曰：‘要知耳目是真梯，寿骨穹隆贯伏犀。老去不传梅岭信，生年似与赵州齐。恒沙经论心常转，古佛钳锤手自携。二广山川踏应遍，打包同过浙东西。’”[⑥]可见其受欢迎的程度。汪彦章在苕溪时，“于道有闻晚之叹”，这里的“道”是指佛教。汪彦章“遇休沐日，必会诸山长老道话”，与禅僧们也经常进行禅机对答。《云卧纪谈》记述了其中的一次：“因思溪慈受、道场普明、何山佛灯，坐于书斋，其壁间有布袋和尚像，盖名画也。公遂指而问诸山曰‘画得如何？’慈受曰：‘此可谓出新意于法度之中，寄妙理于豪放之外者。’公曰：‘佗还会禅否？’佛灯曰：‘不会。’公曰：‘为什么不会？’佛灯曰：‘会则不问也。’公于是大笑。”[⑦]这种情况，在宋代文人与僧人的交往中是何其普遍。

---

① （宋）释文莹：《湘山野录》卷中，《全宋笔记》第一编第六册，第38—39页。
② （宋）释晓莹：《云卧纪谈》卷上，第5页。
③ （宋）释晓莹：《云卧纪谈》卷上，第6页。
④ （宋）释晓莹：《云卧纪谈》卷下，第60页。
⑤ （宋）释惠洪：《冷斋夜话》卷6，第57页。
⑥ （宋）释晓莹：《云卧纪谈》卷上，第27页。
⑦ （宋）释晓莹：《云卧纪谈》卷上，第22页。

二

北宋初文人与僧人交往之中，无论是文人还是僧人，学说和主张中都有着明显的儒释合一的特征，这也成为二者关系密切的基本点之一。

两宋皇帝撰有不少赞扬或者支持佛教的诗文，如北宋宋太宗《妙觉集》和宋真宗《崇释论》等、南宋孝宗《原道论》等。宋真宗《崇释论》中指佛教与儒学“迹异而道同”，都是“劝人之善禁人之恶”，就是将儒释调和在一起，指出二者不过是“迹异”。《崇释论》代表了北宋帝王对于佛教的看法与认识，至南宋孝宗《原道论》，将儒释一致之理进一步明确，如宋孝宗于淳熙七年（1180年）召明州雪窦宝印禅师时，二人有关儒释道的对话如下：

上问曰：“三教圣人本同此理？”师曰：“譬如虚空，初无南北。”上曰：“但所立门户异耳，故孔子以中庸设教。”师曰：“非中庸何以立世间？《华严》有云：‘不坏世间相，而成出世间法。’”上曰：“今时学者秖观文字，不识夫子心。”师曰：“非独今之学者，当时颜子为具体，秖说得‘瞻之在前，忽焉在后’，如有所立卓尔，亦未足以识夫子心。夫子亦曰：‘二三子以我为隐乎？吾无隐乎？。’尔以此而观当时弟子，尚不识夫子心，况今人乎。张商英有云：‘唯吾学佛然后能知儒。’”上曰：“朕意常作此见。”[①]

宋孝宗认为“三教圣人本同此理”，宝印禅师则进一步凸显儒家之说，指出“非中庸何以立世间”，并引用张商英之语说明学佛之后才能知儒、才能知孔子之心。宝印禅师的说法，与赞宁是相同的，都是通过突出儒学儒家的地位阐明儒释的一致。

赞宁是宋初著名高僧，著有《宋高僧传》，其亦秉持儒释一致之论。王禹偁论赞宁著《通论》“览其文知其道”，指出：“使圣人之道无伤于明夷，儒家者流不致于迷。复自周秦以降，作者众矣。至于斥杨墨而尊姬孔，不无其人，如此历诋诸家丕显圣道者，吾未之见也。”[②]作为佛教僧徒的赞宁，却一力证明儒家的“圣人之道”，因此王禹偁《赠赞宁大师》诗云：“赴阙尚留支遁马，援毫应待仲尼麟。”[③]赞宁秉持儒释一致及以儒家明佛经的目的，自然是为了获得统治者及文人们的支持。受到佛教僧徒的影响，王禹偁有着明显地对于佛教的浸入，如《游虎丘》诗云：“乐天曾守郡，酷爱虎丘山。一年

① 志磐：《佛祖统纪》卷47，《大正新修大藏经》，第49册，第429页。

② 志磐：《佛祖统纪》卷44，《大正新修大藏经》，第49册，第402页。

③ 《小畜集》卷7《赠赞宁大师》，《景印文渊阁四库全书》，第1086册，第54页。

十二度，五马来松关。我今方吏隐，心在云水间。野性群麋鹿，忘机狎鸥鹇。乘兴即一到，兴尽复自还。不知使君贵，何似长官闲。”①诗中露出王禹偁内心对佛教的赏爱，不少士大夫处理政务之后，随即进入佛教寺院。《武平寺留题》诗云：“县斋东面是禅斋，公退何妨引鹤来。长爱座中如洞府，却惭衣上有尘埃。竹声冷撼秋窗雨，山影青笼晚院苔。最忆去年飞雪里，煮茶煨栗夜深回。”②公堂下来即进入佛堂，这是很多北宋前期文人士大夫的生活，王禹偁等认为禅与政务是一致，《赠草庵禅师》诗中云：“莫怪相看总无语，坐禅为政一般心。”③

上文提到的王日休，弃儒后专修西方净土，曾为之说：“儒者或以释氏之徒无戒行故轻其教者，岂可以道流不肖而轻老子、士人不肖而轻孔子？释氏之教，有世间法，有出世间法。其世间法戒杀、盗、淫，儒释未尝不同。其不同者，释氏之出世间法也。儒家止于世间，故独言一世而归之于天，释氏知屡世，而能具见群生业缘本末。此其不同耳。”王日休提出不能以部分僧徒不守戒律就轻视佛教，那样的话，便可以“道流不肖而轻老子、士人不肖而轻孔子”了。儒释二者在世间法上是相同的，不同的是“儒家止于世间”而佛教“知屡世”。王日休的见解，可谓是对佛教的有力辩护，以至于《佛祖统纪》评论说：“王龙舒之为儒也，固尝为六经作训传矣，潜心学古，非世儒之常流也。及尽弃其学而学佛，必有一定之见。今人为儒未及于龙舒，而欲以泛泛口舌，效韩、欧排佛之失言，是皆未足以知两家之道本不悖也。至若世间出世间之说，虽未尽理，谓佛能具见群生业缘本末，此得之矣。苏黄诸公诚知此。”④王日休的“一定之见”，就是指出“两家之道本不悖”。这段评论中提到“苏黄诸公诚知此”，是指苏东坡、黄庭坚等人，同样是持“两家之道本不悖”的观念。

黄庭坚同样赞扬和肯定能持“两家之道本不悖”之观念的僧人，在《圜明大师塔铭》中，记述僧人无演精通三教之说云：“大师号无演……受《圆觉经》《肇论》于省身，受《华严法界观》《起信论》于晓颜，受《唯识百法论》于延庆。凡此诸师，皆声名籍籍，师必妙得其家风然后已。又从诸儒讲学，于书无所不观，于文无所不能。至于曲艺，学则无所不妙解。清献赵公始请师登法席，师于《楞严》了义，指掌极谈，席下道俗，如饮醇酒，无不心醉，如肉贯串，处处同其义味。盖于此一经，心融形释，出入内外篇籍，风行电击，无不如意。又尝问道于禅师惟迪、惟胜，师默然心许曰：‘此自在吾术内矣。’又作大悲观世音化相，宇以崇阁，极天下之竘工珍材，二十余年乃成，

① 《小畜集》卷6《游虎丘》，《景印文渊阁四库全书》，第1086册，第45页。
② 《小畜集》卷7《武平寺留题》，《景印文渊阁四库全书》，第1086册，第55页。
③ 《小畜集》卷7《赠草庵禅师》，《景印文渊阁四库全书》，第1086册，第52页。
④ 志磐：《佛祖统纪》卷47，《大正新修大藏经》，第49册，第428—429页。

人以为庄严之冠，不知师之游戏也。中年喜葛洪《内篇》，延异人谲士，将以丹石伏物，皆为黄金。或取其金而畔去，师不悔不怒，它日遇之，礼之如初，此可以观其德性也。”[①]毫无疑问，黄庭坚是赞同无演这种涉猎三教及融会三教方式的。

如无演这样的僧人，北宋初着实不少，如自号中庸子的释智圆（976—1022 年）。释智圆解释自号中庸子的原因说：“中庸子，智圆名也，无外字也。既学西圣之教，故姓则随乎师也。尝砥砺言行，以庶乎中庸，虑造次颠沛忽忘之，因以中庸自号，故人亦从而称之。”智圆是因以中庸砥砺言行而自号中庸子，人或疑云“中庸之义其出于儒家者流，子浮图子也，安剽窃而称之耶？”，释智圆则说：“夫儒释者，言异而理贯也，莫不化民，俾迁善远恶也。儒者，饰身之教，故谓之外典也。释者，修心之教，故谓之内典也。”智圆的儒释“言异而理贯”言论，与宋仁宗“迹异而道同”之说一致。儒释相互攻击者，不过是各限于己之所见：“世有限于域内者，见世籍之不书，以人情之不测，故厚诬于吾教，谓弃之可也。世有滞于释氏者，自张大于已学，往往以儒为戏，岂知夫非仲尼之教，则国无以治，家无以宁，身无以安，国不治、家不宁、身不安，释氏之道何由而行哉？故吾修身以儒，治心以释，拳拳服膺，罔敢懈慢，犹恐不至于道也，况弃之乎！呜呼！好儒以恶释，实（贵）释以贱儒，岂能庶中庸乎？”儒释对于国家是如此重要，重儒轻释与重释轻儒都不能使国治家宁身安。疑惑者言“儒之明中庸”出自《中庸》，而“释之明中庸，未之闻也”，智圆说：“释之言中庸者，龙树所谓中道义也。”具体为：“夫诸法云云，一心所变，心无状也，法岂有哉？亡之弥存，性本具也，存之弥亡，体非有也，非亡非存，中义著也。此三者，派之而不可分，混之而不可同，充十方而非广，亘三世而非深，浑浑尔，灏灏尔，众生者迷斯者也。诸佛者，悟斯者也。噫，能仁千万言说，岂逾此旨乎？去圣远，微言绝，学之者攀枝舍其根，挹流忘其源，于是乎或荡于空，或胶于有。荡于空者，谓泯然其无得，寂然其无朕，谁为凡乎？谁为圣乎？及其失也，迷因果，混善恶，弃戒律，背礼义。胶于有者，径然执有修，彰然著有法，凡岂即圣乎？自岂即他乎？及其失也，固物我而不可移，泥怨亲而不可解，拘缚于近教，杀丧于远理。”[②]从这段对于中庸的解释来看，释智圆并非是阐释儒家中庸，是在用中庸比附龙树的中道论。释智圆的比附，并不是随口而发，而是基于从二十一开始“从师受周、孔书，宗其道”，以致质疑他“发既祝矣，形且毁矣，而不习释氏，志慕儒学，忘本背义”[③]。这种比附，尽管不是用来具体解释儒家中庸之意，却能使听者、读者更好地

---

① （宋）黄庭坚著，郑永晓整理：《黄庭坚全集辑校编年》，南昌：江西人民出版社，2008 年，第 1092 页。
② （宋）释智圆：《闲居编》第十九《中庸子传》上，《续藏经》，第 56 册，第 894 页。
③ （宋）释智圆：《闲居编》第十九《中庸子传》中，《续藏经》，第 56 册，第 894 页。

理解佛教所说的中道。通过这种比附，也确实能使人觉得儒释真的是“言异而理贯”。

比释智圆更致力于阐发儒释调和的，是稍后的契嵩（1007—1072年）。如上所述，尽管宋太祖、宋太宗等帝王采取扶持佛教的政策，但石介、李觏、欧阳修等人对佛教的批评，使得佛教的发展受到了很大的阻力。为了能使佛教顺畅发展，契嵩撰写了《原教》《禅门定祖图》《传法正宗记》《辅教编》等大量著述，和石介、李觏、欧阳修等人进行理论上的辩论，最终就是要使批评佛教者认同佛教之说“世儒之教略同”。《原教》的中心主题，是明儒佛一贯，方式是将佛教的五戒等同于儒家的无常。佛教有五戒：不杀生、不偷盗、不邪淫、不妄语、不饮酒，又有十善：不杀生、不偷盗、不邪淫、不妄语、不绮语、不两舌、不恶口、不嫉妒、不恚、不痴。这五戒十善，“以儒校之，则与其所谓五常仁义者异号而一体耳”①。具体的比附是：“不杀仁也，不盗义也，不邪礼也，不饮智也，不妄信也。”②契嵩希望通过自己的努力，“通会儒释以诱士夫”，能使批评者“远邪见而游正途”③。从最终的效果来看，契嵩达到了他的目的，赢得了批评者对于佛教的支持，减少了佛教传播所受到的阻力。

正是上述情况的存在，北宋文人对佛教的接受、钻研以及与僧人的交往才变得如此普遍。文人与僧人的交往成为很平常的事情。如寇准曾自言：“母氏言，吾初生，两耳垂有肉环，数岁方合，自疑尝为异僧，好游佛寺，遇虚窗静院，惟喜与僧谈真。”寇准“富贵四十年”，却“无田园邸舍”，“入觐则寄僧舍或僦居”④，僧舍对于寇准来说，就如同家一样。宿于僧舍或僧房的士大夫大有人在，王安石《和惠思岁二日二绝》诗韵：“懒读书来已数年，从人嘲我腹便便。为嫌归舍儿童聒，故就僧房借榻眠。”⑤《冷斋夜话》记王安石和苏东坡事云：“荆公方大拜，贺客盈门，忽点墨书其壁曰：‘霜筠雪竹钟山寺，投老归欤寄此生。’坡在儋耳，作诗曰：‘平生万事足，所欠惟一死。’”无论是王安石的“投老归欤寄此生”还是“所欠惟一死”，都是不能“与世俗论”⑥的。林逋《寄吴肃秀才》诗云：“肄业寄僧房，暑天湖上凉。”⑦这些事例说明，宋代文人士大夫体会佛教、与僧人交往，都是日常生活中再正常不过的事情。

作者简介：赵伟，青岛大学历史学院、国学研究院副院长、教授。

---

① 《原教》，（宋）释契嵩著，邱小毛校译：《夹注辅教编校译》，第11页。
② 《历朝释氏资鉴》卷9，《续藏经》第76册，第222页。
③ 释怀悟：《镡津文集序》，载《镡津文集》卷19，《大藏经》第52册，第746页。
④ 释文莹：《湘山野录》卷下，第44页。
⑤ （宋）王安石著，（宋）李壁笺注，高克勤点校：《王荆文公诗笺注》，上海：上海古籍出版社，2010年，第1211页。
⑥ 释惠洪：《冷斋夜话》卷4，第49页。
⑦ 《林和靖集》卷1，《景印文渊阁四库全书》，第1086册，第623页。

杨时对王安石其人其政其学的批判

王书华

（河北教育出版社，河北 石家庄，050061）

摘　要：两宋之际，面对金人咄咄逼人的南下攻势，杨时从传统儒家的基本价值观出发，一方面极力抨击蔡京祸国殃民的罪行，积极主张抗金，反对与金议和；另一方面，极力清算王安石变法及荆公新学的影响，将北宋衰亡的责任完全归咎于王安石变法及其新学。对于王安石其人，杨时承认其君子人格，但否认其圣贤人格。对于以理财为核心的王安石变法，杨时认为王安石的理财无道、无艺、无节，是赤裸裸的逐利行为，予以全盘否定。对于王安石新学，杨时批判其不知天道，不懂道德性命之理，羼杂佛老观点、申商之术，并将北宋后期政风、学风、社会风气的滑坡，归咎于王安石新学败坏朝野心术。杨时批判新学的目的在于否定其在意识形态领域的主导地位和儒家道统中的主流地位，从而为理学取代新学鸣锣开道。

关键词：杨时；王安石；道德；新政；新学

杨时是一位对新学和洛学都比较精通的人物，是洛学南传的关键人物，也是两宋之际批判新学的领军人物。杨时一生的学术历程，可以分为前后两个时期：早期即熙宁时期，杨时出于科举考试的需要，研读的是荆公之学；自元丰年间始，杨时转修二程之学，遂信奉至笃，终身不移。杨时对新学的研究与批判得到了乃师程颐的高度评价，程颐称其“于新学极精”[①]。

① （宋）程颢、程颐：《河南程氏遗书》卷2上，《二程集》，北京：中华书局，2004年，第28页。

杨时（1053—1135年）字中立，世称龟山先生，宋南剑州将乐县人。神宗熙宁九年（1076年），登进士第，调官不赴。徽宗时，以荐召为秘书郎，迁著作郎，除迩英殿说书。钦宗时，除右谏议大夫兼侍讲，又兼国子祭酒，寻改给事中，除徽猷阁直学士。高宗时，官至工部侍郎，除龙图阁直学士。

熙宁年间，杨时宗荆公之学，借此博取高第，却调官不赴。元丰四年（1081年），杨时由游酢引见，从学程颢于颍昌，从此改换门庭。“明道喜甚，每言杨君会得最容易。”[①]程颢殁后，元祐八年（1093年），杨时又从学程颐于洛阳。“明道没，又见伊川于洛，先生年已四十，事伊川愈恭。一日，伊川偶瞑坐，先生与游定夫侍立不去。伊川既觉，则门外雪深一尺矣。”[②]杨时从学程颐时，年已四十，然其尊师之恭、求学之切，在二程弟子中罕有其匹。“二程得孟子不传之秘于遗经，以倡天下。而升堂睹奥，号称高第者，游、杨、尹、谢、吕其最也。顾诸子各有所传，而独龟山之后，三传而有朱子，使此道大光，衣被天下，则大程‘道南’目送之语，不可谓非前识也。”[③]由于杨时天资聪颖，勤奋好学，深得洛学奥旨，与游酢、谢良佐、吕大临并称程门四大高足。在程门弟子中，杨时深得程颢厚爱，学成归闽之日，程颢目送杨时远去，深情地说：“吾道南矣！”[④]可见，程颢对杨时在闽越大地传道给予无限的期望。清代张伯行称赞杨时道：“先生为程门高弟，游、杨、尹、谢四先生中，独推先生之学最纯，先生之信道最笃。”[⑤]正因为杨时信道最笃、学术最纯、传道最勤，到南宋时期，杨时后学出现一批杰出儒者。《宋史》本传称：“凡绍兴初崇尚元祐学术，而朱熹、张栻之学得程氏之正，其源委脉络皆出于时。”[⑥]清儒全祖望称：“南渡洛学大宗，晦翁、南轩、东莱皆其所自出。”[⑦]可见，杨时上承二程，是两宋之际洛学重要传人，下启朱熹、张栻，开创闽学繁荣之端绪。

杨时传承了二程的衣钵，而二程继承并发明了孟子的学说。“宋嘉祐中，有河南二程先生，得孟子不传之学于遗经，以倡天下。”[⑧]杨时后半生宗奉程学，是程学在两宋之际的重要传人，也是程学南渡的关键人物，杨时“推本孟子性善之说，发明《中庸》、

① （清）黄宗羲原著，全祖望补修，陈金生、梁运华点校：《宋元学案》卷25《龟山学案》，北京：中华书局，1986年，第944页。

② （清）黄宗羲原著，全祖望补修，陈金生、梁运华点校：《宋元学案》卷25《龟山学案》，第944页。

③ （清）黄宗羲原著，全祖望补修，陈金生、梁运华点校：《宋元学案》卷25《龟山学案》，第947页。

④ （清）黄宗羲原著，全祖望补修，陈金生、梁运华点校：《宋元学案》卷25《龟山学案》，第944页。

⑤ （宋）杨时撰，林海权校理：《杨时集》附录一张伯行《杨龟山先生全集序》，北京：中华书局，2018年，第1088页。

⑥ 《宋史》卷428《道学二·杨时传》，北京：中华书局，1985年，第12743页。

⑦ （清）黄宗羲原著，全祖望补修，陈金生、梁运华点校：《宋元学案》卷25《龟山学案序录》，第944页。

⑧ （宋）杨时撰，林海权校理：《杨时集》附录二胡安国《龟山先生墓志铭》，第1134页。

《大学》之道"[①]。所以，杨时是以《论语》《孟子》《大学》《中庸》所阐述的儒家基本价值观来评判王安石其人其政其学的，即"古人称人有'三不朽'：德与功与言是也"[②]。

一、杨时对王安石其人的批判

王安石自我标榜继承了孟子的仁政学说，其变法措施符合孟子的仁政思想，目的是在北宋实现孟子的仁政理想。然而，在杨时看来，只有具有仁心的人才能推行仁政，而王安石不具有仁心，所以也就不能推行仁政，王安石所标榜的仁政措施也不符合孟子的仁政学说。孟子说："是以惟仁者宜在高位。不仁而在高位，是播其恶于众也。"[③]杨时继承孟子的仁政学说，主张治国要以仁心行仁政，"《孟子》一书，只是要正人心，教人存心养性，收其放心"[④]。杨时从儒家内圣之学出发，批判王安石不具备仁心，因为其不具备仁心，从而也就不能推行仁政，"格君心之非，一正君而国定"[⑤]。杨时主张人臣侍奉君王，要保持一颗仁心，人臣有仁心，才能辅佐君主以仁心治国，才能推行仁政。杨时认为，儒家的仁政学说，主张治国以德、治国以礼，而王安石"只是以政刑治天下"，"人臣之事君，岂可佐以刑名之说？如此，是使人主失仁心也。人主无仁心，则不足以得人。故人臣能使其君视民如伤，则王道行矣"。[⑥]在杨时看来，王安石推行的不是儒家的仁政，而是法家的霸政，因为王安石是用刑名之说作指导来治理国家的，因此，王安石所推行的新政也就不符合仁政的要求。

王安石之所以不能推行仁政，在于其存在人格缺陷。杨时引用神宗与程颢的对话，来说明王安石的人格不足。"又尝问：'是圣人否？'伯淳云：'《诗》称周公"公孙硕肤，赤舄几几"。圣人盖如是。若安石，刚褊自任，恐圣人不然。'"[⑦]杨时接受二程对王安石的基本评价，承认王安石的君子人格，"荆公在上前争论，或为上所疑，则曰：'臣之素行，似不至无廉耻，如何不足信？'……夫廉耻，在常人足道，若君子，更自矜其廉耻，亦浅矣。"[⑧]可见，杨时还是把王安石划入君子之列的，并称赞王安石修身洁行足

---

① （宋）杨时撰，林海权校理：《杨时集》附录二胡安国《龟山先生墓志铭》，第1140页。
② （宋）杨时撰，林海权校理：《杨时集》附录一章培基《重刻杨龟山先生文集序》，第1097页。
③ （宋）朱熹：《孟子集注》卷7《离娄上》，《四书章句集注》，北京：中华书局，2012年，第281页。
④ （宋）杨时撰，林海权校理：《杨时集》附录五《孟子集注》，第1244页。
⑤ （宋）杨时撰，林海权校理：《杨时集》附录五《孟子集注》，第1244页。
⑥ （宋）杨时撰，林海权校理：《杨时集》卷10《语录一》，第262页。
⑦ （宋）杨时撰，林海权校理：《杨时集》卷12《语录三》，第345页。
⑧ （宋）杨时撰，林海权校理：《杨时集》卷10《语录一》，第262页。

为楷模，“如彼修身之洁，宜足以化民矣”①；同时，杨时也指出王安石存在“刚褊自任”的性格缺陷，而由于这种性格缺陷，导致王安石做事不能公正无私，“圣人不容有私意”②。在杨时看来，只有圣人做事能够符合天意，要符合天意必须做到诚，王安石不具备圣人品格，所以做不到诚，“盖惟圣人与天同德者为能诚焉”③，做不到诚就不具备圣人气象，更不能成就圣人事业，“自家先负一个‘不诚’了，安得事成？”④王安石之所以做不到诚，是因为治国理政不能出于公心，“公则一，私则万殊”⑤，出于公心公义的法度就符合公平正义，出于私心私利的法度就会千差万别，王安石变法不是出于公心公义，因而所行并非善法，亦非仁政。在杨时看来，王安石处事常常流于意气之争，“荆公在朝，论事多不循理，惟是争气而已，何以事君？君子之所养，要令暴慢邪僻之气不设于身体”⑥。之所以如此，概因王安石自身修养不足，“夫君子和顺积中，而英华发外，故暴慢之气不设于身体。于君臣之间，狠愎如此，其所养盖可知矣”⑦。可见，杨时承认王安石自身修养堪称君子，足以教化天下，但比起王旦、吕公著、司马光等人，其修身养性相差甚远，因此尚谈不上圣人气象。

杨时评判人物的标准，是《大学》所阐述的八条目，亦即格物、致知、诚意、正心、修身、齐家、治国、平天下之道。从此出发，杨时对王安石在内圣外王上的不足予以剖析。

首先，杨时认为，王安石不懂得格物致知之理。“然而非格物致知，乌足以知其道哉？《大学》所谓诚意、正心、修身，治天下国家之道，其原乃在乎物格，推之而已。”⑧由于王安石在格物致知上存在认识误区，其内圣功夫也就存在欠缺，其外王事业也就难免误入歧途。

其次，在诚意正心方面，王安石也存在不足。诚意正心是实现外王事业的基础。“《大学》之修身、齐家、治国、平天下，其本只是正心、诚意而已。”⑨“自一身之修，推而至于天下，无二道也，本诸诚意而已。”⑩在杨时看来，王安石之所以推行不仁之政，原因在于王安石没有做到诚意，“观王氏之学，盖未造乎此，其治天下，专讲求法

① （宋）杨时撰，林海权校理：《杨时集》卷11《语录二》，第309页。
② （宋）杨时撰，林海权校理：《杨时集》卷10《语录一》，第234页。
③ （宋）杨时撰，林海权校理：《杨时集》卷21《答吕秀才》，第571页。
④ （宋）杨时撰，林海权校理：《杨时集》卷13《语录四》，第377页。
⑤ （宋）杨时撰，林海权校理：《杨时集》卷13《语录四》，第376页。
⑥ （宋）杨时撰，林海权校理：《杨时集》卷10《语录一》，第232页。
⑦ （宋）杨时撰，林海权校理：《杨时集》卷6《王氏神宗日录辨》，第123页。
⑧ （宋）杨时撰，林海权校理：《杨时集》卷21《答学者》其一，第566页。
⑨ （宋）杨时撰，林海权校理：《杨时集》附录五《孟子集注》，第1244页。
⑩ （宋）杨时撰，林海权校理：《杨时集》卷1《上渊圣皇帝》，第1页。

度。如彼修身之洁，宜足以化民矣，然卒不逮王文正、吕晦叔、司马君实诸人者，以其所为无诚意故也”[①]。在《大学》所提倡的八条目中，王安石未做到诚意，这样他的内圣功夫就大打折扣。“自修身推而至于平天下，莫不有道焉，而皆以诚意为主。苟无诚意，虽有其道，不能行也。故《中庸》论天下国家有九经，而卒曰‘所以行之者一’。一者何？诚而已。盖天下国家之大，未有不诚而能动者也。”[②]“夫诚者，天之道，性之德也。”[③]在杨时看来，诚乃天之道、人之性，君子做人要诚，而王安石不仅做不到诚，而且居心不正，“明道常曰：‘有《关雎》、《麟（之）趾》之意，然后可以行《周官》之法度。’盖深达乎此”[④]。从动机与效果相统一的原则出发，杨时认为，因为王安石居心不正，所以变法措施不能体现《周官》之旨，这样的新政不能惠及百姓，因而也就不是仁政。

再次，既然王安石在格致诚正上存在不足，其修齐治平的外王事业误入歧途，也就在所难免了。在杨时看来，王安石变法出于牟利之心，立意不诚，居心不正，没有诚意正心这个前提，那么，其外王事业也就不符合圣贤之道，“此心一念之间，毫发有差，便是不正”[⑤]。杨时认为，王安石变法只要有丝毫不是出于公心公义，就是不正。在杨时看来，内圣外王是合二为一的，“知合内外之道，则颜子、禹、稷之所同可见。盖自诚意、正心推之，至于可以平天下，此内外之道所以合也。故观其意诚心正，则知天下由是而平，观其天下平，则知非意诚心正不能也”[⑥]。诚意正心与治国平天下是本末体用关系，人君只要做到诚意正心，就会实现治国平天下。王安石之所以做不到诚意正心，在于他格物致知的功夫不足，致知是求取良知，格物是认知天理，而王安石却不懂得天理，不懂得天理就达不到圣人境界，“圣人不应不知天理”[⑦]，“凡事求可，功求成，取必于智谋之末而不循天理之正者，非圣贤之道也”[⑧]。王安石不懂天理，又要追求事功，这样，他就会“不循天理之正”，而去追求智谋之术，因此就缺乏“至诚恻怛”之意，缺乏“至诚恻怛”之意，其心就会不正，其心不正，所奉行的也就不是圣贤之道。

① （宋）杨时撰，林海权校理：《杨时集》卷11《语录二》，第309页。
② （宋）杨时撰，林海权校理：《杨时集》卷21《答学者》，第566页。
③ （宋）杨时撰，林海权校理：《杨时集》卷21《答吕秀才》，第571页。
④ （宋）杨时撰，林海权校理：《杨时集》卷11《语录二》，第309页。
⑤ （宋）杨时撰，林海权校理：《杨时集》卷12《语录三》，第333页。
⑥ （宋）杨时撰，林海权校理：《杨时集》卷10《语录一》，第276页。
⑦ （宋）杨时撰，林海权校理：《杨时集》卷13《语录四》，第371页。
⑧ （宋）杨时撰，林海权校理：《杨时集》附录五《孟子集注》，第1247页。

二、杨时对王安石新政的批判

杨时从儒家的王霸论出发，否定了王安石变法的指导思想。对于商鞅其人，王安石给予同情与理解，曾赋诗赞扬道："自古驱民在信诚，一言为重百金轻。今人未可非商鞅，商鞅能令政必行。"[①]表达了对商鞅不屈不挠、矢志变革的认同；同时指出，商鞅的失误在于不能以礼义廉耻教化百姓："鞅为国，不失于变诈，失于不能以礼义廉耻成民而已。"[②]杨时认为，商鞅之术的根本在于变诈，哪有什么礼义廉耻可言，更何谈借此成民化人？杨时批判道："商鞅挟持浮说，以帝王之道干孝公，其术盖本于变诈，尚何礼义廉耻成民之有哉？谓其失不在于变诈，盖亦不究其本矣。故其操术，每以鞅为是。"[③]在杨时看来，王安石变法实行的是以刑治国，全然抛弃了以德治国、以礼治国，"王氏只是以政刑治天下，道之以德、齐之以礼之事全无"[④]。"孔子曰：'为政以德。'离道德而为政事，非先王之政事也。"[⑤]王安石打着先王之政的旗号，实际上所行并非先王仁政，其新政"挟管、商之术，饰六艺以文奸言，变乱祖宗法度"[⑥]。杨时认为，指导王安石变法的并非儒家仁义之道，而是法家申商之术，由此指导下的变法，属于霸政，而非仁政，这就从指导思想上彻底否定了王安石变法。王安石变法以理财为突破口，杨时就从王安石的理财措施入手进行清算。

首先，批判王安石的理财措施"无道"。杨时继承了二程的天理人欲观，进而将天理视为公、人欲视为私，主张存天理、灭人欲。从这一观点出发，杨时认为王安石变法属于一种利益的变革与再分配，必然助长人们的私欲，因此，王安石的理财措施不符合儒家道义。南宋初年，杨时提出当时的中心任务是理财，"某窃谓当今政事，惟理财最为急务"[⑦]；并且，杨时赞成刘晏的理财观，主张"理财当以养民为先"[⑧]。可见，杨时并不一概反对理财，但他反对王安石的理财措施。在杨时看来，王安石的理财措施不符合儒家道义，是不择手段的逐利行为，其结果不但不能养民，反而会扰民。这是因为，王安石的财富观是建立在错误的人生观基础之上的，所以，王安石所说虽也不无道理，但不符合儒家经典的教诲。"理财、作人两事，其说非不善。然世儒所谓理财者，务为

① （宋）王安石著，唐武标校：《王文公文集》卷73《商鞅》，上海：上海人民出版社，1974年，第777页。
② （宋）杨时撰，林海权校理：《杨时集》卷6《王氏神宗日录辨》，第126页。
③ （宋）杨时撰，林海权校理：《杨时集》卷6《王氏神宗日录辨》，第126页。
④ （宋）杨时撰，林海权校理：《杨时集》卷13《语录四》，第367页。
⑤ （宋）杨时撰，林海权校理：《杨时集》卷6《王氏神宗日录辨》，第124页。
⑥ （宋）杨时撰，林海权校理：《杨时集》卷1《上钦宗皇帝》，第29页。
⑦ （宋）杨时撰，林海权校理：《杨时集》卷20《答胡康侯》，第546页。
⑧ （宋）杨时撰，林海权校理：《杨时集》卷1《上渊圣皇帝》，第7页。

聚敛；而所谓作人者，起其奔竟（竞）好进之心而已。《易》之言‘理财’，《诗》之言‘作人’，似不如此。”[①]在杨时看来，王安石所谓的理财无异于聚敛，所谓的作人无非是激起人们奔竟（竞）之心，存在这一问题的原因是王安石作人也好、理财也罢，都不能摆脱个人的私欲。“私欲去尽，然后可以应世。老子曰：‘公乃王。’”[②]杨时认为，无论理财、还是作人，都必须铲除私欲，没有私欲的财富观与人生观，才符合儒家学说。

杨时又从传统儒家的义利观出发，认为圣王治国理政，应该以义为利，而不应以利为利，“国不以利为利，以义为利”[③]。王安石认为，在“政事”的范畴内，义和利是统一的。“孟子所言利者，为利吾国，如曲防遏籴，利吾身耳。至狗彘食人则检之，野有饿莩则发之，是所谓政事。所以理财，理财乃所谓义也。一部《周礼》，理财居其半，周公岂为利哉？奸人者因名实之近，而欲乱之，眩惑上下，其如民心之愿何？始以为不请，而请者不可遏；终以为不纳，而纳者不可却。盖因民之所利而利之，不得不然也。”[④]王安石并没有简单地将义与利对立起来，而是将利分为不同的层次：或为“利吾国”，即谋求封建国家的整体利益；或为“利吾身”，即追求统治集团的利益；或为“民之所利”，即所谓的民众利益，或曰地主阶级的利益。王安石认为，在谋求“民之所利”的前提下，义和利就统一起来了；换言之，为地主阶级的利益理财，本身就是义。如果是为封建国家理财，王安石主张义以至上，以义理财，“聚天下之人，不可以无财；理天下之财，不可以无义”[⑤]。可见，王安石从孟子的民本思想出发，吸收并借鉴了李觏义利统一的观点，认为谋求地主阶级的利益是至高无上的，本身即所谓义；谋求封建国家的整体利益次之，为封建国家理财，需要义在利先、以义理财；而谋求统治集团的利益又次之，王安石甚至反对将皇权贵族的利益置于地主阶级利益和封建国家整体利益之上。

杨时以传统儒家的义利观为评判标准，认为王安石变法既非善法、亦非仁政。杨时指出：“君子之事君，其说不可惟利之从；苟惟利之从，则人君所见者利而已。……故不若与之谈道理；道理既明，人自不能胜也。所谓道理之谈，孟子之仁义是也。王、霸之佐，其义、利之间乎？一毫为利，则不足为王矣。”[⑥]王道政治与霸道政治的根本区别，在于追求利还是追求义。君主追求义，属于王道政治；君主追求利，则属于霸道政

① （宋）杨时撰，林海权校理：《杨时集》卷10《语录一》，第263页。
② （宋）杨时撰，林海权校理：《杨时集》卷10《语录一》，第232页。
③ （宋）杨时撰，林海权校理：《杨时集》卷6《神宗日录辨》，第107页。
④ （宋）王安石著，唐武标校：《王文公文集》卷8《答曾公立书》，第97—98页。
⑤ （宋）王安石著，唐武标校：《王文公文集》卷31《乞制置三司条制》，第364页。
⑥ （宋）杨时撰，林海权校理：《杨时集》卷10《语录》，第251页。

治。开明的君主追求义，实行王道政治，而不是追求利，推行霸道政治。“夫先王所以理财者，非尽笼天下之利而有之。”[①]杨时认为，王安石变法的出发点是理财，其动机是牟利，所以，属于霸道行径。杨时批判道：“荆公云：‘利者阴也，阴当隐伏；义者阳也，阳当宣著。’此说源流发于董仲舒。然此正王氏心术之蔽。观其所为，虽名为义，其实为利。”[②]杨时批判王安石变法以仁义为名，行逐利之实，此乃先儒批评的霸道行径，是不符合儒家正统价值观的。杨时认为，王安石所谓的理财不符合先王教诲，这样的理财无异于聚敛。“孟子论法，以谓凶年粪其田而不足，则必取盈焉。使民终岁勤动，不得以养其父母，又称贷而益之，是为不善。”[③]孟子认为，政府取之于民要在丰年，而歉年百姓尚且不足，还要取财于民，无疑增加了百姓负担。在杨时看来，王道政治要求统治者既要存善心，又要行仁政。“夫有仁心仁闻，而民不被其泽者，不行先王之道故也。……夫有仁心仁闻而不行先王之道，是谓‘徒善’，徒善不足以为政。行先王之政而无仁心仁闻，是谓‘徒法’，徒法不能以自行。二者不可偏举也。”[④]在杨时看来，善心与仁政，缺一不可，圣贤治国要用善心行仁政，仅有善心不行，还要推行仁政，仅有仁政也不行，推行仁政还要出自善心。“人臣之事君，岂可佐以刑名之说？如此，是使人主失仁心也。人主无仁心，则不足以得人。故人臣能使其君视民如伤，则王道行矣。”[⑤]杨时批评王安石以刑名之说诱导人君，致使人君丧失仁心，没有仁心的君王不会体恤百姓，不体恤百姓当然就不能实行王道政治。

《周官新义》是王安石变法的指导思想和理论依据。王安石的理财以《周礼》为指导，杨时就从《周礼》出发，批判王安石的理财措施不符合《周礼》之旨。“先王省耕敛而为之补助，以救民急而已。方其出也，未尝望入，岂复求息？取其息而曰非渔利也，其可乎？……今也无问其欲否而颁之，亦无问年之丰凶而必取其息；不然，则以刑法加焉。《周官》之意，果如是乎？”[⑥]在杨时看来，《周礼》的旨意是救民之急，救济百姓的财物根本就没想收回来，散钱于民是为了救民之急，根本不是为了牟利。

在藏富于民与藏富于国的问题上，王安石主张藏富于国，其理财措施的出发点是封建国家的富国强兵；杨时则主张藏富于民，统治者对待民众应有如保赤子之爱，“古人于民，若保赤子”[⑦]。杨时认为“青苗法”“免役法”均不符合藏富于民之道。杨时指

① （宋）杨时撰，林海权校理：《杨时集》卷5《经筵讲义》，第94页。
② （宋）杨时撰，林海权校理：《杨时集》卷11《语录二》，第296页。
③ （宋）杨时撰，林海权校理：《杨时集》卷10《语录一》，第263页。
④ （宋）杨时撰，林海权校理：《杨时集》卷8《孟子解》，第173页。
⑤ （宋）杨时撰，林海权校理：《杨时集》卷10《荆州所闻》，第262页。
⑥ （宋）杨时撰，林海权校理：《杨时集》卷10《语录一》，第263页。
⑦ （宋）杨时撰，林海权校理：《杨时集》卷12《语录三》，第326页。

出："青苗、免役亦是法，然非藏于民之道。如青苗取息虽不多，然岁散万缗，则夺民二千缗入官。既入官，则民间不复可得矣。免役法取民间钱，雇人役于官，其得此钱用者，盖皆州县市井之人，不及乡民。乡民惟知输而已，而不得用，故今乡民多乏于财也。"[①]在杨时看来，"青苗法"存在与民争利的问题，免役法也会加重贫民的负担，都不符合《周礼》救民之急的旨意。

对于"青苗法"，杨时认为王安石出于为国敛财的动机，根本不是利民之策，而是扰民之举。杨时指出："青苗二分之息，可谓轻矣，而不见有利于百姓，何也？今民间举债，其息少者亦须五七分，多者或倍，而亦不觉其为害。曰：惟其利轻，且官中易得，人徒知目前之利，而不顾后患，是以乐请。若民间举债则利重，又百端要勒，得之极难，故人得已且已。又青苗虽名取二分之息，其实亦与民间无异。盖小民既有非不得已而请者，又有非不得已用之。且如请钱千，或遇亲旧于州县间，须有酒食之费，不然，亦须置小小不急之物。只使二百钱，已可比民间四分之息。又请纳时往来之用，与官中门户之赂遗，至少亦不下百钱，况又有胥吏追呼之烦，非货不行。而公家期限又与私家不同，而民之畏法者，至举债以输官，往往沿此遂破荡产业者固多矣，此所以有害而无利也。"[②]《周礼》主张救民之急，散给百姓的钱物连本都不要追回，更何况取息于民？公家散钱，百姓取之易、用之亦易，且公家散钱期限较严，百姓举债还官，常常会造成倾家荡产，所以说，王安石的"青苗法"对百姓有害而无利。有人为王安石辩驳，说"青苗法"利息轻，百姓得到后从事经营，容易还本付息。对此，杨时指出："或云：官中息轻，民得之，可以自为经营，岁岂无二分之息乎？盖未之思也。若用之商贩，则散钱而难集，至公家期逼，卒收不聚，失所指准，其患不细。往年富家知此患也，官中派之请，不得已请而藏之，比及期，出私钱为息，输之官，乃无患。然使民如此，是无事而侵扰之也，何名补助之政乎？"[③]在杨时看来，"青苗法"名义上是抑兼并，实际上是助兼并。"今比户之民概与之，岂尽迫于其急不得已哉？细民无远虑，率多愿贷者，以其易得而息轻故也。以易贷之金资不急之用，至期而无以偿，则荷校束手为囚虏矣。乃复举贷于兼并之家，出倍称之息以偿官逋，明年复贷于官以还私债，岁岁转易无穷已也。欲摧兼并，其实助之。兴利之源，盖自兹始。"[④]王安石变法是打着"法先王"的旗号进行的，杨时批判王安石所行并非先王之道，而是"矫诬先王之法"。

---

① （宋）杨时撰，林海权校理：《杨时集》卷 12《语录三》，第 338 页。
② （宋）杨时撰，林海权校理：《杨时集》卷 12《语录三》，第 338 页。
③ （宋）杨时撰，林海权校理：《杨时集》卷 12《语录三》，第 339 页。
④ （宋）杨时撰，林海权校理：《杨时集》卷 6《王氏神宗日录辨》，第 120 页。

“《周官》：‘平颁其兴积。’《新义》曰：‘无问其欲否，概与之也，故谓之平。’则俵粟不取情愿，盖其本旨也。……夫《周官》所谓‘平’者，岂‘概与’之谓哉？谓无偏陂而已。为是说者，特矫诬先王之法以为己资耳。”[①]杨时认为，《周官》云“平颁其兴积”，所谓“平”，是无偏陂，即公平合理，无偏无私，而王安石将其解释为不管愿与不愿，一视同仁，王安石对经典的解释根本不符合先王之意，所以，王安石是打着先王的旗号，干着推行己意的勾当。“余以谓青苗利害，不在愿与不愿；正在官司以轻息诱致之也。孟子曰：‘徒善不足以为政，徒法不能以自行。’青苗其意乃在取息而已。”[②]所以说，王安石“行周公之法而无仁心仁闻，是谓‘徒法’。然则周公法、今法，安得不为异？”[③]王安石所行“青苗法”，打着先王之道的旗号，不管百姓需要不需要，都要强行摊派，由于没有先王推行仁政的动机，其效果必将与先王之法背道而驰。所以，王安石变法推行的是霸道政治，而非王道政治。

对于免役法，时人或以为募役比差役好，差役法扰民，募役法利民。杨时认为，募役法不但不符合儒家藏富于民之道，而且还存在名不副实的情况。“且如役法，耆长许募而不许差，辄差者徒二年。然法当募上户，其佣二千。钱逐州县定。此余杭所定。岂有上户肯利若干钱而愿役于官乎？上户不愿，则其势须至强使为之，是名募而实差也，其如法何？”[④]差役法名为差役、实为募役，因为上户不愿意用金钱向官府募役，这样一来，官府就得强行摊派，于是募役就变成了差役。不仅如此，有些地方如酸枣（今河南省新乡市延津县）出现升下户入上户的情况，王安石认为，新法推行过程中出现这种情况是难免的，不值得圣上过问。而杨时则批判道：“升降等第，最为役法利害之要。平时差役不到下户，今升下户为上户，使之输钱，则贫弱受弊，而上户免役，为法之害，孰大于此？”[⑤]杨时认为，免役法最大的危害，在于升下户为上户，上户免役，而下户反而不得免役，致使贫民输钱，劫贫济富。在杨时看来，免役法的根本目的在于牟利，而不在于便民，“夫募役者，亦岂有他意哉？为利而来耳”[⑥]。

对于“保甲法”，杨时认为，不但不能解放社会生产力，反而束缚了社会生产力的发展；不但不能减轻人民的负担，反而加重了人民的负担。“今欲什伍其民以代募兵，则富者安于逸乐，脆软而不可用；贫者更番月阅，则老弱无所赖，转为沟中瘠矣。游惰

① （宋）杨时撰，林海权校理：《杨时集》卷6《王氏神宗日录辨》，第120页。
② （宋）杨时撰，林海权校理：《杨时集》卷6《王氏神宗日录辨》，第121页。
③ （宋）杨时撰，林海权校理：《杨时集》卷6《王氏神宗日录辨》，第121页。
④ （宋）杨时撰，林海权校理：《杨时集》卷12《语录三》，第343页。
⑤ （宋）杨时撰，林海权校理：《杨时集》卷6《王氏神宗日录辨》，第127页。
⑥ （宋）杨时撰，林海权校理：《杨时集》卷18《上提举》，第502页。

奸凶无所拘系，则散而为盗贼，皆理之必至也。比户之民，既已输赋租以充军食矣，而身又不免焉，岂不重困民乎？若以赋租可减，则自熙宁至元丰十有余年，未闻有减也。予以谓井田既不可复，而欲一兵农，未见其可也。”[①]杨时认为，在北宋现有的土地制度下，“保甲法”是无法推行的。由于“保甲法”的推行，一些大户还得担任保正之役，这样一来，“既使之输钱，又使之充役，则免役之名浮矣”[②]。这说明，杨时完全是站在地主阶级的立场上反对“保甲法”的。

其次，杨时批判王安石的理财措施“无艺”。杨时认为，封建政府从百姓那里索取财富，不仅要取之有道，而且要取之有艺。“取之有艺，用之有节，先王所以理财也。……取其所当取，则利即义矣。”[③]既要以义取财，又要取之有名，不能取之无道，更不能巧立名目。“则义、利初无二致焉，何宣著隐伏之有？若夫宣著为善之名而阴收为利之实，此五霸假仁义之术，王者不为也。故青苗意在于取息，而以‘补助’为名；市易欲尽笼商贾之利，而以‘均济贫苦’为说，皆此意也。”[④]在杨时看来，“无道”“无艺”的取财，都是霸道行径，不符合王道政治的要求。杨时认为，王安石取财不仅“无道”“无艺”，而且还有巧取豪夺之嫌。“夫诱引无知之民以渔其财，是在百姓为之，理亦当禁，而官吏为之，上下不以为怪，不知为政之过也。且民之有财，亦须上之人与之爱惜，不与之爱惜而巧求暗取之，虽无鞭笞以强民，其所为有甚于鞭笞矣。”[⑤]杨时认为，在上之人要爱惜民财民力，不能对百姓巧取豪夺，如果在上之人对百姓巧取豪夺，犹如鞭笞以强民，这不是爱民，而是害民，不是王道，而是霸道。

再次，杨时批判王安石的理财措施“无节”。所谓“无节”，体现在两个方面：一是取之无节，攫取无度；二是用之无节，挥霍无度。杨时从《中庸》的观点出发，提出“以中人为制”的立法原则。“夫道止于中而已矣。圣人经世立法，非固贬损，以中人为制，道固然也。故尧、舜、禹三圣相授，皆曰‘允执厥中’而已。盖立法失中，其过与不及，皆非圣人之道也。”[⑥]在杨时看来，立法以中人为对象，过与不及，都不符合圣人立法的原则。杨时认为，封建政府对于财富，不仅要取之有道，还要用之有道，不仅要取之有节，还要用之有节。“取之有道，用之有节，各当于义之谓也。取之不以其道，用之不以其节，而不当于义，则非理矣。”[⑦]杨时认为，王安石的理财措施肆意搜刮百

---

① （宋）杨时撰，林海权校理：《杨时集》卷6《王氏神宗日录辨》，第129页。
② （宋）杨时撰，林海权校理：《杨时集》卷18《上提举》，第503页。
③ （宋）杨时撰，林海权校理：《杨时集》卷6《王氏神宗日录辨》，第107页。
④ （宋）杨时撰，林海权校理：《杨时集》卷6《王氏神宗日录辨》，第107页。
⑤ （宋）杨时撰，林海权校理：《杨时集》卷10《语录一》，第264页。
⑥ （宋）杨时撰，林海权校理：《杨时集》卷6《王氏神宗日录辨》，第104页。
⑦ （宋）杨时撰，林海权校理：《杨时集》卷20《答胡康侯》，第546页。

姓，不符合取之有节的要求。“故什一，天下之中制，自尧、舜以来，未之有改也。取其所当取，则利即义矣。”[①]“然什一，天下之中正，多则桀，寡则貉，不可改也。后世不究其本而惟末之图，故征敛无艺，费出无经，而上下困矣。”[②]杨时认为，自尧舜以来，所收取的赋税是百姓收入的十分之一，此乃“天下之中制”，而王安石推行的“青苗法”收取民众二成利息，远远超过“天下之中制”，这属于取之无节。取财如此，用财亦如此。杨时主张，封建国家不仅要取之有道、取之有艺，而且要用之有节、用之当理。“取之有艺，用之有节，然后足以服邦国，以致其用。……然则先王所谓理财者，亦均节之，使当理而已。”[③]在杨时看来，王安石的理财措施即为巧立名目、横征暴敛，属于取之无道、取之无艺；同样，王安石“竭天下以自奉”的主张，开启神宗、徽宗奢靡之风，又是用之无节、用之无理。杨时说：“《易》曰：‘节以制度，不伤财、不害民。’盖侈用则伤财，伤财必至于害民，故爱民必先于节用。然使之不以其时，则力本者不获自尽，虽有爱人之心，而人不被其泽矣。然此特论其所存而已，未及为政也。苟无是心，则虽有政不行焉。”[④]在杨时看来，王安石从私欲出发的理财，不符合传统儒家的价值观。杨时认为，人君对于财富，不管取之、还是用之，都要符合公义，符合公义才符合天理，不符合公义就不符合天理。“取之有道，用之有节，各当于义之谓也。取之不以其道，用之不以其节，而不当于义，则非理矣。”[⑤]

最后，杨时批判王安石变法未能富民安民，违背先王治国之道。杨时说：“《传》曰‘财用足故百志成，百志成故礼乐兴’，自古帝王不易之道也。”[⑥]杨时引用《礼记·大传》中的圣贤教诲，告诫居高位者要使百姓财用足，因为百姓财用足就会众志成，众志成就会礼乐兴，礼乐兴就会国太平。然而，王安石的变法措施并没有富民安民，却适得其反。“熙宁更新百度，无非以理财为务，其知此乎？故谓之‘青苗’以宽民之财，‘免役’以宽民之力，立‘市易’以权货贿之阜通，使兼并无所侵渔，而穷乏者安其生，农得尽力于耕，而游惰兼有所事，其施设之意厚矣。然未十有年间，羡余之息充溢府库，而民反有受其弊者，其故何哉？是岂立法之方有未尽与？主上锐意于为治，凡法有害于民者，一切蠲除之，可谓善矣。然抑兼并，振穷乏，宽民力，役游惰，其可无术乎？将欲数者之利而无其害，学者宜知其说也。”[⑦]在杨时看来，王安石的理财措施只是为国理

① （宋）杨时撰，林海权校理：《杨时集》卷6《王氏神宗日录辨》，第107页。
② （宋）杨时撰，林海权校理：《杨时集》附录五《论语集注》，第1233页。
③ （宋）杨时撰，林海权校理：《杨时集》卷6《王氏神宗日录辨》，第137页。
④ （宋）杨时撰，林海权校理：《杨时集》附录五《论语集注》，第1220页。
⑤ （宋）杨时撰，林海权校理：《杨时集》卷20《答胡康侯》，第546页。
⑥ （宋）杨时撰，林海权校理：《杨时集》卷15《策问》，第431页。
⑦ （宋）杨时撰，林海权校理：《杨时集》卷15《策问》，第431页。

财，不是为民理财，是藏富于国，不是藏富于民，所以，王安石想通过“青苗法”“免役法”“市易法”来解决国用不足的动机是好的，然而由于王安石不懂得“财用足故百志成，百志成故礼乐兴”的道理，所行新法不是为了富民，而是为了富国，不是为了利民，而是为了利国，所以，新政失去民众支持，最终导致失败。

三、杨时对王安石新学的批判

道德性命之学是王安石对传统儒学的杰出贡献，它不仅是王安石用于指导变法的理论基础，而且是王安石借以影响神宗皇帝、教化民众的思想武器。杨时后学陈瓘指出：

> 臣闻先王所谓道德者，性命之理而已矣。此安石之精义也。有《三经》焉，有《字说》焉，有《日录》焉，皆性命之理也。蔡卞、蹇序辰、邓洵武等用心纯一，主行其教，所谓大有为者，亦性命之理而已矣；其所谓继述者，亦性命之理而已矣；其所谓一道德者，亦以性命之理而一之也；其所谓同风俗者，亦以性命之理而同之也。不习性命之理谓之流俗，黜流俗则窜其人，怒曲学则火其书，故自卞等用事以来，其所谓国是者皆出性命之理，不可得而动摇也。①

陈瓘认为，王安石的《三经新义》《字说》《日录》及王氏后学蔡卞、蹇序辰、邓洵武的学说，均属于道德性命之学。熙宁年间，指导王安石变法的理论基础是道德性命之学；绍圣年间，绍述王安石新政的指导思想也是道德性命之学。针对王安石的道德性命之学，杨时著有《三经义辨》《神宗日录辨》《王氏字说辨》，专门予以批驳，意欲清除新学在两宋之际的影响。

早在靖康元年（1126 年），正当金兵包围汴京、形势危殆之际，时任右谏议大夫杨时上疏宋钦宗，通过攻击蔡京进而将北宋衰亡的责任归咎于王安石。“臣伏见蔡京用事二十余年，蠹国害民，几危宗社，人所切齿，而论其罪者，曾莫知其所本也。盖京以继述神宗皇帝为名，实挟王安石以图身利，故推尊安石，加以王爵，配享孔子庙庭。而京所为，自谓得安石之意，使人无得而议。其小有异者，则以不忠不孝之名目之，痛加窜黜。人皆结舌，莫敢为言，而京得以肆意妄为，则致今日之祸者，实安石有以启之也。”②杨时把徽宗时期的弊政统统归之于蔡京，由于蔡京是打着“绍述”新政的旗号而

① （宋）邵博撰，刘德权、李剑雄点校：《邵氏闻见后录》卷 23，北京：中华书局，1983 年，第 179 页。

② （宋）杨时撰，林海权校理：《杨时集》卷 1《上钦宗皇帝》，第 29 页。

倒行逆施的，也就顺理成章地将之归罪于王安石及其新政，又由于王安石的新政是以其新学为理论指导的，所以，杨时最终将批判的矛头指向荆公新学。“安石挟管、商之术，饰六艺以文奸言，变乱祖宗法度。当时司马光已言其为害当见于数十年之后，今日之事，若合符契。其著为邪说以涂学者耳目，败坏其心术者，不可缕数。”①基于新政变乱祖宗法度、新学败坏学人心术的认识，杨时建议夺去王安石的配享，清除王安石及其新学的影响。“臣伏望睿断，正安石学术之缪，追夺王爵，明诏中外，毁去配享之像，使淫辞不为学者之惑，实天下万世之幸。”②靖康元年五月，宋钦宗采纳杨时的意见，把王安石从“配享”降为“从祀”。王安石虽从“配享”降到“从祀”，但王安石的牌位依旧供奉在孔庙。这一举措，标志着王安石在儒家道统中的地位有所下降，也标志着新学在北宋意识形态领域的主导地位有所动摇。

但是，杨时对新学的贬抑，损害了权贵阶层和追求金榜题名的士子们的利益，于是招致群臣及士子们的反对，引发了一场不大不小的学潮。时任尚书左丞、门下侍郎耿南仲上疏言：“或者以王氏学不可用，陛下观祖宗时，道德之学，人才、兵力、财用，能如熙、丰时乎？安可轻信一人之言以变之？”③“士之习王氏学取科第者，已数十年，不复知其非，忽闻以为邪说，议论纷然。谏官冯澥力主王氏，上疏诋时。会学官中有纷争者，有旨学官并罢，时亦罢祭酒。”④学潮的结果使杨时罢官奉祠，除徽猷阁直学士、提举嵩山崇福宫，不仅丢掉了国子祭酒的官帽，而且还打乱了理学家借机上位的如意算盘。在朝野反对的声浪中，宋钦宗批答：“前日指挥，更不施行。”⑤标志着贬抑新学的措施遭遇了朝野反对，理学在与新学争正统的过程中遭遇重大挫折。

北宋灭亡后，偏安一隅的南宋政权建立伊始，当务之急是为北宋的灭亡寻找托词，而杨时的观点无疑给了宋高宗一根推卸乃父乃兄亡国罪责的救命稻草。于是，宋高宗甫即位，就迫不及待地表示支持元祐党，重用旧党人物，打击新党势力，并进一步清算新党与新学的影响。在这种形势下，为了适应这一政治需要，杨时一方面对王安石及其新政展开不遗余力的批判，将王安石及其新政作为北宋灭亡的罪魁祸首大肆挞伐；另一方面对王安石新学进行批判，试图清算新学在南宋初期意识形态领域的影响。杨时的《三经义辨》《字说辨》作于绍兴三年（1133 年），正是适应这一政治需要的产物。

谈及二书的写作动机，杨时说：“近因阅《三经义》，见有害义理处，略为之著论，

① （宋）杨时撰，林海权校理：《龟山集》卷 1《上钦宗皇帝》，第 29 页。
② （宋）杨时撰，林海权校理：《杨时集》卷 1《上钦宗皇帝》，第 30 页。
③ （清）黄宗羲原著，全祖望补修，陈金生、梁运华点校：《宋元学案》卷 25《龟山学案》，第 947 页。
④ 《宋史》卷 428《杨时传》，第 12742 页。
⑤ （清）黄宗羲原著，全祖望补修，陈金生、梁运华点校：《宋元学案》卷 25《龟山学案》，第 947 页。

以正王氏之失。”[①] “荆公黜王爵，罢配享，谓其所论多邪说，取怨于其徒多矣。此《三经义辨》，盖不得已也。”[②]虽然杨时罢黜王安石的王爵、配享，指斥新学为异端邪说的主张，导致其丢掉了国子祭酒的官帽，但是，杨时并不善罢甘休，力图通过撰著二书，批判新学的基本观点，消除新学在士子们中的影响，“盖尝论之于朝，去其王爵，罢配享，后生晚学，未必知其非也，故欲终此一事”[③]。在二书中，杨时继承了二程对于新学的基本评价，并进一步展开对新学的批判，“先生独得程氏不传之秘，力辟王氏邪说之非”[④]。杨时从儒家内圣之学出发，对王安石的道德性命之学发起攻讦，其宗旨是“辨邪说以正人心，推圣学以明大义”[⑤]。杨时对于二书颇为自得，自称“某近著《三经义辨》，正王氏之学缪戾处。方就，俟脱稿，当纳去取正左右，庶可传后学也”[⑥]。对于杨时的自信甚至自负，后学朱熹并不完全赞同，一方面赞扬杨时“长于攻王氏”[⑦]；另一方面又指出杨时的批判也有不当之处：“然《三经义辨》中亦有不必辨者，却有当辨而不曾辨者。”[⑧]可见，作为三传弟子的朱熹，对于祖师爷杨时对新学的清算并不满意。尽管如此，二书在清除新学影响、提高理学地位方面确实起到了重要作用。

首先，杨时批判王安石不懂得圣人之道。王安石是打着先王之道的旗号推行变法的，杨时就批判王安石不懂得圣人之道。元祐元年，杨时曾指出：“某尝谓王金陵力学而不知道，妄以私智曲说眩瞀学者耳目，天下共守之，非一日也。”[⑨]针对王安石关于诚明关系的论述，杨时批判其“未尝知天道”。王安石说：“能不以外物累其心者，诚也。诚则于物无所蔽；于物无所蔽，则明矣。能学先王之道以解其心之蔽者，明也。明则外物不能累其心；外物不能累其心，则诚矣。人之所以不明者，以其有利欲以昏之。如能不为利欲所昏，则未有不明也。明者，性之所有也。”杨时则指出：“诚者，天之道也，非外物不能累其心者所能尽也。告子之不动心，岂利欲能昏之哉？然而未尝知义也。未尝知义，非明也。然则所谓明者，非物格知至，乌足与此哉？荆公自谓能不以外物累其心，故其言每以是为至。盖以其未尝知天道故也。”[⑩]王安石认为，明是人所有的本质属性，人们之所以达不到明的原因，在于人们有利欲之心，是利欲之心遮盖了人们的明，

---

① （宋）杨时撰，林海权校理：《杨时集》卷20《答胡康侯》，第554页。
② （宋）杨时撰，林海权校理：《杨时集》卷20《答胡康侯》，第553页。
③ （宋）杨时撰，林海权校理：《杨时集》卷20《答胡康侯》，第554页。
④ （宋）杨时撰，林海权校理：《杨时集》附录一丘晟《重刻杨龟山先生文集序》，第1103页。
⑤ （宋）杨时撰，林海权校理：《杨时集》附录四《高宗皇帝赠左太中大夫诰》，第1184页。
⑥ （宋）杨时撰，林海权校理：《杨时集》卷20《答胡康侯》，第557页。
⑦ （宋）黎靖德编，王星贤点校：《朱子语类》卷130《自熙宁至靖康用人》，北京：中华书局，1986年，第3109页。
⑧ （宋）黎靖德编，王星贤点校：《朱子语类》卷130《自熙宁至靖康用人》，第3109页。
⑨ （宋）杨时撰，林海权校理：《杨时集》卷17《与吴国华》，第467页。
⑩ （宋）杨时撰，林海权校理：《杨时集》卷6《王氏神宗日录辨》，第113页。

人们达到明的途径是学习先王之道，通过学习先王之道来解除其心蔽。杨时批评王安石所谓的诚，不能概括诚的含义。“盖王之与天，无二道也，一于诚而已。”①杨时认为，天道与人道是统一的，二者统一于诚。诚既是天道，又是人道，人只有效法天，才可以做到诚。杨时又认为，知义为明，不知义为不明，知义的途径是致知，致知的途径是格物，致知的最高境界就是知至，知至就是对天理的认识，认识了天理就会知义，知义乃明。杨时认为，王安石关于诚明关系的认识是错误的，之所以出现这种错误，在于王安石“不知道”。二程曾批判王安石“不知道”，杨时继承乃师的观点，也认为王安石“不知道”。那么，什么是二程的道呢？二程的道，是集宇宙本体、自然规律、伦理道德为一体的哲学范畴。在二程看来，天道与人道是合一的，道既是无形的宇宙本体，“有形皆器也，无形惟道”②，“有形总是气，无形只是道”③；道又是自然的法则，“言天之自然者，谓之天道”④，“天之法则谓天道也”⑤。道还是五常，并且，“道之大本”是五伦。所谓五常，即仁、义、礼、智、信。所谓五伦，即君臣、父子、夫妇、兄弟、朋友五种人伦关系。五常是关于五伦的基本准则。二程认为，五常即是道，“且如五常，谁不知是一个道？”⑥、“合而言之皆道，别而言之亦皆道也”⑦。二程还将“道之大本”归结于五伦。“道之大本如何求？某告之以君臣父子夫妇兄弟朋友，于此五者上行乐处便是。”⑧这样，二程就将伦理意义上的“五常”上升到了本体意义上的“道”，从而使“五常”成了具有本体论意义的范畴，从而将维护封建皇权的核心价值观上升到天道的神圣高度。

在天道与人道的关系上，王安石与二程的观点不同，王安石是把天道和人道分开的。在王安石看来，天有天之道，人有人之道，“远而尊者，天道也；迩而亲者，人道也”⑨。由于这一根本的分歧，二程便认为王安石不懂得圣人之道，并力图从批评新学的道入手，来从根本上否定新学。二程说：“介甫只是说道，云我知有个道，如此如此。只佗说道时，已与道离。佗不知道，只说道时，便不是道也。”⑩所以，当有人问：“介甫言‘尧行天道以治人，舜行人道以事天’，如何？”［程颐］曰：“介甫自不识道

① （宋）杨时撰，林海权校理：《杨时集》卷5《经筵讲义》，第96页。
② （宋）程颢、程颐：《河南程氏粹言》卷1，《二程集》，第1178页。
③ （宋）程颢、程颐：《河南程氏遗书》卷6，《二程集》，第83页。
④ （宋）程颢、程颐：《河南程氏遗书》卷11，《二程集》，第125页。
⑤ （宋）程颢、程颐：《周易程氏传》卷1，《二程集》，第703页。
⑥ （宋）程颢、程颐：《河南程氏遗书》卷18，《二程集》，第223页。
⑦ （宋）程颢、程颐：《河南程氏遗书》卷25，《二程集》，第318页。
⑧ （宋）程颢、程颐：《河南程氏遗书》卷18，《二程集》，第187页。
⑨ （宋）王安石著，唐武标校：《王文公文集》卷31《郊宗议》，第357页。
⑩ （宋）程颢、程颐：《河南程氏遗书》卷1，《二程集》，第6页。

字。道未始有天人之别，但在天则为天道，在地则为地道，在人则为人道。”[①]同样，在《论道篇》中，二程也批判了王安石将天道和人道分开的做法。“或问：‘介甫有言，尽人道谓之仁，尽天道谓之圣。’子曰：‘言乎一事，必分为二，介甫之学也。道一也，未有尽人而不尽天者也。以天人为二，非道也。’”[②]二程批判王安石不懂圣人之道的根本动机在于，道是新学的根范畴，又是新学的理论基石，否定了新学的道，也就动摇了新学的学术根基与立论之本。杨时与乃师一样，其动机也是借否定王安石的道来否定新学的立论之体、践行之用。王安石认为，“若夫功名爵禄，乃先王所以役使群众。使人人薄功名爵禄，上何以使下？故先王所以运天下，必有出于功名爵禄之外者，而未尝示人以薄功名爵禄也。”[③]王安石看到君主治理天下，不能全靠功名爵禄，但除了功名爵禄，君主还能依靠什么呢？王安石并没有给出明确的答案。对此，杨时指出：“‘圣人，人伦之至也。’于君臣、父子、夫妇、兄弟、朋友之间，各尽其道，所谓至也。至以其身为天下用，岂为功名爵禄哉？盖君臣者，人伦之大，为臣义当如此也。故三代之学，皆所以明人伦。人伦明于上，则人知自尽。虽有高明超卓之士出于功名爵禄之外者，亦孰敢不为用也哉？先王所以运天下，用此道而已。外是，皆谬悠荒唐之说也。夫名位爵禄，天之所以待有德，人主不得而私焉者也。……盖其学不足以知天，故其论每如此。”[④]在杨时看来，君臣关系乃人伦之大，人伦之大即为天理，为君尽君道，为臣尽臣道，人臣忠君乃天道事理，是臣子应尽的本分和义务，而不能考虑功名爵禄；而王安石将天道与人道割裂开来，这样就从根本上否定了臣子对君主应尽的义务，所以是不懂得君臣之义。

虽然王安石新学也是从道出发构建其哲学体系的，但是，在杨时看来，王安石所谓的道，并不是儒家之道，而是佛老之道。《字说》几乎是王安石倾毕生精力撰著的一部文字学著作，王安石对《字说》很重视，认为他的道德性命之学集中体现在这部书中，“能知此者，则于道德之意，已十九矣”[⑤]。杨时则将批判的矛头集中在王安石的《字说》上，“某观王氏之学，其精微要妙之义，多在《字说》”[⑥]；“故王氏末年溺于释、老，又为《字说》，此为大戾。夫知道者，果且有‘大戾’乎？且王氏奉佛，至舍其所居以为佛寺。其徒有为僧者，则作诗以奖就其志，若有羡而不及者。夫儒、佛不两立久

① （宋）程颢、程颐：《河南程氏遗书》卷22上，《二程集》，第1170页。
② （宋）程颢、程颐：《河南程氏粹言》卷1，《二程集》，第1170页。
③ （宋）杨时撰，林海权校理：《杨时集》卷6《王氏神宗日录辨》，第125页。
④ （宋）杨时撰，林海权校理：《杨时集》卷6《王氏神宗日录辨》，第125页。
⑤ （宋）王安石著，唐武标校：《王文公文集》卷36《字说序》，第428页。
⑥ （宋）杨时撰，林海权校理：《杨时集》卷17《答吴国华》，第471页。

矣。此是则彼非，此非则彼是。……今王氏所行，皆北其辕者也。尊佛、老为圣人，是指吴为越也，乌得谓知之未尽、行之未至耶？”[①]“然以其博极群书，某故谓其力学；溺于异端以从夷狄，某故谓其不知道。”[②]在杨时看来，儒释道是势不两立的，而王安石融会儒释、调和儒道，是违背了儒学的宗旨，这样非但于儒学无补，恰恰有害于儒学的发展。

杨时认为，新学还杂有申商之术，而申商之术是法家治术，不符合儒家之道。对于王安石新学，杨时曾引用二程的话予以概括：“神考问伯淳：‘王安石如何人？’伯淳云：‘安石博学多闻则有之，守约则未也。’”[③]“世儒妄以私智之凿，分文析字，而枝辞蔓说乱经矣。”[④]意思是王安石博学多闻，但其学术不能恪守儒家之道，体系驳杂，流入异端。“熙宁更新法度，以经术造士。世儒妄以私智之凿，分文析字，而枝辞蔓说乱经矣。假六艺之文，以济其申、商之术。”[⑤]杨时认为，以申商之术指导变法实践，会导致皇帝失去仁心而推行霸政。杨时通过对新学杂而不约、博而不纯的批判，批判新学羼杂佛老思想、申商之术，力图将新学剔除儒家道统，将新学从两宋之际儒家主流学派的神坛上赶下来。

其次，杨时从孟子性善论出发，批判王安石的道德性命之学“未知性命之理”。王安石继承《周易》《中庸》《孟子》乃至李翱的观点，并援引僧徒契嵩与道家庄子的观点，创立了新学的人性论思想。王安石认为，一方面，性与情是对立的，情生于性，但情又不等同于性，情可以言善恶，而性不可以言善恶，喜、怒、哀、乐、好、恶、欲人人皆有，它们内存于心，就表现不出善恶；喜、怒、哀、乐、好、恶、欲外化于行，就表现为善恶。王安石说：“性生乎情，有情然后善恶形焉，而性不可以善恶言也。”[⑥]而情之所以会表现为善恶，则是由于后天修习不同的缘故，“不善者，习也”[⑦]。习于善则为善，习于恶则为恶，人之善恶，取决于后天的“习”，因此是可以改变的。可见，王安石非常强调后天修习对于人性的影响。另一方面，王安石又认为，性与情是统一的，“性者情之本，情者性之用，故吾曰性情一也”[⑧]。性是一种先天的本能，情是一种后天的反应，性是情的本质和根源，情是性的作用和表现，所以说性情是统一的。

---

① （宋）杨时撰，林海权校理：《杨时集》卷17《答吴国华》，第470页。
② （宋）杨时撰，林海权校理：《杨时集》卷17《答吴国华》，第470页。
③ （宋）杨时撰，林海权校理：《杨时集》卷12《语录三》，第345页。
④ （宋）杨时撰，林海权校理：《杨时集》卷24《南剑州陈谏议祠堂记》，第639页。
⑤ （宋）杨时撰，林海权校理：《杨时集》卷24《南剑州陈谏议祠堂记》，第639页。
⑥ （宋）王安石著，唐武标校：《王文公文集》卷27《原性》，第316页。
⑦ （宋）王安石著，唐武标校：《王文公文集》卷27《性说》，第318页。
⑧ （宋）王安石著，唐武标校：《王文公文集》卷27《性情》，第315页。

杨时从孟子的性善论出发，对王安石的性情观予以了批判。杨时说："《孟子》七篇之书，其要道'性善'而已。"[①]杨时认为，《孟子》的主旨是性善论。"言荆公云：'"天使我有是之谓命，命之在我之谓性。"是未知性命之理。其曰"使我"，正所谓使然也。然使者可以为命乎？以命在我为性，则命自一物。若《中庸》言"天命之谓性"，性即天命也，又岂二物哉？如云在天为命，在人为性，此语似无病，然亦不须如此说。性命初无二理，第所由之者异耳。"率性之谓道"，如《易》所谓"圣人之作《易》，将以顺性命之理"是也。'"[②]王安石的道德性命之学将命与性割裂开来，主张"在天为命，在人为性"，亦即天赋予我的叫作命，命体现在我身上叫作性。杨时认为，王安石的这一观点是未知道德性命之理，"天命之谓性""率性之谓道"，或曰性即天命、性即道，天命与性、道是一体的，是不可分割的。所谓"天命"或曰"性""道"，在杨时看来，实际上就是天理。"所谓'率性'，循天理是也。"[③]因此，将天命与性分开的说法是错误的，王安石没有看到天命、性、天理三者名异而实同的关系。因此，杨时认为，王安石的道德性命之学将性割裂为命、性、情，将本属一体的性割裂为三，并认为在天为命，在人为性，性无善恶，情有善恶，这种观点是违背孟子的性善论的，因而是错误的。

杨时指出："《字说》所谓'大同于物者，离人焉'。曰：扬子言'和同天人之际，使之无间'，不知是同是不同？若以为同，未尝离人。又所谓'性觉真空者，离人焉'。若离人而之天，正所谓顽空通。……白净无垢，即孟子之言性善是也。言性善，可谓探其本。言善恶混，乃是于善恶已萌处看。荆公盖不知此。"[④]杨时认为，孟子关于人性善的认识是看到了人性的本质，孟子看到的是人性的本来状态，而王安石性无善恶、情有善恶的观点，看到的并不是人性的本来状态，而是善恶萌发时的状态，因此他看到的是情，而不是性。之所以出现这种情况，在于王安石其心不正，如果王安石其心正，就不会有此错误观点，"心得其正，然后知性之善"[⑤]。道德性命之学是王安石新学的核心，是王安石对儒家学派的重要贡献，也是王安石用于指导变法实践的理论基础，杨时批判王安石的道德性命之学"未知性命之理"，就否定了新学对儒家学说的贡献，同时也否定了新学对变法的指导意义。

再次，杨时批判王安石新学割裂内圣与外王的关系，从而导致北宋政风、学风、世风日下。内圣外王是儒家的基本命题，历代大儒都非常重视探讨内圣与外王的关系。传

---

① （宋）杨时撰，林海权校理：《杨时集》卷21《答吕居仁》，第573页。
② （宋）杨时撰，林海权校理：《杨时集》卷12《语录三》，第336页。
③ （宋）杨时撰，林海权校理：《杨时集》卷12《语录三》，第327页。
④ （宋）杨时撰，林海权校理：《杨时集》卷13《语录四》，第392页。
⑤ （宋）杨时撰，林海权校理：《杨时集》附录五《孟子集注》，第1244页。

统儒家主张内圣外王一以贯之，杨时继承了儒家这一观点。杨时指出："古之圣人自诚意正心至于平天下，其理一而已，所以合内外之道也。世儒之论，以高明处己，中庸处人，离内外，判心迹，其失是矣"[①]。由此出发，杨时批判王安石不懂得"合内外之道"，割裂了内圣外王之间的统一关系。"孟子言'大人正己而物正'。荆公却云：'正己而不期于正物，则无义；正己而必期于正物，则无命。'若如所论，孟子自当言正己以正物，不应言'正己而物正'矣。物正，物自正也。大人只知正己而已。若物之正，何可必乎？惟能正己，物自然正，此乃笃恭而天下平之意。"[②]王安石认为，正己与正物是对立统一的关系，正己是为了正物，但正己不一定能正物，正己后，物或正或不正，一个人要懂得这一点，做到正己即可，不可一味追求正物，那是不知命的表现。杨时不赞成王安石的观点，主张正己必然正物，大人只要做到正己，物自然而正，只要做到诚意正心，则自然实现修齐治平。由此出发，杨时批评道"荆公之学，本不知此"[③]。

杨时从孟子"格君心之非"的观点出发，批评王安石自身不正，故做不到正君。"孟子言：'人不足与适也，政不足与间也。惟大人为能格君心之非。'盖人与政俱不足道，则须使人君心术开悟，然后天下事可循序整顿。然格君心之非，须要有大人之德。大人过人处，只是正己。正己，则上可以正君，下可以正人。"[④]在杨时看来，身处高位的人，必须做到正己，只有正己，才能正君正人，而王安石在正己上做得不够，所以，就谈不上正君，更谈不上正人。"今之贤者多尚权智，不把正己为先，纵得好时节，终是做不彻。或谓权智之人，亦可以救时。据某所见，正不欲得，如此人在人君左右，坏人君心术。"[⑤]杨时批评王安石不重视正心，却重视权变智谋，这样的人在人君左右，会败坏人君心术。王安石曾说："人主若能以尧、舜之政泽天下之民，虽竭天下之力以充奉乘舆，不为过当。'守财'之言，非天下之正理。"对此，杨时坚决反对，批驳道："舜作漆器，群臣咸谏，况竭天下之力以自奉乎？虽庸人知其不可为也。荆公以师臣自任，为天下儒宗，而所以导其君如此。百世而下，谀臣得以借口为天下祸，庸非斯言乎？"[⑥]在杨时看来，王安石"竭天下之力以自奉"的观点，不但不符合圣人之道，而且会误导神宗乃至后世皇帝。"昔神宗皇帝尝称美汉文惜百金以罢露台，曰：'朕为天下守财耳。'此谨乃俭德，惟怀永图，正宜将顺。安石乃言：'陛下若能以尧、舜之道治天

① （宋）杨时撰，林海权校理：《杨时集》卷26《题萧欲仁大学篇后》，第694页。
② （宋）杨时撰，林海权校理：《杨时集》卷13《语录四》，第391页。
③ （宋）杨时撰，林海权校理：《杨时集》卷13《语录四》，第391页。
④ （宋）杨时撰，林海权校理：《杨时集》卷12《语录三》，第323页。
⑤ （宋）杨时撰，林海权校理：《杨时集》卷12《语录三》，第323页。
⑥ （宋）杨时撰，林海权校理：《杨时集》卷6《王氏神宗日录辨》，第130页。

下，虽竭天下以自奉不为过，守财之言非正理。'曾不知尧、舜茅茨土阶，未尝竭天下以自奉。其称禹曰：'克俭于家。'则竭天下以自奉者，必非尧、舜之道。其后王黼以应奉花石之事竭天下之力，号为享上，实安石'竭天下自奉'之说有以倡之也。其释《凫鹥》守成之诗，于末章则谓：'以道守成者，役使群众，泰而不为骄；宰制万物，费而不为侈，孰弊弊然以爱为事？'夫《凫鹥》之五章，特曰：'凫鹥在亹，公尸来止熏熏。旨酒欣欣，燔炙芬芬。公尸燕饮，无有后艰。'诗之所言，正谓能持盈，则神祇祖考安乐之，而无后艰矣，自古释之者，未有为'泰而不为骄，费而不为侈'之说也。安石独倡为此说，以启人主之侈心。其后蔡京辈轻费妄用，专以侈靡为事，盖祖此说耳。则安石邪说之害，岂不甚哉？"[①]杨时批判王安石"竭天下以自奉"的主张，开启神宗、徽宗奢靡之心，从而败坏北宋政风。

杨时认为，荆公新学不仅败坏政风，而且败坏学风、世风。王安石新学在北宋中后期成为封建国家意识形态领域里的主导思想，统治北宋思想界达六十年之久。由于科举考试用作标准答案，"学者争传习之，且以经试于有司，必宗其说，少异，辄不中程。"[②]于是，北宋中后期出现新学一家独大的现象。"崇、宣之世，京、黼柄国，跻王安石于配享，位次孟子，而颁其《新经》以取士。士尊王安石为圣人，不复知有孔子，诵《新经》为圣言，不复知有古训，僭圣叛经凡数十年。"[③]王安石打着先王之道的旗号，实际上崇奉管商之术，"著为邪说以涂学者耳目，败坏其心术者，不可缕数"[④]，造成学风颓废、士气萎靡，"佞谀成风，而正论熄矣，士气不振"[⑤]，同时，"假六艺之文以济其申、商之术，一有戾己，则流放窜殛之刑随其后"[⑥]，造成世风日下，社会矛盾日渐突出，大宋江山岌岌可危。

四、余　论

在杨时的鼓噪与推动下，王安石及其新学的政治地位与学术地位日益下降，司马光、二程及杨时的政治地位与学术地位则日渐上升。绍兴五年，赵鼎迁左相。赵鼎信奉程学，他尽管对程学"不大段理会得"，却"好伊洛之学"[⑦]。他一方面利用手中权力，

---

① （宋）杨时撰，林海权校理：《杨时集》卷1《上钦宗皇帝》，第29页。
② （清）黄宗羲原著，全祖望补修，陈金生、梁运华点校：《宋元学案》卷98《荆公新学略》，第3239页。
③ （宋）杨时撰，林海权校理：《杨时集》附录四《龟山先生杨时从祀孔庙议》，第1204页。
④ （宋）杨时撰，林海权校理：《杨时集》卷1《上钦宗皇帝》，第29页。
⑤ （宋）杨时撰，林海权校理：《杨时集》卷24《南剑州陈谏议祠堂记》，第639页。
⑥ （宋）杨时撰，林海权校理：《杨时集》卷24《南剑州陈谏议祠堂记》，第639页。
⑦ （宋）黎靖德编，王星贤点校：《朱子语类》卷131《中兴至今日人物上》，第3143页。

大肆重用元祐党子孙；一方面批评王安石“设虚无之学，败坏人才”[①]，新党人物遭受打压。是年科举时，赵鼎打着“许用古今诸儒之说”的旗号[②]，实际上，“专尚程颐之学，有立说稍异者，皆不在选”[③]。在赵鼎的大力扶持下，理学在南宋初年得到了较快的发展，以至于出现“绍兴初，程氏之学始盛”[④]的局面。建炎二年五月，宋高宗即开经筵讲《资治通鉴》，并将司马光配享哲宗庙庭。礼部侍郎王淘上疏高宗，主张科举考试不专用王氏之说，宋高宗表示同意。科举考试不专用王氏之说，标志着新学的政治地位与学术地位大幅下降。建炎三年六月，司勋员外郎赵鼎上疏：“自熙宁间，王安石用事，肆为纷更，祖宗之法扫地，而生民始病。至崇宁初，蔡京托名绍述，尽祖安石之政，以致大患。今安石犹配飨庙庭，而京之党未族。臣谓时政之阙，无大于此，何以收人心而召和气哉？上纳其言。”[⑤]遂于是月，“罢王安石配享神宗庙庭，以司马光配”[⑥]。罢黜王安石在神宗庙庭的配享地位，标志着王安石的政治地位大幅下降；将司马光配享哲宗庙庭，标志着司马光的政治地位大幅提升。绍兴五年四月，杨时卒。“给事中朱震上言，先生尝‘辩诬谤以明宣仁圣烈之功，雪冤抑以复昭慈圣献之位，排邪说以正天下学术之谬’，为之请恤，诏谥文靖。”[⑦]绍兴七年，宋高宗尝与陈渊“面论程、王学术同异，高宗曰：‘杨时《三经义辨》甚当理则。’”[⑧]绍兴十二年，追封杨时为吴国公。可见，“南宋以后，杨学即逐渐被统治阶级所重视，杨时在儒学中的地位也越来越高”[⑨]。

作者简介：王书华，历史学博士，河北教育出版社编审，从事宋代历史、哲学及儒家文化研究。

---

① （清）皮锡瑞著，周予同注释：《经学历史》9《经学积衰时代》，北京：中华书局，1959年，第277页。
② （宋）李心传：《建炎以来系年要录》卷90，绍兴五年六月甲子，北京：中华书局，1988年，第1507页。
③ （宋）李心传：《建炎以来系年要录》卷173，绍兴二十六年六月乙酉，第2847页。
④ （宋）陆游撰，李剑雄、刘德权点校：《老学庵笔记》卷9，北京：中华书局，1979年，第118页。
⑤ （宋）李心传：《建炎以来系年要录》卷24，建炎三年六月己酉，第494页。
⑥ 《宋史》卷25《高宗本纪二》，第466页。
⑦ （清）黄宗羲原著，全祖望补修，陈金生、梁运华点校：《宋元学案》卷25《龟山学案》，第947页。
⑧ （清）黄宗羲原著，全祖望补修，陈金生、梁运华点校：《宋元学案》卷38《默堂学案》，第1264页。
⑨ （宋）杨时集，林海权校理：《杨时集》前言，北京：中华书局，2018年，第15页。

陈瓘年谱*

杨高凡

（河南大学 法学院，河南 开封，475001）

陈瓘（1057—1122年），字莹中，号了斋、了翁，谥忠肃，北宋南剑州沙县（今福建沙县）人，《宋史》卷345有传。陈瓘中元丰二年（1079年）时彦榜进士，曾任右司谏等职，因与章惇、曾布、蔡京等政见不和，屡遭贬谪，一生颠沛流离，官职不显。陈瓘作品众多，有《了斋集》《了斋易说》《四明尊尧集》《通鉴约论》等，其后裔编辑其事迹，著作成《陈瓘〈年谱〉》《宋陈忠肃言行录》。惜世事变更，陈瓘之生平、事迹、文作多所散佚，甚至舛误重重。学界已有师友对此重视，有诸多成果面世[①]，然对于陈瓘的研究尚远远不足。本文试图以《宋陈忠肃言行录》（光绪十五年本）（简称言行录）卷1《年谱》、《永乐大典》卷3143、《陈瓘〈年谱〉》、沙县《陈氏宗谱》（2000年本）[②]、《宋忠肃

* 本文为河南省2017年社科规划项目“宋代监察官员群体研究”（2017BLS003）的阶段性研究成果。

① 现有成果主要有：张其凡、金强：《陈瓘年谱》，《暨南史学》第1辑，广州：暨南大学出版社，2002年，第112—132页；阮廷焯：《从〈陈忠肃公年谱汇校补遗（简本）〉试观其从政生活以及当时党争之烈》，《国际宋史研讨会论文集》，中国文化大学出版部，1988年，第329—354页；郭志安：《陈瓘研究》，河北大学硕士学位论文，2004年；方健：《久佚海外〈永乐大典〉中的宋代文献考释》，《暨南史学》第3辑，第162、163页；李懿：《中华本〈永乐大典〉陈瓘诗文辑考》，《古籍整理研究学刊》2012年3期，第68—74页；尚永亮、罗昌繁：《〈全宋文〉所收碑志文补遗五篇》，《长江学术》2012年4期，第122—123页；李成晴：《〈全宋诗〉重收诗考辨》，《贵州师范大学学报（社会科学版）》2014年4期，第127页；郑利锋：《〈全宋文〉补遗》，《中州学刊》2013年9期，第155—157页；许外芳：《〈全宋文〉铭文重收指误和漏收补遗》，《华南理工大学学报（社会科学版）》2013年3期，第120、121页；郭志安、王晓薇：《由尊到贬：陈瓘对王安石政事学术评价之剧变》，《西北师大学报（社会科学版）》2007年2期，第65—69页；郭志安：《宋史陈瓘传考补》，《兰台世界》2009年24期，第60—61页；陈秋妮、马茂军：《陈瓘及其稽古思想研究》，《安康学院学报》2014年1期，第92—97页；孔学辑校：《王安石日录缉校》（四川大学出版社，2018年）对《四明尊尧集》进行了初步点校。

② 沙县《陈氏宗谱》始修于宋，沙县陈氏第七代陈昂主持修订，后经宣和五年（1123年）、明正德九年（1514年）、清顺治五年（1648年）、道光年间、光绪十二年（1886年）、2000年先后七次修订、扩充。

陈了斋四明尊尧集》(简称《四明尊尧集》)卷首《世系》、《宋史·陈瓘传》等为基本史料，爬梳尽可能全的史料，完成《陈瓘年谱》，以期对陈瓘的后期研究有所裨益。

一、世　　系

陈瓘（1057—1122年），字莹中，自号了斋，又号了翁，又称了堂先生，谥忠肃，南剑州沙县人。《宋史》卷345《陈瓘传》载："陈瓘字莹中。"①

明陈载兴所编《宋陈忠肃言行录·年谱》载："公讳瓘，字莹中，号了斋，谥忠肃。"②

《永乐大典》卷3143《谏议忠肃公陈了翁》载："崇宁三年，南迁于廉州，馆于州前宣化坊读书，斋扁曰：'了斋'。"③

《四库全书总目》载："了翁，其自号也。"④

《宋元学案》载："学者称为了斋先生。"⑤

《芦川归来集》载有《题跋了堂先生文集》。⑥

福建沙县陈氏本世居吴兴（今浙江湖州），太丘公陈雍偕次子陈野于唐开元二十九年（741年）迁闵沙阳固发冲（今永安市贡川）定居，即为贡川陈氏的始祖和二代，后至九代陈世卿迁居沙县劝忠坊（今福建沙县县城），故为南剑州沙县人。

始祖，陈雍（662—752年），号月铭，乃东汉颍川陈氏始祖太丘公陈寔十九世孙，世居吴兴（今浙江长兴县），唐高宗永淳元年（682年）官拜中丞。后因反对武后废中宗无果而退居乡野。开元二十九年（741年），年已八十高龄的陈雍携子南迁。其长子苏迁宁化石壁（今福建宁化县石壁村）；三子远迁居闽县（今福建闽侯），雍携妻郑氏同次子野定居沙阳固发冲（今永安市贡川新发冲村）。

二代陈野，字惟藩，官至仆射兼尚书省事郎，妻王氏。乃太史王公之女，生子通。

三代陈通，字伯达，泗州牧，升朝议大夫，后改调山阴县令，转中奉大夫。妻林氏，中丞林公之女，生子晏、晁、是。

---

①《宋史》卷345《陈瓘传》，中华书局，1977年，第10961页。

②（明）陈载兴辑：《宋陈忠肃言行录》卷1《年谱》，嘉靖二十九年本、光绪十五年本。

③（明）解缙等：《永乐大典》卷3143《雷州府图经志·谏议忠肃公陈了翁》，北京：中华书局，1986年，第1849页。

④ 四库全书研究所整理：《钦定四库全书总目》卷2《了翁易说一卷》，北京：中华书局，1997年，第12页。

⑤（清）黄宗羲原著，全祖望补修，陈金生、梁运华点校：《宋元学案》卷35《陈邹诸儒学案》，北京：中华书局，1986年，第1206页。

⑥（宋）张元乾：《芦川归来集》卷9《题跋了堂先生文集》，《景印文渊阁四库全书》，台北：商务印书馆，1986年，第1136册，第655页。

四代陈晏，字待时，生于山阴县，官至正奉大夫。妻邓氏，生子遂、儒、逊、遇。

五代陈遂，字如意，光禄大夫。妻刘氏，节度使刘公之女，生子昶、享、昉。

第六代陈昶，字东升，官内江通判，后升左寺正、吏部侍郎。妻张氏，生子昂、枢、佥。

第七代陈昂（874—约 954 年），字志轩，又字志宿，卒年约八旬余。以经义任汀州学正。妻萧氏，刺史萧公之女，生子文逊、文靖、文豫、文殷、文馀。

第八代陈文馀（917—993 年），字宗周，生于梁后主贞明三年（917 年），卒于宋太宗淳化四年（993 年），享年七十七岁。后晋天福八年（943 年），任驾部员外郎，后因其子世卿故，赠吏部尚书。明万历三十三年（1605 年），陈氏后裔于贡川建祖祠崇祀，厅匾"追远堂"，即今贡川陈氏大宗祠"追远堂"。妻邓氏，生四子：守文、慎思、世则、可法，赠南阳县太君；萧氏，生五子：弩郎、克谐、世卿、世昆、世隆，赠兰陵县太君。陈氏一门九人皆中进士，其女婿亦为进士，可谓一时繁盛，朱熹赞曰："一门双理学，九子十科名"，尤其是第七子陈世卿尤为突出，陈文馀及其妻子皆因世卿而得封赠。

第九代陈世卿（953—1016 年），字光远，号豸山，后周太祖广顺三年（953 年）生，宋太宗雍熙二年（985 年）梁灏榜进士二甲十九名，历任衡州推官、东川节度推官、知建州、福建转运使，得宋真宗赏识，授秘书少监、知广州，大中祥符九年（1016 年）卒，年六十四，赠吏部尚书，《宋史》卷三〇七有传。妻罗氏，封仙源县太君，生四子：俨、侃、佩、伟，佩、伟早逝；刘氏，生子偁，世卿病逝后改适洪州潘氏，以特恩封彭城县太君。[①]陈世卿后迁居沙县劝忠坊（今沙县县城西门附近）。

第十代，陈偁（1015—1086 年），字君举，陈世卿第五子，大中祥符八年乙卯（1015 年）六月生，天圣八年庚午（1030 年）特奏名进士，明道元年壬申（1032 年）特恩补太庙斋郎，调漳州司法参军；改大理寺丞，知台州黄岩县，移虔州安远县；转太子中舍，移知循州；历殿中丞，国子博士，通判蔡州，赐绯衣银鱼；覃恩转虞部员外郎，后转比部员外郎，知惠州；覃恩转驾部员外郎，转虞部郎中，除宿州；转驾部郎中，除知舒州；后除泉州，以覃恩进阶朝议大夫；元祐元年（1086 年）四月守本官致仕，七月卒，年七十有二，累赠特进，以循吏著称。妻杜氏，追封长兴县君；杜氏，封永和县君。生四子：琼、珏、瓘、珹，生女共五人。

第十一代陈瓘，长兄陈琼，字时中，治平二年乙巳（1065 年）特奏名进士，历官朝

① （明）解缙等：《永乐大典》卷 3141 陈瓘《先君行述》，第 1836 页。

奉大夫、汀州军事推官。[①]

仲兄珏，字符中，熙宁六年癸丑（1073年）进士。初授常熟县主簿，补太庙斋郎。后登进士第，授将仕郎，试秘书省校书郎，早卒。

季弟珹，字文中，一字虚中，嘉祐四年己亥（1059年）生，元符三年庚辰[②]（1100年）进士，历官承务郎、知吉州，以文章节义显，有《游虎丘》诗。陈瓘有《自合浦还清湘寄虚中弟》诗四首。[③]

姊妹五人：长适朝请郎致仕张知古。次适和州防御推官、知润州金坛县事叶唐稷，陈瓘有《与叶择甫甥别纸》。[④]次适进士杨公辅。

次适饶州鄱阳令李深，封安仁县君。

李深，字叔平，邵武军光泽县人，与陈瓘交好，同入元祐党籍，朝散郎，陈瓘有《祭姊夫李提举文启》。[⑤]李深生四子[⑥]：长子阶，字进祖[⑦]，崇宁二年三月中礼部进士第一，特奏名安忱等言“使党人之子阶魁南宫多士，无以示天下，遂夺阶出身”，建炎初摄临安府，比较务州卒陈通作乱，遂遇害。后赠右承事郎，陈瓘作《祭李甥文》。[⑧]季子[⑨]郁，字光祖，从杨时学，杨时以第三女妻之，后以父遗命出为叔父李庭景温之子。历官详定一司勅令所删定官、福建路安抚司机宜文字，绍兴二

---

① （宋）陈瓘著，（清）陈绍泉重刊：《宋忠肃陈了斋四明尊尧集·世系》，上海：上海古籍出版社，1995年，续修四库全书本，第357页；（宋）李纲著，王瑞明点校：《李纲全集》卷162《举潭诗卷跋尾》《了翁祭陈奉议文跋尾》，长沙：岳麓书社，2004年，第1489、1490页载“故奉议郎致仕颍川陈公。……其子正式”“了翁祭其兄奉议公文”，则“陈奉议”母乐氏，子陈正式，颍川人，陈瓘之兄，显然与《沙县陈氏宗谱》记载陈瓘长兄陈琼为朝奉大夫、母杜氏，子陈正式，南剑州沙县人，先祖乃颍川人，二处记载抵牾，疑李纲所谓的“陈奉议”即是陈琼，待考。

② （宋）陈瓘著，（清）陈绍泉重刊：《宋忠肃陈了斋四明尊尧集·世系》续修四库全书本，第356页原为“元符戊辰”，元符三年为庚辰年，原文为误。

③ （宋）陈思编，陈世隆补：《两宋名贤小集》卷100，《宋集珍本丛刊》，北京：线装书局，2004年，第101册，第614—615页。

④ 《海外新发现永乐大典十七卷》卷10110，上海：上海辞书出版社，2003年，第260页。

⑤ （宋）魏齐贤、叶棻编：《圣宋名贤五百家播芳大全文粹》卷100《祭姊夫李提举文启》，《宋集珍本丛刊》，第98册，第705页原误作《祭姑夫李提举文启》，“昔我先君，爱钟令女，择所宜从，以归于子”，则陈瓘姊嫁与李深，非陈瓘姑嫁与李深也。

⑥ （明）王行：《墓铭举例》卷3《李景温墓志铭》，《景印文渊阁四库全书》，第1482册，第418页。

⑦ （清）黄宗羲原著，全祖望补修，陈金生、梁运华点校：《宋元学案》卷25《李先生似祖、曹先生令德合传》，第973页载“西山有兄，名阶，字进德”，其中“进德”应为“进祖”之误；（宋）何薳撰，张明华点校：《春渚纪闻》卷1《李偕省试梦应》，北京：中华书局，1983年，第6页载：“李偕，晋祖，陈莹中之甥也”，乃“李阶，进祖”之误。李深四子进祖、兴祖、似祖、光祖。

⑧ （宋）魏齐贤、叶棻编：《圣宋名贤五百家播芳大全文粹》卷100《祭李甥文》，《宋集珍本丛刊》，第98册，第706页。

⑨ （明）王行著：《墓铭举例》卷3《李景温墓志铭》，《景印文渊阁四库全书》，第1482册，第418页载李郁乃李深季子；（清）黄宗羲原著，全祖望补修，陈金生、梁运华点校：《宋元学案·李先生似祖、曹先生令德合传》，第973页载“李先生似祖”“李似祖当是光祖之弟”“光祖兄弟皆从龟山游”，似祖应为李深季子。暂存疑。

十年七月壬辰卒，人称西山先生。著有《易传》、《论孟遗稿》及诗文集数十卷，《朱熹集》卷90有《西山先生李公墓表》[①]，《宋元学案》有传。[②]

次嫁李深。陈瓘《祭姊[③]夫李提举文启》载："昔我先君，爱钟令女，择所宜从，以归于子。……季妹继适"[④]，则陈偁幼女应在其姊亡后，又适李深，可见二家世家之好。

元祐元年（1086年）陈偁去世，年七十二，陈瓘《先君行状》载陈偁幼女"未嫁"。[⑤]则陈偁幼女出嫁当在陈偁去世之后。

又：邓肃《跋公真迹》载："龚公陟升叟……携其妻舅了翁真迹"[⑥]，则陈瓘有姊妹嫁与龚公陟升叟。此处龚陟之妻陈氏，与以上记载异，暂存疑。

陈瓘妻何氏。[⑦]

广东南海《陈氏宗谱》载陈瓘妻为何氏，因南海陈氏始祖为陈瓘之孙陈大方，其记载较为可信。

妻周氏、叶氏。

《朱熹集》卷81《跋陈了翁与兄书》载陈瓘《与兄书》全文："章氏议却不成，农师极惓惓，亦不敢就。自到官，尤觉中馈不可无人，而瑞奴等零丁，益可怜，不免议同年周户曹（锷）之妹。……举家好善，故就之，男女可无虑。"

杨简《慈湖遗书·叶元吉请志妣张氏墓》载叶祐之之母张氏"二女择配甚严，或以为太过"，张氏曰："是家故尝有了斋陈公为壻"，则陈瓘尝娶妻叶氏无疑。[⑧]

清全祖望《鲒埼亭集》卷23《陈忠肃公祠堂碑铭》亦载："初，忠肃丧偶，京师之名人争欲与婚，而忠肃意皆不属。陆陶山佃尤惓惓，忠肃辞之。大夫固忠肃同

---

① （宋）朱熹撰，郭齐、尹波点校：《朱熹集》卷90《西山先生李公墓表》，成都：四川教育出版社，1996年，第4598页。

② （清）黄宗羲著，全祖望补修：《宋元学案》卷25《机宜李西山先生郁》，第972页。

③ "姊"原误作"姑"。

④ （宋）魏齐贤、叶棻编：《圣宋名贤五百家播芳大全文粹》卷100《祭姊夫李提举文启》，《宋集珍本丛刊》，第98册，第705页。

⑤ （明）解缙等：《永乐大典》卷3141陈瓘《先君行状》，第1836页。

⑥ （明）陈载兴辑：《宋陈忠肃言行录》卷7《跋公真迹》，光绪十五年本。

⑦ 广东南海《陈氏宗谱》，民国十六年（1927）本。

⑧ （宋）杨简：《慈湖遗书》卷5《叶元吉请志妣张氏墓》，《景印文渊阁四库全书》，第1156册，第659页；张其凡、金强：《陈瓘年谱》，《暨南史学》第1辑，第113页持此说，但该文认为"（陈瓘）妻叶氏，叶祐之之女弟"，显然为误。

年，方为户曹。忠肃以其举家好善，特求其妹，于家讯中详叙其事，而朱子尝为之跋。盖大夫为范文正公外孙……杨文元公简作叶元吉志，以忠肃尝壻叶氏，为其门阑之荣，况有如周氏者哉。”①

陈瓘在丧妻后，与章氏议亲不谐，后娶同年周谔妹为妻，以主持中馈、照顾子女。周氏，母范氏，乃太子中舍范仲温之女、范仲淹侄女；父周师厚，字敦夫，四明鄞县人，皇祐五年（1053 年）进士，仕至朝散郎、荆湖南路转运判官。②长兄周谔，字廉彦，元丰二年（1079 年）进士，陈瓘同年，朝请中大夫，入元祐党籍。叶氏大概是周氏去世后又娶。

子五人③，正彙，字知善，龙图阁学士，直秘阁，宋高宗有赐白金札子，其女适临江军进士萧建功。④萧建功，字懋德，一字茂德，新淦人，通经史，师从陈瓘，有《思贤堂法帖》30 卷行世。《李纲全集》有《与萧建功书》《送萧建功秀才归临江序》。⑤

正同，字知和，一字应之⑥，历官知婺州，救荒有法，转敷文阁待制。守郃阳时，曾刊刻陈瓘《四明尊尧集》。正由，字知仲，考功郎中。正求，字知我，佥判。正刚，字知克，奉议郎，官抚干。绍兴二十九年，在任福建路转运司主管文字期间，刊刻《四明尊尧集》。⑦

侄正式，陈琼长子，字兴宗，敷文阁待制，以诗名，有《朝彻集》行世。正敏，陈琼次子，自号遯翁，初任兴化军参军，后转朝奉郎，著《遯斋闲览》（二十四卷）、《剑溪野语》（三卷），善诗。

陈渊（1067—1145 年），陈瓘仲兄珏之子，初名渐，字几叟，又字知默，号默堂，杨时女壻、弟子，绍兴八年戊午（1138 年）进士⑧，历官宗正少卿、直秘内阁，《宋

---

① （清）全望祖撰，朱铸禹汇校集注：《全望祖集汇校集注》，上海：上海古籍出版社，2000 年，第 425—426 页。

② （宋）邹浩：《道乡集》卷 37《高平县太君范氏墓志铭》，《景印文渊阁四库全书》，第 1121 册，第 497—498 页。

③ 广东南海《陈氏宗谱》，民国十六年（1927 年）本载陈瓘“有子四人”。

④ （宋）陈渊：《默堂集》卷 12《代江西帅李丞相荐萧茂德奏状》，《景印文渊阁四库全书》，第 1139 册，第 378 页载：“瓘奇之，遂妻以正彙之女。”（宋）李纲著，王瑞明点校：《李纲全集》卷 110《崇阳与许崧老书》，第 1038 页载：“临江萧建功秀才，了翁孙壻。”则萧建功乃陈瓘孙女婿、陈正彙女婿。（宋）周必大：《文忠集》卷 47《题陈忠肃公尊尧集稿》，《景印文渊阁四库全书》，第 1147 册，第 500 页载：“(《合浦尊尧集》) 真迹在公壻前衡阳太守萧君懋德家”，是误以萧懋德为陈瓘壻。

⑤ （宋）李纲著，王瑞明点校：《李纲全集》卷 114、137，第 1080、1315 页。

⑥ （宋）孙觌著：《鸿庆居士集》卷 22《静治堂记》，《景印文渊阁四库全书》，第 1135 册，214 页载：“公讳正同，字应之，故靖国名臣谏议大夫了翁之子也。”（宋）李心传著，崔文印点校：《旧闻证误》卷 4，北京：中华书局，1997 年，第 55 页载：“陈莹中追谥忠肃，其子应之为刑部侍郎。”

⑦ （宋）陈瓘著，（清）陈绍泉重刊：《宋忠肃陈了斋四明尊尧集》卷 10 陈正刚《重刊四明尊尧集跋》，续修四库全书本，第 448 册，第 399 页。

⑧ 一说绍兴五年赐进士出身。

史》卷376有传。著有《默堂集》（五十卷）、《易说》（十二卷），陈瓘有《责沈文贻知默侄》。[①]

《永乐大典》卷3141陈瓘《先君行述》载：陈偁有男四人，女五人，“孙男九人：仝郊社斋郎正俗、正冲、正平、正方、正忱、正孺、正弼”[②]。

考《宋陈忠肃言行录·年谱》《永乐大典·年谱》《沙县陈氏宗谱》、《宋忠肃陈了斋四明尊尧集·世系》，陈偁有“男四人”“女五人”，与《先君行述》记载同。而“孙男九人：仝郊社斋郎正俗、正冲、正平、正方、正忱、正孺、正弼”，则与这些史料记载不同。陈偁于元祐元年（1086年）七月卒，年七十有二，是年陈瓘（1057—1122年）三十岁，陈渊（1067—1145年）二十岁，虽然陈偁其他儿孙生卒年月不明，但按照常理推测，陈瓘长子正彙应该已经出生，且陈瓘为陈偁第三子，其长兄、仲兄之子更应该已经出生，陈琮之子正式、正敏出生年月不详，陈珏之子陈渊已经二十岁，则正式、正敏年龄当在二十岁左右，《先君行述》对正式、正敏、陈渊等却一无记载，疑《先君行述》记载有误。

孙大方，正彙子，右迪功郎，右朝奉大夫，添差通判建州军事、主管学事兼管内劝农事。后任广州通判，遂留居广之南雄珠玑巷，生五子，成为南海陈氏始祖。德祐年间五房因避乱，皆迁居南海，繁衍而成今日之南海陈氏，有《南海陈氏宗谱》。妻林氏。[③]大光，字子充，正同子，曾任太府寺簿、县丞。[④]大年，正由子，大观三年即己丑年[⑤]进士，妻楼氏，楼钥女。[⑥]

侄孙大礼、大易、大禄，皆渊子，俱精《易传》。另朱熹《跋责沈文》载筠亦为陈渊之子。[⑦]

侄孙麟，字梦兆，陈珹孙，陈正度子，大观三年己丑（1109年）进士，历官福州闽

---

① 陈渊与陈瓘关系，有叔侄、叔祖父与侄孙二说，众说纷纭，莫衷一是。陈渊实乃陈珏之子，陈瓘之侄，详见杨高凡：《宋代陈瓘及其作品考辨》，《河北大学学报（哲学社会科学版）》2020年1期。

② （明）解缙等：《永乐大典》卷3141陈瓘《先君行状》，第1836页。

③ 广东南海《陈氏宗谱·陈氏宗图》，民国十六年（1927年）本。

④ （宋）楼钥撰，顾大朋点校：《楼钥集》卷54《魏塘大圣塔记》，杭州：浙江古籍出版社，2010年，第999页载“陈子充大光，了斋之孙，二卿之子”，则大光应是陈瓘次子正同子，《宋忠肃陈了斋四明尊尧集·世系》无载。

⑤ 原误作“丁丑”。

⑥ （宋）楼钥撰，顾大朋点校：《楼钥集》卷67《恭题高宗赐陈正彙御札》，第1191页。

⑦ （明）陈载兴辑：《宋陈忠肃言行录》卷7朱熹《跋责沈文》，嘉靖二十九年本，景印《原国立北平图书馆甲库善本丛书》，第188页；（明）陈载兴辑：《陈忠肃言行录》卷7，朱熹《跋责沈文》，光绪十五年本皆载：“墨迹今藏所赠兄孙宗正之子筠家”，陈瓘作《责沈文》赠予宗正少卿陈渊，因史料中关于陈瓘与陈渊关系有叔侄、叔祖父与侄孙二种说法，此处“兄孙宗正”实乃陈瓘仲兄珏之子陈渊。

县令、知韶州、荆湖转运判官。[①]陈渊有《闽县令陈梦兆鱼乐轩》[②]诗。

侄孙之颜，字谨常，崇宁二年，陈瓘自袁州移窜廉州，陈之颜远来探望，因病卒于欝林，遂葬合浦慈恩寺。[③]

二、年　谱

宋仁宗嘉祐二年丁酉（1057年），公年一岁。

四月，陈瓘生于循州安远驿。

关于陈瓘出生之年史料记载不同，主要观点有三：嘉祐二年（1057年）说、嘉祐五年（1060年）说、嘉祐七年（1062年）说。《宋忠肃陈了斋四明尊尧集》卷首有清苏之琨《陈了翁先生集序》载陈瓘"生卒年月，参差不一，幸而明季墓碣偶出，得以征信。……考墓碣，先生父偁官循州（今惠州府），夫人杜氏，以送女，诞先生于安远驿（今广州府），闽志称生泉州者，误也。先生墓在广陵禅智寺前，予昔曾展谒焉。《宋史》称宣和四年卒，年六十六。今载兴《年谱》作六十八者，误也。"苏之琨曾亲谒陈瓘墓碑，而陈瓘《墓志》乃自撰，故经苏之琨校对过的《宋忠肃陈了斋四明尊尧集》中陈瓘基本信息不可能有误。

此处"载兴《年谱》作六十八者，误也"，是指陈载兴嘉靖年间编辑《宋陈忠肃言行录》所载《陈瓘〈年谱〉》。《宋陈忠肃言行录》目前流传有嘉靖二十六、嘉靖二十九年、光绪十五年三个版本，嘉靖二十六年本言行录为残本，前五卷佚失，故第一卷《陈瓘〈年谱〉》具体内容已不可考。嘉靖二十九年本载陈瓘生年嘉祐二年（1057年），卒于宣和六年（1124年），年六十八。故苏之琨康熙十八年己未（1679年）即使见到嘉靖二十六年本言行录应该与嘉靖二十九年本一样，只是，陈载兴不是记错了陈瓘的生年，而是记错了卒年，故年龄随之亦误。至光绪十五年再刊言行录时，《陈瓘〈年谱〉》已经订正为"宣和四年卒"，"年六十六"。

又：嘉靖本言行录《陈瓘〈年谱〉》是陈载兴依据元陈宣子编《陈瓘〈年谱〉》（言行录中称旧《年谱》）所作，今《永乐大典》卷3143保留有此年谱，同样记载陈瓘生于嘉祐二年，卒于宣和六年。陈载兴编辑言行录时未能更正之。至康熙十八

---

① （明）陈载兴辑：《宋陈忠肃言行录》，嘉靖二十九年本、光绪十五年本目录皆载卷3有《梦兆公行实》，"梦兆公行实，忠肃公从孙也"。

② （宋）陈渊：《默堂集》卷6《闽县令陈梦兆鱼乐轩》，《景印文渊阁四库全书》，第1139册，第328页。

③ （明）解缙等：《永乐大典》卷3147《陈之颜·陈谨常墓志铭》，第1898页。

年，苏之琨订正后，光绪十年本《四明尊尧集》(上海古籍出版社，1995 年，收录入续修四库全书中影印出版)、光绪十五年言行录皆随之纠正之。

关于陈瓘生母，《齐东野语》卷 16《潘陈同母》载：

陈了翁之父尚书，与潘良贵义荣之父，情好甚密。潘一日谓陈曰："吾二人官职年齿，种种相似，独有一事不如公，甚以为恨。"陈问之，潘曰："公有三子，我乃无之。"陈曰："吾有一婢已生子矣，当以奉借。它日生子即见还。"即而遣至，即了翁之母也。未几生良贵，后其母遂往来两家焉。一母生二名儒，亦前所未有。①

按：潘良贵（1094—1150 年），字义荣、子贱，《宋史》卷 376 有传。其父潘祖仁（1046—1136 年），字享父，号竹隐老人，金华人。陈瓘（1057—1122 年），其父陈偁（1015—1086 年），则陈偁较潘祖仁年长 31 岁，则二人不可能"情好甚密"、年齿"相似"；陈瓘较潘良贵年长 37 岁，若为同母兄弟，就具有正常生育能力的女性而言，生育出年齿相距 37 岁的兄弟的可能性极低，更不用说是以生育子嗣为目的赠妾行为，可见《齐东野语》记载之荒谬，时人疑其为政敌攻讦陈瓘之恶意造谣。因陈瓘祖父陈世卿离世后，其第二个妻子刘氏、陈偁生母改适洪州潘氏，"生承事郎兴嗣公……两姓子孙，朝夕承起居问安否，诜诜如一家"②，陈偁与潘兴嗣关系和睦，刘氏亦往来二家，因而成为政敌恶意歪曲事实，肆意中伤陈瓘的由来。

康熙十八年（1679 年），苏之琨在作《陈了翁先生集序》时亦言其谬："最可恨者，诡为借婢生子事，诬先生之母，且及先贤潘公良贵，亦已太甚，予因取墓碣为辩之。"③

神宗元丰元年戊午（1078 年），公年二十二。

秋季，领太学魁荐。

元丰二年己未（1079 年），公年二十三。

三月，中时彦榜进士甲科第三名。初任招庆军掌书记、湖州州学教授。

陈瓘科考成绩较好，宋神宗对其十分关注，因顾考官而问其家世。陈襄答曰：

---

①（宋）周密撰，张茂鹏点校：《齐东野语》卷 16《潘陈同母》，北京：中华书局，2008 年，第 294—295 页。

②（明）解缙等：《永乐大典》卷 3141 陈瓘《先君行述》，第 1836 页。

③（宋）陈瓘撰，（清）陈绍泉重刊：《宋忠肃陈了斋四明尊尧集 · 陈了翁先生集序》，续修四库全书本，第 448 册，第 354 页。

“循吏陈偁之子。”宋神宗嘉而叹曰：“循吏宜有此子。”

《宋史·陈瓘传》载陈瓘“少好读书，不喜为进取学。父母勉以门户事，乃应举，一出中甲科。”①

按：宋邵伯温《邵氏闻见录》卷15载陈瓘“年十八登进士甲科”②，当为误。

费衮《梁溪漫志》载：“闲乐先生陈公伯修师锡，在太学，与了翁友善。一日，同集宗室淄王圃中，有雁阵过，相与戏曰：‘明年魁天下者，当中首雁。’伯修引弓射之，一矢中其三，了翁不中。须臾，又有雁阵过焉，了翁射之，亦中其三。伯修笑曰：‘公其后榜耶！’了翁曰：‘果然，当为公代。’其明年，徐铎榜，伯修果以第三人登第。后三年，了翁登第，亦第三人，皆为昭庆军节度掌书记，果相与为代。……先是，了翁将唱第，问投子山道者云：‘我作状元否？’应曰：“‘无时一，有时三。’了翁惘然莫测。是岁，时彦魁天下，了翁居其三，始悟前语。”③

按：徐铎榜为熙宁九年丙辰（1076年）榜，陈师锡（1057—1125年），字伯修，时称闲乐先生，建州建阳人（今属福建），宋徽宗朝曾任殿中侍御史，《宋史》卷346有传。与陈瓘同年而生，二人在太学时定交，后同论蔡京、蔡卞之奸，号称“二陈”，朱熹有《读两陈谏议遗墨》。④

何薳《春渚纪闻》载：“金陵有僧，嗜酒佯狂，时言人祸福，人谓之风和尚。陈莹中未第时，问之曰：‘我作状元否？’即应之曰：‘无时可得。’莹中复谓之曰：‘我决不可得耶！’又应如初。明年时彦御试第一人，而莹中第三⑤，方悟其言无时可得之说。”⑥

按：《梁溪漫志》《春渚纪闻》关于陈瓘中时彦榜第三的记载大同小异，皆有附会之嫌。

《能改斋漫录》载：“陈莹中初任颍昌教官，时韩持国为守。开宴用乐语，左右以旧例必教授为之。因命陈，陈曰：‘朝廷师儒之官，不当撰俳优之文。’公闻之，因遂荐诸朝，不以为忤。”⑦

---

① 《宋史》卷345《陈瓘传》，第10961页。
② （宋）邵伯温撰，李剑雄、刘德权点校：《邵氏闻见录》卷15，北京：中华书局，1997年，第165页。
③ （宋）费衮：《梁溪漫志》卷3《射雁堂》，《全宋笔记》第五编，郑州：大象出版社，2012年，第159页。
④ （宋）朱熹撰，郭齐、尹波点校：《朱熹集》卷70《读两陈谏议遗墨》，第3660页。
⑤ “三”，原误作“二”。
⑥ （宋）何薳撰，张明华点校：《春渚纪闻》卷2《风和尚答陈了斋》，第18页。
⑦ （宋）吴曾：《能改斋漫录》卷13《见任教授不得为人撰书启简牍乐语》，《丛书集成初编》，第291册，第337页。

考《宋史·韩维传》《北宋经抚年表》，韩维分别于熙宁六年至七年、元丰二年至六年、元祐五年至七年三次知颍州。而陈瓘于熙宁年间尚未及第，元祐五年至七年或签判越州，或通判明州，故陈瓘任颍州教官只可能在元丰二年至六年间。但新、旧陈瓘《年谱》皆载陈瓘元丰二年（1079年）初任招庆军掌书记、湖州州学教授；元丰七年（1084年），第二任改宣义郎、濠州定远宰。则元丰二年及第至七年间，陈瓘履历清晰无误，无“初任颍州教官”之经历。故此处记载为误，陈瓘不曾任颍州教官，亦无拒写俳优之文之事。

元丰七年甲子（1084年），公年二十八。

第二任改宣义郎、濠州定远（今安徽凤阳东北）宰。黄裳作《陈莹中赴定远》送瓘。①

元丰八年乙丑（1085年），公年二十九。

为礼部贡院点检官，与校书郎范祖禹淳夫同舍，因范祖禹尝论颜子之不迁不贰，惟伯淳有之。瓘以年二十九而不知程颢伯淳，自愧寡陋。陈瓘之子正由言此后瓘每得明道之文，必冠带而后读之，后作《责沈文》贻其侄陈渊，言之甚详。

宋哲宗元祐元年丙寅（1086年），公年三十。

七月丙寅（十一日），其父陈偁卒，陈瓘作《先君行述》，《永乐大典》卷3141载其文。

元祐四年己巳（1089年），公年三十三。

签判镇东军越州。

元祐五年庚午（1090年），公年三十四。

因蔡京引荐，除太学博士，陈瓘拒而不就。

元祐六年辛未（1091年），公年三十五。

十一月二十七日，作《顺昌济川桥记》。

元祐七年壬申（1092年），公年三十六。

权摄明州（今宁波）。

时蔡卞守越州，待陈瓘甚厚。瓘以京心术不正故，欲疏远之，屡引疾寻医，而奏章不得达上。会明倅阙，蔡俾公权摄，以时当得职田，意瓘方贫，必喜于少纾，而陈瓘终不取而归之官廪。陈瓘以足疾为由欲往四明寻医，将行，蔡卞以张怀素道术通神，将来会稽，留公少待。陈瓘不见而去。后张怀素事败，多牵连名士，或因

① （宋）黄裳：《演山集》卷6《陈莹中赴定远》，《景印文渊阁四库全书》，第1120册，第60页。

是染公而无迹，终免于罗织之罪。

按：吴廷燮《北宋经抚年表》卷 4 载蔡卞于元祐六年知越州，元祐八年五月移润州，故陈瓘权摄明州当在此期间。

元祐八年癸酉（1093 年），公年三十七。

权摄明州。

陈瓘在明州作《和刘太守十洲诗》。

刘太守，即刘珵，字纯父，元祐八年任明州太守，此十首诗乃陈瓘、舒亶与刘珵唱和之作。诗见《两宋明贤小集》卷 100。

七月丙戌（十一日），作《净土十疑论后序》。

元祐九年甲戌暨绍圣元年（1094 年），公年三十八。

权摄明州。

元祐九年四月改绍圣元年。

四月辛酉（二十日），跋朱表臣所藏《欧阳六一居士帖》，胡铨有《跋公帖》赞瓘。

《宋陈忠肃言行录·年谱》载："绍圣初，章申公以宰相召，道过山阳。公适相遇，随众谒之。章素闻公名，独请登舟，共载而行，访以当世之务。公曰：'请以所乘舟为喻，偏重，其可行乎？'"主张"消朋党、持中道"，章惇遂有兼取元祐之语。

按：山阳，淮南东路楚州（今江苏淮安），陈瓘因不欲与蔡卞合作，托词寻医，辞去明州（宁波）公事，本拟往四明（今属宁波）寻医，不知何故在山阳，待考。

章惇（1035—1105 年），字子厚，建州蒲城人，妻张氏。嘉祐二年进士，历任参知政事、知枢密院事、尚书左仆射兼门下侍郎，绍圣初年，主"绍述熙丰"，大力排挤元祐党人，后迁特进，封申国公。宋徽宗朝，屡遭贬黜，政和中，追赠观文殿大学士。入《宋史》卷 471《奸臣传一》。

五月，复除太学博士。

《宋陈忠肃言行录·年谱》载：章到阙，召公为太学博士。公闻其与蔡卞方合，知必害于正论，遂以婚嫁为辞，久乃赴官。于是三年不迁。

按：陈瓘"以婚嫁为辞"，应该是与同年周锷之女弟之婚事。

作诗送陈绍夫。

《古灵集》卷25《忠肃陈公莹中诗》载绍圣初，陈绍夫时为明州船场，秩满离任，而陈瓘正于四明寻医，被召为太学博士，故作诗送陈绍夫，大赞其父陈襄。建炎二年戊申（1128年）九月陈光辅又作《跋尾》。

瓘为太学博士，忤惇，故不复得用。

绍圣二年乙亥（1095年），公年三十九。

为太学博士。

《宋史·陈瓘传》载："会卞与惇合志，正论遂绌。卞党薛昂、林自官学省，议毁《资治通鉴》。瓘因策士题引神宗所制序文以问，昂、自意沮。"《宋陈忠肃言行录·年谱》《永乐大典·年谱》皆载此事。

绍圣三年丙子（1096年），公年四十。

除秘书省校书郎。

上哲宗《论若稽古》

按：《宋陈忠肃言行录》卷1《行实上》载：迁秘书省校书郎，绍述之说盛，瓘奏哲宗言："尧、[①]舜、禹皆以'若[②]稽古'为训。'若'者，顺而行之；'稽'者，考其当否，必使合于民情，所以成帝王之治。天子之孝，与士大夫之孝不同。"帝反复究问，意感悦，约瓘再入见。执政闻而憾之，出通判沧州、知卫州。

《宋史·陈瓘传》记载陈瓘论"若稽古"为迁秘书省校书郎后，且因陈瓘奏对得哲宗之心，因而执政"憾之"，出其通判沧州、知卫州。《宋陈忠肃言行录·年谱》和《永乐大典·年谱》则载其为太学博士时被旨赐对所言。因陈瓘任职太学博士三年后，除秘书省校书郎，故不可能直接由太学博士出为通判沧州，故断定此奏札是在秘书省校书郎时所奏。

上《论善继善述奏》《论立贤无方奏》《论两可奏》

《历代名臣奏议》卷141载《论善继善述奏》《论立贤无方》《论两可奏》三文皆为宋徽宗朝陈瓘任秘书省校书郎所上，考陈瓘在宋徽宗朝无任职秘书省校书郎记

---

① "尧"原无，据《宋史》卷345《陈瓘传》，第10962页补。

② "若"原无，据《宋史》卷345《陈瓘传》，第10962页补。

载。且依据以上记载，陈瓘论人君之大孝与论“若稽古”是同时上奏，故此三篇亦当作于绍圣三年左右。

绍圣四年丁丑（1097 年），公年四十一。

四月，为宣德郎、通判沧州（河北沧州）。

《宋陈忠肃言行录·年谱》载：“四月，公谒章惇，求外补。因谓章惇：‘主上笃于继述，然今日庙堂述神考乎？述荆公乎？’惇默然，出公以宣德郎借绯、通判沧州。因闻太学博士林自用蔡卞之意，唱言于太学，曰：‘神考知安石不尽，尚不若滕文公之知孟子也。’士大夫皆骇其说。公具其说以告，惇大怒，召自骂之。章、蔡由是不悦，公以是忤执政，故有是命。”

五月乙丑（十二日），作《大相国寺智海禅院记》。

十月丁亥（七日），跋徐仲车《有客诗》。

绍圣五年暨元符元年戊寅（1098 年），公年四十二。

绍圣五年六月，改元元符。

通判沧州。除著作佐郎、枢密院编修官，辞。

元符二年己卯（1099 年），公年四十三。

承议郎、知卫州。

《宋陈忠肃言行录·年谱》载：“元符二年己卯公年四十三，公前此自馆职请外补，得倅沧州，秩满，至是，移守卫州。中间数有荐章，两被内除，皆辞不就。”

杨仲良《皇宋通鉴长编纪事本末》卷 129《陈瓘贬逐》载：“元符三年三月甲戌，承议郎、权发遣卫州陈瓘为左正言。”元符二年，瓘当为官卫州。

元符三年庚辰（1100 年），公年四十四。

元符三年三月，宋徽宗即位。

召拜左正言，曾布、韩忠彦所荐也。

按：《宋史·陈瓘传》载：“徽宗即位，召为右正言，迁左司谏。”《宋朝诸臣奏议》卷 119《上徽宗论绍述》作“元符三年三月上，时为右正言”，《历代名臣奏议》卷 141 则载“右正言陈瓘论绍述上”，则宋徽宗即位后即分别任命陈瓘、邹浩为左右正言，后二人又几乎同时分别任左右司谏，故陈瓘、邹浩在宋徽宗初年任职多有记载混乱情况，《宋史·邹浩传》载邹浩“为右正言，迁左司谏”，故知陈瓘是“左正言，迁右司谏”。

三月，宋徽宗下诏求直言，陈瓘上《上徽宗论求言之诏未及旧弼》。[①]

四月，《上徽宗论绍述》[②]，言徽宗欲开言路，当首还邹浩，邹浩既来、安惇可去。当月，安惇罢，出知潭州。

邹浩（1060—1111年），字志完，自号道乡居士，常州晋陵人（江苏苏州），元丰五年进士，哲宗朝多弹劾章惇不忠慢上、反对立刘氏为后。邹浩与陈瓘交好，徽宗朝与瓘多次共上奏章，《宋史》卷345有传。卒谥忠，世称道乡先生，有《道乡集》四十卷传世。

安惇（1042—1104年），字处厚，广安军人。绍圣初，与蔡卞等兴同文馆谤狱，后谏立刘后鞫讯邹浩、审阅元祐诸臣书牍，被祸者七八百人。宋徽宗即位后，为陈瓘所劾，出知潭州，旋归乡里。蔡京为相，升兵部尚书、同知枢密使，卒，赠特进，入《宋史》卷130《奸臣传一》。

四月乙丑（二十九日），陈瓘上《论章惇疏》《又论章惇札子》《论章惇札子》，言章惇独宰政柄八年，迷国误朝，罪不可掩，当允其归去。

《历代名臣奏议》卷181共收录奏状二十篇，其中“左正言任伯雨”十八篇（《论国是札子》、《言蔡京札子》、《论蔡京札子》、《上徽宗论蔡京交结外戚》、《再论蔡京之罪并辞免知无为军奏》五篇，以及《又论蔡卞疏》（五月上）、《又论蔡卞疏》（五月上）、《再言蔡卞状》、《五论蔡卞疏》、《六论蔡卞疏》五篇，《论章惇疏》、《又论章惇札子》、《又论章惇疏》（四月上）、《又论章惇疏》（五月上）、《又论章惇状》（七月上）、《又论章惇疏》六篇，《论章惇蔡卞疏》一篇，《论郝随特许复官奏》一篇；“右[③]司谏”陈瓘二篇：《论章惇罪大责轻乞行流窜状》（九月上）、《邢恕以反复诡诈得罪先朝乞原情定罪状》（六月上）。其中《上徽宗论蔡京交结外戚》载：“臣

① （宋）赵如愚：《宋朝诸臣奏议》卷19陈瓘《上徽宗论求言之诏未及旧弼》，上海：上海古籍出版社，1999年，第184页。

② （宋）赵如愚：《宋朝诸臣奏议》卷119陈瓘《上徽宗论绍述》，第1310页；（明）黄淮、杨士奇编：《历代名臣奏议》卷141，上海：上海古籍出版社，1989年，第1846页皆误作“元符三年二月上，时为右正言”。

③ “右”，原误作“左”。

近为言事无根，谪授监扬州粮料院，受告方得数日，便蒙改差知无为军”；《再论蔡京之罪并辞免知无为军奏》极论蔡京之罪，请求宋徽宗“若以臣言为是”，则“按京之罪”，“若以臣言为非，则当重加贬窜，乃得允当”。

查言行录《陈瓘〈年谱〉》，元符三年九月十七日庚辰，宋徽宗批：“陈瓘累言太后尚与国事，言多虚诞不根，可送吏部，与合入差遣”。三省乃定添差监扬州粮料院。翰林学士曾肇言陈瓘不当以一言不当遭贬，九月二十四日丁亥，诏改知无为军。这二篇奏章是陈瓘被贬扬州粮料院、改知无为军前后所上，而任伯雨虽亦曾上章论奏蔡卞、章惇等，但终生未曾任扬州粮料院、知无为军。且陈瓘初不知被贬，依旧上章弹蔡京，故有“若以臣言为是”，则“按京之罪”，“若以臣言为非，则当重加贬窜，乃得允当”之语。

陈瓘第二任妻子周氏，其母范氏，乃范仲淹侄女，则范纯仁乃周氏、陈瓘堂叔伯父，与《再论章惇札子》之“范纯仁乃臣妻党之亲”记载相符。

又《上徽宗论蔡京结交外戚》《论蔡京疏》《论章惇罪大责轻乞行流窜状》等又见《皇朝文鉴》卷62、《宋朝诸臣奏议》卷35、《皇宋通鉴长编纪事本末》卷129、《宋宰辅编年录》卷11等皆载乃陈瓘所作，因陈瓘弹奏蔡卞、章惇、蔡京皆是连章累牍不断，故《历代名臣奏议》卷181中弹奏蔡京、蔡卞、章惇十六篇奏章[①]应是陈瓘宋徽宗朝任左正言时所上，《论章惇罪大责轻乞行流窜状》《邢恕以反覆诡诈得罪先朝乞原情定罪状》二篇是陈瓘任左司谏时所上，但为《历代名臣奏议》编纂者误为任伯雨所作。而《论章惇蔡卞疏》《论郝随特许复官奏》二篇，《历代名臣奏议》《皇朝文鉴》皆为任伯雨所作，或为编纂者误载于此。

五月己卯（十三日），上《上徽宗乞留龚夬》。[②]

上《论蔡卞奏》《再论蔡卞奏》《又论蔡卞疏》《再言蔡卞状》《五论蔡卞状》《六论蔡卞奏》。[③]

陈瓘与殿中侍御史龚夬交章攻蔡卞十数章，罢尚书左丞，出知江宁府。复为陈瓘、侍御史陈次升、右正言张庭坚交疏攻击不已，遂降授中大夫、移池州居住。

五月甲午（二十八日），陈瓘上章《再论章惇札子》，又论章惇罪状。

---

① 以上陈瓘十八篇奏疏，因在此处统一辨明作者，下文不再一一注明。

② （宋）赵如愚：《宋朝诸臣奏议》卷55《上徽宗乞留龚夬》，第612页。

③ （明）黄淮、杨士奇编：《历代名臣奏议》卷181，第2369—2377页，文中作者误为任伯雨。

五月上《上徽宗乞别行删修绍圣神宗实录》[①]、《论瑶华不当遽复，何大正不当遽赏》[②]、《上徽宗乞读〈资治通鉴〉》[③]。

六月乙巳（十日），上《邢恕以反复诡诈得罪先朝乞原情定罪状》。[④]

丁未（十二日），龙图阁待制、新知邢州邢恕依前官守少府少监、分司南京、均州居住。

上《改正诉理事乞正看详官蹇序辰、安惇典刑奏状》。[⑤]

七月《上徽宗论星变》[⑥]、《进仁祖故事》、《论卫州进瑞麦状》、《乞遣使陕西河北河东京西奉行优恤德音奏状》[⑦]，又上书论钟正甫、左膚、石豫罗织邹浩事。诏安惇落待制、依旧知潭州，钟正甫、左膚、石豫送吏部，十月，淮南转运副使石豫责降通判亳州。[⑧]

七月甲午（二十九日），上《又论章惇状》。[⑨]

八月壬寅（八日），左正言、编修国史陈瓘上《又论章惇奏》。[⑩]

八月丙午（十二日），上《上徽宗乞罢王师约枢密都承旨》，后又上《再乞罢王师约枢密都承旨疏》[⑪]、《上徽宗论国是》[⑫]。

又上《上徽宗论景灵西宫》[⑬]、《再言修建景灵西宫札子》[⑭]、《又言修建景灵西宫状》。

---

① （宋）赵如愚：《宋朝诸臣奏议》卷60，第657页；（明）黄淮、杨士奇编：《历代名臣奏议》卷276，第3604页。

② （宋）吕祖谦：《皇朝文鉴》卷61，《吕祖谦全集》，杭州：浙江古籍出版社，2008年，第915—916页。

③ （宋）赵如愚：《宋朝诸臣奏议》卷6陈瓘《上徽宗乞读〈资治通鉴〉》，第58页，此章误题为"元符三年上，时为右正言"。又见（明）黄淮、杨士奇编：《历代名臣奏议》卷8，第97页、卷276，第3605页，其中卷276，陈瓘疏文有阙，多出宋神宗亲制《资治通鉴序文》内容。

④ （明）黄淮、杨士奇编：《历代名臣奏议》卷181，第2382页。

⑤ （明）黄淮、杨士奇编：《历代名臣奏议》卷217，第2849页。

⑥ （宋）赵如愚：《宋朝诸臣奏议》卷44，第464页；（明）黄淮、杨士奇编：《历代名臣奏议》卷304，第3943页。

⑦ （明）黄淮、杨士奇编：《历代名臣奏议》卷304、107，第2944、1433页。

⑧ 《宋史》卷356《钱遹附石豫传》，第11202页。

⑨ （明）黄淮、杨士奇编：《历代名臣奏议》卷181，第2377页。原文误为任伯雨作。

⑩ （明）黄淮、杨士奇编：《历代名臣奏议》卷181，第2378页。原文误为任伯雨作。

⑪ （宋）赵如愚：《宋朝诸臣奏议》卷35，第345、346页。（明）黄淮、杨士奇编：《历代名臣奏议》卷141，第1846页。

⑫ （宋）赵如愚：《宋朝诸臣奏议》卷119，第1311页。

⑬ （宋）赵如愚：《宋朝诸臣奏议》卷88，第956页；（明）黄淮、杨士奇编：《历代名臣奏议》卷21，第278页亦载此文，但题为"左正言任伯雨与右司谏陈瓘同上"。

⑭ （明）黄淮、杨士奇编：《历代名臣奏议》卷21，第279页亦载此文，但题为"左正言任伯雨与右司谏陈瓘同上"。

甲戌（十一日），左正言陈瓘为右司谏。

上章论《神宗实录》不当用《王安石日录》，多是王安石，而非蔡卞。

上章《论章惇罪大责轻乞行流窜状》。[①]

九月辛未（八日），特进、尚书左仆射兼门下侍郎、申国公章惇罢尚书左仆射兼门下侍郎，依前特进、知越州。陈瓘以为责罚过轻，上章不已，十月，章惇责授武昌军节度副使、潭州安置。

九月，《上徽宗乞以四次改更前事为鉴》[②]、《上徽宗乞观无逸及汉文宣唐太宗事》[③]、《论人臣之节人主之变奏》[④]。

又上《言蔡京札子》《论蔡京疏》《上徽宗论蔡京交结外戚》《再论蔡京之罪并辞免知无为军奏》《上徽宗论哲宗实录不当止差蔡京兼修》五篇。十月丙申，翰林学士承旨、中大夫蔡京为端明殿学士、知永兴军。

另有《论允执厥中》、《进仁宗听丁度讲〈诗经·匪风〉故事》、《乞悯恤山陵人夫疏》[⑤]、《乞罢温益给事中》[⑥]、《又进故事·韩琦范仲淹并为枢密副使》、《进殿中侍御史唐介为尚书工部员外郎直集贤院奏》、《进老子曰贵以贱为本，高以下为基奏》、《论治虏之术奏》、《论思患预防奏》[⑦]、《又论赏言者札子》、《进故事·审刑院断绝公事仁宗喜付史官奏》、《乞六曹尚书依旧独员上殿札子》[⑧]等无法确定其准确上奏时期，但据其奏文内容大概在陈瓘为左正言、右司谏期间所上，故暂系于此。

九月己卯（十六日），陈瓘又作《上徽宗论向宗良兄弟交通宾客》[⑨]、《论章惇罢相制所称国是》。

向宗良兄弟即向宗良、向宗回，宋神宗向皇后之弟。庚辰（十七日），宋徽宗

---

① （明）黄淮、杨士奇编：《历代名臣奏议》卷181，第2381页。

② （宋）赵如愚著：《宋朝诸臣奏议》卷119，第1311页。

③ （宋）赵如愚：《宋朝诸臣奏议》卷6陈瓘《上徽宗乞观无逸及汉文宣唐太宗事》，第58—59页。原注“元符三年九月上，时为殿中侍御史”，考陈瓘生平、《宋陈忠肃公言行录·年谱》（嘉靖二十九年本、光绪十五年本）皆无陈瓘任殿中侍御史之记载，故疑其为“右司谏”之误。（明）黄淮、杨士奇编：《历代名臣奏议》卷2，第22页亦载“殿中侍御史陈瓘”为误。

④ （明）黄淮、杨士奇编：《历代名臣奏议》卷2，第22页。此奏原无题，据曾枣庄、刘琳主编：《全宋文》卷2783《陈瓘二》，第129册，第70页补。

⑤ （明）黄淮、杨士奇编：《历代名臣奏议》卷44、125，第601、1645页。

⑥ （明）黄淮、杨士奇编：《历代名臣奏议》卷141，第1847页。原文载“与陈瓘与任伯雨同奏”。

⑦ （明）黄淮、杨士奇编：《历代名臣奏议》卷141、196，第1847—1848、2567—2568页。

⑧ （明）黄淮、杨士奇编：《历代名臣奏议》卷200、217、286，第2622、2731、2848页。

⑨ （宋）赵如愚：《宋朝诸臣奏议》卷35，第346页。

批曰："陈瓘累言太后尚与国事，言多虚诞不根，可送吏部，与合入差遣。"即添差监扬州粮料院。公初不知被责，复求见上，阁门不许。公即具以札子缴进，《再论景灵西宫》（即《再论修建景灵西宫札子》）、《论章惇罢相制所称国是》，另二篇则皆指陈蔡京罪恶。曾肇上章言陈瓘不当一言遣贬。

九月丁亥（二十四日），诏陈瓘知无为军（今安徽无为），陈瓘露章辞免，诏不许辞免。

宋徽宗尝谕宰执曰："瓘言事极不可得，暂贬亦不可久。前日，遣人送黄金百两，瓘受赐泣下。"十月，罢蔡京，出知永兴军。

建中靖国元年辛巳（1101年），公年四十五。

知无为军。

三月戊寅（十七日），承议郎、知无为军陈瓘为著作郎、实录院检讨官。

七月丁卯（八日），著作郎陈瓘力辞实录检讨官，宋徽宗从之，又除其为右司员外郎兼权给事中。邹浩《道乡集》卷16有《陈瓘除右司制敕》。

按：《皇宋通鉴长编纪事本末》卷129载建中靖国元年三月"承议郎、知无为军陈瓘为著作佐郎、实录检讨官"，七月"著作郎陈瓘为右司员外郎。瓘力辞实录检讨官，从之。"而《宋陈忠肃言行录·年谱》、《永乐大典·年谱》皆载陈瓘建中靖国元年"八月，复召除著作郎兼实录检讨官，辞。除右司员外郎兼权给事中。"《宋史·陈瓘传》载陈瓘"明年，还为著作郎，迁右司员外郎兼权给事中。"几处记载，抵牾之处有二：

其一：《皇宋通鉴长编纪事本末》载建中靖国元年三月陈瓘任职著作佐郎，《永乐大典·年谱》《宋史》记载皆为"著作郎"，且《皇宋通鉴长编纪事本末》七月记载亦为"著作郎"，故"著作佐郎"应为"著作郎"之误。

其二，关于陈瓘任实录检讨官和右司员外郎的时间问题。《皇宋通鉴长编纪事本末》载其任职时间分别是三月、七月，《年谱》则载陈瓘八月先后任二职，《宋史》则笼统以建中靖国元年。考《年谱》载："七月，重修《神宗实录》。初，公言：'王安石《日录》七十余卷，具载熙宁奏对论议之语。绍圣再修《神宗实录》，史官请以此书付史院，专据此书追议刑赏，遂使裕陵之美皆为私史所攘。所有《实录》，愿诏史臣别行删修。'八月，复召除著作郎兼实录院检讨官，辞。除右司员外郎兼权给事中。公奏云：'臣尝乞即修《神宗实录》，以成一代之典，而不闻施行，盖绍圣史臣今为宰相故也。'不报。"则陈瓘一方面力辞实录检讨官，一方面上奏论《神宗实录》修撰的不足之处，似乎于理不合。而《皇宋通鉴长编纪事本末》载陈瓘三月为实录检讨官，故其上书乃本职工作，合情合理。但上书"不报"，建议未被采纳，陈瓘愤而力辞实录检讨官。七月，宋徽宗"从之"，又除其右司员外郎兼权给事中。《皇宋通鉴长编纪事本末》的记载应为准确记载，《年谱》中时间和官职除授先后皆误。

另，《宋会要辑稿》职官67之39载八月辛丑（十三日），承议郎陈瓘等并降一官，同《年谱》，亦误。

八月壬子（二十四日），与左司员外郎朱彦周同谒左仆射曾布，以书责布，且纳《又进日录辨奏状》《进国用须知奏状》。①

时陈瓘以右司员外郎兼给事中，时何执中为礼部侍郎，一旦以简与公，曰："今早见贵人（即曾布也），公即真矣。"言瓘公即呼正彙，示之曰："吾与丞相议事多不合，所闻乃尔。是以官爵相饵也。若受其荐，而复有异同，则公议、私恩两有愧矣。"次日持以入局，未及问，丞相约公相见，连价催促，公留使者少俟。已而同舍朱世英来，公拉之同诣政事堂，朱不知所以。丞相见公有同行者，有不豫之色。公不俟坐定，遽出书以献。丞相大怒，辩论移时。公指事叙言辞色不挠，堂吏比肩耸观，朱以皇恐失措。丞相怒甚，翘足肆坐，语浸骄慢。公雍容起，白曰："瓘之所论者国事，是非当付之公议。相公未可失待士之礼也。"丞相整仪无语。公遂起，竟不闻所以相招者何言。

八月癸丑（二十五日），上《又进〈日录辨〉奏状》《进国用须知奏状》《与曾布书》于三省。"信宿"即有海陵之命，即陈瓘八月乙卯（二十七日）自右司员外郎出知泰州。

陈师锡有书心与陈瓘论瓘之《日录辨》，后陈瓘痛悔《合浦尊尧集》等前作，改为大力攻讦王安石，陈师锡此书有助矣。周必大《文忠集》卷17有《跋闲乐居士陈师锡与了翁陈瓘论王氏日录书》。②

---

① （宋）杨仲良撰，李之亮校点：《皇宋通鉴长编纪事本末》卷129，哈尔滨：黑龙江人民出版社，2006年，第2171页；（清）黄以周等辑注，顾吉辰点校：《续资治通鉴长编拾补》卷18，北京：中华书局，2004年，第647页。

② （宋）周必大：《文忠集》卷17《跋闲乐居士陈师锡与了翁陈瓘论王氏日录书》，《景印文渊阁四库全书》，第1147册，第164页。

得太学生蔡嶷长书。

蔡嶷（1067—1124年），字文饶，河南开封府人，崇宁五年丙戌科状元，善依附权贵，曾尊蔡京为叔父，见面后改称叔祖。曾欲依附陈瓘而不得，转而罗织陷害。大力打击元祐党人，为政残酷，以喜怒徇情。《宋史》卷354有传。

蔡嶷与陈瓘初不相识，瓘因上书曾布谪居海陵（代指泰州），蔡嶷为太学生以长书遗公，论天下事皆合天下公议，谓公谏疏“婉而有理，似陆宣公刚而不挠，似狄梁公文章渊源，发明正道则韩文公其人也。”及崇宁五年科举为状元，所陈时务与前书顿异。于是愧悔，而欲杀公以灭口，密赞京党，出力尤甚。正彙三山之窜、石憾台州纷纷，皆其所为也。

是年，范纯仁卒。陈瓘作《祭范忠宣公文》。①

范纯仁（1027—1101年），字尧夫，谥忠宣，苏州吴县人，范仲淹次子，有《范忠宣公集》。《宋史》卷314有传。陈瓘妻周氏之母系范仲淹侄女，故范纯仁乃陈瓘堂伯父。范纯仁极其看重陈瓘，楼钥《楼钥集》卷68《跋陈忠肃公表稿》载：“范忠宣晚年益以天下自任，尤留意人材。或问其所储蓄为今日用者，曰陈某。又问其次，曰陈某自好。盖言忠肃公可以独当天下之重也。”②

崇宁元年壬午（1102年），公年四十六。

知泰州。

五月乙亥（二十一日），籍元祐、元符末党人。陈瓘、任伯雨等五十余人并令三省籍记，不得与在京差遣。寻责监建州武夷观。③

六月，曾布欲倾惇而未能，乃诡情荐陈瓘、张庭坚及蔡京用而布得罪矣。

九月己亥（十七日），奉御宝批：“应元祐谪籍，并元符末叙复当过之人，各具元籍定姓名、人数进入，仍常切觉察，不得与在京差遣。”陈瓘等凡一百一十九人，御书党籍刻石端礼门。

瓘在泰州时与韩驹曾有诗作往来，韩驹《陵阳集》卷3有《上泰州使君陈莹中》诗作传世。

十月，贬韩忠彦、陈瓘二十人有差。瓘坐党籍除名勒停，送袁州（今江西宜春）

---

① （宋）吕祖谦：《皇朝文鉴》卷134，《吕祖谦全集》，第611页。

② （宋）楼钥撰，顾大朋点校：《楼钥集》卷68《跋陈忠肃公表稿》，第1202页。

③ （宋）杨仲良撰，李之亮校点：《皇宋通鉴长编纪事本末》卷129，第2173页载崇宁元年五月乙亥，“陈瓘管勾冲祐观”。

编管。

作《减字木兰花·次韵陈莹中题韦深道独乐堂》《减字木兰花·次韵陈莹中题韦深道寄傲轩》《与韦深道书》。

陈瓘自泰州编管袁州途中，与隐居芜湖湖阴之居士韦深道定交，此后多有唱和之作。日期不详，故暂系于此。《减字木兰花·次韵陈莹中题韦深道独乐堂》、《减字木兰花·次韵陈莹中题韦深道寄傲轩》二诗见李之仪《姑溪居士集》前集卷47；杨时《杨时集》卷26载《跋公与韦深道书》。

李弥逊有《书陈莹中赠韦处士诗后》一文，则作于陈瓘去世后。（见《筠溪集》卷21）周紫芝《太仓稊米集》卷66载《书了翁赠别颂后》亦对韦深道与瓘之交游多所褒扬。

崇宁二年癸未（1103年），公年四十七。

正月乙酉（七日），瓘移送廉州（广西合浦）编管。

陈瓘与觉范往来频繁，相互书信、酬唱之作颇多。陈瓘在贬谪廉州途中，预先书信约见觉范。三月甲申（五日），二人相见于潭州兴化寺，觉范作《了翁谪廉欲置华严托余将来以六偈见寄，次韵寄之》、《陈莹中由左司谏谪廉相见于兴化，同渡湘江，宿道林寺夜论华严宗》（见《石门文字禅》卷3），后又作《莹中南归至衡阳作六首寄之》送之。瓘到达合浦后二人依旧书信往来频繁，觉范有《陈莹中居合浦，余在湘山三首寄之》。瓘亦多有诗作，如《冷斋夜话》卷7上有偈《寄觉范长沙》、《诗话总龟》卷30载二人唱和之偈。[①]

三月甲申（五日），在兴化寺，恰遇宋神宗忌日，陈瓘又作《追荐国忌疏》文六千言，且附跋语。陈瓘手书二通，分别遗其侄正裕和甥李进祖，俾秘藏之，冀万一身死，幸而有知之者。

五月，瓘至合浦，陈之颜自乡里远来看望，亡于郁林，明王行《墓铭举例》卷3有陈瓘作《陈谨常墓志铭》。

瓘在廉州，于宣化坊读书，扁其斋“了斋”，著《壁记》《合浦尊尧集》，又自撰《墓志》，一万八千余言。

---

① （宋）阮阅：《诗话总龟》卷30，《景印文渊阁四库全书》，第1478册，第549页载：（瓘）以书谪，余为负《华严经》入岭。瓘有偈曰：“大士游方兴尽回，家山风月绝纤埃。杖头多少闲田地，挑取华严入岭来。”余和之曰：“因法相逢一笑开，俯看人世过飞埃。湘南岭内休分别，圆寂光中共往来。”

宋周必大《题陈忠肃公尊尧集稿》载："崇宁壬午贬徙廉州，此稿盖当时笔也，……真迹在公壻前衡阳太守萧君懋德家。"此处"崇宁壬午"乃崇年元年，应为"癸未"（二年）之误。陈瓘崇宁二年五月至廉州，故《合浦尊尧集》应作于崇宁二年五月后。元程巨夫《雪楼集》卷 24《跋陈了翁海上家书》载陈瓘："坐贬合浦，复著尊尧录，……此书在合浦时，寄其弟……此书为公绝笔，盖为临终诀别等语。"①元戴表元《剡源集》卷 19《题陈了翁合浦与弟帖》亦载陈瓘"自分必死廉州……既作此书外，别有自撰《墓志》文及《追荐国忌疏》文若干言。……嘱其弟密藏之，以为不幸身没，而他日蔡氏败国论明，则万一可以为吾之证而已。"②

陈瓘自知得罪蔡京至深，疑将不保，故"自分必死廉州""为临终诀别等语"，且自撰墓志铭，可见其内心之紧迫，故《合浦尊尧集》、自撰《墓志》及《追荐国忌疏》等文应是其抓紧时间所作，故《宋陈忠肃言行录 · 年谱》《永乐大典 · 年谱》将诸文系年于崇宁二年应该是可信的。

另，程钜夫《陈了翁海上家书》载："此书在合浦时，寄其弟，……又谓自分必死，无生还之理。至其末，超然洞究内典之旨，死生一致，冤亲平等，益以见公平日存养之验。"

戴表元《陈了翁合浦与弟帖》亦载"此书陈忠肃公崇宁间由党谪廉州编管时，归诀其弟珩者也"，"自分必死廉州，然偶不死"。应是二人就陈瓘与其弟陈珩诀别之同一封家书所作序跋。此书信是在崇宁五年（1106 年）由合浦量移郴州时，出发前与其弟陈珩诀别所作，陈瓘将之与《合浦尊尧集》、自撰《墓志》《追荐国忌疏》等文一起寄存于其弟陈珩处，以备万一身死之虞。

作《福州大中寺云会堂记》、《贾谊治安策论》；为兴化平禅师作《供养发愿文》。③
作《蝶恋花》赠邹浩；作《减字木兰花 · 赠广陵马推官》。

邹志全徙昭，陈莹中贬廉，间以长短句相谐乐。……广陵马推官往来二公间，亦尝以诗词赠之。④

陆游《老学庵笔记》卷 1 载：自迁谪后，陈瓘为人作石刻，皆自称"除名勒停送廉

① （元）程钜夫：《雪楼集》卷 24《跋陈了翁海上家书》，《文渊阁四库全书补遗》，北京：北京图书馆出版社，1997 年，第 4 册，第 452 页。
② （元）戴表元：《剡源文集》卷 19《题陈了翁合浦与弟帖》，《景印文渊阁四库全书》，第 1194 册，第 247 页。
③ （宋）陈渊：《默堂集》卷 22《书了斋笔供养发愿文》，《景印文渊阁四库全书》，第 1139 册，第 536 页。
④ （宋）阮阅：《诗话总龟 · 后集》卷 33，《景印文渊阁四库全书》，第 1478 册，第 824 页。

州编管陈某撰”。

崇宁三年甲申（1104年），公年四十八。

编管廉州。

三月戊寅（五日），作《了斋记》。

四月，作《心画铭寄子正由》。庚申（十七日），跋李氏所藏神宗御札。

十月丙午（六日），作《广中枢龟鉴寄正彙》。

崇宁四年乙酉（1105年），公年四十九。

编管廉州。

三[1]月壬寅（五日），作《葵木杖铭》。

四月壬午（十五日），作《跋司马温公送李[2]益之侍郎归庐山诗后》《海山楼》诗。[3]

十月甲申（二十日），作《祭李德祖甥文》，又作《祭李叔平提举文》，又作《易说》。[4]

觉范作诗三首送陈瓘。

宋释觉范《石门文字禅》卷14载《陈莹中居合浦，余在湘山三首寄之》，日期不详，暂系于此。

崇宁五年丙戌（1106年），公年五十。

正月，宋徽宗以彗星见于西方，大赦，毁党碑。陈瓘以星赦量移郴州（湖南郴州）得自便。陈瓘离开廉州前作《合浦与弟书》，将《合浦尊尧集》、自撰《墓志》及《追荐国忌疏》等托付其弟陈珩以备万一。《雪楼集》卷24载元程巨夫作《跋陈了翁海上家书》《剡源文集》，卷19载元戴表元作《题陈了翁合浦与弟帖》记之甚详。

正月，又作《郴州自便谢表》。

陈瓘至郴州后，作《杜鹃词》、《自合浦还清湘寄虚中弟》（四首）、《岳山寿宁观留题》，魏了翁为之作跋。[5]

寻居明州（今浙江宁波），作《和渊明〈归去来辞〉》。

---

① （明）陈载兴辑：《宋陈忠肃言行录·年谱》，嘉靖二十九年本、光绪十五年本；《永乐大典·年谱》，第1856页皆将陈瓘三月作《葵木杖铭》，放在四月和十月之间，暂存疑。

② “李”，《宋陈忠肃言行录·年谱》原无，据（宋）司马光撰，李之亮笺注：《司马温公集编年笺注》卷11，成都：巴蜀书社，2009年，第258页补。

③ （宋）王象之著，李勇先校点：《舆地纪胜》卷124《琼州·景物下》，成都：四川大学出版社，2005年，第3935页。

④ （明）解缙等：《永乐大典·年谱》，第1856页载：《易说》作于崇宁三年十月。

⑤ （宋）魏了翁：《鹤山集》卷63《跋陈忠肃公岳山寿宁观留题》，《景印文渊阁四库全书》，第1173册，第46页。

九月，跋《蔡君谟帖》。

九月丙辰（二十八日），跋东坡诗曲。

作《四明尊尧集》《尊尧余言》等。程珌有《书陈忠肃公尊尧书后》[①]、岳珂作《论尊尧集表》、刘振孙作《刘朔斋跋尊尧集》[②]、周必大作《题陈忠肃公尊尧集稿》。[③]

陈瓘完成《四明尊尧集》后，正本进奉朝廷，副本藏友人家中，当时未曾刊刻。绍兴年间，陈瓘仲子正同[④]于郤阳任上第一次刊刻《四明尊尧集》。绍兴二十九年，陈瓘少子正刚于福建转运司主管文字任上，再刊《四明尊尧集》。二版皆为四卷本。后至元五年，陈文绸再刊《四明尊尧集》（四卷本），林兴祖作《跋重刊尊尧集》。明清多次影刻、重刊四卷本《四明尊尧集》，现国家图书馆收藏有明刻本一、清影元刻本一、清抄本一。另有清刊刻《四明尊尧集》（11卷本）孔氏正谊堂本、岳雪楼本、章景祥翠竹房本，国家图书馆皆有收藏。今《四库全书存目丛书》影印出版康熙十八年陈孔项刻、雍正三年陈象瀚补修《四明尊尧集》（11卷本）、《续修四库全书》影印出版陈绍泉光绪十年刊刻《四明尊尧集》（11卷本），二者皆是章景祥翠竹房本，除极少量文字不同、二篇序文顺序稍有不同外，陈绍泉刊刻光绪十年本《四明尊尧集》时，又利用了傅增湘就元刊本（四卷本）所作校对和陈绍泉就嘉靖本《宋陈忠肃言行录》卷5《四明尊尧集》所作校对，价值较高。

陈渊来明州看望被贬的陈瓘。

《杨时集》卷42《送陈几叟南归三首丙戌年》载："是时几叟过四明见了翁。"[⑤]丙戌年，即崇宁五年（1106年）。则崇宁五年时，陈渊与已去明州见过陈瓘，且回归后拜见杨时，故系年于崇年四年。

大观元年丁亥（1107年），公年五十一。

明州居住。

八月甲寅（一日），作《明州延庆寺净土院记》《与明智法师书》。

---

① （宋）程珌：《洺水集》卷9《书陈忠肃公尊尧书后》，《景印文渊阁四库全书》，第1171册，第356页。

② （宋）陈瓘：《宋忠肃陈了斋四明尊尧集》卷11，续修四库全书，第401、403页。

③ （宋）周必大：《文忠集》卷47《题陈忠肃公尊尧集稿》，《景印文渊阁四库全书》，第1147册，第500页。

④ （宋）陈瓘：《宋忠肃陈了斋四明尊尧集》卷10陈正刚《重刊四明尊尧集跋》，续修四库全书，第399页原作"季兄待制守郤阳日尝刊版于公库"。陈瓘五子，唯次子正同任敷文阁待制，故"季兄"应为"仲兄"之误。"郤阳"原作"邵阳"，傅增湘旁校其为"郤阳"。

⑤ （宋）杨时撰，林海权校理：《杨时集》卷42《送陈几叟南归三首丙戌年》，北京：中华书局，2018年，第1034页。

大观二年戊子（1108年），公年五十二。

明州居住。

二月己丑（八日），作《开元寺观音记》。[①]

春，释惠洪于临川建明白庵，陈瓘寄偈。[②]

十一月丙寅（二十日），跋杨中立撰《陈居士传》。

大观三年己丑（1109年），公年五十三。

明州居住。

作《苏文饶往昌国，意颇惮之送，以诗因勉之》《文饶自京师还，欲往昌国而风作不可渡，乃为绝句戏之》《文饶自昌国以诗见寄次韵二首》《送周初平》等五首。[③]瓘另有《与周廉彦初平别纸》。[④]

因长子正彙在杭州告蔡京有反状，瓘被下狱明州。

作《敢疑论》并跋，李纲作《跋了翁自跋敢疑论后》。

李纲《梁溪集》卷162载："了翁晚年尝语所亲曰：'吾往年以论事遭忧患，他无足恤，所惧者惟死耳。今则死生皆置度外，未尝动心。'观其《自跋敢疑论后》，殆惧死时语也。其后谢谪官表云：'海岛万里，不如无子之无忧；江湖一身，弥觉有生之有患。'则了无惧意。"

按：陈瓘崇宁五年（1106年）正月离开廉州时，作《合浦与弟书》，将《合浦尊尧集》、自撰《墓志》、《追荐国忌疏》等托付其弟陈珩以备万一，此时应是惧死之时，明州居住时，其心理变化与否不明。"海岛万里，不如无子之无忧；江湖一身，弥觉有生之有患"乃大观四年（1110年）十一月《通州自便谢表》所作，此时已经历其子正彙之狱，已了无惧意。李纲《跋了翁自跋敢疑论后》即作于陈瓘上《通州自便谢表》陈瓘思想发生变化之后。故陈瓘《敢疑论》及《自跋敢疑论后》当作于自廉州量移郴州（时间短暂）后，居住明州之时，故系文于此。

大观四年庚寅（1110年），公年五十四。

安置通州。

二月，狱具，正彙流沙门岛。三月，瓘安置通州（今江苏通州），上《通州安置

---

① （宋）张津：《（乾道）四明图经》卷10，《宋元方志丛刊》，第5册，第4946页载此记作于"八月八日"。

② （宋）释惠洪：《石门文字禅》卷20《明白庵铭（并序）》，《景印文渊阁四库全书》，第1116册，第408页。

③ （宋）张津：《（乾道）四明图经》卷8，《宋元方志丛刊》，第5册，第4921页。

④ 《海外新发现永乐大典十七卷》卷10110，第259页。

谢表》。[①]

十一月戊寅（十四日），放自便，公上《通州自便谢表》。

《皇宋通鉴长编纪事本末》卷129载："其（指陈瓘）放自便在十月"为误。

政和元年辛卯（1111年），公年五十五。

通州居住。

正月，从右相张商英所请，诏明州取陈瓘《尊尧集》送编修政典局。

五月，再下通州，取《四明尊尧集》。

六月丙申（五日），陈瓘用奏状进表，以黄帕封缄《四明尊尧集》，缴申政典局，乞于御前开拆。八月[②]，张商英罢。

九月，陈瓘勒停，羁管台州。

十一月庚午（十日），至台州，上《台州羁管谢表》。史浩《鄮峰真隐漫录》卷36有《跋陈忠肃公谢表稿》，楼钥《攻瑰集》卷79有《代仲舅汪尚书跋了斋表稿》。

作《侍郎邹公埋铭》《祭邹侍郎公文》。

邹浩，字志完，杭州钱塘人，与陈瓘交好，同列元祐党籍。政和元年三月辛未（九日）卒，十二月庚寅（二日）葬，故系于此。《墓铭举例》卷3、《道乡先生邹忠公文集·邹浩墓志》皆载陈瓘此文，文字稍有差异。

《圣宋名贤五百家播芳大全文粹》卷96载陈瓘作《祭邹侍郎公文》，未注日期，暂系于此。

陈瓘政和元年谪吴江县（属今江苏苏州市）主簿，尝赋诗《鲈乡亭》为误。

范成大《吴郡志》卷14载："鲈乡亭，在吴江。……陈瓘莹中主县簿，尝赋诗。"[③]龚明之《中吴纪闻》卷5[④]、王象之《舆地纪胜》卷5[⑤]、宋郑虎臣《吴都文粹》卷4[⑥]皆载陈瓘为吴江主簿时作《鲈乡亭》诗。明王鏊《（正德）姑苏志》卷41

① （宋）杨仲良撰，李之亮校点：《皇宋通鉴长编纪事本末》卷129，第2174页。

② （明）陈载兴辑：《宋陈忠肃言行录·年谱》，嘉靖二十九年本、光绪十五年本作"四月"；据徐自明撰，王瑞来校补：《宋宰辅编年录校补》卷12，第760页改。

③ （宋）范成大：《吴郡志》卷14，《宋元方志丛刊》，第1册，第793页。

④ （宋）龚明之：《中吴纪闻》卷5《陈了翁鲈乡亭诗》，《全宋笔记》第三编第七册，第251页。

⑤ （宋）王象之，李勇先校点：《舆地纪胜》卷5《景物下·鲈乡亭》，第292页。

⑥ （宋）郑虎臣：《吴都文粹》卷4《鲈乡亭》，《景印文渊阁四库全书》，第1358册，第680页。

亦载陈瓘“政和元年再被谪，主吴江簿，未几卒”[①]。

按：《宋陈忠肃言行录·年谱》、《永乐大典·年谱》皆明确记载陈瓘仕途履历清晰，无陈瓘任吴江县主簿的记载，《鲈乡亭》之作更非陈瓘作品，乃王禹偁之作。清朱鹤敏《愚庵小集》卷14曾详辨之。[②]

政和二年壬辰（1112年），公年五十六。

羁管台州。

二月己丑（二日），跋《张氏边事札子》后。

八月癸巳（九日），作《责沈文贻知默侄》。杨时、魏了翁、朱熹等皆有跋文。

作《谏后疏》。

曹勋《松隐集》卷32《跋岸老所藏陈司谏谏后疏》载：“此疏在台时作，语言笔力，殊不少衰，非清修梵行，深入佛海，何能历此？”[③]

政和三年癸巳（1113年），公年五十七。

羁管台州。

十月丙寅（十九日），作《跋江左司劝发菩提心文》。

作《和邓鲠之韵》《答瑞岩湛老》二诗。

林表民编《天台续集别编》卷2载陈瓘作《和邓鲠之韵》曰：“十年三谪海边州，洛口相望阻献酬。曾寄远诗来合浦，又传新句落丹丘。”[④]“三谪海边州”是指崇宁二年（1103年）至崇宁五年（1106年）正月编管廉州（广西合浦），（江苏通州）大观四年（1110年）三月至十一月安置通州、政和元年（1111年）十一月——政和五年（1115年）三月羁管台州（今浙江临海）。“丹丘”，则以神仙居住地代指台州。释觉范《石门文字禅》卷11载《陈莹中左司自丹丘欲家豫章，至溢浦而止，余自九峰往见之二首》[⑤]即是觉范在陈瓘政和五年三月自台州放自便，回通州后定居江西九江时所作诗，亦是以“丹丘”指代“台州”。诗中曰“十年”“落丹丘”，应是指邓鲠之作诗时，陈瓘尚在台州，故系年于政和三年。

---

① （明）王鏊：《（正德）姑苏志》卷41，《天一阁藏明代方志选刊续编》，上海：上海书店出版社，第12册，第569页。

② （清）朱鹤敏：《愚庵小集》卷14，《景印文渊阁四库全书》，第1319册，第172页。

③ （宋）曹勋：《松隐集》卷32《跋岸老所藏陈司谏谏后疏》，《景印文渊阁四库全书》，第1129册，第523页。

④ （宋）林表民编：《天台续集别编》卷2陈瓘《和邓鲠之韵》，《景印文渊阁四库全书》，第1356册，第548页。

⑤ （宋）释惠洪：《石门文字禅》卷11，《景印文渊阁四库全书》，第1116册，第284页。

政和四年甲午（1114 年），公年五十八。

羁管台州。

四月癸丑（八日），作《跋张承老所藏孙元忠司谏简后》。

五月丙子（二日），作《书孙元忠上刘莘老甘赋后》。

作《张夫人墓志铭》，又作《祭邹侍郎母郡太文》。

《道乡先生邹忠公文集 · 附录》载陈瓘此文。张夫人，常州晋陵人，朝奉郎邹戬妻，邹浩母。夫人卒于政和四年六月乙酉日，十二月壬寅（一日）葬，此文作于十二月前。

按：政和四年六月朔日俄日甲辰，甲戌为七月朔日，故六月无乙酉日，此处纪日为误。

政和五年乙未（1115 年），公年五十九。

羁管台州。

三月丁亥（十七日），因立太子赦，陈瓘特叙承事郎，许自便，乃回通州。

三月戊戌二十八日，跋《黄尚书送左经臣序》后。

《梁溪集》卷 162《跋了翁墨迹》载陈瓘在自台州回通州途中与李纲相见于姑苏，二人定交，成忘年之契，此后二人多有书信、文章往来。瓘曾寄石芝给李纲，陈渊《默堂集》卷 6 有《次韵李伯纪舍人食了斋所寄石芝有感》。

政和六年丙申（1116 年），公年六十。

居住九江。

闰二月，避居江州（江西）九江城南，复叙宣教郎，主管江州太平观。作《复宣教郎谢表》[①]、《南窗颂》[②]。

觉范来见陈瓘，作《陈莹中左司自丹丘欲家豫章，至湓浦而止余自九峰往见之二首》[③]送之。

《冷斋夜话》卷 10 载：陈瓘家于江州，觉范自高安大愚山兼程来见。瓘曰："自此公可禁作诗，无益于事。"觉范答允，但请先作诗二首以庆二人死而复生。莹中曰："此诗如岐下猪肉也，虽美，无多食。"后三年，觉范居漳水，莹中侄子胜柔

① （明）解缙等：《永乐大典》卷 7325，第 3058 页。
② （宋）杨仲良撰，李之亮校点：《皇宋通鉴长编纪事本末》卷 129，第 2175 页。
③ （宋）释惠洪：《石门文字禅》卷 11，《景印文渊阁四库全书》，第 1116 册，第 284 页。

自九江来，出陈瓘诗："仁者难逢思有常，平居慎勿示何妨。争先世路机关恶，近后语言滋味。长可口物多偏作疾，快心事过必为伤。与其病后求良药，不若病前能自防。"①

按：《冷斋夜话》卷 10 载陈瓘《仁者吟》②诗为误，宋吴子良《荆溪林下偶谈》卷 2 载："此诗邵尧夫作，而冷斋误以为莹中，或者莹中手书此诗，冷斋不知为尧夫作欤。"③

作《庐山诗》二首。

《永乐大典》卷 3143 引《江州志》载：陈瓘"安置台州，郡将石悈不为礼，未及移通州，寻得自便。……遂泛舟至九江，家于城南，时崇宁丙申岁也。……尝赋诗云……又诗云……"。

按：陈瓘因赦得自便，离开台州回通州，《永乐大典》误为陈瓘移通州后得自便。陈瓘自政和六年闰月即二月至江州，家于九江城南，是为政和丙申岁，非"崇宁"也。故陈瓘《庐山诗》二首作于政和六年九江。

作《陈伯瑜墓志铭（并序）》。

《永乐大典》卷 3146《陈了翁集·陈伯瑜墓志铭（并序）》载：陈瑊，字伯瑜，政和四年十月卒，其子陈戬"令其族弟渐状伯瑜之仁，遣人来九江请铭"，"六年十二月辛酉葬"。而陈瓘自政和六年闰正月至次年十二月居住于九江，故此文应作于政和六年。《宋陈忠肃言行录·年谱》、《永乐大典·年谱》皆载"《伯瑜墓志铭》（陈伯瑜墓志铭在政和间作）"，但误系于崇宁五年之下。

陈瑊，字伯瑜，南剑州沙县人，高祖陈文余，曾祖陈可法，祖陈太初，考陈暄，二字陈升、陈戬，故陈瑊乃陈瓘同族侄子，陈戬乃陈瓘同族侄孙。但文中又载陈瑊卒后，其子陈戬"泣血令其族弟渐状伯瑜之仁"，则"渐"乃陈戬"族弟"，故陈戬、"渐"皆是陈瓘侄孙。"渐"即陈渊，关于陈瓘、陈渊关系前文已考，《陈氏宗谱》亦载陈渊乃陈瓘仲兄珏之子，二人是叔侄关系，此处又载叔祖父与侄孙关系，显然为误。

① （宋）释惠洪：《冷斋夜话》卷 10，《全宋笔记》第二编，第 78—79 页。
② 此诗《石门文字禅》卷 27《跋了翁诗》，《景印文渊阁四库全书》，第 1116 册，第 517 页作"《送侄刚胜柔诗》"。
③ （宋）吴子良：《荆溪林下偶谈》卷 2《冷斋误载邵尧夫诗》，《景印文渊阁四库全书》，第 1481 册，第 494 页。

作《复古编序》。

《直斋书录解题》卷3载："《复古编》二卷，吴兴道士张有谦中撰。……陈了斋为之序。"[①]张谦中即张有，谦中为字，吴兴人，自幼喜小篆，作《复古编》，晚年弃家为道。清陆心源《宋史翼》卷28有传。

政和七年丁酉（1117年），公年六十一。

居住九江。

七月辛巳（一日），作《福州凤池报慈院华严阁记》。

十一月癸丑（三十日），作《常州新修荐福寺记》。

十二月，移南康军居住。

作《中奉大夫游公墓志铭》。

游潜，字升叔，建州建阳人，因子游酢故，累赠中奉大夫，绍圣二年三月卒于齐州官舍，陈瓘与游酢相交甚厚，故请铭于瓘。瓘因谪迁，无暇述叙。今游酢欲与其兄扶居士匶以归，瓘亦定居九江，故于政和丁酉（七年）作铭。[②]（见《墓铭举例》卷3、《永乐大典》卷8843。）

政和八年暨重和元年戊戌（1118年），公年六十二。

政和八年十二月乙酉朔改元重和元年。

南康军居住。

政和间，瓘作《寄饶德操》。

重和二年暨宣和元年己亥（1119年），公年六十三。

重和二年二月庚辰改元宣和。

南康军居住。

七月甲戌（三日），作《祭奉议兄文》，李纲《梁溪集》卷162有《了翁祭陈奉议文跋尾》。

八月十五日，作《祭邓南夫文》。[③]李纲《李纲全集》卷162有《书祭邓南夫文

---

① （宋）陈振孙：《直斋书录解题》卷3，上海：上海古籍出版社，2005年，第91—92页。

② （明）王行：《墓铭举例》卷3《中奉大夫游公墓志铭》，《景印文渊阁四库全书》，第1482册，第419页。

③ （明）陈载兴辑：《宋陈忠肃言行录·年谱》，嘉靖二十九年本、光绪十五年本误作"邓南夫人文"；《永乐大典·年谱》，第1857页作"邓南夫文"。

后》，杨时《杨时集》卷 26 有《跋了斋祭邓南夫文》。[1]邓南夫，即邓肃父，与陈瓘交好，陈瓘有《与邓南夫别纸》[2]。

按：《与邓南夫别纸》日期不详，暂系于此。

作《与随缘居士黄策帖》。

《永乐大典》卷 3143《南康志》载此帖曰："夏末象除宫观，居南康，居阁得禄，武思自幸戒中僦舍，隘而不湫，水时得免侵齧，尤所喜。使山制虽隔城康阜，大江日在户牖，杜门得此，是以年余龄矣。"[3]自政和七年十二月瓘被迫移南康军，"年余龄"后，当在宣和元年。

作《李景温墓志铭》。[4]

李景温，名庭，景温乃其字，邵武军光泽县人。无子，以堂兄李深子李郁为己子。李郁乃陈瓘仲妹与李深季子。《墓铭举例》卷 3 载李景温于宣和元年三月丁未卒，二年七月葬。李郁遣人自少武军光泽县（属今福建）至南康军（今属江西）请陈瓘作墓志铭，故此铭应作于宣和元年四月至二年六月之间。宣和二年春瓘即移居楚州，故推测此文大概作于宣和元年秋冬之际。

宣和二年庚子（1120 年），公年六十四。

南康军居住。

作《陈子真墓志铭》。[5]

陈子真，名彦默，字子真，世家洛阳，崇宁四年十一月卒，大观三年七月葬。陈瓘与陈子真幼时即相交，故当其子陈立自莆田（今属河南郑州）千里求铭，瓘即作铭。《永乐大典》卷 3147 载此时瓘"寓居南康"，而不明具体年岁，故暂系于此。

---

① （宋）李纲撰，王瑞明点校：《李纲全集》卷 162《书祭邓南夫文后》，第 1490 页。

② 《海外新发现永乐大典十七卷》卷 10110，第 260 页。

③ （明）解缙等：《永乐大典》卷 3143《南康志》，第 1849 页。

④ （明）王行：《墓铭举例》卷 3《李景温墓志铭》，《景印文渊阁四库全书》，第 1482 册，第 417 页。

⑤ （明）解缙等：《永乐大典》卷 3147《陈子真》，第 1898、1899 页。

宣和三年辛丑（1121 年），公年六十五。

楚州居住。

春，因方腊起义，京党造飞语，言公之壻为方腊军所劫，复令瓘移楚州（今江苏淮安）。

八月，瓘徙居山阳（今江苏淮安），作《陈忠肃公帖》。

魏了翁《鹤山集》卷 63《跋陈忠肃公帖》载："是帖盖晚岁自九江移南康，南康移山阳时（作）也。宣和三季八月方寇既平，蔡氏方以飞语谓公之壻尝为寇所抄取。公竟坐迁山阳。"[①]

十月，张商英卒于京南。

宣和四年壬寅（1122 年），公年六十六。

楚州居住。

作《有宋八行先生徐公事略》。

徐中行，临海人，范纯仁、司马光皆赞之，从胡瑗学，有贤声，与陈瓘相交。林表民《赤城集》卷 16 载："政和癸巳，黄岩隐士左纬经臣裒诗访瓘于宝城方丈，语及大略，经臣勉瓘纪之。越十载，先生之门人陈公辅遽以即世告，瓘发缄恸绝，亟起为之书。谨授介绍，俾藏之泮宫，以诏来者作传。"[②]政和癸巳即政和三年（1113 年），陈瓘羁管台州，"越十载"后，徐中行卒，陈瓘书此文，应是在宣和四年（1122 年）四月以前。

四月[③]，瓘卒于楚州，敕葬广陵（今扬州）禅智寺前。

陈渊、杨时、游酢、李纲、邓肃等皆有祭文。

---

① （宋）魏了翁：《鹤山集》卷 63《跋陈忠肃公帖》，《景印文渊阁四库全书》，第 1173 册，第 49 页。

② （宋）林表民编：《赤城集》卷 16《有宋八行先生徐公事略》，《景印文渊阁四库全书》，第 1356 册，第 755 页。

③ 嘉靖二十九年本《宋陈忠肃言行录 · 年谱》载陈瓘宣和四年二月卒；《永乐大典 · 年谱》，第 1858 页载陈瓘宣和六年卒。其他史料中关于陈瓘卒年说法不一，详见拙作《宋代陈瓘及其作品考辨》，《河北大学学报（哲学社会科学版）》2020 年 1 期。

三、年谱后录

钦宗靖康元年丙午（1126年），瓘卒后4年。

二月癸丑（十七日），特赠右谏议大夫。《钦宗赠陈瓘谏议大夫制》见《宋陈忠肃言行录》卷2、《永乐大典·年谱》。

八月甲午（一日），录瓘四子。①

高宗建炎四年庚戌（1130年），瓘卒后8年。

沙县民众于县治西一里许建陈瓘祠堂，每岁春秋二仲，有司以牲帛、醴斋，祭于祠下。杨时作《祠堂记》。②

绍兴三年癸丑（1133年），瓘卒后11年。

延平太守周绾建谏议了斋祠于府学之西，岁时从祀。

绍兴四年甲寅（1134年），瓘卒后12年。

陈瓘次子正同刊瓘之《四明尊尧集》（四卷本）于邵阳。

> 续修四库全书本《宋忠肃陈了翁四明尊尧集》（陈绍泉光绪十年刊）卷10陈正纲所作《重刊四明尊尧集跋》载"昨季兄待制守邵③阳日，尝刊版于公库。"正纲"季兄"是陈正由，考陈瓘五子，唯有次子正同官敷文阁待制，且曾于邵阳任职，《宋陈忠肃言行录·年谱》亦载正同绍兴四年"刊公之《尊尧集》于家"，故"季兄"为"仲兄"之误。
>
> 另，《宋陈忠肃言行录·年谱》载正同"于家"刊《四明尊尧集》，与正纲跋文"刊版于公库"异。宋张元幹《芦川归来集》卷9《题跋了堂先生文集》亦载《四明尊尧集》"邵州旧版"即是指正同所刊，故"于家"应是指正同在邵阳刊刻陈瓘《四明尊尧集》后，并未大量外传。不仅此版，绍兴二十九年正纲所刊《四明尊尧集》亦是深藏于家中，未曾在市面流传。

绍兴初，大概在陈正同刊刻《四明尊尧集》后不久，张元幹手校《了堂④文集》和《易说》、谏稿合二为一，编次整理，并作《题跋了堂先生文集》。⑤

---

① "四子"，《永乐大典·年谱》，第1856页作"与二子恩泽"。

② （宋）杨时撰，林海权校理：《杨时集》卷24《沙县陈谏议祠堂记》，第635页。.

③ "邵"，傅增湘旁校为"郃"，参见：（宋）陈瓘：《宋忠肃陈了斋四明尊尧集》卷10，续修四库全书，第399页。

④ 即陈瓘，有些史料中又称陈瓘为"了堂"。

⑤ （宋）张元幹：《芦川归来集》卷9《题跋了堂先生文集》，《景印文渊阁四库全书》，第1136册，第655页。

绍兴六年丙辰（1136年），瓘卒后14年。

三月庚午（三日），从给事中张致远所请，诏陈瓘祠堂可依福州州学陈襄等例，遇春秋释奠就祭。①

绍兴二十六年丙子（1156年），瓘卒后34年。

八月己亥（三十日），赐谥忠肃。《高宗谥陈瓘忠肃制》见《宋陈忠肃言行录》卷2、《永乐大典·年谱》，制文由中书舍人王纶行所作。

绍兴二十九年己卯（1159年），瓘卒后37年。

绍兴二十九年十二月乙丑（十五日），陈瓘幼子、奉议郎充福建路转运司主管文字、赐绯鱼袋正纲自筹经费刊刻《四明尊尧集》，藏于家中。②

宁宗嘉定三年庚午（1210年），瓘卒后88年。

延平太守余嵘建了斋书院。

理宗绍定六年癸巳（1233年），瓘卒后111年。

知台州赵必愿建陈瓘祠堂。③

理宗嘉熙三年己亥（1239年），瓘卒后117年。

沙县主簿兼签厅黄商楫诣于郡守马天骥奏许有司每岁春秋二仲丁奉祀，复蒙颁降春秋祝文。祝文见《宋陈忠肃言行录》卷八。

元大德元年丁酉（1297年），瓘卒后175年。

七世孙陈宣子，号松硐，元大德元年丁酉（1297年）编辑瓘之《年谱》，又称《旧年谱》（即今《永乐大典》卷3143、卷3144《陈瓘〈年谱〉》），后与《责沈文》同时刊刻。泰定三年（1326年），三山林兴祖作《旧年谱序》。陈宣子所作年谱后毁于兵火，十世孙陈泽于至正二十四年甲辰（1364年）七月，抄录贡川族人所藏《年谱》后锓梓于祠堂。

元至元五年己卯（1339年），瓘卒后217年。

九世孙文绸重刊《尊尧集》于祠下，张泰作《重刊四明尊尧集序》。

明建文二年庚辰（1400年），瓘卒后278年。

八月，沙县知县、累升工部都给事中、锡山倪峻重建书院，作《重建书院记》。

天顺七年癸未（1463年），瓘卒后341年。

十二世孙陈纪重刊《尊尧集》于临川，正德十四年己卯（1519年），舒芬作《重刊

---

① （清）徐松辑，刘琳等校点：《宋会要辑稿》崇儒2之33，第2780页。

② （宋）陈瓘著：《宋忠肃陈了翁四明尊尧集》卷10，续修四库全书，第399页。

③ 《宋史》卷413《赵必愿传》，第12408页。

四明尊尧集序》。

成化九年癸巳（1473 年），瓘卒后 351 年。

沙县知县、累升户部尚书、岭南张泰重建陈瓘祠堂，并作《重建祠堂记》。

嘉靖十二年癸巳（1533 年），瓘卒后 411 年。

延平府添注推官，累升礼部尚书东阁大学士、华亭少湖徐阶捐俸重建祠堂，次年，作《重建祠堂记》。

嘉靖二十六年丁未（1547 年），瓘卒后 425 年。

十五世孙陈载兴，嘉靖二十六年丁未（1547 年），编辑、刊刻《宋陈忠肃言行录》八卷。陈载兴所作陈瓘言行录流传于世者三个版本，嘉靖二十六年本（残本，前五卷散佚，今藏于苏州大学图书馆）、嘉靖二十九年本（收入）、光绪十五年本。

康熙十八年己未（1679 年），瓘卒后 557 年。

二十三世裔孙陈孔项重刻公之《四明尊尧集》。

雍正三年乙巳（1725 年），瓘卒后 603 年。

二十五世裔孙陈象瀚、陈嘉言等重刊《四明尊尧集》，吴堂、李开蕖、吴皖、苏之琨皆有《重刊四明尊尧集序》。

光绪十年甲申（1884 年），瓘卒后 762 年。

二十七世裔孙绍泉重刊《宋忠肃陈了斋四明尊尧集》，甘常俊作《重刊四明尊尧集序》。光绪十二年丙戌（1886 年）获嘉靖本《宋陈忠肃公言行录》，以之第五卷校对《四明尊尧集》（即今续修四库全书本）。

光绪十五年己丑（1889 年），瓘卒后 767 年。

二十七世裔孙绍泉重刊《宋陈忠肃公言行录》。

作者简介：杨高凡（1975—），女，汉族，河南镇平人，河南大学法学院副教授，博士后，河南大学法律史研究中心研究员，从事宋史、法制史方向研究。

学缘与血缘

——北宋永嘉学术传衍路径探究*

兰 军

（江苏师范大学 历史文化与旅游学院，江苏 徐州，221116）

摘 要：北宋是永嘉学派初创期，以学缘与血缘为基础建构的社会关系网络成为永嘉学术传衍的主要路径。皇祐年间，王开祖在华盖山创办东山书院讲明理学，首开以书院为基地，借助学缘关系传播永嘉学术之风。林石、丁昌期除于塘奥塾、醉经堂讲学外，另辟以宗族联姻为媒介的传学渠道，建立起与元丰九先生间的学脉传承。周行己、许景衡等永嘉洛学士人既通过官学、书院、书塾讲学等拓展学术社群，又通过相互联姻及家学传承等血缘关系网络凝聚地域学术认同，形成鲜明的永嘉学术风格。

关键词：北宋；永嘉学术；学缘；血缘

永嘉学派是宋代颇具影响力的地域性儒学流派，学界对其发展历程、自身特色与其他学派互动关系已有充分论述[①]，且对永嘉学术自“皇祐三先生”开风气之先，经“元丰九先生”引洛学入温的传承谱系已做详细探讨。[②]北宋永嘉学术初创且形成“必竞省以御物欲”之风，永嘉学者通过哪些途径实现彼此学术观点的汲取、整合与传承，进而

---

* 本文为江苏师范大学人文社会科学研究基金项目“温州书院发展史”（17XLW010）的阶段性研究成果。

① 代表性研究成果有：周梦江：《叶适与永嘉学派》，杭州：浙江古籍出版社，1992 年；王宇：《永嘉学派与温州区域文化》，北京：社会科学文献出版社，2007 年。

② 参见陆敏珍：《宋代永嘉学派的建构》，杭州：浙江大学出版社，2013 年；郑根成：《永嘉学派的学术渊源》，《常州大学学报（社会科学版）》2018 年 3 期，第 90—100 页。

形成颇具影响力的地域性儒学社群，尚未引起学界足够重视，值得展开深层次探究。本文试图通过对北宋永嘉学者在书院、书塾及官学讲学活动的分析，对其家族通婚、家学传承情形的描述，揭示以学缘与血缘互相融合为基础结成的社会关系网络成为北宋永嘉学术传衍的主要路径，进而加深学界对北宋永嘉学术传承情形的了解，明晰永嘉学派形成之渊源。

一、书院与永嘉学术——王开祖在东山书院的讲学活动

北宋皇祐年间（1049—1054 年），王开祖率先在温州华盖山创办东山书院讲明义理之学，开创出以书院为基地，创新、传播永嘉学术的路径，被后世儒者推崇为永嘉理学之开山祖。

王开祖，字景山，早年致力于举业，皇祐五年进士，初试秘书省校书郎，后任处州丽水县丞。因不满宰相肆意干涉制科取士，遂专心于讲学活动，经历了从入仕为官到倾心义理之学的人生转折。

> 皇祐贤良儒志先生王景山，讳开祖。少敏悟，书经目辄成诵，勤笃废寝食。初习制科，以所业上召试。皇祐五年中第三甲进士第。洪氏《登科记》云："是年应制科者十有八人，宰相不曾留意取士，密谕考官，只放一人过阁下，试六论。贤良赵彦若中选，及对策，又黜之。"是年制科并不取人，景山幡然不调而归，尽焚旧作。纵观经史百家之书，考别差殊，与学者共讲之，席下常数百人，尊之曰"儒志先生"。①

儒志先生所讲之学集中于儒家经史范畴，东山书院即为其从事讲学活动之所。"东山书院在华盖山上。邑人御史孙昭《记》略曰：宋皇祐贤良王儒志先生退居东山，设塾讲学，席下常数百人，故有东山书院。迄今凡六百有余岁。"②从席下常聚数百人之规模看，儒志先生在东山书院的讲学活动在当时永嘉士人中产生了深远影响。南宋永嘉学者陈谦对王开祖在东山书院讲明义理之学给予了高度评价，"景山独能研精覃思，发明经蕴，倡鸣道学二字，著之话言，此永嘉理学开山祖也。不幸有则亡之叹，后四十余年，

---

① （宋）陈谦：《儒志学业传》，（宋）王开祖编：《儒志编》，《景印文渊阁四库全书》，台北：商务印书馆，第 696 册，1986 年，第 803 页。

② （明）王叔果、王应辰编纂，潘猛补点校：《嘉靖永嘉县志》卷 2，北京：中国文史出版社，2010 年，第 41 页。

伊洛儒宗始出，从游诸公还乡，转相授受，理学益行而滥觞亦有自焉！”[①]。陈谦所指之道学，实为广义上的宋代理学，开祖之学与二程之学都囊括在内，其所要凸显的正是儒志率先在温州创办书院，讲明义理之学的功绩。

皇祐年间，王开祖于东山书院讲明义理之学的活动，开启了北宋书院讲学之风。宋初，朝廷未建立起完善的官学教育体系，书院在民间日渐兴起，分担官学教书育人功能。朱熹《衡州石鼓书院记》称，“予惟前代庠序之教不修，士病无所于学，往往相与择胜地，立精舍，以为群居讲习之所”[②]。据邓洪波考证，北宋兴起的民间书院多与科举相结合，注重经义和文学，使其教育教学功能得以强化。[③]吕祖谦描述的“儒先往往依山林，即闲旷以讲授，大师多至数十百人”[④]，以讲学为主要功能的书院在北宋仍属少数。儒志先生于东山书院阐明心性义理之学的讲学实践，成为讲学书院的突出代表，推动了宋初理学的兴起。王开祖的书院讲学与胡瑗、孙复、石介、陈襄诸儒遥相呼应，皆注重儒家内圣外王之学的展开。黄宗羲即将其归入宋初理学诸儒行列，“是时伊洛未出，安定、泰山、徂来、古灵诸公甫起，而先生之言实遥与相应。永嘉后来问学之盛，盖始基之”[⑤]。王开祖等宋初儒者对理学心性气理诸命题已有涉及，呈现出理学尚处于萌蘖状态的情形。“以上诸儒，皆在濂、洛未出以前。其学在于修己治人，无所谓理、气、心、性之微妙也。其说不过诵法圣人，未尝别尊一先生，号召天下也。中惟王通师弟，私相标榜，而亦尚无门户相攻之事。今并录之，以见儒家之初轨与其渐变之萌蘖焉。”[⑥]与宋初诸儒相比，开祖之学显示出不立门户、兼收并蓄的风格，为后世永嘉学者所承继，成为永嘉学派的典型特征。四库馆臣评论道：

> 然当时濂、洛之说犹未大盛，讲学者各尊所闻。孙复号为名儒，而尊扬雄为模范。司马光三朝耆宿，亦疑孟子而重扬雄。开祖独不涉岐趋，相与讲明孔孟之道。[⑦]

此后虽有以周行己、许景衡为代表的“元丰九先生”赴洛阳求学程颐，继而在温州传播伊洛之学，然永嘉学术中仍融入了浓厚的开祖之风。

---

① （宋）陈谦：《儒志学业传》，王开祖编：《儒志编》，《景印文渊阁四库全书》，第696册，第803页。

② （宋）朱熹撰，朱杰人、严佐之、刘永翔主编：《朱子全书·修订本》卷79《衡州石鼓书院记》，上海：上海古籍出版社；合肥：安徽教育出版社，2010年，第24册，第3783页。

③ 邓洪波：《中国书院史（增订版）》，武汉：武汉大学出版社，2013年，第85页。

④ （宋）吕祖谦：《吕东莱文集》卷6《白鹿洞书院记》，北京：中华书局，1985年，第138页。

⑤ （清）黄宗羲原著，全祖望补修，陈金生、梁运华点校：《宋元学案》卷6，北京：中华书局，1986年，第253页。

⑥ 《钦定四库全书总目》第91卷，北京：中华书局，1997年，第1203页。

⑦ 《钦定四库全书总目》第91卷，第1203页。

学界对王开祖学术思想的认知，主要是通过其在东山书院的讲学语录，即由门人弟子整理而成的《儒志编》。该书是目前仅存的集中呈现王氏学术思想之著作，其流传经历亦颇为曲折，《钦定四库全书总目》对其版本情形做有大致勾勒：

> 是编乃其讲学之语，旧无刊本。据其原序，乃明王循守永嘉时始为搜访遗佚，编辑成帙。因当时有“儒志先生”之称，故题曰《儒志编》。然考《宋史·艺文志》儒家类中，有王开祖《儒志》一卷，则非循之所辑。或原本残缺，循为厘订（定）而刻之欤？[①]

如四库馆臣所述，现存《儒志编》为明弘治年间永嘉县令王循搜访遗佚重新编辑而成，乾隆年间收入《四库全书》。南宋永嘉学者许及之任官袁州时曾将该书加以订正，刊刻于临江官学。许氏在序文中述及儒志先生在东山书院讲学授徒、著述情形：“日与门弟子论道考德为事，多所著述。书成终不肯出，独《儒志》一书，为门弟子默记，转相授受，故永嘉之学言宗师者首王贤良焉。惜其书所传未广，某每介介。近得番阳洪公紫微与某所藏互异，乃移札友人新喻王钦若子善，裒乡中所传数本参加订正，刊之临江郡庠。”[②]从《宋史·艺文志》曾著录该书看，许及之刊本《儒志编》确实存在，只是未广为流传。明初，苏伯衡还曾见到残缺本《儒志编》，其友人诸葛文敏据《王氏谱牒》进行过校正，为弘治年间王循重新编辑奠定了基础。“兹过永嘉，辱友公九世孙渊，始得见其家藏《儒志编》若干首，刘屯田、戴惟岳二墓文。观是书虽不能尽知公，因文以求义，因迹以求用，亦足以得其绪余矣。”[③]

《儒志编》反映了王开祖欲重建儒家理想社会秩序的学术追求，在一定程度上开启了永嘉事功思想之萌芽。“由孟子以来，道学不明，我欲述尧舜之道，论文武之治，杜淫邪之路，辟皇极之门，吾畏诸天者也，吾何敢已哉？”[④]王氏认为，儒学是建立理想社会秩序的基础，通过回溯历史推论尧舜之道，方能实现太平盛世，体现出强烈的学术经世理念。在该理念指引下，儒志先生注重对民本、仁政等儒家政治理念的阐发，将辅教与安民视为关乎社稷之大政，施教更在治民之先。从个人角度而言将受教提升至生存所需的高度，“教如饮食，人待以生”；从国家而言将学视为国之大本，教为国之大务。

① 《钦定四库全书总目》第 91 卷，第 1203 页。

② （宋）许及之：《儒志编序》，（清）孙衣言撰，张如元校笺：《瓯海轶闻》，上海：上海社会科学院出版社，2005 年，第 15 页。

③ （宋）王开祖编：《儒志编》，《景印文渊阁四库全书》，第 696 册，第 804 页。

④ （宋）王开祖：《儒志编》，《景印文渊阁四库全书》，第 696 册，第 802 页。

与治军、作战相比，将立学校、正法度，视为不待帝命而为之政。“修甲兵，讨有罪，此待命而后为之者也。立学校，正法度，此不待命而为之者也。”①在治民过程中王氏关注暴吏、重赋与诏令数易问题，将之视为天下三疾，认为吏治之道并不在于治簿书、理财赋等具体事务，善政应体现在制度的设计上。“故君子会其宗，推其纲，问其所宜，不问其所成。察其所归，不察其所存，是谓大成。”②

濂洛之学未兴时，王开祖在《儒志编》中就心、性、诚、情、理等理学核心命题已进行阐发，虽未形成系统的理论体系，却反映出宋初理学萌生之情形。《儒志编》开篇即对性、诚、道、德之概念做了简明阐发，并梳理出其内在递进关系。

> 复者，性之宅也；无妄者，诚之原也；大畜者，道之归也；颐者，德之施也。故君子复足以知性，无妄足以立诚，大畜足以有容，颐足以育物。知其复则能知性，知性则能立诚，立其诚则能畜德，畜其德则能发育万物，而与天地配矣。《中庸》之言“推乎人性，赞天地而育万物”，其原于此乎。③

儒志先生在此勾勒出士人从进德涵养到发育万物，整个生命境界的提升过程，呈现出内圣之学的基本架构。南宋时王开祖即被当地学者、官员尊称为永嘉学术之开山祖，历元明清不断被复述与宣扬，主要得益于其在东山书院的讲学活动及讲学语录《儒志编》中所阐发的理学思想，成为后来永嘉学术源头之一。

因王开祖早逝，东山书院讲学活动持续未久，与后起“元丰九先生”间缺乏清晰的学术传承脉络。开祖之学因缺乏杰出弟子承继发扬，后世子孙未能笃守家学，渐趋衰微。“所恨在门无高第，不能使其说行于当时；复压于程、朱之书，遂不显于后世；而胤嗣之贤者又不知珍守其说于家，卒致舛讹晦蚀，几失其真。”④由此可见，单凭儒志先生短期的书院讲学活动，学缘关系网络难以在当地获得充分铺展，致其学术思想未能得到较好的传承与发扬。

二、学缘与血缘的交织——林石、丁昌期的儒学践履

王开祖之外，北宋皇祐年间温州还有林石、丁昌期二位乡先生在瑞安、永嘉创办私

① （宋）王开祖：《儒志编》，《景印文渊阁四库全书》，第696册，第798页。
② （宋）王开祖：《儒志编》，《景印文渊阁四库全书》，第696册，第800页。
③ （宋）王开祖：《儒志编》，《景印文渊阁四库全书》，第696册，第783页。
④ （明）王瓒、蔡芳编，胡珠生校注：《弘治温州府志》卷20，上海：上海社会科学院出版社，2006年，第640页。

塾，以经学教授乡里子弟。二先生虽在理学思想上未有显著创发，却明经笃行，借助书塾讲学、宗族联姻等途径，长期在家乡训育子弟、传播儒学思想，初步编织出学缘与血缘交错的学术传播网络。黄宗羲遂将二先生纳入永嘉学术传承谱系，“永嘉师道之立，始于儒志先生王氏；继之者为塘奥先生林氏，安定、古灵之再传也；而先生参之”。①

林石，字介夫，早年致力于科举之学，后体悟到“古人之学不如是，遂刻意诸经”，赴括苍从管师常学《春秋》。管师复、师常兄弟师从宋初三先生之胡瑗，故林氏为安定再传弟子，坚守《春秋》之学，“临川王氏《三经》行，先生独不趋新学，以《春秋》教授乡里。既而《春秋》为时所禁，乃绝意仕进，筑室躬耕，作萱堂以养母”②。处州括苍先生龚原对林氏所讲《春秋》亦敬佩有加，“龚原深之尝以《易学》行世，比见先生，乃瞿然顾恨识《春秋》之晚也，于是永嘉之学不专趋王氏”③。开祖之后，林石继续倡导务实践履的治学风格，成为永嘉学派的典型特征。“讲论古今，必先实行而后文艺，曰：‘本之不立，末于何有？’”④

林石对永嘉学术的贡献还表现在于瑞安帆游乡塘奥创办书塾，长期致力于向当地士子讲授《春秋》学，“元丰九先生”即多出于林氏门下。九先生中沈躬行“初从塘奥先生林石游，安定、古灵之再传也”⑤。刘安节在为林石所撰祭文中追述了其从学历程，“微发大旨，析其异同，一时诸公，舍己请从。嗟余晚学，实愚不肖，曾谓先生，肯赐之教。诲我谕我，谓我宗盟，勉我以学，忘其不能。维是顽庸，莫堪鞭策，先生之教，夫敢不力！”⑥安节所指“一时诸公”，应涵盖了以九先生为代表赴太学求学的温州诸生。陈傅良亦着重凸显林氏与“元丰九先生”间的学脉传承关系，“而周公恭叔，刘公元承、元礼兄弟，许公少伊相继起，益务古学，名声益盛，而先生居然为丈人行。……要之永嘉之师友渊源，不曰先生之力哉！”⑦林石之后，门人沈琪、沈东美、韩汝翼与嫡孙林崧孙继续在塘奥塾倡导六经，培植后进。史称林崧孙“字乔年，介夫孙。幼孤力学，通《诗》《易》《尚书》，为文清洁而善通实事。……日与沈东美、韩汝翼修其祖故事，保坟墓，厚风俗。绍兴之季，后进多尚宦达，至高尚有旧典型，惟推乔年”⑧。

林石因创办学塾讲明《春秋》及对“元丰九先生”的影响，被后世儒者不断追述，

---

① （清）黄宗羲原著，全祖望补修，陈金生、梁运华点校：《宋元学案》卷6，第255页。
② （清）黄宗羲原著，全祖望补修，陈金生、梁运华点校：《宋元学案》卷5，第247页。
③ （宋）陈傅良著，周梦江点校：《陈傅良文集》卷48《新归墓表》，杭州：浙江大学出版社，1999年，第609页。
④ （清）黄宗羲原著，全祖望补修，陈金生、梁运华点校：《宋元学案》卷5，第247页。
⑤ （清）黄宗羲原著，全祖望补修，陈金生、梁运华点校：《宋元学案》卷32，第1137页。
⑥ （宋）刘安节等：《刘安节集》卷2《为林思廉祭林介夫》，上海：上海社会科学院出版社，2006年，第44页。
⑦ （宋）陈傅良著，周梦江点校：《陈傅良文集》卷48《新归墓表》，第609—610页。
⑧ 浙江省地方志编纂委员会编：清雍正朝《浙江通志》卷193，北京：中华书局，2001年，第5456页。

编入永嘉学术谱系。周行己在《沈子正墓铭》中将之与程颐、吕大临、龚原并列为名世宗师。“河南程正叔、京兆吕与叔、括苍龚深之与介夫，皆传古道，名世宗师。唯是书成弗以示人，故世无传焉。学者称塘奥先生。”[①]许景衡评价其“非诗书勿谈，非孔孟勿为”。晚清大儒孙诒让进一步肯定了王开祖、林石对后来永嘉学派诸儒的导引之功。“若王儒志倡鸣道学于伊洛未作之先，林塘奥讲明《春秋》于王氏新学之际。厥后真儒，彬彬辈出，或以道学显，或以功业著，或以文章鸣，或以气节忠义见，炳然粹然，莹无瑕颣，其气象何如耶？”[②]

与林石相比，经行先生丁昌期虽建有醉经堂讲学，却更类似于家塾，其学术传衍主要借助于家族关系网络。丁昌期，字逢辰，永嘉人，元祐三年（1088年）举荐经明行修科，不中第归，后隐于东郊，建醉经堂教授乡里。丁氏在理学思想创发上未有显著成就，却尤明经术，注重笃行践履，其家族很快崛起为当地科举世家。据方志载，“既殁，乡人谥之曰经行先生。三子：惇夫，字包蒙，三举乡贡；惇，诸书避光宗讳改作宽。廉夫，举八行；志夫，登绍圣进士第。皆好古博学，被服礼义，知名士大夫间。孙康臣、康时，相继登绍兴第。志夫、康臣皆自有传”[③]。丁氏子孙在科第上的显著成就实导源于经行先生筑醉经堂在宗族内开展的讲学实践。黄宗羲对其家学传承情形有过简要记述，“兄弟好古清修，自相师友，各以所得质于其父，不为苟同，曰：‘此理天下所共，不可为家庭有阿私也’”[④]。经行先生子孙多笃守家学，注重《春秋》的传承，三子志夫即坚守以经学参加科考。“初从进士举，方尚辞赋，或劝其从时好，曰：‘经术，吾家学也，舍之而从彼何哉！’卒以治经中礼部高第。未几，罢《春秋》学官，公曰：‘兹可废耶？’故凡经理世务、与人议论必稽焉，曰：‘他经明理而《春秋》断事也。’”[⑤]

从现有材料看，经行先生与“元丰九先生”间的学术传承主要借助于家族联姻。丁氏家族借助科第上的显赫成就逐渐构建起与周行己、许景衡、刘安节等永嘉学者间的姻亲关系网。周行己曾为经行先生父丁世元撰有墓志铭，备述两家姻亲关系，“是时，惟吾家曾大父赠屯田君，与丁君世元，顾籍文无害，出入公私，毫忽不犯，故皆号称长者。而二人亦独相好，由是屯田君以其女归世元之子。……昌期，盖周出也，于其父行

① （清）黄宗羲原著，全祖望补修，陈金生、梁运华点校：《宋元学案》卷5，第247页。
② 孙诒让编：《温州经籍志》卷9，上海：上海社会科学院出版社，2005年，第335页。
③ （清）张宝琳修，王棻等纂：光绪《永嘉县志》卷13，《中国方志丛书》第475号，台北：成文出版社有限公司，1983年，第1212页。
④ （清）黄宗羲原著，全祖望补修，陈金生、梁运华点校：《宋元学案》卷6，第255页。
⑤ （宋）许景衡撰，陈光熙点校：《许景衡集》卷19《丁大夫墓志铭》，第528页。

不可得辞”[①]，由此可见经行先生当为行己姑婆之子，两家存在密切姻缘关系。许景衡与丁志夫关系深厚，志夫中举后任宁海尉，景衡则调为台州尉，经行先生寓宁海时即常赴台州与许氏论学。景衡在祭文中述及，“窃官于台，公亦从养，安与往来，惠然我访。往拜夫人，重叙姻娅，言念伯兄，泣焉其潸”[②]，鉴于两家亲缘关系，许景衡还为丁氏撰有《丁昌期妻蒋氏墓志铭》《丁大夫墓志铭》等铭文。丁氏与永嘉刘安节、安上家族也有密切往来。刘安节早年从学于丁昌期，在《祭丁逢辰》文中曾述及此段经历，“笑指东郊，先子旧庐。诗书可乐，琴瑟可娱，盍往葺焉，予将隐居。命二三子，无弃是图，以讲以问，则余与俱”[③]。经行先生长子惇夫又是刘安上妹夫，安上在祭文中曾惋惜丁氏之早卒，“昔先子之捐馆，惟一女之醇懿，择良配以托付，实伊予之兄弟。念久之而未获，既得公而极慰，匪富贵以皇恤，期偕老以卒岁。何中路之蹉跌，忽如川而先逝？”[④]

据永嘉学者陈傅良记述，北宋温州以林石、丁昌期、张辉为代表的讲学家族间已然形成了一张以讲学与联姻为脉络的学术传承网络。

> 往时吾乡尚名德，贵门地，士大夫不苟为婚友。永嘉如草堂先生张子充氏，经行先生丁某父氏。瑞安如唐奥先生林介夫氏，皆名家也。数家子弟宾客，往往可称数。君考讳光庭，娶介夫之孙女，因林氏，君得从草堂诸子学。复因张氏，得以其仲姊归经行之孙。……余每论婚友之不可苟，于君故有感也。余娶草堂仲子思豫之女，则尝教君者也。既习闻其所繇成就如是，而琳、瑜又来问学，亦雅驯不烦。[⑤]

该墓志铭以冯光庭及陈傅良自身为例，生动描述了冯氏如何借助姻亲关系加入温州诸儒讲学网络，又如何借助该网络进一步拓展其求学空间。该讲学—姻亲网络透露出从王开祖至林石、丁昌期，借助学缘与血缘互补的学术传播途径，永嘉之学完成了从“皇祐三先生”到“元丰九先生”的传递。

---

① （宋）周行己著，周梦江笺校：《周行己集》卷7《丁世元墓志铭》，上海：上海社会科学院出版社，2002年，第141页。

② （宋）许景衡撰，陈光熙点校：《许景衡集》卷18《祭丁二丈文》，第522页。

③ （宋）刘安节撰，陈光熙点校：《刘安节集》卷2《祭丁逢辰》，第42页。

④ （宋）刘安上撰，陈光熙点校：《刘安上集》卷4《祭丁包蒙》，第225页。

⑤ （宋）陈傅良著，周梦江点校：《陈傅良文集》卷47《冯司理墓志铭》，第595页。

三、洛学与永嘉学术的融合——永嘉洛学士人社群之构建

借助学缘与血缘两条路径，“皇祐三先生”将永嘉学术注重经史与经世致用之风传递于后起周许诸儒。熙宁至元丰年间（1068—1085年），以周行己、刘安节、刘安上为代表的永嘉士子纷赴太学求学，相继亲炙或私淑于程颐，称为“元丰九先生”。元祐中（1086—1094年），又有鲍若雨、谢佃、潘旻、陈经正、陈经邦、陈经德、陈经郛赴洛阳，从程氏学。以九先生为代表的永嘉诸子互为姻亲，借助书院、书塾宣讲二程学说，凝聚当地士人，初步构建起具有鲜明地域特征的永嘉洛学士人社群。

“元丰九先生”承继“皇祐三先生”讲学经验，利用官学、书院、书塾等场所宣扬二程理学思想，永嘉洛学士人社群初步形成。元祐年间，周行己自京师至洛阳从程颐游，是二程之学在温州的主要传播者。崇宁元年（1102年），周氏出任温州府学教授，开始在官学讲论伊洛之学，史载“于是以所闻于程氏者，发明旨要以迪后进，此邦始有洛学”。①政和二年（1112年），周行己于郡城西雁池筑浮沚书院讲学授徒，“于所居谢池坊筑室临池，作东山堂。又作浮沚于雁池之西，皆自为记”②。这是周氏第二次在家乡传授理学思想，所作《浮沚记》概述了书院的基本建制及其人生观。“浮沚之西，旧为小阁，名曰沤阁。浮沚之东，新为小轩，名曰萍轩。其北旧为门道所从出，辟而为室，道不行焉，名曰浮室。……因水而为洲，因洲而为室，因室而为名，因名而为义，义皆浮义也，寄焉宜也，聊尔而已耳。”③除浮沚书院外，周行己还于故居华盖山麓谢池巷建有东山塾，延请九先生之沈躬行、戴述主教，传授伊洛之学。“东山塾，在谢池巷。周太博立，延沈躬行先生主教，戴明仲继之。”④沈躬行为程颐弟子，兼师吕大临，其学“以《中庸》《大学》为本，笃信而力行之，卓然以圣贤为依归”。戴述与周、沈二人同为太学诸生、程颐门人，周行己称其“尝从洛阳程氏问学，知圣人之道，近在吾身，退而隐于心，合于圣人之言，若自有得”⑤。九先生中张辉设有草堂塾，“在城南厢，宋张辉设教子孝恺、孙纯继之”⑥，致力于研析经史之学。平阳则有二程门人陈经正、陈经邦兄弟建会文书院教授生徒，开当地理学之风，全祖望称“平阳学统始于先生兄

---

① （明）王瓒、蔡芳编，胡珠生校注：《弘治温州府志》卷10，第235页。
② （明）王瓒、蔡芳编，胡珠生校注：《弘治温州府志》卷10，第235页。
③ （宋）周行己著，周梦江笺校：《周行己集》卷10《浮沚记》，第220页。
④ （明）王瓒、蔡芳编，胡珠生校注：《弘治温州府志》卷2，第28页。
⑤ （宋）周行己著，周梦江笺校：《周行己集》卷7《戴明仲墓志铭》，第145页。
⑥ （清）张宝琳修，王棻等纂：光绪《永嘉县志》卷8，第700页。

弟”[①]。以九先生为代表的温州籍太学诸生在师从二程后，继承“皇祐三先生”讲学传统，以永嘉、平阳为主先后创办多所书院、书塾，结成学缘关系网络，将二程理学思想融入永嘉学术，形成“必竞省以御物欲”的学术风格。

周许诸儒均秉承二程思想学说，加之彼此同乡、太学同学之谊，诸家族互相通婚，在学缘之外又结成以血缘为主的学术传衍网络。九先生中虽仅有周行己、许景衡、刘安节、刘安上文集存世，仍可通过相关记载勾勒出彼此间的联姻关系。据周行己所述，九先生崛起之前，多为地方富足之家，处于向文化世家的过渡阶段。“然人皆有可学之性，而或不得学者，盖由出乎贫贱之家，日迫于饘粥之不暇，所以沉为下愚，终身不灵，以贻笞戮，无所不至，此人之不幸也。诸生生于富有之家，复赖父兄之贤，使得从师为学，一身亦幸矣。”[②]诸家族在选取联姻对象时，皆注重儒学之家。

如图 1 所示，许景衡与赵霄、沈躬行家族间即存在着互为姻亲现象。许氏与赵霄、赵沾为表亲兄弟，在祭文中称“我家诸甥，森然比肩，秀特而文，孰如子贤？而我与子，总发嬉戏，匪亲之好，亦其臭味”[③]。许氏与沈躬行家族为世亲，《祭家姑文》备述两家姻亲关系，“昔我皇祖，生子六人，夫人惟季。孝友慈仁，能悦其亲，皇祖所爱。常曰吾女，不与俗子，妙择婚对。维时沈氏，母子自立，门户不坠。夫人既归，妇姑欢然，其家大顺。”[④]沈躬行之妹则分别嫁于九先生中赵霄之弟赵沾及张辉。周行己在为躬行之父所作墓志铭中述及，“女子六人，嫁张晖、陆纲、林晞颜、叶正己、赵沾，其一尚幼。君喜儒，男必遣就学，女必归进士”[⑤]，可见沈氏联姻取向。张辉家族与周行己家存在着姻亲关系，周氏在《祭张子充文》中概括两人关系为“仲氏懿亲，同学良友”[⑥]。据《有宋周夫人张氏墓志》判断，其姻亲关系具体为张辉之妹嫁于周行己之弟周成己。永嘉刘安节、刘安上家族也崇尚理学，其父刘弢虽以经营起家，却“辟馆裒书，延师儒，趣诸子族人皆从学。曰：‘是吾先人之志也。’”[⑦]家族联姻上有九先生中戴述娶安节之妹，“戴述，字明仲，永嘉人也。……先生为小刘先生妹婿，遂同游于程门，求为己之学”[⑧]。在共同学术背景基础上，九先生所在诸家族通过彼此联姻，结成横向血缘关系网络，使二程之学成为永嘉主流学术形态。

---

① （清）黄宗羲原著，全祖望补修，陈金生、梁运华点校：《宋元学案》卷 32《周许诸儒学案》，第 1143 页。
② （宋）周行己著，周梦江笺校：《周行己集》卷 6《劝学文》，第 105 页。
③ （宋）许景衡撰，陈光熙点校：《许景衡集》卷 18《代家兄祭赵彦章文》，第 523 页。
④ （宋）许景衡撰，陈光熙点校：《许景衡集》，卷 18《祭家姑文》，第 524—525 页。
⑤ （宋）周行己著，周梦江笺校：《周行己集》卷 7《沈子正墓志铭》，第 144 页。
⑥ （宋）周行己著，周梦江笺校：《周行己集》卷 7《祭张子充文》，第 133 页。
⑦ （宋）许景衡撰，陈光熙点校：《许景衡集》卷 19《宣义刘公墓志铭》，第 530 页。
⑧ （清）黄宗羲原著，全祖望补修，陈金生、梁运华点校：《宋元学案》卷 32《周许诸儒学案》，第 1141 页。

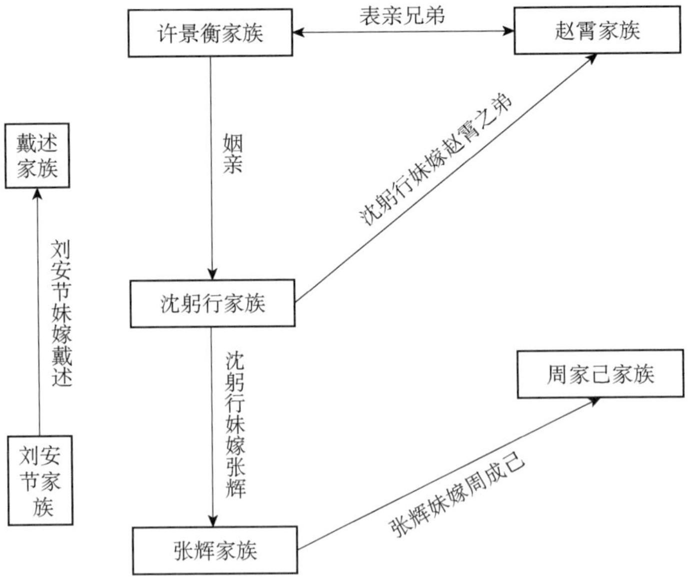

图1 元丰九先生家族联姻关系图

横向联姻外，“九先生”还通过与门人联姻及家学传承使永嘉学术得以纵向传衍。以周行己为例，其主要门人吴表臣、李迎均与之互结姻亲，传承其学。吴表臣，字正仲，官至吏部尚书兼翰林学士，是周氏门人中仕途最显达者。“《宋史》谓其源流得之陈忠肃公了翁，而不知其为浮沚先生高弟。永嘉诸公之传，其最达者，先生也。”[①]表臣子松年，娶浮沚先生弟成己之女，“初室周氏，封宜人，永嘉先生行己弟之子也，能通《孝经》《孟子》诸书，与公德对云，前五年卒”[②]。松年承继浮沚之学而与王十朋、郑伯熊兄弟往来密切，对永嘉学术传承贡献尤著。李迎为浮沚先生婿，因得闻伊洛之说。许景衡与门人萧振也存在着联姻关系。萧氏为程门再传之高第，享有颇高学术声誉，史载“萧振，字德起，平阳人也。横塘许忠简公壻，故少受业于许氏……当是时，伊洛之学盛行，其称程门再传弟子最有声者，上蔡之门则朱震，龟山之门则张九成、喻樗、高闶，横塘之门则振，而闽人刘子翚以私淑起”[③]。张辉为门人诸葛纯之舅，“诸葛纯，永嘉人。其父娶城南张氏，以诸子从其舅学，所谓草堂先生，以八行应书者也。由是阖郡贤士大夫，往往多诸葛氏师友姻娅云”[④]。随着九先生师承程颐及在科第上的崛起，所在家族相继完成向文化世家的转变，借助血缘关系途径，永嘉学术在诸家族子弟间传承。黄宗羲称，“九先生之后，能世其家，推周氏、沈氏、张

① （清）黄宗羲原著，全祖望补修，陈金生、梁运华点校：《宋元学案》卷32《周许诸儒学案》，第1146页。
② 萧东海：《杨万里年谱》，上海：上海三联书店，2007年，第12页。
③ （清）黄宗羲原著，全祖望补修，陈金生、梁运华点校：《宋元学案》卷32《周许诸儒学案》，第1148页。
④ （清）黄宗羲原著，全祖望补修，陈金生、梁运华点校：《宋元学案》卷32《周许诸儒学案》，第1151页。

氏”①。周行己家族有其孙周会卿，两举漕闱不第，遂杜门著书，传承家学。沈躬行家族先有从弟沈琪“聚族而居，寝舍饮食皆放古制。学者称为嘉庆先生”②，后有诸子沈大廉、沈大经传其家学，通物以性，成身以行。张辉家族有子孝恺，字思豫，传父学，称为架阁先生。陈傅良即为孝恺之婿，承继张氏家学，《祭张简之》文中述及，“盖余为婿，恨不及架阁公无恙，然犹及兄拊诸弟奉仲母以团居也”③。

学缘与血缘关系网络是传统中国新学术思想在地方社会传播的主要途径。从北宋永嘉学术传衍脉络来看，皇祐年间，虽有王开祖率先在东山书院讲明义理之学，开创出以书院为基地，依靠学缘关系网络创新、传播永嘉学术的路径，终因讲学时间短、网络构建单一未能传承久远。继之而起的林石、丁昌期在创办私塾，以经学教授乡里外，还开拓出借助宗族联姻，传衍永嘉学术的路径，初步编织出一张以讲学与联姻为脉络的学术传承网络，实现了永嘉学术从“皇祐三先生”到“元丰九先生”的传递。以周行己、许景衡为代表的永嘉洛学士人继续通过创办书院、书塾等途径相互联结，又借助彼此家族通婚、与门人弟子联姻及家学传承等血缘途径进一步凝聚地域学术认同，形成地域性士人社群，实现了洛学与永嘉学术传统的融合，为南宋永嘉学派走向兴盛奠定了基础。

作者简介：兰军（1987—），男，山东蒙阴人，中国史博士，江苏师范大学历史文化与旅游学院讲师，研究方向为书院历史与文化。

① （清）黄宗羲原著，全祖望补修，陈金生、梁运华点校：《宋元学案》卷32《周许诸儒学案》，第1149页。
② （清）黄宗羲原著，全祖望补修，陈金生、梁运华点校：《宋元学案》卷32《周许诸儒学案》，第1149页。
③ （宋）陈傅良著，周梦江点校：《陈傅良文集》卷45《祭张简之》，第570页。

“情”视域下的朱熹性情观新论

王　耕

（河北大学 宋史研究中心，河北 保定，071000）

摘　要：以“理”“心”“性”“情”等范畴为核心的朱熹理学，有两个重要的命题，即“理一分殊”和“心统性情”。通常认为，朱熹理学是对儒家思想进行形上建构的最重要阶段。“理一分殊”构成了本体论的核心，“心统性情”则成了其心性论的根本出发点，而性情观，又是朱熹心性论的重中之重，性情关系作为连接“心”“性”“情”“欲”乃至“意”“志”的中间环节，对其的解释不同，亦会影响到对于整个朱熹心性论乃至哲学思想的把握。宋明以降，乃至现代新儒家，对于儒家思想的形上建构并未完成对朱熹的超越。时至今日，随着郭店楚墓竹简的出土，一批重要文献的出现，高举“情本体”的李泽厚和主张“情感哲学”的蒙培元，不约而同地从“情”的视域出发，对于理解朱熹的性情观和心性论思想，提出了一些不同于前人的见地；对于今天高度发达的现代社会中传统儒家思想的现代性与现实性，提出了一种可能。

关键词：朱熹；心统性情；性自命出；情本体；情感哲学

以“理”“心”“性”“情”等范畴为核心的朱熹理学，有两个重要的命题，即“理一分殊”和“心统性情”。通常认为，朱熹理学是对儒家思想进行形而上学建构的最重要阶段。“理一分殊”构成了本体论的核心，而“心统性情”则成了其心性论的根本出发点，而性情观，又是朱熹心性论的重中之重，性情关系作为连接“心”“性”“情”“欲”乃至“意”“志”的中间环节，对其的解释不同，亦会影响到对朱熹心性论乃至其整个哲学思想的把握。宋明以降，乃至现代新儒家，对于儒家思想的形上建构并未完成对朱熹的超越。时至今日，随着郭店楚墓竹简的出土，一批重要文献出现，高举“情本体”的李泽厚和主张“情感哲学”的蒙培元，不约而同地从“情”的视域出发，对于理解朱熹的性情观和心性论思想，提出了一些不同于前人的见地；对于今天高度发达的现代社会中传统儒家思想的现代性与现实性，提出了一种可能。

一、“心统性情”说再释

“心统性情”说是朱熹性情观的核心内容，也是其心性论的实质。“心统性情”最早出自张载，但是朱熹力着笔墨将其发扬光大并系统论述。同时，以“心”“性”“情”为核心范畴的心性论，又是以“天”“理”为核心的本体论的延续。在经历了周敦颐、张载、二程的前奏之后，朱熹终于重建了以人伦秩序为轴心的孔孟之道，重新返回到天人合一的传统中来。“人性是联结、沟通‘天’‘人’的枢纽，是从宇宙论到伦理学的关键。不是宇宙观、认识论而是人性论才是宋明理学的体系核心。”①而这个人性论为核心的体系，构成了一个理—心—性—情的逻辑结构。通常对这个体系的理解，都是从以心和性为中心的心性关系出发去理解的。

> 伊川“性即理也”，横渠“心统性情”二句，颠扑不破！②
>
> 理者，天之体；命者，理之用。性是人之所受，情是性之用。③
>
> “心是知觉，性是理。心与理如何得贯通为一？”曰：“不须去著实通，本来贯通。‘如何本来贯通？’曰：‘理无心，则无着处。’”④

理是一端，情是另一端，而心与性就夹于这两端之间。理是天理，与人产生关联便是心，再分为道心人心，心之体用是性情。心是理的着落，表现为性之后又要再次着落，便是情。因此，从“情”的视域出发，也就是以“着落”为出发点。蒙培元认为，正是从这两点出发，奠定了朱熹心性论的情感理性特征。从“心是知觉”出发，性与情分别又延伸出了“能知”与“所知”，“未发”与“已发”，“体”与“用”的差别。

---

① 李泽厚：《中国古代思想史论》，北京：生活·读书·新知三联书店，2009年，第236页。
② （宋）黎靖德编，王星贤点校：《朱子语类》卷5，北京：中华书局，2007年，第93页。
③ （宋）黎靖德编，王星贤点校：《朱子语类》卷5，第82页。
④ （宋）黎靖德编，王星贤点校：《朱子语类》卷5，第85页。

所知觉者是理。理不离知觉，知觉不离理。[1]

性对情言，心对性情言。合如此是性，动处是情，主宰是心。大底心与性，似一而二，似二而一，此处最当体认。[2]

朱熹推崇《中庸》《大学》甚于《周易》，奉其为根本经典，也因缘于此，即人的感性、人性、性情重新被提作为体系的核心，本体论是离不开人性论的。在对《中庸》“喜怒哀乐之未发，谓之中；发而皆中节，谓之和。中也者，天下之大本也；和也者，天下之达道也。”一句的注解中，朱熹明确说道：

喜、怒、哀、乐，情也。其未发，则性也，无所偏倚，故谓之中。发皆中节，情之正也，无所乖戾，故谓之和。大本者，天命之性，天下之理皆由此出，道之体也。达道者，循性之谓，天下古今之所共由，道之用也。此言性情之德，以明道不可离之意。[3]

正因为有了情，性才被赋予了真实性，才能够实现自身，潜在的性只是作为一种范导，并非实体性存在，相反情才是。所以由情论性，不经过情的表现，性也就无所着落，无所认知和判断。同时，性和情共同的根源都是心，二者是统一于心的。

对于仁、义、礼、智四性与恻隐、羞恶、恭敬、是非四情之间的关系，亦是性情观的一个重要内容。四性是道德理性，而四情是道德情感，二者都统于一心，道德理性是由道德情感实现的，即“由情而知性之有”。而郭店楚墓竹简的出土，尤其是其中的《性自命出》篇，则对于理解原典儒学有很大帮助，最重要是关于“情”在儒家思想中的地位问题。关于郭店竹简的作者究竟是谁，至今尚无定论，多认为是思孟学派所著，而子思又是先秦儒家由孔子到孟子再到荀子思想演变中的重要人物，尤其是对于《中庸》而言。《性自命出》开篇四个字，即“道始于情”，再结合朱熹对《中庸》的注释，不难得出这样的结论，从义理上说，“道”主“情”是逻辑先后关系，是本体之于现象。而从生成上说，则是由“情”生“道”是时间先后关系，是道德情感或道德现象之于道德理性或道德观念。

与蒙培元不同，李泽厚在理解朱熹义理的时候，是从其内在矛盾出发的，他认为，一方面朱熹寄希望于赋予传统儒家范畴以形上根据，另一方面这种形上的“本体”又不

---

① （宋）黎靖德编，王星贤点校：《朱子语类》卷5，第85页。

② （宋）黎靖德编，王星贤点校：《朱子语类》卷5，第89页。

③ （宋）朱熹：《四书章句集注》，北京：中华书局，2018年，第20页。

能离开具体的现象，于是借助对于"性""情"的反复言说，最终却仍未超越儒家的以"情"为本的传统。他在《论语今读》中以程颐、朱熹对"仁"与"孝弟"的关系论说，说明他们与原典儒学有严重矛盾。这个矛盾便是究竟"孝弟"是"仁"之"本"还是"仁"是"孝弟"之本，《论语》说得极明白："孝弟也者，其为仁之本与！"由此，李泽厚的"情本体"论获得了进一步的材料支撑。在这里，李泽厚将"本"理解为"本体"的话，就毫无疑问地确立了"孝弟"之情先于或高于"仁"之性，"情"先于或高于"理"的地位。在对程颐和朱熹理论进行理解和评价时，他说："孝弟或'爱'都是具体的经验的'事''物'，是日常情感，属于'情'的范畴；而作为它的'本体''根源'便应该是不但区别于而且也超越于这情感经验道德的'理'。"[①]这里就体现出一个问题，即所谓的"本体"和"根源"并非一体。对此，朱熹是这样说的：

> "故为仁以孝弟为本。论性，则以仁为孝弟之本。……谓行仁自孝弟始，孝弟是仁之一事。谓之行仁之本则可，谓是仁之本则不可。……然仁主于爱，爱莫大于爱亲，故曰孝弟也者，其为仁之本与。"[②]

这里朱熹做了很清晰的说明，把孝弟这种道德情感以及由此而发的道德行为作为了"行仁"的根本，但明确规定了其不能够作为"仁"的根本。他依然明确区分了"本体"和"根源"，却回避了"行仁"和"仁"之间的逻辑关系，到底是归纳还是演绎？不同阐述间的异象，就在于始发的不同，是始于"道"还是"情"，自然，不论是哪一种，都离不开"心""性"，同样的，二者都是作为"道"和"情"转换过程的中介而存在的。因为朱熹要围绕"理"来构建形而上学体系，自然就要降低"情"的地位，但是又不能如西方哲学那般将二者完全割裂，还必须要最终"着落"到"情"上来，于是就给"情本体"和情感哲学提供了阐释的空间。蒙培元讲道："从根本上说，朱子不是从知性出发建构其心灵哲学，而是从情与知的结合上建构其心灵哲学，其中情感居于核心地位。他的'心统性情'说，以性为心之本体，但真正体现其性的，是情而不是知，知只起中介、工具的作用，情才是存在本身。正因为如此，朱子的心性之学，是性情之学而不是知性之学。"[③]

基本上所有对于"心统性情"说的解释，都是从心兼性情和心主性情这两方面来说的，限于篇幅原因，本文这里只做一简要提挈。朱熹这样讲：

---

① 李泽厚：《实用理性与乐感文化》，北京：生活·读书·新知三联书店，2009年，第61页。
② （宋）朱熹：《四书章句集注》，第50页。
③ 蒙培元：《论朱熹的"心统性情"说》，《天水师范学院学报》2011年第3期，第2页。

“心统性情。”统，犹兼也。①

“仁人心也”，是说体；“恻隐之心”，是说用。必有体而后有用，可见“心统性情”之义。②

性者，理也。性是体，情是用。性情皆出于心，故心能统之……一心之中自有动静，静者性也，动者情也。③

统是主宰，如统百万军。心是浑然底物，性是有此理，情是动处。④

心与性，不可以动静言……理在人心，是之谓性。……心是神明之舍，为一身之主宰。性便是许多道理，得之于天而具于心者。发于智识念虑处，皆是情，故曰“心统性情”也。⑤

在这些论述中，心、性、情的关系是很清楚的，心首先是一种承担者，上接天理，朱熹这里用了“神明之舍”来比喻心是身之主宰。单纯说心“主”性情，只完成了一半，解决了功能性的问题，具备了可能，因此还要通过心“兼”性情，是兼备而不是兼顾，有了“兼”，可能性才能最终转化为现实性。在此处还应注意一个问题，朱熹对于张载的“心统性情”说，更多是追溯至孟子（在《朱子语类》关于心统性情的描述尤甚）。一方面要讲“心”“理”之于“性”“情”的本体地位；另一方面，又要从性善的角度，把“性”作为由“心”到“情”的桥梁。问题也正出在这里，即“心”“性”的先验预设前提。在孟子那里的“四性”“四情”被朱熹通过“心”连接到了最高的形而上存在——“理”。因此，心的提出，就在于要通过给性、情找到一个共同的发端，用以联结二者，但是却因此提出了新的矛盾。从过程来看，行为的直接驱动者是“情”，根本推动力是“心”。李泽厚说得比较明白，想要从“心”到“情”，从抽象本体到具体现象，中间环节就是“性”，然而“性”的加入，只是使问题更加复杂。“性”既是“心”的下游，又是“情”的上游，因此既要说明它的超越性，又要使它同“情”紧密捆绑在一起。朱熹举了很多例子来说明“心”“性”“情”的关系，也即依然要把抽象理性本体诉诸对感性知觉的把握。情在这里，是一个不得忽视的“着落”。在看似晦涩的言说之后，最后还是要回到“情”上来。

蒙培元和李泽厚，对此有异曲同工的解读。蒙培元认为：“朱子之所以强调‘情’

① （宋）黎靖德编，王星贤点校：《朱子语类》卷98，第2513页。
② （宋）黎靖德编，王星贤点校：《朱子语类》卷98，第2513页。
③ （宋）黎靖德编，王星贤点校：《朱子语类》卷98，第2513页。
④ （宋）黎靖德编，王星贤点校：《朱子语类》卷98，第2513页。
⑤ （宋）黎靖德编，王星贤点校：《朱子语类》卷98，第2514页。

字，还在于情感与人的存在价值直接有关。从理论上说，性是人的存在的本体依据，而情感则是人的存在方式，性是人的存在本质和价值的所在，情感则直接决定其价值。人的喜怒哀乐之情，尤其是恻隐等道德情感，及其好恶之情，直接决定人的价值选择。这是心灵中最重要的事情。”①他把情的最终指向落实到人的心灵。而李泽厚在此则更进一步，“他们（宋明理学）这个不同于‘气’的‘理’，不同于‘情’的‘性’，不仅没有摆脱而且还深深渗透了经验世界的许多特色和功能，所以，我以为宋明理学对超验或先验的理性本体即所谓‘天理’‘道心’虽然作了极力追求，但在根本上是失败的。他们所极力追求的超验、绝对、普遍必然的‘理’、‘心’、‘性’，仍然离不开经验的、相对的、具体的‘情’、‘气’、‘欲’”②。正是以朱熹为代表的宋明理学对于一系列概念的梳理，把先秦儒家原本浑然一体的“仁”等范畴，借由自身矛盾的外化，进行了人为地割裂。本体具有了二重性。而不论是情感哲学还是“情本体”都是对这种割裂，通过复归先秦儒家，通过再解读的方式，重新确立起一个单一本体，也就是“情感”或“情”。即使对于朱熹的描述，如果按照现代的语境来说，道德观念和道德理性来源于也必然要经由道德情感归于道德实践和行为。“未发”只是一种假设的状态，实则是未知的，一旦成为已知，就是“已发”，就是“情”了，已然可以确立“情”的地位。

二、《性自命出》的关键意义

作为郭店竹简中非常重要的一篇，《性自命出》一方面是十四篇儒家竹简之一，另一方面也是最关键的，它所记录的内容是第一次出现在世人面前。这不但对于理解先秦儒家尤其是孔孟荀一脉有所帮助，更可从中对朱熹的性情观和心性论乃至朱熹义理在整个儒学史中的地位，再做一重新的认识。

《性自命出》是郭店儒家简的第九篇，内容主要是论述性与心、情，其表述更接近《论语》和《中庸》，如“凡人有性”，“四海之内，其性一也”等。在此，“情”在《性自命出》以及所有的儒家简中，都被提到了一个前所未有的高度，之前未有，之后也鲜见，《性自命出》对于原始儒家性情关系的解读起到了很重要的作用。这也是建构“情本体”的李泽厚与阐述“情感哲学”的蒙培元都不约而同地对郭店楚简抬到很高地位的根本原因，即“以情论性”。实际上，郭店楚简是先秦儒家对性情关系的第一次系统解读，从这一点上，比孟子的性善论体现了更多的思辨性。本文认为，《性自命出》关于

① 蒙培元：《论朱熹的“心统性情”说》，《天水师范学院学报》2011年第3期，第3页。
② 李泽厚：《实用理性与乐感文化》，第62页。

“天”“命”“性”“情”的描述，被其后的荀子有意无意地隐去，却又在朱熹的性情观中以另一种方式再现。同时，对“情”的大量描述，也是对孔子人性论的一种理性化尝试。蒙培元和李泽厚以此为据，一个通由情感哲学指向了“生”，一个经过“情本体”的确立，指向了“巫史传统”和历史本体论。

在先秦儒家那里，无论是孔孟荀还是《性自命出》，“性”和“情”都是统一的，不可分割的，甚至往往是同质而可以互用的，如前文所述，是浑然一体的，“以情言性”。但是到了朱熹这里，虽然论性情，但却是另一种方式。“性”需要通过“情”而且只能通过“情”予以确证。一方面认为“性是太极浑然之体，本不可以名字言”，“无声臭之可言，无形象之可见”，强调“性”的不可言说的超感性质；另一方面又认为“性”“含具万理”可以“界为四破”。强调“性”可以也必须经过仁、义、礼、智“四性”的道德理性来言说才能“足以晓天下”。而仁、义、礼、智又必须通过感性的恻隐、羞恶、恭敬、是非“四情”等道德情感才能显现。最主要的是，“性”的存在与否都必须而且只能通过情感予以确证、验证。所谓“凡物必有本根”，也就是有端必有理或有情必有性，如不从四端（情感）处验得，性之理的存在便无处验得，也无可验得。不仅仅是由情见性，更是由情证性。“性体情用”又“心统性情”，“性”只有通过“情”才能明示，才能确证，“情”具有了最高的主体性。朱熹说：

> 曰：“性不可说，情却可说。所以告子问性，孟子却答他情。盖谓情可为善，则性无有不善。所谓‘四端’者皆情也。仁是性，恻隐是情。”①

“性”只能由“情”明证自身的存在。由情可以见性，离开了情，性之存在就无处“着落”。实际上，以情见性在一定程度上可以看成儒家的共识，即儒家皆认可“以情见性”，而关键的差异就在于：一是“性”生“情”还是“情”生“性”；二是生成论和本体论是否同一，“情”为本还是“性”为本。当然，这里我们暂且不论“心”。朱熹反复如此言说，正体现了其性情观对于“情”想要超越又不得的一种尝试，类似一个循环：“性”不可言说，只能由“情”见“性”。而“情”之中节与否又必须由循“性”与否来判断，“情”所循之“性”又需由“情”来验证，最终“情”成为本体性的存在。此处虽说是个封闭的循环结构，却存在一个悖论，由“情”方能见“性”，“情”之善恶中节与否须由“性”来判断，然而“性”又是未发，“情”才是已发，也就是一旦表现为“情”，“性”已然明了。若从“应有”和“现有”的关系出发，似乎可以跳出这个循

① （宋）黎靖德编，王星贤点校：《朱子语类》卷59，第1380页。

环，也就是把“性”对于“情”的这种范导性，放到历史的向度中去理解，用过程论的向度去理解，即“性”是在历史的对于杂多的、朴实的“情”的不断积淀的过程中，逐渐形成了具有一定普遍性的一种理性抽象。从这一点来说，《性自命出》的出现，对于整体把握先秦以来的儒学走向，具有关键意义，再一次印证了儒学的传统是天人相合而不是天人两分，是一个世界而不是两个世界，一个世界的着落之处不在形上的“心”而在具体的当下的“情”。但是，朱熹在他的理论体系中，仍然是坚持秉承这一点的，虽然有天理人欲之辨，但归根结底还是心、性、情的外延，他在提出概念的同时，并不是要背离而是重树儒学之传统。这一点从他对李翱主张“灭情复性”的批判可以看出。

> 李翱复性则是，云“灭情以复性”，则非。情如何可灭！此乃释氏之说，陷于其中不自知。[①]

这就体现了朱熹为代表的理学在面临佛教哲学的进攻时，用以回击的逻辑依然离不开先秦儒家的观点和传统。佛家哲学在李翱这里，把“情”简单地同“欲”等同起来，并且是粗陋含混的“欲”，并未及朱熹那般对“欲”进行了正反的分析，实际上只是“私欲”。同时，“灭情以复性”的说法，更是佛教“空”的直接体现，是以消解现实，消解感性存在为前提的。从原始儒家的根本出发点来看，这不仅仅是违反人性的，更是违反历史的。

但是另一边，程颐和朱熹又不断强调情和性不能混同，不能指情为性，这就又背离了先秦儒家的思路。朱熹的解决办法是用“心”来进行调和，心统性情。而这恰恰暴露出体用二分的内在矛盾，以及内部裂变的威胁。现代新儒家由于所处的历史时期和理论背景的原因，在理解和阐述朱熹时，往往把康德和朱熹相比较，二者都构建了形而上学的庞大体系，但康德明确言说物自体不可感，甚至不能为人类理性所把握，从而隔断了同现实和感性的一切联系；而“性”则完全相反，可且仅可为感性的“情”显现，既超验又经验。这就又绕回到了先秦儒家的思路，即理性终究不离感性的传统。

《性自命出》在文献上为“情”的本体性做了支撑。蒙培元是对朱熹之“情”的扩大化，“(与《性自命出》) 所不同的是，《中庸》并未提出‘情’字，但又是以情说性的，其未发、已发之说，就是性与情的关系。同时，《中庸》所说是以‘喜怒哀乐’代表情，《性自命出》是以‘喜怒哀悲’代表情。(一字之差，说明在当时习惯用法尚未形成) 情感当然不止于这四种，但这四种情感可以代表所有的情感内容。习惯上，喜怒哀

① (宋)黎靖德编，王星贤点校:《朱子语类》卷 59，第 1381 页。

乐已经成为中国人称呼情感的代名词了”[①]。这样一来，等于就把朱熹列为四书之一的《中庸》也建立在了情感的基础之上了。而李泽厚的“情”则是在此基础上对先秦儒家之“情”的回溯。“先秦孔孟和郭店竹简等原典儒学则对情有理论话语和哲学关切。‘逝者如斯乎’‘汝安乎’（孔）、‘道由情出’（郭店）、‘恻隐之心’（孟），都将‘情’作为某种根本或出发点。此‘情’是情感，也是情境。它们作为人间关系和人生活动的具体状态，被儒家认为是人道甚至天道之所生发。”[②]这是李泽厚奠定“情本体”在儒学中地位的一段话。同样是以《性自命出》为重要依据。值得注意的是，二者都并未把“情”局限于“情感”，李泽厚提到的“情境”，被认为是情感诞生的先决条件，而蒙培元也有相似的论述，“很多人对先秦文献中的‘情’字，做出了不同的解释，其中，主要有两种解释：一种是解‘情’为情实，即实际情况、实际情形；一种是解‘情’为情感即喜怒哀乐等等之情。……《孝经》相传为曾子所作，或曾子弟子所记，其中提出‘哀戚之情’，这显然是指情感而言的，即便是作‘实’解，也是讲哀戚这种情感之实，不是脱离情感讲所谓真实”[③]。二人的分歧也正是从这里开始，虽然蒙培元提到了“情实”，但是他认为，相比于“情实”，“情感”本身才是更为本根的存在。而李泽厚则更为重视“情境”，即产生情感的当下之境，历史本身。

进一步而言，蒙培元以情释仁，“孔子的仁，实际上就是讲人的真实情感。仁的实质是爱，爱当然是情感，只是普遍化、理性化的情感，即自觉的理性情感”[④]。在确立了情感的地位后，再来看他对朱熹性情观的理解，路数便清晰了，“以生释心，其根本意义是以生释仁，生就是仁，仁就是心。……这既是以生释心，也是以生释仁，心与仁是一回事。如果要做区分，那么，只能说心是生，心之德是仁，而心之德是心之所固有”[⑤]。这是生—心—仁—情的逻辑关系，而其情感哲学的体系，出发点是“情”而往往落脚点多是“生”。

李泽厚则走了另一条完全不同的道路。同样是从“情”出发，但是李泽厚的“情本体”建构的前提基础是其提出的经由理性积淀至感性的“文化心理结构”，他所作的工作是循“情”到“仁”，并再进一步向前推展，力图寻求“仁”产生的心理和情感前提，由此产生了“巫史传统”说，同时建立了情—礼—理（仁）—情的逻辑关系。“周公‘制礼作乐’，完成了外在巫术仪典理性化的最高过程，孔子释‘礼’归‘仁’，则完

① 蒙培元：《〈性自命出〉的思想特征及其与思孟学派的关系》，《甘肃社会科学》2008 年第 2 期，第 40 页。
② 李泽厚：《实用理性与乐感文化》，第 54—55 页。
③ 蒙培元：《〈性自命出〉的思想特征及其与思孟学派的关系》，《甘肃社会科学》2008 年第 2 期，第 40 页。
④ 蒙培元：《〈性自命出〉的思想特征及其与思孟学派的关系》，《甘肃社会科学》2008 年第 2 期，第 41 页。
⑤ 蒙培元：《朱熹心统性情说再议》，《儒家典籍与思想研究》，2010 年，第 566 页。

成了内在巫术情感理性化的最终过程。……它产生的是情理交融，合信仰、情感、直观、理知于一身的实用理性的思维方式和信念形态。”[①]这样，他就把《性自命出》的提出，到朱熹有再三阐述的对于心、性、情的重视，归到了现实社会原因上，这也是其历史本体论的基本思路，即“历史建理性，经验变先验，心理成本体”。

三、余　论

蒙培元和李泽厚作为当代两大高扬“情”的哲学家，在当前的中国哲学研究中都占有重要的地位。二者都是通过“六经注我”的论述方式，构建了各自的哲学体系。不同的是，蒙培元更加侧重内在诠释的方法，而李泽厚则多从具体历史情境的维度出发。蒙培元重心灵，崇“生生”，而李泽厚重心理，尚“积淀”下的“文化心理结构”。对于这二者的比较，又是一个值得研究的问题。但是，通过二人建立在“情”基础上的哲学体系和《性自命出》等郭店竹简的佐证，对于理解朱熹的性情观和人性论，对于在现代化和工业化的社会环境中，如何看待传统儒家思想的现实性和现代性问题，或许可以提出一种值得进一步研究的视角。

作者简介：王耕，男，（1984—），河北保定人，河北大学宋史研究中心中国史博士后流动站博士后。

① 李泽厚：《实用理性与乐感文化》，第260页。

朱熹《八朝名臣言行录》历史编纂学成就考述

王海宾[1] 孙赫男[2]

（1. 吉林大学 考古学院古籍研究所，吉林 长春，130012；2. 吉林化工学院，吉林 吉林，132022；2. 吉林大学 考古学院古籍研究所，吉林 长春，130012）

摘　要：朱熹《八朝名臣言行录》的纂修开创了一种史书编纂新形式，即“言行录”体例。其可补正史之阙，具有重要的文献价值。本文对《八朝名臣言行录》撰述体例的起源及创立进行了详细考论，对其存传、校补、辑佚史籍等功用予以分析，并通过对宋至清代“言行录”体史书的发展状况的具体细致梳理，体现朱熹“言行录”的影响，以彰显朱熹《八朝名臣言行录》的历史编纂学成就。

关键词：朱熹；名臣言行录；历史编纂学

南宋朱熹《八朝名臣言行录》一书“采摭浩博，取舍精审，内容丰富，价值很高”①，研究者们对其文献价值及版本流布情况进行了较多探讨；然而关于该书的体例源流及影响，尚无专题研究。本文则从历史编纂学的视角出发，以朱熹所创“言行录”为主要考察对象，探究“言行录”体例的发展脉络，以及后世祖述朱熹“言行录”史体的成就，从而进一步认识该体例史书之价值。

---

① 叶建华：《朱熹〈宋八朝名臣言行录〉初探》，《史学月刊》1988年第6期，第23页。

一、言行录体例的阐释

“言行录”，是“君子言行事迹”之录。《周易·系词上》曰：“言行，君子之枢机……枢机之发，荣辱之主也。言行，君子之所以动天地也，可不慎乎。”①朱子以“言行录”为名目创立史书体例，能够知人之鉴，垂范后世。然而，“言行录”究为何种史书？编纂这种史书有何意义？下文将从“言行录”体史书的编纂义例及其价值等方面，对“言行录”体例进行阐释。

关于“言行录”的编纂体例，明末黄宗羲早有阐说：“史之为体，有编年，有列传。言行录，固列传之体也。列传善善恶恶，而言行录善善之意长，若是乎恕矣。然非皎洁当年，一言一行，足为衣冠之准的者，无自而入焉，则比之列传为尤严也。”②黄宗羲表明“言行录”属于列传之体，且侧重于善言善行的记录。他指出“言行录”出于列传，而别与列传的特点。再观朱熹《八朝名臣言行录》，全书以时系人，以人系事，提纲挈领，以叙人臣之迹，以寓八朝之史。其记载北宋104位名臣事迹，大致按照名臣活动的先后顺序排列，每位“名臣”的言行事迹由小传、正文、注文三部分组成。小传部分主要是介绍人物生卒年、籍贯、任职情况、谥号等；正文部分采摭家传、别传、语录、行状、碑志、文集、笔记、小说等材料，然后逐条编排，基本直录原文，并注明出处；注文部分采取自注形式，基本上正文的每条材料后用小字作注文，主要是注明史料来源，有一小部分“注文”补充了新材料，用来进一步解释说明，也有少部分材料没有注明史料来源。简言之，“言行录”体例的史书，取材广泛，采用辑录原文的方式编纂，且注明史料来源，是以记录“名臣”嘉言懿行为中心的人物传记资料汇编。正如《四库提要》中对该书的评价：“宋一代之嘉言懿行略具于斯。”③现代学者叶建华先生指出：“‘言行录’竟成为一种特殊的列传史体广泛地为人们所接受。”④顾宏义先生也说：“观是书（《五朝名臣言行录》）体例，即将辑录相关史料分载于北宋前五朝五十五位名臣名下，或为正文，或作注文，从而形成一特殊的史书体裁。”⑤他们均认为“言行录”是一种与列传相关的特殊史体。

① （魏）王弼、（晋）韩康伯注，（唐）孔颖达疏，（唐）陆德明音义：《周易注疏》卷7，上海：上海古籍出版社，1989年，第251页。

② （明）黄宗羲：《南雷文定》后集卷1《明名臣言行录序》，上海：商务印书馆，1937年，第1页。

③ （清）永瑢等：《四库全书总目》卷57，史部传记类1，北京：中华书局，1965年，第520页。

④ 叶建华：《朱熹〈宋八朝名臣言行录〉初探》，《史学月刊》1988年第6期，第28页。

⑤ 顾宏义：《朱熹〈五朝名臣言行录〉未注出处之引书试析》，朱杰人、严文儒主编：《〈朱子全书〉与朱子学2003年国际学术讨论会论文集》，上海：华东师范大学出版社，2004年，第250页。

《史记》记载："列传者，谓叙列人臣事迹，令可传于后世，故曰列传。"①从有清以来的评介和朱熹的编撰事实看，"言行录"与列传都以人物为中心载叙史事，其殊异之处在于，"言行录"专以汇聚名臣美言善行为其设传，或专取德备才具者置传，而汇为一书以褒善戒恶；列传则善恶兼载，以劝善惩恶。"言行录"与列传皆为人物立传，"言行录"多汇数众为一帙，而列传则附正史而行；"言行录"重辑录和自注，而列传重剪裁和整合。列传因"史体"所限，减省文献载录，势所必然；"言行录"援采富赡，正可补其体例之憾，自有其编纂形式上的优长。

现代学者一致认为编纂"言行录"体史书意义非凡，有重要价值。如郑骞先生称："(《八朝名臣言行录》) 是一部很好的宋人传记资料，是研究宋史的重要参考书之一。"②"言行录"不仅体例别具一格，内容上也极具"考献征文"之资。

首先，"言行录"辑录原文的编纂方法使大量宝贵的文献资料得以保留。"言行录"体例史书的编纂宗旨便有保存文献的目的，此如朱熹《八朝名臣言行录》序文中所说的：因文献"散出而无统"，才"掇取其要，聚为此录"。③该体例史书，取材范围相当广泛，据初步统计，《八朝名臣言行录》一书所引资料多达200余种。这么丰富的史料中，有很多材料早已亡佚，如《八朝名臣言行录》所引《范祖禹家传》《王荆公日录》《胡氏传家录》等；或虽有传本，但阙佚较多者，如司马光的《涑水记闻》在传播过程中就出现了散佚的情况，邓广铭先生在校点时就从《八朝名臣言行录》中辑出佚文24条。另外，邓先生还从中辑出了《温公日录》佚文24条、《温公琐语》佚文2条等。④这么广博的史料，不仅有助于辑佚，也有助于校勘。再如，《元朝名臣事略》全书引文达123篇，就史料学来说，这123篇文字都是第一手资料，是《元史》编撰的重要史料来源。⑤可见"言行录"体史书的文献价值。

其次，"言行录"体史书可补正史之阙，可与正史互证。"言行录"体史书记载名臣事迹涉及政治、经济、文化、军事各方面的历史，可以说该种史书是以人物为主线展现历史发展的著述。如宋黄震对《八朝名臣言行录》评价："此录虽杂取传记之言，然诸贤出处之本末备矣。岂独诸贤，凡国朝盛衰之故，亦莫不隐然备见其间矣！……然则此

---

① （汉）司马迁：《史记》卷61《伯夷列传》，北京：中华书局，1959年，第2121页。

② 郑骞：《朱熹八朝名臣言行录的原本与删节本》，《宋史研究集》第4辑，台北：编译馆，1969年，第1页。

③ （宋）朱熹：《晦庵先生朱文公文集》卷75《八朝名臣言行录序》，（宋）朱熹撰，朱杰人、严佐之、刘永翔主编：《朱子全书》，上海：上海古籍出版社；合肥：安徽教育出版社，2002年，第24册，第3634页。

④ 参见李伟国：《八朝名臣言行录·校点说明》，（宋）朱熹撰，朱杰人、严佐之、刘永翔主编：《朱子全书》，第12册，第3页；赵晓鑫：《朱熹〈八朝名臣言行录〉的文献学价值探析》，《新乡学院学报（社会科学版）》2009年第6期，第70页。

⑤ 姚景安：《苏天爵及其〈元朝名臣事略〉》，《文献》1989年第3期，第104页。

录岂特记诸贤之言行而已哉？愚尝谓史无定体，《书》随事为篇，《春秋》纪年以书，班、马以来分纪传，而此录亦朱文公阴寓本朝之史。”①此段文字客观地评价了朱熹《八朝名臣言行录》的当代史价值。通过读“言行录”不仅可以了解诸名臣的思想、行为以及政治态度等，还可以从名臣的言行得知一朝的政治得失。因此，该体例史书的价值应进一步为研究者们所重视，对其进行更为全面和深入的利用与研究。

二、言行录体例的起源

我们认为正史列传开“言行录”之先声，“郡书”发“言行录”之萌芽。

有关“言行录”体例源头问题，尚无专论文章，朱仲玉先生提到：“记言体史书起源于《尚书》，其内容为记君主的典谟训诰和君主周围少数重臣的言行。《八朝名臣言行录》受《尚书》的启发，而把记言的范围扩大到近百名名臣，并且以人系事，荟萃群言，又注明出处，条理清楚，叙次明白，这无疑是史无前例的。”②我们认为“言行录”自然与“记言”有关，但是其源头未必追溯至《尚书》。从上文可知，“言行录”出于记载“名臣”嘉言懿行的列传体例，一般认为列传作为一种以人物为写作中心的史书体例，始于司马迁。明吴讷《文章辨体序说》云：“太史公创《史记》列传，盖以载一人之事，而为体亦多不同。迨前后两《汉书》、三国、晋、唐诸史，则第相祖袭而已。”③司马迁首创列传体例，其后世史家修正史继承了这一体例。司马迁《史记》自序云：“作七十列传”④，此开启了史家记述“立功名于天下”的人臣事迹的优良传统，为“言行录”之创作提供了思想源泉。唐刘知几《史通·内篇·列传第六》云：“夫纪传之兴，肇于《史》、《汉》……传者，列事也。……列事者，录人臣之行状。”⑤刘知几肯定了司马迁的首创之功，并说明列传的性质。总之，《史记》《汉书》等正史列传形成了“录人臣之行状”的优良传统，为“言行录”提供了生长的土壤。近代学者崔适在其《史记探源》中指出：“《太史公自序》谓《春秋》主乎作，故善善恶恶，贤贤贱不肖；《史记》主乎述，故一则曰论载明主贤君、忠臣死义之士，再则曰载明圣盛德、述功臣世家贤大夫之业。此开名臣言行录之先声，非为司空城旦书也。”⑥崔适一语中的，点明

① （宋）黄震著，张伟、何忠礼主编：《黄震全集》，杭州：浙江大学出版社，2013年，第5册，第1664页。

② 朱仲玉：《朱子的史学成就》，武夷山朱熹研究中心编：《朱子学新论——纪念朱熹诞辰860周年国际学术会议论文集（1130—1990）》，北京：生活·读书·新知三联书店，1991年，第480页。

③ （明）吴讷著，于北山校点：《文章辨体序说》，北京：人民文学出版社，1998年，第49页。

④ （汉）司马迁：《史记》，第3319页。

⑤ （唐）刘知几撰，（清）浦起龙释：《史通通释》，上海：上海古籍出版社，1978年，第46页。

⑥ （清）崔适著，张烈点校：《史记探源》卷8，北京：中华书局，1986年，第221页。

了“载明圣盛德、述功臣世家贤大夫之业”的正史列传开“言行录”之先声。

除了正史列传，杂传类中的“郡书”也给“言行录”的创制以很大启发和借鉴。随着时代的发展，在正史列传之外，不断地有其他种类的“传体”出现。明代徐师曾《文体明辨序说》云：“自汉司马迁作《史记》，创为‘列传’以纪一人之始终，而后世史家卒莫能易。嗣是山林里巷，或有隐德而弗彰，或有细人而可法，则皆为之作传以传其事，寓其意；而驰骋文墨者，间以滑稽之术杂焉，皆传体也。”[①]这段话说明了“传体”的写作对象和种类，随着时间而发展变化，其写作对象不断扩大，“传主”可以是将相名臣，也可以是方外隐逸之士，只要其才德有可取之处，即可为之作传；“传体”的种类也发生了变化，在正史列传之外，郡书、家传、孝子传、忠臣传、列女传、名贤传、高隐传等“杂传”不断出现。

学者刘湘兰称，正史列传被称为史传。史传之外的人物传记，统称为杂传。[②]这一论断基本是学界的共识，按照这一观点，言行录当属“杂传”之列。现代学者的研究表明，“杂传”兴起于西汉末，兴盛于魏晋。在目录的分类中，阮孝绪《七录》首次设立“杂传”一目，至宋代《崇文总目》起，以“传记”之目代之，一直沿用到清代。类名的变化，说明其题材的变迁，有的“传体”题材样式消失，又有新的样式产生，如郡书，起源于西汉后期，至魏晋南北朝达到兴盛，隋唐时期开始衰落，宋元时已逐渐被方志所取代。通过对比研究，我们发现诸杂传之中，“郡书”与“言行录”的渊源关系最为密切，可谓“言行录”之萌芽。《隋书・经籍志》对“郡书”之起源做了分析：“后汉光武，始诏南阳，撰作风俗，故沛、三辅有耆旧节士之序，鲁、庐江有名德先贤之赞。郡国之书，由是而作。”[③]可见“郡书”是因赞序贤德之士而作。其后，唐代史评家刘知几对“郡书”的特征、类别、功用等进一步阐述：“汝、颍奇士，江、汉英灵，人物所生，载光郡国。故乡人学者，编而记之。若圈称《陈留耆旧》、周斐《汝南先贤》、陈寿《益部耆旧》、虞预《会稽典录》。此之谓郡书者也。”又曰：“郡书者，矜其乡贤，美其邦族，施于本国，颇得流行，置于他方，罕闻爱异。其有如常璩之详审，刘昞之该博，而能传诸不朽，见美来裔者，盖无几焉。”[④]通过刘知几的论述，可知“郡书”的写作目的是“矜其乡贤，美其邦族”，其主要内容是表彰地方耆旧和先贤，以及展现地方风俗。我们认为“言行录”记载“嘉言懿行”，与郡书“矜其乡贤，美其邦

① （明）徐师曾著，罗根泽校点：《文体明辨序说》，北京：人民文学出版社，1998 年，第 153 页。

② 刘湘兰：《中古叙事文学研究》，北京：北京大学出版社，2011 年，第 20 页。

③ 《隋书》卷 33《经籍志二》，北京：中华书局，1973 年，第 982 页。

④ （唐）刘知几撰，（清）浦起龙释：《史通通释》，第 274—275 页。

族”是一脉相承的。

三、言行录体例的创立

董恩林先生指出：“每一种史书体裁都是适应时代的不同需要而产生的，都有其历史的适应范围和层次性。”[①]宋代以“言行录”为名称的“单传”及名臣传的纷纷问世，促发了朱熹“名臣言行录”应时而生。

从史书名称的成词时间顺序来看，我们发现先有“言行”，再有“言行录”，最后有“名臣言行录”。在宋代之前，即有以“言行”为书名的“杂传”。如程千帆先生所列举的“杂传之名”，“或称言行（《殷羡言行》）”[②]，《殷羡言行》为东晋人物殷羡的传记，《晋书》有其本传。刘孝标注《世说新语》所引《殷羡言行》一书，是目前所知最早以“言行”为名目的“杂传”。至宋代，以“言行录”为名的“杂传”在目录文献史部“传记”类中悄然出现，如陈振孙《直斋书录解题》著录《沂公言行录》一卷、《安定先生言行录》二卷等。此种以“言行录”命名的“传体”文多为“单传”，即以记载一人之事为中心的传体文。初步统计，在朱熹《八朝名臣言行录》之前的宋代单传“言行录”有近十种，如《范忠宣言行录》《刘元成言行录》《倪文节言行录》《王文正公言行录》等。这些“言行录”著录于《郡斋读书志》《遂初堂书目》《直斋书录解题》等宋代的几部重要目录史籍中。此种单传言行录，多为“传主”的子弟或亲友所撰写，如《直斋书录解题》所载：《沂公言行录》为天章阁待制王皡子融撰，沂公之弟也。《倪文节言行录》户部郎中倪祖常子武辑其父尚书遗事。[③]清人赵翼亦指出：“盖宋人之家传、表志、行状以及言行录、笔谈、遗事之类，流传于世者甚多，皆子弟门生所以标榜其父师者。”[④]赵翼所说的《言行录》就是指单传言行录，其多以标榜、夸饰传主为能事，与朱熹“言行录”据史实录，有着本质上的区别。从编纂义例上看，也与朱熹“言行录”相去甚远。但是，此类单传“言行录”却给朱熹“名臣言行录”以启发和借鉴。

朱熹《八朝名臣言行录》的编纂，不仅借鉴了单传“言行录”的命名，同时也直接受到了“名臣传”的启发。查索目录文献，可见北宋时期“名臣传”的繁盛之貌，“南

① 董恩林：《历史编纂学论纲》，《华中师范大学学报（人文社会科学版）》2000年第4期，第124页。

② 程千帆：《史传文学与传记之发展——汉魏六朝文学散论之二》，《程千帆全集》卷7《闲堂文薮》第2辑，石家庄：河北教育出版社，2000年，第139页。

③ （宋）陈振孙撰，徐小蛮、顾美华点校：《直斋书录解题》卷7，上海：上海古籍出版社，2015年，第206—219页。

④ （清）赵翼著，王树民校证：《廿二史札记校证（订补本）》卷23《宋史各传回护处》，北京：中华书局，2001年，第501页。

宋中后期出现了一批以名臣或贤臣为题的总集”，“朱熹的《言行录》与宋代名臣传记又有着千丝万缕的联系”[①]，朱熹编纂《八朝名臣言行录》也从“名臣传”中辑录了一些材料。但“名臣传”记载奇闻轶事较多，内容虚实驳杂[②]，且多为集部作品，与“言行录”严谨、规范的编纂理念和方法存在一定的差距。

另外，“言行录”的创立与其所处的历史时代有关。其时，南宋政权内部，各利益团体政治观点不同，朋党之间的斗争比较激烈；来自外部的宋金军事斗争，也给南宋社会带来巨大压力。[③]内忧外患的时局和史学的时弊，给朱熹“言行录”的创立提供了直接动力。汤勤福先生指出：“朱熹是为了挽救南宋危亡，为统治者提供历史的经验教训而阐述历史的，他推崇司马光的《资治通鉴》，刻意编纂《资治通鉴纲目》《八朝名臣言行录》的原因也就在此。”[④]言行录的创立也与朱熹的史学思想有关。朱熹非常重视史学的鉴戒功用，希望统治者能以史为鉴，警醒自救。朱熹认为读史可明理，对读者修身养性有重要作用，即在史著中存善可为法、恶可为戒。[⑤]正如其《八朝名臣言行录》序云：“予读近代文集及记事之书，观其所载国朝名臣言行之迹，多有补于世教。然以其散出而无统也，既莫究见始终表里之全，而又汩于虚浮诡诞之说，予常病之，于是掇取其要，聚为此录，以便记览。”[⑥]由此可见，朱子创立“言行录”之史体，不仅出于补救时弊的目的，也有纠补宋人作史之弊的想法。概言之，南宋时局和社会政治文化背景及朱熹本人的思想，促使了“言行录”体例的创立。

四、言行录体例的发展

学者钱茂伟指出：“人物传记集之专门以‘名臣’为载述对象，是宋元明清史学史上一个颇值得后人留意的现象。”[⑦]我们认为这种现象与朱熹《八朝名臣言行录》的影响有着重大的关系。正如清代学者李元度所云：“宋朱子撰《言行录》，取并世名臣事迹，件系而条缀之，为后世法……嗣是杜大珪有《名臣碑传录》，苏天爵有《元名臣事略》，

① 孙文起：《宋代传记研究》，南京大学博士学位论文，2017 年，第 116 页。

② 孙文起：《宋代传记研究》，南京大学博士学位论文，2017 年，第 106 页。

③ 何忠礼：《南宋政治史》，北京：人民出版社，2008 年。

④ 汤勤福：《朱熹的史学思想》，济南：齐鲁书社，2000 年，第 6 页。

⑤ 汤勤福：《朱熹的史学思想》，第 69—70 页。

⑥ （宋）朱熹：《晦庵先生朱文公文集》卷 75《八朝名臣言行录序》，（宋）朱熹撰，朱杰人、严佐之、刘永翔主编：《朱子全书》，第 24 册，第 3634 页。

⑦ 钱茂伟：《明代史学的历程》，北京：社会科学文献出版社，2003 年，第 53 页。

徐竑有《明名臣琬琰录》，项笃寿有《今献备遗》，皆祖述朱子之意以成书者也。”[①]朱子首创“言行录”，后世以为法，宋、元、明、清“名臣传记”多承朱子之意，《八朝名臣言行录》不断地被续写和仿写，成了永恒的经典。究其原因：一方面有“言行录”体裁之优势和时代发展之影响，另一方面也是朱子学在思想界的权威所致。由于篇幅所限，关于朱子“言行录”的经典化历程另文叙述，此处旨在探讨“言行录”体例在其后如何发展。

朱熹《八朝名臣言行录》问世后不断被传播，其影响逐渐扩大，续写和仿写者增多。南宋李幼武完全按照朱熹“言行录”的方法，续写了《八朝名臣言行录》，即《皇朝名臣言行录》八卷，约记载靖康、建炎前后诸臣；《四朝名臣言行录》二十六卷，约记载中兴四朝诸臣；《皇朝道学名臣言行录》十七卷，专述道学宗派。其与朱熹“言行录”合刊，朱熹“言行录”称前集、后集，李幼武“言行录”称续集、别集和外集，共七十五卷。其在编纂义例上与朱熹所编基本相同，只是幼武所纂大部分材料没有注明史料来源。南宋钟尧俞编《宋名臣言行类编举要》，是仿朱熹“言行录”的另一部史书。明杨士奇《东里集·东里续集》卷十八记载：“右《宋名臣言行类编举要》一册……庐陵钟尧俞编，前、后集总十六卷。钟自序云，前集举言行之体，后集发言行之用，始终皆有微意，盖取朱子所编及会要、长编诸书所纪有益于世教者，而类编之，以为此书有足观者，尧俞咸淳四年以史馆编校得旨赴殿进士出身。”[②]南宋续仿朱熹之作还有姚希得《续言行录》，见载于《宋史》卷四二一本传及明曹学佺《蜀中广记》[③]，惜该书早已亡佚。又，南宋赵善璙纂《自警编》，《四库提要》云：“其书乃编次宋代名臣大儒嘉言懿行之可为法则者。凡学问类子目三，操修类子目十二，齐家类子目四，接物类子目七，出处类子目五，事君类子目十一，政事类子目十七，拾遗类子目二，共八类五十五目。盖亦仿《言行录》之体而少变其义例者也。善璙生南宋之季，而所载至靖康而止。其后惟朱子议论间为采入，其余多不甄录。固由时代相接，难于弃取，亦以宋时士大夫风俗淳厚，惟汴都为极盛。”[④]《自警编》与“言行录”可谓名异而实同，又仿朱熹“言行录”体例，且影响较大者为杜大珪的《名臣碑传琬琰集》，其取材范围包括神道碑、墓志铭、行状、别传及家传等。绝大多数选篇全录碑传原文，不加删节；且选取碑传皆为褒义，不录贬词。[⑤]可见其编纂功用、编纂方法及材料选择等“皆祖述朱子之意”。

---

① （清）李元度纂，易孟醇校点：《国朝先正事略》，长沙：岳麓书社，2008年，第3页。

② （明）杨士奇：《东里集》，上海：上海古籍出版社，1991年，第1册，第598—599页。

③ （明）曹学佺：《蜀中广记（外六种）》，上海：上海古籍出版社，1993年，第2册，第516页。

④ （清）永瑢等：《四库全书总目》卷123，子部杂家类7，第1061页。

⑤ 罗炳良：《杜大珪〈名臣碑传琬琰集〉的编纂特点与史学价值》，《天津社会科学》2010年第5期，第133—138页。

至元代，苏天爵将《八朝名臣言行录》与《名臣碑传琬琰集》体例结合而纂成《元朝名臣事略》。《四库提要》云："（该书）盖仿朱子《名臣言行录》例，而始末较详，又兼仿杜大珪《名臣碑传碗琰集》例，但有所弃取，不尽录全篇耳。"[①]该书克服了朱、杜二书的缺点，世人对其评价甚高，是研究元史的重要著作。[②]元张光祖的《言行龟鉴》八卷，是仿朱子之例的又一部史籍。《四库提要》称："初，宋赵善璙作《自警编》，录前辈嘉言善行以示矩矱，光祖欲为刊行，熊禾以善璙所编尚有未及删润者，光祖乃即善璙旧本益以《典型录》《厚德录》《善善录》《名臣言行录》，及博采名臣碑志之文，裒辑排比，以成是编。……今惟以人统事，以时代叙人，庶端绪不淆，釐然易见。虽编次视原本稍殊，而要之标举芳迹，示人效怯，于光祖著书之本旨固未尝失矣。"[③]可见，《言行龟鉴》因宋赵善璙《自警编》增益删润而成，并对赵书体例有所修缮，体现了"言行录"体例在元朝的发展。

明清时期编纂"名臣言行录"成为一时风尚。正史艺文志及私家藏书目录中著录的"言行录"体史书或由言行录体例发展而来的史籍蔚为大观。明代的杨廉、徐纮、徐咸、沈庭奎、刘廷元、尹直、杨豫孙、邹期祯、李廷机、项笃寿、谢铎、姜细等，清代的朱恒、邓淳、李恒、沈佳、李元度、钱仪吉、留保、阮元等都纂辑了"言行录"体史籍。叶建华先生列举了明清时期仿"言行录"的史籍有 18 种。[④]在此基础之上，我们据《明史》《清史》《千倾堂书目》等文献统计，明清时期约有近 50 种"言行录"体史籍，由于本文篇幅所限，不一一列举。明清时期，除了"言行录"和"琬琰录"，还出现了"献征录""碑传集""先正事略"等名称的"言行录"体史籍。明项笃寿有《今献备遗》是"献征录"和"先正事略"一类的典型代表。《今献备遗》记载明代名臣事迹，起洪武迄弦治共 204 人，李元度认为此"皆祖述朱子之意"。[⑤]"碑传集"一类较为典型的代表是《皇清碑版录》，为阮元所编，其序云："元数年来仿朱子《宋名臣言行录》，李幼武《续录》及杜大珪《名臣碑传琬玉录》之例，阅文集数十百家及碑志拓本，为《皇清碑版录》数十卷。"[⑥]可见明清时期大多"言行录"的编撰采众家之长，斟酌去取，使体例更加完善。当然，也有部分"言行录"在史料采摭、剪裁上，差强人意。

综上所述，宋至清代，用"言行录"体例编纂的史书层出不穷，形成了一个"言行

① （清）永瑢等：《四库全书总目》卷 58，史部传记类 1，第 523 页。
② 姚景安：《苏天爵及其〈元朝名臣事略〉》，《文献》1989 年第 3 期，第 101—111 页。
③ （清）永瑢等：《四库全书总目》卷 123，子部杂家类 7，第 1062 页。
④ 叶建华：《朱熹〈宋八朝名臣言行录〉初探》，《史学月刊》1988 年第 6 期，第 28 页。
⑤ （清）李元度纂，易孟醇校点：《国朝先正事略》，第 3 页。
⑥ （清）阮元撰，邓经元点校：《揅经室集》二集卷 8《皇清碑版录序》，北京：中华书局，1993 年，第 571 页。

录”体史书系列，既丰富了史籍的体裁，令撰述样式多样化；又使得大量文献得以保存，给我们提供了考据之资。而朱熹《八朝名臣言行录》的始创之功，及至深影响，堪称不朽。

作者简介：王海宾，吉林大学考古学院古籍研究所博士生；吉林化工学院副教授，研究方向为历史文献学；孙赫男，吉林大学考古学院古籍研究所教授，博士生导师，研究方向为历史文献学。

一方罕见的北宋遗书墓志铭

陈瑞青

（河北师范大学 历史文化学院，河北 石家庄，050024）

摘　要：张守忠遗书保留在其墓志铭，是目前所见唯一一件保存较为完整的宋代遗书。遗书由序言、立嗣继产、当官出验以及名款四部分组成。遗书主体内容反映出立嗣和继产合二为一的特征。张守忠遗书对于研究北宋前期户绝之家遗嘱继承问题具有重要的史料价值。

关键词：遗书；立嗣；家产继承

百石斋藏宋元时期买地券、墓志铭等石刻 244 方，其中宋代石刻 208 方、元代石刻 36 方。百石斋藏石以买地券为主，计 163 种，其余则为墓志铭、墓记、圹记等。2015 年笔者以这批石刻文献为研究重点申请到国家社科基金一般项目，对其中的各类买地券（包括买地类、祝文类、镇墓文类、志券合一类）进行了系统的研究，并于 2018 年顺利结项，买地券研究暂告一段落。百石斋藏墓志铭等石刻虽在数量上不及买地券，但对推动宋元史研究亦有所裨益，如其中一方北宋宝元二年（1039 年）遗书墓志铭极为罕见，对于研究宋代家产继承问题具有重要的史料价值。该墓志铭高 41 厘米，宽 44 厘米，共 16 行，满行字数不定，详见图 1。为研究方便，现将墓志铭移录如下：

第 1 行，宋宝元二年岁次己卯十月己未朔十五日癸酉日，张万乾曰奉

第 2 行，府君墓志铭记并席茔藏。

第 3 行，夫二议[1]启叙，尔曜垂明，既分清浊之刑受，

第 4 行，列乾坤之像，配阴阳之造化，托荫浮生，有曾

第 5 行，有受，未免轮回，至圣属

第 6 行，张守忠为前竟不修，并无亲的儿女，遂与

第 7 行，妻何崔商量，情愿令亲侄孙男吴儿与守忠同

第 8 行，活，将来与孙吴儿[　　　　　　]守忠无□□孙吴儿

第 9 行，户下及美[2]遇供输，并是孙男吴儿应赴。近来渐觉四六

第 10 行，昏昧，户下有苗屋、陇桑、麻田、磨车、剩牛马羊群与孙男吴

第 11 行，儿充为永业。守忠欲拨乞依准 敕命指祥[3]，当官出验

第 12 行，遗书与孙男吴儿，永远收只[4]照会者。同立遗书人妻何崔。

第 13 行，附口写遗书人崔禹锡。坊郭老人赵赞、赵眷、赵节。房亲张则、

第 14 行，张用、张诚。邻人韩顺。勘同聂万 押司秦昌

第 15 行，守县尉权县丞傅 守县令赵 监粮。

第 16 行，张万千举向母郭氏、妻韩氏、长男马四、侄惣升。

图 1 《北宋宝元二年张守忠墓志铭》拓片图版

① “二议”当作“二仪”，即“两仪”。

② “美”当作“每”。

③ “指祥”当作“指详”。

④ “收只”当作“收执”。

关于志主的出生地和埋葬地，志文未载，故需要进行考订。笔者在研究百石斋藏买地券时，曾对买地券反映的宋元乡里组织进行过详细的考察，通过研究发现百石斋藏石主要集中在江南西路抚州、洪州、信州以及建昌、临江两军，尤以抚州最胜，占总量的三分之一强。从百石斋藏石的分布范围来看，张守忠墓志铭应当出土于今江西省境内。墓志第15行有"守县尉权县丞傅守县令赵"，似乎成了确定墓志铭出土地的唯一线索，然笔者查阅嘉靖、康熙、光绪三朝《江西通志》并未找到北宋宝元二年（1039年）赵姓县令和傅姓县丞。继之又查弘治《抚州府志》、光绪《抚州府志》；万历《新修南昌府志》、康熙《南昌郡乘》；正德、乾隆、同治三朝《建昌府志》；隆庆、同治两朝《临江府志》；天启、同治两朝《赣州府志》等州府志书，唯有同治《建昌府志》所列南丰县职官表中有"赵可度（景祐）元年任；李斡（宝元）二年任"①。继查民国《南丰县志·秩官》："赵可度，（景祐）元年以大理寺丞任；李斡，二年以殿中丞任。"②从以上材料可以看出，赵可度于景祐元年（1034年）至宝元二年（1039年）曾任南丰县令。由于以上两志对北宋各县官吏记载过简，故未找到与县令赵可度相对应的傅姓县丞。赵可度，字叔仪，《宋史》无传。康定二年（1041年）曾任益州郫县令，"始作新庙成"，知益州任中师"命辞来祭"，"赵君乃躬执祀事，会民吏以享之，众始大悦"③。据《续湘山野录》记载："师鲁时谪筠州监榷，郡守赵可度者，迎时之好恶，酷加凌忽。"④师鲁即尹洙，据《宋史·尹洙传》："徙监均州酒税，感疾，沿牒至南阳访医，卒，年四十七。"⑤关于尹洙的死亡时间，《续资治通鉴长编》载："（嘉祐二年二月）尹洙以贬死，（狄）青悉力赒其家事。"⑥宋仁宗嘉祐二年（1057年），尹洙死于筠州（今江西高安市）酒税任上，此时赵可度为筠州知州。通过上述考察，张守忠墓志的出土地点最有可能是江南西路建昌军南丰县。

该墓志铭较为独特，虽名之曰"墓志铭记"，但在形式上无"志额""志题""铭辞"等内容，而是在第1—2行交代该墓志铭的写作时间是"宋宝元二年岁次己卯十月己未朔十五日癸酉日"，书写者为"张万乾"。从第3行至文末并未记述志主生平事迹，而是直接抄录转刻了一件完整的北宋遗书。

第3—5行文字中出现"二议（仪）""清浊""乾坤""阴阳"等词语，应当源自

---

① （清）邵子彝修、鲁琪光纂：同治《建昌府志》卷6《职官表》，同治十一年刻本，第867页。

② 黎广润、赵唯仁等纂修：民国《南丰县志》卷7《秩官》，1924年铅印本，第583页。

③ （宋）张俞：《郫县蜀丛帝新庙碑记》，曾枣庄、刘琳主编：《全宋文》，成都：巴蜀书社，1990年，第13册，第519—520页。

④ （宋）释文莹：《续湘山野录》，西安：三秦出版社，2000年，第2934页。

⑤ 《宋史》卷295《尹洙传》，北京：中华书局，1977年，第9837页。

⑥ （宋）李焘：《续资治通鉴长编》卷185，嘉祐二年三月庚子条，北京：中华书局，1985年，第4474页。

《周易》。《周易》系辞中说："易有太极，是生两仪，两仪生四象，四象生八卦。"两仪是四象、八卦演化之始。《周易参同契》中说："大始、大素、太极之际，因有混成，乃混沌也。中有真一之精，为天地之始，为万物之母。一气既形，二仪斯析，然后有乾坤焉，有阴阳焉，有三才、五行焉，有万物来名焉。故配乾坤为天地之纪纲，运阴阳为造化之橐籥，是以乾坤立而阴阳行乎其中矣。"[①]两仪将混沌之气分为清浊，并由此产生乾坤之像及阴阳造化。很明显，这部分文字源自儒家经典《周易》。而后面的"托荫浮生，有曾有受"则源自道教，如道教《东岳大生宝忏》卷下称："伏念求忏弟子某等，浮生寄世，托荫为人。身体发肤，受之父母；耳目鼻口，全尔形神。是为万物之灵，均禀五行之秀。""未免轮回"语则源自佛教，如《金刚经·妙行无住分第四》陈雄注："且以人天大福报自期，数尽未免轮回。菩萨布施，但一心清净，利益一切众生，为大施主，法施也，此不住相布施也。虽不徼福，自然离生死苦，受大快乐，历千劫而不古，超三界以长今，是所谓无限福德，实不可思维而量度也。"[②]这部分内容尽管文字不多，但反映出儒、释、道三教融合的蕴意。那么这部分文字到底属于张万乾所作墓志铭"记"内容，还是属于遗书内容，需要加以分析。墓志铭第 5 行"至圣属"后无文字，并未写满行，而是采取转行"平出"，于第 6 行写"张守忠"，说明"至圣属\张守忠"属于连贯文字，从这一现象判断第 3—5 行文字属于遗书内容，相当于遗书的"序"。

第 6 行至第 12 行"永远收只照会者"，属于张守忠遗书主体内容。从遗书可以看出，立遗嘱人为张守忠及其妻何崔，因膝下无儿无女，夫妻商量决定过继亲侄孙男张吴儿"与守忠同活"。张守忠户下的"苗屋、陇桑、麻田、磨车、剩牛马羊群与孙男吴儿充为永业"，如遇供输则由张吴儿"应赴"。从遗书内容判断，立遗书人为张守忠，且文中有"近来渐觉四六昏昧"语，说明该墓志的志主就是立遗书人张守忠。第 12 行"同立遗书人妻何崔"至文末，属于遗书名款。大致包括以下几类人：一是同立遗书人何崔，也就是张守忠妻子；二是附口写遗书人崔禹锡，所谓"附口"在宋代契约中作"依口"，说明遗书是由张守忠口述、崔禹锡书写记录的；三是遗书见证人包括坊郭老人、房亲和邻人；四是照验遗书的县衙官吏，包括勘同、押司、县丞、县令和监粮；五是遗书利益相关人，包括张万千本人及其母亲、妻子、长子和侄子。

墓志铭的书写者是张万乾，而墓志末行有"张万千"，两者为同一人的可能性比较大。前面已经提及志文末行出现的"张万千"既不是邻人，也不是房亲，应当和志主张守忠存在较为亲密的血缘关系。且尾行所有人物如母、妻、子、侄均以"张万千"为中

① （五代）彭晓：《周易参同契分章通真义》，《道藏》，上海：上海书店出版社，1988 年，第 20 册，第 133 页。
② 《金刚经》，长沙：岳麓书社，2013 年，第 33 页。

心记述，可见其与志主张守忠关系非同一般。值得注意的是，张万千有一侄子“惣升”，说明他是有亲兄弟的。但在遗书中并没有出现张万千兄弟的名字，笔者推测此时张万千的兄弟可能已经过世或离家，唯有一子“惣升”以承宗祧。而末行记录张万千长男“马四”，说明张万千不止一个儿子。联系到遗书中说张守忠过继“亲侄孙男吴儿”，可能张万千是张守忠的亲侄子，而张吴儿是张万千的次子。志文第1行的“奉”字表明，张万乾是遵从志主张守忠的意愿书写墓志铭记，同时将遗书刻在墓志之上，并埋入墓地的，亦即志文所说的“茔藏”。志文中凡出现“府君”“张守忠”处，都进行了转行平出以示尊敬，从墓志的平阙情况看，似乎也能印证这一点。这些迹象表明张守忠的葬礼是由张万乾操持的，张万乾应当是张守忠的晚辈。两相结合来看，似乎张万乾和张万千为同一人。

从遗书内容来看张守忠无儿无女，属于户绝。《宋刑统》准《丧葬令》：“诸身丧户绝者，所有部曲、客女、奴婢、店宅、资财，并令近亲转易货卖，将营葬事及量营功德之外，余财并于女。户虽同，资财先别者，亦准此。无女，均入以次近亲；无亲戚者，官为检校。若亡人在日，自有遗嘱处分，证验分明者，不用此令。”①唐宋法律规定户绝可以通过订立遗嘱处分财产，为避免财产入官检校，同时也是为了绵延后嗣，户绝之家立嗣以承袭宗祧，立遗嘱以确保财产顺利继承就成为通行之法。《丧葬令》还特意强调需“亡人在日”，以确保遗嘱是户绝生前真实意愿的表达。宋代的户绝立嗣形式包括命继和立继。《名公书判清明集》卷八《户婚门·命继与立继不同》称：“祖宗之法，立继者谓夫亡而妻在，其绝则其立也当从其妻，命继者谓夫妻俱亡，则其命也当惟近亲尊长。立继者与子承父分法同，当尽举其产以与之。命继者于诸无在室、归宗诸女，止得家财三分之一。”②命继是指夫妻俱亡，亦无直系尊亲属及子孙户绝之家，由近亲尊长商议指定嗣子继承的方式，命继者可以继承部分财产。立继是指户绝夫妻俱健在或一方死亡情况下的立嗣形式，“立继者与子承父分法同”，可以继承全部财产。从志文可以看出，订立遗书时张守忠、何崔夫妻尚健在，他们过继张吴儿是夫妻商量的结果，显然属于立继。从遗书行文来看，张守忠是立遗书人，其妻子何崔是同立遗书人。但从志文中可以清晰地看出，在名款处只有“同立遗书人妻何崔”，而无张守忠落款押字，似违常理。

在宋代，虽然户绝之家有订立遗嘱选择继承人的自由，但并不能完全凭个人意愿

① （宋）窦仪等：《宋刑统》卷12《户婚律·户绝资产》，北京：法律出版社，1999年，第222页。

② 中国社会科学院历史研究所宋辽金元史研究室点校：《名公书判清明集》卷8《户婚门·命继与立继不同》，北京：中华书局，2002年，第266页。

选择，只能在规定的条件和范围内选择，具有“相对的遗嘱自由”[①]。由于立继财产继承“同父子法”，因此对继子的身份有严格的法律规定，首先选择“同宗昭穆相当为子孙”，且继承人年龄要“小于所养之母”。同时要求出继之家必须有两个以上的男性继承人，且非嫡长子。[②]只有在“同宗或无子孙少立，或虽有而不堪承嗣，或堪承嗣，而养子之家与所生父母不咸，非彼不愿，则此不欲，虽强之，无恩义”等情况下，才可以收养异姓三岁以下遗弃子，“即从其姓，听收养之家申官附籍，依亲子孙法”[③]。从遗书来看，张守忠夫妻膝下未有子女，按照“同宗昭穆相当为子孙”的原则，张守忠首先应当考虑在自己侄辈中选择继承人。从实际情况来看张万千确实有兄弟两人，都是张守忠亲侄，符合出继之家有两名男性以上的规定。令人疑惑的是，张守忠并未在侄辈中选择继承人。笔者推测，可能由于其张万千兄弟过世已无法完成过继，张万千之母郭氏在世需要奉养，故过继张万千亦存在现实困难，张守忠夫妻只能放弃在侄辈中选择继承人，继而将目光转向孙辈。张万千兄弟仅存一子“惣升”，需要继承其父宗祧，而张万千有两子即马四、吴儿，长子马四需继承张万千宗祧，只有次子吴儿更符合出继条件。当然从理论上讲，“惣升”一直具备和“吴儿”同等的过继条件，可能由于其父过世或离家，已经无人替他主张这一权利了。

张守忠遗书形成的年代是宝元二年（1039年），处于北宋前期，对于研究这一时期户绝遗嘱继承问题具有重要的史料价值。我们知道，关于户绝立嗣与财产继承，天圣四年（1026年）七月宋廷颁布《户绝条贯》：“今后户绝之家，如无在室女、有出嫁女者，将资财庄宅物色除殡葬营斋外，三分与一分。如无出嫁女，即给与出嫁亲姑姊妹、侄一分。余二分，若亡人在日，亲属及入舍婿、义男、随母男等自来同居，营业佃莳，至户绝人身亡及三年已上者，二分店宅财物庄田，并给为主。如无出嫁姑姊妹侄，并全与同居之人。若同居未及三年，及户绝之人孑然无同居者，并纳官庄田，依今文，均与近亲。如无近亲，即均与从来佃莳或分种之人承税为主。若亡人遗嘱证验分明，依遗嘱施行。”[④]《户绝条贯》除了规定了户绝之家出嫁女、出嫁亲姑姊妹以及侄子的财产分配比例，肯定了户绝“亲属及入舍婿、义男、随母男等”的继承权利，特别强调了遗嘱的法律效力，即“若亡人遗嘱证验分明，依遗嘱施行”。从这一记载看出，户绝之家可以通过订立遗嘱的形式完全处置财产的分配。张守忠遗书中将自己名下的苗屋、陇桑、麻

① 邢铁：《宋代的财产遗嘱继承问题》，《历史研究》1992年第6期。

② 魏天安：《宋代的户绝继承法》，《中州学刊》2005年第3期。

③ 中国社会科学院历史研究所宋辽金元史研究室点校：《名公书判清明集》卷7《户婚门·立继·仓司拟笔》，第219—220页。

④ （清）徐松辑：《宋会要辑稿·食货》61之58，北京：中华书局，1957年，第5902页。

田、磨车、剩牛马羊群全部过户到孙儿张吴儿名下充为永业，恰恰反映了《户绝条贯》中的相关规定。"切缘户绝之人，有系富豪户，如无遗嘱，除三分给一及［分］殡殓营斋外，其余店宅财物，虽有同居三年已上之人，恐防争讼，并仰奏取指挥，当议量给同居之人，余并纳官。"①户绝之家如果没有订立遗嘱的话，同居之人只能分得部分财产，其余的将作"纳官"处置。宋仁宗嘉祐年间颁布《遗嘱法》，规定："财产无多少之限，皆听其与也；或同宗之戚，或异姓之亲，为其能笃情义于孤老，所以财产无多少之限，皆听其受也。因而有取，所不忍焉。"②也就是说，财产无论多少，悉听遗嘱处分，同宗之戚、异姓之亲享有同等的继承权。户绝立继者，必须经立遗嘱才能继承所继之人的财产。《嘉祐遗嘱法》通过赋予遗嘱完全的财产处置权，协调继承人和被继承人之间的关系，达到"以慰天下孤老者之心，以劝天下养孤老者之意"的目的。这一点对于户绝之家的意义尤为重大。有亲子之家，可以通过诸子均分的形式分配家产，"诸应分田宅者及财物，兄弟均分。……兄弟亡者，子承父分"③，诸子均分都能从父辈获得生产生活必要的物质基础，并通过血缘关系维系与父母的关系；而户绝之家继子与养父母、继孙与养祖父母之间不存在血缘关系，只能以财产作为交换，使继子、继孙承担起继承宗祧和赡养老人的义务。

纵观张守忠遗书，具有显著的"立嗣"与"继产"合二为一的特征。邢铁先生认为，中国古代传统继承制实行诸子均分，其着眼点是家人（家庭）而不是财产，首先考虑的是宗祧继承。宗祧继承的同时也完成了家产的传继，所以有亲子之家一般不用通过立遗嘱来处置家产，这便形成了宋代继产遗嘱多是由户绝之家所立，并且常与立嗣继绝合为一体的基本特征。④而这一特征，在张守忠遗书中表现得尤为突出。户绝之家首先考虑的是宗祧继承问题，亦即选择和确立继子（孙）承袭香火的问题。张守忠遗书中明确写道："与妻何崔商量，情愿令亲侄孙男吴儿与守忠同活"，这里所说的"同活"亦即"共同生活"，实际上就是确立张吴儿作为继孙。当然，在立嗣过程中要明确规定双方的权利和义务。遗书中第8行"将来与孙吴儿"后面文字缺失，可能就是规定作为继孙的张吴儿要承袭张守忠宗祧。而张守忠则将自己名下财产转移到继孙张吴儿户下，如遇供输"并是孙男吴儿应赴"。除宗祧继承外，还涉及财产继承。由于张守忠夫妻无儿无女，在确立张吴儿作为继孙后，其身后财产的处置相对简单，张守忠"户下有苗屋、陇

---

① （清）徐松辑：《宋会要辑稿·食货》61之58，第5902页。

② （宋）李焘：《续资治通鉴长编》卷383，元祐元年七月丁丑条，北京：中华书局，1992年，第9325页。

③ （宋）窦仪等：《宋刑统》卷12《户婚律·卑幼私用财》，北京：法律出版社，1999年，第221页。

④ 邢铁：《宋代的财产遗嘱继承问题》，《历史研究》1992年第6期。

桑、麻田、磨车、剩牛马羊群与孙男吴儿充为永业”。从张吴儿继承清单可以看出，他从叔祖张守忠名下继承了房屋、田产、器具、牲畜等大量生产生活资料。这些财产立嗣环节说得比较笼统，但在继产环节财产开列极为详细，说明这些财产均需出官照验，以避免日后产生纠纷。

遗嘱订立过程中，立遗嘱人、受遗嘱人以及见证人都要同时到场，并于遗嘱上签字画押，这是遗嘱在民间形成的第一个环节。张守忠遗书比较特殊，遗书中既没有立遗嘱人名款，也没有受遗嘱人名款。从“近来渐觉四六昏昧”的记载来看，订立遗书时张守忠已经染病在身，濒临死亡，无法亲自到官出验，故于遗书末尾省却名款。尽管遗书末尾只有“同立遗书人妻何崔”，但按照“夫亡而妻在，其绝则立也当从其妻”之规定，张守忠遗书亦具备法律效力。关于受遗嘱人缺席，笔者推测张吴儿可能此时年幼，尚无民事行为能力，由其父张万千代办。张万千名款后“举向”二字颇难解，或为张万千之字，或为张万千代子吴儿签押。在张守忠遗书中，见证人比较多分为坊郭老人、房亲和邻人。坊郭老人是里坊中德高望重的年长者，又称为父老、耆老。由于他们对里坊人情世故比较熟悉，因此他们常常成为财产争讼中的关键证人。如敦煌文献S.5812号记载了令狐大娘财产被张鸾鸾侵占，令狐大娘在申诉牒文中称：“向里换舍子/细，外人不知，并舍老人委知。南壁上将舍换庑舍□，张/鸾所有见人，共他兄弟相似，及是亲情，皆总为他说道理/人论事，还问本部落见人为定。”[①]牒文中的“老人”，显然是熟悉案件内情的关键证人。张鸾鸾所提供的见证人都是“共他兄弟相似”，不足为凭，应当采用第三方见证人的意见作为判案依据。宋代坊郭老人在诉讼中也起到举足轻重的作用，如张甸任兰溪知县时，“民有甲乙争田中水沟者，甲曰：田有沟旧矣。乙曰：券有塍耳，宁后沟耶。讼以不决，君呼耆老问之，水沟异名”[②]。宋代还出现了专门为人作见证、理词讼的老人，如“丁金刚，清河郡老人也，平日为人作证、理词讼”[③]。张守忠遗书中还有亲、邻作为见证人。遗嘱继承实际上是一种财产的转移，宋代规定：“应典、卖、倚当物业，先问房亲；房亲不要，次问四邻；四邻不要，他人并得交易。房亲着价不尽，亦任就得价高处交易。”[④]在田宅典卖、倚当过程中亲邻具有优先出价权和购买权。遗嘱继承过程中，必然涉及财产的过户，这就牵涉到亲邻的利益。由亲邻作为见证，其用意就是表明遗嘱中的财产与亲邻没有纠纷。

---

① 唐耕耦、陆宏基编：《敦煌社会经济文献真迹释录》第2辑，全国图书馆文献缩微复制中心，1990年，第288页。

② （宋）刘一止：《苕溪集》卷50《宋故左朝请大夫致仕张府君墓志铭》，《景印文渊阁四库全书》，台北：商务印书馆，1986年，第1132册，第261页。

③ （宋）邵雍辑：《梦林玄解》卷8《梦占》，续修四库全书本，上海：上海古籍出版社，2002年，第1064册，第16页。

④ （宋）窦仪等：《宋刑统》卷13《户律·典卖指当论竞物业》，第232页。

除见证人外，出继之家的亲属也要在契约上押字。如敦煌文献 P.3443《宋乾德二年（964 年）史氾三立嗣文书》是史氾三过继其兄史粉堆之子史愿寿为继子的立嗣文书，文书中称："今对亲枝众座，再三商议，世世代代子孙□（男）女，同为一活。押字证见为凭，天转地回，不（下残）。"只可惜此立嗣文书末尾押字部分残缺，不能窥见其全貌。但立嗣过程中应当立继人与出继人需要"押字证见为凭"，这一点应当是毫无疑问的。又如 P.4525《宋太平兴国八年（983 年）养女契》是僧人康会某收养康愿昌之养女侍奉终生的过继文书，"其女作为养子尽终事奉。如或孝顺到头，亦有留念衣物。若或半路不听，便还当本，所将乳甫恩物厶便仰别去。不许论讼养父家具。恐后无凭，遂对诸亲勒字，用为后凭"。在签押部分有"养女身，养母阿安，养父宅僮康愿昌，知见，知见"[①]。诸亲勒字部分既包括养女本人签押，也包括其养父母的签押。联想到张守忠遗书末行"张万千举向母郭氏、妻韩氏、长男马四、侄惣升"，应当就是出继之家的诸亲勒字。

"当官出验"是遗嘱形成的第二个环节。无论是《丧葬令》还是《天圣户绝条贯》，都明确规定遗嘱必须"证验分明"方才有效，但并没有指明需要进行哪些证验程序，而张守忠遗书恰恰给我们提供了证验遗书的例证。遗书中说："守忠欲拨乞依准 敕命指挥，当官出验遗书与孙男吴儿，永远收只照会者。"这是张守忠以立遗嘱人的身份申请"当官出验"遗书，并将照验过的遗书给继孙男张吴儿作为永久凭证。宋代"在法：诸财产无承分人，愿遗嘱与内外缌麻以上亲者，听自陈，官给公凭。"一般而言，遗嘱只有经过官方盖印才能受法律承认和保护，即"经官投印，可谓合法"[②]。所谓的"经官投印"就是遗嘱需到县一级政府进行照验押印，即"经县印押"。由于张守忠遗书属于依据遗书原件翻刻，故在石刻中没有出现印章。从张守忠遗书可以看出，北宋时期的遗嘱出验并非简单的押印，还包括勘同、押司、县丞、县令和监粮的签押。勘同、押司为县衙文吏，是照验遗嘱的经办人员；县丞、县令、监粮为县衙主官，是复核遗嘱之后批准用印的官员。这里需要对文吏"勘同"进行一下介绍。"勘"乃"校对"之意，"同"则是一致、没有差别，"勘同"最早指符契的勘合，后多用于簿籍、契约的勘对、照验。如大中祥符八年（1015 年）六月，上封言："……又沿边所发客旅入中勘同案底，亦令直赴本务通下，监官当面开折，上簿拘管，候客旅将到交引请钱，画时勘对合同支

① 唐耕耦、陆宏基编：《敦煌社会经济文献真迹释录》第 2 辑，全国图书馆文献缩微复制中心，1990 年，第 156—157 页。

② 中国社会科学院历史研究所宋辽金元史研究室点校：《名公书判清明集》卷 9《户婚门·鼓诱寡妇盗卖夫家产业》，第 304 页。

与。又请今后三司欲行改法，先须令本务将未给交引勘同案底申奏后，方令改法，仍告报客旅。应未改法日前其勘同案底已到务者，只依未改法时则例支给。又请约束入中粮草，州军须管次日给表客旅交引讫，当日内发递勘同案底赴榷货务通下。"[①]天圣三年（1025年），"应逐县夏秋税版簿，并先桩本县元额管纳户口、税物、都数，次开说见纳、见逃数及逐村甲名税数，官典勘对，送本州请印讫，更令本州官勘对，朱凿勘同官典姓名、书字结罪，勒勾院点勘。如无差伪，使州印讫，付本县收掌勾销"[②]。以上材料说明，无论在榷货务还是在州县，都有专门负责勘同的吏员。同时，在南宋时的田宅买卖过程中，买卖双方需要投印契书，官府除收取牙契钱外，还要收勘同钱。据《吹剑录外集》记载："先是，牙税外每千收勘同钱千文，后又增三钱并入总制，后于牙契勘同外，每千又收五十六钱分隶诸司。大率买产百千输官者十千有畸，而买契纸赂吏案之费不与焉。"[③]所谓勘同钱，就是官府收取照验契约的手续费。从张守忠遗书中可以看出，照验遗书的工作主要是由"勘同"经办完成的。

百石斋藏宝元二年（1039年）墓志铭所载的张守忠遗书，是目前为止笔者所见唯一一件保存较为完整的宋代遗嘱。张守忠遗书不仅有序言，有立嗣、继产等主体内容，还保留了遗书"当官出验"的重要环节。在名款部分有同立遗书人、附口写遗书人；见证人包括坊郭老人、房亲和邻人；县衙官吏名款有勘同、押司、县丞、县令及监粮；出继人亲属名款有吴儿的祖母、父母、长兄和叔伯兄弟惣升。唯一特别的地方是遗书末尾缺少年款，主要是由于行文起始部分交代了墓志铭的制作时间，与遗嘱形成时间相同或相近，故文末省略年款。遗书主体内容反映出立嗣和继产合二为一的特征，立嗣是和继产一体实行的，并没有单独书写过继单。总体而言，张守忠遗书要件齐全、内容丰富，对于研究宋代户绝之家遗嘱继承问题具有重要的史料价值。

作者简介：陈瑞青，（1977— ），男，河北沧县人，河北师范大学历史文化学院副教授，历史学博士，从事出土文献及宋元史研究。

---

① （清）徐松辑：《宋会要辑稿·食货》36之11，第5437页。
② （清）徐松辑：《宋会要辑稿·食货》69之18，第6338页。
③ （宋）俞文豹：《吹剑录外集》，《景印文渊阁四库全书》，第865册，第492页。

物勒工名

——北宋碑石刻工家族缑山霍氏试考

胡 坤[1] 常志峰[2]

（1. 西北大学 历史学院，陕西 西安，710069；

2. 复旦大学 历史学系，上海，200433）

摘 要：北宋时期的缑山霍氏是洛阳地区一个极具代表性的石刻刻工家族。至少从北宋中期起，霍氏家族利用邙洛周边区域的地理空间优势，前后几代成员都在此从事碑刻业务。霍氏经营和服务的群体大多集中在官宦世家之间，甚至会参与到皇家陵寝工程的刻石事务之中，已然隐约在当地形成了一个业务网络。而从这些雇主的社会地位考察，也可显现霍氏刻工家族之社会关系，以及雇主与雇工二者交流互动之蛛丝马迹。

关键词：北宋；石刻刻工；缑山霍氏；经营网络

中国古代的碑石刻工作为匠人，无疑处在社会底层，在以记载帝王将相、文人墨客为主体的史籍中很难觅得他们的身影。然而他们所从事的职业，决定了他们必然要与社会上层产生联系，这样他们的名字也就有了被留下，甚至被记载的可能。因此，以碑石刻工作为研究对象，既可以将传统意义上的边缘材料加以审视和再解读，也能成为“眼光向下”的社会史研究视角的有益实践[1]；甚至在材料的多角度解读和推测下，能够将研究触角延伸至彼时国家政治生活等领域[2]。

“物勒工名，以考其诚”[3]，显然到了北宋时，碑石上留下姓名已经不单单是刻工们被动“考其诚”的无奈之举了，他们似乎很乐意在作品上留下自己的姓名。这种转变的拐点和深层意义可能暂时无法明晰，可是相较于许多群体在历史长河中的默声，“勒工名”的做法至少为我们留下了窥察他们的管道。故而本文所选择的事例是活跃于北宋中后期的一个碑石刻工家族，具体而言就是缑山霍氏。至于为何是缑山霍氏，则是考虑到缑山（今偃师市缑氏镇）位于北宋两京之间，离北宋士大夫的主要归葬地和北宋皇陵所在地的邙洛、巩义地区都较近，且缑山还是当时修造各类陵墓石料的主产区。出于以上几点考虑，本文拟从霍氏家族成员、作品及刻石经营活动范围等方面入手，从极为有限的资料中勾勒出这一家族的大体样貌。

一、碑石与刻工——缑山霍氏家族成员的拼织

作为生活在社会底层以刻石为生的刻工，传世史籍中的记载可谓少之又少，想要钩沉他们的事迹，比较可行的办法就是搜集他们亲手镌刻己名的作品——碑石，再通过碑石中所记载的蛛丝马迹进行索引拼织，从而构建起刻工个人乃至其所属家族的基本状况。这也是本文所运用到的基本方法。

引起笔者关注缑山霍氏的关键性人物是一个叫作霍奕的刻工。有关他的情况，传世史籍中并没有只言片语，因此只能通过现今所见霍奕的作品，对其有一个粗略的了解。

① 整体而言，对于石刻刻工的研究从一开始是不被关注的，到金石学著中偶有提及，再到成规模地辑录刻工姓名，关于这一历程的回顾可参看程章灿先生《石刻刻工研究》一书中的学术史；同时，站在初步的刻工姓名辑录和零星研究的基础上，程先生指出了石刻刻工研究的新路径——着眼于文献学、历史学、艺术史三个领域，参见程章灿：《石刻刻工研究》，上海：上海古籍出版社，2008 年，第 3—23 页。章国庆先生开始关注到刻工的技艺层面，其通过刻工的刻石手法来判断一些刻工群体和家族，参见章国庆编著：《宁波历代碑碣墓志汇编》，上海：上海古籍出版社，2012 年，第 10—12 页。之后章先生又单独就宋元时期宁波地区的石刻刻工做了较为细致的研究，并例举了几个刻工家族，参见章国庆：《宁波宋元碑刻刻工整理》，《东方博物》第 46 辑，2013 年，第 72—77 页。此外，石刻刻工的个案研究也时有出现，例如，王连龙：《唐代刻工孙继和墓志》，《文献》2011 年第 3 期，第 186—188 页；赵振华：《唐代石工墓志和石工生涯——以石工周胡儿、孙继和墓志为中心》，《唐史论丛》2012 年第 14 辑，第 113—121 页；刘儒：《唐代墓志刻工三题》，《中南大学学报（社会科学版）》2013 年第 4 期，第 247—251 页；周峰：《北京辽金石刻刻工宫氏家族考》，《北京文博》2007 年第 3 期，第 40—44 页。

② 近来罗昌繁先生尝试分析了官方石刻刻工在面对北宋晚期党争时的参与可能，也将民间石工安民、李仲宁等人的拒刻行为论证为彼时政治舆论、立场之反映。参见罗昌繁：《大历史与小人物：北宋晚期党争视域下的官私石工考察》，《浙江大学学报（人文社会科学版）》2019 年第 3 期，第 48—63 页。

③ （汉）郑玄注，（唐）孔颖达疏，李学勤主编，龚抗云整理，王文锦审定：《礼记正义》卷 17《月令》，《十三经注疏》之 6，北京：北京大学出版社，1999 年，第 548 页。

现将笔者搜集到霍奕独自刊刻碑石的相关情况列之如下：

（1）王冒墓志铭并盖（首题：宋故奉议郎签书集庆军节度判官厅公事武骑尉太原王君墓志铭并序；盖题：宋故奉议郎太原王君墓志铭），石豫撰、谢文瓘书、詹文篆盖、霍奕刊，元符四年[①]（1101年）二月庚申葬。[②]

（2）王冒妻刘氏墓志铭并盖（首题：宋故奉议郎王君夫人永嘉县君刘氏墓志铭并序；盖题：宋永嘉县君刘氏墓志铭），石豫撰、张竞辰书、梁铸篆盖、霍奕刊，元符四年（1101年）二月庚申葬。[③]

（3）吕大球墓志铭（首题：宋故左朝议大夫致仕上柱国陇西县开国男食邑三百户赐紫金鱼袋吕公墓志铭；盖失），林摅撰、邓洵仁书、薛昂篆盖、霍奕模刊，崇宁四年（1105年）十月癸酉葬。[④]

（4）李景融夫人张氏墓志（首题：宋故仁寿县君张夫人墓志），张羽谨志、张植书石、霍奕刊，大观二年（1108年）正月丁卯葬。[⑤]

（5）苏之才墓志铭并盖（首题：宋故奉议郎通判信安军兼管内劝农事赐绯鱼袋苏君墓志铭；盖题：宋故信安军通判苏君墓志铭），赵伾撰、吴举书、薛嗣昌撰盖、刊者霍奕，大观二年（1108年）十月丁酉葬。[⑥]

（6）苏之才妻韩氏墓志铭并盖（首题：宋故奉议郎通判信安军苏君夫人韩氏墓志铭；盖题：宋故仙居县君韩夫人墓志铭），赵伾撰、陈靖宣书、孙乔年篆盖、霍奕刊，大观二年（1108年）十月丁酉葬。[⑦]

（7）范子舟墓志铭（首题：宋故通仕郎行巴州司户参军兼司法事范君墓志铭并序；盖失），陈述之撰、范坦书、王阐篆盖、缑山霍奕刊，大观四年（1110年）十一月

---

① 元符三年正月哲宗崩，徽宗即位，是年十一月改明年为建中靖国元年（参见佚名撰，司义祖整理：《宋大诏令集》卷2《改建中靖国元年御札》，北京：中华书局，1962年，第9页），或者改元消息尚未传到，或者于改元诏书发布之前碑就已经制作完成，故而导致有“元符四年”之说。

② 郭茂育、刘继保编著：《宋代墓志辑释》，郑州：中州古籍出版社，2016年，第400—402页。盖题可见北京大学图书馆古籍特藏库藏拓，典藏号：D302：6468。

③ 郭茂育、刘继保编著：《宋代墓志辑释》，第404—405页。盖题可见北京大学图书馆古籍特藏库藏拓，典藏号：D302：6468。

④ 拓片图版并录文见高进旗、陈艳红：《洛阳新发现北宋吕大球墓志铭初考》，《洛阳理工学院学报（社会科学版）》2014年第4期，第6—9页。

⑤ 拓片图版见赵君平、赵文成编：《河洛墓刻拾零》，北京：北京图书馆出版社，2007年，第682页。

⑥ 千唐志斋博物馆藏原石并拓，录文见吴钢主编：《全唐文补遗·千唐志斋新藏专辑》，西安：三秦出版社，2006年，第477—479页。

⑦ 千唐志斋博物馆藏原石并拓，录文见吴钢主编：《全唐文补遗·千唐志斋新藏专辑》，第479页。

初八日葬。[1]

（8）范辉墓志铭（首题：宋朝请郎致仕范君墓志铭并序，盖失），范埴撰文、范坦书丹并篆盖、缑山霍奕刊，大观四年（1110 年）十一月初八日葬。[2]

以上八方墓志铭所能透露出霍奕的信息十分有限，从各墓志志主的下葬时间来看，最早的是徽宗建中靖国元年（即王冒及其妻墓志铭所镌之“元符四年”），最晚的则是大观四年，据此可确知霍奕主要的活动年代约在徽宗时期。又通过后两方墓志中霍奕自署“缑山”，可知其籍贯当是缑山所在的河南府偃师县缑氏镇。

除此以外，有关霍奕的更多情况则无法确知，更遑论了解其家族了。然而在霍奕的众多碑石作品中，除了以上八方独自刊刻的作品外，还有一方是霍奕与他人合作刊刻，在此不妨看一下这方碑石的相关信息：

永泰陵采石记（碑额篆书及首题），曾孝广谨记、韩思永书并篆、麦文昞立石、缑山霍希范、霍亮、霍奕刊，元符三年（1100 年）五月十二日谨记。[3]

这方采石记碑的刊刻者有三人，分别是霍希范、霍亮和霍奕。三人同姓霍，且邑里皆署作“缑山”，在并不算辽阔的缑氏镇，有三位同姓霍的刻工，且姓名同镌于一方碑石之上，这至少可以说明三人当为同宗亲属。如果对其中霍亮与霍奕的名字稍作观察，不难发现两人之名在用字上是存在一定联系的，即“亮”与“奕”同属“亠”偏旁的字。当进一步联想到古人为同辈兄弟取名，为了标示他们的辈分，往往会选择同一偏旁汉字的习惯，再加上蔡京、蔡卞兄弟和他们堂兄蔡襄的实例，在此可以确认霍亮与霍奕一定为兄弟行的亲属。至于是亲兄弟还是堂兄弟，则不得而知。至于霍希范，因其列名霍亮、霍奕之上，且名用双字，与“亮”“奕”不连，按情理推断，应该是霍亮、霍奕的长辈。

有关霍希范的作品，目前掌握的除上述提及的《永泰陵采石记》之外，还有一方名为《粟子山运石题名》[4]的碑石。据清乾隆五十四年（1789 年）修纂的《偃师县志》卷

---

① 千唐志斋博物馆藏原石、拓片图版见北京图书馆金石组编：《北京图书馆藏中国历代石刻拓本汇编》，郑州：中州古籍出版社，1989 年，第 41 册，第 192 页。

② 千唐志斋博物馆藏原石、拓片图版见北京图书馆金石组编：《北京图书馆藏中国历代石刻拓本汇编》，第 41 册，第 193 页。

③ 原石在偃师缑氏镇古城绿洲小区内（永庆寺旧址范围），拓片图版及录文见李健永：《偃师缑氏永庆寺出土永泰陵采石记碑》，《文物》1984 年第 4 期，第 79—80 页。

④ 录文见（清）孙星衍、汤毓倬原著，偃师市志编纂委员会点校：《偃师县志：清乾隆五十四年》卷 28《金石录下》，郑州：中州古籍出版社，2002 年，第 435 页；又见河南省文物考古研究所编：《北宋皇陵》附录一《北宋皇陵碑刻录文》，郑州：中州古籍出版社，1997 年，第 511 页。拓藏于北京大学图书馆古籍特藏库，典藏号：A152107。

28《金石录下》记载，当时该碑“在县南永庆寺大殿东壁上龛置”，如今则不知所踪。根据现存题名碑的拓片和录文可知，该碑刊刻于“元丰八年（1085 年）七月既望”，而这个时间距霍希范与霍亮、霍奕所刻《永泰陵采石记》的时间尚有十五个年头。根据这一点，再结合现在已知霍奕的主要活动时间，也可以进一步证实霍希范当属霍亮、霍奕的长辈，甚至可能是父辈。

至此我们已经钩沉出缑山霍氏刻工家族的三位成员，即霍希范、霍亮和霍奕，那么这个家族是否还有新的成员呢？既然前文已经考察了现在已知霍希范和霍奕的全部作品，自然就会想到作为这个家族成员之一的霍亮是否还有其他碑石作品？通过对霍亮作品的追索，或者可以发现更多的线索。

目前能够看到霍亮独自刊刻的碑石仅有一方，其相关信息如下：

> 舒之翰妻王氏墓志铭（首题：宋故仁和县君王氏墓志铭并序），许巨卿撰并书、霍亮刊，大观元年（1107 年）九月初七日葬。[①]

除此之外，还有一方由霍亮与他人合作的碑，即《崇恩园陵采石记》。此原碑已不存，亦未见有拓片传世，现根据相关文献的著录将其信息列之如下：

> 崇恩园陵采石记，赵□记并书、□长吉立石、霍亮彭皋马良刻字，政和三年（1113 年）季春癸酉记，清时原碑“在偃师县永庆寺”，“碑残脱”，“多不可识”。[②]

这通碑的刻工除了霍亮，还有彭皋、马良二人，三人至少是合作关系。从文献中的录文来看，可以确定三人皆非官方刻工[③]，且考虑到古代合作的私人工匠之间多为亲属、师徒、师兄弟之类的关系，如前述《永泰陵采石记》的三名刻工就来自同一家族，由此或可推断霍亮与彭皋、马良之间应该也存在着某种关系，而不太可能是临时拼凑的合作团队。从署名的顺序及三人姓氏各不相同的情况综合来看，霍亮与彭皋、马良之间极有可能是师徒或师兄弟的关系。

从已知霍亮独立及合作刊刻三方碑石的时间来看，其主要的活动年代与霍奕相合，

---

① 千唐志斋博物馆藏原石、拓片图版见河南省文物研究所、河南省洛阳地区文管处编：《千唐志斋藏志》，北京：文物出版社，1984 年，第 1309 页。

② （清）王昶编：《金石萃编》卷 146，影印扫叶山房本，北京：中国书店，1985 年。录文又见河南省文物考古研究所编：《北宋皇陵》附录一《北宋皇陵碑刻录文》，第 514—515 页。

③ 宋代官方刻工在姓名前都系有“中书省玉册官”“御书院祗侯”之类的头衔并加“臣”字，或者省去头衔单加“臣”字。可参见河南省文物考古研究所编：《北宋皇陵》附录三《北宋皇陵出土墓志、墓记录文》中大量由官方刻工所镌刻的宗室亲属的墓志。

这亦可作为两人为兄弟辈的旁证。而对于霍亮与彭皋、马良关系的推测则有助于在材料奇缺的情况下“逼近”刻工霍氏家族技艺传承的情况。这里不妨结合其他材料，对霍亮、彭皋、马良之间的关系做进一步的推测。三人中的彭皋还曾独自刊刻过一通名为《二陵采石记》的碑石，此碑今亦不存，且不见拓片传世。通过传世文献中的录文，可知该碑因建中靖国元年（1101 年）钦圣宪肃皇太后（神宗皇后向氏）崩，为修建山陵、园陵而立的采石记碑，是年三月二十六日曾孝序撰文、史恂仲题额、孙廱书、麦文昞立石。[①]从这通碑的立石时间来看，彭皋参与刊刻碑石的时间还稍早于霍亮。虽然这仅仅是从已知碑石的情况观察而得的结论，但至少可以证明彭皋与霍亮的主要活动时间大体一致，由此笔者更倾向于认为霍亮与彭皋更有可能是师兄弟的关系。至于马良与此二人的关系，则不易做进一步的推定，故付之阙如。

根据前所论述，在没有更多史料加以证明的前提下，对缑山霍氏家族成员的拼织，至此大致成型，即以霍希范为一代和以霍亮、霍奕为一代的两代人构成，而且根据前述的种种迹象表明，该家族的刻石技艺主要依靠家族内部的传承，同时或者出于业务的需要，或者因该家族技艺高超而声名远播，该家族还或招募或吸引了一些家族成员外的人，共同构成了霍氏家族的业务团队。而这种人员构成模式以及技艺传承方式，在宋代碑石刻工阶层中，特别是那些技艺高超的刻工家族中或者是普遍存在的。

最后再补充一点，千唐志斋博物馆还收藏了一方首题为“宋故朝请郎致仕慕容君遗戒”的碑石[②]，该碑虽名为“遗戒”，实则为慕容伯才的墓志。志主葬于绍圣四年（1097 年）二月初六日，王宷撰、王森正书、霍卞刻。从以上这些情况来看，这个叫霍卞的刻工活动时期与前述缑山霍氏成员的活动时期基本吻合，且其名为“卞”，亦是“亠”偏旁，因此很有可能也是缑山霍氏的一员，且与霍亮、霍奕同辈。

二、时间与空间——缑山霍氏经营的业务及地理范围

通过前文的考辨，对缑山霍氏家族成员的情况已有一大致了解，在此拟以霍氏家族成员刻碑的时间和所刻碑石中的地名为线索，进一步对该家族经营的业务及地理范围进行梳理。

在这里先根据前文所列之碑石信息，将霍氏家族成员刊刻碑石按时间顺序重新标

① （清）王昶编：《金石萃编》卷 142。录文又见河南省文物考古研究所编：《北宋皇陵》附录一《北宋皇陵碑刻录文》，第 514 页。

② 北京图书馆金石组编：《北京图书馆藏中国历代石刻拓本汇编》，第 40 册，第 143 页。

列，其中霍氏家族中存疑的成员霍卞也暂且列入，但并不以其为样本进行分析。需要说明的一点是所列时间为碑石所载的下葬或记文之日，这虽与刻碑时间有一定的差距，但可大体反映。经重新排列之后，结果如下：

元丰八年（1085年）七月　霍希范刻“栗子山运石题名”。①

绍圣四年（1097年）二月　霍卞刻“宋故朝请郎致仕慕容君遗戒”。②

元符三年（1100年）五月　霍希范、霍亮、霍奕刻“永泰陵采石记”。③

元符四年（1101年）二月　霍奕刻“王冒及其妻刘氏墓志铭并盖”。④

建中靖国元年（1101年）三月　彭皋刻“二陵采石记”。⑤

崇宁四年（1105年）十月　霍奕刻“吕大球墓志铭”。⑥

大观元年（1107年）九月　霍亮刻“舒之翰妻王氏墓志铭”。⑦

大观二年（1108年）正月　霍奕刻“李景融夫人张氏墓志”。⑧

大观二年（1108年）十月　霍奕刻“苏之才及其妻韩氏墓志铭并盖”。⑨

大观四年（1110年）十一月　霍奕刻“范子舟及范辉墓志铭”。⑩

政和三年（1113年）三月　霍亮、彭皋、马良刻“崇恩园陵采石记”。⑪

按照时间顺序梳理下来，稍作观察即可发现霍氏家族所刻碑石分为两类：一类是私人墓志，还有一类是涉及官方事务的题名⑫（图1）和采石记（图2）。按时间排列结果来看，涉及官方事务的碑石与私人墓志交替出现，且相始终。虽然目前掌握的样本远非缑山霍氏所刻碑石的全部，但至少能说明一个问题，即霍氏家族已经同官方建立了一个稳定的业务合作关系。

---

① 河南省文物考古研究所编：《北宋皇陵》附录一《北宋皇陵碑刻录文》，第511页。

② 北京图书馆金石组编：《北京图书馆藏中国历代石刻拓本汇编》，第40册，第143页。

③ 李健永：《偃师缑氏永庆寺出土永泰陵采石记碑》，《文物》1984年第4期，第79-80页。

④ 郭茂育、刘继保编著：《宋代墓志辑释》，第400、404页。

⑤ 河南省文物考古研究所编：《北宋皇陵》附录一《北宋皇陵碑刻录文》，第514页。

⑥ 高进旗、陈艳红：《洛阳新发现北宋吕大球墓志铭初考》，《洛阳理工学院学报（社会科学版）》2014年第4期，第9页。

⑦ 河南省文物研究所、河南省洛阳地区文管处编：《千唐志斋藏志》，第1309页。

⑧ 赵君平、赵文成编：《河洛墓刻拾零》，第682页。

⑨ 吴钢主编：《全唐文补遗·千唐志斋新藏专辑》，第478页下、第479页下。

⑩ 北京图书馆金石组编：《北京图书馆藏中国历代石刻拓本汇编》，第41册，第192、193页。

⑪ 河南省文物考古研究所编：《北宋皇陵》附录一《北宋皇陵碑刻录文》，第515页。

⑫ 从图1《栗子山运石题名》拓片的内容来看，是率兵为修建神宗山陵的低级武官题名，很难说一定具有官方色彩，然而题名中这些低级武官所作之事却是为神宗山陵“般运石段”，则事涉官方事务无疑，故将此题名也归入此类。

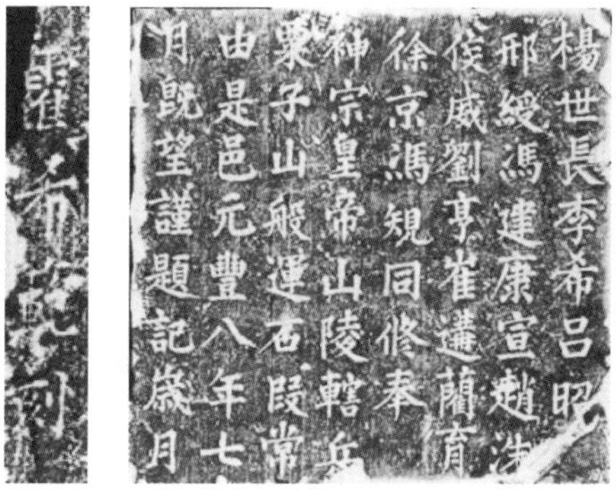

图 1 《粟子山运石题名》拓片[①]

（左） （右）

图 2 《永泰陵采石记》拓片及原石[②]

如果再对霍氏家族所刻的四方题名和采石记碑涉及的立碑起因进行观察，可知《粟子山运石题名》是因“修奉神宗皇帝山陵，辖兵粟子山般运石段”；《永泰陵采石记》是因“大行哲宗皇帝……奄弃万国，朝廷循故事遣官采石修奉陵寝”；《二陵采石记》是因“钦圣宪肃皇太后上仙……山陵、园陵二役并作……而采山之役自昔为重，祗奉二陵其用实倍”；《崇恩园陵采石记》是因“崇恩□□（指哲宗昭怀刘皇后）寝疾，崩于宫……（赵霆、张怀宝）奉诏旨提举园陵采石”。又，根据前引《金石萃编》及乾隆五十四年（1789 年）《偃师县志》等材料的记载，这四方碑在清代都存放于偃师县缑氏镇的永庆寺。而从这四通涉及北宋帝后山陵修造采石之事的碑石文字中也能看到，采石地点都位于宋代缑氏镇的粟子山，是北宋皇陵固定的采石场。[③]如果将以上线索和霍氏家族的“邑里——缑山”相联系，可以看到如下事实：宋廷因修建帝后山陵，在缑氏的粟子山兴役采石，而当地的刻工霍氏家族则参与到了不同阶段的采石刻碑工程中。

霍氏家族在北宋皇陵采石刻碑工程中处于一种怎样的地位呢？有一个细节或许值得重视：目前已知的北宋皇陵采石记碑总共有五通，除上述三通之外，剩下两通分别为《永定陵修奉采石记》[④]和《宣仁圣烈皇后山陵采石之记》[⑤]，前者是为宋真宗、后者是为英宗高后修陵所立之采石记碑，立碑时间分别为乾兴元年（1022 年）八月和元祐八年

---

① 北京大学图书馆古籍特藏库藏拓，由湖南大学岳麓书院助理教授闫建飞先生提供照片，特此致谢。

② 拓片照片采自琴剑山人的博客，网址：http://blog.sina.com.cn/s/blog_c5053fd90101utib.html，原石照片由胡坤拍摄。

③ 有关北宋皇陵采石场的研究请参见中国社会科学院考古研究所洛阳汉魏故城考古队、偃师县文物管理文员会，段鹏琦、杜玉生、肖淮雁执笔：《河南巩县宋陵采石场调查记》，《考古》1984 年第 11 期，第 980—985 页；段鹏琦：《河南巩县宋陵采石场题记补遗》，《考古》1986 年第 6 期，第 574 页；河南省文物考古研究所编：《北宋皇陵》第七章第二节第一部分《宋陵采石场》，第 441—443 页。

④ 参见（清）王昶：《金石萃编》卷 131 及《（乾隆）偃师县志》卷 28。该碑已佚。

⑤ 参见（清）王昶：《金石萃编》卷 140 及《（乾隆）偃师县志》卷 28。该碑现存于偃师市博物馆。

（1093 年）十一月，两通碑的刊刻者分别是左侍禁、提举山陵逐程排顿及马递铺、管勾采取搬运石段李丕远[①]和前玉册官王永昌。《永定陵修奉采石记》与霍氏家族活动的时期相距太过辽远，故其家族不可能有所参与，而剩余四通碑石的立碑中的三通均出自霍氏家族之手。而且从上述三通采石记碑的立碑起因及时间来看，徽宗在位前半期修造的所有帝后陵寝的采石刻碑工程，霍氏成员皆有参与。仅就此点来看，就不难推出霍氏家族的刻石技艺得到了官方的高度认可，否则就不会如此密集地参与到皇陵的采石刻碑工程中。

另外还有一点也颇值得重视。河南省文物考古研究所编订的《北宋皇陵》一书的附录一总题为《北宋皇陵碑刻录文》，所收录的是目前能见到的从北宋到清代所有碑刻录文，除三通明清时代的碑刻录文外，北宋时期共计有十三通碑刻的录文，主要分为两类，“一类是与修奉北宋皇陵有关，如修奉园陵之记、修奉采石记等；另一类是与超度先帝亡灵的北宋皇陵寺院有关，如结界、塔铭等”[②]。现将这十三通碑刻的名称、立碑时间及镌刻者列之如下：

（1）《永定陵修奉采石记》，乾兴元年八月，左侍禁、提举山陵逐程排顿及马递铺、管勾采取搬运石段李丕远书及刻字。[③]

（2）《大宋新修净惠罗汉院碑》，天圣八年四月，臣王思道镌字。[④]

（3）《新修西京永安县会圣宫碑铭》，景祐元年九月，中书省玉册官、御书院祗候臣□□□。[⑤]

（4）《修奉园陵之记》，景祐四年正月，玉册官邵□、王文炳镌。[⑥]

（5）《粟子山运石题名》，元丰八年七月，霍希范刻。[⑦]

（6）《宁神禅院结界录》，元祐四年三月，沙门智慈立石，未有刊刻者之名。[⑧]

（7）《大宋故昭孝禅院主辩证大师塔铭》，元祐八年六月，玉册官赵隐刻。[⑨]

（8）《宣仁圣烈皇后山陵采石之记》，元祐八年十一月，前玉册官王永昌刻。[⑩]

---

① 李丕远不但是《永定陵修奉采石记》的刻碑者，同时也是书丹者。

② 河南省文物考古研究所编：《北宋皇陵》第五章第一节《北宋皇陵碑刻》，第 338 页。

③ 河南省文物考古研究所编：《北宋皇陵》附录一《北宋皇陵碑刻录文》，第 507 页。

④ 河南省文物考古研究所编：《北宋皇陵》附录一《北宋皇陵碑刻录文》，第 508 页。

⑤ 河南省文物考古研究所编：《北宋皇陵》附录一《北宋皇陵碑刻录文》，第 510 页。

⑥ 河南省文物考古研究所编：《北宋皇陵》附录一《北宋皇陵碑刻录文》，第 511 页。

⑦ 河南省文物考古研究所编：《北宋皇陵》附录一《北宋皇陵碑刻录文》，第 511 页。

⑧ 河南省文物考古研究所编：《北宋皇陵》附录一《北宋皇陵碑刻录文》，第 512 页。

⑨ 河南省文物考古研究所编：《北宋皇陵》附录一《北宋皇陵碑刻录文》，第 513 页。

⑩ 河南省文物考古研究所编：《北宋皇陵》附录一《北宋皇陵碑刻录文》，第 513 页。

（9）《会食宁神院题名》，绍圣二年六月，未有刊刻者之名。①

（10）《永泰陵采石记》，元符三年五月，缑山霍希范、霍亮、霍奕刻。②

（11）《二陵采石记》，建中靖国元年三月，彭皋刻字。③

（12）《崇恩园陵采石记》，政和三年三月，霍亮、彭皋、马良刻字。④

（13）《敕住宁神法照大师碑》，宣和三年七月，河南□霍琳刊。⑤

从上述情况来看，除第（6）、（9）两碑无刊刻者姓名外，其余十一通碑石中计有第（1）、（2）、（3）、（4）、（7）、（8）六碑为官方刻工所刻，第（5）、（10）、（11）、（12）四碑为霍氏家族成员所刻。至于第13通碑，其刊刻者为“河南□霍琳”，“□”处极有可能是“府”字，北宋时缑氏镇属河南府所辖，且此人也姓霍，不排除其也是缑山霍氏的成员之一。即便霍琳非缑山霍氏成员，在这十一通碑石中，除官方刻工所刻碑石外，在其余的五通属私人刻工刊刻的碑石中，绝大多数的碑石是刊刻于缑山霍氏成员之手。这样的一个状况正反映了在与皇陵刻碑有关的工程中，本来是由官方刻工垄断，却被缑山霍氏家族打破，并成功分得一杯羹的情况。

通过前文所述，在此或对缑山霍氏参与北宋皇陵采石刻碑工程的情况作出一个整体性的推论，尽管并没有更多的材料加以支撑和印证，但结合前文的考辨以及零散的信息，仍可以看到：元丰八年霍希范刻《粟子山运石题名》碑时与官方建立了某种联系，虽未在元祐八年之际参与到《宣仁圣烈皇后山陵采石之记》碑的刊刻，最终在元符三年携子弟共同刊刻了《永泰陵采石之记》，自此之后缑山霍氏家族成员频繁参与诸帝后山陵的采石记碑的刊刻。从这样一个情况来看，一方面反映了缑山霍氏家族的刊刻技艺高超，得到了官方的赏识和认可；另一方面也说明霍氏家族能与官方保持着良好且长期的合作关系，必然与霍氏家族深谙“交通”与“经营”之道有关。霍氏家族能够成功涉足官方刻工垄断的皇陵刻碑工程，必然会对家族其他业务的经营起到推动作用。回到本节前所列霍氏刻碑时间表中，亦能看到，自霍氏家族刊刻了《永泰陵采石记》碑后，家族所经营的墓志业务量也有了明显的增长，特别是霍奕，显得尤为突出。

通过时间线索，能够观察到缑山霍氏家族对刻石业务的经营，这里再拟从空间方面入手，对缑山霍氏经营业务的地理范围进行观察。

---

① 河南省文物考古研究所编：《北宋皇陵》附录一《北宋皇陵碑刻录文》，第513页。

② 河南省文物考古研究所编：《北宋皇陵》附录一《北宋皇陵碑刻录文》，第514页。

③ 河南省文物考古研究所编：《北宋皇陵》附录一《北宋皇陵碑刻录文》，第514页。

④ 河南省文物考古研究所编：《北宋皇陵》附录一《北宋皇陵碑刻录文》，第515页。

⑤ 河南省文物考古研究所编：《北宋皇陵》附录一《北宋皇陵碑刻录文》，第516页。

首先，还是从霍氏家族刊刻的四通与采石工程相关的碑刻入手进行探讨。前文曾提到过，宋代修奉皇陵有固定的采石场，即位于缑氏镇的粟子山，据《宣仁圣烈皇后山陵采石之记》记载："河南缑氏镇之西南二十余里有山岭最高，形如委粟，俗号粟子岭"，"本朝列圣及母后登遐，例遣官采石于山下崇奉陵寝。"而据《永定陵修奉采石记》记载："缑氏县①南有粟子岭者，盖少室之西山、万安之东岭也，多产巨石，岩稜温润，罕与为比。"根据霍希范所刻《粟子山运石题名》，可知粟子岭即粟子山。因其山岭距宋陵较近且出产优质石材，遂成为北宋历代皇陵修建的固定采石场。霍氏家族既然刊刻的是运石题名及采石记碑，则其刻石之所就很有可能在粟子山及其周边。而根据乾隆《偃师县志》和《金石萃编》等资料记载宋陵的这些采石碑记都立于缑氏镇的永庆寺，如果这里就是宋代原立石处，那么也有可能将石料从粟子山运送至此经加工后再行刊刻的场所。即便清代所记之立石处并非宋代原址，但根据一般情况而论亦不应脱离缑氏镇的范围，因此缑氏镇当然是霍氏家族进行刻石活动的主要地点之一。

其次，再来看一下霍氏家族所经营的墓志业务。这里可通过志主葬地信息进一步观察其家族业务活动的地理范围，故将霍氏家族（包括疑似成员霍卞）刊刻墓志的葬地（此葬地以碑刻原文为准）列之如下：

霍卞刻"宋故朝请郎致仕慕容君遗戒"，志主葬地为洛阳县陶牙村。②

霍奕刻"王冒及其妻刘氏墓志铭并盖"，志主葬地为河南府河南县龙门之原。③

霍奕刻"吕大球墓志铭"，志主葬地为河南府永安县张曲里。④

霍亮刻"舒之翰妻王氏墓志铭"，志主葬地为河南府洛阳县北张村。⑤

霍奕刻"李景融夫人张氏墓志"，志主葬地为河南府河南县龙门村。⑥

霍奕刻"苏之才及其妻韩氏墓志铭并盖"，志主葬地为河南县太尉乡万安原。⑦

霍奕刻"范子舟及范辉墓志铭"，志主葬地为洛阳县金谷乡宣武里（范辉墓志铭作"宣武村"）。⑧

---

① 缑氏在宋初为县，庆历四年一度废为镇，后又复为县，至熙宁八年再度废为镇，隶偃师县。

② 参见北京图书馆金石组编：《北京图书馆藏中国历代石刻拓本汇编》，第40册，第143页。

③ 参见郭茂育、刘继保编著：《宋代墓志辑释》，第400、404页。

④ 参见高进旗、陈艳红：《洛阳新发现吕大球墓志铭初考》，《洛阳理工学院学报（社会科学版）》2014年第4期，第9页。

⑤ 参见河南省文物研究所、河南省洛阳地区文管处编：《千唐志斋藏志》，第1309页。

⑥ 参见赵君平、赵文成编：《河洛墓刻拾零》，第682页。

⑦ 参见吴钢主编：《全唐文补遗·千唐志斋新藏专辑》，第478页下、第479页下。

⑧ 参见北京图书馆金石组编：《北京图书馆藏中国历代石刻拓本汇编》，第41册，第192、193页。

根据以上所列一望而知，所有志主的葬地都在河南府境内，且集中在河南府治所在地的河南、洛阳两县。造成这一现象的主要原因在于为北宋人视为“风水宝地”的北邙山横跨河南、洛阳两县，墓葬多集中于此二县也就不足为奇。虽说志主的葬地并不能与刻工经营活动的地点完全画等号，但也不能否认二者之间是具有一定关联性的。如果以志主葬地为基点，考虑到宋代的交通运输情况，大致可以圈定霍氏经营活动应该在河南府的范围之内。

通过以上的论述可以看到，无论刊刻官私碑石，霍氏家族以其邑里缑氏镇为中心，向外扩散的经营活动范围都不超出河南府的范围，甚至可能仅仅局限在沿北邙山——粟子山一线。这一方面是当时交通条件的限制，另一方面也与归葬洛阳者数量众多兼之霍氏技艺高超，根本不必担心客源稀少而无法维持生计。

三、雇主与雇工——缑山霍氏的经营网络

通过前文的考辨，对缑山霍氏家族的成员以及他们经营的业务与地理范围已有一基本了解，且从前文的论述中亦能约略感觉到霍氏家族成员的刊刻技艺至少在当时河南府的范围内受到了官私两方的认可，已经有了较为稳定的客源渠道。由此需要考虑的一个问题是霍氏家族的客源渠道是如何构建起来的，在其经营过程中是否已经形成了经营网络。囿于史料所限，对此问题想要正面探讨是非常困难的。不过，或许可以通过霍氏家族所刊刻的碑石中反映出的雇主信息为线索，由雇主而及雇工，从侧面探讨这一问题。

在前述缑山霍氏成员及其所刊刻的碑石中，不难看到，霍奕是非常突出的，他不但参与了宋陵采石场碑石的刊刻，同时有多方墓志出于他手，具有一定的典型性和代表性，因此这里选择霍奕所刊刻的墓志铭为分析样本，以俾有所发现。

前文已经列出笔者目前掌握霍奕所刊刻的八方墓志，如果从雇主（墓主）方面来考虑，这八方墓志分属五个家族，即王冒家族（王冒及其妻）、吕大球家族、李景融夫人张氏家族、苏之才家族（苏之才及其妻）、范氏家族（范子舟及范辉）。为了能更清晰地看到这五个家族与刻工霍奕的关系，首当其冲需要了解这五个家族的基本状况。下面就以八方墓志为基础，结合传世史料，对五个家族分别介绍。其间根据不同家族史料之多寡，或者涉及其他与之有关的人物或家族，特别是这些墓志铭的撰文、撰盖、书丹者，乃至基于婚姻、友情、上下级等关系形成网络的各个人物及家族。

下面就按照八方墓志墓主下葬时间的顺序，对五个家族进行逐一介绍。

1. 王冒家族

《王冒墓志铭》的开篇即对王冒及其先世有如下一段介绍：

> 君讳冒，字居道，世为开封人。曾祖继凝，右骐骥使、宜州刺史，赠左金吾卫上将军。祖元庆，内殿崇班，赠左武卫大将军。父易，宫苑使，赠右金吾卫大将军。①

王冒的曾祖王继凝，根据现有的材料可知，景德三年（1006 年）六月，真宗尝御崇政殿"阅试枢密院主事而下"，当时作为枢密院主事的王继凝获得合格，因此获"迁逐房副承旨"②。由此可见，王冒的曾祖乃吏职出身，绝非累世簪缨之家。而到了仁宗明道二年（1033 年）八月，时为右骐骥使的王继凝又曾出使契丹③，出使时的官职与《王冒墓志铭》中所列王继凝最后官职一致，表明明道之际应该已是王继凝的晚年，由此也可看出，其出身虽不显赫，但能积劳累功做到遥郡刺史，亦非泛泛之辈。

至于王冒之父王易，由于今天能够看到刘挚为其写的墓志铭，对其生平了解相对丰富。王易在乾兴初以祖继凝荫补三班借职入仕，在地方上担任过一些诸如催纲、监押、巡检之类的差遣。其后又多年在地方任职，常年知地方军州。④根据王易的墓志铭记载，王冒是其独子。根据《王冒墓志铭》记载，王冒卒于元符二年（1099 年），卒年五十一岁。由此看来，王易是在四十多岁的时候才有了这唯一的子嗣。从墓志铭的记载来看，王冒先"以任子恩两迁为三班奉职"，后"更授文资，调郓州司理参军"，"考满，调恩州司理参军"，又历渑池、邯郸县令，用荐改宣德郎，知应天府宁陵县，后又知河南府福昌县，终官奉议郎、签书集庆军节度判官厅公事，元符二年卒于官。所以从王冒家族成员的简介来看，这个家族谈不上有多显赫，仅为有一定社会地位的一般武臣家族。

2. 吕大球家族

吕大球其人，除了 2014 年 4 月在偃师市顾县镇发现的这一方墓志铭外，目前不见有任何文献记载。从墓志铭记录的情况来看，吕大球字君玉，"其先占籍青社，后徙河南，因居缑氏，遂为河南人"。其曾祖与祖父"皆隐不仕"，其父则"以公（吕大球）仕

---

① 郭茂育、刘继保编著：《宋代墓志辑释》，第 401 页。

② （清）徐松辑，刘琳等校点：《宋会要辑稿》职官 6 之 2，上海：上海古籍出版社，2014 年，第 3155—3156 页。

③ （宋）李焘：《续资治通鉴长编》卷 113，明道二年八月戊午条，北京：中华书局，2004 年，第 2634 页。

④ （宋）刘挚撰，裴汝诚、陈晓平点校：《忠肃集》卷 12《宫苑使阁门通事舍人王公墓志铭》，北京：中华书局，2002 年，第 257—259 页。

于朝”，也就是说吕大球发迹前，其家为三代平民。不过，吕大球虽出身于平民之家，然而“家故饶于财”，这就使得他可以“家事悉置不问，惟嗜学属文，亲贤师友，以俟科诏”，由此遂中嘉祐二年（1057年）进士。中进士后的吕大球仕途还算平顺，担任的基本都是地方差遣，虽最后阶官到了左朝议大夫，积勋至上柱国，且有爵邑实封，但其个人影响力实为一般。这或许也是传世文献并没有关于吕大球任何记载的原因。至于其子孙后代，尽管墓志中说“追荣考妣，延及子孙，亦缙绅之所稀有”，不过“稀有”之说大约只能理解为“谀墓”的说辞，并不能当真。起码从目前所见的材料来看，在宋代因一人仕至高显而延及子孙的情况比比皆是，很难称之为“稀有”。更何况墓志中所载吕大球的子孙皆籍籍无名，既无位至高显者，亦未形成世家，所谓“延及子孙”也只能照一般意义上的理解，不可过高估计。

至于吕大球的具体事迹以及该墓志铭撰文者林摅、书丹者邓洵仁、撰盖者薛昂的情况，高进旗、陈艳红两位先生已有详细论述[①]，此处不赘。

3. 李景融夫人张氏家族

《李景融夫人张氏墓志铭》对墓主有如下一段介绍：

仁寿县君张夫人，守司徒讳去华之曾孙，兵部侍郎讳师锡之孙，中大夫讳景伯之女，故都官员外郎李公讳景融之继室也。[②]

循着墓志中提供的线索，通过搜检史料，目前能够看到与张夫人有直接关系且记载比较集中的材料主要有以下几件：

《宋史》卷306《张去华传》及所附其子《张师德传》。[③]

《范忠宣公文集》卷17《太中大夫充集英殿修撰张公行状》。[④]（状主为张去华之孙，张师德二子张景宪。）

《范太史集》卷39《长乐郡君尹氏墓志铭》。[⑤]（志主为尹洙之女，张景宪之妻。）

《彭城集》卷39《永安县君张氏墓志铭》。[⑥]（志主为张去华孙女，张师皋之

① 高进旗、陈艳红：《洛阳新发现北宋吕大球墓志铭初考》，《洛阳理工学院学报（社会科学版）》2014年第4期。
② 赵君平、赵文成编：《河洛墓刻拾零》，第682页。
③ 《宋史》卷306《张去华传》，北京：中华书局，1977年，第10107—10111页。
④ （宋）范纯仁：《范忠宣公文集》，《宋集珍本丛刊》，北京：线装书局，2004年，第15册，第501下—504页。
⑤ （宋）范祖禹：《范太史集》，《景印文渊阁四库全书》，第1100册，第431下—432页。
⑥ （宋）刘攽：《彭城集》，《景印文渊阁四库全书》，第1096册，第382页。

女，晏殊子成裕之嫡妻。）

《范太史集》卷38《大理寺丞张君墓志铭》。[①]（志主为张去华曾孙、张师锡孙、张景伯之子张淮。）

《豫章黄先生文集》卷22《承议郎致仕张君墓志铭》。[②]（志主为张去华曾孙、张师锡孙、张景伯之子张渭。）

综合以上材料中的相关信息，可将李景融妻张夫人的家族情况勾勒出来，在排除次要人物之后可以看到，李景融妻张夫人的家族是一个典型的由科举而形成的士大夫家族。张夫人的高祖张谊在后唐长兴中即举进士及第[③]，曾祖张去华、叔祖张师德不但进士及第，且都是本科之状元，诗人魏野还曾有诗“状元俱是状元儿”来贺[④]，为一时之荣。张氏家族因科举而成世家，家族成员虽未曾出过两府大臣，但多有担任高级官员者。据说张夫人的高祖张去华当年为“真宗深所嘉赏”，“然不饰边幅，颇为清议所贬，以是不登显用”[⑤]，错失了进入两府的机会。即便这样，凭借一门两状元，兼之后世亦有科举及第者，张家还是得以维持了世家的地位。

张家世家之地位从婚姻关系上亦可窥得一斑。张师皋与张师德分别和名臣晏殊、宋初三先生之一的尹洙为儿女亲家。张淮则娶了仁英之际大臣李兑的女儿[⑥]，且与名臣司马光为儿女亲家，其女为司马康之继室[⑦]。张景宪的三女嫁给了李士京，元丰五年（1072年）六月监察御史丰稷的上书中曾提到“李士京，韩缜之嬖人”[⑧]，而四女则嫁给了韩维之子韩宗质。[⑨]韩维、韩缜皆为韩亿之子，是宋代有名的真定韩氏之家族成员，韩亿父子多人都曾做到了两府的高官。[⑩]由此也可见张景宪与韩氏兄弟关系之密切。至于张景宪的五女则嫁给了富弼的孙子、富绍京之子富直清。[⑪]从以上叙述中不难发现，李景融妻张夫人所在家族是一个有影响力的世家大族。

---

① （宋）范祖禹：《范太史集》，《景印文渊阁四库全书》，第1100册，第421页。

② （宋）黄庭坚：《豫章黄先生文集》，《四部丛刊初编》，上海：商务印书馆，1919年。

③ 《宋史》卷306《张去华传》，第10107—10108页。

④ （宋）范镇著，汝沛点校：《东斋记事》卷1，北京：中华书局，1980年，第3页。

⑤ 《宋史》卷306《张去华传》，第10110页。

⑥ 有关李兑的生平，可参见《宋史》卷333《李兑传》，第10696—10697页。

⑦ （宋）范祖禹：《范太史集》卷41《直集贤院提举西京嵩山崇福宫司马君墓志铭》，第1100册，第457页上。

⑧ （宋）李焘：《续资治通鉴长编》卷327，元丰五年六月丁丑，第7886页。

⑨ 韩宗质为韩维三子，见（宋）杜大珪编：《名臣碑传琬琰之集》下，卷17《韩侍郎维传》，《景印文渊阁四库全书》，第450册，第796页下。

⑩ 参见《宋史》卷315《韩亿传》《韩绛传》《韩维传》《韩缜传》，第10297—10313页。

⑪ 富直清为富绍京次子，见（宋）范祖禹：《范太史集》卷38《供备库副使富君（绍京）墓志铭》，第1100册，第425下—426页。

4. 苏之才家族

苏之才出自北宋颇负盛名的盐泉苏氏家族，其墓志铭中对其家世有如下一段介绍：

君讳之才，字思齐，系出武功，见于国史太师传。太师讳易简，妙龄以梓潼进士魁天下。英俊被遇，熙陵登膴。仕由翰林学士承旨，壮年参预大政。薨赠太师、尚书令，葬开封。子孙因赐第以居京师。君之高祖也。曾祖耆，工部郎中、直集贤院，赠工部侍郎。大父舜宾，大理评事，赠光禄卿。皇考澄，朝奉大夫、提点江南东路刑狱公事，赠朝请大夫。妣旌德县太君李，端明殿学士邯郸公淑之女。神宗皇帝登宝位，君祖母安康郡太君之弟、右丞相韩缜守河中，遣君入贺，补郊社斋郎。①

这段记载将苏之才显赫的家世已经交代得比较清楚了，这里稍作补充：苏之才的高祖苏耆娶宰相王旦之女②，其祖父苏舜宾娶韩亿之女，即上引墓志铭中的"安康郡太君"，且苏舜宾夫妻还有一层关系是姨表兄妹，即夫妻两人各自的母亲乃亲姐妹，同为王旦之女③。另外，苏之才还有两个赫赫有名的伯祖，即苏舜元、苏舜钦兄弟。④苏之才的父亲苏澄则娶了仁宗朝参知政事李若谷的孙女，李淑之女。⑤由此可见，苏之才不仅本身家族地位显赫，其婚姻之家亦为当时之名门望族。此一情况在苏之才这一辈亦得到延续，其妻亦出自真定韩氏家族，这里不妨引一段其妻韩氏墓志铭中的记载：

夫人韩氏，世真定人，今居京师。景祐参知政事、赠太师尚书令兼中书令、冀国忠宪公亿，于夫人为曾祖。熙宁大丞相、太傅、康国献肃公绛，视夫人为孙。吏部侍郎宗师女也。苏韩世姻，夫人及笄，归祖姑安康郡太君之孙、奉议郎苏之才思齐。⑥

前引材料已明确了苏之才夫人韩氏的家世，其中值得注意的是"苏韩世姻"一句。从前文提到的苏耆与韩亿同为王旦之婿开始，两家就有了基于婚姻关系联结的纽带，到苏耆之子苏舜宾娶韩亿之女、韩亿之子韩维取苏耆之女，两家有了更为直接的互为姻亲关

---

① 吴钢主编：《全唐文补遗·千唐志斋新藏专辑》，第477页下。

② （宋）苏舜钦：《苏学士文集》卷14《先公墓志铭》，《四部丛刊初编》，上海：商务印书馆，1919年。

③ 参见（宋）欧阳修著，李逸安点校：《欧阳修全集》卷22《太尉文正王公（旦）神道碑铭》，北京：中华书局，2001年，第348页。

④ 参见（宋）蔡襄：《宋端明殿学士蔡忠惠公文集》卷35《苏才翁（舜元）墓志》，《宋集珍本丛刊》，第8册，第242页上；（宋）欧阳修著，李逸安点校：《欧阳修全集》卷30《湖州长史苏君（舜钦）墓志铭》，第455页。

⑤ 参见（宋）范纯仁：《范忠宣公文集》卷15《朝奉大夫知华州苏君墓志》，《宋集珍本丛刊》，第15册，第485页下。又苏澄墓志铭原石已见，现藏千唐志斋博物馆，其首题"宋故朝奉大夫加华州军事兼管内劝农事上轻车都尉借紫河南苏公（澄）墓志铭并序"，录文见吴钢主编：《全唐文补遗·千唐志斋新藏专辑》，第471—472页。

⑥ 吴钢主编：《全唐文补遗·千唐志斋新藏专辑》，第479页上。

系，而这种情况在苏之才这一代又得到了延续，称之为世姻，信不妄也。

学界目前对盐泉苏氏已有较为详尽的研究[①]，此处不再赘言，根据既往的研究成果及以上述及的情况来看，到苏之才这一代，政治地位虽已不及先世，但其家族地位显赫当是不争的事实。

5. 范氏家族

霍奕所刊刻的范氏墓志包括《范辉墓志》和《范子舟墓志》两方，而在这两方墓志之文首都将范氏家族的家族延衍进行了简单的介绍，在《范辉墓志》中言道：

> 君姓范氏，名辉，光道其字也。先世居河东，后徙成都，自高祖葬洛阳，遂为河南人。曾祖雍，故任资政殿大学士，礼部尚书，赠太师、中书令兼尚书令，封祁国公，谥忠献。祖宗杰，故任兵部员外郎，直史馆，赠开府仪同三司。父，子明，故朝请大夫，赠中散大夫。[②]

在《范子舟墓志》中对其父祖辈的介绍亦如下：

> 子舟，字巨济，曾祖德隆，赠太师、尚书令兼中书令；祖雍，仕仁宗为枢密副使，谥忠献，赠太师、中书令兼尚书令；父宗师，故任朝奉大夫，知剑州。[③]

我们通过两者的对比发现，范子舟和范辉祖上显赫，范氏家族的脉络可以追溯至五代时期，其本为山西太原人，后范仁恕仕后蜀孟昶，官至宰相，享一时之荣宠，其子范从龟亦得拜刑部侍郎。宋太祖平蜀后，范从龟入朝改右屯卫将军，范氏家族也由蜀地迁至开封，后世子孙多葬于河南府。

范氏家族从范雍开始才真正与洛阳当地许多大家族联姻，这种关系让范氏家族在朝则傍依大势，在地方则交姻网络，家族方得以长久不衰。正如范纯仁后来所说："自忠献公在仁宗朝入陪枢衡，出秉旄钺，有勋劳于王室，太原之范于是大显，子孙蕃昌，世推以为盛族。"[④]这种盛族状况无疑是以范雍的生前显达地位为基础的，但是一个家族的长盛不衰，往往要有累代不懈的经营才能维系，比如范雍长女就嫁给了高琼的次子高继

---

① 参见张邦炜：《宋代盐泉苏氏剖析》，《新史学》1994年第1期，现收氏著《宋代婚姻家族史论》，北京：人民出版社，2003年，第274—304页。按：张邦炜先生初次发表及结集出版之时并未看到苏之才及其妻韩氏之墓志铭，除可补充例证外，某些结论尚有修正空间。

② 北京图书馆金石组编：《北京图书馆藏中国历代石刻拓本汇编》，第41册，第193页。

③ 北京图书馆金石组编：《北京图书馆藏中国历代石刻拓本汇编》，第41册，第192页。

④ 参见（宋）范纯仁：《范忠宣公文集》卷16《范大夫（子仪）墓表》，第489页上。

宣，其幼女嫁给了真定韩氏的后裔韩绎[①]，其长子宗杰也娶陈尧佐之女为妻[②]，范宗贤娶丁度孙女[③]，后世中又屡与世家大族结亲[④]，这使得范氏逐渐成为一个洛阳当地的大家族。这种层次的世家大族对于墓志刊刻的档次当然不会流于应付，所以范家对于选择霍氏刻工为其服务也不会是随意为之了。其选择或是常聘霍氏为之服务，或者是其他同等世家对于选择刻工时的相互推荐，这都是有可能的。当然从霍氏刻工角度而言，他们也凭借自己的技艺口碑，抑或交际经营能力，得以服务于像范氏这样的官宦世家。

以上对霍奕所刻碑志涉及的五个家族进行了简单的介绍，可以看到霍奕雇主所在的家族之社会地位有着明显的不同，霍奕稍早刊刻墓志铭志主所在的王冒家族、吕大球家族远不能与后来的张氏、苏氏和范氏相提并论，这是否说明随着霍奕刻石技艺的提升和名声渐大，吸引了来自世家大族的青睐，并得到了他们的认可？由于没有相关材料可以支持，目前这一假想并不能凿实，但至少存在这种可能性。另外，从以上五个家族的情况来看，囿于史料所限，目前除了吕大球家族似乎与其他四个家族未见丝毫联系之外，其余四个家族都有着千丝万缕的联系。如王冒的曾祖同丁度一起出使过契丹，而丁度的孙女又嫁给了范雍的儿子范宗贤。张氏家族、范氏家族都与富弼家族、韩亿家族有着婚姻关系，而苏氏家族更是与韩亿家族有着“苏韩世姻”的几代姻亲关系。所有的这些都将四个家族联系在一起。

那么这些家族之间千丝万缕的联系是否对霍奕碑石刊刻的经营有影响？于此依然囿于史料，并没有办法给出确定的答案。更何况上述所列的“关系”并不是都发生在同一个时间段，“过去”的关系能否对“现在”产生影响，即便产生了影响，其影响程度有多大，仅凭“关系”是没办法确认的。不过，“关系”的存在至少可以让研究者有了推断的方向，即霍奕在经营刻石业务之际，因其作品获得了雇主的满意，通过雇主乃至雇主家族成员、亲族朋辈的口口相传，进而扩大了影响，同时也构建起了稳定的客源。如果事实果真如此，或许整个缑山刻工家族亦是以此方式进行经营活动的。

---

① 与高继宣、韩绎家族的婚姻关系参见（宋）杜大珪编：《名臣碑传琬琰之集》上，卷26《范忠献公雍神道碑》，《景印文渊阁四库全书》，第450册，第217页上。

② 参见（宋）范纯仁：《范忠宣公文集》卷16《范大夫（子仪）墓表》，第489页上。

③ 参见（宋）杜大珪编：《名臣碑传琬琰之集》上卷3《丁文简公度崇儒之碑》，《景印文渊阁四库全书》，第450册，第29页下。

④ 范雍之后与许多世家大族结亲。例如富弼之侄娶范家之女，参见洛阳市第二文物工作队编：《富弼家族墓地》，郑州：中州古籍出版社，2009年，第63—64页、第66页。尚有文献可探知的数家姻亲，在此不一一枚举。

四、结　语

叶昌炽言："余按北宋一朝碑版，安氏刻者为多。其最先者，为安宏、安仁祚，自建隆讫徽钦之际，盖百余年而其泽未艾也。"①叶氏的说法是在大量经眼碑刻及相关材料之后得出的主观判断，可要把家族关系具体凿实，就需要在材料与判断中间架起一座"浮桥"。我们不能确定缑山霍氏家族是否像安氏一样绵延百余年，但是通过已经浮现的家族脉络和新材料的不断出现，同时代相似的行业家族必定不是单一孤立的。事实上，北宋时的河南府、京兆府等地区也确实聚集着很多像霍氏、安氏这样的刻工家族。除了如本文一样在材料上尽可能的拼织，这些家族成员之间关系的确立，以及家族谱系的勾勒，是否还有其他途径？答案应该是肯定的。例如，虽然刻工在镌刻碑石时，会有多种方式，或书丹其上，然后镌刻；或直接操刀刻字上石，操作水平也许有高低之分，但是其刻字习惯、运刀技术肯定是相似的。这种技术又会代代相传，其中的特殊性也会如家族基因一般流传下来，通过分析刻工镌刻之字中运刀笔画的特殊之处，不失为确定其家族关系的一种方式。

当然，围绕石刻刻工及其家族有着怎样的社会性，也是考察这一群体所不可忽视的部分。一方碑版之上，与刻工发生直接关联的有撰文者、书丹者、篆额者、雇主等，很多情况下可能一次刻石活动结束后这种相互之间的关系就会终结。但是也有很多关系会持续很长时间，甚至相互之间形成一个关系网络；研究者往往探索一个区域中家族的关系网络时，都会存在"上层视角"或"自上而下"的俯探，缺少"自下而上"的观察，刻工及其家族恰好为我们留下了可供观察的线索，这也是其他社会群体鲜有具备的。本文对缑山霍氏经营网络的考察就是基于这两层的考虑而做出的实践。

作者简介：胡坤，西北大学历史学院教授；常志峰，复旦大学历史学系2018级中国史博士研究生。

① （清）叶昌炽撰，柯昌泗评，陈公柔、张明善点校：《语石·语石异同评》卷6，第413页。

宋人李心传和他的《兰亭》题跋

应　桃

（四川大学 历史学院、艺术学院，四川 成都，610064）

摘　要：《兰亭序》在宋代的受欢迎程度最高。特别是在南宋时期，形成一种收藏、品题《兰亭序》的风气，士人也借此休闲怡情、交流情谊。史学家李心传和《兰亭序》收藏家俞松交好，所题《兰亭序》诸跋收入后者所著《兰亭续考》一书中。李心传《兰亭》题跋涉及《兰亭序》真伪、版本和笔法等问题。

关键词：李心传；兰亭；题跋

“复古”和“创新”是中国书法发展中的两条内在理路。“复古”复的是“传统”，更多的是向前人学习的过程；“创新”则是独我的创造。即如“书圣”王羲之而言，少学于卫夫人，再学于叔父王廙。卫夫人和王廙均传“锺法”，因之王羲之也为锺法的传人，其书法的戛然独造、横空出世，恰恰是由于他对书法的创新。[①]两宋的书法发展也在“复古”和“创新”两造间摇摆。蔡襄（1012—1067 年）被视为“代表着宋代书家中试图振兴唐朝重法度的书学理念的最后一人”，之后的苏轼（1037—1101 年）、黄庭坚（1045—1105 年）和米芾（1051—1107 年）则被认为不重视传统、轻视功力。南宋高宗重视以王羲之为代表的魏晋传统，倡习《兰亭序》。在历代帝王中，“对《兰亭序》予以

① 今人多能认识到这点。如阿涛《神龙本兰亭鉴赏》言：“《兰亭》的成功，固然是继承意义上的成功，更是高扬个性意识的成功。神话它、僵化它、复制它，都是一种亵渎，都是一种退化，都是对它原本价值的‘内迷其理’。即使仅仅认为继承才能振兴书法艺术，所可继承者，只能是《兰亭》赖以产生的精神内核，而非金玉其外的点画形质。”（刘正北主编：《中国书法鉴赏大辞典》，北京：大地出版社，1989 年，第 162—163 页）

学术关注的恐怕只有宋高宗一人”[①]。简言之,《兰亭序》的复制与流传代表着南宋书坛的一种“复古”风气。另外,宋代书法为文人所习尚,“大儒未有不留心者”,一时之间,官僚、士子都以善书为荣。南宋时,形成一种收藏、品题《兰亭序》的风气。士人也借此休闲怡情、交流情谊。[②]

李心传(1166—1243 年),字微之,亦字伯微,号秀岩,隆州井研(今四川乐山)人,宋代史学家,著有《建炎以来系年要录》《建炎以来朝野杂记》等书。黄震评论道:“李微之该总通达,成一家之言,良史才也。”[③]他晚年寓居湖州霅溪,与吴山俞松交好。俞松笃嗜兰亭帖,每有所得,必就心传审定题识,著有《兰亭续考》一书,自言:“《兰亭续考》前一卷,其间有松所藏本,与他人所藏者合为一卷。后一卷皆松所藏,尝经秀岩李先生品题,命工锓版,以贻同志。”[④]李心传并不以书法知名,但在师友当中不乏知名的书法名家,如朱熹,“善正行书,尤工大字”[⑤]。楼钥,“善大字,高宗时大学成,奉敕书匾”[⑥]。魏了翁,“善篆,不规规然绳尺中,而有自然之势。尝以篆法寓诸隶,最为近古”[⑦]。正如王国维谓宋人金石书画之学陵跨百代,“赏鉴之趣味与研究之趣味、思古之情与求新之念互相错综”[⑧]。在这样的环境下,“该总通达”“通故实”的李心传自然对书学也多有究心。李心传流传下来《兰亭》题跋十九则,涉及《兰亭序》真伪、版本、笔法等问题。

---

① 毛万宝:《帝王接受:托起〈兰亭序〉的文化地位(上)》,《书法》2014 年第 12 期,第 48 页,后收入氏著《兰亭学探要》,合肥:安徽教育出版社,2011 年,第 236 页。

② 陈望衡等先生认为《兰亭序》在宋代的受欢迎程度最高(陈望衡、陈浩:《“兰亭学”论稿》,《江海学刊》2010 年第 3 期,第 8 页)。李心传的《兰亭》题跋中就有不少士人共聚观赏、品题、评鉴的例子,在《题洪内相所题兰亭帖》中言:“秋九月,过梁溪,尤伯晦、仲晦方里居,邀予与蒋良贵共饭。日加己巳速客,席间设大几,锦标玉轴堆积其上。余雅闻遂初图书之富也,亟起观之,则多元老钜儒所尝鉴赏者。良贵拔其尤者,谓予各题数语。觞每行,趣辄更一二轴。……前后同观者十有六人,大抵二熙名士。”(俞松集,古玉清点校:《兰亭续考》卷 2,杭州:浙江人民美术出版社,2013 年,第 223、224 页)亦有“谒道济听琴毕,鉴《兰亭》”的例子(桑世昌:《兰亭考》卷 7,中国书画全书编纂委员会编:《中国书画全书》第 2 册,上海:上海书画出版社,1993 年,第 600 页)。黄宽重先生对此研究甚详,可参阅其《以艺会友——南宋中期士人以〈兰亭序〉为中心的品题与人际关系》(《汉学研究》2017 年第 35 卷第 3 期)一文。

③ (宋)黄震著,张伟、何忠礼主编:《黄震全集》第 10 册附《戊辰修史传序》,杭州:浙江大学出版社,2013 年,第 3354 页。

④ (宋)俞松集,古玉清点校:《兰亭续考》附“俞松跋”,第 231 页。

⑤ (元)陶宗仪:《书史会要》,中国书画全书编纂委员会编:《中国书画全书》第 3 册,第 57 页。

⑥ (元)陶宗仪:《书史会要》,中国书画全书编纂委员会编:《中国书画全书》第 3 册,第 58 页。

⑦ (元)陶宗仪:《书史会要》,中国书画全书编纂委员会编:《中国书画全书》第 3 册,第 56 页。

⑧ 傅杰编校:《王国维论学集》之《宋代之金石学》,昆明:云南人民出版社,2008 年,第 245 页。

一

明代张丑的《清河书画舫》云："鉴赏二义，本自不同，赏以定其高下，鉴以定其真伪，有分属也。"[①]此句道出了鉴赏的本真意义，即鉴赏不同于一般的欣赏活动，鉴赏关乎艺术品的真伪及高下区分问题。在中国书画史上，王羲之《兰亭序》无疑是最具传奇色彩的一件艺术品，历来对它的真伪也是聚讼不已。现当代对《兰亭序》的真伪之辩主要集中在以下几个方面：①《兰亭序》是否为王羲之书写；②哪个版本最能接近王羲之之本来面目；③定武《兰亭序》及其他传本的真伪问题。[②]历史上，由于《兰亭序》原作已失，因此宋人针对《兰亭序》的鉴赏活动是在摹本和刻本之间展开的。[③]

历史上《兰亭序》"真迹"第一次出镜是在唐初。据载，王羲之将《兰亭序》墨迹留给子孙，七世孙智永付弟子辩才。"至贞观中，太宗以德政之暇，锐志玩书，临写右军真草书帖，购募备尽，唯未得《兰亭》。寻讨此书，知在辩才之所"，后监察御史萧翼将其骗取。[④]历史上，按照这一故事所作的绘画也有很多，从《宣和画录》到清代，文献著录的有20多种：唐代的有阎立本，五代的顾德谦，宋代的李公麟、巨然、支仲元等。流传至今有三幅创作于唐宋时期，作者分别为阎立本（传，藏台北故宫博物院）、宋人佚名（藏北京故宫博物院）、宋人佚名（藏辽宁省博物馆），这几幅画的画面布局、人物安排都大同小异，属于同一风格的作品。传为唐阎立本的画作中，萧翼坐姿，身体前倾，不露声色，似在倾听；辩才居左，坐在树根椅上，左手摊开，嘴微张开，面露苦涩；或为表现画作已失时的精彩情节。李心传所见到的《江南萧翼取兰亭图》已经不知

① 俞剑华编著：《中国古代画论类编（修订本）》，北京：人民美术出版社，2004年，第1251页。

② 陈雅飞：《中国大陆〈兰亭序〉真伪论辨回顾》，《浙江大学学报（人文社会科学版）》2014年第3期。

③ 一般说来，已无原作存世的摹本与尚有原作可鉴的摹本之间的价值差异判若云泥，原因是摹本虽然差强人意，在原作不可再遇的情况下具有重要的参照性。但在欧洲的中世纪，在教会势力控制着的对表现圣者或者圣迹的艺术品复制中，复制品与原作的价值不分轩轾。在当时人的观念中，复本也参与了对原作神秘力量的分享。《兰亭序》原本无存，但是摹本和刻本较多。谢恍在熙宁二年（1069年）题某唐摹本时说，"《兰亭》无复真本，独虞世南辈所临散在天下，然奇者盖鲜。独苏才翁家所收为第一，而葛蕴仲谌所藏一本次之。与此本共为三本无与比者。仲谌之本今归予矣。"（桑世昌：《兰亭考》卷5，中国书画全书编纂委员会编：《中国书画全书》，第2册，第592页）可知在北宋中叶，《兰亭》摹本已是稀有，传刻本遂逐渐大行其道，至南宋初年，"士大夫人人有之。石刻既亡，江左好事者往往家刻一石，无虑数十百本，而真赝始难别矣"（赵孟頫：《定武兰亭十三跋》其二，王伯敏等编：《书学集成·元—明》，石家庄：河北美术出版社，2002年，第2页）。对《兰亭序》的仿制从某种意义上来说，也是一个艺术创造的过程，"原作与仿本的关系，仿本与欣赏者的关系，这中间存在着一个审美再创造的过程。"（陈望衡、陈浩：《"兰亭学"论稿》，《江海学刊》2010年第5期，第8页）鉴于南宋时《兰亭序》复制本已经鱼龙混杂，有人提出以"美"来判断其高下，而不是特别在意它的版本来源，"市马以神骏为主，无问屈冀，观妇人以美为主，无问燕越，书亦然。顺伯所藏修禊两副本，皆遒举精丽，凛乎其生意存，不必深辨为定武否也。"（桑世昌：《兰亭考》卷6，中国书画全书编纂委员会编：《中国书画全书》，第2册，第597页）

④ （唐）张彦远辑，洪丕谟点校：《法书要录》卷3《何延之〈兰亭记〉》，上海：上海书画出版社，1986年，第100页。

作者，题跋云："此卷不知何人所作，观其意象，殆二人初相见时也。或谓当作老僧苍皇頫印，口呿而不能合之状，乃为真失《兰亭》耳。"[①]从题跋来看，李心传看到的画作应该是和现存《取兰亭图》同属于一类作品。唐贞观二十三年（649年），太宗死，将《兰亭》真迹陪葬入昭陵。此即李心传在《兰亭续考序》中所叙"王逸少殁垂二百七十年，而所书《修禊叙》自人间复归御府"。唐太宗得到《兰亭》真迹后，曾"（命）赵模、韩道政、冯承素、诸葛贞等各拓数本，以赐皇太子诸王近臣"[②]。武平一《徐氏法书记》也云："太宗于右军之书，特留睿赏。……《兰亭》、《乐毅》，尤闻宝重。尝令拓书人汤普彻等拓《兰亭》，赐梁公房玄龄已下八人，普彻窃拓以出，故在外传之。"[③]为后世所重的定武《兰亭》石刻可能就为此时所制，和《兰亭》真迹一道被葬入昭陵，后来温韬发昭陵，真迹遗失，石刻被带入地面。宋人多持这种看法，李心传在《兰亭续考序》中提到《兰亭》为唐太宗所得后的二百七十年，"自昭陵复入人间"。沈虞卿题俞松家藏定武旧本也云："右《兰亭序修禊叙》。……后遂入昭陵。温韬发唐诸陵，《兰亭》复出人间。世所传模刻本极多，而独贵定武本者，自山谷始，所谓"仿佛存古人笔意"者是已。[④]刘光朝《题俞松家藏王敬子奉使北庭所得定武本》亦言："尝观欧阳文忠公题是书，是知真本已葬昭陵。唐末之乱，昭陵为温韬所发，其所藏书画皆剔取金玉而委弃之，于是魏晋以来诸贤墨迹，复流落于人间。"[⑤]在《兰亭》真迹已失的情况下，临摹本和刻本成为后世鉴赏和收藏的唯一选择。于是有了"字书自《兰亭》出，上下数千载，无复伦拟，而定武石遂为今世大议论"[⑥]的说法。宋代有关《兰亭序》的摹刻、鉴藏、传承主要是围绕定武《兰亭》展开的。

在这样的大背景下，李心传的《兰亭》题跋也大多是关于临摹本和刻本展开的。李心传的《兰亭》题跋中涉及真伪之辨的有以下几处：

（1）《题沈博愚所藏兰亭帖》：余从士大夫家见《兰亭》石刻多矣，皆号定武本，虽秘府之藏，亦未免杂赝也。绍定癸巳修禊之月，舟过禾兴，欣遇沈公之孙寺丞，出示家世所宝二轴，望之知其为真也。此轴本吴传朋得诸薛氏，而博古如尤、王，善书如朱、范，同所鉴赏，则又信而有征矣。近岁士人作《兰亭考》，凡数万

① （宋）俞松集，古玉清点校：《兰亭续考》卷2，第225页。
② （唐）张彦远辑，洪丕谟点校：《法书要录》卷3《何延之〈兰亭记〉》，第103页。
③ （唐）张彦远辑，洪丕谟点校：《法书要录》》卷3《武平一〈徐氏法书记〉》，第90页。
④ （宋）俞松集，古玉清点校：《兰亭续考》卷1，第197页。
⑤ （宋）俞松集，古玉清点校：《兰亭续考》卷1，第218页。
⑥ （宋）桑世昌：《兰亭考》附"群公帖跋"，中国书画全书编纂委员会编：《中国书画全书》，第2册，第614页。

言，名流品题，登载略尽，惜无以此轴示之。陵阳李心传书。①

（2）《题洪内相所题兰亭帖》：绍定之季岁，予罢史职，归岩居。春三月，过御溪，沈虞卿侍郎之孙，提举君以家藏《禊帖》似余求识。其后，秋九月，过梁溪，尤伯晦、仲晦方里居，邀予与蒋良贵共饭。日加己巳，速客，席间设大几，锦裱玉轴，堆积其上。余雅闻遂初图书之富也，亟起观之，则多元老钜儒所尝鉴赏者。良贵拔其尤者，谓予各题数语。觞每行，趣辄更一二轴。迟明饮散，予遽解舟，今不忆所题若干卷，亦不忆有无《禊帖》在其间也。淳祐初年小寒节前五日，俞寿翁走价以此帖示余，实沈贰卿于群玉暨史园两尝出似坐客者，而尤公遗墨在焉。其为定武真帖不疑矣。前后同观者十有六人，大抵二熙名士，其间盖有出处，与隆替对者，自是右军辈人物，书翰其一也。后之览者，又当有感于斯文。陵阳李心传书。②

（3）《再题范文正公所藏兰亭帖》：余既题此帖，后五旬又一日，寿翁复以示余，反复观之，真善本也。以《集古录》考之，当嘉祐中定武民间石刻已出，但未入公廨尔。然世传薛绍彭易之以归长安，后其弟嗣昌献诸朝。今观嗣昌大观初题识，乃以为得长安崔氏所藏真迹而刻之，则又非定本也。盖薛本幸存于靖康北狩之日，而复逸于建炎南渡之时，自是绝迹矣。今寿翁访求至十数帖而未已，其殆有《兰亭》癖耶？心传嗣书。③

（4）《题王沂公本兰亭帖》：此帖信美矣，唯室以为王沂公家本，盖有所授，第并指定武石刻，则似未深考耳。欧阳公既叙沂本，而继之云："又有别本在定州民家，二家各自有石。校其本，纤毫无异，故不复录。"然则二本皆佳也，奚必以定本为贵哉？唯室，绍兴名士也，余尝得其《步里客谈》一编，今又见其三诗，风流可想矣。淳祐壬寅岁季春之四日，霅溪病叟书。④

在上述题跋中，"望之知其为真也""其为定武真帖不疑矣""真善本也""此帖信美矣"是李氏对帖子为真本的几种说法。丁宁先生提出了艺术品鉴赏的"鉴赏三维"，即出处、目鉴和科学测定。艺术品鉴赏的目的就是要究明某一艺术品的本真面貌。首先，出处鉴定。根据有关记录，追踪作品脱手一直到今天的收藏家的转移记录以及其他相关的佐证。其次，目鉴鉴定。目鉴是一种直觉反应。鉴定者根据自己的学识和经验对特定作

① （宋）俞松集，古玉清点校：《兰亭续考》卷1，第197页。题目为笔者所加，下同。
② （宋）俞松集，古玉清点校：《兰亭续考》卷2，第223—224页。
③ （宋）俞松集，古玉清点校：《兰亭续考》卷2，第225—226页。
④ （宋）俞松集，古玉清点校：《兰亭续考》卷2，第226页。

品的技法、风格等特点的把握或洞察，虽然未必理性，却往往是极其敏锐和准确的。最后，科学鉴定。即利用有关科学仪器进行的特殊测试，比如现在常用的反射比检测术、电子扫描型显微镜、能量分散型X射线等。[①]李氏在《兰亭帖》的鉴定过程中也运用了出处鉴定和目测鉴定两种方法。《题沈博愚所藏兰亭帖》言此传本的流传顺序是：薛氏→吴传朋→沈氏，可谓流传有序。又有尤、王、朱、范的题记，“尤”指尤袤（1127—1194年），“王、朱、范”分别为王顺伯（生卒年不详）、朱熹（1130—1200年）和范成大（1126—1193年）。朱熹和范成大均在书界“南宋四家”之列。朱熹的书法“大都近钟太傅法，亦复有分隶意”[②]，在当时就颇负盛名，“虽片缣寸楮人争珍秘，不啻玙璠圭璧”[③]。范成大书法“雄遒结密，盖自莆阳外家，一变而入颜（真卿）、杨（凝式）鸿雁行矣”[④]，“故书法兼真、行、草之妙，人争藏之”[⑤]。尤袤，字延之，号梁溪居士，又号遂初居士，绍兴十八年（1148年）进士。尤袤和王顺伯均博古洽闻，且都是《兰亭》版本的大收藏家，周必大就时时向他们请教，“朝士喜藏金石刻，且殚见洽闻者，莫如沈虞卿、尤延之、王顺伯，予每咨问焉”[⑥]。有了“尤、王、朱、范”诸人的鉴定，自然“信而有征矣”。《题洪内相所题兰亭帖》也是因为有“尤公遗墨在焉”，遂“其为定武真帖不疑矣”。

二

近代，启功先生将传世的《兰亭帖》分为五大类，“一、唐人临摹本。意在存真，具有复制原本的作用。二、前人临写本。出于临写，字形行款相同，而细节不求一一吻合。三、定武石刻本。四、传刻本。传刻唐摹或复制定武，意在复制传播，非同蓄意作伪。五、伪造本。随便拼凑，妄加古人题署，或翻刻，或临拓，任意标题，源流无可据，笔法无足取，百怪千奇，指不胜屈，更无足论了！”[⑦]

唐临摹系统有唐临摹本、后人再摹本和其传刻本。唐摹本本来就为数不多，至宋时

---

① 丁宁：《论艺术品的真伪鉴赏问题》，《文艺研究》2013年第7期，第19—22页。

② （明）董其昌：《香光随笔》之《书品》，严文儒、尹军主编：《董其昌全集：全八册》第3册，上海：上海书画出版社，2013年，第231页。

③ （清）卞永誉：《式古堂书画汇考》书卷14，中国书画全书编纂委员会编：《中国书画全书》，第6册，第359页。

④ （宋）周必大：《周益公文集》卷191《与范至能参政》淳熙元年第二书，《宋集珍本丛刊》，北京：线装书局，2004年，第50册，第711页。

⑤ （宋）周必大：《周益公文集》卷61《范成大神道碑》，《宋集珍本丛刊》第49册，第301页。

⑥ （宋）周必大：《益公题跋》卷8《题修禊帖》，《丛书集成初编》，北京：中华书局，1985年，第86—87页。

⑦ 启功：《兰亭帖考》，《启功全集》第3册，北京：北京师范大学出版社，2010年，第85页。

许多本子被内府收藏，常人已难得一见。[1]宋代帝王多好书法，雅好《兰亭序》。太宗于淳化三年（992 年）命王著编刻《淳化阁帖》，“二王”书法就占了一半。徽宗和南宋高宗都有较高的书法素养，又加上内府藏有大量的《兰亭序》摹本和刻本，使他们更有机会观摩《兰亭序》书迹。李氏称：

> 秘府藏祐陵书百余轴，臣三入承明，备见之矣。大抵政宣间所赐臣下亲笔也。《绍兴日历》载高庙圣语云：“近有进先帝御扎者，宸翰小玺，皆人伪为之。”时渡江未久也，而赝本已出矣，何耶？淳祐癸卯二月几望，臣松以帖示臣，龚览再三，笔势似与秘府所藏稍异。因忆蔡絛《史补》：政和初，宰臣言近降御笔有不类上书者。上曰：“比得一工制笔，其管如玉，而锋长几二寸，是以用之，作字软美。”乃知崇观政宣笔法固已不类，此帖殆崇观间所作也。帖中“领”“悟”“惓”三字，咸从右军之旧，不复厘正，盖自来临摹之本如此。惟“丽”字特有所避，故与诸本不同云。[2]

宋高宗本学黄书，“后以伪豫遣能黄书者为间，改从右军”[3]，喜书《兰亭序》，自述道：“余自魏晋以来至六朝笔法无不临摹。或萧散，或枯瘦。或遒劲而不回，或秀异而特立，众体备于笔下，意简犹存于取舍。至若《禊帖》，则测之益深，拟之益严，姿态横生，莫造其原。详观点画，以至成诵，不少去怀也。”[4]宋高宗曾赐所临的《兰亭序》，让普安（即后来的宋孝宗）、恩平两位郡王各临五百本以进。普安郡王临写了七百本进之，恩平郡王无所进。[5]这件事对于高宗最后决定由普安郡王继承皇位起了重要的作用。[6]宋高宗也临写了不少的《兰亭序》分赐给近臣，如赐刘光世[7]、赐郑谌[8]等。高宗赐本《兰亭序》数量众多，以至于李氏感叹“世所藏者不一，而垂针、蟹爪之体各

---

① 伊沛霞（Patricia B. Ebrey），称宋徽宗为超大藏家。徽宗朝，私家藏器纷纷进入内府，御府、馆阁成为最大的古器库。由于这种虹吸效应，私人空间被大幅压缩，只有一些能够一再被复制的碑帖拓片没有受到影响，参见许雅惠：《北宋晚期金石收藏的社会网络分析》，《新史学》第 29 卷第 4 期，第 90、91 页。李清照在《金石录后序》中就说赵明诚在入东京的太学后就经常去相国寺“市碑文”；参见李清照著，王仲闻校注：《李清照集校注》，北京：人民文学出版社，1997 年，第 177 页，这也是宋代帖学兴盛的一大原因。

② （宋）俞松集，古玉清点校：《兰亭续考》卷 2，第 229—230 页。

③ （宋）俞松集，古玉清点校：《兰亭续考》卷 2，第 224 页。

④ （宋）赵构：《翰墨志》，中国书画全书编纂委员会编《中国书画全书》，第 2 册，第 1 页。

⑤ （宋）俞松集，古玉清点校：《兰亭续考》卷 2，第 226—227 页。

⑥ 此事亦见《贵耳集》卷上：“孝皇同恩平在潜邸，高庙乃书《兰亭序》二篇赐二王，依此样各进五百本。孝皇书七百本上之，恩平卒无所进。”见张端义：《贵耳集》卷上，《全宋笔记》第六编第十册，郑州：大象出版社，2003 年，第 288 页，孝皇同恩平在潜邸。陆游《老学庵笔记》写道：“史丞相（弥远）言高庙尝临《兰亭》，赐寿皇（孝宗）于建邸。后有批字云：‘可依此临五百本来看。’”见陆游撰，李剑雄、刘德权点校：《老学庵笔记》卷 10，北京：中华书局，1979 年，第 129 页。

⑦ （宋）桑世昌：《兰亭考》卷 2，中国书画全书编纂委员会编：《中国书画全书》第 2 册，第 580 页。

⑧ （宋）俞松集，古玉清点校：《兰亭续考》卷 2，第 224 页。

具"[①]。

李心传所见《兰亭序》本子属于唐临摹系统本子并不多，而以定武本居多。临写本还有《薛道祖临写本兰亭帖》。薛道祖即薛绍彭，是北宋著名书法家，也是定刻《兰亭序》的发现者，李氏称之所临帖"殊可赏爱"，进而推测其"心诚求之之故，《兰亭》自入渠笔端"，抑或"匠意经营"之故。[②]从以上细节推断，也似为定武本的临写。

南宋中叶时，定武本已经冠压群帖了，"石刻多矣，皆号定武本"[③]。李氏对《兰亭序》流传的历史认识集中在其《兰亭续考序》一文中：

> 王逸少殁垂二百七十年，而所书《修禊叙》自人间复归御府，又近二百七十年而自昭陵复出人间，后百三十余年而定武石本始传于世，又后六十余年而石归天上，又后二十年而复失于维扬。自是百余年间，士夫所藏真赝相杂矣。[④]

在李氏十九跋中，涉及定武本就八种，整理如表 1 所示。

表 1　定武本八种统计表

版本名称	版本特点	流传经过	资料来源
《沈伯愚藏本》	有尤、王、朱、范，同所鉴赏	……→薛氏→吴傅朋→……→沈伯愚	《兰亭续考》卷 1
《姜尧章藏本》	姜夔三跋、李心传一跋	……→卢宗迈……→童道人→姜夔（尧章）→萧季木→俞松	《兰亭续考》卷 1 《齐东野语》卷 19
《洪内相题本》	有尤袤题字	……→俞松	《兰亭续考》卷 2
《刘明达题本》	此帖差瘦劲	……→俞松	《兰亭续考》卷 2
《荣次新题赐本》	不详	……→俞松	《兰亭续考》卷 1
《叶石林所藏断石本》	缺十六字，字亦瘦劲	……→俞松	《兰亭续考》卷 2
《王沂公本》	似定武刻本	王曾（沂公）→胡少明→王立之→……→俞松	《兰亭续考》卷 1
《宋高宗赐郑湛本》	有宋高宗书"复古殿书"四字，下用"御书之宝"印	……→俞松	《兰亭续考》卷 1、卷 2

《姜尧章藏本》似为"五字未损本"。清代的翁方纲就认为"李跋论镵去五字二语，盖通举《兰亭帖》之前后大体言之，非谓此本镵去五字也，不特五字未损无可疑"[⑤]。此本流传有序，后归赵子固，周密《云烟过眼录》记载：

① （宋）俞松集，古玉清点校：《兰亭续考》卷 2，第 226 页。
② （宋）俞松集，古玉清点校：《兰亭续考》卷 2，第 228 页。
③ （宋）俞松集，古玉清点校：《兰亭续考》卷 1，第 197 页。
④ （宋）俞松集，古玉清点校：《兰亭续考》序，第 187 页。
⑤ （清）翁方纲：《苏米斋兰亭考》卷 1，《丛书集成初编》，北京：中华书局，1985 年，第 20—21 页。

最后为赵子固所得。喜甚，乘舟夜归，至湖州昇山，舟覆。幸甚浅港，行李尽淹，子固独持此卷立浅水中，示从者曰，兰亭已在，其他不足恤也。跋语亦详载之，且题八字于卷首曰，性命可轻，至宝是保。①

因为这个故事，此本《兰亭》就被后世命名为《落水兰亭》。赵孟頫曾言及某本《兰亭》"与王子庆所藏王子固本无异"②，说明他是见过这本《兰亭帖》的。此本后归贾似道、张斯立、王子庆、李叔固等人，清代归内府，后从内府散出，今已下落不明。③

《沈伯愚藏本》后归独孤僧，因之被后世命名为《独孤本》，至大三年（1310年）九月赠与赵孟頫。赵孟頫提及此本为"五字已损本"，"携入都，他日来归，与独孤结一重翰墨缘也"④。此本流传有序，入赵孟頫手时，沈虞卿、范成大、李心传跋已不存。⑤《独孤本》清末遇火烧残，后流落日本。⑥

三

在中国书法史上，"肥"和"瘦"是最早出现的鉴赏用语。较早出现在刘宋羊欣的《古来能书人名》一文中，"颍川钟繇，魏太尉。同郡胡昭，公车征。二子俱学于德升，而胡书肥，钟书瘦"⑦。刘勰在《文心雕龙》中也说："单复者，字形肥瘠者也。瘠字累句，则纤疏而行劣；肥字积文，则黯黕而篇暗。"⑧前者主要是强调书法的美学特征，后者主要是强调字形笔画的繁简，与书法本身的美学特征无关。书法美学上的"瘦"，非知"纤细"，而是指遒劲，不臃肿痴滞，不塌不懈，不松不垮⑨，杜甫的"书贵瘦硬方通神"，历来书法都贵"瘦硬"。

宋人关于书法"肥/瘦"的讨论较多。如"用笔不欲太肥，肥则形浊；又不欲太瘦，瘦则形枯"⑩。"陈文惠公善八分书，变古之法，自成一家，虽点画肥重而笔力劲健。能

① （宋）周密：《云烟过眼录》卷上，中国书画全书编纂委员会编：《中国书画全书》，第2册，第141页。

② （元）赵孟頫：《定武兰亭十三跋》其三，王伯敏、任道斌、胡小伟主编：《书学集成·元—明》，第3页。

③ 王连起：《〈兰亭序〉重要传本简说》，《紫禁城》2011年第9期，第93页。

④ （元）赵孟頫：《定武兰亭十三跋》其一，王伯敏、任道斌、胡小伟主编：《书学集成·元—明》，第2页。

⑤ （清）翁方纲：《苏斋题跋》卷下，《丛书集成初编》，第92页。

⑥ 王连起：《〈兰亭序〉重要传本简说》，《紫禁城》2011年第9期，第94页；又见氏著《赵孟頫临跋〈兰亭序〉考》，《故宫博物院院刊》1985年第1、2期。

⑦ （南朝宋）羊欣：《古来能书人名》，王伯敏、任道斌、胡小伟主编：《书学集成·汉—宋》，第47—48页。

⑧ （南朝梁）刘勰著，周振甫注：《文心雕龙注释》卷39《练字》，北京：人民文学出版社，1981年，第421页。

⑨ 周汝昌著，周伦玲编：《永字八法：书法艺术讲义》，桂林：广西师范大学出版社，2015年，第175页。

⑩ （宋）姜夔：《续书谱》，王伯敏、任道斌、胡小伟主编：《书学集成·汉—宋》，第620页。

为方丈字，谓之堆墨，目为八分。"[1]蔡襄（1012—1067年），在提到定武本时说"石本唯此至佳，淡墨稍肥，字尤美健可爱"[2]，较早提到《兰亭帖》的肥与瘦问题。

> 定武本则肥不剩肉，瘦不露骨，犹可想其风流。[3]
>
> 虽然，尤贵于瘦，使工人刻之，又从而刮治之，则瘦者亦变为肥矣。[4]
>
> 《兰亭序》草，王右军平生得意书也。反复观之，略无一字一笔不可人意。摹写或失之肥瘦，亦自成妍。要各存之以心，会其妙处尔。[5]
>
> 余性亦嗜古刻，所得《兰亭序》亦数本，肥瘦不同并存之，聊为佳玩。[6]
>
> 定武兰亭，余家所蓄数十本，虽肥瘦劲弱不同而各有所长。[7]
>
> 书家得褚庭诲所临，恨太肥。洛人张景先得阙石本，又恨太瘦。惟定武本肥瘠得中。[8]

宋人一般将定武《兰亭》本的版本分为"(五字)完本/损本"或者"肥/瘦本"。"(五字)完本/损本"较易辨识，而"肥/瘦本"之辨便多了几分主观色彩。观《兰亭》碑帖如"禅宗勘辨入门便了，若待渠开口堪作什么，识者一开卷已见精粗"[9]，观时"但贵行住坐卧常谛玩，经目著心，久之，自然有悟入处"[10]，观《兰亭》亦如参禅悟道。

李氏《兰亭》诸跋中不涉及《兰亭》"肥/瘦"的美学之辨，而对定武《兰亭》本"肥/瘦"的形成原因多有探讨：

> (1)《题刘明达所题兰亭帖》俞寿翁寄似《禊帖》四，皆定本也。但笔迹微有肥瘦之不同尔。闻诸前辈，谓此石将归天上，好事者叠纸以拓之，纸在上者字微瘦，理宜尔也。此帖差瘦劲，余一见之，便觉与沈贰卿家本相类。视寿翁所评亦然。因识其后，淳祐元年冬十有一月乙巳，研溪李心传。[11]

---

① （宋）王辟之：《渑水燕谈录》卷7《书画》，北京：中华书局，1981年，第92页。
② （宋）姜夔：《续书谱》，王伯敏、任道斌、胡小伟主编：《书学集成·汉—宋》，第624页。
③ （宋）黄庭坚：《山谷题跋》卷7《书王右军草后》，中国书画全书编纂委员会编：《中国书画全书》，第1册，第696页。
④ （宋）姜夔：《续书谱》，王伯敏、任道斌、胡小伟主编：《书学集成·汉—宋》，第624页。
⑤ （宋）黄庭坚著，刘琳等校点：《黄庭坚全集》正集卷27《又跋兰亭》，成都：四川大学出版社，1993年，第710页。
⑥ （宋）胡仔：《苕溪渔隐丛话后集》卷27，北京：人民文学出版社，1984年，第202页。
⑦ （宋）桑世昌：《兰亭考》卷7，中国书画全书编纂委员会编：《中国书画全书》，第2册，第599页。
⑧ （宋）桑世昌：《兰亭考》卷6，中国书画全书编纂委员会编：《中国书画全书》，第2册，第594、595页。
⑨ （宋）陆游：《放翁题跋》卷4《跋兰亭序》，中国书画全书编纂委员会编：《中国书画全书》，第1册，第739页。
⑩ （宋）陈槱：《负暄野录》卷下《学书须观真迹》，《丛书集成初编》，第9页。
⑪ （宋）俞松集，古玉清点校：《兰亭续考》卷2，第224页。

（2）《题范文正公所藏兰亭帖》余尝评寿翁四《禊帖》，以瘦本为胜，后见周益公之说亦然。寿翁复以二帖示余，亦瘦本也。沂公作相时，定武石似未刻，岂其子孙所藏耶？淳祐壬寅岁雨水节，雪滨病叟李心传书。[①]

（3）《题叶石林所藏定武断石本兰亭序》寿翁以此轴示余，石既中断，故缺十六字，字亦瘦劲。荣次新所谓第三本也。康生朔南遍历，至乾道间尚存此帖，未知何时归下山。今又易主，盖余行四方所未见者，滋为可贵也。淳祐次年龙集摄提格旻天中月皇极之日，雪滨病叟题。[②]

（4）《题曾公序所藏赐本兰亭帖》寿翁以三《禊帖》示余，其末用"青社忠臣曾孙之印"，盖曾威愍家所藏也。威愍建炎初帅京东，死国难。余闻定刻以瘦本为贵，而此首帖特秀润。昔欧阳文忠公评李阳冰《忘归台》等诸碑，谓三石皆活，岁久渐生，刻处欲合，故多瘦细，时有数字笔画伟劲者，乃真迹也。然则此帖殆亦活石所刻，但摹打有先后，故润瘦不同耶？反复视之，滋为可爱，其它亦不足较也。淳祐壬寅岁北至日，秀岩李心传审定。[③]

上述四帖均为定武瘦本。李氏的以"瘦本为贵"，和当时流行的品评标准是分不开的。

在摄影技术还未出现的古代，任何复制手法都会造成艺术信息的丢失，从而称不上是完美精确的复制。[④]拓，也叫响拓，即双勾填墨的临摹技术，是唐以前字帖的主要复制技术。刻石传拓则出现在唐以后，盛行于宋代。宋代流行定武《兰亭》也和当时的技术分不开。陆游就在《老学庵笔记》记载贾似道拓帖的故事：

贾师宪以所藏定武五字不损肥本《禊帖》，命婺州王用和翻开，凡三岁而后成，丝发无遗，以北纸古墨摹拓，与世之定武本相乱。贾大喜，赏用和以勇爵，金帛称是。又缩为小字，刻之灵璧石，号"玉板兰亭"，其后传刻者至十余，然皆不逮此也。于是其客廖群玉以《淳化阁帖》、《绛州潘氏帖》二十卷，并以真本书丹入石，皆逼真。又刻《小字帖》十卷，则皆近世如卢方春所作《秋壑记》，王茂悦所作《家庙记》、《九歌》之类。又以所藏陈简斋、姜白石、任斯庵、卢柳南四家书为

① （宋）俞松集，古玉清点校：《兰亭续考》卷 2，第 225 页。
② （宋）俞松集，古玉清点校：《兰亭续考》卷 2，第 229 页。
③ （宋）俞松集，古玉清点校：《兰亭续考》卷 2，第 227 页。
④ 刻石传拓也是一种技术上无奈，"昔时无影照法，非重刻无以传形。欲使孤本流布，舍重刻无他术，虽明知其不易肖而不能已也"。（张伯英）技术影响艺术的发展，照相印刷技术促进了 20 世纪初书坛以大篆、章草和帖学三方面为主的复兴和拓展，参见侯开嘉：《中国书法史新论》，上海：上海古籍出版社，2003 年，第 201 页。

小帖，所谓《世彩堂小帖》者。世彩，廖氏堂名也。其石今不知存亡矣。①

刻石传拓是法书流传的一种高效手段，可以使其短时间里化身千百。同时刻石传拓是艺术语言的一次关键性转换，虽然一方面会造成版本走样，信息的丢失，如明代鉴赏家孙镀有“五重障”“十重障”之说，“凡摹真迹入木石者有五重障，双钩一，填朱二，印朱入木石三，刻四，拓出五，若重摹碑，便有十重障矣”②，但却使《兰亭帖》走出“深闺”，为“兰亭学”的兴起起了重要的推动作用。③

人们在谈论定武本“肥/瘦”时，很容易从源头上去找原因。即宋徽宗下诏取定武石入内府时，薛嗣昌仓促间“以纸三幅作一重模石，第一本墨深，第二本墨浅，第三本又加浅，世谓之‘蝉翼本’，字差大”④。李氏的《题刘明达所题兰亭帖》“闻诸前辈，谓此石将归天上，好事者叠纸以拓之，纸在上者字微瘦，理宜尔也”，一次性的二纸重叠传拓，自然使版本有“肥/瘦”之分，故“理宜尔也”。赵孟頫也在《定武兰亭十三跋》中说“大凡石刻虽一石而墨本辄不同，盖纸有厚薄、粗细、燥湿，墨有浓淡，用墨有轻重，而刻之肥瘦明暗随之，故《兰亭》难辨。”⑤

姜夔在《续书谱》中谈到了定武本“肥/瘦”的技术原因，“双钩之法，须得墨晕不出字外，或郭填其内，或朱其背，正得肥瘦之本体。虽然，尤贵于瘦，使工人刻之，又从而刮治之，则瘦者亦变肥矣”⑥。

李心传也认为“以瘦本为胜”。对于武本“肥/瘦”形成的原因，他认同欧阳修的观点，刻石“岁久渐生，刻处欲合，故多瘦细”，“(题曾公序所藏赐本兰亭帖)此帖殆亦活石所刻，但摹打有先后，故润瘦不同耶”。活石，指滑石，质软，硬度较低，易于风化。⑦

---

① （宋）周密撰，吴企明点校：《癸辛杂识》后集《贾廖碑帖》，北京：中华书局，1988年，第86页。

② （明）孙鑛：《书画跋跋》卷2下，中国书画全书编纂委员会编：《中国书画全书》，第3册，第956页。

③ “兰亭学”是当代学人的一种提法，具体概念等梳理可以参见陈浩：《兰亭学述略》，《绍兴文理学院学报（哲学社会科学版）》2009第1期；陈望衡、陈浩：《“兰亭学”论稿》，《江海学刊》2010第3期；毛万宝：《兰亭学的学科思考》，《中国书法》2018年第3期；毛万宝：《“兰亭学”：从学科定位到学科构建》，《中国书法》2019第6期。毛万宝先生认为“兰亭学”在南宋时进入到形成期（《“兰亭学”：从学科定位到学科构建》，第81页）。毛万宝先生认为由于墨迹勾摹难度较大，故唐代《兰亭序》复制品的数量并不多，因为当时人的审美情趣在于“姿媚”一路，故不重视风格与之不同的刻版本和勒石本，毛万宝：《兰亭学探要》，合肥：安徽教育出版社，2011年，第41页。

④ （宋）桑世昌：《兰亭考》卷3，中国书画全书编纂委员会编：《中国书画全书》，第2册，第583页。

⑤ （元）赵孟頫：《定武兰亭十三跋》，王伯敏、任道斌、胡小伟主编：《书学集成·元—明》，第4页。

⑥ （宋）姜夔：《续书谱》，王伯敏、任道斌、胡小伟主编：《书学集成·汉—宋》，第624页。

⑦ 《中药大辞典》“滑石”条，云“（滑石）又名液石、共石、脱石、番石、夕冷、脆石、留石、画石、活石”，“全体呈白色、蛋青色、蛋黄色而均匀，半透明至不透明，具珍珠样光泽，性柔，硬度1，断面显层状。相对密度2.7—2.8。手摸之有光滑感，用指甲即可刮下粉末，粉末为鳞片状。”参见《中药大辞典》，上海：上海科学技术出版社，2005年，第3387页。笔者有幸参观过地质博物馆，见过滑石实物，质地太过柔软，似不宜作为碑石用于刻拓。此处似为类似于滑石的一类质地较软的石头。

技术和审美风尚互相影响。唐代以后，《兰亭》可以分为两个系统，“其一出于褚河南，是为唐临本；其一出于欧阳率更，是为定武本”[①]。宋代已经有人认识到刻本比摹本更容易失真，从而更加推崇摹本：

“《兰亭》葬昭陵，真迹不复出。模勒岂无误。拓本徒仿佛”，能解此意，然后可与语《兰亭》也。流俗不察，独取定武本为真，妄矣。……区区宝爱定武本者，是不知有唐刻本也。大抵墨迹与碑刻，差谬岂止有千百里之远，粗能存其典刑而已，何必高赀厚遗，争相搜访。苟或得之，自谓获真本者是尤可笑也。玩古主人蔡山父题。[②]

宋朝灭亡后，内府所藏的神龙本摹本系统传入社会。人们用已经成熟的刻石传拓技术复制神龙本，使神龙本拓本数量激增。至明清之时，褚临本已经发展出苏太简本、张金界奴本、颍上本、郁冈本、知止阁本、快雪堂本、海宁陈家所刻“领”字从山本等，而“与定武异势”。[③]人们对《兰亭序》的审美趣味也发生了变化——从拙厚逐渐转为妍媚。

附　图

附图1　唐（传）阎立本《萧翼赚兰亭图》（台北故宫博物院藏）

① （明）陈继儒：《妮古录》卷2，中国书画全书编纂委员会编：《中国书画全书》，第3册，第1044页。
② （宋）桑世昌：《兰亭考》卷6，中国书画全书编纂委员会编：《中国书画全书》，第2册，第596页。
③ （清）翁方纲：《苏米斋兰亭考》卷2，《丛书集成初编》，第24页。

附图2 定武兰亭柯九思本（部分）
（台北故宫博物院藏）

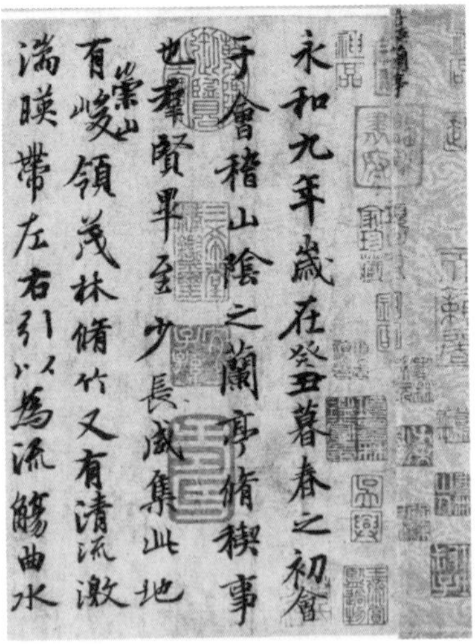

附图3 冯承素摹本（部分）
（北京故宫博物院藏）

作者简介：应桃（1976—），女，四川大学历史学院博士研究生，四川大学艺术学院教师，研究方向为宋史。

辽金史研究

辽朝净土信仰研究

鞠　贺

（吉林大学　文学院，吉林　长春，130012）

摘　要：净土信仰①是辽朝佛教信仰的重要组成部分，是辽朝僧俗二众主要信仰之一。辽朝的净土信仰上承唐朝，对辽代社会及佛教各宗派产生了深远的影响。辽朝净土信仰主要包括极乐净土信仰和弥勒净土信仰（即弥勒净上生信仰），并以弥勒净土信仰为主，呈现出分层的特点。从出土碑刻和正史记载所反映出的净土信仰信息看，辽朝极乐净土信仰者主要是皇室等上层群体，弥勒净土信徒主要是辽朝其他佛教徒群体。辽朝出现了一大批讲授《佛说观弥勒菩萨上生兜率天经》的僧人，并出现了与净土信仰相关的邑社、寺庙和经典。辽朝的净土信仰特点鲜明，不同于同时期的北宋与后世。

关键词：辽朝；净土；极乐；弥勒

相比同一时期其他佛教宗派，辽朝净土信仰在义理方面的通俗化、仪式方面的简单化，适应了游牧民族和其他民族下层民众的理解能力，对辽朝社会产生了很大影响。辽朝净土信仰显然以弥勒净土信仰为主流，并存在大量以讲《佛说观弥勒菩萨上生兜率天

---

①　净土信仰认为现实世界众生迷惘多苦的同时，分别构建出诸多的佛国净土，辽朝最主要的净土信仰包括极乐净土信仰和弥勒净土信仰，属于他方净土。极乐净土又称阿弥陀佛净土、极乐世界、西方极乐等。弥勒净土又称兜率净土。此外，辽朝尚存在人间净土、药师佛净土和阿閦佛净土信仰。《中国净土宗通史》认为药师净土与极乐净土别无二致，《药师经》用大量篇幅说现世利益，导致人们更多地关注其现世功能，忽略了其净土。辽朝的药师净土信仰也是如此。往生阿閦佛净土相对较难，因此阿閦佛净土信仰在辽朝并不流行。在辽朝出土的碑刻中也存在只说净土，并未说明是何方净土的情况，但相对较少。另外，净土信仰不等同于净土宗，净土宗专指阿弥陀佛的极乐净土信仰。

经》(下文简称“上生经”)为主的沙门。以往的研究成果已对辽朝的净土信仰有过涉及[①]，本文将辽朝的净土信仰放置在整个佛教发展史的宏观脉络下，探讨辽朝净土信仰的继承、分类、影响和特点，以期加强对辽朝净土信仰及辽朝佛教在整个中国佛教史上的特殊地位的总体认识。

一

辽朝佛教尤其是燕云地区佛教，直接继承于唐朝，通过分析辽朝的佛像形制和经典，可以得知其净土信仰更是如此。在形制上，《宋晖造像题记》载：“会同十年岁此丁未四月八日，弟子宋晖法愿造阿弥陀佛一尊。又愿合家长幼□灾，一心供□。宋晖男留儿、小留、孙男耆儿，万通及合。”[②]阿弥陀佛为极乐世界教主[③]，此人企图通过造像获得现世幸福，据向南考证“其形制与唐造像相同”[④]。在经典方面，辽朝延续唐及唐之前的《阿弥陀经》和《无量寿经》等。辽朝在经典上对唐的继承，还体现在直接将唐朝僧人所译佛经雕刻成石经，唐朝菩提支流翻译的《大宝积经》，虽不是阿弥陀佛净土经典著作，但在《房山石经》中却多次出现，反映了唐朝佛教对辽朝佛教的影响。而弥勒净土信仰有天宫内院之说，内院是相对于外院而言，外院虽然比人间美好，但是充满诱惑，往生外院之人不求进取，耽于安乐，难于成佛；内院为弥勒菩萨所居之处，往生内院，即可值遇弥勒，听闻弥勒菩萨说法，在修行上永不退转，于未来世可与弥勒一同降世，参加龙华三会，修成正果。弥勒净土信仰兴起之初并无内外院之分[⑤]，正是在唐朝由于与极乐净土之争，才出现了兜率内院之说。辽朝直接继承唐朝关于兜率内院的说法，在出土的碑刻中得到了体现，《房山石经》造经题记载：“同生兜率内院，远证无上菩提。”[⑥]证实了唐、辽之间弥勒净土信仰在净土理论上的继承。此外，辽朝和唐朝的弥勒净土信仰在经典上都以《佛说观弥勒菩萨上生兜率天经》为主，尊奉同样的经典，则在修行法门、相关的宗教仪式上可能存在着高度相似性，亦可证明辽朝的净土信仰受唐

---

① 赖永海《中国佛教通史》一书认为净土宗和弥勒净土信仰在辽朝较流行；唐统天《辽道宗对佛教发展的贡献》一文认为辽道宗对净土宗在辽朝的发展起到了推动作用；张国庆《佛教文化与辽代社会》一书认为辽朝有较多的研习净土宗的高僧，净土宗在辽朝颇为流行；朱子方、王承礼《辽代佛教的主要宗派和学僧》一文列举了辽朝净土信仰的相关著作，认为净土宗在辽朝占有一定的地位。

② 《宋晖造像题记》，向南：《辽代石刻文编》，石家庄：河北教育出版社，1995年，第3页。

③ 阿弥陀佛虽为极乐世界教主，但是具有较强的现世关怀功能，《无量寿经》载阿弥陀佛第四十四、四十五、四十六愿，均体现了阿弥陀佛对娑婆世界信徒当下的关照，但辽朝人通过信奉阿弥陀佛追求现实幸福的案例并不多见。

④ 《宋晖造像题记》，向南：《辽代石刻文编》，第3页。

⑤ 王雪梅：《弥勒信仰研究》，上海：上海古籍出版社，2016年，第221页。

⑥ 《造经题记》，向南：《辽代石刻文编》，第723页。

朝影响较大。

在辽朝占据主流的净土信仰是弥勒净土信仰。文献中不乏关于弥勒净土高僧的记载，《三宝感应要略录》载“释诠明法师发愿造三寸刻檀慈氏菩萨像，祈誓生兜率天，著《上生经抄》四卷以明幽玄”；继而与弥勒菩萨在精神上出现感应，“临终之时，傍人梦见百千青衣人来迎，明指天而去矣。”[①]诠明是辽圣宗时期学识渊博、德高望重的高僧，亦是当时燕京名刹悯忠寺的住持和《辽藏》的经录制定者及主持刊印者，著作颇丰。[②]其撰有《成唯识论详镜幽微新抄》十七卷、《成唯识论应新抄科文》四卷、《成唯识论大科》一卷[③]，汇通诸宗，受到了辽圣宗的大力推崇，如此高僧大德的存在，也必然会促进弥勒净土信仰在这一地区的传播。此外，仅在《房山石经》题记中，就列举了多位以讲《上生经》为主的讲经僧，这些讲经僧直接面对中下层普通民众，为其讲经说法，描述弥勒净土的种种殊胜美好，使得辽朝存在着大量的弥勒净土信徒。《房山石经》的《造经题记》中有“为报三宝国恩，及为亡过父母，冤家债主，法界有情，同生兜率内院，远证无上菩提”[④]，希望通过雕刻石经，往生兜率内院。耶律弘益妻萧氏“名弥勒女”，“筵僧营佛，莫尽其称量；育老赈贫，孰测其涯涘。造次而往想佛国”[⑤]，此处的佛国也当指弥勒菩萨的兜率净土。《秦德昌墓志》载：“垂终之日，于黑雾中有霹雳声，西北而去，兜率之兆也。”[⑥]此墓志由文慧大师撰写，此二人应为志同道合的弥勒净土信奉者。辽朝弥勒净土信奉者多于极乐净土信奉者。检索出土的碑刻资料，“上生”“兜率”“慈氏”出现的次数要远远多于“极乐”“阿弥陀”等字样。此能够反映出辽朝弥勒净土信仰碑刻出土的数量远远超过反映极乐净土信仰的，不但数量多，而且相对集中，主要集中在北京、天津、辽宁和河北一带。

被称为“易行道”的极乐净土信仰流行于皇室等上层社会，《妙行大师行状碑》载辽朝后族妙行大师幼时，“遇海山守司空辅国大师赴阙，因得参觐。及蒙训教，深厌尘俗，恳祈出家”[⑦]。海山即辽兴宗时著名高僧郎思孝，“一日，厌弃尘俗，祝发披缁，已而行业超绝，名动天下。当辽兴宗时，尊崇佛教，自国主以下，亲王贵主，皆师事之。尝锡大师号曰：‘崇禄大夫守司空辅国大师’，凡上章表，名而不臣。兴宗每万机之暇，

---

① （辽）释非浊编，邵颖涛校注：《三宝感应要略录》，北京：人民出版社，2018年，第331页。

② 尤李：《多元文化的交融：辽代历史与文化研究》，北京：中国社会科学出版社，2013年，第64页。

③ 《新编诸宗教藏总录》，《大正藏》，第55册，第1175页。

④ 《造经题记》，向南：《辽代石刻文编》，第723页。

⑤ 《耶律弘益妻萧氏墓志》，向南：《辽代石刻文编》，第590—591页。

⑥ 《秦德昌墓志》，向南、张国庆、李宇峰辑注：《辽代石刻文续编》，沈阳：辽宁人民出版社，2010年，第167页。

⑦ 《妙行大师行状碑》，向南：《辽代石刻文编》，第584—585页。

与师对榻"[①]。并且撰《直译》一卷，对阿弥陀佛三大经典之一《观无量寿经》进行诠释，受到辽兴宗的礼遇，加封各种荣誉头衔，"凡上章名而不臣。兴宗每万机之暇，与师对塌"[②]。在郎思孝影响下，妙行大师也成为虔诚的极乐净土信奉者，"大师将化，首北面西，右胁而卧。师令左右，惟念弥陀"[③]。妙行大师的出家与修行得到了秦越国大长公主、辽道宗和宣懿皇后的支持，纷纷舍斋为寺、舍钱建寺。妙行殁后，道宗云"先师造像之银，朕欲镕范等身观音"[④]，妙行大师信奉极乐净土，道宗继承其遗志打造观音菩萨像，结合辽兴宗对极乐净土高僧的推崇，可以看出辽兴宗、辽道宗在净土信仰方面的倾向性。活跃于辽兴宗、辽道宗年间的净土高僧纯慧，又称非浊，撰有《往生集》和《三宝感应要略录》。《纯慧大师塔幢记》载其"撰《往生集》二十卷进呈。上嘉赞久之，亲为帙引，寻命龛次入藏"[⑤]。辽道宗亲自撰写序言，惜已散佚，具体内容不得而知，但据咸雍元年（1065年）的《弥陀邑特建起院碑》，可知纯慧大师信仰当属极乐净土信仰，则《往生集》必是极乐净土信仰经典无疑。兴宗曾赐其紫衣，重熙八年（1039年）和十八年（1049年）纯慧分别被授予上京管内都僧录和燕京管内左街僧录；道宗时"加崇禄大夫、检校太保。次年，加检校太傅、太尉"[⑥]。纯慧大师曾担任上京管内都僧录、燕京管内左街僧录，势必会对这两个地区的极乐净土信仰的传播产生积极影响。辽兴宗和辽道宗都推崇极乐净土高僧，并受其影响，可以推测兴宗、道宗的净土信仰当也属极乐净土信仰。结合"太宗幸幽州大悲阁，迁白衣观音[⑦]像，建庙木叶山，尊为家神，于拜山仪过树之后，增'诣菩萨堂仪'"[⑧]，李胡"封为自在太子"[⑨]，可知辽朝皇室的净土信仰主要以极乐净土为主。民间也存在信奉极乐净土者，《办集胜事碑》载"起建道场六十二昼夜，斋僧四千四百人"，碑后刻写了组织人员名单"功德主等，尚父大王、乙里免、北里宣徽相公、防御太尉、林牙太师、东哥娘子、腊夫人、胡都夫人、率府将军、二郎君、三郎君"[⑩]，期间诵经若干部，所诵经典繁杂多样，但在净土信仰方面，没有弥勒净土经典，相比之下，却出现了三部极乐净土经典《阿弥陀经》《无量

① （金）王寂著，张博泉注释：《辽东行部志注释》，哈尔滨：黑龙江人民出版社，1984年，第18页。
② 贾敬颜：《王寂〈辽东行部志〉疏证稿》，贾敬颜：《五代宋金元人边疆行记十三种疏证稿》，北京：中华书局，2004年，第265页。
③ 《妙行大师行状碑》，向南：《辽代石刻文编》，第587页。
④ 《妙行大师行状碑》，向南：《辽代石刻文编》，第588页。
⑤ 《纯慧大师塔幢记》，向南：《辽代石刻文编》，第317页。
⑥ 《纯慧大师塔幢记》，向南：《辽代石刻文编》，第317页。
⑦ 观音信仰属于极乐净土信仰的范畴，观音作为西方极乐净土三圣之一，与大致势菩萨胁侍阿弥陀佛右左。
⑧ 《辽史》卷49《礼志一》，北京：中华书局，2016年，第929页。
⑨ （宋）叶隆礼撰，贾敬颜、林荣贵点校：《契丹国志》卷14《诸王传》，北京：中华书局，2014年，第171页。
⑩ 《办集胜事碑》，向南、张国庆、李宇峰辑注：《辽代石刻文续编》，第317页。

寿经》《无量寿真言》，可见组织者在净土信仰方面多属于极乐净土信仰。且道场持续时间之长、斋僧数量之多，通常来讲这并非是中下层民众所能负担得起的，而碑刻中的“腊夫人”或指耶律信先之妻[①]，都应为契丹上层贵族信奉极乐净土者。辽朝的净土信仰在地域分布上呈现出零散的特征，且出土碑刻数量有限，主要分布在河北涞水和安次、北京房山、辽宁朝阳、内蒙古赤峰市及巴林左旗等地。

二

净土信仰对辽朝净土信徒的精神世界影响很大。净土信仰具有现世关照和身后关怀两个维度的考量。极乐净土信仰的现实考量性更强烈，并体现出浓厚的他力救度色彩，信徒企图通过修行相应的法门，得到佛菩萨的救度，求得当下安稳与幸福，死后能够往生净土，这也是净土修行法门中所说的易行道。“会同十年岁此丁未四月八日，弟子宋晖法愿造阿弥陀佛一尊。又愿合家长幼□灾，一心供□。”[②]宋氏一家造阿弥陀像，但是直接目的并不是往生极乐世界，而是企图通过阿弥陀佛的救度，求得当下的平安顺遂。“每会称念阿弥陀佛名号。庶尽此报，同生极乐世界”[③]是企图通过称念阿弥陀佛名号，往生极乐世界。净土信仰为信徒在现世和身后都提供了有力的他力救度，但辽朝人更重视其身后关怀功能。根据《观弥勒菩萨上生兜率天经》，可以得知弥勒净土信仰的现实考量性要相对差一些。但二者的现实考量性孰强孰弱对彼此在辽朝的竞争并没有产生太大影响，原因在于辽朝盛行建立经幢，以求已过世者免除诸多罪恶，避免堕入三途[④]，同时也为在世者求得平安康泰。辽朝佛教徒更多地把现世关怀的功能托付在建立经幢上。这样一来，极乐净土的现世关照功能所带来的优势被极大地削弱了。在辽朝净土信徒的精神世界里，极乐净土信仰的现实考量并不是最重要的，身后往生庄严佛国才是主要目的。

按“一佛一净土，一净土一佛，绝不会互相冲突，也绝不会互相混同”[⑤]，辽朝的弥勒净土与极乐净土之间虽然相互竞争，但并不排斥对方。阿弥陀佛净土诸经中也会出现有关弥勒菩萨的记载，即承认存在多方净土。至于想往生于何方净土，则是信徒自己决定的。净土信仰的身后关怀功能丰富了信徒的精神世界，为一期生命结束后的信徒提

① 《萧兴言墓志》亦出现腊夫人，为耶律信先之妻，与文中提到的腊夫人可能为同一人。

② 《宋晖造像题记》，向南：《辽代石刻文编》，第 3 页。

③ 《金山演教院千人邑记》，向南：《辽代石刻文编》，第 534 页。

④ 三途：地狱、恶鬼、畜生。

⑤ 陈扬炯：《中国净土宗通史》，南京：凤凰出版社，2008 年，第 17 页。

供了灵魂的皈依之处，更对其生死观念产生了影响。

此外，辽朝尚存在弥勒下生观念，即人间净土观念。弥勒下生观念认为在久远的未来世，弥勒佛当降至阎浮提，在龙华树下，三次为众生说法，拯救愚妄众生，此时的人间也变得美妙异常，人间即是净土。弥勒下生观念的存在，体现了辽朝人对未来世界成为庄严佛土的强烈期盼。重熙十一年（1042年）《法华寺重修募缘碣》载："时迁岁暮，堕残螮蝀之梁；雨坏风吹，打碎鸳鸯之瓦。若抽鹅眼之资，必值龙华之会。"①集资者以值遇弥勒，参加龙华三会为诱饵，号召大家资助重修法华寺。此处没有说往生兜率天，而直接说值遇龙华三会，当属弥勒下生观念，即人间净土观念。《六聘上方逐月朔望常供记》载："又慈恩云，□□□当来导师龙华三会。"②慈恩，即慈氏，就是弥勒，"弥勒信仰与慈心观念、弥勒与慈的结合，是在弥勒下生信仰形态中出现并完善"③。弥勒作为导师来至龙华树下三次讲法，为弥勒下生观念。弥勒下生信仰在辽朝没能兴起的原因在于，弥勒菩萨在兜率天为一生补处菩萨的时间是四千岁，转化为人间的时间则为五十六亿年，如此漫长的等待会使得信徒丧失等待的信心，而相比之下的弥勒上生信仰，为信徒在一期生命结束后提供了可修习佛法的佛国净土，极大地缩短了信徒值遇弥勒的时间，日后还可以与弥勒一起降生成佛，更具有诱惑力。

净土信仰在辽朝的普遍存在，掀起了与之相关的结社、造塔、造像、建庙的浪潮。念佛邑、兜率邑出现在辽代出土的碑刻当中。《金山演教院千人邑记》载："为念佛邑，每会称念阿弥陀佛名号。庶尽此报，同生极乐世界，是其愿也。"④信徒组织到一起共同修行，称念阿弥陀佛名号，念佛邑虽以念佛为名，但是其修行方式并不仅限于念佛，也会联合其他邑社做佛事。如《靳信等邑众造塔记》载："有当村念佛邑等二十余人，广备信心，累世层供养诸佛。各抽有限之财，同证无为之果。遂乃特建宝塔一所，高五十余尺。"⑤石刻中也有关于兜率净土信徒组织邑社的记载，"崇国寺大兜率邑、邑人前管内左街僧录净慧大师赐紫沙门裕方、邑人前东京管内僧录诠论大师赐紫沙门裕企"⑥。关于辽朝兜率邑众如何进行修行，已不甚明了，只能根据兜率净土信仰的经典著作《观弥勒菩萨上生兜率天经》进行推测，"佛灭度后，我诸弟子，若有精勤修诸功德，威仪不失、扫塔涂地。以众名香妙花供养、行众三昧深入正受、读诵经典，如是等人，应当至心，虽不断

① 《法华寺重修募缘碣》，向南：《辽代石刻文编》，第227页。

② 《六聘上方逐月朔望常供记》，向南：《辽代石刻文编》，第654页。

③ 王雪梅：《弥勒信仰研究》，上海：上海古籍出版社，2016年，第80页。

④ 《金山演教院千人邑记》，向南：《辽代石刻文编》，第534页。据此可以推测，辽朝的念佛当时以"称名念佛"为主，而不是实相念佛和观想念佛。

⑤ 《靳信等邑众造塔记》，向南：《辽代石刻文编》，第427页。

⑥ 《为故坛主传菩萨戒大师特建法幢记》，向南：《辽代石刻文编》，第384页。

结，如得六通，应当系念，念佛形像，称弥勒名，如是等辈，若一念顷，受八戒斋，修诸净业发弘誓，愿命终之后，譬如壮士，屈伸臂顷，即得往生，兜率陀天”[①]，可以概括为六事法，即精勤修诸功德、威仪不失，扫塔涂地、以众名香妙花供养，行众三昧深入正受、读诵经典、念佛形象，称弥勒名。操作起来亦相对容易简单，兜率邑应该也是按照弥勒上生信仰修习的六事法进行修行，内部有邑长、邑正、邑证等人负责管理，组织邑众修习。《广济寺佛殿记》也有关于千人邑的记载，据后面的碑文“兜率观成，悉有开生之路”[②]，知此千人邑当以弥勒净土信仰为主。

净土信仰的存在，促进了相关经典的雕刻。大辽涿州涿鹿山《云居寺续秘藏石经塔记》记载雕刻的佛经包括“无量寿经论一卷”[③]。《房山石经》的《造经题记》有“当寺前尚座讲因明论、上生经、沙门季香校勘，高准书，吴世景镌”[④]，此题记也见于《大宝积经》。弥勒净土信奉者还刊印其他佛教经典，《房山石经》题记中有多处记载，如雕刻《光读摩诃般若波罗密经》《宝星陀罗尼经》《不空罥索神变真言经》等。

在建庙、造像方面，净土信仰也具有一定的推动作用。《涿州超化寺诵法华经沙门法慈修建实录》载：“止以□□□□常□□□特于正面建慈氏堂一坐，三间四椽。赤白结□□□□□□人七菩萨并已了毕。”[⑤]此慈氏与七菩萨相提并论[⑥]，此处的慈氏指弥勒上生信仰中的弥勒菩萨，而非未来佛弥勒，反映了超化寺存在弥勒净土信仰，并专门为弥勒菩萨建堂。辽朝甚至有寺院直接以《佛说观弥勒菩萨上生兜率天经》中“上生”二字为名，如“有上生院，自统和元年肇建”[⑦]。《□□禅院首座碑》记载禅院首座“辞母□妻猛利出家于本寨慈氏院”[⑧]。此院亦应是为专修弥勒净土而修建。清宁七年（1061年）《佛殿之碑》记载：“伏见讲上生经沙门惠朗…必修乎善教堂。始昡众类之心，耆黄渐允；终建牟尼之殿，妇女俱随。”[⑨]专讲《上生经》的沙门集结了一批信徒修建了释迦牟尼殿，体现了净土信仰的号召力。此外，在现存的辽朝佛塔中，也有象征着净土光明与智慧的七宝的存在。[⑩]

---

① 《观弥勒菩萨上生兜率天经》，《大正藏》，第14册，第420页。

② 《广济寺佛殿记》，向南：《辽代石刻文编》，第178页。

③ 《云居寺续秘藏石经塔记》，向南：《辽代石刻文编》，第672页。

④ 《造经题记》，向南：《辽代石刻文编》，第730页。

⑤ 《涿州超化寺诵法华经沙门法慈修建实录》，向南：《辽代石刻文编》，第277页。

⑥ 弥勒菩萨与七大菩萨并列，并称八大菩萨，此处以慈氏堂命名，应是专修弥勒净土的寺庙，并受到八大菩萨信仰的影响。

⑦ 《蓟州玉田县东上生院无垢净光舍利塔铭》，向南：《辽代石刻文编》，第468页。

⑧ 《□□禅院首座碑》，向南、张国庆、李宇峰辑注：《辽代石刻文续编》，第328页。

⑨ 《佛殿之碑》，向南、张国庆、李宇峰辑注：《辽代石刻文续编》，第117页。

⑩ 郝斌：《辽塔出土佛教文物》，内蒙古师范大学硕士学位论文，2018年，第19—20页。

三

净土信仰修行法门相对简单，无论僧人还是居士，都易于接受并进行实践。弥勒净土信仰并非依靠他力，但是修行方式相对简单，与其他宗派相比也具有相当大的优势，其直接目标是在一期生命结束之后，能够往生至弥勒菩萨的天宫内院，值遇弥勒，听闻佛法，终极目标则是希望能够在未来世与弥勒佛重新来到娑婆世界，参加龙华三会，最后成佛。弥勒净土信仰与极乐净土信仰相同，勾画了远离娑婆世界诸多烦恼的佛国净土，并在修行方式上强调六事法，弥勒净土是辽朝净土信仰的主流。再如极乐净土，“若有善男子善女人闻说阿弥陀佛，执持名号。若一日，若二日，若三日，若四日，若五日，若六日，若七日，一心不乱，其人临命终时，阿弥陀佛与诸圣众，现在其前。是人终时，心不颠倒。即得往生，阿弥陀佛极乐国土”①。只要称念佛名即可往生极乐，而“极乐国土，众生生者，皆是阿鞞跋致。其中多有一生补处。其数甚多”。“无有众苦，但受诸乐。”②有着浓厚的他力救度色彩，东魏昙鸾认为：“求‘阿毗跋致（不退转）’，有的靠自力，有的靠他力（佛力），靠自力的为难行道，靠他力的为易行道。”③极乐净土信仰即是依靠他力，按照净土宗的判教理论，为易行道，而其他宗派的修行方式则为难行道。极乐世界本身就描绘了一个美好的庄严佛国，此处又强调依靠他力且永不退转，甚至可以成为一生补处菩萨，吸引了更多的信徒。比起其他宗派具有周期短、操作简单、效果明显、永不退转的优势，自然受到欢迎，但极乐净土信仰始终未成为辽朝净土信仰的主流。觉醒认为“由于净土信仰作为佛教的一种终极信仰的优越性被义学僧广泛注疏和强化，使得净土信仰在唐代无论在理论建构上，还是在修持实践上都蔚为大观，不仅被佛教各宗派共同扶持”④。唐朝这一局面被辽朝继承，净土信仰对辽朝其他宗派信徒也有着很大的吸引力，各宗派出于拉拢信徒的目的，吸收净土思想，促进了净土信仰与其他宗派的融合。

隋唐时期形成的八大佛教宗派，除了提到的净土信仰（含净土宗）以及并不流行的三论宗外，密宗、律宗、法相宗、华严宗、禅宗、天台宗在辽朝均占有一席之地，并受到净土信仰的影响。密宗有大量的符咒和仪轨，神秘色彩最为浓厚，其《佛顶尊胜陀罗尼经》被辽朝佛教徒普遍接受，作为免除现世罪恶、避免堕入三途的经咒。辽朝人为父

① 《阿弥陀经》，《大正新修大藏经》，第12册，第347页。

② 《阿弥陀经》，《大正新修大藏经》，第12册，第346页。

③ 陈扬炯：《中国净土宗通史》，第107页。

④ 觉醒：《隋唐净土思想的流布》，《佛学研究》2010年总第19期，第29页。

母祖宗、先师和在世亲人建造刻有《佛顶尊胜陀罗尼经》经幢的现象十分普遍。密宗的神秘性和可操作性，使得各家宗派都或多或少带有部分密教色彩。辽朝各地出现的经幢和现存佛塔中的大毗卢遮那佛形象，反映了辽朝的密宗信仰。比起净土信仰，密宗信仰仪轨复杂、形式多样、法门众多，虽强调即身成佛，但因为过于繁杂，只有部分内容被辽朝佛教徒所接受，却是与辽朝净土信仰结合最紧密的一个宗派。《宝禅寺建幢记》载："奉为亡夫特建梵幢一座，所冀羚乘五色云，速登极乐间，一音法面奉弥陀一切如来白伞盖天佛顶陀罗尼祈清云云。"①即提到了极乐世界教主阿弥陀佛，又有象征着密宗的佛顶尊胜陀罗尼等字样。《清水院陀罗尼幢题记》记载建幢者包括"讲上生经师昭琼"、"尚座讲上生经僧智弁"②弥勒上生信仰沙门参与修建陀罗尼幢，也体现了各宗派的相互渗透与交融。《萧阛妻耶律骨欲迷已墓志》载"匠梵幢一所。庶期沾一尘，覆一影。或往生于慈氏天宫，或托质于弥陀佛国"③，突出了《佛顶尊胜陀罗尼》可以协助众生往生极乐净土或弥勒净土的功能。《显密圆通成佛心要集》提到密教的《大宝楼阁经》《大悲心经》《牟梨咒》等，能够协助众生"来世生诸佛净土，莲华化生"④。华严宗以《华严经》为主要经典，宣扬法界缘起，辽道宗对华严宗有着相当深入的研究，根据对《华严经》的理解，多次编撰与《华严经》相关的宗教著作，主要有《御制华严经赞》⑤和《华严经五颂》⑥，而《华严经》本身就具有浓厚的净土思想，前文提到的华严高僧郎思孝兼修华严与净土，并对辽兴宗和辽道宗产生了不小的影响。天台宗以《法华经》为主要经典，宣扬空、假、中三谛、三谛圆融和中道实相，辽朝多有以讲《法华经》为业的高僧大德，近代学者蒋维乔评论谛闲法师时称"教演天台，行归净土"。"到了宋代，诸宗归净，实际上是各宗兼修净土，不存在净土宗归入他宗的问题。"⑦这也适合评价辽朝佛教发展的特点，出土的辽代石刻中经常会出现某位沙门主讲《法华经》和《上生经》，二经经常并列，可见这些沙门即是"教演天台，行归净土"，而且是兜率净土，如《王悦墓志》的撰写者即为"讲法花上生经、文章赐紫、沙门志诠撰"⑧。在家居士也不乏其例，《董匡信及妻王氏墓志》董匡信"又恒以清净心日课上生法花观音品"⑨。辽朝

---

① 《宝禅寺建幢记》，向南、张国庆、李宇峰辑注：《辽代石刻文续编》，第 240 页。
② 《清水院陀罗尼幢题记》，向南、张国庆、李宇峰辑注：《辽代石刻文续编》，第 349 页。
③ 《萧阛妻耶律骨欲迷已墓志》，向南、张国庆、李宇峰辑注：《辽代石刻文续编》，第 127 页。
④ 《显密圆通成佛心要集》，《大正藏》，第 46 册，第 1001 页。
⑤ 《辽史》卷 22《道宗二》，第 303 页。
⑥ 《辽史》卷 23《道宗三》，第 312 页。
⑦ 赵俊勇：《"教演天台，行归净土"说法的提出与内涵》，《学理论》2016 年第 1 期，第 75 页。
⑧ 《王悦墓志》，向南：《辽代石刻文编》，第 112 页。
⑨ 《董匡信及妻王氏墓志》，向南：《辽代石刻文编》，第 338 页。

“教演天台，行归净土”的例子不胜枚举。法相宗宣扬万法唯识，又称唯识宗，认为阿赖耶识是产生宇宙万事万物的精神种子，提倡转识成智，尊奉弥勒为始祖，与辽朝的弥勒上生信仰存在着一定的关联，“在唯识学者中，弥勒净土思想的影响最大”[①]。唯识宗的经典著作《瑜伽师地论》即伪托弥勒菩萨所作。出土的辽朝碑刻中经常会出现唯识宗的影子，且是作为有着一定影响力的宗教派别出现。辽朝有部分唯识高僧对净土经典进行阐释，如前文提到的诠明，促进了净土信仰与唯识宗的融合。律宗在辽朝也较为流行，妙行大师信奉极乐净土，但也受到律宗的影响，遵守二十一种戒律，“契丹族僧人妙行精修律宗，持戒严谨，其反映出当时辽代律宗的盛行”[②]。这些教派的义理性很强，所奉经典和主要的论点也不尽相同，但都已经上升到了哲学和逻辑学的高度，信奉者多为辽朝上层统治者、知识分子和部分职业宗教者。

净土信仰的渗透，对辽朝各宗派都产生了一定的影响。无论是阿弥陀佛的极乐净土还是弥勒菩萨的天宫内院，都描绘了殊胜美妙、没有痛苦和烦恼的佛国净土，对辽朝各个阶层和不同群体有着很大吸引力，被辽朝各个阶层、佛教各个宗派所普遍接受。

四

辽朝的净土信仰主要受唐朝佛教的影响，且分布在辽朝的南京道。辽朝的东京道，尤其是显州、沈州地区的净土信仰也十分流行，或可据此推测，在渤海人的宗教信仰中，净土信仰应该占有很大比重。辽朝的净土信仰呈现出分层的特点。皇室贵戚主要以极乐净土为主，原因有二：第一，受到兴宗、道宗追捧的净土高僧多为极乐净土信奉者，必然会对二者的信仰产生影响，辽兴宗、道宗对《华严经》又有相当深入的了解和研究，其中的净土思想更会强化他们在净土信仰上选择的倾向性。第二，这是受“白衣观音”家神的影响，其家神为极乐净土教主的胁侍菩萨，作为家庭成员的辽朝皇帝自然会向往极乐净土。且弥勒上生信仰中本身就有着下生观念，极有可能成为敌对势力的舆论工具。因此，辽朝统治阶层对此并不热衷，而僧人及其他社会群体的信仰主要以弥勒净土信仰为主。弥勒净土现实考量性不是很强，但却能得到辽朝大多数人的认可，这主要是因为辽朝将现实考量更多地寄托在密宗的经幢上。辽朝有为数众多的唯识宗僧人、兼修天台、净土的僧人，以及大量讲《上生经》的沙门，这都有利于净土信仰尤其是弥勒净土信仰的发展。辽朝中下层民众在平时的宗教生活中，也有更多机会直接接触弥勒

---

① 周贵华:《净土思想简论》,《佛学研究》2011年总第20期，第251页。

② 赖永海:《中国佛教通史》，南京：江苏人民出版社，2010年，第328页。

净土僧人，听其宣扬弥勒净土的种种妙处，因此，信奉弥勒净土者较多。且辽时末法思想盛行，弥勒菩萨未来佛及救世主身份，为其增加了很大权威。其于未来世将化人间为净土的功能，更能满足普通民众的心理需求，而养尊处优的辽朝贵族在此方面的渴望度远远不及普通民众。但这并不是说在辽朝的中下层民众中无极乐净土信奉者，极乐净土在民间也是存在的，只是相对较少。据佐藤智永《北朝造像铭考》统计北朝佛教造像情况，认为北魏有释迦 103 尊、弥勒 111 尊、阿弥陀（无量寿）15 尊、观世音 64 尊；东魏和北齐有释迦 46 尊、弥勒 36 尊、阿弥陀（无量寿）17 尊、观世音 94 尊；西魏和北周有释迦 29 尊、弥勒 3 尊、阿弥陀（无量寿）1 尊、观世音 13 尊。①弥勒像数量远远超过弥陀像，表明弥勒信仰在北朝要盛于弥陀信仰。而唐玄宗之后“弥勒教不再公开传教，弥勒信仰再次走向衰落，逐渐转向民间的秘密弘传。此后，弥陀信仰成为了净土教的主流”②。辽朝使得弥勒净土信仰在唐朝归于沉寂之后又迎来了“中兴”局面，并被金朝继承，因此，金朝的弥勒净土信仰也很流行。

辽朝净土信徒，更注重净土信仰的身后关怀功能，而不是更多地为现实着想，对于现实维度的考量，辽朝人更多地寄托在建经幢上，认为建经幢会使在世的人乃至亡过者免除诸种恶业，获得种种福报，如《李崇菀为父彦超造陀罗尼经幢记》载：“特立法幢。上祷金迁，福佑慈父。意者保延禄寿，被惠日以长荣。”③同时也能增加往生净土的可能性。相比之下，通过称名念佛来获得现世顺遂对辽朝人没有太多的吸引力，极乐净土信仰的一大优点，被极大地弱化了，而将名字与经文一起刻在经幢上，似乎更能在心理上给予辽朝人更多的慰藉和安全感，当然，这也是极乐净土在辽朝没有成为主流净土信仰的原因之一，净土信仰为辽朝的信徒在一期生命结束之后提供了皈依住处，是辽朝佛教徒获得了更多的慰藉。

净土信仰具有很强的渗透性，与辽朝其他佛教宗派的联系也十分密切，体现了辽朝佛教各宗相互圆融的特点，部分高僧或主修净土兼修他宗，或主修他宗兼修净土。现在学者多强调“唐宋以后，中国净土信仰广被华夏，甚至天台、法华与禅、净诸宗逐渐融合”④。过于强调唐宋各宗派的融合而忽视辽朝融通净土信仰与佛教诸宗的历史事实，其实辽朝也是各宗派融合最重要且不容忽视的一环，尤其是净土信仰对其他宗派的渗透与融合。因为，辽朝的佛教信仰远远兴盛于同一时期其他政权。使得辽朝与同一时期的

---

① 转引自唐长孺：《魏晋南北朝史论拾遗》，北京：中华书局，1983 年，第 196—197 页。

② 觉醒：《隋唐净土思想的流布》，《佛学研究》2010 年总第 19 期，第 29 页。

③ 《李崇菀为父彦超造陀罗尼经幢记》，向南：《辽代石刻文编》，第 38 页。

④ 张国刚：《佛学与隋唐社会》，石家庄：河北人民出版社，2002 年，第 89 页。

北宋及后世净土信仰区别开来的特点，主要表现在禅宗与净土信仰的关系上，“就历史而言，慧能之前的禅宗也修念佛；从慧能开始，唐代的禅宗与净土宗才产生分歧并互相批评；至五代开始再次合流。两家经历了合—分—合的过程”①。汉地“禅净合一”②是一大特色，至元时出现“汉地佛教则以禅宗为主流，净土的弘传也主要靠禅宗”③。而辽朝的禅宗却始终没有产生很大的影响，索罗宁《禅宗在辽与西夏：以黑水城出土〈解行照心图〉和通理大师〈究竟一乘圆明心义〉为例》一文认为，辽朝对于北宋的禅宗并不感兴趣，采取“禁禅”的态度。④更不用说与净土信仰的合流，使得净土信仰获得了较为独立的发展⑤，较少带有禅宗唯心净土的色彩，是纯正的他方净土。金朝前期继承了辽朝的这一特点，起初禅宗并不发达，“燕京兰若相望，大者三十有六，然皆律院。自南僧至，始立四禅，曰太平、招提、竹林、瑞象”⑥。后禅宗由南宋传入，则南宋“禅净合一”势必会对金朝的净土信仰产生影响，这一影响经元一直持续到明朝初年。相对于唐之后的其他朝代，辽朝的净土信仰是对唐朝净土信仰最纯正的继承。

总之，辽朝的净土信仰在群体、地域以及对净土信仰功能的认知上体现出了自身的特点，这与辽朝佛教发展历程、诸宗派的相互融合、统治阶层和普通民众的心理需求及关注点有着很大的关系，并对信徒的精神世界、辽朝社会及辽朝佛教各宗派产生了很大影响。同时，弥勒净土的崛起及辽朝净土信仰不同于同时期其他政权及后世的显著特点，充分显示了辽朝净土信仰在整个中国佛教史上的独特之处。

作者简介：鞠贺，男，吉林大学文学院中国史系博士研究生，研究方向为辽金史。

---

① 陈扬炯：《中国净土宗通史》，第377页。

② 禅宗的净土属于“唯心净土”，强调净土即在人心；极乐净土、弥勒净土、阿閦佛净土以及药师佛净土属于他方净土，“他方净土”认为净土在人心之外，存在于娑婆世界之外的某一位置。

③ 陈扬炯：《中国净土宗通史》，第427页。

④ 怡学主编：《辽金佛教研究》，北京：金城出版社，2012年，第296页。

⑤ 此处说净土信仰的独立发展，并非说净土信仰没有渗透到其他宗派，而是说在辽朝的净土信仰与其他宗派的关系主要以渗透为主，而北宋的净土信仰主要以被渗透为主。

⑥ 赵永春辑注：《奉使辽金行程录》增订本，北京：商务印书馆，2017年，第322页。

辽代对渤海仕人的任用及选拔原则*

孙炜冉

（通化师范学院 高句丽研究院，吉林 通化，134002）

摘　要：辽代的官僚集团中渤海仕人占有非常重要的地位和权重。在整个辽代，渤海士人的出仕经历了几次波动：首先是渤海国初亡、东丹国建立时，人皇王耶律倍为了积累政治资本，笼络和任用了大批渤海旧臣为己所用，此时有大量原渤海官僚重新回到政治管理系统中任职为仕；其次，随着耶律倍失势南逃后唐，他经营的东丹国成为辽太宗监控的对象，其官僚体系中的渤海仕人由此遭受牵连，受到打压，从而引发了渤海遗民的严重不满，陆续爆发了大光显、大鸾河等官员的背逃以及燕颇、大延琳的军事反叛；最后，圣宗朝后期辽廷反思了渤海遗民背逃和反抗的教训，调整对渤海遗民的统治策略，开始重新重视和吸纳渤海旧族勋材，直至辽末已然呈现出对渤海仕人的充分信任和大胆启用，涌现出一大批优秀而卓越的渤海仕人。并且，辽对渤海仕人的选拔凸显出以“才能”为重，不以出身为纳仕前提的原则。

关键词：辽代；渤海仕人；东丹国；大延琳叛乱

所谓辽代渤海仕人，是指渤海被辽①灭亡后，由渤海士人中选拔出来的在辽廷任职的官吏。②辽代官僚统治阶层当中，渤海仕人充当着重要的角色，发挥了积极的作用，

---

*　本文为国家社科基金冷门“绝学”和国别史等研究专项（19VJX034）的阶段性研究成果。

①　由于契丹建立的政权，最初国号为契丹，后改称为辽，中间名称又经反复，为行文方便，除特别强调外，文本均统称其为“辽”。

②　仕人，指的是从政为官者；士人，指的是读书的知识分子。因此，仕人基本是在士人中产生并选拔出来的为官者。

对辽代政治与社会发展产生过较大的影响。渤海国被辽征服后，辽廷以其地为东丹国，启用大量渤海士人出仕为官，虽然整个辽代对渤海仕人的任用经历了几次波折，但在圣宗朝后期政策调整下，渤海仕人最终融入辽代统治集团，积极服务于辽廷，促进了民族融合与社会发展，成为辽代统治系统中重要的政治力量。[①]

一、辽代渤海人出仕为官概述

辽灭亡渤海之后，太祖阿保机"改渤海国为东丹，忽汗城为天福。册皇太子倍为人皇王以主之"[②]，东丹国成为辽的"国中之国"。

关于"东丹国"出现的原因，有学者认为是出于太祖耶律阿保机在立长子耶律倍为太子之后，却又发现他能力有限，难当国家初创之际的开疆拓土之任，只有次子耶律德光才是理想的皇位继任者。[③]所以，在伐灭渤海后，设立东丹国，册封耶律倍为东丹王，其目的就是让他避位东土，从而为次子耶律德光继承汗位做好铺垫。[④]也有学者认为，由于当时的辽王朝还没有建立起后来那种兼治"蕃汉"的政治体制，而只具有治理契丹部族的简单机构，在灭渤海后，无法将其数十万居民都迁往本土建立投下军州，以血缘关系为基础的契丹部落联盟要接纳一个按地域划分居民的渤海地区，只能将其视为部落联盟中的一个新成员，于是，才有了"国中之国"的过渡管理方式。[⑤]此外，还有观点认为，太祖之所以建立东丹国，盖因在初灭渤海后便发现，渤海不仅是个汉化程度极高及人口众多的文明之邦，而且包括忽汗城在内的许多地方都不是经过战争而获得的，所以在善后的处理上，就不宜采用契丹一贯使用的"括户口"[⑥]的方式直接掠夺其民为奴隶，而必须大体保留降民原有的生产生活方式。但是，由于其距离契丹本土太

---

① 相关研究参见：王善军：《辽代渤海世家大族考述》，《民族研究》2006 年第 3 期；张利锁、官岩：《辽代辽河流域渤海人的社会状况》，《东北史地》2010 年第 1 期；孙炜冉：《辽代对渤海人的统治政策及民族同化》，《博物馆研究》2016 年第 2 期；郑毅：《辽对渤海的统治及东京辽阳的兴亡》，《黑龙江民族丛刊》2017 年第 1 期；[韩国] 罗永男：《辽金时代异民族支配与渤海人》，首尔：新书苑，2017 年。

② 《辽史》卷 2《太祖本纪下》，北京：中华书局，1974 年，第 22 页。

③ 李雪梅：《东丹国基本史事研究》，辽宁师范大学硕士学位论文，2007 年，第 2 页。

④ 姚从吾：《论辽朝契丹人之世选制度》，《文史哲学报》1954 年第 6 期，转引自李雪梅：《东丹国基本史事研究》，辽宁师范大学硕士学位论文，2007 年，第 2 页。

⑤ 李锡厚：《辽金时期契丹及女真族社会性质的演变》，《历史研究》1994 年第 5 期。

⑥ 辽代"括户口"是指辽朝为便于掌握人口繁衍和生产发展的情况，进行的户口检查、登记和统计工作。辽代前期，在用俘虏和繁衍的人口设置州县前，或在征服某个民族后，常常括户口、编户籍，多侧重于徭役、兵役的基本对象"丁"，以便为制定赋役制度提供依据。辽代后期，因自然灾害、战乱等因素出现了大量的隐户、逃户，于是造成了户口的混乱与变化，在这种情况下括户口多侧重于定户等、查脱户，以便于索取更多的赋役。参见孟古托力：《辽代括户口探微——边疆户口制度的发展》，《黑龙江民族丛刊》2000 年第 3 期。

远，如果完全保留当地原有的管理体制，即继续让渤海人“自治”，显然又担心这样会控制不住局面，留下大氏复辟的后患。所以，必须找到一种适当的方式对当地进行治理，让自己人取代大氏统治当地降民，这样才有了东丹国的出现。①笔者采纳和认同最后一种观点。

阿保机任命皇太子耶律倍为东丹国王的原因，并非是阿保机认为其才智不足以继承皇位而采取的分而避之的做法，反之，是因其“聪敏好学，外宽内挚”②，具有治世之才；并且在“从征”渤海国的过程中及时谏阻阿保机“括户口”“料民”③，适时消弭了渤海人的抵抗情绪，因表现出色，才被太祖放心留于新占领的渤海故地上“统而治之”。从策略上而言，东丹国是“东部契丹之国”，是契丹统治渤海故地的过渡政权，不可能一直以“国”的形式存在于契丹的肘腋之间，这一点是毋庸置疑的。所以，太祖选皇太子任东丹国王，不是意图另选皇位继承者，而是为耶律倍日后能继承帝位作铺垫。

东丹国作为太子耶律倍积累政治资本的重要筹谋，其在任东丹国王之后，便大量选任渤海旧臣为自己所用，此举措不仅可以平息和消弭渤海遗民的反抗情绪，更重要的是可以迅速笼络大批渤海权贵于自己周围，成为日后助力耶律倍继承皇位的政治力量。因此，以渤海老相为东丹国右大相，大素贤为左次相，身边聚集了一大批渤海仕人集团，如工部卿吴兴、太子洗马高正祠、文籍大夫裴璆、翰林学士王继远等。在积极巩固内政的同时，亦不失时机的延续渤海国时期的对外交往，仍旧以渤海旧臣为使节，朝贡和联络后唐与日本，大昭佐、裴璆等甚至仍以渤海国使臣的名义出访外邦，积极为东丹国构建外部政治联系。这一时期，渤海仕人集团为东丹国（实质上乃是辽的一部分）的政权巩固、社会稳定和经济恢复贡献了巨大的力量，此时也是渤海仕人得到极大利用和较为受到重用的一个时期。然而，随着后来辽太宗耶律德光的继位，耶律倍失势并出逃后唐，东丹国原有的渤海仕人集团悉数成为耶律倍的余党遭到辽太宗的监控和不信任，于是渤海仕人集团在政治上遭到了严格的控制。

天显三年十二月，辽太宗耶律德光把东丹国迁至辽东地区，即后来辽之东京道，其目的有二：一是防止渤海遗民在故地聚居，并养痈成为辽的安定之患；二是戒备昔日皇位的合法继承人耶律倍，防止其在渤海故地坐大，威胁自身的皇位。而“东丹国之南迁，实即渤海遗民之大转徙也，而渤海之州县，同时亦随以俱徙”④。被强行迁徙的东

---

① 魏国忠、朱国忱、郝庆云：《渤海国史》，北京：中国社会科学出版社，2006年，第562页。

② 《辽史》卷72《宗室列传·义宗倍》，第1209页。

③ 《辽史》卷72《宗室列传·义宗倍》，第1210页。

④ 金毓黻：《东北通史》（上编），沈阳：五十年代出版社翻印，1981年，第317页。

丹国内的渤海遗民，遭受了不仅是经济上的巨大损失，更是政治上的严格管控与排挤。除了个别被笼络的渤海世族外，渤海士人很难再出仕为官，一些原来已经在朝为官的渤海仕人也长期受到压制，升迁途径受阻，由此引发了许多渤海遗民的不满，直接导致了大批仕辽的渤海官员逃离辽境，如原渤海世子大光显逃往了朝鲜半岛的王氏高丽[①]，安庆府主安海、酋帅大鸾河、小校李勋[②]、贯海[③]等投赴于宋朝；更有一些渤海军将直接举行了军事反抗，如东京道黄龙府守将燕颇杀辽督监张琚举兵起义，据兀惹城自立[④]，被宋册封为“乌舍城浮渝府渤海琰府王”[⑤]，加剧了辽对渤海人的不信任和民族隔阂[⑥]，在更加高压的政治氛围下，继而又爆发了规模更为巨大的大延琳起义，席卷了整个东京辽阳府。[⑦]

在大延琳叛乱被平息之后，辽廷意识到对渤海遗民，尤其是渤海仕人集团的压制不利于政治统治的稳定，于是开始出台一系列开明政策[⑧]，吸纳和招徕“渤海旧族有勋劳材力者叙用”[⑨]，最终缓解了渤海遗民与辽统治者之间的矛盾和隔阂，渤海士人再次有机会出仕辽廷为官。辽代的科举是汉人、渤海人入仕的重要途径，但科举制在辽代有一个从临时应对到固有化的过程。会同（938—946年）初年，诸汉地急需大量汉官充任，以解决辽的统治危机，这便亟须甄选汉族士人予以任用。于是，在会同元年（938年），辽廷设礼部贡院，开始在幽燕地区进行科举，以选拔汉族士人为官。但是，渤海人最为集中的东京道辽东地区的科举考试并未进入常态，从会同元年（938年）起到统和六年（988年）期间科举考试并无定期，但是在大延琳反辽事件之后，辽廷针对渤海人推行“政务宽简，抚纳流徙，其民安之”的策略[⑩]，更是依照“渤海旧族有勋劳材力者叙用”的原则注重用科举手段来安抚和招徕渤海士人。重熙元年（1032年）以后，受宋朝的影响，每三年举行一次科举。辽代的科举实际上是专为选汉（渤海）官，笼络汉（渤海）士之用，因此，基本上也就只有汉人和渤海人可以参加应试，契丹和奚人则无须以科考

---

① （朝鲜）郑麟趾：《高丽史》卷2《太祖世家二》十七年七月，章奎阁藏本（编号3539），1913年手抄本，第7页。

② （宋）李焘：《续资治通鉴长编》卷20，太平兴国四年六月、九月条，北京：中华书局，1979年，第462页、第455页；《宋史》卷491《渤海国传》，北京：中华书局，1977年，第14130页。

③ 《辽史》卷11《圣宗本纪二》，第121页。

④ 《辽史》卷8《景宗本纪》，第94—95页。

⑤ 《宋史》卷491《渤海国传》，第14130页。

⑥ 苗威：《定安国考论》，《中国边疆史地研究》2011年第2期。

⑦ 《辽史》卷17《圣宗本纪八》，第203—205页。

⑧ 孙炜冉、董健：《渤海遗民大延琳创建“兴辽国”及其政治影响》，《沈阳工程学院学报（社会科学版）》2015年第2期。

⑨ 《辽史》卷17《圣宗本纪》，第206页。

⑩ 《辽史》卷87《萧孝穆传》，第1332页。

入仕。[①]尽管如此，辽代的科举还是为渤海士人提供了可以出仕的机会和途径，虽然通过这种科举而出仕者只能是少数人，真正能够通过科举而做官的汉人和渤海人只占辽廷官员总数的十之二三而已，但这些渤海仕人在整个辽代政治、经济、文化上所起到的巨大作用却是不能低估的，也是影响深远的。[②]其中，既有擅长治国安邦的政治家，也有蜚声古今的文学家和史学家，他们的出仕为辽代社会的发展贡献了巨大力量，提供了重要的人才资源。

大延琳反辽事件后，辽廷深刻反思对渤海遗民的统治方式，尤其是对渤海士人的选用途径，自此开始大量选用渤海有“勋劳材力者”，以笼络渤海遗民，此举也导致了圣宗朝之后，辽廷对渤海士人的大量任用，尤其是辽末时期，众多渤海将领在辽任职为官，如防御女真的前沿阵地宁江州防御使大药师奴[③]；“世仕辽有显者”的大臭[④]；“以兵三千，屯东京八甑口”“备御女真”的高永昌[⑤]；以及“怨军”统帅郭药师[⑥]等。此外，辽廷不仅继续大力推行耶律皇族同大氏渤海王族后裔联姻通婚，而且还允许渤海平民与其他民族通婚。[⑦]种种措施在相当程度上，对于民族之间的交往和融合，起到了一定的积极作用。[⑧]

二、辽代渤海仕人的特点

从《辽史》《金史》《五代会要》《宋史》《新五代史》《全辽文》《契丹国志》《高丽史》《全辽文》等文献以及辽代石刻碑碣等，可以粗略辑出的在辽为官的渤海人就达 95 人之多，其中有 15 人官职未有明确记载。在辽为官的渤海人中，不乏政绩显赫、身居要职者，具体详见表 1。

① 高福顺：《辽朝科举制度的发展演变》，《东北史地》2009 年第 3 期。

② 参见孙炜冉：《渤海遗民对辽代社会的经济贡献》，《云南民族大学学报（哲学社会科学版）》2018 年第 4 期；孙炜冉：《辽代军队中的渤海人》，《黑龙江社会科学》2018 年第 4 期。

③ 《金史》卷 71《斡鲁传》，北京：中华书局，1975 年，第 1632 页。

④ 《金史》卷 80《大臭传》，第 1807 页。

⑤ 《金史》卷 71《斡鲁传》，第 1632 页；（宋）叶隆礼撰，李西宁点校：《契丹国志》卷 10《天祚皇帝上》，济南：齐鲁书社，2000 年，第 87 页。

⑥ （宋）徐梦莘：《三朝北盟会编》卷 10《政宣上帙十》，宣和四年九月，上海：上海古籍出版社，1987 年，第 68—69 页；（宋）叶隆礼撰，李西宁点校：《契丹国志》卷 10《天祚皇帝上》，第 88 页。

⑦ （宋）余靖：《武溪集》卷 18《契丹官仪》载：“（契丹）东有渤海，西有奚，南有燕，北据其窟穴，四姓杂居，旧不通婚，谋臣韩绍芳（兴宗朝为相）献议，乃许婚焉。”（宋）余靖：《武溪集》卷 18《契丹官仪》，《摛藻堂四库全书荟要·集部（钦定四库全书荟要卷一万四千二百七十三）》影印本，第 9 页。

⑧ 孙炜冉：《辽代对渤海人的统治政策及民族同化》，《博物馆研究》2016 年第 2 期。

表 1　辽代的渤海人官吏情况

渤海仕人	所任官职	任职时间	主要史事	资料来源
老相（姓名失载）	东丹国右大相	天显元年（926 年）四月	天显元年……二月……册皇太子倍为人皇王以主之……渤海老相为右大相	《辽史·太祖本纪》
大素贤（大苏）	东丹国左次相	天显元年（926 年）至会同三年（940 年）夏六月	甘露十五年夏六月，左相耶律羽之奏称左次相大素贤不法，大素贤被撤职	《辽史·太祖本纪》《辽史·太宗本纪》
大昭佐	不详	甘露元年（926 年）	奉使入唐	《新五代史·唐明宗本纪·天成元年》
吴兴	东丹国工部卿	甘露二年（927 年）	投高丽	《高丽史·太祖世家》
高正祠	东丹太子洗马	甘露四年（929 年）	奉使入唐	《五代会要》
裴璆	东丹使臣、文籍大夫	甘露四年（929 年）	奉使入日本	《本朝文粹·东丹国入朝使裴璆等解申进过状》
王继远	东丹翰林学士	甘露五年（930 年）	撰大东丹国新建南京碑	《辽史·耶律倍传》
王咸饬	中作使		王继远之孙	《遗山集·王黄华墓志》
王叔宁	辽朝六宅使、恩州刺史		王咸饬之孙	《遗山集·王黄华墓志》
文成角	不详	甘露六年（931 年）	奉使入唐	《新五代史·唐明宗本纪·长兴二年》
高保义	东丹右录事、试大理评事	甘露六年（931 年）	奉使入唐	《五代会要》
列周道（义）	东丹南海府都督	清泰三年、甘露十一年（936 年）	甘露十一年，奉使入唐。清泰三年以入朝使、南海府都督列周道为检校工部尚书，是府有都督之设也	《五代会要》
乌济显	东丹政堂省工部卿（或言光禄卿）	甘露十二年（937 年）	奉使入后唐	《五代会要》
高徒焕	东丹兵器寺少令	甘露十三年（938 年）	聘于南唐	《五代会要》
高模翰	上将军 侍中、太傅，加特进检校太师，封悊郡开国公。 统军副使、兼总左右铁鹞子军、边州巡检使，迁镇中京。 开府仪同三司。中台省右相。 左相	天显十一年（936 年）、天禄二年（948 年）、应历初（951—969 年）	天显十一年授上将军。后以功加侍中、加太傅，加特进检校太师，封悊郡开国公。后历官为统军副使、兼总左右铁鹞子军、边州巡检使，迁镇中京。天禄二年，加开府仪同三司。应历初，召为中台省右相。后迁左相，卒于任。屡立战功。统军副使、总左右铁鹞子军两职	《辽史·高模翰传》
高儒	历官胜州刺史		高模翰之子	《辽代石刻文编·高泽墓志》

续表

渤海仕人	所任官职	任职时间	主要史事	资料来源
高为裘	西班小底、银青崇禄大夫、兼监察御史、武骑尉右班殿直、侍卫神武军指挥使、顺义军马步军都指挥使	开泰七年（1018年）	高儒之子。开泰七年由祖父（高模翰）荫寄班祗候，授西班小底、银青崇禄大夫、兼监察御史、武骑尉。后历官右班殿直、侍卫神武军指挥使、顺义军马步军都指挥使。轻财重义，交结当世权豪名士	《辽代石刻文编·高为裘墓志》
高洵	不详		高为裘次子	《辽代石刻文编·高为裘墓志》
高渥	班祗侯		高为裘三子	《辽代石刻文编·高为裘墓志》
高永肩	礼宾副使、银青崇禄大夫、检校右散骑常侍、兼殿中侍御史、蔚州长青军指挥使、飞骑尉		高为裘之孙	《辽代石刻文编·高泽墓志》
高拱	左班祗侯		高永肩侄子，高永年（不仕）之子	《辽代石刻文编·高泽墓志》
燕颇	黄龙府卫将	保宁七年（975年）	七月率其部将举兵反辽。九月，走保兀惹	《辽史·景祖本纪》
大鸾河	东丹酋帅	保宁十一年（979年）	统渤海兵与小校李勋等十六人、部族三百骑归宋	《宋史·渤海国传》
李勋	东丹国小校	保宁十一年（979年）	随大鸾河入宋	《宋史·渤海国传》
安海	东京道安庆府主	乾亨元年（979年）	辽东京道安庆府主，求内附宋朝，宋以蜡书赐之	《续资治通鉴长编·太宗·太平兴国四年》
解里	渤海挞马	统和元年（983年）	以受先帝厚恩，乞殉葬，诏不许，赐物以旌之	《辽史·圣宗本纪》
大汉	西南路招讨使	统和元年（983年）		《辽史·圣宗纪一》
大仁靖	东京宰相府右平章事	统和二年（984年）		《辽史·圣宗纪一》
贯海	小校	统和四年（986年）	叛入于宋	《辽史·圣宗本纪》
大鹏翼	冀州防御使	统和四年（986年）		《辽史·圣宗纪二》
陀失（大道秀）	礼部郎中	统和二十八年（1010年）	自高丽来降	《辽史·圣宗本纪》《高丽史》
夏贞显	东京骑将			《辽史·圣宗本纪》
夏仙寿	高州刺史	统和七年（989年）	与宋易州之战，夏仙寿先登，授高州刺史	《辽史·圣宗本纪》
高清明	渤海详稳	圣宗（982—1031年）	开泰七年，从伐高丽，十二月，殁于阵。辽廷恤其妻，并录其子弟	《辽史·圣宗本纪》

续表

渤海仕人	所任官职	任职时间	主要史事	资料来源
大康乂	南府宰相，知黄龙府	开泰年间（1012—1021 年）	善绥抚，东部怀服。向圣宗上言乞取蒲卢毛朵界渤海人。康乂领兵至大石河驼准城，掠数百户以归	《辽史·大康乂传》
大匡逸	东征裨将	太平三年（1023 年）		《辽史·圣宗本纪》
罗汉	渤海帐司宰相权东京统军使	太平八年（1028 年）		《辽史·圣宗本纪》
大延琳	东京舍利军详稳	太平年间（1021—1031 年）	太平九年八月，大延琳起义；十年八月，兵败被杀	《辽史·圣宗本纪》
王道平	东京副留守		延琳先事与副留守王道平谋，道平夜弃其家，逾城走	《辽史·圣宗本纪》
黄翩	兵马督部署、黄龙府守将		延琳所遣召黄龙府黄翩者，俱至行在告变	《辽史·圣宗本纪》
宿石真	不详		参与大延琳起义	《契丹国志》
高吉德	不详		大延琳兴辽国大府丞，迁水部员外郎，两奉使于高丽	《辽史·圣宗本纪》《高丽史》
大延定	不详		大延琳之昆弟，大延琳兴辽国太师	《辽史·圣宗本纪》《高丽史》
刘忠正	不详		大延琳兴辽国行营都部署	《辽史·圣宗本纪》《高丽史》
大翰庆	不详		大延琳兴辽国宁州刺史，赴高丽乞援	《辽史·圣宗本纪》《高丽史》
李匡禄	不详		大延琳兴辽国郢州刺史，往高丽乞援，留于高丽	《辽史·圣宗本纪》《高丽史》
夏行美	渤海帐司太保、同政事门下平章事、忠顺军节度使、副部署	太平十年（1030 年）、太平十一年（1031 年）、重熙十七年（1048 年）	太平九年大延琳叛，时行美总渤海军于保州。延琳使人说欲与俱叛，行美向统军耶律蒲古告密，又诱贼党百余人杀之	《辽史·夏行美传》
大力秋	驸马都尉	太平十年（1030 年）	坐大延琳事伏诛	《辽史·公主表》
大道李卿	水军指挥使	太平十年（1030 年）	五月，受大延琳叛牵连，后奔高丽	《高丽史》
大道行郎	渤海军监门军	景福元年（1031 年）	辽迁东京渤海叛民，道行郎不获安居，乃于景福元年七月投高丽	《高丽史》
高真详	渤海军判官	景福元年（1031 年）	七月，投高丽	《高丽史》
王光禄	渤海军孔目	景福元年（1031 年）	七月，同高真详投高丽	《高丽史》
高善悟	殿直	景福二年（1032 年）	三月，投高丽	《高丽史》

续表

渤海仕人	所任官职	任职时间	主要史事	资料来源
高直成	殿前	景福二年（1032年）	三月，投高丽	《高丽史》
大光	左厢都指挥使	景福二年（1032年）	三月，投高丽	《高丽史》
李南松	押司官	景福二年（1032年）	十月，投高丽	《高丽史》
崔运符	保州怀化军事判官	重熙元年（1032年）	五月，投高丽	《高丽史》
正奇叱火	渤海军监门队	重熙二年（1033年）	五月，投高丽	《高丽史》
大坚济	东京回礼使	重熙九年（1040年）	闰十二月，使高丽	《高丽史节要》
阿厮（阿思）	渤海近侍详稳，后加上将军	清宁九年（1063年）	耶鲁重元叛乱，兵犯行宫，阿厮护驾平叛有功后加上将军	《辽史·道宗本纪》
窦振①	中书令	太平九年（1029年）	入宋贺岁使	《辽史·圣宗本纪》《辽史·窦景庸传》
窦景庸	秘书省校书郎、少府少监、枢密直学士、知汉人行宫副部署事、南院枢密副使、知枢密院事、武定军节度使、中京留守等职。并赐同德功臣、封陈国公、加太子太保等		窦振之子。审决冤滞，轻重得宜，以狱空闻。 清宁（1055—1064年）中第进士，历秘书省校书郎、少府少监、枢密直学士、知汉人行宫副部署事、南院枢密副使、知枢密院事、武定军节度使、中京留守等职。并赐同德功臣、封陈国公、加太子太保等	《辽史·窦景庸传》
窦瑜	三司副使		窦景庸之子	《辽史·窦景庸传》
大荣	宁江州防御使	咸雍七年（1071年）		《辽史·道宗本纪》
大?	饶州更标军都指挥使	大安六年（1080年）	道宗大安年间，任饶州更标军都指挥使、银青崇禄大夫、兼监察御史、武骑校□□、授文林	《辽代石刻文续编·饶州安民县经幢记》
大?	饶州安民县主簿兼□（领）县尉	大安七年（1081年）	道宗大安年间，担任饶州安民县主簿兼□（领）县尉	《辽代石刻文编·饶州陀罗尼经幢残文》
大忠	礼宾使		大公鼎之祖	《辽史·大公鼎传》
大信	兴中主簿		大公鼎之父	《辽史·大公鼎传》

① 王善军在《辽代世家大族研究》中认为：由于辽圣宗“徙辽东豪右以实中京”，许多辽东豪右“因家于大定”，故“中京窦氏极可能就是渤海右姓窦氏”（保定：河北大学博士学位论文，2001年，第46页）。本文根据此观点列举出辽代的窦姓渤海官吏有窦振、窦景庸、窦瑜等。

续表

渤海仕人	所任官职	任职时间	主要史事	资料来源
大公鼎	沈州观察判官、兴国军节度副使、长春州钱帛都提点、大理卿、长宁军节度使、南京副留守、东京户部使、中京留守		能吏。疏奏罢民修堤防之役；为大理卿时，多所平反；查杀盗害东京留守萧保先的元凶安辑乱后民众；鼓励盗贼自新，等等。 咸雍十年，登进士第。历任沈州观察判官、兴国军节度副使、长春州钱帛都提点、大理卿、长宁军节度使、南京副留守、东京户部使、中京留守等职。赐贞亮功臣，又加赐保节功臣	《辽史 · 大公鼎传》《契丹国志》
大昌龄	左承制		大公鼎之子	《辽史 · 大公鼎传》
大昌嗣	洛州刺史		大公鼎之子	《辽史 · 大公鼎传》
大昌朝	镇宁军节度		大公鼎之子	《辽史 · 大公鼎传》
大永信	不详	乾统九年（1109 年）	正月，使于高丽	《高丽史节要》
大仲宣	泰州管内观察使	天庆元年（1111 年）	使于高丽	《高丽史节要》
高清臣	不详	天庆六年（1116 年）	任辽东京副留守，后与大公鼎一起镇压高永昌起义	《辽史 · 大公鼎传》《契丹国志》
高（张）乐夫	礼宾使		张霸（高霸）之父。金代名臣张浩高祖	
张霸（高霸）	金吾卫上将军			《金史 · 张浩传》
张佑	节度使		张霸之子	《金史 · 张玄素传》
张祁	南海军节度使		张霸之子	《全辽文 · 张行愿墓志》
张匡	节度使		张霸之孙	《金史 · 张玄素传》
张行愿	枢密院令史、左班殿直		张祁之子。金代名臣张浩之父	《全辽文 · 张行愿墓志》
高安国	兴、辰、开三镇节度使			《金史 · 高彪传》
高六哥	左承制，累至刺史		高安国之子。后迎金	《金史 · 高彪传》
高彪	不详		与其父高六哥共同抗金，后降金	《金史 · 高彪传》
高桢	不详		辽朝进士。初从高永昌反辽，后永昌伪降金国，高桢叛入沈州，俱告完颜斡鲁，遂破高永昌	《金史 · 高桢传》
高仙寿	海州刺史	天庆四年（1114 年）	阿骨打攻宁江州，高仙寿统所部渤海军应援	《辽史 · 天祚皇帝本纪》
大家奴	宁江州州官	天庆四年（1114 年）	渤海王族后裔，在宁江州为官，天庆四年，金太祖攻破宁江州，被俘获	《金史 · 太祖本纪》
古欲	不详	天庆五年（1115 年）	二月，起兵于饶州；六月，兵败被杀	《辽史 · 天祚皇帝本纪》

续表

渤海仕人	所任官职	任职时间	主要史事	资料来源
高永昌	裨将、供奉官	天庆五年（1115 年）	天庆五年，总渤海武勇马军二千人屯白草谷（或载：三千人屯八甗口），备御女真；次年正月，叛辽；五月，被金朝打败，捕杀	《辽史・天祚皇帝本纪》《金史・斡鲁传》《契丹国志》
大药师奴	宁江州防卫使	天庆六年（1116 年）十月	辽末任宁江州防御使，后被金所俘获，金太祖暗地里派他招降辽东渤海人	《金史・太祖本纪》
李？	宰相	辽兴宗朝、辽道宗朝（1031—1101 年）	金贞赘皇后弟李石先祖，在辽后期任宰相	《金史・李石传》
李仙寿	不详	辽兴宗朝、辽道宗朝（1031—1101 年）	金贞赘皇后弟李石高祖，辽后期曾经救辽帝之舅于难，故得辽阳及汤池良田千顷，辽帝称之为李舅	《金史・李石传》
李雏讹只	桂州观察使	天庆六年（1116 年）	高永昌据东京，雏讹只率众攻之，不胜而亡	《金史・李石传》《全辽文・张行愿墓志》
杨朴	校书郎	天庆六年（1116 年）	高永昌建国时，叛于女真。登进士第，累官校书郎	《契丹国志・天祚皇帝上》
郭药师	诸卫上将军		先投宋，后投金。天祚时，帅二万怨军，耶律大石称帝时擢为诸卫上将军	《金史・郭药师传》《宋史・郭药师传》《契丹国志》

从表 1 中我们可以看出一个明显的特点，即整个辽代对渤海人的任用十分广泛，无论是渤海王族大氏，还是渤海右姓，甚至平凡百姓，都有在辽为官者。可见，渤海人被移民安置之后，仕辽的情况非常普遍，涵盖了各个等级阶层。

首先，渤海王族大氏遗民在辽代为官者中所占的比例较大，官职也普遍较高。在渤海被灭国后，大氏王族在辽代仍然具有相对较高的社会地位，“灭渤海国，存其族帐，亚于遥辇”①，这其中的重要原因是辽通过笼络渤海王室借以稳定并治理渤海遗民。所以，在辽廷为官的大氏较多，其中官职较高者如大康乂，圣宗时累官南府宰相。②大公鼎家族也颇具代表性，从其祖大忠、父大信便仕辽为官，至其子一代，仍担任地方刺史、节度等要职。③大氏族裔多有与辽皇室通婚者，东丹人皇耶律倍最先依靠渤海仕人，所以也是最早与渤海王族通婚者，其王妃大氏者，育有平王隆先。④大延琳反辽事件之后，辽廷改变了对渤海遗民的态度，这时辽契丹贵族与渤海王族大氏之间的联姻更

① 《辽史》卷 45《百官志一・北面诸帐官》，第 711 页。
② 《辽史》卷 88《大康乂传》，第 1347 页。
③ 《辽史》卷 105《能吏列传・大公鼎》，1459—1461 页。
④ 《辽史》卷 72《宗室列传・耶律隆先》，第 1211 页。

为频繁，辽圣宗有妃大氏者，育有临海公主长寿，该公主下嫁渤海王裔大力秋[①]；辽天祚帝有文妃大氏。[②]皇族宗亲联姻中亦不乏见渤海人，如耶律宗教“母曰萧氏，故渤海圣王孙女”[③]；耶律挞曷里及耶律余睹也都娶有一渤海妃[④]。这些渤海旧王族作为外戚，一定多方参与了辽廷政治，成为仕辽官员。此外，许多大氏充当东丹国乃至辽的外交官，为其拓展政治联系，如大昭佐于东丹国甘露元年（926 年），奉使入唐。[⑤]为数众多的大氏族裔在辽的官吏集团中担任着或文或武、或中央或地方的职务，为辽的发展与稳定贡献着力量。

其次，在辽任官的“渤海右姓”中，高姓为最多，主要有高正祠、高模翰、高永昌、高安国等辽代名臣良将，其中又以高模翰任职最多、官职最高、影响力最大。高安国也颇受辽廷重视，曾任兴、辰、开三镇节度使。高永昌，总渤海武勇、马军，其势力和影响都较大。右姓中的杨朴、张霸、李勋、乌济显等人的仕途也较为顺利，如杨朴为辽朝进士，累官校书郎。

最后，渤海庶姓也多为辽廷所重用，如王继远家族、列周道、文成角、夏行美、罗汉、郭药师等，他们之中亦不乏任职较高者。如王继远家族，所任官职从翰林学士到地方刺史；列周道，以其列（烈）氏在原渤海南京南海府的巨大影响力而任东丹国南海都督；罗汉，先为渤海帐司宰相，后权东京统军使[⑥]；夏行美，太平九年（1030 年）大延琳反，当时手握渤海重兵的夏行美驻兵保州，“延琳使人说欲与俱叛，行美执送统军耶律蒲古，又诱贼党百人杀之”。其坚定地站在辽廷一方。次年，以平大延琳反叛之功加同政事门下平章事，后又擢忠顺军节度使；重熙十七年（1048 年），迁副部署，死后受到辽皇帝遣使置其家悼祭的殊荣。[⑦]辽末，郭药师被辽廷临危之际委以重任，统二万怨军（常胜军）迎战金兵，成为影响辽朝灭亡的重要因素。[⑧]

综上可知，辽对于渤海人的任用，既考虑到了对渤海国旧统治集团王公贵族的笼络，又兼及了对渤海士人中“有勋劳材力者叙用”的方式，总体来说，在初期度过了对渤海遗民安抚期以后，更多的还是秉承着使用渤海士人中的有才干者出仕为官的原则。

---

① 《辽史》卷 65《公主表》，第 1005 页。
② （宋）叶隆礼撰，李西宁点校：《契丹国志》卷 13《后妃传・海滨王文妃》，第 118 页。
③ 《耶律宗教墓志》，参见刘浦江：《再谈“东丹国”国号问题》，《中国史研究》2008 年第 1 期。
④ 王善军：《辽代世家大族研究》，河北大学博士学位论文，2001 年，第 43 页。
⑤ 《新五代史》卷 6《唐明宗本纪》天成元年（926 年）秋七月条，北京：中华书局，1975 年，第 56 页。
⑥ 《辽史》卷 17《圣宗本纪》，第 202 页。
⑦ 《辽史》卷 87《夏行美传》，第 1336 页。
⑧ 《金史》卷 82《郭药师传》，第 1833—1834 页。

三、辽代任用渤海人为官的原则

辽对于渤海人任官的选用有明确的原则，即“渤海旧族有勋劳材力者叙用”[①]，借助他山之石，为自己所用，且不以出身为纳仕前提。

东丹国设立之后，耶律倍在治理上“一用汉法”[②]，辽太宗时“治渤海人一依汉法”[③]，这里的所谓“汉法”，即是依旧沿用渤海国旧有的各项制度。渤海统治时期，已经效法中原王朝，施行了州县制，其社会经济、文化和生产力发展水平同中原地区差异不大，其政治制度及所实行的基本政策，也大体与中原内地相近或相同，封建化程度较高，故而有“海东盛国”[④]之称。所以，东丹国的政治制度和模式，也只能是保留其旧有的统治方式，即采用了“汉法”，这既易被渤海人所接受，又便于辽统治者的治理。[⑤]这种维持旧制的统治方式当然离不开旧有的统治机构和官僚系统，辽在保证军事统治稳定的前提下，不可能对旧有政权组织机构进行彻底的替换，而且这些原有组织结构的维系方式不是契丹人能短期熟悉并掌握的，势必需要原有渤海官吏予以维系。于是，便有大量渤海旧吏重新进入东丹国的组织管理，参与政治建设，再次回归统治阶层。

比较典型的进入东丹国管理层的渤海遗民，如渤海老相成为东丹国右大相，渤海原司徒大素贤任东丹国左次相，分列相位的前两个序位，而契丹人耶律羽之初任之职不过是中台省右次相[⑥]，为相位的第三序位。诸多原渤海官吏继续充当新政权的外交使节：如大昭佐于东丹国甘露元年（926 年，后唐天成元年）奉使入唐[⑦]；后唐天成四年（929 年）五月，“渤海（东丹）遣使高正祠（词）入朝”；后唐长兴二年十二月，“渤海（东丹）使文成角并来朝贡”；后唐清泰二年（935 年）十一月，“遣使列周义入朝”[⑧]等，皆表明渤海人服务于辽，同时表 1 亦显示，在辽为官的渤海人数较众。

尽管辽廷为笼络渤海高层和稳定渤海遗民，使政权平稳过渡，任用较多的大氏王裔为官，但其任贤标准较为严格。综合《辽史》的记载来看，列有专传、且受辽廷青睐的渤海人如高模翰、大康乂、夏行美、大公鼎、窦景庸等，这些人或为辽立下过赫赫战

① 《辽史》卷 17《圣宗本纪》，第 206 页。
② 《辽史》卷 72《宗室列传・义宗倍》，第 1210 页。
③ 《辽史》卷 61《刑法志上》，第 937 页。
④ 《新唐书》卷 219《渤海传》，北京：中华书局，1975 年，第 6182 页。
⑤ 魏国忠、朱国忱、郝庆云：《渤海国史》，第 564 页。
⑥ 《辽史》卷 2《太祖本纪下》，第 22 页；《辽史》卷 75《耶律羽之传》，第 1238 页。
⑦ 《新五代史》卷 6《唐明宗本纪》，第 56 页。
⑧ （宋）王钦若：《册府元龟》卷 972《外臣部・朝贡五》，北京：中华书局，1960 年，第 11422—11423 页。

功，或为辽政治统治贡献极大，也就是说，渤海人在辽代能够受到重视、身居要职，多是赖其个人才干与能力。如高模翰以卓越的军事才能而闻世，据《辽史·高模翰传》载：高模翰本为因酒后杀人而入狱的罪人，太祖念其才能赦免其罪，并为辽所用。天显十一年（936年），辽派高模翰率军援石敬瑭，大败后唐，解太原之围，辽和后晋得以约为父子。太宗谕高模翰曰："朕自起兵，百余战，卿功第一，虽古名将无以加。"随后，高模翰又南伐背辽的晋末帝，再次凯旋。会同元年（938年），太宗再次称赞高模翰："此国之勇将，朕统一天下，斯人之力也。"①正因为高模翰军功显著，有着"大舍利"的皇家勋职（"舍利"一职，早期授予者身份极贵，与辽末大肆滥授不同②），故集太宗宠信于一身，受尽恩泽。大康乂以政绩突出而闻名，"开泰间，累官南府宰相，出知黄龙府，善绥抚，东部怀服"，并且主动请缨，为辽招安流入女真蒲卢毛朵部中的渤海人。③夏行美在平定大延琳叛乱中坚定地站在辽廷一方，并且对平叛起了重要作用，也受到了辽廷的充分信任和重用，备受殊荣。④

在大延琳反辽事件之后，辽廷调整了对渤海人的统治态度，再次明确"渤海旧族有勋劳材力者叙用"，尤其是以科举手段甄选渤海士人出仕，此政策更是辽廷不以出身而以才能任用渤海士人这一原则的重要体现。于是在辽代中后期，涌现出大公鼎家族、窦景庸家族等通过科举"进士及第"的渤海人官僚家族集团。大公鼎政治才能卓越，名列《辽史·能吏列传》之首，足证其为辽廷做贡献之巨，所以大公鼎才被辽廷屡委重任，其家族更是人才辈出，履任显职。⑤而另一个较为突出的家族就是窦景庸家族，根据《辽史·窦景庸传》载，窦景庸本人聪敏好学、才华横溢，是清宁年间进士，而其能力卓著而累迁要职，甚至被辽廷"赐同德功臣，封陈国公"，在任武定军节度使期间，"审决冤滞，轻重得宜，以狱空闻"，倍受辽道宗器重。⑥可见，辽廷任用渤海人基本是以"贤能"为标准，而非身世门第。⑦而这些贤达能臣，或成为辽代重要的军政要员，为辽的发展贡献力量；或成为影响时局变化的重要因素，左右了当时历史发展的方向。

---

① 《辽史》卷76《高模翰传》，第1249页。
② 苗威：《大祚荣族属新考》，《中国边疆史地研究》2013年第3期。
③ 《辽史》卷88《大康乂传》，第1347页。
④ 《辽史》卷87《夏行美传》，第1336—1337页。
⑤ 《辽史》卷105《能吏列传》，第1459—1461页。
⑥ 《辽史》卷97《窦景庸传》，第1409页。
⑦ 秦菲：《试论辽对渤海遗民的统治政策》，《黑河学刊》2011年第12期。

四、结　语

辽灭亡渤海后，便开始对渤海上层加以笼络，择贤能之士予以利用，以达到缓和渤海人的反抗情绪、巩固统治之目的。东丹国设立之初，任用原渤海老相为东丹国右大相、原渤海司徒大素贤为左次相，对这批渤海旧臣的任用不仅出于安抚渤海遗民的目的，更是与东丹王积累政治资本、增加自身可以继位的筹码有关。随着辽太宗继位、耶律倍失势南逃，东丹国旧有的渤海官僚体系成为耶律倍余党，遭到排挤和监控，尤其是在发生了渤海世子大光显与大鸾河等陆续背逃辽廷、渤海军将燕颇在黄龙府发动叛乱之后，在相当一段时间内辽廷对渤海遗民采取的都是高压政策，阻碍了渤海士人出仕的上升途径，由此引发了更多的渤海遗民逃离，更为严重的是引发了渤海人大延琳席卷整个东京辽阳府的军事叛乱，严重威胁了辽的统治。由此，辽廷反思了对渤海人的统治方式，吸取了这些事件的经验教训，圣宗朝末年开始施行“渤海旧族有勋劳材力者叙用”，改善渤海人出仕选拔的途径，并在全国范围内实行科举制度，从而在渤海人中选拔了大量具备较高文化素质和卓越政治才能的统治人才，其中包括了窦景庸、大公鼎等大批贤臣能吏，这种对渤海仕人的充分任用一直延续至辽代灭亡。辽对渤海士人中有才干者任用为官，使其为辽政权效力，既缓和了民族矛盾，又达到了人尽其用的目的。

作者简介：孙炜冉（1981—），男，吉林集安人，通化师范学院高句丽研究院副教授，历史学博士研究生，研究方向为高句丽史、渤海国史。

辽代葬俗中金属面具与网络的考古学分析*

张景明[1]　张　杰[2]

（1. 北方民族大学 民族学学院，宁夏 银川，750021；

2. 中山大学 社会学与人类学学院，广东 广州，510275）

摘　要： 学术界对辽代金属面具和网络的认识众说纷纭，都有一定的根据，也是诸家不同的学术背景所致。根据考古学资料的分析，辽代金属面具和网络，并非源自东胡或山戎的覆面习俗，而是贯穿于早、中、晚三期自成一体的一种特殊葬俗。从性质上讲，作为皇室成员和贵族殡葬服饰的重要组成，并且具有保护尸体的特殊功用，寓意哀悼死者或者祭祀祖先的文化含义。

关键词： 辽代葬俗；金属面具与网络；考古学分析

葬俗中给死者穿戴面具和网络的习俗，在世界各地的考古学资料中都有发现，尤其是戴面具的习俗更加流行，如古代中国、希腊、埃及、罗马、墨西哥、暹罗等地，都发现了以金、银、铜等金属制作的面具，主要用于墓葬中的随葬品、原始宗教做法仪式和送葬者亲属所戴。考古学资料表明，在中国的西北、东北、华北、中原、西南等地，都发现墓葬中有给死者覆面的现象，面具有金、银、铜、玉、麻布等质地，有的地方还发现以金属网络或丝缕拢尸的现象。其中，对辽代金属面具和网络的研究，学术界虽有一定的研究成果，但笔者根据考古学资料、文献记载和当时的丧葬礼俗，提出新的看法。

---

* 本文为辽宁省“兴辽英才计划”项目（XLYC1804009）“10 世纪初至 14 世纪中叶草原丝绸之路文化交流的考古学研究”（XLYC1804009）、北方民族大学项目“草原丝绸之路族群迁移和文化交流互鉴与中华文化认同实证研究”的阶段性研究成果。

一、学术界对辽代金属面具和网络的已有认识

辽代葬俗中给死者穿戴金属面具和网络的现象，文献中仅有宋人文惟簡的《虏廷事实》有记载，即“北人丧葬之礼，盖有不同。……惟契丹一种特有异焉。其富贵之家，人有亡者，以刃破腹，取其肠胃涤之，实香药盐矾，五采缝之；又以尖苇筒刺于皮肤，沥其膏血且尽。以金银为面具，铜丝络其手足。耶律德光之死，盖用此法。时人目为‘帝羓’，信有之也”[①]。说明辽代契丹皇室成员和贵族有死后使用金属面具和网络的习俗。辽太宗耶律德光的怀陵，位于内蒙古巴林右旗凤山，迄今没有发掘，陵墓内的随葬情况不详。根据《契丹国志》卷3《太宗嗣圣皇帝》下记载：“国人剖其腹，实以盐数斗，载之北去，晋人谓之‘帝羓’。”其反映了辽代上层社会中确实存在这一葬俗的历史事实。学术界对辽代金属面具和网络的功用、葬俗等已有一定的认识，综合起来有如下七种看法。

（1）等级观念的标志说。刘冰在梳理辽代金属面具渊源的基础上，根据考古发掘出土的金属面具资料，对其质地、外形、面部表情、制作工艺、佩戴方法、发展阶段等进行综合论述，认为面具“是一种独特的殡葬服饰，是身份和地位的象征，是辽代封建制度确立后，等级观念在葬俗中的反映”[②]。

（2）受萨满教的影响说。郭淑云梳理了我国北方丧葬面具资料，结合北方民族普遍信仰萨满教的情况，认为辽代面具和网络的出现是萨满教灵魂观念的产物。[③]杜承武、陆思贤也持同样的观点，认为戴网络和面具者为契丹贵族中一部分有特殊职业和特殊信仰的人。因为巫师从事的是一种神职工作，所以生前行施法术定有一套特殊的法衣、法帽和法器，死后也就会有一种特殊的葬具。[④]杜晓帆探讨了契丹面具和网络的由来，并论述其在葬俗中的使用范围，认为“网络的产生同面具一样，离不开萨满教实施巫术的需要，也是萨满所用的法器之一”[⑤]。张力、张艳秋探讨面具产生的缘由，分析东胡系民族葬俗中使用面具和网络的情况以及契丹信仰萨满教的习俗，认为“辽代契丹葬俗中的金属面具和网络是萨满教和再生观念相结合的产物”[⑥]。

---

① 文惟简：《虏廷事实》，陶宗仪：《说郛》卷8，丧葬条，上海：上海涵芬楼影印本，1927年。

② 刘冰：《试论辽代葬俗中的金属面具及相关问题》，《内蒙古文物考古》1994年第1期，第33—38页。

③ 郭淑云：《北方丧葬面具与萨满教灵魂观念》，《北方文物》2005年第1期，第29—34页。

④ 杜承武、陆思贤：《契丹女尸的网络与面具》，《契丹女尸——豪欠营辽墓清理与研究》，呼和浩特：内蒙古人民出版社，1985年，第107页。

⑤ 杜晓帆：《契丹族葬俗中的面具、网络与萨满教的关系——兼与马洪路同志商榷》，《民族研究》1987年第6期，第77—84页。

⑥ 张力、张艳秋：《辽代契丹族金属面具与网络试析》，《内蒙古文物考古》2005年第2期，第85—89页。

（3）死者灵魂永存说。马沙整理国内出土的覆面资料，认为面具作为葬俗中的“覆面”形式，“这种遮挡天日，以免死者受到伤害，使死者灵魂永存，再托生成人，才是‘覆面’的真正用途”。[①]盖山林以考古发掘出土的面具为资料，分析辽代契丹面具产生的历史背景和来源以及灵魂不死的观念，认为“契丹人死者所戴面具是我国特定地域、特定时间、特定民族的一种特有文化现象，它的产生，既是我国北方游牧民族代代相传的面具文化的继续，又是辽代社会流传的巫傩文化在葬俗上的直接反映。死者所戴面具的功能，也应如同汉地一样，‘存亡者之魂气也’”[②]。

（4）辽代葬俗与宗教信仰结合说。李逸友根据文献记载和考古学资料，对辽墓出土的面具和网络进行分析，认为“契丹人用金属面具和网络的主观愿望不是保存尸体，而应是宗教信仰的一种葬尸仪物。这种宗教信仰应与契丹人原始信仰的萨满教有关，但又结合了辽代盛行的佛教，以及受到了道教的影响，从而形成了一种特殊的葬俗”[③]。木易以辽代五京为地域，列举辽墓出土的金属面具和网络，梳理学术界关于面具和网络形式的分类以及使用范围等，认为“从广义上讲，使用金属面具和网络的葬俗，可以归结为出于契丹民族的宗教意识，关于它的由来一直是个谜。”“结合辽代契丹人入葬时在手、口、鼻中塞物等情况，可见汉族的葬俗对契丹族的影响之深。”[④]吕馨也有同样的看法，认为“契丹族随葬金属面具与网络的葬俗应是综合因素导致的结果，应该是在传统柳条棺的习俗基础上，广泛地吸收多种因素（如萨满教、佛教、金缕玉衣等），形成的具有辽代特色的契丹葬具习俗，而在所有这些因素中唐时西域胡人葬俗的影响最大。”[⑤]张国庆以考古资料为依据，认为“契丹人死后穿戴铜丝网络和金属面具，可能是古代北方渔猎游牧民族一种古老原始葬俗的遗存”[⑥]。

（5）受佛教影响说。侯峰根据契丹面具的由来和辽代契丹人崇佛的现象，认为“辽代契丹族金属面具葬俗，是继承了东胡族覆面习俗，在本民族崇祖观念支配下，受佛教影响，依靠辽代较强的经济基础而产生的”[⑦]。

（6）下嫁萧氏家族的皇室女覆尸之用说。马洪路从辽墓出土的金属网络入手，分析

---

① 马沙：《我国古代“覆面”研究》，《江汉考古》1999年第1期，第66—74页。

② 盖山林：《契丹面具功能的新认识》，《北方文物》1995年第1期，第35—39页。

③ 李逸友：《辽代契丹人墓葬制度概说》，《内蒙古东部区考古学文化研究文集》，北京：海洋出版社，1991年，第80—102页。

④ 木易：《辽墓出土的金属面具、网络及相关问题》，《北方文物》1993年第1期，第28—34页。

⑤ 吕馨：《辽墓出土金属面具与网络起源的再探讨》，《南方文物》2012年第1期，第95—99页。

⑥ 张国庆：《辽代契丹丧葬文化考述》，《中央民族大学学报》1994年第5期，第48—53页。

⑦ 侯峰：《辽代契丹族金属面具、网络等葬俗的分析》，《内蒙古文物考古文集》第1辑，北京：中国大百科全书出版社，1994年，第504—509页。

其在各种辽墓中的使用范围和对象，认为“鉴于铜丝网衣在辽代中晚期才出现，并可能主要是嫁到萧氏家族的皇室女子覆尸所用，所以我们认为，这种覆尸仪物不是由于宗教信仰，而应是标志死者的身份以及与国君的关系”①。但其没有涉及面具问题。

（7）保护死者尸体说。陈永志从辽代金属面具和网络的考古发现入手，梳理了面具和网络的性质和功能，认为契丹面具和网络的出现与“厝葬”和“无棺”的葬俗有关，“从功能上看，金属面具与金属网络的作用主要是保护死者的尸体，美化粉饰死者”②。侯峰认为，“金属网络这一殓葬用具，是承袭东北亚游牧民族裹尸殓葬习俗，在一定社会条件和经济基础上，受契丹族祖先偶像崇拜观念影响发展而来的，客观上兼有保护尸体完整的作用”③。

从以上学术界对辽代金属面具和网络的不同说法看，可见其功能和性质存在着众说纷纭的学术态势，虽然各家诸说都有一定的根据和道理，但不够全面和系统。要想弄清辽代金属面具和网络的相关问题，首先应以考古学资料为依据，再结合辽代葬俗、等级制度、宗教信仰等方面的内容，厘清面具和网络本身具有的性质、功用以及寓意的文化含义。这就是说，面具和网络具有既能反映辽代葬俗的特殊性质，又有保护死者尸体的具体功能，还是等级和身份的象征，更是对哀悼死者或祖先崇拜的一种表现形式。

二、辽代金属面具和网络的考古资料及分析

从我国面具发展历史看，考古学资料表明早在新石器时代就发现有用陶器、麻布、玉石片等盖面或掩面的现象，如大汶口文化、齐家文化和良渚文化。在北方草原地区及东北地区，在西周至春秋时期发现有给死者覆面的现象，如内蒙古敖汉旗周家地墓葬④出土的钉缀青铜泡的麻布，覆盖在墓主人的面部，3 件青铜泡分别与死者的双眼、鼻对应，属于夏家店上层文化，应属山戎或东胡的葬俗。契丹族为东胡的后裔，在贵族墓葬中发现有戴面具的习俗，有的还有金属网络。但是，这种习俗是否继承山戎或东胡的遗风，由于没有直接的资料证实，这里无法定论。东胡的后裔很多，如乌桓、鲜卑、契丹、蒙古等，除契丹以外，其他民族的墓葬中都没有发现有穿戴金属面具和网络的现

① 马洪路：《契丹葬俗中的铜丝网衣及其有关问题》，《考古》1983 年第 3 期，第 264—267 页。

② 陈永志：《黄金面具、铜丝网络与祖州石室》，《中国历史文物》2002 年第 3 期，第 58—63 页。

③ 侯峰：《辽代契丹族金属面具、网络等葬俗的分析》，《内蒙古文物考古文集》第 1 辑，北京：中国大百科全书出版社，1994 年，第 504—509 页。

④ 中国社会科学院考古研究所内蒙古工作队：《内蒙古敖汉旗周家地墓地发掘简报》，《考古》1984 年第 5 期，第 417—426 页。

象，何况在新疆昭苏波马突厥墓葬中也有死者戴面具的葬俗，说明突厥系民族的贵族死后有戴面具的习俗，并非东胡系民族的专属葬俗。因此，学术界认为契丹葬俗中的金属面具和网络继承东胡民族的遗风之说值得商榷。

从目前辽代墓葬出土的金属面具和网络看，早期已有零星发现，更多的资料是辽代中期以后。从质地上看，面具有金、银、铜、铁、铅等，有的银、铜面具表面鎏金，网络有银、铜等，其实这是辽代贵族殡葬服饰的重要组合，包括面具、网络、腰带、靴（或靴底形器）。在墓葬中，这些殡葬服饰的组合并不相同，有的有全套发现，有的只是局部，尤其是面具和网络，应该配套使用。在墓葬中发现有三类，即面具与网络组合、单独面具、单独网络。

面具与网络组合，如内蒙古奈曼旗陈国公主墓葬①，公主和驸马穿戴金面具和银丝网络；辽宁省康平县张家窑10号墓②，出土鎏金银面具和银丝网络；内蒙古敖汉旗皮匠沟1号墓③，出土铜面具和铜丝网络；敖汉旗范仗子101号墓④，出土银面具和铜丝网络；内蒙古察右前旗豪欠营6号墓⑤，出土鎏金铜面具和铜丝网络。单独面具，如敖汉旗英凤沟4号墓，出土鎏金银面具（资料尚未发表）；敖汉旗白塔子辽墓⑥，出土铜面具；内蒙古赤峰市郊区新地辽墓⑦，出土铜面具；内蒙古宁城县小刘仗子辽墓⑧，出土铜面具。单独网络，如辽宁省朝阳市耿延毅墓⑨，出土银丝网络；辽宁省法库县叶茂台辽墓⑩，出土铜丝网络；内蒙古兴和县尖山辽墓⑪，出土铜丝网络。类似的墓葬大概有几十座，这里不一一列举。另外，还有面具或网络与靴底形器组合发现的现象，如内蒙古翁牛特旗解放营子辽墓⑫，出土铜面具、铜靴底形器。

在面具与网络的组合中，陈国公主墓葬发现的殡葬服饰最为完整。公主的尸体放置在墓室后室尸床南部外侧，所穿丝织衣物已腐朽，面部戴金面具，头戴鎏金高翅银冠，

---

① 内蒙古文物考古研究所：《辽陈国公主驸马合葬墓发掘简报》，《文物》1987年第11期，第4—24页。

② 陈凤军：《沈阳首次在辽墓中发现银鎏金面具》，《沈阳日报》2018年1月27日。

③ 内蒙古赤峰市敖汉旗博物馆：《内蒙古敖汉旗皮匠沟1、2号辽墓》，《文物》1998年第9期，第46—52页。

④ 内蒙古自治区文物工作队：《敖汉旗范仗子辽墓》，《内蒙古文物考古》1984年第00期，第75—79页。

⑤ 乌兰察布盟文物工作站：《察右前旗豪欠营第六号辽墓清理简报》，《文物》1983年第9期，第1—8页。

⑥ 敖汉旗文化馆：《敖汉旗白塔子辽墓》，《考古》1978年第2期，第119—121页。

⑦ 项春松：《内蒙古赤峰郊区新地辽墓》，《北方文物》1990年第4期，第38—41页。

⑧ 内蒙古自治区文物工作队：《昭乌达盟宁城县小刘仗子辽墓发掘简报》，《文物》1961年第9期，第44—49页。

⑨ 朝阳地区博物馆：《辽宁朝阳姑营子辽耿氏墓发掘报告》，《考古学集刊》第3集，北京：中国社会科学出版社，1983年，第188—195页。

⑩ 温丽和：《辽宁省法库叶茂台出土契丹民族铜丝网罩》，《文物》1981年第12期，第92页。

⑪ 乌兰察布盟文物工作站：《内蒙兴和尖山辽墓发掘简报》，《北方文物》1988年第4期，第43—45页。

⑫ 翁牛特旗文化馆、昭乌达盟文物工作站：《内蒙古解放营子辽墓发掘简报》，《考古》1979年第4期，第330—334页。

身穿银丝网络，腰系金銙丝带，脚穿双凤纹鎏金银靴，身上还有琥珀珍珠项链、琥珀璎珞、琥珀佩饰、玉佩饰等。驸马尸体位于尸床北部内侧，所穿丝织衣物已腐朽，面部戴金面具，头戴鎏金银冠，身穿银丝网络，多数已腐朽，腰系金銙银鞓蹀躞带，带上有鎏金錾花银囊、玉柄银锥、玉柄银刀、琥珀柄银刀等，脚穿双凤纹鎏金银靴，身上有琥珀璎珞、琥珀佩饰。张家窑10号墓的主人，面部戴鎏金银面具，身穿银丝网络，腰系龙纹银蹀躞带，殡葬服饰也比较完整。根据《辽史》卷五十二《礼志五》记载，公主下嫁仪中，“……至覆尸仪物咸在，赐其婿朝服、四时袭衣、鞍马，凡所须无不备”。因此，陈国公主和驸马的殡葬服饰为公主出嫁时皇帝的御赐之物，其中的面具和网络即为覆尸仪物。

单独随葬面具和网络，多数都是铜质，没有配套使用，尤其是网络有的比较完整，有的只有局部，从功用上看皆为覆尸仪物。那么，这种现象学术界有不同的看法，杜承武、陆思贤认为，“原来可能是一套葬具，但随着时间的推移与地域的变化，在具体使用上，可能出现不同的使用情况”①。从出土的面具和网络看，虽然早期已有发现，但多数是辽代中期以后，特别是晚期更为流行，其出土地点在辽代五京的范围内都有分布，不存在由于时间和地域的不同而单独使用，应该与当时的葬俗有关，只不过没有配套使用，或者用面具，或者用网络，来象征殡葬服饰，仍然起到保护尸体的作用。陈永志认为，“有些墓葬中有面具无网络，或有网络无面具，或只有手足网和靴垫，或者成套出现，这些均属于正常现象。有条件的将面具与网络制作成金的、银的，无条件的制作成锡的或铁的，或者只做一部分。这并非有什么特殊的含义，只是受死者生前自身条件的限制罢了”②。从出土面具和网络的墓葬看，都属于皇室和贵族阶层，并不受经济能力的限制，不存在不具备使用面具和网络的自身条件。所以说，单独使用面具或网络，应与当时各家不同的埋葬习惯有关。

面具与网络的组合有几种形式，即面具与全身网络、面具与手足网络、全身网络、手足网络、面具网络与靴底、面具与靴底、面具等。其中，面具网络与靴底、面具与靴底，仍为殡葬服饰的组成部分。金属靴底周边有小孔，应是将靴底直接缝在丝织靴面和靴靿上，或者与金属网络连接。面具分男女性别，总体上男性面具呈长脸形，两颊清瘦，下颔内收；女性面具呈圆脸形，面庞丰圆，上额舒展，脸型丰满。网络分头网、胸背网、腹网、臂网、手网、腿网、足网等七大部分，连接而成。面具下有丝织物，而不

① 杜承武、陆思贤：《契丹女尸的网络与面具》，《契丹女尸——豪欠营辽墓清理与研究》，呼和浩特：内蒙古人民出版社，1985年，第107页。

② 陈永志：《黄金面具、铜丝网络与祖州石室》，《中国历史文物》2002年第3期，第58—63页。

是直接置之死者面部，网络套在丝织衣物上使用，如豪欠营6号墓就是这种情况。有的墓葬中仅发现手网和足网，木易认为这些墓葬几乎被盗，出土的网络也基本为残片，“或许入葬时亦穿着全身网络，只是由于种种原因严重锈蚀，仅手或足部分网络保存较完好而已”[①]。笔者赞同这种说法，因为网络中的手网和足网不足以起到拢聚尸体的作用，只有全身网络才能发挥本身的效用。

以上列举的辽代墓葬出土的金属面具和网络，从其组合情况看应该在葬俗中配套使用，不仅是二者的简单组合，还与冠饰、带饰、靴、佩饰等共同成为皇室成员和贵族完整的殡葬服饰，面具和网络也成为覆尸仪物。有的墓葬中仅发现面具或网络，虽然没有配套使用，但仍与葬俗有关，或许与死者家族的埋葬习惯的不同相关，但其最终的功用就是保护尸体。

三、辽代金属面具与网络的性质、功用与文化含义

辽代墓葬形制，帝陵和皇室成员墓葬多见多室墓，贵族墓葬一般为单室墓，早期墓室平面呈方形和圆形，中期以后开始出现八角形，晚期以八角形和六角形为主。从面具和网络出土的墓葬统计来看，多数发现于八角形和六角形的墓葬中，说明这种葬俗主要流行于辽代中晚期。在有关的文献资料中，相传景宗时期的耶律琮墓[②]中出土铜面具，这是目前发现辽代金属面具时间最早的记录。耶律琮死于公元979年，离辽代早期结束的历史仅有三年，马上要跨入辽代中期，这至少说明辽代早期晚段就有随葬面具的习俗。金属网络的出现，最早在考古资料中的记录为辽初的宝山辽墓，“在残碎丝织物上还发现了银丝网络印痕，证实早在辽初小帐和网络的使用已作为契丹贵族葬制的组成部分”[③]。宝山辽墓1号墓，虽然清理时已遭盗掘，但墓主身上丝织物的金属网络印痕清晰可见，根据其锈迹判断为银丝网络，说明在辽初就已经出现了以网络裹身的习俗。宋人文惟简的《虏廷事实》中，也有辽太宗耶律德光死后使用面具和网络的记载。所以说，辽代使用金属面具和网络的葬俗，在早期就已出现，中晚期更为流行，并非学术界普遍认为是辽代中期以后的葬俗。

从已发现的辽代墓葬看，埋葬形式多种多样，有树葬、土葬、火葬等。树葬是契丹

① 木易：《辽墓出土的金属面具、网络及相关问题》，《北方文物》1993年第1期，第28—34页。

② 李逸友：《辽耶律琮墓石刻及神道碑铭》，《东北考古与历史（丛刊）》第1辑，北京：文物出版社，1982年，第174—183页。

③ 内蒙古文物考古研究所、阿鲁科尔沁旗文物管理所：《内蒙古赤峰宝山辽壁画墓发掘简报》，《文物》1998年第1期，第73—94页。

人的一种古老葬俗，《隋书》卷八十四《契丹传》记载："父母死而悲哭者，以为不壮，但以其尸置于山树之上，经三年之后，乃收其骨而焚之。因酹而祝曰：'冬日时，向阳食。若我射猎时，使我多得猪鹿。'"实行树葬与火葬相结合的葬式。有学者考证，"网络的产生，可能源于契丹族古老的葬俗……为了防止遗骨的失落，当时可能采取一定的措施，如用绳结网，或用渔网罩于尸上，到辽中期时演变成金属网络同金属面具成套使用"[①]。根据民族志资料，许多民族都有树葬的习俗，如鄂伦春族，以柳条编织的篱笆置死者尸体，放在两树之间的横木上。但是，契丹族处于渔猎时期的树葬是一种什么形式，史书中并没有记载，以绳网、渔网之类盛装尸体，只是一个推测而已，历史时期的辽代金属网络不一定来源于此，也许将尸体放置在树条编织物或布类织物上，树葬只是契丹人原始时期的一种葬式。

辽代火葬墓发现的数量也很多，但不见面具和网络的随葬。根据目前的考古学资料看，金属面具和网络全部发现于土葬墓中，多数墓葬有人骨，只有个别墓葬中不见人骨，有面具出土，这是由于墓葬被盗而扰乱所致。说明穿戴面具和网络的葬俗只有在土葬墓中才有。从出土的金属面具面部表情看，可以归纳为三类，一类为双目圆睁，像生前的形象；一类为双目微闭，表情恬静，似在睡眠；一类为面目带微笑。分别具有墓主人长生不死、长眠和视死如生之意，并没有狰狞的面目，不具有驱鬼祛邪的性质。由于金属面具和网络仅是在已发现的辽代墓葬的一少部分中出土，并非全部墓葬都有，从性质上只能说是辽代的一种特殊葬俗，并且贯穿于整个辽代的各个历史时期。

在辽代的一些墓葬中，发现有保护尸体的痕迹。如内蒙古科尔沁后旗吐尔基山辽墓[②]、豪欠营子辽墓、辽宁省建平县硃碌科辽墓[③]等，尸骨上发现有水银含量，其中的吐尔基山辽墓中的水银含量很大。有学者认为吐尔基山辽墓尸骨的腹部和头部含有大量的水银，说明墓主人是服水银自杀身亡或被赐死。[④]其实不然，宋人文惟简《虏廷事实》中明确记载辽代契丹贵族死后，采用破腹、放血、填药等方法，以保尸体不易腐烂。水银是一种化学元素，又称为汞，具有防腐的作用。《虏廷事实》中记载的"香药"中也许就包含水银，只是当时还不知"水银"的名称而已。因此，辽墓尸骨上的水银是防止尸体腐烂的一种药物，而金属面具和网络却是保护尸体的用具。豪欠营辽墓发现的契丹女尸保存完好，除了墓葬具备的客观条件外，以水银防腐，以面具和网络笼尸，这是保

① 刘冰：《试论辽代葬俗中的金属面具及相关问题》，《内蒙古文物考古》1994年第1期，第33—38页。
② 内蒙古文物考古研究所：《内蒙古通辽市吐尔基山辽代墓葬》，《考古》2004年第7期，第50—53页。
③ 冯永谦：《辽宁省建平、新民的三座辽墓》，《考古》1960年第2期，第15—24页。
④ 王大方：《关于内蒙古吐尔基山辽墓墓主人身份的推测》，《东北史地》2010年第2期，第8—9页。

护尸体的最好例证。由此可见，辽代葬俗中的金属面具和网络的主要功用就是保护死者身体的道具。皇室成员和贵族死后，有停尸的习俗，虽然对尸体采取一定的防腐措施，但除了个别墓葬中的尸体保存完好外，基本上都已腐烂，面具可以掩盖死者面容不使其露出难看或腐坏的惨状，网络可以起到聚拢尸体不使其腐烂后散架的作用。

从目前发现的辽代金属面具和网络看，陈国公主的级别最高，使用金面具和银丝网络。其次是鎏金银面具和银丝网络，如张家窑 10 号墓。更多的是铜面具和铜丝网络，如豪欠营 6 号墓。庆陵虽然出土铜丝网络，却是殉葬者所拥有。所以，面具和网络的质地，可以代表穿戴者的等级和身份。但这不是绝对的，如皮匠沟 1 号墓和范仗子 101 号墓，二者形制皆为六角形单室墓葬，均属辽代中晚期墓，前者出土铜面具和铜丝网络，后者出土银面具和铜丝网络，按照面具的质地看，范仗子 101 号墓的墓主人身份应高于皮匠沟 1 号墓的墓主人，由于皮匠沟 1 号墓内发现有精美的马球图壁画，显然其墓主的身份高于范仗子 101 号墓的墓主。因此，面具和网络的质地，不能绝对的代表拥有者的身份和等级，还要结合墓葬结构、随葬品等去判断。

在宗教信仰中，契丹人崇奉萨满教、佛教、道教等，从而学术界有的学者认为面具和网络与萨满教、佛教有关。古代北方民族基本上都信奉萨满教，除了山戎或东胡、突厥有给死者戴面具的习俗和契丹有穿戴面具、网络的葬俗，其他民族都没有发现，何况有关的文献中没有这些民族的萨满有戴面具和穿网络的记载。古代北方民族中，萨满在政治、经济上拥有特权，发现面具和网络的辽代墓葬主人都为皇室成员和贵族，似乎有条件成为萨满，但这些墓葬没有任何萨满的痕迹，怎么能成为萨满做法的法器或者受萨满教的影响。佛教说主要源于契丹人崇佛的观念，将祖先的“金容”“金像”“银像”等与佛像联系起来，似乎有牵强之感。葬俗与宗教信仰说，也属于这种情况，值得推敲和商榷。下嫁萧氏家族的皇室女覆尸之用说，这是由于当时的考古学资料有限所致，因为出土网络的辽墓主人，不仅全部是女性，还有相当数量的男性，如陈国公主墓中的公主和驸马的尸体都穿银丝网络，这种说法也就不攻自破。

灵魂永存说和保护尸体说，前者应指面具的文化含义，后者专指面具和网络的功用。辽墓中发现的契丹人面具，基本上是仿照死者生前的容貌而制作，死后戴上生前容貌的面具，并将灵魂寄托于面具之上，这是灵魂永存说的主要依据。在中国传统葬俗中，死者灵魂不死的观念在汉民族中一直盛行。辽代的契丹文化受唐宋的影响，死后也有灵魂不死、灵魂永存的观念。作为殡葬服饰的组成，面具与网络一般都配套使用，面具象征灵魂永存，那网络又怎能附置灵魂。所以说，这种说法仍有牵强之感。《辽史》中多次提到皇帝的御容殿，即供奉先祖塑像或画像的地方，有祖先崇拜和祭祀之意。那么，契丹的皇室成员和贵族却没有御容殿的待遇，只能在墓葬中给死者戴有生前容貌的面具，穿聚拢尸体的网络，使之保存完好，具有哀悼死者或者祭祀祖先的作用。因此，辽代契丹人在祖先崇拜观念的支配下，形成给死者穿戴金属面具和网络的特殊葬俗，并且从早期一直延续到晚期。

综上所述，学术界对辽代金属面具和网络的认识，有等级观念说、萨满教影响说、佛教影响说、灵魂永存说、下嫁萧氏家族的皇室女覆尸之用说、尸体保存说等多种说法，都有一定的根据，也是诸家不同的学术背景所致。根据考古学资料的分析，辽代金属面具和网络，并非源自东胡或山戎的覆面习俗，而是贯穿于早、中、晚三期自成一体的一种特殊葬俗。从性质上讲，作为皇室成员和贵族殡葬服饰的重要组成，并且具有保护尸体的特殊功用，寓意哀悼死者或者祭祀祖先的文化含义。

作者简介：张景明，北方民族大学民族学学院、大连大学中国东北史研究中心教授，博士研究生，硕士生导师，从事北方民族历史与考古研究；张杰，中山大学社会学与人类学学院博士研究生，从事辽代考古研究。

金代官员结衔样式考

——以石刻资料为基础[*]

宋 卿

（吉林大学 文学院中国史系，吉林 长春，130012）

摘 要： 金代石刻资料中的官员结衔，是金代政治制度的一个缩影。本文以金代石刻资料中的官员结衔为样本，对金代官员结衔问题进行考察。金代官员结衔中包含多个官职要素，一般散官置于衔首，其排序为散官、职事官、兼官、勋官、封爵、服色；但若职事官带有“学士”类头衔，则职事官置于衔首；官员结衔更具弹性化。

关键词： 金代；结衔；样式；特点

天会十三年（1135年）金熙宗即位，开始着手废止女真特色的政治制度，建立健全三省六部制度，天眷元年（1138年）完成国家政治制度变革。以此为节点，金代政治制度发生很大变化。目前学界关于金代政治制度的研究取得了显著的成果[①]，但关于金代官员结衔问题鲜有人涉及。职官结衔与个人政治生命紧密相连，颇为金代家庭与社会所

* 本文为国家社科基金专项项目“汉唐东北边疆研究”（17VGB008）的阶段性研究成果。

① 学界先贤从监察制度、致仕制度、俸禄制度、职官管理等多角度对金代政治制度进行探讨，如张博泉《金天会四年“建尚书省”微议》（《社会科学辑刊》1987年4期）、徐松巍《金代监察制度初论》（《民族研究》1992年2期）、曾代伟《金朝职官管理制度述略》（《民族研究》1993年3期）、李锡厚《金朝的“郎君”与“近侍”》（《社会科学辑刊》1995年5期）、杨果《辽金俸禄制度研究》（《大陆杂志》1997年第94卷5期）、程妮娜《金代监察制度探析》（《中国史研究》2000年1期）等，多有创论。1999年程妮娜《金代政治制度研究》（长春：吉林大学出版社）出版，成为金代政治制度研究的首部专著，书中对女真的中央国论勃极烈制度、勃堇制度、猛安谋克制度、三省制与一省制、都元帅府、监察制度等进行了细致而深入的探讨。

重视。《金石萃编》《山左金石志》《山右石刻丛编》《金文最》《全金石刻文辑校》等收录的金代石刻中，职官结衔置于石刻首位即是其体现。职官结衔的官称和结构形式也是官制封授结果的具体反映，是不同时期政治制度发展变化的一个缩影，本文拟以金代石刻文中的官员结衔为样本，考察金代官员结衔样式及特点，以窥金代政治制度之特色。

一

搜检各类石刻资料，金代官员结衔样本中结衔样式大体有两大类型：即散官置于结衔之首和职事官置于结衔之首。其中散官置首者又包含三种格式。

1. 散官、职事官、兼官、勋官、封爵、服色。其中或有阙略，但顺序一致

金代石刻资料中共有 275 例此类结衔，释例如下。

赵沨：承务郎、守秘书丞、兼翰林院修撰、同知制诰、骁骑尉、赐绯鱼袋。[①]

衔首“承务郎”，文散官，《金史·百官志一》：“文官九品，阶凡四十有二。”“承务郎”位列三十三阶，谓“从七品上曰承务郎”。“守秘书丞”，秘书丞，此结衔中之职事官，正六品，“秘书丞”前所以称“守”者，乃是对于散官承务郎而言。

> 凡台官、御史、部官、京尹、少尹、守令、丞、簿、尉、录事、诸卿少至协律、评事、谏官、国子监学官、诸监至丞郎、符宝郎、东宫詹事、率府、仆正副、令丞、王府官，散官高于职事者带“行”字，职事高于散官一品者带“守”字、二品者带“试”字，品同者皆否。[②]

即带有某种品级的散官担任某种品级的职事官，如果散官高于职事官，称“行”，散官低于职事官一品，称“守”，散官低于职事官二品，称“试”。“行”“守”“试”的位置固定于职事官前以表示职事官和散官二者间的高低关系。这里承务郎从七品，秘书丞正六品，承务郎低于秘书丞一品，故而称“守”。“兼翰林院修撰、同知制诰”，此为结衔中之兼官。“翰林院修撰”，从六品。“同知制诰”，《金史·百官志一》记载，翰林院职官中翰林学士承旨、翰林学士、翰林侍读学士、翰林侍讲学士、翰林直学士，“凡应奉文字，衔内带‘知制诰’”[③]，而作为从六品的翰林修撰和从七品的应奉翰林文字，

---

① 明昌六年《时立爱神道碑》，王新英辑校：《全金石刻文辑校》，长春：吉林文史出版社，2012 年，第 376 页。

② 《金史》卷 55《百官志一》，北京：中华书局，2020 年，第 1314 页。

③ 《金史》卷 55《百官志一》，第 1329 页。

则没有记载衔内是否带“知制诰”。查《金史》，仅人物传中出现3处“翰林修撰”和“应奉翰林文字”，衔内皆带“同知制诰”。[①]另据《全金石刻文辑校》统计，309例碑文结衔中有10例结衔出现“翰林修撰”一职，皆带“知制诰”；13例结衔中出现“应奉翰林文字”一职，其中9例带有“同知制诰”，1例带有“同知诰”，1例带有“知制诰”，2例无。此可补《金史·百官志》记载。即应奉翰林文字、翰林修撰，衔内带“同知制诰”、“同知诰”或“知制诰”。金代翰林学士院职官，除了上述诸职外，尚有翰林待制，《金史·百官志》载其“衔内带‘知制诰’”[②]。遍查《金史》无翰林待制带“知制诰”者。然《全金石刻文辑校》所载碑刻中，共4例（2人）结衔官名中出现“翰林待制”，皆带“同知制诰”，如党怀英结衔为“奉议大夫、充翰林待制、同知制诰、兼同修国史、上骑都尉、冯翊县开国子、食邑五百户、借紫”[③]；黄久约结衔为“中宪大夫、充翰林待制、同知制诰、上骑都尉、江夏县开国子、食邑七百户、赐紫金鱼袋”[④]。以上可证，《金史·百官志》所载翰林待制，“衔内带‘知制诰’”应改为“衔内带‘同知制诰’”[⑤]。即，金代翰林学士院职官衔内皆带“知制诰”或“同知制诰”或“同知诰”。“骁骑尉”，勋官，《金史·百官志》载，金朝有十二等勋官，骁骑尉为第九等，正六品。“赐绯鱼袋”，金代官员服色制度。

> 大定官制，文资五品以上官服紫。……六品、七品服绯……八品、九品服绿……应武官皆服紫。……带制……一品玉带，佩金鱼。二品笏头毬文金带，佩金鱼。三品、四品荔枝或御仙花金带，并佩金鱼。五品，服紫者红鞓乌犀带，佩金鱼，服绯者红鞓乌犀带，佩银鱼，服绿者并皂鞓乌犀带。武官，一品、二品佩带同，三品、四品金带，五品、六品、七品红鞓乌犀带，皆不佩鱼，八品以下并皂鞓乌犀带。[⑥]

---

① 《金史》卷110《赵秉文传》：“明昌六年，入为应奉翰林文字，同知制诰。”（第2564页）《金史》卷125《蔡松年附蔡珪传》载，（海陵时期）“丁父忧，起复翰林修撰，同知制诰。”（第2865页）《金史》卷96《许安仁传》载：“上即位，改国子监丞，兼补阙，徙翰林修撰，同知制诰，兼职如故。”（第2260页）

② 《金史》卷55《百官志一》，第1329页。

③ （清）毕沅、阮元：《山左金石志》卷20《节度副使张公神道碑》，清嘉庆二年（1797年）仪征阮氏小琅嬛仙馆刊本，第5页B。

④ 大定二十二年《大金重修中岳庙碑》，王新英辑校：《全金石刻文辑校》，第252页。

⑤ 王曾瑜：《关于金朝翰林待制以下带“同知制诰”衔的考辨》（《宋史研究论丛》第6辑，2005年，第296—297页）依据两条史料考辨，指出：“《金史·百官志》翰林待制末句当补入‘同’字，作‘衔内带“同知制诰”’。此句下应脱‘应奉翰林文字以上同’一句。”（第297页）本文根据《金史》和《全金石刻文辑校》中收录碑刻记载，依据多条史料，再次印证王曾瑜先生观点。中华书局修订本《金史》卷55《百官志一》校勘纪【三四】亦指出此问题。

⑥ 《金史》卷43《舆服志上》，第1052页。

即文资官五品以上紫服，佩金鱼带；六品、七品绯服，佩银鱼袋；八品、九品绿服，不佩鱼袋。应武官皆紫服，不佩鱼袋。以此为金代官员的官第标志。此衔中赵沨官拜正六品秘书丞，带从七品上文散官承务郎，“六品、七品服绯”，佩银鱼袋，应为“赐绯银鱼袋”，结衔中漏掉“银”字。

此类结衔格式中，世宗后期出现3例略显不同者，即标志结衔者身份的驸马都尉一职入衔，其在结衔中顺序，既有置于职事官之后者，如大定二十五年（1185年）之乌林答天锡，结衔为“奉国上将军、河南路统军使、驸马都尉、上护军、广平郡开国侯、食邑一千户、食实封壹伯户”[①]；亦有置于结衔之末者，如大定二十八年（1188年）之唐括元义，结衔为“昭勇大将军、尚衣局使、兼近侍局使、上轻车都尉、彭城郡开国伯、食邑七百户、驸马都尉”[②]。可见，驸马都尉一职入结衔，其顺序无定规。

2. 散官、职事官、兼官、勋官、封爵、服色、差遣；或，差遣、散官、职事官、兼官、勋官、封爵、服色。其中或有阙略，但顺序一致

金代石刻资料中，共计13例差遣入衔者，其中海陵、世宗时期各4例，哀宗时期5例。海陵时期4例结衔中，差遣之职皆置于衔首，如正隆二年（1157年）之李宏，“监修学、忠显校尉、充京兆府军器库副使、兼知作院、武骑尉”[③]；世宗时期4例结衔中，差遣之职皆入衔末，如大定十二年（1172年）之德石乌也，“镇国上将军、行德顺州刺史、兼知军事护军、太原郡开国侯、食邑一千户、实封一百户、总押军马”[④]。而哀宗5例结衔中，1例差遣之职置于衔末，正大五年（1228年）之纳兰抄合，“武节将军、行济源县令、兼管勾河防常平仓事、修庙接手官”[⑤]；3例皆置于衔首，如正大五年之蒲察黑斯，“从行降香官、龙虎卫上将军、同知防御使事、上护军、彭城郡开国侯、食邑一千户、食实封一伯户”[⑥]；1例结衔中有两个差遣之职，分别置于衔首、衔末，正大五年之仆散桓端，“宣权孟州从宜经略使、奉国上将军、知防御使、护军、金源郡开国侯、食邑一千户、食实封一伯户、省部委差提控监修”[⑦]。综上，差遣之职，海陵之世入衔，置于衔首；世宗之世入衔末，章宗、卫绍王、宣宗之世，不见入衔者；哀宗之世，金制混乱，差遣之职既有入衔首者，亦有入衔末者，无一定之规。

---

① 大定二十五年《重修汝州香山观音禅院记》，王新英辑校：《全金石刻文辑校》，第285页。
② 《满庭芳》，陈垣编纂：《道家金石略》，北京：文物出版社，1988年，第435页。
③ 正隆二年《京兆府重修庙学记碑》，王新英辑校：《全金石刻文辑校》，第102页。
④ 大定十二年《顺德州广济禅寺塔下安葬功德记碑》，王新英辑校：《全金石刻文辑校》，第173页。
⑤ （清）王昶：《金石萃编》卷158《重修济渎庙记》，清嘉庆十年（1805年）经训堂刊本，第59页B。
⑥ （清）王昶：《金石萃编》卷158《济渎灵应记》，第57页A。
⑦ （清）王昶：《金石萃编》卷158《重修济渎庙记》，第59页B—60页A。

3. 散官、职事官、兼官、封爵、勋官

金代石刻资料中共有2例此类结衔，章宗、宣宗时期各1例。

夹谷忠彦：昭毅大将军、行解州平陆县令、管勾河防常平仓、金源郡开国伯、食邑七百户、上轻车都尉。①

衔首“昭毅大将军”，武散官，《金史·百官志》载金代武散官共34阶，“昭武大将军”位列第七阶，正四品上。“行解州平陆县令”，解州平陆县令，此结衔中之职事官，从七品，官阶低于正四品上之散官“昭毅大将军”，故而称“行”。“管勾河防常平仓”，沿河县长官衔内所带职务。

> [大定二十七年（1187年）二月]丁亥，命沿河京、府、州、县长贰官，并带管勾河防事。②
>
> [大定二十七年二月]，御史台言：“自来沿河京、府、州、县官坐视管内河防缺坏，特不介意。若令沿河京、府、州、县长贰官皆于名衔管勾河防事，如任内规措有方能御大患，或守护不谨以致疏虞，临时闻奏，以议赏罚。”上从之，仍命每岁将泛之时，令工部官一员沿河检视。于是以南京府及所属延津……解州平陆……四府、十六州之长贰皆提举河防事，四十四县之令佐皆管勾河防事。③

《金史》中皆记载世宗时为加强河防，令沿河州长官于名衔“提举河防事”，县长官于名衔“管勾河防事”，然未明言沿河州县长官具体负责哪些河防事务。检诸碑刻资料，共有2例州长官衔内提举河防事，3例县长官衔内管勾河防事，皆明确记载“提举河防常平仓事”或“勾河防常平仓事”。④常平仓，《金史》卷五〇《食货志五》载，世宗大定十四年（1174年）尝定制，不久即废；章宗明昌三年（1192年）始设，定其永制。现搜检出的5例结衔内“提举”或“管勾”河防事者皆为明昌三年后，可见章宗时期随着常平仓的设立，沿河州县长官“提举”或“管勾”河防事者具体表现为负责常平仓事务。此衔中夹谷忠彦即以解州平陆县令之职管勾河防常平仓。“金源郡开国伯”，爵号，古代封爵中的地名，常以被封人姓氏的郡望为依据。“金源郡”后的“开国伯”当是封爵号。但《金史》中并无“开国伯”的记载，仅《金史·百官志》中有“郡伯”爵

---

① 明昌四年《虞芮二君让德记》，王新英辑校：《全金石刻文辑校》，第364页。

② 《金史》卷8《世宗纪下》，第216页。

③ 《金史》卷27《河渠志》，第718—719页。

④ （清）毕沅、阮元：《山左金石志》卷20《济州刺史李演碑》，第43页A；（清）王昶：《金石萃编》卷158《重修济渎庙记》，第59页B；泰和二年《蒲察胡沙墓志铭》、明昌四年《虞芮二君让德记》，王新英辑校：《全金石刻文辑校》，第433、363—364页。

号，“正从四品曰郡伯。旧曰县伯，承安二年更”。此处“开国伯”当为“开国郡伯”，承辽制，仿唐宋中原制度而来，两唐书《百官志》中有开国郡公、开国县公、开国县侯、开国县伯、开国县子、开国县男等封爵，“七曰开国县伯，食邑七百户，正四品上”。《宋史·职官志》记载了宋代的十二封爵，其中亦有开国郡公、开国县公、开国侯、开国伯、开国子、开国男，其中开国伯“正四品”，“七百户已上封伯”。从官品、食邑户数上推测，金制的“开国郡伯”即宋制的“开国伯”，唐制的“开国县伯”，《金史·百官志》中“正从四品曰郡伯。旧曰县伯”的记载也印证了此点。但县伯何时更名为郡伯，却值得商榷。《金史·百官志》中记载郡伯“旧曰县伯，承安二年更”。张博泉先生研究指出，“承安二年前的世宗大定年间已有郡伯，可见不是更县伯为郡伯，而是取消县伯，存郡伯”[①]。搜检金代碑刻资料，封爵为郡伯者最早为金熙宗皇统三年（1143年）济阳郡开国伯丁暐仁[②]，其余时间最早者为金世宗大定十一年（1171年）[③]。似可推测熙宗皇统三年封爵制中县伯改称郡伯，然金熙宗皇统九年（1149年）又有1例南阳县开国伯韩为股的记载[④]，显然皇统九年尚有开国县伯的爵号，而大定年间亦有金源县开国伯完颜某某和兰陵县开国伯萧麻鞋的两例记载[⑤]。可见，金熙宗时期开国县伯更名为开国郡伯，但在实际封授中开国县伯、开国郡伯都有封授者，这种情况一直持续至章宗承安二年（1197年）县伯正式取消。[⑥]“食邑七百户”，封爵的食邑数。《金史·百官志》：“自天眷定制，凡食邑，同散官入衔。”此衔散官“昭毅大将军”正四品，“郡伯七百户”。[⑦]辽制伯爵的食邑标准与唐代一致[⑧]，唐宋伯爵皆“正四品”“食邑七百户”，显然金制伯爵称号、食邑标准皆沿袭自辽。衔末“上轻车都尉”，勋官，《金史·百官志》载，金朝有十二等勋官，上轻车都尉为第五等，“正四品曰上轻车都尉”。

---

① 白寿彝总主编：《中国通史》第7卷《中古时代·五代辽宋夏金时期》，上海：上海人民出版社，1999年，第871页。

② （清）胡聘之：《山右石刻丛编》卷21《西京大普恩寺重修大殿记碑》，清光绪二十七年（1901年）刊本，第19页A。

③ （清）王昶：《金石萃编》卷155《乾州思政堂记碑》，第1页A。

④ （清）王昶：《金石萃编》卷154《长清灵岩寺宝公开堂疏》，第11页A。

⑤ （清）沈涛：《常山贞石志》卷14《囦公长老塔铭》，清道光二十二年（1842年）刊本；（清）王昶辑：《金石萃编》卷155《故灵泉观主凝真大师成道记》。

⑥ （金）元好问：《遗山先生文集》卷21《平叔墓铭》，上海：商务印书馆，1937年，第293—294页，尚有濮阳县伯商平叔的记载，但商平叔封爵应在宣宗或哀宗朝，此际金代封爵制度实际已处于崩溃的边缘（孙红梅：《金代汉制封爵研究》，吉林大学博士学位论文，2014年，第81页），此例县伯封爵的记载不具有说明性。

⑦ 《金史》卷55《百官志一》，第1306页。

⑧ 李忠芝：《辽代封爵制度研究》，吉林大学博士学位论文，2016年，第154页。

二

金代石刻中官员结衔格式除上述三种外，尚有以职事官为结衔之首者，其样式为：职事官、散官、兼官、勋官、封爵、服色，其中或有阙略，但顺序一致。金代石刻资料中共有16例此类结衔，释例如下。

党怀英：翰林侍讲学士、朝列大夫、知制诰、兼同修国史、护军、冯翊郡开国侯、食邑一千户、食实封壹伯户、赐紫金鱼袋。①

衔首“翰林侍讲学士”，职事官，翰林学士院职官，从三品。“朝列大夫”，文散官，位列第二十六阶，从五品下。“知制诰”，前已述及，翰林院职官“凡应奉文字，衔内带‘知制诰’”。“兼同修国史”，同修国史，国史院职官，此处为职事官翰林侍讲学士之兼职。“护军”，勋官，位列金制十二等勋官之第四等，“从三品曰护军”。“冯翊郡开国侯、食邑一千户、食实封一伯（百）户”，爵号及其食邑，古代封爵中的地名，常以被封人姓氏的郡望为依据。党怀英，《金史》本传载，“冯翊人”。②“冯翊郡”后的“开国侯”当是封爵号。但《金史》中并无“开国侯”的记载，仅《金史·百官志》中有“郡侯”爵号。此处“开国侯”当为“开国郡侯”，承辽制，仿唐宋中原制度而来。《金史·百官志》载，“郡侯一千户，实封一百户”。唐制“食邑”是虚数，“实封”才是真户。《新唐书·百官志一》载：“食实封者，得真户，分食诸州。”③则此处党怀英食邑一千户当是虚封，“实封壹伯户”才是实际得到的食户。《金史·百官志》记载：“自天眷定制，凡食邑，同散官入衔”。此衔散官“朝列大夫”从五品下，“食邑一千户、食实封一伯（百）户”，唐宋制，食邑千户者从三品，而此衔中党怀英以从五品下即食邑千户，显然金廷亦承袭了辽代的厚封政策④，对官员厚封有加。“紫金鱼袋”，金代官员服色的一种制度。此衔中党怀英官拜从三品翰林侍讲学士，带从五品下文散官朝列大夫，“文资五品以上官服紫”，佩金鱼带，即为“赐紫金鱼袋”。

16例结衔中，1例为天眷二年结衔（此时期金朝统治者正在进行官制改革，此例暂不计入研究），其余15例官衔中，12例结衔的职事官皆为翰林学士承旨、翰林学士、翰林侍读学士、翰林侍讲学士、翰林直学士等带“学士”类职官，其中发生在世宗、章宗

---

① （清）毕沅、阮元：《山左金石志》卷20《棣州重修庙学碑》，第13页A。

② 《金史》卷125《党怀英传》，第2875页。

③ 《新唐书》卷46《百官志一》，北京：中华书局，1975年，第1189页。

④ 林荣贵：《辽碑结衔释例》，《民族研究》1984年第4期，第48页。

时期10例，卫绍王、宣宗时期各1例，此12例结衔，职事官品阶或与散官品阶同[①]，或高于散官品阶[②]，职事官皆置于首位；另3例结衔，2例发生在宣宗时期，1例发生在哀宗时期，职事官不带“学士”，却列在散官之前，考虑到宣、哀之世王朝行将崩溃，此应是职官管理混乱的一种特殊现象，不具有说明性。可见，金代结衔中，当职事官带有“学士”类头衔时，无论品阶，皆置于结衔之首。

以职事官为结衔之首的样本，除了上述16例以职事官、散官、兼官、勋官、封爵、服色为结衔顺序外，尚有1例勋官置于封爵之后的结衔样本，如海陵时期茹璋的结衔为“西京牢城军都指挥使、显武将军、长沙县开国男、食邑三百户、骑都尉”[③]。

此外，金代碑刻结衔中，甚至出现无职事官现象，仅有散官、勋官、封爵，如完颜璹的结衔为“开府仪同三司、上柱国、密国公金源璹撰”[④]；或仅为勋官、封爵，如泰和二年李愈的结衔为“上护军、陇西郡开国侯、食邑一千户、食实封一伯（百）户、赐紫金鱼袋”[⑤]。此类现象较为少见，仅各见1例。

综上，四种结衔类型中，如果忽略勋官、封爵在结衔中的顺序，仅以散官、职事官在结衔中的顺序为考量标准，金代结衔类型其实仅两类，即或以散官置于衔首，或以职事官置于衔首，主体为以散官置于衔首，即金代结衔一般顺序为：散官、职事官、兼官、勋官、封爵、服色。象征身份的“驸马都尉”一职亦入衔，入衔顺序或置于职事官之后，或置于结衔之末。差遣之职亦入衔，入衔顺序或置于衔首，或置于衔末，无一定之规，更具有临时性。

三

综上，通过对金代石刻资料中金代官员结衔样式的考察，得出结论如下。

其一，金代官员结衔中包含多个官职要素，一般情况下，散官置于衔首，其排序为散官、职事官、兼官、勋官、封爵、服色；但若职事官带有“学士”类头衔，则职事官置于衔首。可见女真统治者延续前代传统，对散官仍颇为重视。象征身份的“驸马都尉”一职亦入衔，入衔顺序或置于职事官之后，或置于结衔之末。差遣之职亦入衔，入

① 如世宗时期王彦潜，职事官为“翰林直学士”，散官为“中大夫”，皆为从四品，参见罗福颐校录：《满洲金石志》卷3《贞宪王完颜希尹神道碑》，民国二十六年（1937年）“满日文化协会”石印本，第11页A。

② 如世宗时期杨伯仁，职事官为“翰林侍讲学士”，从三品；散官为“少中大夫”，从四品，参见（清）毕沅、阮元：《山左金石志》卷19《大金重修东岳庙碑》，第36页B。

③ 贞元元年《故忠显校尉茹公佛顶心陁罗尼幢记》，王新英辑校：《全金石刻文辑校》，第84页。

④ 《全真教祖碑》，王新英辑校：《全金石刻文辑校》，第607页。

⑤ （清）胡聘之：《山右石刻丛编》卷22《段季良墓表》，第43页A。

衔顺序或置于衔首，或置于衔末，无一定之规，更具有临时性。可见金代结衔更具弹性化。

其二，《金史·百官志》中关于翰林院职官的记载存在失误之处。翰林院职官中除了《金史·百官志》明确记载的翰林学士承旨、翰林学士、翰林侍读学士、翰林侍讲学士、翰林直学士"凡应奉文字，衔内带'知制诰'"外，翰林修撰、应奉翰林文字、翰林待制诸职衔内亦带"知制诰"、"同知制诰"或"同知诰"，即金代翰林学士院职官衔内皆带"知制诰"、"同知制诰"或"同知诰"。

其三，金代爵位封授，承辽制，略有变化。金熙宗时开国县伯更名为开国郡伯，但此际封爵制度尚不十分完善，实际封授中开国县伯、开国郡伯皆有受封者，此情形一直延续至章宗承安二年（1197 年）县伯正式取消。即金代封爵制度熙宗时确立，后逐渐改制，历海陵王时期的变革，至世宗、章宗时最终完善。较中原汉族王朝而言，作为少数民族建立的王朝，金朝统治者在官爵封赏中存在厚封制度。

作者简介：宋卿，历史学博士研究生，吉林大学文学院中国史系教授、博士生导师，研究方向为东北地方史、辽金史。

征稿启事

本刊由教育部省属高校人文社会科学重点研究基地——河北大学宋史研究中心主办，是已故著名历史学家漆侠先生创办的一份学术论文集刊，现为中文社会科学引文索引来源集刊（CSSCI）。本刊主要刊登辽宋西夏金元史为主题的研究论文、综述、评论等。现为半年刊，一年两辑，公开发行。欢迎海内外专家学者惠赐佳作。

一、文稿要求：

1. 来稿须是未经发表的学术论文，要求政治观点正确，学术观点新颖，论据充足，论证严密，文字通达。

2. 谨守学术规范，勿一稿多投。

3. 篇幅：论文二万字以内，综述、评论等一万字以内。

4. 正文符合《宋史研究论丛》体例要求。

二、审稿与编辑：

1. 本刊实行匿名审稿制度。来稿确实采用后，即通知作者。六个月如无通知，请自行处理。

2. 本刊享有对来稿文字的处理权。如作者不同意对来稿进行删改，请于寄稿时注明。

3. 来稿如需延期刊登，会与作者协商。

三、采稿与版权

1. 本刊所采用稿件会与作者联系，寄发电子版《用稿通知》。

2. 本刊除纸质版外，与中国知网、万方数据等合作，电子档上传至该网站。

3. 来稿一经刊登，即奉呈作者样刊一至二本。

四、稿件投寄

1. 本稿请标明作者姓名，单位，详细联系方式。

2. 请优先提供电子版投稿，纸质投稿同时要有电子版。

3. 来稿一般不退，敬请谅解。署名应为稿件的撰写者，不支持随意挂名。

4. 通信地址：中国河北省保定市五四东路 180 号河北大学宋史研究中心

邮政编码：071002

收件人：《宋史研究论丛》编辑部

电话：0312—5977046

电子信箱：songshiluncong@163.com